Walter Jaeschke

Hegels Philosophie

Meiner

Bibliographische Information der Deutschen Nationalbibliothek

Die Deutsche Nationalbibliothek verzeichnet diese Publikation in der Deutschen Nationalbibliographie; detaillierte bibliographische Daten sind im Internet über ‹https://portal.dnb.de› abrufbar.

ISBN 978-3-7873-3704-0
ISBN eBook (PDF) 978-3-7873-3705-7

Nachdruck 2023

 Satz: 3W+P GmbH, Rimpar. Druck und Bindung: Stückle, Ettenheim. Gedruckt auf alterungsbeständigem Werkdruckpapier, hergestellt aus 100 % chlorfrei gebleichtem Zellstoff. Printed in Germany.

Inhalt

Vorwort

Hegels Philosophie – das sind fraglos seine großen Hauptwerke: die *Phänomenologie des Geistes,* in der er den Gang der Bewußtseinsgeschichte bis an die Schwelle zu seiner Philosophie skizziert, und vor allem die dreibändige *Wissenschaft der Logik,* in der er die Denkbestimmungen in systematischer Form aufstellt. Sie sind für ihn jedoch keine bloßen *Denk*bestimmungen, sondern, anders als für den transzendentalen Idealismus, zugleich Bestimmungen der Wirklichkeit; sie bilden nach seinem Wort das »innere Gerüst« der Wirklichkeit und somit zugleich seiner Philosophie, die sich die Aufgabe gestellt hat, das, was ist, zu begreifen. Oder, um eine von Hegel häufig gebrauchte Wendung hierher zu übertragen: Sie bilden die »Grundlage« seiner Philosophie – »aber deshalb auch *nur* die Grundlage«. Die Bestimmung einer »Grundlage« besteht ja eben darin, daß auf ihr weitergebaut wird; erst dadurch erhält sie ihren Sinn *als* Grundlage. Denn so unverzichtbar sie ist – wer wollte schon mit einer »Grundlage« vorlieb nehmen, und wer wollte sich auch auf einem »Gerüst« wohnlich einrichten? Beide Metaphern betonen die fundamentale Bedeutung der *Wissenschaft der Logik* – aber sie führen beide über sie hinaus.

Hegels Philosophie – dies sind deshalb auch diejenigen Teile seines Werkes, die auf dieser Grundlage aufbauen: seine Philosophie der Natur und vor allem seine Philosophie des Geistes. Nicht schon am Ende der *Logik,* sondern erst in ihr, in der Explikation des Begriffs des Geistes, vollendet sich seine Philosophie. Doch ebensowenig wie man sich auf die »Grundlage« beschränken darf, wenn man Hegels Philosophie nicht amputieren will, darf man das auf dieser »Grundlage« errichtete Gebäude gegen diese ausspielen – als ob das fertige Gebäude seine »Grundlage« hinter sich lassen könnte. Beides gehört vielmehr zusammen, und erst zusammen bilden beide Teile das Ganze der Hegelschen Philosophie.

Hegels Philosophie – das ist keine Philosophie, die, wirklichkeitsscheu, in der von ihr selbst beschworenen leidenschaftslosen Stille der nur denkenden Erkenntnis verharrte. Sie sucht tendenziell das Ganze der Wirklichkeit zu umfassen und läßt sich deshalb in sie ein – aber nicht schon um dieser Wirklichkeit willen, sondern um in ihr allererst das »eigentlich« Wirkliche zu erfassen, dasjenige, was mit vollem Recht den Namen »Wirklichkeit« verdient. Oder wiederum mit einer von Hegel gebrauchten Metapher: um den vernünftigen »Kern« freizulegen, der unter der »bunten« – und oftmals auch recht unansehnlichen, ja abstoßenden – »Rinde« verborgen ist, »in welcher das Bewußtseyn zunächst haust«. Doch um zu diesem Ziel zu gelangen, muß sie erst die gesamte uneigentlich so genannte Wirklichkeit durchlaufen – anders läßt sich der gesuchte »Kern« nicht auffinden und nicht genießen.

Hegels Philosophie – dies ist auch keine Philosophie, deren man durch einen Rückgang auf ihren »Ursprung«, etwa auf Gespräche im Freundeskreis, habhaft werden könnte. Die produktiven Gesprächspartner Hegels sind die großen Philosophen, von der frühen griechischen Philosophie bis in die neuere Zeit und in seine Gegenwart. Und es sind auch nicht nur die Philosophen, sondern auch die Staatsmänner, die Historiker und die Künstler, die das formulieren oder zum Ausdruck gestalten, »was ist«.

Hegels Philosophie – dies ist eine Philosophie, die sich über die Jahre und Jahrzehnte hinweg im Grundzug kontinuierlich entwickelt. Will man im Blick auf diese Entwicklung eine ursprüngliche Einsicht auszeichnen, so ist es die Konzeption des Begriffs des Geistes, die Hegel – obschon erst schemenhaft – in den ersten Manuskripten seiner akademischen Lehrtätigkeit formuliert und die er in den folgenden drei Jahrzehnten konkretisiert und substantiiert. Die Entwicklung dieser Einsicht verläuft jedoch nicht wie im Reiche der Natur, in der im Keim die künftige Gestalt schon festgelegt ist. Im Reiche des Geistes, so betont Hegel ja immer wieder, verlaufen die Entwicklungen anders als in der Natur – durch das Sicheinlassen auf das Andere, durch das Hinausgehen in den Gegensatz oder gar in den Widerspruch und durch dessen Überwindung. Dieses Modell der geistigen Entwicklung ist zugleich das Entwicklungsmodell der Philosophie Hegels. An ihrem Anfang steht zunächst wenig mehr als ein kühner Vorgriff auf ein vage anvisiertes Endstadium der Entwicklung, und an dieses vorgesteckte Ziel gelangt sie erst durch konsequente Ausarbeitung dieses Gedankens des Geistes, durch seine fortlaufende Konkretion, die aber auch mehrfache, jedoch jeweils begrenzte Selbstrevisionen nicht ausschließt.

Die folgenden Beiträge beanspruchen nicht, diesen Gang vom reinen Gedanken durch die Wirklichkeit insgesamt darzustellen – dies habe ich an anderer Stelle versucht –, sondern sie wollen Stufen dieses Weges veranschaulichen, indem sie punktuell Probleme herausgreifen, die Hegel auf diesem Weg des Geistes aufzeigt und abhandelt. Zum überwiegenden Teil gehen sie auf Vorträge zurück, die in den letzten beiden Jahrzehnten an unterschiedlicher Stelle und vor unterschiedlichem Publikum gehalten worden sind; die Form des Vortrags ist in diesen Fällen beibehalten worden. Ihre Auswahl ist durch die Absicht geleitet, dem nahezu unfaßbaren Reichtum dieser Philosophie nicht etwa gerecht zu werden – was unmöglich wäre –, aber ihn doch wenigstens an einigen Punkten anzudeuten und von hier aus auch Licht auf andere, hier nicht angesprochene Partien fallen zu lassen.

Siglenverzeichnis

AA	Akademie-Ausgabe der Werke Kants bzw. Schellings
GW	Hegel: Gesammelte Werke
KFSA	Kritische Friedrich-Schlegel-Ausgabe
MEW	Marx/Engels Werke
PLS	Philosophisch-literarische Streitsachen
TWA	Hegel: Theorie-Werkausgabe
V	Hegel: Vorlesungen. Ausgewählte Nachschriften und Manuskripte

Hegels Frankfurter Schriften. Zum jüngst erschienenen Band 2 der Gesammelten Werke Hegels

Vor einigen Jahren ist in der Zeitschrift *editio* ein Beitrag mit dem Titel »Vom Nutzen und Nachteil der Edition für die Philosophie« erschienen.[1] Dort wird – neben anderen unkonventionellen Behauptungen – die folgende These vorgetragen: »Als die perfekte Edition ist [...] die stets angekündigte, aber nie erscheinende Edition anzusehen.« Diese vielleicht ja zunächst befremdlich wirkende These wird dort auch mit nahezu geometrischer Stringenz bewiesen: Nicht-erscheinende Editionen entlasten die öffentlichen Haushalte: Man braucht kein Geld für ihren Kauf auszugeben. Sie entlasten auch die Wissenschaft: Man braucht keine Zeit für ihre Lektüre. Und noch ein drittes, durchschlagendes Argument spricht für sie: Sie bieten einen unerschöpflichen Stoff für das Gespräch der Zunftgenossen.

Eine in diesem Sinne »perfekte Edition« ist bislang auch Band 2 der Ausgabe »Hegel: Gesammelte Werke« gewesen – und im Blick darauf, daß der Band ziemlich genau ein halbes Jahrhundert zu spät kommt, darf man ihn sogar als eine *editio perfectissima* oder auch *editio realissima* bezeichnen, oder, um mich weiterhin der Sprache der Metaphysik zu bedienen: Dieser Band hat vor seinem Erscheinen alle Vollkommenheiten einer Edition in sich vereinigt und hat somit Anspruch auf den Titel einer editorischen *omnitudo realitatis*. Doch andererseits: Aus Hegels Logik wissen wir ja, daß der Inbegriff aller Realitäten zugleich der Inbegriff aller Negationen ist – also das Nichts. Und so schien es auch gute Gründe dafür zu geben, das Ideal der perfekten Edition preiszugeben zugunsten der Wirklichkeit einer vielleicht ja nicht ganz so perfekten Edition, die aber den beträchtlichen Vorzug aufweist, nicht bloß das reine Nichts zu sein.

Doch nach soviel Editionsmetaphysik nun zu dem *endlich* vorliegenden Band: »Hegel: Frühe Schriften II« – also zu Hegels Frank-

1 Jaeschke, *Vom Nutzen und Nachteil der Edition für die Philosophie,* in: *editio. Internationales Jahrbuch für Editionswissenschaft.* Hg. von Rüdiger Nutt-Kofoth, Bodo Plachta und Winfried Woesler. Bd. 23. Tübingen 2009, 169–175.

furter Schriften:[2] Was bringt der neue Band, was verändert sich – und was nicht? Damit keine falsche Erwartung entsteht: Ich verstehe meine Rolle hier so, daß ich ausschließlich aus der Perspektive der neuen Edition berichte – wenn Sie so wollen: nicht als Philosoph, sondern als Philologe. Wenn aber die Editionsphilologie – um ein Wort Hegels in unseren Kontext zu versetzen – wenn die Editionsphilologie ihr Grau in Grau malt, wird von vielen schönen Dingen nicht die Rede sein können: nichts von Hegels Wanderungen von Frankfurt nach Bonames oder nach Homburg zu Hölderlin und Sinclair, nichts von einem Aufstieg zu einer Quelle und auch nichts vom Mondscheinbad *im* dahinströmenden Main oder vom Schlittschuhlaufen *auf* dem gefrorenen Main, am besten – wenn auch gegen die Chronologie – Arm in Arm mit Goethe – wobei übrigens auch dies nicht eben zentrale Themen der Philosophie sind.

I. Der »Geist des Christentums« und sein Ende

Die neue Edition der Frankfurter Schriften unterscheidet sich in mehrfacher Hinsicht von Herman Nohls Edition der *Theologischen Jugendschriften*[3] – und ich betone ausdrücklich: von dieser verdienstvollen Edition, die einen damals fast unbekannten »Hegel« präsentiert hat. Aber die Zeit ist vorangeschritten, und vieles hat sich verändert. Den Kern von Nohls Edition der Frankfurter Texte bildet die Abhandlung »Der Geist des Christentums und sein Schicksal«. Deshalb zunächst die Frage: Trägt die Neuedition zu einem neuen und besseren Verständnis dieses »Geistes« bei? Verändert sich etwas für die Lektüre des »Geistes des Christentums«? Nun, die Antwort ist rasch gegeben, und sie ist hart: Diese Lektüre entfällt künftig, denn es gibt gar keinen »Geist des Christentums« mehr. Ihm ist es so ergangen, wie es Geistern zu gehen pflegt. Entgegen den vom früheren Herausgeber in die Welt gesetzten anderslautenden Gerüchten hat Hegel keine Abhandlung, geschweige denn ein »Werk« über den

[2] Hegel, *Frühe Schriften II,* bearbeitet von Friedhelm Nicolin †, Ingo Rill und Peter Kriegel. Hg. von Walter Jaeschke. Hamburg 2014 [= GW 2].

[3] *Hegel's theologische Jugendschriften nach den Handschriften der Kgl. Bibliothek in Berlin* hg. von Herman Nohl. Tübingen 1907.

»Geist des Christentums« geschrieben, ebensowenig wie er Abhandlungen über »Volksreligion und Christentum« und über »Die Positivität der christlichen Religion« geschrieben hat. Er hat natürlich auch kein »Systemfragment« geschrieben und erst recht kein »Ältestes Systemprogramm des Deutschen Idealismus« – letzteres schon deshalb nicht, weil der von Rosenzweig so betitelte Text gar kein »Systemprogramm« ist. Und erschwerend kommt hinzu, daß Hegel auch nicht gewußt hat, was »Deutscher Idealismus« sein soll.

Doch wenn Hegel all dies nicht getan hat, was man gemeinhin mit seinem Namen verbindet – was hat er dann eigentlich getan? Der »Geist des Christentums« ist ja kein Sonderfall; ähnlich steht es um andere Texte. Wie oft ist nicht zu lesen, was Hegel in seiner Religionsphilosophie so alles geschrieben habe! Nun, in seiner Religionsphilosophie hat Hegel schon deshalb nichts geschrieben, weil er gar keine Religionsphilosophie geschrieben hat. Vielmehr hat er »Vorlesungen über die Philosophie der Religion« gehalten – und dies ist etwas durchaus anderes. Doch wie steht es mit dem ihm zugeschriebenen Werk »Der Geist des Christentums und sein Schicksal«? Mißlich – und dies in zweifacher Hinsicht. Zunächst ist daran zu erinnern, daß Hegel nie vom »Geist des Christentums« gesprochen hat. In seinen späteren Jahren kennt er zwar einen subjektiven, einen objektiven und sogar einen absoluten Geist, aber zu keiner Zeit kennt und nennt er einen »Geist des Christentums« – ebensowenig wie einen »Geist des Judentums«. Diese beiden »Geister« sind das Kunstprodukt einer wohlmeinenden und wirkungsvollen, aber allzu schwungvollen Philologie.

Es ist zudem schwerlich nachvollziehbar, weshalb Nohl das von ihm stilisierte ›Werk‹ »Der Geist des Christentums« mit langen Ausführungen über Themen des Alten Testaments, also über den »Geist des Judentums« beginnen läßt – von der Frühzeit vor der Sintflut über Abraham bis hin zu Mose und zu einem stark gerafften, auf zwei Druckseiten zusammengedrängten Blick auf die 1000 Jahre von der Einführung des Königtums bis zur doppelten Katastrophe Israels in den Jahren 70 und 135. Diese Entscheidung läßt sich ja nicht schon dadurch rechtfertigen, daß dem Neuen Testament das Alte vorausgeht. Für diese Ordnung hätte es lediglich *einen* berechtigten Grund gegeben: daß Hegel selber sein Manuskript so disponiert hätte. Doch davon kann überhaupt keine Rede sein. Wir haben ja nicht einmal Anlaß zu der Annahme, daß Hegel seine um die neutestamentlichen Texte kreisenden Studien zu einer Abhandlung über den »Geist des Christentums« zusammenfassen wollte, geschweige denn, daß er seine Behandlung beider Textgruppen zu *einem* Ganzen zusammenfassen wollte. Und selbst dann wäre es jedenfalls verfehlt gewesen, diesem Ganzen den Titel »Geist des Christentums« zu geben.

Die Erfindung des Titels »Der Geist des Christentums und sein Schicksal« für die Hauptmasse der überlieferten Frankfurter Manuskripte hat fraglos zum Erfolg von Nohls Edition beigetragen. Dies ändert aber nichts daran, daß wir hier ein Musterbeispiel herausgeberischer Kreativität vor uns sehen. Doch mit dem editorischen Exorzismus, den die kritische Neuausgabe über die »Geister« des Judentums und des Christentums spricht, mit dem Verschwinden dieser künstlichen Titel ändert sich ja nicht schon die von Hegel verfaßte »Abhandlung« oder das von ihm verfaßte »Werk« – oder etwa doch? Doch, es verändert sich. Allein schon wegen Hegels Unbekanntheit mit dem »Geist des Christentums« ist es plausibel, daß er kein Werk oder keine Abhandlung über diesen ihm unbekannten »Geist« geschrieben habe – geschweige denn über sein Schicksal. Genau genommen hat er weder eine »Abhandlung« noch gar ein »Werk« vorgelegt. Vielmehr hat er eine lange Reihe von Entwürfen zu den Themen Judentum, Christentum, Religion, Liebe und Moral verfaßt, Bausteine zu einer neuen, damals, am Ende der Aufklärung, als Religion nur noch im Blick auf Moral thematisiert worden ist, gänzlich unbekannten philosophischen Behandlung der Religion, die trotz vieler im einzelnen recht kritischen Züge ein vertieftes Verständnis von Religion aufweist. Und erst eine mehr phantasievoll als kritisch vorgehende Philologie hat diese Ansätze zu »Werken« über diverse »Geister« stilisiert, so daß sie nun von einer kritischen Philologie wieder ›dekonstruiert‹ werden müssen: Das »Werk« »Der Geist des Christentums« trägt nicht nur einen nicht von Hegel stammenden Titel, sondern, was noch schwerer wiegt: Es ist auch gar kein »Werk«, sondern eine Ansammlung von Fragmenten. Schon insofern also wird die Edition von Hegels Frankfurter Schriften einige Modifikationen des bisherigen Bildes von Hegels Wirksamkeit unausweichlich machen. Die wichtigsten Veränderungen werden sich aber nur dem erschließen, der bereit ist, sich auf Probleme der Edition einzulassen. Also: Vorhang auf für einen kurzen Blick in die Werkstatt des Editors.

1. Charakter der Texte

Zunächst zum Charakter der Texte. Wir haben es hier, wie eben gesagt, nicht mit ein oder zwei »Abhandlungen« oder gar mit einem »Werk« im Umfang von 100 Druckseiten zu tun, sondern mit rund zwanzig Fragmenten, die Hegel in einem langen Zeitraum niedergeschrieben hat und die er nicht in eine inhaltlich bestimmte Folge oder gar in eine definitive Ordnung gebracht, geschweige denn *einem* geplanten Werk zugeordnet hat. Einige dieser Fragmente sind als – zum Teil mehrfach – wiederholte Ansätze zur Durchführung desselben Themas anzusehen, entstanden als (variierende) Abschriften von einander; andere, die unterschiedlichen Themen gewidmet sind, berühren oder überschneiden sich dennoch thematisch mehrfach, so daß sie nicht in eine stringente und schon gar nicht in eine lückenlose Abfolge zu bringen sind. Andererseits sind viele Themen, in denen ebenfalls der ›Geist des Christentums‹ wehen müßte, völlig ausgeklammert – so etwa der ganze Kreis der Geburtsgeschichte Jesu. Charakteristisch für diese Fragmente ist es, daß Hegel zunächst ein spezifisches Thema in ausgefeilter Diktion abhandelt, aber nach wenigen Blättern teils in eine Zusammenstellung von Stichwörtern oder gar nur von Bibelstellen als Gedächtnisstütze für die folgende Ausarbeitung, teils in Reflexionen im weiteren Umkreis des Themas oder gar in eine andere Thematik hinübergleitet. Einige Themen – wie insbesondere der Komplex ›Strafe/Schicksal‹ – werden mit nur losem Rückbezug auf biblische Texte ausführlich behandelt; andere, theologisch zentrale – wie das Leiden und die Auferstehung Jesu – werden nur beiläufig eingeführt und am Rande knapp gestreift.

Dies alles macht den Eindruck, daß Hegel bei der Bearbeitung der neutestamentlichen Texte mehrfach in solche Themen gleichsam abgerutscht sei, die ihm besonders wichtig waren – ich nenne hier insbesondere das Verhältnis von Moralität und Liebe sowie nochmals den Zusammenhang von Strafe und Schicksal –, und zwar ohne diese thematisch in sich nicht homogenen ›Einzelstudien‹ in eine inhaltlich bestimmte Folge oder gar in einen geschlossenen Zusammenhang zu bringen. Es mag sein, daß ihm dies später in dem Kontext gelungen ist, aus dem wir noch das bisher sogenannte »Systemfragment« – oder richtiger: die zwei Fragmente zur Religion – haben; hier weist die fortlaufende Bogenzählung ja auf ein ausgearbeitetes Manuskript hin. In den uns überlieferten Materialien kann davon jedoch keine Rede sein. Was wir in Nohls Edition vor uns haben, ist eine editorische Montage vergleichsweise eigenständiger Fragmente, die sich ebensogut in anderer Folge hätten montieren lassen – wenn man einmal davon absieht, daß es naheliegend war, die Fragmente, in denen vom ersten Auftreten Jesu die Rede ist, an den Anfang zu stellen und diejenigen, die doch einmal Tod und Auferstehung erwähnen, an das Ende. Die neue Edition befreit von Nohls Insinuation, es handle sich hier um einen von Hegel so konzipierten geschlossenen Zusammenhang, und räumt deshalb allen überlieferten Texten ein gleiches Existenzrecht ein. Zugegeben: Diese Befreiung der von Nohl unter den *einen* Titel gezwängten Fragmente aus dieser editorischen Klammer führt zur Auflösung der Ordnung, zu einer ›neuen Unübersichtlichkeit‹ – doch vor diesem Resultat *darf* sich eine kritische Edition und *sollte* sich eine kritische Interpretation nicht scheuen.

Auch wenn diese Kritik bereits scharf gewesen ist, muß ich sie noch um zwei gravierende Punkte verschärfen. Zunächst: Nohl hat seine Montage ausgewählter Fragmente zu einem Ganzen durch einen entschieden zu hohen Preis erkauft: Mit denjenigen Fragmenten oder auch Partien von Fragmenten, die sich seiner Montagetechnik nun wirklich nicht fügen wollten, hat Nohl – wie man zu sagen pflegt – ›kurzen Prozeß‹ gemacht: Er hat sie in einen »Anhang« verwiesen und einige auch gänzlich beiseite gelassen. Die überkommenen Fragmente bieten jedoch keinerlei Anlaß und Berechtigung zur Unterscheidung zwischen ›Werk‹ und ›Anhang‹. *Ein* Opfer dieser diskriminierenden Unterscheidung ist das sogenannte »Grundkonzept zum Geist des Christentums«.[4] Zum einen gibt es keinen Anlaß zur Auszeichnung dieses Textes als eines »Grundkonzepts« – es sei denn, man wollte geltend machen, daß er in Form einer Stoffsammlung besonders viele Einzelthemen in lockerer Form streife. Und zum anderen wäre diesem Text, wenn es sich denn wirklich um ein

[4] *Hegel's theologische Jugendschriften,* 385–398.

»Grundkonzept« handelte, doch wohl ein Platz im Haupttext angemessen gewesen. Betroffen von der willkürlichen Unterscheidung zwischen ›Werk‹ und ›Anhang‹ sind andererseits viele philosophisch besonders interessante Fragmente – ich erinnere an das von Nohl so genannte Fragment »Die Liebe« – oder besser nach dem Incipit: »welchem Zwecke …« –, aber ebenso an die kleinen, aber wichtigen Fragmente über Glauben, Moralität, Liebe und Religion. Glücklicherweise hat die Forschung sich durch Nohl keinen Sand in die Augen streuen lassen; sie hat diese Fragmente aus ihrem Schattendasein im »Anhang« erlöst und ihnen sogar einen herausgehobenen Status in der Rezeption zugewiesen – doch dies zeigt nur, daß es richtig gewesen wäre, ihnen den gleichen Rang wie den anderen Fragmenten zuzugestehen.

Mit der Verabschiedung der Titel »Geist des Judentums« und »Geist des Christentums« und mit dem Ende der Illusion, daß wir es hier mit einer angeblich in sich geschlossenen »Abhandlung« oder gar mit einem »Werk« zu tun haben, sind zwei Aspekte genannt, in denen die neue Edition neue Wege geht. Doch möchte ich noch auf eine Veränderung bei der Präsentation der Texte hinweisen. Die kritische Edition kann sich leider nicht auf neue Quellenfunde stützen. Dennoch gibt es in ihr eine lange Reihe neuer Texte – und dies nicht als Ergebnis editorischer Hexerei, sondern in Folge von Hegels Schreibgewohnheiten: Hegel hat – damals nicht unüblich – in der Mitte senkrecht gefalzte Bogen zunächst in den linken Spalten beschrieben und später in den rechten Spalten Ergänzungen notiert, manches auch wieder gestrichen und schließlich, wenn beide Spalten beschrieben waren, weitere Ergänzungen dort notiert, wo eben noch etwas Platz für minutiös kleine Einträge war. In solchen Fällen kann und soll man zwar den Prozeß der Niederschrift nicht vollständig zu dokumentieren suchen – Hegels Texte sind keine Hymnen Hölderlins! –, doch kann man mit einiger Sicherheit die ursprüngliche Niederschrift von der letzten Textfassung unterscheiden. Der erste Herausgeber hat – nicht unverständlich – nur die jeweils letzte Fassung ediert; die kritische Ausgabe hingegen stellt in solchen Fällen die ursprüngliche und die letzte Fassung in einer Vertikalsynopse nebeneinander, so daß sich die Genese des Textes, die Entwicklung der Gedanken verfolgen läßt – und beide Fassungen liegen manchmal mehrere Jahre auseinander.

2. Zur Datierung der Texte

Nach diesen Bemerkungen zum Charakter der Texte nun zu ihrer Datierung – und vorweg ein paar allgemeine Hinweise. Kein einziges der rund zwanzig Fragmente, von denen ich gesprochen habe, hat Hegel selber datiert. Dies ist übrigens auch ein Zeichen dafür, wie er sie eingeschätzt hat – denn Datierungen finden sich bei Hegel nur bei solchen Texten, die er als ›abgeschlossen‹ betrachtet hat. Äußere Anhaltspunkte für die Datierung dieser Fragmente (Briefe oder ähnliches) fehlen – und so bleibt allein die Datierung durch den Editor.

(1) Buchstabenstatistik

Die Hegelphilologie hat sich hierfür der Schriftanalyse bedient, der Buchstabenstatistik – und es ist wiederum Nohl gewesen, der ihr diesen Weg gewiesen hat, mit seiner auf die 1790er Jahre bezogenen Behauptung: Den datierten Zeugnissen (also einigen Briefen, dem Anfang der Württemberg-Schrift sowie einigen wenigen datierten Texten) sei »ein ganz einfaches Schema der Entwicklung von Hegels *Handschrift*« zu entnehmen, »das ermöglicht, mit einer gleichsam mathematischen Sicherheit auch die übrigen Manuskripte einzuordnen«.[5] Nohl hat es jedoch bei diesen recht vollmundigen Sätzen belassen, ohne sich bei der Anordnung seiner Texte um die Chronologie der Frankfurter Texte zu bekümmern. Vor genau 50 Jahren hat dann Gisela Schüler auf der von Nohl gelegten Spur eine Chronologie der frühen Schriften erstellt, die bis vor kurzem als nahezu sakrosankt gegolten hat, und an dieser Datierung hat sich die Forschung der letzten fünf Jahrzehnte orientiert. Mit besserem Recht könnte ich auch sagen: Sie hat sich durch diese Datierung in die Irre führen lassen. Deshalb möchte ich fünf allgemeine und im Grunde selbstverständliche Bedenken gegen ihre Tragfähigkeit formulieren – ohne mich auf das Zählen von Fliegenbeinen einzulassen.

[5] *Hegel's theologische Jugendschriften*, 402.

(a) *Sichere Bezugsdaten*

Die Fruchtbarkeit einer Schriftanalyse hängt davon ab, daß hinreichend viele fixe Vergleichsdaten zur Verfügung stehen. Nun haben wir für Hegels Frankfurter Texte zwar eine Reihe gesicherter Daten, aber fast ausschließlich für die sekundär überlieferten, gedruckten Texte – und die schmücken zwar die Chronologie, helfen aber hier gar nichts. Von den in Frage kommenden Manuskripten hat Hegel nur drei datiert – und sie stammen sämtlich aus der zweiten Septemberhälfte 1800. Zur Datierung der Manuskripte der vorangehenden Jahre – also fast der gesamten Frankfurter Zeit – tragen diese Daten also nichts bei. Daneben gibt es jedoch nur noch das Reinschriftfragment der *Württemberg-Schrift* von 1798 – doch dies ist für Vergleichszwecke zu kurz, und zudem hat die Schrift einen gänzlich anderen Charakter. Gleiches gilt für Hegels Briefe an Nanette Endel: Sie unterscheiden sich im Schriftcharakter weitestgehend von Hegels Fragmenten. Somit gibt es in den Frankfurter Manuskripten kein einziges Datum, das es erlaubte, die Texte vor dem September 1800 zu datieren – also, wie es geschehen ist, die Erst- und Zweitfassung des sogenannten »Geistes des Judentums« in den »Sommer/Herbst 1798« bzw. »Herbst 1798« und »Herbst/Winter 1798/99« zu setzen oder die auf das Neue Testament bezogenen Partien des »Geistes des Christentums« auf »Herbst/Winter 1798/99« bzw. (die spätere Fassung) auf »1799, evtl. bis 1800« zu datieren. Als »gesichert« kann lediglich gelten, daß die zweiten Fassungen jeweils später als die ersten anzusetzen seien. Angesichts dieser – gestatten Sie mir das harte Wort – schlicht abenteuerlichen Datierung ist es wenigstens ein begrüßenswertes Zeichen von Redlichkeit, daß Gisela Schüler einräumt: »eine Aussage über die Entstehungsfolge der einzelnen Abschnitte« des »Geistes des Christentums« sei »nicht möglich«.[6]

[6] Gisela Schüler, *Zur Chronologie von Hegels Jugendschriften,* in: *Hegel-Studien* 2 (1963), 111–159, hier 151f.

(b) *Einheit der Manuskripte*

Die Aussagekraft der Buchstabenstatistik ist abhängig von der inneren Einheit der Manuskripte, die jeweils der Zählung zugrunde gelegt werden. Anders gesagt: Eine derartige Analyse erbringt allenfalls dann brauchbare Resultate, wenn vorweg gesichert ist, welche Bogen und Blätter überhaupt zu einem Fragment gehören und auch zur gleichen Zeit niedergeschrieben sind. Genau dies ist aber bei den Frankfurter Fragmenten nicht der Fall. Selbst wenn man nur solche Texte als Einheit (und damit als *ein* Fragment) betrachtet, deren innerer Zusammenhang etwa durch Verweiszeichen gesichert ist, ist damit ja keineswegs ausgeschlossen, daß Hegel nicht Blätter aus unterschiedlichen Entstehungszeiten zu einem solchen Fragment verbunden hat – vielmehr hat er dies nachweislich getan. Dann aber geht eine Zählung der Buchstabenformen, die sich an der ›Einheit des Fragments‹ orientiert, vollends in die Irre.

(c) *Quantität*

Die Aussagekraft der Schriftstatistik hängt von der Länge des analysierten Textes ab. Unter den Frankfurter Manuskripten gibt es jedoch mehrere einzelne Doppelblätter und sogar nur Einzelblätter – und bei den wenigen vorkommenden charakteristischen Buchstaben kann hier ohnehin keine wahrscheinliche Datierung unternommen werden.

(d) *Charakter des Textes*

Die Aussagekraft der Schriftanalyse wird zudem bedingt durch die Ähnlichkeit des Schriftcharakters des untersuchten Textes. Nun haben wir aber ganz unterschiedliche Textsorten: zum einen stark überarbeitete Texte, bei denen Hegel spätere Zusätze sei es zwischen die Zeilen der ersten Fassung, sei es in einem Slalom um die Randnotizen zur Erstfassung herumgeschrieben hat, mit Verweisen auf andere Stellen entweder desselben oder eines früheren oder späteren Blattes, in die er seine Bemerkungen hineingezwängt hat, oft in minutiös kleiner Schrift, bei der man kaum die Buchstaben erkennt, geschweige denn spezifische Formen. Zum anderen haben wir – auch innerhalb *eines* Fragments – lange, über mehrere Seiten hinweg in großzügiger Schrift sauber geschriebene Textpartien. Nun ist es aber nicht überraschend, daß mit dem Gesamtcharakter der Schrift auch die Schreibweise der einzelnen Buchstaben stark variiert.

(e) *Abschriften*

Und schließlich: Man darf gerade nicht annehmen, daß die eben erwähnten sauber geschriebenen Partien ursprüngliche Niederschriften seien. Im Gegenteil: Je sauberer ein Text geschrieben ist, um so näher liegt der Verdacht, daß es sich um die Abschrift einer Passage handelt, die wegen ihres intensiven Überarbeitungsgrades selbst für Hegel kaum mehr lesbar gewesen ist. Und vielleicht – wahrscheinlich! – ist die überkommene Abschrift nicht einmal die erste Abschrift, sondern die zweite, vielleicht auch die dritte. Nun läßt sich zwar durch Schriftanalyse – im besten Fall! – *der* Zeitpunkt einigermaßen präzise bestimmen, zu dem Hegel eine Abschrift angefertigt hat. Über die Entstehungszeit des Textes – inhaltlich gesehen – ist damit aber überhaupt nichts ausgesagt; er kann Jahre zuvor verfaßt sein.

Ich darf deshalb diesen Punkt in *einem* Satz resümieren: Angesichts des fast vollständigen Mangels datierter Vergleichstexte und des vorhandenen Chaos einzelner Fragmente, ja einzelner zu Fragmenten verbundener Blätter und Bogen erbringt die Buchstabenstatistik allein Phantasiedatierungen, aber keine verläßlichen Resultate.

(2) Wasserzeichenmethode

Was bleibt dann? Glücklicherweise hat die leider früh verstorbene Eva Ziesche, die langjährige Hüterin des Hegel-Nachlasses in der Staatsbibliothek zu Berlin, vor knapp zwanzig Jahren eine weitere Datierungsmethode in die Hegelphilologie eingeführt: die Wasserzeichenanalyse. Zwar kann auch diese Methode – dies betone ich ausdrücklich! – nicht alle Datierungsfragen lösen – aber immerhin einen wichtigen Teil.

(a) Die Wasserzeichenanalyse läßt sich für jedes einzelne Blatt durchführen – es ist also nicht erforderlich, zunächst einmal Texteinheiten für eine Buchstabenstatistik festzulegen. Sie kann also bestimmen, ob Blätter aus unterschiedlichen Zeiten zu einem Fragment verbunden sind.

(b) Die Wasserzeichenanalyse erlaubt es, einen zuverlässigen terminus post quem zu bestimmen: Ist ein Papier aus einer bestimmten Papiermühle erst zu einem bekannten Zeitpunkt hergestellt worden, so kann ein auf diesem Papier geschriebenes Fragment nicht älter sein – dies ist zwar wiederum banal, aber für die Chronologie der Texte mehrfach revolutionär.

(c) Da die Papiere aus den damals ja nur kleinen Papiermühlen eine meist nur regionale Verbreitung hatten, erlaubt die Kombination von terminus post quem und ›Regionalprinzip‹ zusätzliche Erkenntnisse über den Ort einer Niederschrift.

(d) Die Wasserzeichenanalyse kann keinen gesicherten terminus ante quem ermitteln – ein Papier kann ja noch lange nach seinem Kauf beschrieben worden sein. Doch erfahrungsgemäß zieht sich die Dauer der Benutzung eines Papiers nicht lange hin – man hat damals keine riesigen Papiervorräte angelegt und sie über die Jahre hinweg verbraucht. Papier wird damals im engeren zeitlichen und regionalen Umkreis seiner Produktion beschrieben. Und zumal dann, wenn der Besitzer des Papiers in eine andere, weit entfernte Stadt gezogen ist, ist es wenig wahrscheinlich, daß er unbeschriebenes Papier in nennenswertem Umfang mit sich geführt habe. Umzüge waren damals ja mit erheblich größerem Aufwand verbunden als heute – insbesondere arme Hofmeister wie Hegel werden da sehr zurückhaltend gewesen sein.

Nach diesem – unvermeidlichen – Exkurs ins Detail deute ich einige Folgen für die Chronologie der Manuskripte an. Sie stellt sich nun deutlich verändert dar, und zwar: Das Fragment zur Geschichte der Menschheit vor der Sintflut, mit dem Nohls Edition des »Geistes des Judentums« bzw. »des Christentums« einsetzt, ist nicht etwa, wie man auf Grund seiner Anordnung meinen könnte, einer der frühesten Texte Hegels; es stammt aber auch nicht vom Sommer/Herbst 1798, wie Gisela Schüler meint, sondern erst etwa vom Jahreswechsel 1799/1800 – und damit ist es einer der letzten Frankfurter Texte. Dies heißt nun aber nicht, daß Hegel sich erst gegen Ende seiner Frankfurter Zeit mit den Nachrichten von Josephus und Eusebius auseinandergesetzt habe: Ein Textvergleich läßt diese späte Niederschrift leicht als Abschrift eines sehr frühen Fragments zu diesem Thema erkennen – und dieses ist auf Berner Papier geschrieben, also wahrscheinlich bereits in Bern entstanden. Bemerkenswert ist es jedoch, daß Hegel noch im Übergang zu seinem letzten Frankfurter Jahr 1800 (und nicht schon im Sommer/Herbst 1798, wie Gisela Schüler datiert!) eine Reinschrift der Berner Materialien zur Frühgeschichte der Menschheit beginnt und sie dabei auch gleich wieder leicht überarbeitet. Da er im September 1800 über eine 49 Bogen umfassende Reinschrift zum Thema ›Religion‹ verfügt, scheint mir die Annahme berechtigt, daß die am Jahreswechsel begonnene Reinschrift eine Vorstufe zu dieser umfassenden, uns bis auf zwei Fragmente unbekannten Reinschrift gebildet habe.

Die nun erforderliche Frühdatierung betrifft auch die mit »Abraham in Chaldäa geboren« (oder ähnlich) einsetzenden Fragmente; auch sie sind auf Berner Papier geschrieben, stammen also wahrscheinlich aus der Berner Zeit, wohl aus den beiden letzten Jahren. Allerdings hat Hegel diese in Bern niedergeschriebenen Fragmente in Frankfurt überarbeitet – und wo er in dem von Nohl mitgeteilten umfangreichen Fragment zum »Geist des Judentums« von den Söhnen Jakobs spricht, wechselt er innerhalb eines Satzes von Berner zu Frankfurter Papier; die späteren Passagen dieses Fragments – zu Joseph und zu Mose – sind also mit Sicherheit erst in Frankfurt, und zwar in der frühen Frankfurter Zeit niedergeschrieben. Deshalb ändert die Frühdatierung des Beginns dieses Fragments auch nichts daran, daß die schlimmen antijüdischen Entgleisungen, deren Hegel sich hier – und zum Glück nur hier – schuldig macht, erst in Frankfurt niedergeschrieben seien: Er spricht hier von dem »schäbigten, niederträchtigen laüsigten Zustand«, in dem sich das jüdische Volk »noch heutigstags befindet« (GW 2.67). Solche Äußerungen haben Hegel den Ruf eingebracht, Antisemit gewesen zu sein, was er – gerade er! – nun wirklich nicht gewesen ist, ganz im Gegensatz zu vielen anderen heute hochgeschätzten damaligen ›Dichtern und Denkern‹. Daß er – trotz seiner lebenslangen Distanz zur Religion Israels – allein in Frankfurt zu derart intolerablen antijüdischen Hetzworten greift, dürfte wohl auf die grauenvollen Zustände im Frankfurter Ghetto, in der »Judengasse«, zurückgehen, von denen

Jens Baggesen, der Freund Fichtes und Jacobis, wenige Jahre vor Hegels Frankfurter Aufenthalt so anschaulich-schauerlich berichtet.[7]

Aber nicht allein diese Fragmente zur Geschichte Israels sind in die Berner Jahre zu datieren – auch die von Nohl in den Anhang verbannten, ebenso kurzen wie wichtigen Fragmente über Glauben, Moralität, Religion und Liebe sind auf Berner Papier geschrieben, sogar auf unterschiedliche Sorten. Daraus folgt zwar nicht mit ›geometrischer Evidenz‹, daß Hegel sie in Bern beschrieben habe. Doch wer an der Frankfurter Datierung festhalten will, muß voraussetzen, daß Hegel auf seiner – uns abgesehen vom Aufenthalt in Memmingen im einzelnen unbekannten – Reise von Bern über Stuttgart nach Frankfurt neben seinen Berner Arbeiten auch unbeschriebenes Papier in größerem Umfang mit sich geführt habe – und dies widerspricht allen sonstigen Erkenntnissen. Doch selbst wenn man diese Annahme machen wollte, wäre es potenziert unrealistisch, die zu Beginn auf Berner Papier geschriebene lange Ausarbeitung zum Judentum erst auf den Herbst 1798 zu datieren, wenn doch schon das auf 1797 datierte Fragment über die Liebe (»welchem Zwekke …«) auf Frankfurter Papier niedergeschrieben ist.

7 Jens Baggesen, *Das Labyrinth oder Reise durch Deutschland in die Schweiz 1789.* Mit 17 zeitgenössischen Illustrationen, München 1986. – Dieser Bericht ist wenig bekannt; deshalb seien hier nur ein paar Sätze aus ihm zitiert; siehe 254f.: »Man stelle sich eine Sammlung von einigen tausend zerlumpten Männern, einigen tausend halbnackten Frauen und einigen tausend vollkommen nackten Kindern zusammengedrängt und zusammen gepfercht in einer einzigen Gasse vor […] Welch ein entsetzlicher Haufen Elend! Welch ein Gewimmel von jammervollen Gestalten! Welch ein schwülwarmer Pestdunst von lebendigem, leblosem und totem Unflat! Aus Furcht, der Gestank könnte sich auf meinen Blättern verbreiten […], wage ich nicht, eine einzige dieser vielfältigen Gruppen von mageren und fetten, ausgezehrten und halbverrotteten Kindern Israels auszumalen, die auf den Treppen, in den Türen und auf der Straße wachend und schlafend standen, saßen und krochen, oder richtiger: wovon es in der ganzen Straße wie in einem Käse voller Milben zu kriechen schien.« – Baggesen aber konstatiert dies nicht bloß, sondern er beklagt, daß seine Vorstellungen wohl nicht zu denjenigen durchdringen werden, »in deren Macht es steht, das Joch der Juden zu erleichtern und ihr Unglück zu lindern«. – Es ist offenbar dieser Anblick, der die zitierten Äußerungen Hegels veranlaßt hat; sie werden dadurch etwas verständlicher, wenn auch keineswegs tolerabel.

II. Ein Rundblick – das Corpus der Frankfurter Schriften Hegels

Durch die Vordatierung eines wichtigen Teils der vermeintlichen ›Frankfurter Schriften‹ wird die bisher so schroff erscheinende Zäsur zwischen Hegels Berner und Frankfurter Arbeiten zwar nicht eingeebnet, aber doch geglättet, und hierdurch werden die ›religionsphilosophischen‹ Arbeiten Hegels aus der Frankfurter Zeit etwas ›ausgedünnt‹. Doch damit scheint mir nichts verloren – im Gegenteil: Diesem kleinen ›Verlust‹ steht ein beträchtlicher Gewinn gegenüber.

Vor gut einhundert Jahren hat Nohl mit *Hegel's theologischen Jugendschriften* gleichsam die Textbasis zur *Jugendgeschichte Hegels*[8] Wilhelm Diltheys, seines »verehrten Lehrers«, nachgeliefert – diesen Zusammenhang betont Nohl ja gleich im ersten Satz seiner Vorrede. Und er sagt dort noch mehr, nämlich: Seine Ausgabe enthalte »*alles*, was uns von Hegels Niederschriften aus der ersten, größeren Hälfte seiner Entwicklungszeit, von 1790 – 1800, erhalten ist. Es fehlen« – abgesehen von ein paar Kleinigkeiten – »nur die politischen Arbeiten, die ihn schon damals neben den philosophischen beschäftigten« – denn Rosenkranz, Haym und Mollat hätten davon schon »das Nöthigste« gegeben. Mit diesen dürren und auch nicht ganz zutreffenden Worten hat Nohl Diltheys Bild des jungen Hegel für die Hegel-Rezeption des 20. Jahrhunderts kanonisiert. Einwände dagegen sind nur spärlich vorgetragen worden, und sie konnten sich nicht gegen die kompakte Masse und die inhaltliche Attraktivität der Edition Nohls behaupten. Er schreibt deshalb auch – recht zuversichtlich –, daß selbst das »Auftauchen« der von Rosenkranz noch erwähnten, seitdem aber verschollenen Arbeiten Hegels über Kants *Metaphysik der Sitten* und über Stewarts *Staatswirtschaft* seine Darstellung nicht »wesentlich umwerfen könnte«.

Nun gibt es leider keine Möglichkeit, diese Prognose zu überprüfen – denn diese Texte sind weiterhin verschollen, wahrscheinlich sogar willentlich vernichtet. Doch trotz des Fehlens vieler wichtiger Texte bietet die neue Edition ein sehr viel reicheres, farbigeres Gesamtbild. Sie hat ja tendenziell sämtliche Texte aus Hegels Frankfurter Zeit zu

[8] Wilhelm Dilthey, *Die Jugendgeschichte Hegels* (1905), in: Dilthey: *Gesammelte Schriften.* Bd. 4: *Die Jugendgeschichte Hegels und andere Abhandlungen zur Geschichte des Deutschen Idealismus,* Stuttgart 1959, Nachdruck 1974.

präsentieren – ohne inhaltliche Vorauswahl –, und dadurch verschieben sich die Akzente: weg von dem durch Diltheys Interpretation wie auch durch Nohls Edition vermittelten Eindruck, Hegel sei in Frankfurt ausschließlich mit religionsphilosophischen Arbeiten befaßt gewesen – ohnehin nicht mit »theologischen«, wie es in Nohls Titel heißt, obwohl er in seinem Vorwort von »philosophischen« Arbeiten spricht. Es ist wichtig, daß unser Blick auf den Frankfurter Hegel nicht, wie bisher, von seinen religionsphilosophischen Arbeiten absorbiert wird – er hat eben nicht nur Abraham und Jesus im Blick gehabt.

Die kritische Edition gibt auch Hegels politischen Studien Raum – schon dadurch, daß sie den im Manuskript vorliegenden Anfang seiner Flugschrift über die staatsrechtlichen Verhältnisse seines Heimatlandes Württemberg und auch die von Rudolf Haym überlieferten Fragmente dieses Textes aufnimmt. Hegels Heimat, das Herzogtum Württemberg, ist damals ja politisch recht unruhig gewesen – politisch eingezwängt zwischen dem konservativen Österreich (und dem österreichischen Baden) und dem revolutionären Frankreich. Und es scheint, daß gerade Frankfurt in diesen Spannungen eine nicht unwichtige Rolle zugefallen sei: Man war nicht so weit entfernt von Stuttgart, in der Freien Reichsstadt jedoch sicher vor dem Zugriff der Württembergischen Häscher, und zudem nahe bei Homburg, wo sich ja auch bekannte revolutionär gesinnte Köpfe aufhielten (Franz Wilhelm Jung, Isaac von Sinclair), und vor allem: nahe bei dem damals mehrfach französisch besetzten Mainz. Aus Protokollen von Verhören wissen wir jetzt, daß Hegel aus Frankfurt zumindest *einen* Brief von Württembergischen Revolutionären an den Französischen Außenminister und an Abbé Sieyès weitergeleitet hat, und Hegel wäre wohl nicht mit einer solchen Mission betraut worden, wenn er sich nicht auch sonst in diesem Bereich engagiert hätte. So hat er wohl auch die Frau eines aus politischen Gründen in Württemberg Inhaftierten von Frankfurt aus ins französische Mainz begleitet.

Leider reichen die Quellen nicht aus, um das Ausmaß von Hegels politischem Engagement, von seiner Verstrickung in konspirative Tätigkeiten zu erkennen; dies sind ja Dinge, die damals mit gutem Grund nicht an die große Glocke gehängt worden sind – und so bleibt abzuwarten, ob weitere Recherchen noch weitere Einsichten zutage fördern. Hierzu bedarf es noch weiterer Recherchen – und vor allem:

glücklicher Funde. Aber wenn sogar Hegels Schwester Christiane innerhalb des gemeinsamen Freundeskreises in konspirative Tätigkeiten verwickelt gewesen ist,[9] so wird er selber keine Nebenrolle gespielt haben. Freilich kann die Aufnahme der wenigen überlieferten Fragmente hier nur als ein ›Pfahl im Fleisch‹ wirken – und doch: Man liest auch die staatskirchenrechtlichen Partien der religionsphilosophischen Texte genauer, wenn man sie vor dem Hintergrund seines politischen Interesses liest.

Eine gravierende Akzentverschiebung gegenüber dem von Nohl vermittelten Bild ergibt sich sodann aus der Aufnahme von Hegels Übersetzung der Flugschrift Jean Jaques Carts: der *Vertraulichen Briefe über das vormalige staatsrechtliche Verhältniß des Waadtlandes zur Stadt Bern.*[10] Diese Schrift ist erst zwei Jahre nach Nohls Edition wiederentdeckt worden – und auch wenn es sich bei ihr »nur« um eine Übersetzung handelt, so weiß doch jeder, der sich einer solchen Aufgabe einmal unterzogen hat, daß das Engagement, das derartige Übersetzungen erfordern, schwerlich hinter der Ausarbeitung eigener Entwürfe zurückbleibt. Und ohnehin handelt es sich hier auch nicht um eine ›bloße‹ Übersetzung: Hegel wählt aus, er läßt weg oder akzentuiert durch eigene Kommentare – und dabei verschärft er den keineswegs zaghaften, sondern bitter anklagenden Ton des Originals noch um etliches: Die Berner Aristokratie – weit entfernt davon, als Beispiel eines demokratischen Staatswesens zu dienen! – wird hier geradezu an den Pranger gestellt. Auch wenn Hegel sich ohne den persönlichen Hintergrund seiner Berner Zeit wohl nie zu dieser kommentierten Übersetzung entschlossen hätte: Mit ihrer Publikation – seiner ersten Publikation überhaupt! – befreit er sich nicht nur von dem psychischen Druck früherer Erlebnisse, sondern er stellt sein politisches Interesse und sein geschichtlich-politisches Wissen unter Beweis.

Man kann nicht darüber hinwegsehen, daß Hegel die Möglichkeit »zum Eingreifen in das Leben der Menschen« (um das bekannte Wort aus seinem Brief an Schelling aufzugreifen) vornehmlich auf dem politischen Gebiet gesucht und auch genutzt hat. Daß er sie – nach der

9 Über diese Aktivitäten berichtet Alexandra Birkert, *Hegels Schwester. Auf den Spuren einer ungewöhnlichen Frau um 1800,* Ostfildern 2008, 75–124.

10 Frankfurt am Main 1798.

Cart-Schrift und der *Württemberg-Schrift* – gegen Ende der Frankfurter Jahre noch ein drittes Mal gesucht hat, mit seiner Schrift über die Verfassung Deutschlands, ist leider nicht Gegenstand der neuen Edition. Denn die frühen, noch aus Frankfurt stammenden Partien der *Verfassungsschrift* sind eng in das Ganze der erst in Jena (nahezu) vollendeten Schrift verwoben und deshalb in Band 5 der Hegel-Ausgabe veröffentlicht. Somit ist also der Anteil, den die politische oder staatsrechtliche Philosophie wie auch die politische Agitation in Hegels Frankfurter Arbeiten einnimmt, auch über den Rahmen der neuen Edition hinaus noch erheblich auszuweiten.

Aber auch die Hinzufügung der politisch-rechtsphilosophischen Arbeiten dieser Jahre zu den im weiten Sinne religionsphilosophischen erschöpft Hegels damaliges Interessenspektrum noch keineswegs. Ein weiteres, wenn auch wohl deutlich schmaleres Gebiet bilden seine »Geometrischen Studien«. Auch sie sind Nohl noch nicht bekannt gewesen; sie sind erst drei Jahrzehnte nach seiner Edition von Johannes Hoffmeister in den *Dokumenten zu Hegels Entwicklung* veröffentlicht worden.[11] Sie nehmen zwar in der neuen Edition nur einen schmalen Raum ein, doch belegen sie Hegels intensive Auseinandersetzung mit der Geometrie Euklids – und die geringe Zahl der überlieferten Bogen erlaubt keinen sicheren Rückschluß auf den Umfang der Beschäftigung Hegels mit ihr. Überraschend ist zudem, daß er den Beginn seiner Reinschrift der »Geometrischen Studien« auf »Mainz, den 23. September 1800« datiert – denn genau einen Tag später, am 24. September 1800, beginnt er die Niederschrift der überarbeiteten Einleitung zu seinen Studien über die Positivität der Religion. – Dies ist übrigens ein sprechender Beleg dafür, daß Hegel seine Arbeiten auf so unterschiedlichen Gebieten wie dem Positivitätsproblem und der Geometrie nicht in markanter zeitlicher Trennung durchgeführt hat, sondern im unmittelbaren Nacheinander, ja sogar zeitlich nebeneinander.

Doch damit noch nicht genug: Aus diesen späten Frankfurter Jahren – und nicht erst aus der Berliner Zeit! – stammen ja auch noch Hegels wenn auch knappe, so doch eindrucksvolle und auch treffende Bemerkungen über Schillers *Wallenstein* – und auch sie zeigen eine

[11] Johannes Hoffmeister (Hg.), *Dokumente zu Hegels Entwicklung,* Stuttgart 1936, 288–300.

intensive Auseinandersetzung mit Schillers Trilogie. Mit dessen Geschichte des Dreißigjährigen Krieges hat Hegel sich ebenfalls ausführlich auseinandergesetzt, wie wir durch seinen Biographen Karl Rosenkranz wissen – und dies leitet über zu einem weiteren großen Komplex: zu Hegels historischen Studien. Über sie sind wir nur sekundär, durch Rosenkranz' Auszüge, unterrichtet. Rosenkranz gibt leider keinerlei Rechenschaft über die Abfassungszeit dieser »Historischen Studien«, doch ordnet er sie pauschal der Schweizer Periode zu. Das Spektrum dieser »Historischen Studien« reicht von Bemerkungen zu Thukydides' *Geschichte des Peloponnesischen Krieges* bis zur Auseinandersetzung mit Humes *History of England,* zu nachdenklichen Erwägungen über Montesquieus Bemerkungen zur Todesstrafe und zu ihrer öffentlichen Ausübung. Dies ist für sich bereits ein eindrucksvoller Beleg für Hegels weitgespannte Interessen – doch Rosenkranz schiebt in seine Überlieferung dieser »Studien« noch zwei interessante Hinweise ein: Zum einen sagt er, er übergehe »eine Menge ähnlicher Aphorismen« – der Kreis dieser »Historischen Studien« ist also weit größer gewesen als das durch Rosenkranz überlieferte Material. Und zum anderen sieht er ein Zeugnis für Hegels Wertschätzung dieser Aphorismen nicht schon in ihrer »Aufbewahrung, sondern vorzüglich« in der Sorgfalt, »mit welcher er den *Styl* oft im Einzelnen nachgebessert hat«.[12]

Doch auch mit dieser inzwischen bunten Themenvielfalt noch nicht genug: Rosenkranz berichtet, man könne aus zufällig erhaltenen Bücherrechnungen ersehen, daß Hegel in Frankfurt »vorzüglich *Schellings* Schriften und *Griechische Klassiker* in den besten, neuesten Ausgaben kaufte. Besonders muß er den *Platon* und *Sextus Empirikus* viel studirt haben.«[13] Schellings Schriften: Dies waren damals Schellings Schriften zur Naturphilosophie, und daß Hegel an ihr großes Interesse gehabt habe, berichtet wiederum Rosenkranz im Kontext von Ausführungen zu Hegels Dissertation über die Planetenbahnen vom Sommer 1801: »Das Thema dazu – also zu dieser Habilitationsschrift – trug er schon lange mit sich herum. Auszüge aus Kant's Schriften zur Mechanik und Astronomie, aus Kepler, Newton u. A.

12 Karl Rosenkranz: *Hegel's Leben,* Berlin 1844, 521.
13 Ib. 100.

finden sich bei ihm schon viel früher.«[14] Auch diese etwas unbestimmte Zeitangabe »viel früher« deutet wiederum auf die Frankfurter Jahre – und selbst wenn diese Auszüge sogar bis in Hegels Studienjahre zurückreichen sollten, so wäre es doch wenig plausibel, daß er für die Habilitation ein naturphilosophisches Thema gewählt haben sollte, wenn er sich nicht auch auf diesem Gebiet heimisch gefühlt hätte. Freilich: Den Verlust dieser Texte kann die neue Edition nicht kompensieren – aber sie kann auf ihn hinweisen und damit das Spektrum der Themen, an denen Hegel damals gearbeitet hat, um ein wichtiges ergänzen.

Es geht mir bei diesen Hinweisen nicht darum, Ihnen ein paraphrasiertes Inhaltsverzeichnis des neuen Bandes vorzutragen – es geht mir um eine Korrektur des Bildes, das Nohls Edition von diesen vier Lebensjahren Hegels vermittelt. Das politische Geschehen seiner Zeit – ob in der Schweiz oder in Württemberg oder im verwesenden Deutschen Reich –, und daneben das breite Feld der Weltgeschichte wie auch die Nationalökonomie, die zeitgenössische praktische Philosophie, die Gesetzgebung und die Geometrie – und auch die Geschichte der Philosophie, die Griechen wie die neueste Naturphilosophie. Bereits die Frankfurter Jahre sind also – mutatis mutandis – von der nahezu unfaßbaren Breite und Intensität des Erkenntnisinteresses geprägt, das uns jetzt so eindrucksvoll in der Neuausgabe der Exzerpte Hegels entgegentritt.[15] Hegel in Frankfurt: Fraglos ist dies der Hegel, der von Hölderlin nach Frankfurt eingeladen worden ist, um eine Hofmeisterstelle anzutreten, und der dort in Verbindung mit Hölderlin und dem Kreis um ihn steht. Von diesem Hegel, von dem wir alle wissen, wissen wir allerdings so gut wie nichts. Über Hegels Frankfurter Jahre haben wir ja – außer seinen Briefen an die Freundin Nanette Endel – keine direkten Informationen, im Gegensatz zu seiner Tübinger oder Berner oder gar Jenaer Zeit.

Hegel in Frankfurt: Sicherlich ist dies auch der Hegel, der über die Religion Israels und über die christliche Religion geschrieben hat, der einen eigenständigen Ansatz zu einer ›Religionsphilosophie‹ ausgearbeitet hat, mit dem er über Kants Verständnis der Religion als

14 Ib. 151.

15 Hegel, *Exzerpte und Notizen 1809–1831,* hg. von Klaus Grotsch. Hamburg 2013 (GW 22).

›moralischer Religion‹ weit hinausgegangen ist. Doch neben diesem uns allen wohlbekannten ›Frankfurter Hegel‹ stehen eben noch einige weitere, von Nohls Edition überschattete, aber nicht weniger reale: der rechts- und staatsphilosophische Hegel, der Hegel der politischen Agitation, der Hegel der historischen Studien, der Hegel der geometrischen Studien und der naturphilosophische Hegel. Und erst gemeinsam machen sie *den* Frankfurter Hegel aus.

Nun könnte man versucht sein zu argumentieren, der Umstand, daß Hegel seine religionsphilosophischen Studien aufbewahrt habe, sei doch ein hinreichender Beleg dafür, daß sie ihm besonders wichtig gewesen seien – daß letztlich sie und sie allein im Zentrum seines Interesses gestanden hätten. Doch mit dieser Argumentation würde man zum Opfer der Wirren – und auch der Perfidie – der Überlieferungsgeschichte. Hegel hat ja nicht allein diese Texte aufbewahrt, sondern auch alle anderen – abgesehen von seiner politischen Flugschrift, der ersten *Württemberg-Schrift* – und dies aus naheliegenden Gründen, nämlich aus den gleichen Gründen, aus denen er sich auch nie als Übersetzer und Kommentator der Cart-Schrift zu erkennen gegeben hat. Rosenkranz hat das gesamte Spektrum der nachgelassenen Texte ja noch gut ein Jahrzehnt nach Hegels Tod vor Augen gehabt. Danach sind sie jedoch nicht einfach abhanden gekommen, sondern – soweit wir wissen – planvoll vernichtet worden, durch den Reißwolf. Und es ist bezeichnend, daß sogar noch die harmlosen Passagen der *Württemberg-Schrift,* die Rosenkranz und Rudolf Haym veröffentlicht haben, der Vernichtung anheimgefallen sind. Die Texte hingegen, in denen viel von Religion, von Abraham, Moses und Jesus die Rede gewesen ist, sind dem Autodafé entgangen. Es scheint mir nicht fraglich, daß hinter dieser Selektion ein gezieltes Interesse gestanden hat: das Interesse, den inzwischen als Pantheisten verketzerten Hegel als Theologen zu kanonisieren. Und diese Absicht ist, wenn auch erst Jahrzehnte später, durch Nohls Edition der *Theologischen Jugendschriften* in Erfüllung gegangen, mit nachhaltigen Auswirkungen auf die Hegel-Rezeption des 20. Jahrhunderts. Jetzt aber ist es an der Zeit, daß wir uns von diesem – nicht allein extrem einseitigen, sondern auch noch falschen – Bild befreien: Schon in Frankfurt ist Hegel von dem enzyklopädischen Interesse beherrscht, das ihn dann zeit seines Lebens auszeichnet. Wir haben es bisher nur noch nicht so recht gemerkt.

Die Erfahrung des Bewußtseins

I. System und Einleitung

(1) Über das Einleiten hat Hegel sich bekanntlich mehrfach und stets wenig respektvoll geäußert. Es sei nicht die eigentlich geforderte Bewegung des sich selbst entfaltenden Gedankens; vielmehr bilde es eine äußerliche, historische, räsonierende und antizipierende literarische Form. Dennoch hat er insbesondere zu seiner *Wissenschaft der Logik* und zur *Enzyklopädie der philosophischen Wissenschaften* eine Vielzahl aufeinander bezogener einleitender Texte geschrieben, und ähnlich auch in der *Phänomenologie des Geistes.* Sie bildet für ihn ja als ganze – als erster Systemteil – eine ›Einleitung‹ in das System – eine paradox erscheinende, aber für Hegels Jenaer Systementwürfe nicht untypische Figur. Dieser Einleitung in das System – der *Phänomenologie* – hat Hegel noch eine eigene »Einleitung« vorangeschickt – so zumindest wird sie, wenn auch nicht im Text, so doch im nachträglichen Inhaltsverzeichnis bezeichnet. Und auch ihr stellt Hegel schließlich eine zusätzlich einleitende »Vorrede« voran. Durch ihre Anordnung vor dem Zwischentitel ist sie zwar als Vorrede zu Hegels »System der Philosophie« überhaupt ausgewiesen – also zu einem ›System‹, von dem er damals nur den ersten Teil, eben die *Phänomenologie,* ausgearbeitet hat und das er in der damals entworfenen Gestalt nie veröffentlicht hat. Inhaltlich aber bleibt die »Vorrede« überwiegend auf die *Phänomenologie* bezogen – und deshalb ist sie methodisch nicht ganz sauber von der »Einleitung« unterschieden. Sie ergänzt und korrigiert die eigentliche »Einleitung« im Modus einer »Vorrede« zum System überhaupt.

Ähnlich wie die »Vorrede« ist auch die »Einleitung« zur *Phänomenologie* die Einleitung in ein Buch, das Hegel nicht geschrieben hat. Geschrieben hat er sie als »Einleitung« nicht in eine *Phänomenologie des Geistes,* sondern in eine »Wissenschaft der Erfahrung des Bewußtseyns« – denn so lautet der ursprüngliche Zwischentitel, der der »Einleitung« vorausgeht. Die »Einleitung« ist die älteste, zumindest die zuerst gedruckte Partie; sie kennt noch nicht den Titel des Werks *Phänomenologie des Geistes,* zu dessen »Einleitung« Hegel sie nachträglich bestimmt, und sie weiß auch noch nicht sehr viel von diesem Werk – aber sie weiß doch schon so viel, daß es die gesamte Reihe der »Gestalten des Bewußtseyns« umfassen und sie schließlich bis zum »absoluten Wissen« führen und damit abschließen soll.

Diese Vielfalt introduzierender Texte mag überflüssig und verwirrend erscheinen. Doch was sich zunächst als ein Gewirr von Einleitungen darstellt, bildet gleichsam ein ›System von Einleitungen‹, die sich ihrem wissenschaftlichen Anspruch und ihrer systematischen Funktion nach unterscheiden – und es ist nur die bedrückende Armut der Sprache, die uns dazu nötigt, immer nur das eine Wort ›Einleitung‹ zu verwenden. Diese Differenz in der systematischen Funktion betrifft nicht etwa nur das Verhältnis der ›Einleitung in das System‹, also der *Phänomenologie* insgesamt, zu derjenigen Einleitung, die in sie selber einzuleiten bestimmt ist; sie gilt ebenso für das Verhältnis etwa der »Einleitung« zur *Phänomenologie* zur »Einleitung« zu den *Grundlinien der Philosophie des Rechts*. Die letztere, als Einleitung zu einer gesonderten Disziplin innerhalb des Systemzusammenhangs, hat diejenigen Stufen des Systems zu rekapitulieren, die dem Einsatz dieser Disziplin unmittelbar vorangehen, als eine Abbreviatur des an anderer Stelle in streng systematischer Form entfalteten Fortgangs. Sie ist allein deshalb nötig, weil der Publikation einer Teildisziplin nicht jeweils das ganze System einleitend vorausgeschickt werden kann. Hinter der »Wissenschaft der Erfahrung des Bewußtseyns« hingegen steht nicht ein solches ›System‹, auf das sie sich notfalls berufen dürfte. Sie ist Wissenschaft im Modus eines »Voraus, der Wissenschaft« (GW 9.448), und als solches muß sie den Ausgangspunkt des Systems selber erst rechtfertigen.

Aber auch diesen Anspruch kann die »Einleitung« zur *Phänomenologie* nicht erheben. Sie ist, um im Bilde zu bleiben, ein »Voraus, der Wissenschaft«, das selber noch nicht ›Wissenschaft‹, auch nicht »Wissenschaft der Erfahrung des Bewußtseyns«, ist. Sie bietet dem Leser nur eine erste, versichernde und deshalb äußerliche Orientierung über die interne Verfassung dessen, was im Folgenden als »natürliches« oder »erscheinendes Wissen« und schließlich als »Wissenschaft der Erfahrung des Bewußtseyns« bezeichnet wird – einen ersten Blick darauf, wie wohl der Weg beschaffen sein werde, der schließlich zum »absoluten Wissen« und durch dieses hindurch zum »System der Philosophie« zu führen bestimmt ist.

(2) Die Vielfalt dieser einleitenden Texte ist jedoch keineswegs als Indiz für Hegels Unvermögen zu werten, einen Anfang zu finden, und ebensowenig für eine in ihm schlummernde und periodisch zum Ausbruch kommende idiosynkratische ›Einleitungswut‹. Schon die Komplexität des von ihm entworfenen ›Systems von Einleitungen‹ läßt diesen Gedanken nicht aufkommen. Das ›System von Einleitungen‹ ist vielmehr eine Konsequenz des Systemanspruchs seiner Philosophie – und diesen Anspruch wie auch die aus ihm folgende Notwendigkeit der ›Einleitungen‹ teilt Hegel mit einer Vielzahl der charakteristischen Werke der Klassischen Deutschen Philosophie. Freilich ist auch der Systemanspruch nicht ein Letztes, Höchstes; er folgt mit Plausibilität, wenn auch nicht mit strenger Notwendigkeit, aus dem Wissenschaftsanspruch dieser Philosophie. Es ist ja ein alter Anspruch der Philosophie, Wissenschaft zu sein – und nicht bloß eine Wissenschaft unter anderen, sondern die Wissenschaft schlechthin. Auch der Rationalismus des 18. Jahrhunderts hat diesen Anspruch erneuert – nach außen hin sichtbar durch das in den Titeln der Werke Christian Wolffs stereotype »methodo scientifica pertractata«. Diese Wendung verrät bereits, daß der Wissenschaftscharakter dieser Philosophie durch ihre Methode konstituiert werde – durch eine an der Mathematik orientierte, vornehmlich »geometrische Methode«. Mit dem Ende des Rationalismus legt die Philosophie den Akzent jedoch, mit der Ausnahme von Schellings »Darstellung meines Systems der Philosophie«, nicht mehr primär auf die Methode, und vor allem nicht auf eine an der Mathematik orientierte Methode – auch wenn sie weiterhin eine der Mathematik vergleichbare Evidenz beansprucht. Ihren Wissenschaftscharakter jedoch sieht sie primär durch ihre Systemform garantiert.

Dieser Anspruch auf Explikation der Philosophie in *Wissenschafts*form und deshalb in *System*form bildet ein wichtiges Movens der Weiterbildung der Philosophie nach Kant – im zeitlichen wie auch im genealogischen Sinne. Der gegenwärtigen Rezeption erscheint die damalige Insistenz, das Wissen in ein »System« zu bringen, zwar häufig als ein Moment, das dem kritischen Impetus Kants zumindest fremd ist, wenn nicht gar als ein Rückfall hinter das Kant zugeschriebene Programm, den Leitbegriff »Kritik« an die Stelle des für die metaphysische Schulphilosophie charakteristischen Leitbegriffs »System« zu setzen. Und doch ist es eben Kant, der der auf ihn folgenden Generation den Systemgedanken als ein Programm vorgibt. Er führt ja aus, daß das Eigentümliche der Vernunft »das *Systematische* der Erkenntnis sei, d.i. der Zusammenhang derselben aus einem Prinzip« – und er zielt auf eine »vollständige Einheit der Verstandeserkenntnis« als »ein nach notwendigen Gesetzen zusammenhängendes System«, also auf die »Einheit der mannigfaltigen Erkenntnisse unter einer Idee«, ja auf ein »vollständiges System der reinen Vernunft«. Und diese durch die Vernunft hervorgebrachte »systematische Einheit« erhebe die »gemeine Erkenntnis allererst zur Wissenschaft«.[1] Die Systemform der Philosophie folgt somit – schon für Kant – aus ihrem Wissenschaftsanspruch: Denn wäre die Philosophie nicht »System«, so könnte sie auch nicht »Wissenschaft« sein. Daß sie aber »Wissenschaft« zu sein habe, ist ihr seit alters und insbesondere seit dem Rationalismus der frühen Neuzeit selbstverständlich.

(3) Eine Philosophie aber, die sich die Form eines »Systems der Vernunft« gibt, bedarf notwendig einer Einleitung oder gar mehrerer, in ihrem Umfang und ihrer systematischen Funktion miteinander abgestimmter Einleitungen. Sie bedarf der Einleitung als wissenschaftlicher Rechtfertigung wie auch als Surrogat einer wissenschaftlichen Explikation, aber sie bedarf auch der Einleitung als einer didaktischen Hinführung. Zu groß wäre sonst der Schritt, den das – sit venia verbo – ›natürliche Bewußtsein‹ machen müßte, um auf die Ebene des Vernunftsystems oder gar in die Nähe des ›Absoluten‹ zu gelangen. Wenn es dafür noch eines Beweises bedurft hätte, so hätte Gottlob Ernst Schulze ihn geliefert, der unter dem Namen »Aenesidemus« bekannte Skeptiker – mit seiner Parodie des unvermittelten Einsatzes der Identitätsphilosophie Schellings: Die Vernunftphilosophie als eine »Tochter des Himmels« lasse sich »nicht auf die Erde herabziehen, noch bilden auch die irdischen Dinge eine Leiter, auf der man zu ihr nach und nach emporsteigen könnte«.[2] Anders als Schelling hat Hegel diese verschleierte Kritik an einer Philosophie ernst genommen, die sich selber als eine tief verschleierte Himmels-

1 Kant, *Critik der reinen Vernunft,* Riga ²1787, B 673, 860, 735.

2 Jaeschke (Hg.), *Transzendentalphilosophie und Spekulation. Der Streit um die Gestalt einer Ersten Philosophie (1799–1807), Quellenband,* Hamburg 1993, 350 (PLS 2/1).

tochter geriert. Deshalb stimmt er dem Kritiker des Identitätssystems zu: Wenn die Wissenschaft vom ›natürlichen Bewußtsein‹ die Erhebung auf ihre Ebene verlange, so habe umgekehrt »das Individuum das Recht zu fodern, daß die Wissenschaft ihm die Leiter wenigstens zu diesem Standpunkte reiche«. Denn dieses Recht gründe sich »auf seine absolute Selbstständigkeit, die es in jeder Gestalt seines Wissens zu besitzen weiß«, weil es die absolute Form ist und die unmittelbare Gewißheit seiner selbst hat (GW 9.23).

(4) Die Wahrnehmung dieser doppelten Einleitungsfunktion – sowohl wissenschaftliche Rechtfertigung des Systems als auch didaktische Hinführung zu ihm zu sein – schreibt Hegel nun einer »Wissenschaft der Erfahrung des Bewußtseyns« zu – einer Wissenschaft, die zur Zeit der Niederschrift der »Einleitung« in sie allerdings erst eine ›Wissenschaft in statu nascendi‹ ist und die es – genau genommen – nie zur Geburt bringen wird. Diese überraschende Lösung des Problems der Einleitung in das System prägt nun auch die Gestalt der »Einleitung« in diese Einleitung. Dies möchte ich im Folgenden an den drei Themen »Verabschiedung der Erkenntniskritik«, »Dialektik des erscheinenden Wissens« und »Wissenschaft der Erfahrung des Bewußtseins« aufzeigen.

II. Verabschiedung der Erkenntniskritik

(1) Es ist der Systemanspruch der Klassischen Deutschen Philosophie und insbesondere der Hegelschen, der als sein Komplement die Einleitung erfordert. Derselbe Systemanspruch schließt jedoch – für Hegel – die naheliegende, ›natürlich‹ erscheinende Option aus, die »Wissenschaft der Erfahrung des Bewußtseyns« in Form einer ›Verständigung über das Erkennen‹ durchzuführen. Dies überrascht – denn die Wahrnehmung der Einleitungsfunktion durch eine »Wissenschaft der Erfahrung des Bewußtseyns« scheint einer Erkenntniskritik weit eher entgegenzukommen als die Einleitung durch die Logik, wie in den frühen Jenaer Systementwürfen. Und es ist auch mit Recht geltend gemacht worden, daß die breite Polemik gegen eine vorangehende Erkenntniskritik, mit der Hegel seine »Einleitung« beginnt, nicht als präzise Auseinandersetzung mit dieser Form im allgemeinen, geschweige denn speziell mit ihrer Kantischen Form

verstanden werden könne.[3] Hegel zielt mehr auf eine allgemeine Verabschiedung als auf eine detaillierte Kritik. Und dennoch ist es ja wiederum eine Form von Erkenntniskritik, die er an die Stelle der kritisierten setzt – wenn auch eine atypische.

(2) Den Kern seines ersten Arguments gegen einen Beginn mit der Erkenntniskritik bildet der Einwand, sie setze »etwas und zwar manches als Wahrheit voraus, und stützt darauf ihre Bedenklichkeiten und Consequenzen, was selbst vorher zu prüffen ist, ob es Wahrheit sey«. Und unter diesem Vorausgesetzten nennt Hegel zum einen die »*Vorstellungen* von dem *Erkennen* als einem *Werkzeuge* und *Medium*« und zum anderen die Vorstellung, »daß das Absolute *auf einer Seite* stehe, und *das Erkennen auf der andern Seite* für sich und getrennt von dem Absoluten doch etwas reelles [...] sey«. (GW 9.54) Auch wenn man sich den speziellen Inhalt dieses Vorwurfs nicht zu eigen macht: Daß jede Erkenntniskritik derartige Voraussetzungen macht und machen muß, dürfte unbestreitbar sein.

Dies gilt auch und insbesondere für Kants transzendentale Ästhetik und für den Beginn der transzendentalen Logik, die Hegel hier wohl vor allem vor Augen stehen. Die Dualität von Sinnlichkeit und Verstand, von Begriff und Anschauung ist ja nur aufgenommen, nicht systematisch abgeleitet – dies bedarf hier keiner Ausführung. Es betrifft auch kein spezielles Problem der Kantischen Philosophie; man kann ebensogut auf andere philosophische Ansätze zurückgreifen, die der Erkenntniskritik breiten Raum geben – etwa auf Lockes *Essay concerning human understanding.* Ganz im Gegenteil zu der Vorspiegelung, hier werde an den ersten, einfachsten und unstrittigsten Elementen gezeigt, wie sie auftreten und ineinandergreifen und somit allmählich Erkenntnis konstituieren, ob nun durch die kategoriale Verarbeitung des Anschauungsinhalts oder durch das Zusammenwirken von ›sensation‹ und ›reflexion‹ und die Entstehung von ›ideas‹ – stets werden entweder idealistische oder realistische Prämissen oder auch vermeintlich natürliche Vorstellungen stillschweigend vorausgesetzt, als ob sie sich von selbst verstünden und keiner weiteren Begründung bedürften. Dann aber erweist sich das Funda-

[3] Vgl. Ludwig Siep, *Der Weg der Phänomenologie des Geistes. Ein einführender Kommentar zu Hegels ›Differenzschrift‹ und ›Phänomenologie des Geistes‹*, Frankfurt am Main 2000, 74 (= stw 1475).

ment, das den Bau der Philosophie tragen sollte, als um nichts fester gefügt als andere Partien dieses Baues.

Soweit Hegels Argument. Doch hinter dieser Kritik an der Voraussetzungshaftigkeit und systematischen Insuffizienz erkenntniskritischer Ansätze steht noch ein anderes Bedenken, das die »Einleitung« nicht eigens zur Sprache bringt: Hegels Mißtrauen gilt im Grunde nicht allein einer Erkenntniskritik, die mit der Prätention eines zuhöchst akribischen Vorgehens doch nur ihre »zufälligen und willkührlichen Vorstellungen« als angeblich verläßliches Fundament an den Anfang der Philosophie stellen will – sein Mißtrauen gilt solcher Erkenntniskritik überhaupt. Er versucht ja auch später nie, deren Resultate im Rahmen seines Systems an späterer Stelle, und nun wohlbegründet, einzuholen. Die Philosophie des subjektiven Geistes etwa entwickelt dessen Formen im Zusammenhang, aber sie sucht nie in den vorbewußten Bereich zurückzugehen und über die dort verlaufenden Prozesse der Gegenstandskonstitution Auskunft zu geben. Ebensowenig sucht Hegel die das Ich konstituierenden, dem Bewußtsein also notwendig vorausliegenden Handlungen der Intelligenz zu rekonstruieren. Und deshalb verabschiedet er auch die »Geschichte des Selbstbewußtseyns« in ihren beiden transzendentalidealistischen Spielarten. Denn alle diese Ansätze – selbst wenn sie die Konstitution von ›Erfahrung‹ zum Thema haben sollten – reichen nicht an die wirkliche »Wissenschaft der Erfahrung des Bewußtseyns« heran – und auf sie kommt es an.

III. Dialektik des erscheinenden Wissens

(1) Von der Polemik gegen die Forderung, das philosophische Wissen auf ein durch Erkenntniskritik befestigtes Fundament zu bauen, leitet Hegel über zur allgemeinen Charakterisierung des »natürlichen Bewußtseyns«, das zuvor diese »natürliche Vorstellung« vom systematischen Primat der Erkenntniskritik vertreten hat. Das »natürliche« oder »erscheinende Wissen« aber wertet er als ein unwahres Wissen, ein »nicht wahrhafftes Erkennen« ab. Doch worin diese »Unwahrheit des erscheinenden Wissens« liege, sagt Hegel zunächst nicht – lediglich, daß das »erscheinende Wissen« im Gegensatz zur »Wissenschaft« stehe, aber nicht, worin dieser Gegensatz inhaltlich bestehe.

Seine vorhergehende Kritik daran, daß der Anfang der Wissenschaft mit der Erkenntniskritik gemacht werde, reicht ja nicht aus, um das »erscheinende Wissen« insgesamt als ein unwahres abzuwerten. Sehr pauschal charakterisiert er es als ein Wissen, welches »Worte« gebraucht, »welche eine Bedeutung voraus setzen, um die zu erlangen es erst zu thun ist« – und ein solches vermeintliches Wissen bewegt sich notwendigerweise in »unnützen Vorstellungen und Redensarten«. Es spricht vom Wahren, vom Absoluten, vom Erkennen, vom Subjektiven und Objektiven, ohne damit einen bestimmten, durch die »Wissenschaft« legitimierten Sinn zu verbinden. Sein »Begriff« entspricht deshalb nicht dem »Gegenstand«, und so ist es nur die »leere Erscheinung des Wissens«, aber kein »reales Wissen«, obschon es sich »für das reale Wissen hält«.

Doch wie kommt es von diesem erscheinenden, unwahren, nicht realen Wissen zum wahren, realen Wissen? Was löst die Dynamik aus, die das bloße Neben- und Gegeneinander von »erscheinendem Wissen« und »Wissenschaft« überwindet und das »natürliche Bewußtseyn« auf den Weg zur Wissenschaft bringt? Hegel türmt ja zunächst selber eine Reihe von Schwierigkeiten auf, die es der »Wissenschaft« verbieten, das »erscheinende Wissen« ex cathedra über seine Unwissenheit und Unwahrheit zu belehren. Die »leere Erscheinung« des natürlichen Wissens verschwinde unmittelbar »vor der auftretenden Wissenschaft« – aber in ihrem Auftreten sei die Wissenschaft selber »eine Erscheinung« und noch nicht in ihrer wahren Gestalt vorhanden. Auch sie müsse sich vom Schein des Unwahren befreien, indem sie sich gegen ihn wendet – aber nicht etwa durch ein bloßes Pochen auf ihre Superiorität. Denn ein kraftloses Versichern, man sei im Besitze der Wahrheit, ginge in ein gegenseitiges Versichern und somit in eine gegenseitige Blockade über, und ein Appell an die »innere Ahndung eines besseren« im »erscheinenden Wissen« selbst verspräche ebensowenig Wirkung, da dieses hierdurch bestätigt würde.

Das »natürliche Bewußtseyn« ist ja, wie Hegel später in der Vorrede bekräftigt, ein für sich Berechtigtes – und warum sollte es sich dann von einer anderen Instanz über seine Insuffizienz belehren lassen? Deshalb ist zunächst kein Weg aus dieser wechselseitigen Blockade in Sicht – allenfalls die Hoffnung, das natürliche Bewußtsein werde sich doch noch von selber auf den Weg zur Wissenschaft machen – aber für diese Hoffnung spricht zunächst nichts. Hegel beschließt zwar die Auflistung dieser Probleme mit dem lapidaren Satz »Aus diesem Grunde soll hier die Darstellung des erscheinenden Wissens vorgenommen werden«, und er sagt von ihr, sie sei »der Weg des natürlichen Bewußtseyns, das zum wahren Wissen dringt«. Damit ist auch die Metapher des Weges eingeführt – doch was bringt nun nicht allein die wissenschaftliche »Darstellung« in Gang, sondern was nötigt das »natürliche Bewußtseyn« selber auf diesen Weg – auf einen Weg zudem, den Hegel als einen Weg der Verzweiflung, als »bewußte Einsicht in die Unwahrheit des erscheinenden Wissens«, also als Selbsterkenntnis der Unwahrheit des erscheinenden Bewußtseins charakterisiert?

(2) Diese – entscheidende – Frage läßt Hegel zunächst unbeantwortet, ja er wirft sie nicht einmal auf. Statt dessen charakterisiert er antizipierend den genannten Weg des natürlichen Bewußtseins, und er charakterisiert ihn durchaus ambivalent: Er sei in ungeschiedener Einheit ein Weg der Verzweiflung des natürlichen Bewußtseins und doch zugleich der Weg seiner Bildung zur Wissenschaft. Das harte Wort »Verzweiflung« betont den Kontrast gegenüber einem temporären Zweifel, gegen »ein Rütteln an dieser oder jener vermeynten Wahrheit, auf welches ein gehöriges wiederverschwinden des Zweifels und eine Rückkehr zu jener Wahrheit erfolgt, so daß am Ende die Sache genommen wird wie vorher«. Aber auch der methodisch eingesetzte Cartesianische Zweifel, der einem ernsthaften »Eifer um Wahrheit und Wissenschaft« entspringe, der Vorsatz, sich keiner anderen Autorität zu ergeben »und nur der eigenen Ueberzeugung zu folgen«, sei noch nicht der »sich vollbringende Skepticismus« (GW 9.56). Doch trotz dieser dramatischen Wendung und der Rede von der »Verzweiflung« des natürlichen Bewußtseins ist es hier immer noch nicht klar, weshalb dieses Bewußtsein überhaupt an sich selber zweifeln und sogar verzweifeln solle, statt sich vielmehr sowohl der »Wissenschaft« als auch dem Skeptizismus gegenüber im wohligen Gefühl oder auch in der trotzigen Versicherung seiner überlegenen Wahrheit zu ergehen. Und a fortiori ist zunächst nicht nachvollziehbar, wieso der ›Weg nach unten‹, in die Verzweiflung, hier – ganz heraklitisch – zugleich der ›Weg nach oben‹, nämlich zur Wissenschaft sein solle.

(3) Die interne Dynamik des natürlichen Bewußtseins erschließt sich erst gegen Ende der »Einleitung«, wo Hegel auf die »Methode der Ausführung« der *Phänomenologie* zu sprechen kommt. Hier greift er voraus auf die Dialektik des »natürlichen Bewußtseyns«, die den Gedankengang der *Phänomenologie* insgesamt bestimmen wird – auch wenn sie sich in deren späteren Partien selten in der modellhaften Form greifen läßt, die Hegel ihr hier in der Einleitung gibt. ›Natürliches Bewußtsein‹: Dies scheint ein problematischer Terminus zu sein. Welche hochkomplexen Inhalte sind einem angeblich ›natürlichen Bewußtsein‹ nicht schon zugeschrieben worden – ›natürliche Sittlichkeit‹, ›natürliche Religion‹ oder gar ›natürliche Theologie‹. Doch Hegels Einführung des ›natürlichen Bewußtseins‹ wirft keine ernsthaften Probleme auf. Denn dieses ›natürliche Bewußtsein‹ ist eben nur das ›Bewußtsein überhaupt‹, das jeder kennt, weil jeder über es verfügt. Hegel charakterisiert es hier zudem lediglich durch *eine* Bestimmung: durch die Unterscheidung des Gegenstandes und des ›Begriffs‹ oder des Wissens von diesem Gegenstand – und wer wollte ernstlich bestreiten, daß dies eine Grundunterscheidung sei, die jedes Bewußtsein unweigerlich vollzieht und ohne die kein Bewußtsein gedacht werden kann. Und es ist ebenso unstrittig, daß das Bewußtsein teils den Begriff dem Gegenstand, teils den Gegenstand dem Begriff gemäß zu machen sucht. Der Begriff ist ja nichts anderes als der Begriff des Gegenstandes, und der Gegenstand nichts anderes als der Gegenstand des Begriffs.

Das Bewußtsein ist stets Bewußtsein sowohl seines Gegenstandes als seines Wissens vom Gegenstand, Bewußtsein des Gegenstandes und Bewußtsein seiner selbst. Beide sind aber ebenso unterschieden – sonst wäre ja auch die »Prüffung« und »Vergleichung«, die das Bewußtsein an sich selber und ohne äußeren Maßstab und äußere Hilfe vornimmt, eine Farce: Im Wissen ist der Gegenstand für das Bewußtsein, aber er wird gewußt als einer, der nicht nur für das Bewußtsein, sondern auch an sich selbst, in seiner Wahrheit, ist. Das Bewußtsein unterscheidet also sein Wissen von der Wahrheit; sein Wissen wäre aber kein wirkliches Wissen, wenn es von der Wahrheit unterschieden wäre, und deshalb muß das Bewußtsein sein Wissen der Wahrheit gleich machen. Dabei aber zeigt sich, daß die Wahrheit ebenfalls nur eine gewußte ist, also selber ins Wissen fällt, so daß also Begriff und Gegenstand beide ins Wissen fallen. Der Gegenstand kann immer nur ein gewußter Gegenstand sein, und es ist vergeblich, gegen das Wissen vom Gegenstand dessen Ansichsein geltend machen zu wollen.

Das transzendentalphilosophische Erbe in Hegels Denken zeigt sich wohl nirgends plakativer als in diesem Gedankengang – freilich mit einer schon von Fichte vorweggenommenen Modifikation. Kants Unterscheidung der Erscheinungen und der Dinge, wie sie an sich selber sind, wird in das Wissen selbst hineingezogen und damit als – für uns – unwahr aufgelöst. Hiergegen ließe sich freilich einwenden, daß Kant von einem Ansichsein der Dinge rede, das sich solcher Einbeziehung in das Wissen entziehe. Aber dann bleibt nur Kants Auskunft, daß wir von solchem Ansichsein nichts wissen können – doch dies ist nicht sonderlich erhellend. Interessanter ist Hegels Verschiebung der Differenz zwischen dem Ansich und dem Füruns in das Bewußtsein – seine Beobachtung, daß das Bewußtsein unwillkürlich, ohne dies eigens hervorzuheben, eine Seite des Ansich des Gegenstandes – als Wahrheit – von einer Seite seines Füruns – als Wissen – unterscheidet und hierdurch in eine »dialektische Bewegung« des Ausgleichs von Wissen und Wahrheit gerät, die aber – sosehr sie das Wissen zur Wahrheit hin überschreiten möchte – doch unausweichlich in den Kreis des Wissens gebannt bleibt. In Kants Begrifflichkeit wäre zu sagen, daß diese – Hegelsche – Dialektik von Ansich und Für-es insgesamt auf die Seite der »Erscheinung« falle – und dies mag nicht unwesentlich dazu beigetragen haben, daß Hegel das ›natürliche Wissen‹ als »erscheinendes Wissen« und das »natürliche Bewußtseyn« als »erscheinendes Bewußtseyn« bezeichnet.

(4) Erst indem Hegel die Differenz von Begriff und Gegenstand, von Ansichsein und Für-es-Sein in das Bewußtsein selber verlegt, kann er die zuvor nur unterstellte interne Dynamik des natürlichen Bewußtseins plausibel machen. Ohne die von ihr ausgehende Treibkraft wäre nicht verständlich, warum das natürliche Bewußtsein nicht ruhig in seinen vertrauten Überzeugungen verharrt, sondern sich einem »Weg der Verzweiflung« aussetzt. Und ebenso wird erst von dieser Dialektik her klar, warum dieser Weg zugleich ein Weg »zum wahren Wissen« ist, eine »ausführliche Geschichte der *Bildung* des Bewußtseins selbst zur Wissenschaft«. Die »Erfahrung«, die das Bewußtsein macht, ist ambivalent: Das Bewußtsein erfährt, daß das, was es für das Wahre gehalten hat, nicht das Wahre sei – aber es erfährt

ineins damit, daß etwas anderes das Wahre sei, denn die Stelle des Wahren kann nicht leer bleiben. Sonst könnte das Bewußtsein auch keine Erfahrung machen. Hegels gegen den Skeptizismus gerichteter Gedanke, daß die Negation zugleich ein positives Resultat habe, sein Gedanke der »bestimmten Negation«, läßt sich in diesem Kontext wohl noch leichter nachvollziehen als etwa in der *Wissenschaft der Logik*. Das Bewußtsein, dem sein Wahres entschwindet, kann ja nicht ohne ein Wahres bleiben. Dies ist eine strukturelle Notwendigkeit, und ihr kann sich selbst ein Bewußtsein nicht entziehen, das einem dogmatisch-überanstrengten Skeptizismus huldigt. Denn ein Bewußtsein ohne ein Wahres wäre ein Bewußtsein ohne Gegenstand – und somit vielmehr kein Bewußtsein.

IV. Wissenschaft der Erfahrung des Bewußtseins

(1) Die Einsicht in diese Struktur der ›Erfahrung‹, in die Ersetzung des Gegenstandes des Bewußtseins im Falle einer Korrektur des Wissens von diesem Gegenstand, bildet für Hegel den Schlüssel, der ihm den Zusammenhang der Gestalten des Bewußtseins erschließt. Nochmals: Es geht bei diesem Begriff von Erfahrung nicht um die Rekonstruktion der Bedingungen für ihr Zustandekommen, etwa um die Beschreibung des Zusammenwirkens eines sinnlichen und eines rationalen Teilbereichs des Erkenntnisvermögens; es geht auch nicht um die Konstitution des Bereichs der Erfahrung in Abgrenzung gegen darüber hinausliegende, sie überfliegende Bereiche, und es geht schließlich auch nicht um Überlegungen in der Nachfolge Humes, worauf die Gültigkeit eines Erfahrungsschlusses beruhe. Die ›Erfahrung‹, die Hegel hier im Blick hat, ist streng begrenzt auf das dialektische Verhältnis des Wissens und des Gegenstandes des Bewußtseins und auf die Einführung des neuen Gegenstandes in Folge dieses Verhältnisses. Dabei aber gewinnt für Hegel ein Aspekt zentrale Bedeutung, der – soweit ich sehe – weder im vorkritischen Empirismus noch von Kant herausgehoben wird: Im Gebrauch des Wortes ›Erfahrung‹ schwingt ein Moment der Negation und sogar ein teleologisches Moment mit. ›Eine Erfahrung zu machen‹ bedeutet zu sehen, daß etwas sich anders verhält, als man dies zuvor angenommen hat – in Hegels Sprache: Es bedeutet, daß ein anderes Wahres eingetreten ist – und nicht nur ein

bloß anderes, sondern ein angemesseneres Wahres. Dieses Moment der Negation steht bei Hegel im Zentrum – unter Abblendung all der anderen Aspekte, die man ebenfalls im Umkreis der Erfahrungsbegriffs thematisieren kann – und thematisieren muß.

(2) Doch – gesetzt den Fall, Hegel habe überzeugend gezeigt, daß Erfahrung sich einer solchen Dialektik von Wissen und Gegenstand des Bewußtseins verdanke, und gesetzt selbst, er habe mit diesem Modell das Zustandekommen nicht allein einer einzelnen Erfahrung plausibel machen, sondern zugleich zeigen können, daß sich – durch Iteration des Modells – ein Prozeß der Veränderung des Bewußtseins, ein Weg der Erfahrung des Bewußtseins begreifen lasse: Auch dann bleibt zunächst noch offen, wie von diesem Prozeß einer kontinuierlich sich verändernden Erfahrung zu einer »Wissenschaft der Erfahrung des Bewußtseyns« zu gelangen sei. Die bloße Geschichte der Veränderung des Gegenstandes des Bewußtseins wäre ja keine »Wissenschaft«, und auch die Rolle des bloßen »Zusehens«, die Hegel zunächst als einzige einem jenseits des immanent fortschreitenden Erfahrungsprozesses angesiedelten Beobachter zuschreibt, ist keineswegs geeignet, eine »Wissenschaft der Erfahrung des Bewußtseyns« zu begründen. Durch bloßes Zusehen entsteht bekanntlich keine Wissenschaft.

Die Bedingung der Möglichkeit, die bloße Geschichte des Wandels des Bewußtseinsgegenstands zum Gegenstand einer Wissenschaft zu machen, liegt in der Notwendigkeit, mit der sich dieser Wandel des Gegenstandes vollzieht, und diese Notwendigkeit erhellt aus der Einsicht, daß der neue Gegenstand nicht einfach irgendein anderer, sondern »das *für* das Bewußtsein des ersten Ansich« sei – oder, wie Hegel den gleichen Gedanken etwas ausführlicher formuliert: daß »das *an sich,* zu einem für das *Bewußtseyn seyn des an sich wird*«. Dieser Umschlag vom Ansich zum Für-es, dieses ›Für das Bewußtsein Werden des Ansich des Gegenstandes‹ liegt bereits im Gedanken der »bestimmten Negation«, den Hegel schon zuvor eingeführt hat, aber er expliziert ihn nochmals ausführlich. Er nennt diesen Umschlag vom Ansich zum Für-es »eine *Umkehrung des Bewußtseyns*« – aber er weist zugleich darauf hin, daß diese Umkehrung nicht für das Bewußtsein sei, das die Erfahrung mache: daß sie sich vielmehr ›hinter dem Rücken des Bewußtseins‹ vollziehe und lediglich in »unsere«

Betrachtung, also in die Betrachtung des Philosophen, falle. Sonst hätte ja das Bewußtsein schon selber die »Wissenschaft«.

An dieser Stelle also tritt eine Zutat des Betrachters, »unsere Zuthat«, zu der immanenten Dialektik des Bewußtseins hinzu. Aber es ist nicht erst der Betrachter, der die »Nothwendigkeit« in den Prozeß des Bewußtseins hineinlegt. Die Notwendigkeit gehört nicht dem Betrachter an, sie ist nicht erst die Folge seiner Konzeptualisierung des Bewußtseinsprozesses, sondern sie liegt schon im Prozeß des Bewußtseins selber, auch wenn sie nicht *für* das Bewußtsein ist. Um diese Lozierung der Notwendigkeit im Prozeß des Bewußtseins – statt in der Perspektive des Betrachters – zu unterstreichen, greift Hegel gar zu der etwas ungewöhnlichen Formulierung, daß durch diese Notwendigkeit der »Weg zur Wissenschaft selbst schon *Wissenschaft*« sei – aber eben eine Wissenschaft, die nicht für das Bewußtsein ist, das in der Abfolge seiner Gegenstände seine Erfahrung macht. Sie ist aber auch nicht eine Wissenschaft, die erst der Philosoph macht, sondern eine Wissenschaft, die sich dem Philosophen darbietet. Er selber könnte ja die Notwendigkeit, in der die Voraussetzung der Wissenschaftlichkeit liegt, nicht in diesen Prozeß hineinbringen; seine Aufgabe ist es lediglich, sie als eine dem Prozeß immanente Notwendigkeit zu erkennen.

(3) Es ist eine eigentümliche, vielleicht ja auch bedenkliche Folge dieses Modells der »Erfahrung des Bewußtseyns«, daß es die Erfahrung im vollen Sinne nicht dem Bewußtsein zuschreibt, sondern dem Philosophen, der diesen Prozeß konzeptualisiert. Für das Bewußtsein, um dessen Erfahrung es hier zu tun ist, ist nur der Wechsel seiner Gegenstände, nicht die Notwendigkeit, mit der er sich vollzieht, und somit nur der weniger wichtige Part; der wichtigere spielt erst ›hinter dem Rücken des Bewußtseins«. Deshalb macht hier eigentlich nicht das Bewußtsein die Erfahrung, sondern – hinter seinem ›Rücken‹ – die Wissenschaft. Denn erst die wissenschaftliche Darstellung kann der Erfahrung ganz gerecht werden, indem sie nicht allein, wie das Bewußtsein, einen immer neuen Gegenstand vor sich hat, sondern »Bewegung und Werden« und Notwendigkeit seiner Entstehung nachvollziehen kann. Die »Wissenschaft der Erfahrung des Bewußtseyns« wird somit hier, wenn man den Erfahrungsbegriff in seinem vollen Sinne nimmt, zu einer »Wissenschaft der Erfahrung der Wissenschaft«. Dem Bewußtsein, das doch der Ort der Dialektik von

Wissen und Gegenstand, von Für-es und Ansich ist, bleibt das wichtigste Moment seiner Erfahrung verborgen, während es dem Philosophen offenbar wird. Dies klingt hypertroph und wie ein Betrug am Bewußtsein – und dennoch spricht sehr viel dafür, daß eine derartige »Wissenschaft der Erfahrung des Bewußtseyns« nicht die Sache des Bewußtseins ist, das diese Erfahrung macht. Dies gilt sogar nicht allein für eine »Wissenschaft«, sondern es gilt bereits für eine bloße Bewußtseinsgeschichte.

(4) Mit seiner Insistenz auf der bewußtseinsinternen Notwendigkeit der Genese des neuen Gegenstandes führt Hegel eine zusätzliche und starke Bedingung für das Funktionieren seines ohnehin hochkomplexen Modells der Erfahrung des Bewußtseins ein. Und es ist noch eine weitere Bedingung zu nennen: die Bedingung, daß der »Weg der Erfahrung des Bewußtseyns« die »Vollständigkeit« der Bewußtseinsgestalten in sich schließen müsse. Es darf gleichsam keine Gestalt außerhalb des Weges verbleiben. Diese Bedingung läßt Hegel jedoch im Dunkeln; er nennt sie, aber er sagt nicht, wie sie einzulösen sei. Denn die beiden Annahmen, daß dem Wege des Bewußtseins das Ziel notwendig gesteckt sei und daß sich auch der Fortgang mit Notwendigkeit vollziehe, schließen nicht schon aus, daß es Filiationen geben mag, die zwar einer Notwendigkeit gehorchen, jedoch nicht zum Ziel führen.

(5) Wichtiger als dieser knappe Hinweis auf das Kriterium der Vollständigkeit ist jedoch die Frage, ob Hegels Modell überhaupt tragfähig sei. Fraglos läßt sie sich nicht mit einer schwungvollen Wendung am Ende eines Vortrags entscheiden. Es dürfte aber geboten sein, beim Versuch zu ihrer Beantwortung zumindest zwei Ebenen zu unterscheiden: die Ebene der Geschichte eines individuellen Bewußtseins und die Ebene der allgemeinen Bewußtseinsgeschichte – auch wenn es ein Spezifikum der *Phänomenologie* ist, daß sie diese beiden Ebenen bewußt miteinander verbindet.

Auch nach der Einleitung – als dem zuerst gedruckten Text – erstreckt sich der »Weg der Erfahrung«, den das Bewußtsein zu durchlaufen hat, bereits bis hin zum »absoluten Wissen«. Und Hegel betont auch hier schon, daß »das ganze System« des Bewußtseins oder »das ganze Reich der Wahrheit des Geistes« in den Weg der Erfahrung des Bewußtseins einzuschließen seien und daß die »Momente« der »Wahrheit des Geistes« nicht nur als »abstracte, reine Momente«, sondern als »Gestalten des Bewußtseyns« aufträten und auch so zu begreifen seien. Diese Wendungen bleiben hier zwar blasse Antizipationen, doch belegen sie, daß für Hegel auch hier schon »die ausführliche Geschichte der *Bildung* des Bewußtseyns selbst zur Wissenschafft« zur Debatte steht.

Dennoch scheint mir das Modell der Erfahrung des Bewußtseins, das Hegel hier, zu Beginn seines Werkes, vorstellt, an den Partien gewonnen zu sein, die unmittelbar auf ihn folgen. Trotz der kunstvollen Verbindung, mit der Hegel die unterschiedlichen Partien seines Werkes verknüpft: Die Erfahrung, die das Bewußtsein von der ›sinnlichen Gewißheit‹ zur ›Wahrnehmung‹ sowie zu ›Kraft und Verstand‹ weiterschreiten läßt, ist von prinzipiell anderer Art als die Prozesse der allgemeinen Bewußtseinsgeschichte, die im Rahmen einer *Phänomenologie des Geistes* zu berücksichtigen sind. Fraglos hat das Bewußtsein auch in dieser allgemeinen Bewußtseinsgeschichte keine andere als die von Hegel analysierte Struktur, und auch die Erfahrung, die das Bewußtsein teils macht und die sich teils hinter seinem Rücken vollzieht, gehorcht in dieser Bewußtseinsgeschichte fraglos keinen anderen Gesetzen. Doch läßt sich diese Geschichte als ganze nicht am Leitfaden derjenigen Dialektik entfalten, die der Erfahrung des Bewußtseins zugrunde liegt – und es geht ja, wie eben zitiert, um das »ganze System« des Bewußtseins, um »das ganze Reich der Wahrheit des Geistes«. Hier dürfte zumindest ein Grund – oder wahrscheinlicher: der Grund – dafür liegen, daß Hegel die »Wissenschaft der Erfahrung des Bewußtseyns« nachträglich in »Phänomenologie des Geistes« umbenannt hat.

Die geschichtliche Entwicklung des Geistes insgesamt läßt sich nicht aus der vergleichenden Selbstprüfung des Bewußtseins ableiten – und sie bildet ja eine unverzichtbare Voraussetzung für den Einstieg ins System der Philosophie. Zu Recht ist vor kurzem gesagt worden, es seien niemals zuvor »geistige Phänomene in größeren strukturellen Zusammenhängen durchsichtig gemacht worden« als in Hegels *Phänomenologie.*[4] Der Erfahrungsbegriff aber kann die Last der Strukturierung eines so groß dimensionierten Unternehmens nicht allein tragen. Wenn – über die »Erfahrung des Bewußtseyns« hinaus

4 Hans Friedrich Fulda, *G. W. F. Hegel,* München 2003, 93.

– das »erscheinende Wissen« insgesamt zum Thema gemacht wird, muß die Genese und die Produktion dieses erscheinenden Wissens ebenfalls »in größeren [...] Zusammenhängen durchsichtig gemacht« werden. An Stelle einer »Wissenschaft der Erfahrung des Bewußtseyns« muß dann eine Bewußtseinsgeschichte als ›Geschichte des erscheinenden Wissens‹ treten. Sie könnte durchaus die Form einer ›Wissenschaft des erscheinenden Wissens‹ haben – und der Titel des Hegelschen Werkes lautet ja auch keineswegs – wie immer wieder fälschlich unterstellt wird – »Phänomenologie des Geistes«, sondern vielmehr »Wissenschaft der Phänomenologie des Geistes«. Diese Wissenschaft tritt insofern die Nachfolge der »Wissenschaft der Erfahrung des Bewußtseyns« an, als sie ebenfalls die notwendige Bedingung für den Einstieg in das System der Philosophie bildet. Ihr Reichtum und ihre Dynamik aber werden sich schwerlich allein aus der Dialektik des Wissens und des Gegenstands des Bewußtseins und des in dieser Dialektik angelegten Instruments der ›Bestimmten Negation‹ begreifen lassen – hierfür bedarf es anderer Modelle der Entwicklung des Geistes. Doch diese Andeutungen schweifen schon weit über die »Einleitung« hinaus, über die ich hier zu sprechen hatte.

Das Selbstbewußtsein des Bewußtseins

Die »Geschichte des *Selbstbewußtseins*« ist die »*Geschichte* des Selbstbewußtseins«. Dies klingt wie eine Tautologie, und formal gesehen ist es auch eine – wenn man nämlich vom Inhalt abstrahiert und annimmt, daß von »Geschichte des Selbstbewußtseins« jeweils in gleicher Bedeutung die Rede sei. Mir geht es jedoch gerade darum, die Differenz der beiden ›Geschichten‹ zu markieren und die Gründe zu erwägen, die dafür sprechen, von der ersten ›Geschichte‹ zur zweiten überzugehen und diese zweite nicht allein als eine andere Gestalt, sondern als die wirkliche »Geschichte des Selbstbewußtseins« zu erkennen. Die »Geschichte des Selbstbewußtseins« in ihrer ersten Bedeutung – dies kann nur die Gestalt sein, die sie in der Transzendentalphilosophie Fichtes und nochmals verändert bei Schelling erhalten hat; in ihrer zweiten Bedeutung – auch dies überrascht ohnehin nicht und schon gar nicht im Blick auf den Anlaß dieses Vortrags – ist sie in Hegels »Phänomenologie des Geistes« durchgeführt: an einem ›anderen Selbstbewußtsein‹, mit anderer Methode und mit anderer systematischer Funktion. Zunächst möchte ich an diese Herkunft erinnern und die Differenz beider Gestalten kurz skizzieren; dann, in einem zweiten Teil, diese veränderte Form, die der Prozeß des Bewußtseins zum Selbstbewußtsein in der »Phänomenologie« gefunden hat, im Blick auf ihre gedanklichen Voraussetzungen und ihre systematische Funktion erörtern und schließlich, in einem dritten Teil, die Frage stellen, wie dieses Konzept einer »Geschichte des Selbstbewußtseins« jenseits seiner Funktion für Hegels »System der Wissenschaft« zu beurteilen ist.

I. Die transzendentalphilosophische »Geschichte des Selbstbewußtseins«

(1) Es ist die große, unvergängliche Leistung der Transzendentalphilosophie, daß sie das Ich – oder das »Selbstbewußtsein«, wie es vor allem seit Schelling heißt – ins Zentrum der philosophischen Fragestellungen gerückt hat: nicht als eine für sich stets schon fertige und

strukturlose Substanz, sondern als ein Subjekt, das Tätigkeit ist und das durch Tätigkeit konstituiert ist. Dem Ich, dem wir Wissen und Handlungen zuschreiben, liegen Handlungen zugrunde, notwendige, aber unbewußte Handlungen, die das Bewußtsein allererst konstituieren. In seiner »Grundlage der gesammten Wissenschaftslehre« stellt Fichte das »System« dieser notwendigen Handlungen auf. Es bildet das Fundament des Bewußtseins, und deshalb fällt es nicht notwendig und nicht einmal primär in das Bewußtsein. Doch kann es bewußt gemacht, in die »Vorstellung« erhoben werden – freilich nicht durch Introspektion, sondern durch transzendentalphilosophische Reflexion. Diejenige Handlung aber, die das System der notwendigen Handlungen in seiner Vollständigkeit ins Bewußtsein erhebt, ist selber keine notwendige, sondern eine freie Handlung – nämlich diejenige, sie in der »Wissenschaftslehre« durch einen Akt der Reflexion in systematisch geordneter Form aufzustellen und in die Form des Wissens zu erheben. Dies jedoch ist nicht etwa ein einzelner, einmal vorkommender Akt des singulären Individuums Fichte. Vielmehr ist für ihn die gesamte »Geschichte der Philosophie« nichts anderes als eine Sequenz von fortschreitenden Versuchen, das, was allem Bewußtsein – gleichermaßen und unveränderlich – zugrunde liegt, auch durch Freiheit ins Bewußtsein zu heben, und zwar mit zunehmendem Erfolg: Der menschliche Geist kommt erst »durch blindes Herumtappen zur Dämmerung, und geht erst aus dieser zum hellen Tage über«. Alle Philosophen »haben durch Reflexion die nothwendige Handlungsart des menschlichen Geistes von den zufälligen Bedingungen derselben absondern wollen; alle haben sie wirklich, nur mehr oder weniger rein, und mehr oder weniger vollständig, abgesondert; im Ganzen aber ist die philosophirende Urtheilskraft immer weiter vorgerückt und ihrem Ziele näher gekommen« (GA I/2.140–143,146).

Man kann diese geschichtlich fortschreitende Erhellung der Handlungsart des menschlichen Geistes mit der »Kritik der reinen Vernunft« eine »Geschichte der reinen Vernunft« nennen (B 880) – wenn man es nicht vorzieht, diesen, in der Zusammenstellung von »Vernunft« und »Geschichte« provokanten Ausdruck für eine speziellere Fassung des Verhältnisses von Vernunft und Geschichte zu reservieren, als sie sich hier bei Fichte findet. Die Wissenschaftslehre stellt das »System des menschlichen Wissens« auf, aber dieses liegt ihr in den notwendigen Handlungen des Geistes voraus; sie steht deshalb unter der Bedingung der Übereinstimmung mit diesem Vorausgesetzten. Die Philosophen, die dieses »System« aufstellen, sind somit »nicht Gesetzgeber des menschlichen Geistes, sondern seine Historiographen; freilich nicht Zeitungsschreiber, sondern pragmatische Geschichtsschreiber« (GA I/2.147). Sie müssen das System des menschlichen Geistes nicht erfinden, sondern finden und beschreiben.

Es sind deshalb zwei unterschiedliche ›Geschichten‹, die hier erzählt werden können: zum einen die Geschichte der Beschreibungen des Wissens durch diese pragmatischen Geschichtsschreiber und zum anderen die Geschichte, die ›Historie‹ des Beschriebenen, des Wissens selber. Doch andererseits ist das vom Historiographen des menschlichen Geistes Vorausgesetzte kein wirklich Gegebenes; es muß erst ins Bewußtsein gehoben werden, und zwar durch das Bewußtsein selbst. Hierzu bedarf es keiner bloßen Beschreibung eines Vorgefundenen, sondern seiner systematischen Explikation. Die pragmatische Geschichtsschreibung des menschlichen Geistes nimmt deshalb die Form einer transzendentalphilosophischen Rekonstruktion der notwendigen Handlungen des Bewußtseins an. Hier kongruieren der Geschichtsbegriff und der Wissenschaftsbegriff, die sich bis zum Ende des 18. Jahrhunderts und auch noch bei Kant unvermittelt gegenüberstehen (AA XX.340 – 343): Die Historie des menschlichen Geistes *ist* seine Wissenschaft, und diese Wissenschaft nimmt den Charakter einer Historie des menschlichen Geistes an – wobei diese ›Historie‹ jedoch noch im alten Sinne zu verstehen ist, als Bericht über einen nicht notwendig temporal verfaßten Gegenstand. Die jeweils freien Handlungen der nachzeichnenden Beschreibung dieses Systems stehen somit im großen Kontext einer die Zeiten übergreifenden »Geschichte der Vernunft« – aber sie entwerfen auch selbst je für sich eine nicht-temporale »Geschichte der Vernunft« – oder eine »Geschichte des Selbstbewußtseyns«, wie Schelling sechs Jahre später im *System des transscendentalen Idealismus*« prägnant formulieren wird.

(2) Im Kontext dieses *Systems* kommt der »Geschichte des Selbstbewußtseins« eine in der Abgrenzung zwar nicht völlig klare, in jedem Falle aber zentrale Rolle zu. Schelling faßt die Aufgabe dieses *Systems* ja in den Satz: »Der ganze Gegenstand unserer Untersuchung

ist nur die Erklärung des Selbstbewußtseyns.« (AA I/9.152) Und diese Erklärung des Selbstbewußtseins ist auch für ihn wiederum nicht die Erklärung eines fixen, substantialen Objekts von einem äußerlichen Standpunkt aus; sie ist die Beschreibung tendenziell einer »Unendlichkeit von Handlungen« des Selbstbewußtseins und insofern eine »Geschichte des Selbstbewußtseyns«. Da jedoch eine unendliche »Geschichte des Selbstbewußtseyns« erforderlich wäre, um alle diese Handlungen zu beschreiben, sieht Schelling sich zu einer Verkürzung genötigt: »Die Philosophie kann also nur diejenigen Handlungen, die in der Geschichte des Selbstbewußtseyns gleichsam Epoche machen, aufzählen, und in ihrem Zusammenhang miteinander aufstellen. [...] Die Philosophie ist also eine Geschichte des Selbstbewußtseyns, die verschiedene Epochen hat, und durch welche jene Eine absolute Synthesis successiv zusammengesetzt wird.« (AA I/9.91) Die »Geschichte des Selbstbewußtseyns«, die Schelling hier erzählt, ist zwar die Geschichte von »Handlungen« – aber nicht von ›Taten‹ oder gar ›Erlebnissen des Selbstbewußtseins‹. Sie ist die transzendentalphilosophische Geschichte seiner Genese, also der Bedingungen, unter denen das Ich allererst zu seiner Selbstanschauung kommt: zwar die Geschichte des Fortschritts der Selbstanschauung des Ich, aber als systematisch vollständige Aufzählung einer »*Stuffenfolge* von Anschauungen [...], durch welche das Ich bis zum Bewußtseyn in der höchsten Potenz sich erhebt« (I/9.25).

Auch in dieser sehr pointierten Wendung kommt ein entscheidendes Characteristicum nicht zum Ausdruck: Diese Stufenfolge selbst ist nicht geschichtlich verfaßt, sondern sie ist ein architektonisch gedachtes, statisches Ordnungsgefüge, das nur vom Berichterstatter in Form einer Abfolge präsentiert wird. Schelling verwendet das Wort ›Geschichte‹ jeweils noch im traditionell-subjektiven Sinne von ›Bericht‹, ›Erzählung‹, nicht im damals noch wenig gebräuchlichen objektiven Sinne einer in der Zeit erfolgenden Entwicklung. Die »Geschichte«, die er erzählt, ist nicht die eines zeitlichen Verlaufs, sondern die Historie einer hierarchisch gestuften Ordnung und des funktionalen Zusammenhangs des Systems ›Selbstbewußtsein‹. Damit hängt ein weiterer Aspekt zusammen: Auch wenn »die gesammte Philosophie« für Schelling eine gleichsam auf Denkmale und Dokumente gestützte »fortgehende Geschichte des Selbstbewußtseyns« ist (AA I/9.25), so haben diese »Denkmale und Dokumente« doch keinen geschichtlichen Charakter, und deshalb bezeichnet Schelling diese »Geschichte« zugleich als Erklärung des »Mechanismus des Ich« – ohne daß mit dieser Wendung etwas anderes ausgesagt wäre als mit dem Ausdruck ›Geschichte des Selbstbewußtseins‹. Soweit Schellings »Geschichte des Selbstbewußtseins« in den drei »Epochen« entfaltet ist, ist sie eine Erklärung des »Mechanismus des Ich«, lediglich in das Vokabular eines Bereichs gekleidet, der sich damals, Ende des 18. Jahrhunderts, gegen die zuvor herrschende rationalistische Grundströmung des Denkens und ihren Wissenschaftsbegriff durchzusetzen beginnt.

(3) Die Entwicklung hingegen vom Bewußtsein zum Selbstbewußtsein und weiter über die Vernunft zum Geist, die Hegel in seiner »Phänomenologie des Geistes« entwirft, ist weder eine Stufenfolge von Potenzen noch ein »Mechanismus des Ich«, sondern eine veritable »Geschichte des Selbstbewußtseins« – auch wenn er sie nicht so nennt, vermutlich um ihre Differenz zur transzendentalphilosophischen Konzeption nicht zu verschleifen, die damals die Rede von einer ›Geschichte des Selbstbewußtseins‹ okkupiert hat. Sie ist nicht mehr »Wissenschaft der Handlungen des Ich«, sondern »Wissenschaft der Erfahrung des Bewußtseins«, und Erfahrungen macht erst *das* Bewußtsein, dem seine transzendentalphilosophisch zu rekonstruierende Konstitution gleichsam im Rücken liegt. Die ›Geschichtsschreibung des menschlichen Geistes‹, auch seine ›pragmatische Geschichtsschreibung‹, setzt erst dort ein, wo der transzendentalphilosophische Rahmen überschritten wird und der menschliche Geist einer Geschichte im zeitlichen Sinne unterliegt – oder besser: wo seine Entwicklung, die sich nach seinen eigenen, ihm immanenten Gesetzen vollzieht, Geschichte *als* Geschichte konstituiert. »Die Geschichte des *Selbstbewußtseins* ist die *Geschichte* des Selbstbewußtseins« – das heißt jetzt: Die wirkliche »Geschichte des Selbstbewußtseins« ist nicht der transzendentalphilosophisch rekonstruierbare »Mechanismus« seiner notwendigen Handlungen, sondern sie fällt in die zeitliche Geschichte, oder genauer: sie konstituiert die zeitliche Entwicklung zu einer Pluralität von *Geschichten* – zur »Geschichte des Selbstbewußtseins« im engeren Sinne wie auch zu den Geschichten der Vernunft und des Geistes, die erst in ihrer Gesamtheit alle Aspekte einer Bewußtseinsgeschichte umgreifen. Was ›Geist‹ ist, kann ohne Geschichte – ohne Geschichte im neuen,

prägnanten Verständnis des Wortes! – gar nicht begriffen werden, und dies gilt ebenso für die ›Vernunft‹ und rudimentär auch schon für das ›Selbstbewußtsein‹. Wichtiger als die transzendentalphilosophische Rekonstruktion der notwendigen Handlungen des menschlichen Geistes ist deshalb in Hegels Augen die Erkenntnis der geschichtlichen Entwicklung des Wissens, der Entwicklung des Bewußtseins zum Selbstbewußtsein, zum Sichwissen letztlich des Geistes. Die Verlagerung der Blickrichtung, die er hiermit vornimmt, impliziert auch eine Kritik an der seinem Ansatz vorhergehenden Ausrichtung des Programms: Ohne die Rekonstruktion der geschichtlichen Entwicklung des Geistes bleibt die transzendentalphilosophische Rekonstruktionsarbeit ein Torso. Denn – um die bekannte Wendung Kants hier einmal gegen sein Programm zu wenden – die geschichtliche Entwicklung zählt selber zu den Bedingungen der Möglichkeit der Erkenntnis wie auch zu den Bedingungen der Möglichkeit ihrer Gegenstände. Formuliert man die Einsicht, die Hegels »Phänomenologie« zugrunde liegt, in dieser Weise, so läßt sein Programm sich an das der transzendentalphilosophischen »Geschichte des Selbstbewußtseins« nahtlos anschließen. Und dennoch: Das transzendentalphilosophische Programm wird durch eben diese Einsicht Hegels zwar nicht in seinem Kern dementiert, doch wird es preisgegeben, zumindest vernachlässigt, und statt seiner wird auf neuem Terrain in neuer Gestalt und mit einer neuen Methode ein Nachfolgeprogramm etabliert. Der zentrale Punkt des Dissenses, die ›Differenz zwar nicht des Fichte-Schellingschen und des Hegelschen Systems‹, aber doch die ›Differenz der Fichte-Schellingschen Transzendentalphilosophie und der Hegelschen Phänomenologie‹, liegt genau in dieser Frage: Beschränkt die ›Geschichte des Selbstbewußtseins‹ sich auf die Historie seines invarianten Aufbaus und auf die sukzessive Synthesis seiner Funktionen, oder findet eine im emphatischen Sinne geschichtliche Entwicklung des ›Selbstbewußtseins‹ statt? Bejaht man letzteres, sieht man Grund, nicht nur eine der Sache äußerliche und gleichgültige Varianz ihrer Erkenntnis anzunehmen, sondern eine geschichtliche Entwicklung, in der allererst die Reihe der notwendigen Bedingungen des Selbstbewußtseins vollständig durchlaufen wird, so betrifft diese Entwicklung notwendig auch die Bedingungen der Möglichkeit der Erkenntnis und ihrer Gegenstände

– sei es in der Weise einer moderaten Modifikation, sei es in der Weise weitgehender, gleichsam ›substantieller‹ Verschiebungen.

II. Die »Phänomenologie« als »Geschichte des Selbstbewußtseins«

(1) Die bisher, im ersten Teil meiner Überlegungen, exponierte Frage steht natürlich nicht nur zwischen Fichte und Schelling auf der einen und Hegel auf der anderen Seite zur Entscheidung an. Sie ist heute nicht weniger brisant, und die Antworten, die man auf sie gibt, sind heute nicht weniger folgenreich als damals – im Gegenteil. Ich möchte mich zunächst aber noch nicht solchen allgemeinen Fragen zuwenden, sondern bei der »Phänomenologie des Geistes« verbleiben. Ich möchte hier auch noch keine Antwort auf die gestellte Frage zu geben suchen. Vielmehr möchte ich nun, in einem zweiten Teil, das Programm, das aus Hegels geschichtlicher Einsicht folgt, in seinen Grundlinien skizzieren, doch zunächst, in Form eines kleinen Exkurses, noch die Frage nach seiner eigenen Genese aufwerfen: Wann und wie gelangt Hegel zu dieser Einsicht, daß die »Geschichte des Selbstbewußtseins« – oder allgemein: des Geistes – in die Zeit falle?

(2) Zunächst ein paar Worte zum ›Wann‹ – zumal die Frage nach ihm sich noch als inhaltlich relevant erweisen wird. Die Entstehungsgeschichte der »Phänomenologie des Geistes« liegt im Dunkeln – so sehr, daß man geneigt sein könnte, zu ihrer Erhellung den apokalyptischen Topos des verborgenen Buches zu bemühen, das nun, am Ende der Tage, offenbart wird. Das Dunkel wird ja auch durch Hegels Biographen Karl Rosenkranz weniger gelichtet als verdichtet. Er teilt zwar mit, Hegel habe in seinen Einleitungen zu Logik und Metaphysik »den Begriff der *Erfahrung,* welche das *Bewußtseyn von sich selbst macht*«, entwickelt, und hieraus sei »seit 1804 die Anlage zur Phänomenologie« erwachsen. Diese Angaben lassen sich, wegen des Verlustes der einschlägigen Manuskripte, heute nicht mehr überprüfen, und zudem ist es bekannt, daß Rosenkranz nirgends schwächer ist als in seiner Chronologie der Jenaer Schriften Hegels. Direkte Äußerungen Hegels oder Dritter fehlen. Im Frühsommer 1805 kündigt Hegel zwar – wohl etwas zweckoptimistisch – brieflich an, sein »System der Philosophie« werde bereits im Herbst desselben

Jahres erscheinen – doch ist daraus nichts für die Konzeption einer »Phänomenologie« zu entnehmen.

Noch in der Vorlesungsankündigung für das Sommersemester 1806 erwähnt er sie nicht; er kündigt ja nur an, daß demnächst sein Buch »System der Wissenschaft« erscheinen und er darauf gestützt die spekulative Philosophie oder Logik vortragen werde. Von einer »Phänomenologie« ist nicht die Rede – und dies zu einem Zeitpunkt, zu dem der Satz der »Einleitung« beginnt und Hegel die ersten Druckbogen an die Studenten austeilt. Erst in seiner Vorlesungsankündigung für das Wintersemester 1806/07, also im Sommer 1806, als umfangreiche Partien des Buches bereits gesetzt sind, erwähnt Hegel zum ersten und einzigen Mal eine »Phaenomenologia mentis« – aber auch hier kündigt er sie nicht als eine selbständige Veröffentlichung an, sondern als etwas dem ersten Teil des »Systems der Wissenschaft« Vorausgeschicktes. Er ist sich also selbst im Sommer 1806 noch nicht darüber im klaren, daß statt seines »Systems« nur dessen »Voraus« erscheinen werde. Doch in eben diesem Sommer 1806 nimmt dieses »Voraus« so gewaltige Dimensionen an, daß Hegel es schließlich ratsam findet, es auf dem Titelblatt als den ersten Teil des Systems selber auszugeben – wovon zuvor nicht die Rede gewesen ist. Es ist nicht unverständlich, daß diese unübersichtliche Entstehungssituation im letzten Jahrhundert eine Vielzahl werkgeschichtlicher Deutungsversuche hervorgetrieben hat. Ich möchte hier jedoch nicht auf solche Fragen eingehen, sondern allein auf die Bedingungen, unter denen Hegel zu seiner – für die Konzeption der »Phänomenologie« entscheidenden – Einsicht in die konstitutive Bedeutung des Geschichtlichen für die Erkenntnis gelangt ist. Da die Quellen aber beharrlich schweigen, läßt sich die Frage nach dem »Wie« nicht durch den Verweis auf sie beantworten. Es bleibt nur der Versuch einer nachträglichen Rekonstruktion von Motiven – und ich muß deshalb hier etwas zurückblenden und mich auf zwei solcher Motive beschränken, die in ihrer Verknüpfung miteinander durchaus geeignet sind, die Ausbildung der neuen Konzeption zu erhellen.

(3) Überlegungen hierzu müssen ausgehen von dem, was wir über Hegels damalige Konzeptionen zu einer Einleitung in das »System der Wissenschaften« wissen – und dies ist sehr wenig. Aus all den Jenaer Jahren ist nur eine einzige und zudem eine sehr bruchstück- und skizzenhafte Einleitung überliefert: die erste Systemskizze vom

Winter 1801/02 (GW 5.257–265). Sie ist jedoch kein mögliches Paradigma der späten Jenaer Einleitungskonzeption. Sie schreibt die Einleitungsfunktion ja einer von der Metaphysik noch unterschiedenen Logik zu, während zur Zeit der »Phänomenologie« Logik und Metaphysik als spekulative Philosophie den – eigentlichen – ersten Systemteil bilden. Gemeinsam ist der frühesten Einleitung und derjenigen, die Hegel 1806 geplant hat, vermutlich nur dieses, daß er sie beide nicht als didaktische Hinführung, sondern als ›wissenschaftliche Einleitung‹, nämlich als Rechtfertigung des Standpunkts des Systems entworfen hat. Deshalb pariert er die zwar nicht unplausible, aber doch auch etwas boshafte Anschuldigung des Skeptizismus, zum Absoluten der Identitätsphilosophie könne man nicht auf der Leiter der irdischen Dinge hinaufsteigen,[1] durch die ausdrückliche Bekräftigung, das Individuum fordere mit Recht von der Wissenschaft, daß sie »ihm die Leiter wenigstens zu diesem Standpunkte reiche« (GW 9.23) – und dies ist keine bloß didaktische Leiter. Sie dem Individuum zu reichen, bedeutet zugleich, es zu nötigen, die Leiter hinaufzusteigen und sich mit ihrer Hilfe über sein natürliches Bewußtsein zu erheben. Diese systematische Aufgabe der Einleitung, dem Individuum die Leiter zu reichen, hat entwicklungsgeschichtlich fraglos Priorität gegenüber der Konzeption einer »Phänomenologie des Geistes«, und die Frage ist, was Hegel bewogen hat, diese Leiter in der Form einer »Phänomenologie« auszuführen. Hierzu gibt es noch einen weiteren und auch wirklich weiterführenden Hinweis. Rosenkranz spricht ja davon, Hegel habe »den Begriff der *Erfahrung*, welche das *Bewußtsein von sich selbst macht*«, entwickelt, und daraus sei »die Anlage zur Phänomenologie« entsprungen.[2] »Wissenschaft der Erfahrung des Bewußtseyns« – so lautet auch der ursprüngliche, später auf Hegels Anweisung entfernte Zwischentitel, der die am Anfang des Buches stehende ›Einleitung‹ von dem ersten Systemteil trennt, der wiederum selber und als ganzer die Funktion einer Einleitung in das System hat. Dieser Aufgabe einer Einleitung in das »System der Wissen-

[1] [Gottlob Ernst Schulze,] *Aphorismen über das Absolute.* In: Jaeschke (Hg.), *Transzendentalphilosophie und Spekulation. Der Streit um die Gestalt einer Ersten Philosophie (1799–1807), Quellenband,* Hamburg 1993, 337–355, Zitat 350 (PLS 2/1).

[2] Rosenkranz, *Hegel's Leben,* 202, 214.

schaft« kann eine »Wissenschaft der Erfahrung des Bewußtseyns« jedoch nur dann gerecht werden, wenn die thematische »Erfahrung«, die das Bewußtsein mit sich und über sich macht, bis an die Schwelle des Systems führt: wenn der Weg der Erfahrung des Bewußtseins zugleich der Weg des »Werdens der Wissenschaft« ist. Die Erfahrung des Bewußtseins muß also nicht weniger als »das ganze System desselben, oder das ganze Reich der Wahrheit des Geistes« in sich begreifen (GW 9.61).

Doch wie ist diese »Wahrheit des Geistes«, von der die »Einleitung« spricht, näher zu verstehen? Die später geschriebene »Vorrede« erklärt sich präziser: Um das Individuum »von seinem ungebildeten Standpunkte aus zum Wissen zu führen«, ist »das allgemeine Individuum, der Weltgeist, in seiner Bildung zu betrachten« (GW 9.24). Diese – späte – Formulierung setzt die inzwischen gewonnene Einsicht Hegels in die geschichtliche Entwicklung des ›Selbstbewußtseins‹ voraus: seine Einsicht, daß diese Geschichte nicht bloß die Geschichte seiner unterschiedlichen Beschreibungen ist, sondern die Geschichte seiner Herausbildung – seine eigene Geschichte. Um vollständig zu sein, muß eine »Geschichte des Selbstbewußtseins« deshalb über die Beschreibung des »Mechanismus« des individuellen menschlichen Geistes hinausführen und den Weltgeist in seiner »Bildung« – und dies heißt: in seiner geschichtlichen Bildung – betrachten. Um das eben verwendete plastische Bild nochmals aufzunehmen: Eine Leiter, lediglich mit den Sprossen der Transzendentalphilosophie verfertigt und nur bis zu ihr reichend, wäre nicht lang genug, um zum Selbstbewußtsein des Geistes hinaufzusteigen. Sie müßte zumindest historisch verlängert, oder besser: durch eine erheblich höher hinauf reichende, ebenfalls bewußtseinsgeschichtliche, jedoch in einem völlig neuen Sinne von ›Bewußtseinsgeschichte‹ konstruierte Leiter ersetzt werden. Der Aufstieg auf ihr ist dann für das Individuum – heraklitisch – ein »Weg der Verzweiflung« und der Erhebung zugleich.

(4) Die Konzeption der »Phänomenologie«, und gerade die ihrer späteren und deshalb »unförmig« geratenen Partien, beruht auf dieser Einsicht in die Bedeutung der Geschichte des Wissens für das Wissen selbst, in die Bedeutung des geschichtlichen Weges des Geistes, die Hegel im Sommer 1806 gewonnen hat. Doch – ist dies wirklich eine Einsicht, oder ist es nur ein grandioser, dem späteren relativistischen

Historismus Vorschub leistender Irrtum, daß die Geschichte des Wissens nicht bloß eine additive oder illustrierende, sondern eine wissenskonstitutive, das Wissen verändernde und begründende Funktion habe? Hegel will ja nicht nur, wie sein Gegner Fries – durchaus zutreffend – damals feststellt, »eine allgemeine philosophische Geschichte des menschlichen Geistes oder der Vernunft geben«.[3] In einer solchen Geschichte könnten ja die philosophischen Bilder der Beschreibung des Wissens ebensogut Revue passieren, ohne daß das Wissen selber verändert würde. Und es geht auch nicht darum, mit Fichte die variierenden sukzessiven Ansätze zur Identifizierung des aller Geschichte zugrundeliegenden, invarianten »wahren Systems« der das Ich konstituierenden Handlungen in einem großen Wurf zusammenzufassen. Hegel behauptet vielmehr, eine solche »allgemeine philosophische Geschichte des menschlichen Geistes« sei eine notwendige Voraussetzung des »Systems der Wissenschaft«, weil das Wissen selber geschichtlich geformt sei – und dies eben nicht nur im Sinne einer bloßen Addition, eines Zuwachses an Erkenntnissen, sondern einer qualitativen Veränderung.

Unter der Bedingung dieser Annahme eines geschichtlich sich entfaltenden Systems des Wissens läßt sich dann auch die Unterschiedlichkeit der bisherigen Versuche zur Erkenntnis dieses Systems zwanglos erklären: Es handelt sich nicht bloß um variierende, mehr oder weniger gelungene, vielleicht sogar fortschreitende, aber doch immer wieder mißlingende Darstellungen des invarianten Systems, sondern um geschichtlich differierende Darstellungen des sich selber geschichtlich entwickelnden Systems. Für Hegel beruht die konstitutive Bedeutung der Geschichte des Wissens für die Gestaltung des Wissens auf der spezifischen Verfassung des Geistes, genauer: auf dem für »Geist« überhaupt spezifischen Verhältnis des einzelnen und allgemeinen Geistes. Seiner Einsicht in die geschichtliche Entwicklung des Wissens liegt eine geistesphilosophische Prämisse zugrunde. Im »allgemeinen Geist« ist das vergangene Wissen ein vergangenes Dasein – aufgehoben, aber zum Moment herabgesetzt; an diesem »allgemeinen Geist« partizipiert das Individuum, oder mit Hegel: Das »vergangne Daseyn ist schon erworbenes Eigenthum des allgemeinen

[3] Jaeschke, *Hegel-Handbuch. Leben – Werk – Schule.* Stuttgart 2003, 177b [[3]2016, 163].

Geistes, der die Substanz des Individuums oder seine unorganische Natur ausmacht«, die das Individuum dann, im Prozeß seiner Bildung, in Besitz nimmt und aufzehrt – ein Bildungsprozeß, durch den der »allgemeine Geist oder die Substanz sich ihr Selbstbewußtseyn gibt« (GW 9.25).

Man kann diesen Gedanken aus der uns fremd gewordenen Sprache übersetzen – zunächst in eine spätere Hegelsche Sprache: Hegel sucht hier den Gedanken zu artikulieren, den er später, in seinen philosophiegeschichtlichen Vorlesungen – und vielleicht ja nicht einmal später, sondern gleichzeitig – als den Gedanken der »Geschichtlichkeit« formuliert. Die Bewegung, die der Geist zu seinem Selbstbewußtsein vollzieht, *ist* eine geschichtliche Bewegung. In ihr verändert sich, was das einzelne Selbstbewußtsein für wahr hält, und da das Selbstbewußtsein an diesem Geist und seiner Bewegung partizipiert und sich seinen Inhalt als sein Erbe aneignet, ist sowohl sein Gegenstandswissen als auch sein Wissen von sich durch diese Geschichte geprägt. »[W]as wir sind«, wird es dann heißen, »sind wir zugleich geschichtlich«, denn das »gemeinschaftliche Unvergängliche« der Geschichte des Denkens (also in der Sprache der *Phänomenologie:* das dem »allgemeinen Geist angehörige Substantielle«) sei »unzertrennt mit dem, daß wir geschichtlich sind, verknüpft« (GW 18.100f). Man kann Hegels Gedanken – habe ich gesagt – aber auch noch in eine andere Sprache übersetzen und ihn als Entdeckung einer Eigentümlichkeit der menschlichen Kognition bezeichnen, die Prozesse kulturellen Lernens ermöglicht.

(5) Darauf werde ich noch zurückkommen. Zunächst aber möchte ich die Entstehungsbedingungen und den systematischen Ort dieses Gedankens noch etwas eingrenzen. In Hegels damaligem philosophischen Umfeld ist dieser Gedanke nicht anzutreffen; man muß schon bis zu Herder zurückgehen, um Anstöße für ihn zu finden. Auch in Hegels eigenem Werk begegnet diese Einsicht in die geschichtlich-bewegte Substantialität des Geistes zuvor nirgends. Soweit sich erkennen läßt, stammt sie auch nicht aus dem Umkreis der Einleitungsproblematik – dort hat sie zunächst gar keinen Platz. Sie verdankt sich vielmehr Hegels Ausarbeitung des geistesphilosophischen Ansatzes seit der Mitte der Jenaer Jahre. Insbesondere ist daran zu erinnern, daß Hegel in *dem* Semester, das der Formulierung seiner neuen Einsicht vorangeht, erstmals über Geschichte der Philosophie

vorträgt. Auch wenn wir von dieser Vorlesung außer ein paar Satzfragmenten keine gesicherten Quellen und auch keine Berichte aus zweiter Hand haben: An der inhaltlichen Verschränkung dieser beiden Gebiete kann kein Zweifel bestehen. Noch Hegels Manuskript zur Geschichte der Philosophie aus dem Jahre 1823 weist ja Spuren der Diktion der Vorrede zur »Phänomenologie« auf. Es ist deshalb keine gewagte These, daß diejenige Einsicht, die für die spezifische Gestaltung der Einleitungsfunktion der »Phänomenologie« verantwortlich ist, sich Hegels philosophiegeschichtlichen Studien des Winters 1805/06 verdanke; daneben dürften die religionsgeschichtlichen Partien der Geistesphilosophie dieses Semesters stehen. Es bedurfte dann nur noch des Schrittes von einer Einsicht in die spezifische Natur des Geistes, die Hegel sich an der Philosophiegeschichte erarbeitet hat, zu einer allgemeinen Einsicht in die Spezifik geistiger Prozesse, um von einer »Wissenschaft der Erfahrung des Bewußtseins« zu einer »Wissenschaft der Phänomenologie des Geistes« überhaupt zu gelangen – wobei der bereits in der frühesten Partie des Werks, in der »Einleitung«, häufige Begriff des »erscheinenden Wissens« eine hervorragende Brücke gebildet hat.

(6) Angesichts der zeitlichen Koinzidenz der Arbeit Hegels an einer neuen Einleitungskonzeption und an der Geistesphilosophie, zumal an der Geschichte der Philosophie, legt sich der Gedanke nahe, daß eine solche »Einleitung« die geschichtliche Erhebung des Geistes nachvollziehen müsse. Doch vielleicht hat dieser Gedanke ja im Moment seines Aufblitzens eine zu große Suggestivkraft entfaltet. Ist denn wirklich mit der Nachzeichnung des »erscheinenden Wissens« die Aufgabe einer »Einleitung« in das System – im Sinne der Rechtfertigung der Wissenschaft – schon gelöst, oder muß diese Nachzeichnung unter wohldefinierten, durch die »Wissenschaft« vorgegebenen Bedingungen erfolgen? Bloße Historie wäre ja nicht »Wissenschaft« im emphatischen Sinne, und Hegel beansprucht für die »Phänomenologie« den Status nicht einer »Geschichte«, sondern einer »Wissenschaft« – wenn auch einer ›Wissenschaft‹, die nicht im gleichen Sinne ›Wissenschaft‹ ist wie die Disziplinen des auf sie erst folgenden »Systems der Wissenschaft«.

Und doch: Ihre Wissenschaftlichkeit liegt lediglich darin, daß sie diesen »Weg des natürlichen Bewußtseyns, das zum wahren Wissen dringt« (GW 9.55), in der angemessenen Weise präsentiert und einem natürlichen Bewußtsein, das sich ihm verweigern will, mit Nachdruck vor Augen hält. Das Werden des Wissens ist ein notwendiges Werden, aber nicht im Sinne einer blinden Notwendigkeit, sondern der immanenten Notwendigkeit des Geistes. Die vom ›Wissenschaftsanspruch‹ der »Phänomenologie« geforderte Notwendigkeit liegt ausschließlich in der adäquaten Rekonstruktion der inneren Gesetzmäßigkeit des dargestellten Prozesses des Wissens. In ihn selbst fällt die Negation des natürlichen Wissens wie auch der geschichtlichen Gestalten des Bewußtseins und des Selbstbewußtseins: seine ›negative‹ Seite, nach der er ein »Weg der Verzweiflung« ist, und ebenso die ›positive‹, daß er »die vollständige Reihe der Gestalten« des Geistes ist (GW 9.56f.). Der Ausgangs- und Endpunkt wie auch die Dynamik dieses Prozesses des erscheinenden Wissens werden rein durch die interne Verfassung des Wissens bestimmt. Seine Rechtfertigung liegt lediglich im Erweis, daß die geschichtliche Bewegung wirklich die Bewegung zur Wissenschaft ist und im »Absoluten Wissen« kulminiert.[4] Es gibt nicht daneben noch einen äußerlichen Erweis, daß es in ihr vernünftig zugegangen sei. Ein anderer Beweis läßt sich auch gar nicht führen; das natürliche Bewußtsein kann ja nicht durch Argumente einer von ihm abgelehnten Wissenschaft überzeugt werden, sondern allein dadurch, daß man ihm die Unwahrheit des erscheinenden Wissens und damit den geschichtlichen Prozeß seiner eigenen Aufhebung vor Augen hält.

III. Neue Epistemologie

(1) Hegel konzipiert die Einleitung in das »System der Wissenschaft« somit – zumindest in den späteren, umfangreichen Partien – in Form einer Genealogie. Die »Phänomenologie des Geistes« ist eine »Genealogie des Geistes«, aufgefächert in die Geschichten des Selbstbewußtseins, der Vernunft und des Geistes. Sie zeigt die Entwicklung des erscheinenden Geistes auf; sie ›monstriert‹, aber sie demonstriert nicht. Um das schon mehrfach bemühte Bild der »Leiter« ein letztes

4 Jaeschke, *Das absolute Wissen*, in: Andreas Arndt u. Ernst Müller (Hg.), *Hegels »Phänomenologie des Geistes« heute*, Berlin 2004, 194–214 [siehe in diesem Band Nr. 4].

Mal aufzugreifen: Die »Leiter«, die die »Phänomenologie« dem natürlichen Wissen reicht, damit es auf ihr zum »absoluten Wissen« als dem Eingangstor zum System emporsteige, ist eine ebenso geschichtliche wie wissenschaftliche – und dies nicht zufällig, sondern weil die Geschichte ja gar nichts anderes als der notwendige Gang der Entwicklung des Geistes ist, dessen Erkenntnis andererseits wieder Gegenstand der Wissenschaft ist. Damit sollen die konstruktiven Züge gerade dieses Buches keineswegs geleugnet sein. Doch das, was an ihm Konstruktion ist, soll lediglich der Rekonstruktion der geschichtlichen Entfaltung des Geistes selbst dienen. Durch diese Konzeption – fraglos eine in Bewegung begriffene, nicht einheitliche, sondern während der Niederschrift gewachsene und wohl auch erst gefundene Konzeption – hat Hegel dem Problem einer Einleitung in seine Philosophie eine neue, an seinen ersten Versuchen gemessen überraschende, aber nicht nur im Rückblick auf sie überzeugende Lösung gegeben. Die Einsicht, die dieser Lösung zugrunde liegt, hat Hegel nie widerrufen. Sie hängt auch nicht von der Einleitungsfunktion ab, so wie sie sich ihr ja auch nicht verdankt.

Wenn Hegels Einsicht zutrifft, daß die geistige Welt eine eigentümliche prozessuale Verfassung hat, durch die der Geist zu seinem Selbstbewußtsein gelangen kann und die deshalb als eine »Geschichte des Selbstbewußtseins« beschrieben werden kann – nämlich als eine Geschichte der fortschreitenden Entfaltung und substantialen Anverwandlung des Wissens und seiner Bildung, seiner Erhebung zum Sichwissen – wenn diese Einsicht zutrifft, dann muß eine Einleitung in ein »System der Philosophie«, strenggenommen, diese Form haben, die Hegel ihr gegeben hat. Anders stellte sich dies dar, wenn etwa das bereits erwähnte Modell aus Fichtes »Grundlage der gesammten Wissenschaftslehre« zuträfe, daß sich die philosophischen Entwürfe wie unterschiedliche Beschreibungen des stets gleichen Systems der Handlungen des menschlichen Geistes zueinander verhielten. Dann wäre eine bewußtseinsgeschichtliche Heranführung an ein »System« nur ein buntes Kaleidoskop ohne philosophische Relevanz. Ich will hier nicht eine Entscheidung zugunsten des einen oder anderen – oder eines dritten – Modells vorwegnehmen, sondern zunächst nur dies festhalten: Solche – nicht eben nebensächlichen – Fragestellungen werden erst seit Hegels Entwurf in der Philosophie – und nicht allein in der Philosophie – diskutiert. Frühere Schemata wie etwa

Kants Dreischritt von Dogmatismus, Skeptizismus und Kritizismus haben dagegen nur marginale Bedeutung.

(2) Deshalb ist es nur die eine Lesart des Problems, die Tauglichkeit einer »Geschichte des Selbstbewußtseins« zur Einleitung in die Philosophie zu prüfen. Die andere Lesart reicht weit über diesen Zusammenhang und über Hegels Systementwurf überhaupt hinaus. Mit seiner neuen Lösung der Einleitungsproblematik hat Hegel ungewollt ein allgemeines Problem von revolutionärer Neuheit und gigantischen Ausmaßen aufgeworfen – ein Problem, das auch in größerer Distanz zu Hegels systematischen Optionen und Ambitionen, ja ohne jeden Rückbezug auf Hegel verfolgt werden kann und verfolgt werden muß – und leider ein Problem, das auch heute noch weit von seiner Lösung entfernt ist. Auf diese, von der Funktion für Hegels System abstrahierende Lesart der »Geschichte des Selbstbewußtseins« möchte ich nun, in meinem dritten, abschließenden Teil wenigstens noch einen Blick werfen – auch wenn ich nur noch einige Aufgabenstellungen sehr punktuell markieren kann, ohne Anspruch auf Vollständigkeit und systematischen Zusammenhang. Wenn – und ich sage mit Nachdruck: Wenn – die geschichtliche Veränderung des Wissens nicht bloß als kontinuierlicher Wechsel seiner Gegenstände oder als quantitative Erweiterung durch Einbeziehung immer neuer Inhalte zu beschreiben ist, sondern als qualitative Entfaltung, die das Wissen selber verändert und Rückwirkungen auf seine Konstitution hat, dann muß dies seinen Niederschlag in einer Epistemologie finden, die dieser Verfassung des geschichtlich sich entwickelnden Wissens gerecht wird: in einer Epistemologie, die die geschichtliche Entwicklung des Wissens erfaßt. Unter der eben genannten Bedingung ist dies keine Frage des philosophischen Geschmacks, sondern eine zwingende Forderung. Derjenige, der sich ihr nicht unterwerfen will, müßte diese Hypothese als unzutreffend verwerfen. Aber auch hierzu ist sie zunächst einmal zu prüfen.

(3) In seine weit ausgreifende »Geschichte des Selbstbewußtseins« hat Hegel einen Bereich nicht einbezogen – den Bereich, den die Transzendentalphilosophie unter den gleichen Titel gestellt hat. Man kann hierin ein Indiz dafür sehen, daß dieser Bereich der notwendigen Handlungen des Geistes, der »Mechanismus des Geistes«, in seinen Augen keiner Geschichte unterworfen ist – wie Hegel ja auch später die Formen des subjektiven Geistes nicht in Form einer Geschichte

aufstellt. Die Geschichte des Bewußtseins umfaßt nicht, gleichsam in einem ersten Akt, vorab eine Geschichte der Genese des Individualbewußtseins und danach seiner geschichtlichen Abenteuer, sondern allein die Geschichte, die es durchläuft. Aber schon die Ausbildung der Erkenntnisformen – Anschauung, Verstand, Vernunft – scheint geschichtlich zu erfolgen, in einem Prozeß der kulturellen Entwicklung der Kognition. Ich verweise nur auf die Fähigkeiten zu Generalisierung und Abstraktion, von denen mit gutem Grund anzunehmen ist, daß sie sich nicht unabhängig von geschichtlich-kulturellen Bedingungen und Leistungen entfalten. Ludwig Feuerbach, übrigens ein begeisterter Leser der »Phänomenologie«, hat einmal darauf hingewiesen, daß die sinnliche Anschauung, obschon sie doch die einfachste, primitivste Erkenntnisform zu sein scheine, die geschichtlich späteste sei – letztlich deshalb, weil sie die große Abstraktionsleistung voraussetzt, ein Ding als ein Ding zu nehmen. Und diesem Bereich der Dingkonstitution widmet Hegel ja ein ausführliches Kapitel seiner »Phänomenologie«. Doch scheint es, als sei hier auf der Ebene der Phylogenese noch viel Arbeit nachzuholen, die für die Analyse analoger ontogenetischer Prozesse bereits geleistet wird. Im gleichen Zusammenhang stehen alle Fragen einer kategorialen Entwicklung unserer Weltauslegung. Wenn es zutrifft, was bereits Jacobi behauptet hat und was heute aus dem Kreis der Kognitionswissenschaft bestätigt wird,[5] daß sich die kausale Deutung von Naturprozessen nicht unserer theoretischen Anschauung eines Zusammenhangs von Ursache und Wirkung verdanke, sondern durch die Erfahrung des eigenen Handelns vermittelt sei, so ist zu fragen, wieweit diese Einsicht die kausalen, insbesondere teleologischen Deutungsmuster unserer Welterklärung tangiere – und weiter, was dies für eine »Geschichte des Selbstbewußtseins« bedeute. Aber auch dies ist nur ein Beispiel von vielen – und es betrifft auch nur einen ersten, basalen Bereich. Daß sich vergleichbare Probleme in der Sphäre des Praktischen stellen, im Blick auf die Ausbildung unserer moralischen und rechtlichen Denkweisen, brauche ich nicht weiter zu betonen.

(4) Als einen zweiten und weit komplexeren Bereich möchte ich den inneren Zusammenhang der – mit Hegel gesprochen – Formen

[5] Michael Tomasello, *Die kulturelle Entwicklung des menschlichen Denkens. Zur Evolution der Kognition.* Frankfurt am Main 2006.

des objektiven und absoluten Geistes ansprechen. Es bedarf ja keiner umständlichen Demonstrationen, daß wir es hier mit Bereichen zu tun haben, die geschichtlich ausgebildet worden sind und sich auch weiterhin geschichtlich entfalten. Und auch wenn man dieser Entfaltung eine jeweils immanente Logik konzediert, so gilt dennoch, daß sie alle in die »Geschichte des Selbstbewußtseins« einzubeziehen sind, oder besser: daß die »Geschichte des Selbstbewußtseins« im wesentlichen die Geschichte der Objektivation des Selbstbewußtseins in diesen Formen ist, obwohl sie doch zugleich für das individuelle Bewußtsein einen ›substantialen‹ Charakter haben. In seiner »Phänomenologie«, die doch so viele different erscheinende Vorgänge auf überraschende Weise vereint und hierdurch Evidenzen erzeugt, hat Hegel dennoch diese Prozesse gegeneinander isoliert und sie sukzessiv thematisiert – eine zwar bedauerliche, doch angesichts der ohnehin hinreichend verwickelten Darstellung vermutlich glückliche Entscheidung.

Doch ändert dies nichts daran, daß sich hier ein nicht gelöstes Problem für die weitere Forschung verbirgt. Es wird wohl niemand behaupten, die Partialgeschichten dieser Bereiche – der Sprache, des Rechts, der Wissenschaft, der Kunst, der Religion und schließlich der Philosophie – hätten nichts miteinander zu tun. Was sie aber miteinander zu tun haben, selbst nur in unserer kulturellen Tradition oder gar in anderen; in welchem Zusammenhang sie in der einen übergreifenden Bewußtseinsgeschichte stehen, ob und wie sie miteinander verzahnt sind, ob und gegebenenfalls wie weit sie sich gegenseitig zur Voraussetzung haben und wie sie sich zu unterschiedlichen Gesellschaftsformen verhalten, zu deren Lebenswelt sie gehören, und schließlich: wie die Dynamik der Bewußtseinsgeschichte zu begreifen sei und welche Verlaufsform sie aufweise: Dies alles sind Fragen, die Hegels »Phänomenologie des Geistes« im Kontext des von ihm gestellten Einleitungsproblems aufgeworfen und partiell auch zu beantworten gesucht hat, fraglos mit oft unzureichenden Mitteln. Sie sind auch sicherlich keine Scheinfragen, und sie sind auch keine Fragen, die sich lediglich im Kontext der Philosophie Hegels stellen, sondern Fragen, die er aufgeworfen hat, weil sie zentrale Aspekte unseres Welt- und Selbstverständnisses berühren – und doch kann man nicht einmal sagen, daß zwei Jahrhunderte nach dem Erscheinen der »Phänomenologie« auch nur die erforderlichen

Fragestellungen für die heutige Wiederaufnahme der Themen ausgearbeitet seien. Vielleicht könnte man ja das Jubiläum der »Phänomenologie« zum Anlaß nehmen, die von ihr eröffneten Problemstellungen aufzugreifen.

Das absolute Wissen[1]

»Denken? Abstract? – Sauve qui peut! Rette sich, wer kann!«[2] Mit dieser Antizipation des Entsetzensschreis derjenigen, die mit abstraktem Denken konfrontiert zu werden befürchten, beginnt der Text, den Hegel nur wenige Monate nach dem Schlußkapitel der *Phänomenologie* über »Das absolute Wissen« geschrieben hat. Es dürfte in Hegels Sinn liegen, jenen Ausruf auch auf dieses Schlußkapitel zu beziehen und ihn nur leicht zu variieren: »Wissen? Absolut? – Sauve qui peut! Rette sich, wer kann!«

Zweifellos trifft diese Variante eine zumindest ebensoweit verbreitete Bewußtseinslage wie die ursprüngliche Form des Zitats. Die Rede vom »absoluten Wissen« läßt sogar noch mehr als die vom »abstrakten Denken« befürchten, daß »von Metaphysik die Rede ist«. Wer die Möglichkeit eines »absoluten Wissens« behauptet oder sich gar selbst ein solches Wissen zuschreibt, muß seiner Ignoranz nicht mehr eigens überführt werden: Er hat sich selbst gerichtet. Die Bildung des Terminus »absolutes Wissen« enthalte nicht allein ein Mißverständnis der Natur allen Wissens, da »Wissen« immer nur »bestimmtes«, vermitteltes, also relatives, und niemals »absolutes Wissen« sein könne. Sie gilt zudem als Gipfel philosophischer Hybris, und man ist immer schon im Recht, wenn man sich mit einem resignierten »Sapienti sat« von demjenigen abwendet, der ein »absolutes Wissen« für möglich hält oder gar für sich beansprucht. Und wer – weniger rigoros – nicht zugleich mit dem Unbegriff des »absoluten Wissens« auch den Philosophen stehenlassen will, der von solchem Wissen redet, der findet von ihm noch andere Texte genug, selbst in der *Phänomenologie,* die weniger prätentiös und deshalb weniger anstößig erscheinen – wie etwa die Ausführungen über Herrschaft

1 Diese Abhandlung ist die überarbeitete Fassung des gleichnamigen Vortrags auf dem Hegel-Kongreß Zagreb 2000, erschienen in: Andreas Arndt, Karol Bal u. Henning Ottmann (Hg.), *Phänomenologie des Geistes. Erster Teil,* in: Hegel-Jahrbuch 2001, Berlin 2002, 286–295. Insbesondere Miriam Wildenauer danke ich für mannigfache Kritik und Verbesserungsvorschläge.

2 Hegel, »*Wer denkt abstract?*«, GW 5.381.

und Knechtschaft. Sie ist ja ein Buch, das von vorne gelesen zu werden pflegt, von der »sinnlichen Gewißheit« oder der »Einleitung«, und häufig genug von ganz vorne, nämlich von dort, wo sie noch gar nicht begonnen hat: von der Vorrede zum System, die ja immer wieder irrtümlich als »Vorrede zur *Phänomenologie*« angesprochen wird.

Nun gibt es Autoren – auch philosophische –, deren Texte vom Anfang her gelesen werden wollen, weil sie dort ihre Problemstellung entfalten, die sie im folgenden durchführen. Hegel gehört nicht zu diesen Philosophen. Seine Texte sind – wie der Gedanke, den sie formulieren – auf ein Telos hin angelegt: die *Phänomenologie* auf das »absolute Wissen«, wie die *Wissenschaft der Logik* auf die »absolute Idee«, die Naturphilosophie auf den Begriff des Lebens und die *Enzyklopädie* auf den Abschnitt »Philosophie«. Dort liegt jeweils ihr gedankliches Zentrum – auch wenn der Weg dorthin keineswegs als überflüssig oder gar als Umweg mißverstanden werden darf. Der gespannten Erwartung, daß diese Werke sich von diesen Zielpunkten her erschließen, steht jedoch die Lese-Erfahrung entgegen, daß Hegel von ihnen her nur noch auf das Vorangegangene zurückzublicken behauptet – und damit häufig genug die Enttäuschung. Und selbst diese Rückblicke gestaltet Hegel in einer Weise, die seinen Kommentatoren den stereotypen Seufzer entlockt, daß hier, wo der Schlüssel zum Verständnis liegen solle, am wenigsten zu verstehen sei.[3]

Der Verdacht gegen den Anspruch auf Wissen – und gar auf »absolutes Wissen« – begleitet die Philosophie auf ihrem Weg – und dies nicht erst in der Gegenwart. Oft genug hat sie diesen Verdacht selber genährt – und immer dann, wenn sie dieses skeptische Geschäft selber übernommen hat, hat sie sich einer gesteigerten Aufmerksamkeit, wo nicht gar Beliebtheit erfreuen dürfen. Der wohl berühmteste Satz der Philosophie verdankt seine Berühmtheit ja gerade dem Umstand, daß er das Wissen zu dementieren und das wahre Wissen in das Nichtwissen zu setzen scheint: Philosophie wäre demnach nicht »absolutes Wissen«, sondern Wissen des Nichtwissens. Ein Nachhall davon – ob historisch zu Recht oder nicht – ist

[3] Siehe etwa die von Josef Schmidt genannten Arbeiten; Schmidt, *»Geist«, »Religion« und »absolutes Wissen«. Ein Kommentar zu den drei gleichnamigen Kapiteln aus Hegels Phänomenologie des Geistes.* Stuttgart/Berlin/Köln 1997, 436.

auch zu Hegels Zeit vernehmbar. Dem – nicht einmal mit der Prätention der Absolutheit auftretenden Wissen, das die Transzendentalphilosophie beansprucht, wird die Berufung auf das philosophische Nichtwissen entgegengestellt, und dies mit dem Anspruch, daß solches Nichtwissen dem Wissen überlegen sei.[4]

Für diese Kritik des philosophischen Wissens im Namen des Nichtwissens erweist es sich dann zwar als schwierig, die Grenze nicht allein zwischen dem (wissenden) philosophischen Nichtwissen und dem puren Nichtwissen, sondern auch zwischen dem Nichtwissen sowie der »Nichtphilosophie« einerseits und dem »Glauben« andererseits zu ziehen und darüber hinaus den – dem philosophischen Wissen überlegenen – Wissenscharakter dieses philosophischen Nichtwissens überzeugend darzutun. Trotz dieser Probleme aber erscheint das philosophische Nichtwissen heute als die weniger prätentiöse und deshalb vertrauenswürdigere Variante philosophischen Wissens. Den Mangel jedoch, daß die im europäischen Denken durch Sokrates wie auch durch Paulus (I Kor 8,2 f.) gleich doppelt – wenn auch sehr unterschiedlich – verankerte Hochschätzung des Nichtwissens theoretisch nur schwer zu rechtfertigen ist, allenfalls als Kritik an einer Überschätzung des Wissens, muß die moralische Auszeichnung des Bewußtseins des Nichtwissens bzw. die moralische Disqualifikation des Wissensanspruchs kompensieren: Wissen gilt nicht allein als (theoretisches) Stückwerk, sondern als (moralische) Torheit. Und wenn schon der Anspruch auf »Wissen« weithin Verdacht erregt, so a fortiori der Anspruch auf »absolutes Wissen« – wie auch sonst auf alles, was in der Philosophie als »absolut« ausgezeichnet worden ist.

Unter den Auspizien der Rede vom »Ende der Metaphysik« scheint das Wort »absolut« seit der Mitte des 19. Jahrhunderts und – nach seiner kurzfristigen Rückkehr bei Husserl – aus der Philosophie weitgehend verbannt worden und in die Alltagssprache emigriert zu

4 *Jacobi an Fichte.* Hamburg 1799. In: Jacobi, *Werke.* Hg. von Klaus Hammacher und Walter Jaeschke. Bd. 2 (= JWA 2). Hg. von Walter Jaeschke und Irmgard-Maria Piske. Hamburg 2004, 192: »Da ich nehmlich das Bewußtseyn des *Nichtwißens* für das *Höchste* im Menschen, und den Ort dieses Bewußtseyns für den der Wissenschaft unzugänglichen Ort des *Wahren* halte; [...].

sein,[5] als sprachlich nicht ganz korrekte, aber geläufige Bezeichnung eines Superlativs. »Absolutes Wissen« hingegen gilt als »obsoletes Wissen«. »Absolut« kann nur noch eines gewußt werden: daß kein Wissen den Titel eines »absoluten Wissens« beanspruchen dürfe, wenn es sich denn nicht selbst aufheben wolle. Der sich selbst legitimierenden Koketterie des Nichtwissens, mit der sich ein gewichtiger Strang der Gegenwartsphilosophie – mit Schelling zu reden – selbst »aus dem Munde der Kinder und Säuglinge [...] Lob bereitet« (Br 1.13), steht freilich Hegels Begriff des »absoluten Wissens« entgegen, und damit die Aufforderung an seine Interpreten, den Sinn dieses Begriffs herauszuarbeiten – vielleicht ja auch seinen guten, zumindest einen diskutablen Sinn. Es ist jedenfalls kein fruchtbarer hermeneutischer Grundsatz, daß der zu interpretierende Autor fraglos immer schon Unsinn rede und allenfalls auf Nachsicht, nicht aber auf Einsicht hoffen dürfe. Er hat einen Anspruch auf unsere Bemühung darum, wie sein Gedanke zu verstehen sei – selbst dann, wenn er ihn unter den ominösen und provokanten Titel »absolutes Wissen« stellt.

I. Vorklärungen

Die Schwierigkeiten, die das Kapitel über das »Absolute Wissen« einem detaillierten Verständnis bereitet, sind nicht gering. Gleichwohl lassen sich die Grundlinien der Argumentation Hegels problemlos freilegen – sofern man sich nur von dem Vorverständnis dessen befreit, was dieser Ausdruck seiner natürlichen Semantik zu Folge besagen müsse, wie auch von anderen Hegel zeitgenössischen Weisen, von einem solchen »absoluten Wissen« zu reden – insbesondere aber von dem Generalverdacht, daß unter diesem Titel notwendigerweise nur von den pudenda der Hegelschen Philosophie die Rede sein könne. Es geht hier – trotz des Epithetons »absolut« – ja keineswegs um philosophische, namentlich erkenntnistheoretische Allmachts-

[5] Diese knappe Anspielung will nicht als Geschichte des Terminus verstanden werden, sondern als Formulierung einer weitreichenden opinio communis. Etwaige gelegentliche Funde der Rede von etwas »Absolutem« lassen sich schwerlich zu einem eindrucksvollen Dementi dieser hier diagnostizierten Regel der gegenwärtigen Absolutheitsphobie stilisieren.

und Allwissenheitsphantasien, von denen wir immer schon – geradezu »absolut« – wissen, daß sie nichtig seien. Es geht vielmehr um Einsicht in die Natur und auch um den Wandel der Natur des Wissens und damit auch desjenigen Wissens, das wir als Denkende mit unserem Anspruch auf Wissen immer schon beanspruchen.

Dieses »absolute Wissen« möchte ich zunächst unter vier Gesichtspunkten kurz charakterisieren: unter den Gesichtspunkten

– der Reflexivität,
– der Geistigkeit,
– der Geschichtlichkeit und
– der Faktizität.

Reflexivität: Wie »absoluter Geist« keine ins Unendliche gesteigerte geistige Person und auch sonst nichts Mysteriöses ist, sondern diejenige Gestalt des Geistes, in der er sich auf sich selber richtet, reflexiv wird, um sich zu erkennen – in Kunst, Religion und Philosophie, deren Existenz ja nicht sinnvoll bestritten werden kann –, so ist auch das »absolute Wissen« reflexives Wissen – wenn auch sicherlich nicht in der Weise der insbesondere zu Beginn der Jenaer Jahre kritisierten »Reflexion«. »Absolut« ist es, sofern es nicht auf einen außerhalb seiner gelegenen Gegenstand bezogen, sondern selbstbezügliches Wissen ist, Wissen des Wissens von sich.

Geistigkeit: Die Reflexivität ist jedoch nur ein erstes, formelles Charakteristicum des »absoluten Wissens« – sonst wäre ja jedes Wissen absolut, zumindest sofern man jedem Wissen eine reflexive Struktur zuschreiben kann, da allem Bewußtsein Selbstbewußtsein zugrunde liegt. Das »absolut« genannte Wissen ist deshalb nicht schon durch diejenige formale – und banale – Struktur der Selbstbezüglichkeit bestimmt, die man jedem Wissen (in einem vielleicht ins Unendliche gehenden Progreß) zuschreiben kann, sofern zu jedem Wissen der Gedanke des Wissens von diesem Wissen hinzutreten kann. »Absolutes Wissen« ist Wissen nicht eines »Gegenstandes« oder gar desjenigen erträumten Gegenstandes, der »das Absolute« wäre, sondern es ist Wissen des Geistes von sich, von seinem Wesen. Dieses Wissen liegt darin, daß das Denken das ihm vermeintlich vorgegebene, ihm gegenüberstehende Objekt in Bestimmungen der Subjektivität transformiert – oder besser, daß es erkennt, daß diese Transformation immer schon geschehen ist und nur noch ins Bewußtsein gehoben werden muß: indem es den Gegensatz des Bewußtseins überwindet, nämlich erkennt, »daß die Entäußerung des Selbstbewußtseyns es ist, welche die Dingheit setzt« (GW 9.422). Eben hiermit überwindet es die Entäußerung und Gegenständlichkeit und weiß somit in seinem Gegenstand, in seinem Anderen sich und ist in ihm bei sich selbst.

Geschichtlichkeit: Anders als der erste, basale Selbstbezug ist dieses Sichwissen des Geistes im Anderen seiner selbst nicht eine der Zeit enthobene Struktur jeglichen Wissens. Es ist geschichtlich, weil Geistiges immer Geschichtliches ist, oder anders: weil Geschichte die spezifische Form der Wirklichkeit des Geistes ist. Hegel macht ernst mit der Formel von der »Geschichte der Vernunft«, die Kant zwar an exponierter Stelle, nämlich am Schluß der *Kritik der reinen Vernunft*, einführt, allerdings ohne ihre systematische Brisanz zu entfalten. Dies ist jedoch die Aufgabe der *Phänomenologie:* Wie sie generell das Wissen »in seinem Werden« aufzeigt, »die Momente des eigentlichen Begriffes oder reinen Wissens in der Form von Gestaltungen des Bewußtseyns« (GW 9.423), so auch das »absolute Wissen« als eine besondere, und zwar als letzte der Gestalten des Bewußtseins: Das »Resultat« der *Phänomenologie* (GW 21.32f.) ist selbst das Resultat einer Jahrhunderte, ja Jahrtausende übergreifenden Bewußtseinsgeschichte, die im Kern Geschichte des Denkens, eben deshalb jedoch nicht gegen die Ausbildung und geschichtliche Entfaltung anderer Bereiche des Lebens isoliert ist. Näher ist es diejenige Gestalt der Gewißheit des Geistes von sich selbst, die in der Bewußtseinsgeschichte der Neuzeit heraufgeführt wird – insbesondere durch die neuzeitliche Philosophie und im letzten Schritt durch Hegels Philosophie. Diese Gewißheit bildet die geschichtliche Voraussetzung und die systematische Grundlage der »Wissenschaft« – und das heißt für Hegel: letztlich des Systems der Philosophie als der eigentlichen Wissenschaft.

Faktizität: In dieser geschichtlichen Konkretion liegt bereits inbegriffen, daß das »absolute Wissen« wirkliches Wissen sei. Sein Begriff ist nicht normativ zu verstehen, im Sinne eines von außen auferlegten Sollens, so daß das absolute Wissen allererst in der Zukunft von uns zu realisieren wäre. Wenn es nicht schon geschichtliches Resultat und damit wirklich wäre, würde es unserer Bemühung um seine Realisierung ebenso spotten wie ein von uns nur gedachtes und nicht bei uns seiendes Absolutes. Hegel führt den Begriff des absoluten Wissens nicht als ein – vielleicht fernes – Ziel ein, das die Philosophie einmal erreichen werde, und ebensowenig als ein Ziel, auf das sie hinstreben *solle,* gar mit einem eindringlichen Appell, es zu verwirklichen, sondern im Rückblick auf seine geschichtliche Realisierung. In seinen Augen ist es nicht nur eine – vielleicht leere – Möglichkeit, sondern eine Wirklichkeit, die sich geschichtlich herausgebildet hat (freilich eine Wirklichkeit, vor der man – wie vor aller Wirklichkeit – die Augen auch verschließen kann). Gegen seinen Verweis auf die Wirklichkeit solchen Wissens ist die oft gehörte Versicherung, daß es »absolutes Wissen« nicht gebe, eine leere Versicherung – auch wenn sie den heutigen Regeln der philosophical correctness entsprechen mag. Man kann Hegel ja nicht ohne nähere Prüfung seiner Ausführungen unterstellen, er habe von etwas als von einem Faktum gehandelt, was allein in seiner Phantasie existiert habe, also lediglich Träume eines Geistersehers erzählt – zumindest wäre auch dies ein mißliches hermeneutisches Prinzip

Hegels Behauptung, daß solches Wissen als eine Gestalt des Bewußtseins geschichtlich wirklich geworden sei, erfordert eine andere Antwort als die schlechthinnige Behauptung seiner Unmöglichkeit – nämlich zunächst die Rückfrage, welches Wissen Hegel denn als »absolutes« bezeichnet habe. Dann mag man bezweifeln oder bestreiten, daß dasjenige geschichtlich vorhandene Wissen, auf das Hegel sich bezieht, in seiner geschichtlichen Genese und seinem systematischen Sinn von ihm richtig verstanden und zudem als »absolutes Wissen« glücklich oder zumindest angemessen bezeichnet sei. Letzteres allerdings wäre ein Streit nur um Worte. Wer sich unter »absolutem Wissen« etwa, phantasievoll, eine göttliche Allwissenheit vorstellt, ist sicherlich im Recht mit der Behauptung, daß solches Wissen der Philosophie – und selbst der Hegelschen – verschlossen sei. Etwas anderes ist aber damals in keines Menschen Sinn gekommen, und am wenigsten in Hegels Sinn. Deshalb sollte man ihn auch nicht verdächtigen, daß seine *Phänomenologie* in einem solchen Unbegriff kulminiere und daß er ihn zudem noch zur Basis des auf diesen Begriff gebauten Systems der Wissenschaft erkläre.

II. Begriff des absoluten Wissens

Nach diesem kurzen, notwendig abstrakten »Vorbegriff« ist zu fragen, wie dieses Sichwissen des Geistes, das Hegel als das wirkliche Resultat einer geschichtlichen Entwicklung bestimmt, näher zu denken sei. Zur Signatur dieser von ihm herausgehobenen Gestalt der Geistigkeit gehört es, daß sie Momente der theoretischen und der praktischen Erkenntnis ebenso in sich schließt wie auch Momente des Wissens der Religion. Die der Religion angehörende Vorform dieses Wissens nimmt die Form eines gewußten Inhalts an, gegenüber der Seite der Form, nämlich der Selbstgewißheit des Geistes, deren Wirklichkeit Hegel primär durch Bezug auf die Philosophie konkretisiert. Hierdurch erscheint die Dualität von Religionsgeschichte und Philosophiegeschichte als konstitutive Voraussetzung der Genese des »absoluten Wissens« – auch wenn Hegel daneben eine Fülle von Gestalten des Bewußtseins nennt, die nicht im strengen Sinne einer dieser beiden Geschichten zuzuordnen sind, bis hin zu Ereignissen der politischen Geschichte wie der Französischen Revolution. Gleichwohl, scheint mir, kann die Entwicklung des »absoluten Wissens« am besten im Rückgang auf diese beiden Geschichten begriffen werden. Ich möchte hier Hegels Hinweisen zur Genese des »absoluten Wissens« folgen, aber etwas anders als er differenzieren und akzentuieren.

1. Absolutes Wissen und theoretische Erkenntnis

(1) Einen wichtigen Beleg für die Überwindung des Bewußtseinsverhältnisses, für die Auflösung der Gegenständlichkeit in die Selbstgewißheit des Ich bietet bereits die theoretische Philosophie der Neuzeit. Im Zuge eines knappen Rückblicks auf die Geschichte dieser Philosophie rekapituliert Hegel kurz seine in den vorhergehenden Kapiteln verstreuten Aussagen zu diesem Thema. Aus seiner pointierten, auch eigenwilligen und zu seiner Zeit revolutionären, aber durchaus erwägenswerten Deutung dieser Geschichte möchte ich zwei Epochen herausheben.

(2) Die Tendenz zur Überwindung des epistemologischen Dualismus, der Kluft zwischen Wissen und Gegenstand, sieht Hegel bereits für die frühe Neuzeit als bestimmend an – die antike Philosophie

erwähnt er hier nicht –, und zwar für die beiden sich dort komplementär gegenüberstehenden Gestaltungen der Philosophie: den Empirismus und den Rationalismus. Bereits die »beobachtende Vernunft« des frühneuzeitlichen Empirismus deutet Hegel als Überwindung der bloßen Entgegensetzung des Subjekts gegen einen Gegenstand – denn sie suche und finde sich selber in dem ihr vermeintlich bloß gegenüberstehenden »gleichgültigen Dinge«, und sie spreche ihre Bestimmung in dem »unendlichen« – und fraglos von Hegel provokant formulierten – Urteil aus, »daß das *Seyn des Ich ein Ding ist*«.[6] Schon die Beobachtung finde »das Daseyn als Gedanken« – wie umgekehrt der Rationalismus »in seinem Denken das Daseyn« (GW 9.430). So spreche das Denken bereits zu Beginn der Neuzeit, also sowohl bei Bacon als bei Descartes, »die unmittelbare *Einheit* des Denkens *und Seyns*« aus und in seinem weiteren Verlauf die »Einheit der Ausdehnung und des Seyns«.[7] Mit dieser Interpretation ebnet Hegel die dualistischen Momente des Cartesianismus ein, die dessen Rezeption bis in seine Zeit bestimmt haben, und zwar zugunsten desjenigen Moments, in dem er später, in seinen *Vorlesungen über die Geschichte der Philosophie,* das zentrale Problem der Philosophie sehen wird: das Problem der Einheit von Denken und Sein. Seine Ausarbeitung bestimmt er als das zentrale Thema der Geschichte der Philosophie im allgemeinen und insbesondere der neuzeitlichen: An ihrem Beginn stehe das Denken »als ein Subjektives, mit der Reflexion seines Insichseins, so daß es einen Gegensatz am Seienden überhaupt hat. Das Interesse ist dann ganz allein, diesen Gegensatz zu versöhnen, die Versöhnung in ihrem höchsten Extrem zu begreifen, die abstrakteste, höchste Entzweiung des Seins und des Denkens zu fassen. Alle Philosophie von da an hat das Interesse dieser Einheit.« (V 9.71)

6 GW 9.423. – Diese Deutung der »beobachtenden Vernunft« deckt sich allerdings insofern nicht völlig mit der zuvor, ebenda. 137ff., vertretenen, als bei der eigentlichen Abhandlung der »beobachtenden Vernunft« das Moment des »sich Suchens« nicht akzentuiert ist.

7 GW 9.430. – Daß Hegel hier, im Blick auf Spinoza, den Bogen zurück zum »ersten Lichtwesen« schlägt, ist eine zusätzliche Bestätigung für meinen Nachweis, daß das »Lichtwesen« der *Phänomenologie* der Gott Israels sei. Siehe Jaeschke, *Die Vernunft in der Religion. Studien zur Grundlegung der Religionsphilosophie Hegels.* Stuttgart 1986, 209–214.

Mit dieser Betonung des monistischen Interesses der Philosophie – im Kontrast der dualistischen Verfassung, die ihr Erscheinungsbild fast ausnahmslos prägt – steht Hegel damals nicht allein. Sie deckt sich mit dem Bild, das Jacobi in seinem Sendschreiben *Jacobi an Fichte* entwirft: »Unleugbar ist es Geist der speculativen Philosophie, und hat darum von Anbeginn ihr unabläßiges Bestreben seyn müßen, die dem natürlichen Menschen *gleiche* Gewißheit dieser zwey Sätze: Ich bin, und es sind Dinge außer mir, *ungleich* zu machen. Sie mußte suchen den Einen dieser Sätze dem andern zu unterwerfen; jenen aus diesem oder diesen aus jenem – zulezt *vollständig* herzuleiten, damit nur Ein Wesen und nur Eine Wahrheit werde unter ihrem Auge, dem *Allsehenden!* Gelang es der Speculation diese Einheit hervorzubringen, indem sie das Ungleichmachen so lange fortsezte, bis aus der Zerstörung jener *natürlichen* eine andere *künstliche* Gleichheit deßelben im gewißen Wißen einmal offenbar vorhandenen *Ich* und *Nicht-Ich* entsprang – *eine ganz neue Creatur,* die ihr durchaus angehörte! – Gelang ihr dieses: so konnte es ihr alsdann auch wohl gelingen, eine vollständige *Wißenschaft* des Wahren alleinthätig aus sich hervorzubringen« (JWA 2.194). Doch was Jacobi hier in kritischer Absicht als den »Geist der speculativen Philosophie« anprangert, das sieht Hegel affirmativ als den Motor der Entwicklung insbesondere der theoretischen Philosophie der Neuzeit.

(3) Doch obgleich Hegel auch der theoretischen Philosophie der frühen Neuzeit Einsichten abgewinnt, die seine Deutung stützen: Die eigentliche Beweislast für seine These, daß das Gegenstandsbewußtsein sich in die Selbstgewißheit des Ich auflöse, trägt die Transzendentalphilosophie – oder, um nochmals mit Jacobi zu sprechen: Die restlose Auflösung des Gegenstandsbewußtseins in die Selbstgewißheit des Ich erfolge durch die »reine Flamme« des transzendentalen Idealismus (JWA 2.195), die allen dem Ich entgegenstehenden Stoff verzehre. Als ein dem erkennenden Subjekt bloß Entgegengesetztes ist das Ding aufgehoben: »es hat nur Bedeutung im Verhältnisse, nur *durch Ich* und *seine Beziehung* auf dasselbe« (GW 9.423). Deshalb schreibt Hegel nicht schon dem Rationalismus, sondern erst der Transzendentalphilosophie die dem Empirismus komplementäre Einsicht zu: »*Das Ding ist Ich.*« (GW 9.423) Auf Grund der gegenstandskonstitutiven Leistungen der Subjektivität ist das, was ein »an sich« zu sein schien, als etwas zu erkennen, das »für uns« ist – ein »an

sich« für uns, aufgenommen in die Einheit des Bewußtseins, im Blick auf deren Fundierungsfunktion Hegel die damaligen Auseinandersetzungen um Idealismus und Realismus für obsolet erklärt.[8] Das, was etwas an sich selbst ist, ist gerade nicht seine Wahrheit – weil es außerhalb des Wissens gar keine Wahrheit geben kann. Da der Gegenstand immer schon durch Leistungen der Subjektivität konstituiert ist, bezieht das Subjekt sich in der Beziehung auf ihn zugleich auf sich selbst; sein Wissen wird vom Objektwissen zum Sichwissen im Objekt, zum Fürsichsein des Selbstbewußtseins – oder anders: es setzt »*sich* als Gegenstand, oder den Gegenstand um der untrennbaren Einheit des *Fürsichseyns* willen als sich selbst« (GW 9.422).

Der provokative Charakter der beiden komplementären Sätze, »daß das *Seyn des Ich ein Ding ist*« und »*Das Ding ist Ich*«, verleitet allerdings dazu, den berechtigten Sinn dieser Relation von »Ich« und »Ding« zu übersehen – und dies um so mehr, als im Horizont des Protestes gegen »Verdinglichung« jeder derartige Zusammenhang im Verdacht einer Fehlentwicklung steht. Doch für Hegel ist dieser sehr komplexe Akt der Dingkonstitution durch das Ich ein notwendiger Schritt auf dem Wege zum »absoluten Wissen«. »Dinge« sind ja nichts Natürliches, dem Selbstbewußtsein Entgegenstehendes – allenfalls im selben Maße, als auch das »Natürliche« immer schon ein Konstituiertes – und somit im naiven Sinne ein nicht-Natürliches – ist.

Der erste, zeitlose und im allgemeinen nicht-thematisierte Aspekt dieses Aktes liegt in der kategorialen Bestimmung des »Dinges«: Das »Ding« ist stets ein »Gedachtes«. Diese Deutung kann sich auch auf Kants Begriff der Objektivität berufen; sie stützt sich aber fraglos insbesondere auf diejenige Form des transzendentalen Idealismus, die das von der Kantischen Philosophie noch übrig gelassene Gespenst des Ding an sich vertrieben hat:[9] auf Fichtes *Grundlage der gesammten Wissenschaftslehre.* Darin folgt Hegel der Deutung der *Wissen-*

8 Jaeschke, *Zum Begriff des Idealismus.* In: Christoph Halbig, Michael Quante u. Ludwig Siep (Hg.), *Hegels Erbe.* Frankfurt am Main 2004, 164–183 (= stw 1699).

9 Fichte, *Versuch einer neuen Darstellung der Wissenschaftslehre.* Erste Einleitung (1797). GA I,4.190 und 192f.: »Das Ding an sich wird zur völligen Chimäre.«

schaftslehre Fichtes als der – gegenüber Kant – konsequenter durchgebildeten Transzendentalphilosophie – einer Deutung also, die Jacobi um 1800 der damals jungen Philosophengeneration eingeschärft hat, insbesondere in seinem Sendschreiben *Jacobi an Fichte* (JWA 2.187–258). Diesen transzendentalen Idealismus der strengen Observanz nimmt Hegel als eine der konstitutiven philosophiegeschichtlichen Vorbedingungen für das schließliche Erreichen des »absoluten Wissens« in Anspruch – und doch wohl nicht zu Unrecht.

Zum »Ding« im emphatischen Sinne wird etwas jedoch nicht schon durch seine kategoriale Bestimmung oder durch seine Ausdehnung oder Materialität oder Endlichkeit, sondern – zweitens – erst dadurch, daß es von der Besetzung durch ein fremdes, göttliches oder dämonisches Selbstbewußtsein befreit ist. »Dingheit« setzt diese Befreiung und die Ausbildung eines Komplementärverhältnisses zum wirklichen Selbstbewußtsein voraus. Was durch ein fremdes Selbstbewußtsein besetzt ist, ist weder Komplement noch gar Manifestation des wirklichen Selbstbewußtseins. Der Satz »*Das Ding ist Ich*« setzt die frühneuzeitliche Aufhebung einer derartigen Unterstellung von Gegenständen unter die Absichten eines fremden Selbstbewußtseins voraus: die Ausbildung eines prosaischen Weltzusammenhangs oder die Entzauberung der Welt.[10] Und dieser Schritt verändert nicht allein das »Ding«, sondern mit dem »Ding« auch das Selbstbewußtsein, das dieses »Ding« als solches konstituiert. Trotz allen Unbehagens, das man gegenüber solcher Dingkonstitution verspüren mag: Die Verdinglichung des Dings ist zugleich ein Akt der Befreiung des Selbstbewußtseins, der bewußtseinsgeschichtlich von entscheidender Bedeutung für die Entstehung der modernen Welt ist.

Doch so unverzichtbar diese Konstitution von Objektivität im Interesse der Ausbildung freier Subjektivität ist, so ist das Verhältnis dieser Objektivität zum Subjekt doch nicht symmetrisch. Das Objektive ist ein Endliches, ein Negatives, ein Gegenstand des Verstandes; der Verstand scheidet es »genau von dem Subjectiven, und es wird dasjenige, was keinen Werth hat, und Nichts ist« (GW 4.317). Dem Selbstbewußtsein gilt das »Ding« zwar einerseits »als ein *für-*

10 Vgl. Jaeschke, *Der Zauber der Entzauberung*, in: Andreas Arndt, Karol Bal u. Henning Ottmann (Hg.), *Glauben und Wissen II. Hegel-Jahrbuch 2004.* Berlin 2004, 11–19.

sichseyendes, [...] aber diß *Fürsichseyn* selbst als Moment, das nur verschwindet, und in sein Gegentheil, in das preisgegebene Seyn für anderes übergeht«. Oder wie Hegel im Kapitel über das »Absolute Wissen« akzentuiert: Das Ding hat keinen Selbstwert, sondern nur einen Wert für Anderes; es ist ein Nützliches: »Die Dinge sind schlechthin *nützlich,* und nur nach ihrer Nützlichkeit zu betrachten.« (GW 9.423f).

(4) Mit diesem Aspekt der Nützlichkeit ist bereits der Schritt vom Bereich des Theoretischen zum Praktischen angedeutet. Hegel vermerkt bereits in diesem theoretischen Kontext die Insuffizienz einer Genealogie des »absoluten Wissens« lediglich aus dem theoretischen Wissen – und nicht allein in dem Sinne, daß der Bereich des Praktischen den des Theoretischen in einem zweiten Schritt durch äußerliches Hinzutreten vervollständigen müsse. Elemente des Praktischen – sowohl in Gestalt der Philosophie als auch der politischen Wirklichkeit – liegen bereits der Ausbildung der konsequenten Gestalt der Transzendentalphilosophie als notwendige Formationsbedingungen zugrunde: Erst indem der Geist »das Daseyn als seinen Willen erfaßt, kehrt er somit den Gedanken seiner innersten Tiefe heraus« (GW 9.430).

2. Absolutes Wissen und praktische Erkenntnis

(1) Die Funktion des Bereichs des Praktischen beschränkt sich jedoch nicht auf diese temporäre Hilfestellung für die Entwicklung des theoretischen Wissens. Die Auflösung des Gegenstands in Ich fällt sogar primär auf die Seite des Praktischen. Die Asymmetrie, die zwischen der epistemischen Einstellung in der theoretischen Erkenntnis und im Gebiet des Praktischen zu herrschen scheint, wird hierdurch einerseits begradigt und andererseits doch insofern implizit anerkannt, als der Gegenstandsbezug im Praktischen die entscheidende Bedeutung für die Auflösung des Gegenstands in das Selbstbewußtsein zugesprochen erhält: Nicht das theoretische, sondern erst das moralische Selbstbewußtsein »weiß sein Wissen als die *absolute Wesenheit,* oder das *Seyn* schlechthin als den reinen Willen oder Wissen; es ist nichts, als nur dieser Willen und Wissen«. In der sittlichen Autonomie gibt sich der seiner selbst gewisse Geist sein Dasein.

Er erkennt nichts Daseiendes als etwas für ihn Bestimmendes an – oder, mit Hegel: »Der seiner selbst in seinem Daseyn gewisse Geist hat zum Elemente des *Daseyns* nichts anderes, als diß Wissen von sich« (GW 9.424).

(2) Es ist vielleicht aufschlußreich, Hegels äußerst knappe Hinweise auf den konstitutiven Beitrag der praktischen Philosophie zur Genese des »absoluten Wissens« von ihrer ausschließlichen Orientierung an Kant und Fichte und der von ihnen geprägten transzendentalphilosophischen Schulsprache abzulösen und sie in den weiteren problemgeschichtlichen Horizont zu stellen, dessen Erhellung die Voraussetzung auch für das Verständnis der praktischen Philosophie des transzendentalen Idealismus bildet. Die europäische Rechtsphilosophie der frühen Neuzeit vollzieht ja eine fundamentale Umstrukturierung des Rechtsbegriffs: Ihre geschichtliche Voraussetzung und ihren Ausgangspunkt bildet die traditionelle Verankerung aller Normativität im Gedanken Gottes als des Gesetzgebers oder, davon abgeleitet, in einer selbst noch von diesem Gott geschaffenen und deshalb als normative Instanz auftretenden »Natur«. Erst diese Philosophie entdeckt den Willen des Menschen als die Quelle allen Rechts wie auch aller Verpflichtung. Trotz des Vorgangs von Hugo Grotius und Thomas Hobbes gewinnen auch noch John Locke und Samuel Pufendorf den Rechtsbegriff erst auf dem Umweg über den Pflichtbegriff – und diese Pflichten wiederum unter Rückbezug auf Gott und die Natur.[11] Erst ein Jahrhundert nach ihnen

11 Hugo Grotius, *De iure belli ac pacis libri tres*, I,3,8 (4); siehe Grotius, *Drei Bücher vom Recht des Krieges und des Friedens.* Paris 1625, nebst einer Vorrede von Christian Thomasius zur ersten deutschen Ausgabe des Grotius vom Jahre 1707. Neuer deutscher Text und Einleitung von Walter Schätzel. Tübingen 1950. – Thomas Hobbes, *De Cive* (1642); in: Hobbes, *Vom Menschen. Vom Bürger.* (Elemente der Philosophie II/III). Eingeleitet und hg. von Günter Gawlick. Nachdruck Hamburg 1977. – Hobbes, *Leviathan* (1651), in: Hobbes, *Leviathan oder Stoff, Form und Gewalt eines kirchlichen und bürgerlichen Staates.* Hg. u. eingeleitet von Iring Fetscher. Frankfurt 1984. – John Locke, *Zwei Abhandlungen über die Regierung.* Übersetzt von Hans Jörn Hoffmann. Hg. u. eingeleitet von Walter Euchner. Frankfurt am Main 1977. – Samuel Pufendorf, *De jure naturae et gentium libri octo.* Londini Scanorum (= Lund) 1672; kritische Neuausgabe in: Samuel Pufendorf, *Gesammelte Werke.* Hg. von Wilhelm Schmidt-Biggemann. Bd. 4/1 und 4/2. Hg. von Frank Böhling. Berlin 1998. – Samuel Pufendorf, *De officio hominis et civis juxta legem naturalem libri duo.* Londini Scanorum 1673;

stabilisieren Kant, Fichte und Hegel die spezifisch neuzeitliche Umorientierung in der Begründung des Rechts und der Moral im Willen des Subjekts – und in Antizipation ebenso stereotyper wie verfehlter Einwände sei sogleich hinzugefügt, daß dieser Wille stets ein gemeinsamer und nirgends ein einsamer Wille ist, den man erst durch die nachträgliche Erfindung der Intersubjektivität aus seiner solipsistischen Not und Langeweile erretten müßte.

(3) Erst unter dieser philosophiegeschichtlichen Bedingung – unter der Verlagerung der Quelle aller Normativität in den Willen der rechtsetzenden Subjekte – kann man mit Grund behaupten, daß das Selbstbewußtsein sein Wissen und Wollen als die absolute Wesenheit wisse. Solange hingegen Gott der Ursprung allen Rechts und aller Moral ist, ist auch kein »absolutes Wissen« möglich: Das Selbstbewußtsein kann dann nicht mit Grund seinen Willen als Dasein und das Dasein als seinen Willen aussprechen. Nur unter dieser Bedingung der völligen Umstrukturierung von Moral und Recht kann Hegel – übrigens mit gutem Grund – erklären, daß das Selbstbewußtsein den gesamten Bau der Wesenheiten der Substanz in sich ziehe und sie aus sich erzeuge (GW 9.428 f). Auch im Blick auf die praktische Philosophie zieht also Hegels Beschreibung der Genese des »absoluten Wissens« das Resümee der neuzeitlichen Entwicklung – bis hin zu dem Stand der Ausbildung, den diese Genese in seiner Gegenwart gefunden hat und dessen Grundzug auch für unsere Gegenwart bestimmend bleibt – auch wenn wir ihn nicht mehr unter den Titel des »absoluten Wissens« stellen.

3. Absolutes Wissen und Religion

(1) Das »absolute Wissen« ist für Hegel aber das Resultat nicht allein der Philosophiegeschichte im engeren Sinn, sondern der Bewußtseinsgeschichte überhaupt. Mein Versuch, es als Resultat der neuzeitlichen Philosophie – sowohl nach der theoretischen als der

siehe jetzt: Samuel von Pufendorf, *Über die Pflicht des Menschen und des Bürgers nach dem Gesetz der Natur.* Hg. u. übersetzt von Karl Luig. Frankfurt am Main 1994 (= Hans Maier und Michael Stolleis (Hg.), *Bibliothek des deutschen Staatsdenkens.* Bd. 1).

praktischen Seite – zu begreifen, hat bisher insbesondere diejenige Gestalt der Wirklichkeit ignoriert, die Hegel in diesem Kontext vor allen anderen auszeichnet: die Religion. Ihr wendet Hegel sich zu, noch bevor er detailliert auf die neuere Philosophiegeschichte eingeht, und er weist ihr insofern eine herausgehobene und zentrale Stellung zu: Zwar sei das Bewußtsein »in der Ordnung, in der uns seine Gestalten vorkamen, theils zu den einzelnen Momenten derselben, theils zu ihrer Vereinigung längst gekommen, ehe auch die Religion ihrem Gegenstande die Gestalt des wirklichen Selbstbewußtseyns gab.« (GW 9.425) Hingegen kommt der Religion Priorität gegenüber der »Wissenschaft« zu: »Der Inhalt der Religion spricht darum früher in der Zeit, als die Wissenschaft, es aus, was der *Geist ist*«. Diese Priorität ist jedoch ausschließlich als zeitliche zu verstehen, und so schließt Hegel diesen Satz: »aber diese ist allein sein wahres Wissen von ihm selbst« (GW 9.430).

(2) Es bietet sich an, die Bedeutung der Religion für die Genese des absoluten Wissens unter Rückgriff auf die beiden Sätze zu erläutern, durch die Hegel seine knappe Skizze der Religionsgeschichte strukturiert: Das Selbst ist ein Unmittelbares, und das Unmittelbare ist das Selbst. Die Analogie zur neuzeitlichen Bewußtseinsgeschichte drängt sich auf: Das Ich ist Ding, und das Ding ist Ich. Analog konstruiert ist auch die Aufhebung der Einseitigkeit beider Sätze durch ihre Vereinigung. Insofern ist es plausibel, daß Hegel der Religion eine Bewegung des Gedankens zuschreibt, die diejenige der Bewußtseinsgeschichte der frühen Neuzeit vorwegnimmt. Dies jedoch nicht etwa, weil die Religion durch Offenbarung früher zu der Einsicht und Vereinigung gekommen wäre, die durch die allgemeine Bewußtseinsgeschichte erst allmählich herausgearbeitet werden muß, sondern weil der Religion derselbe ›Mechanismus‹ des Geistes zugrunde liegt wie dem Bewußtsein überhaupt. Er ist hier aber zunächst im vortheoretischen Bereich wirksam, und das, was als Struktur des Geistes selbst erkannt werden muß, wird als ein bloß äußeres Geschehen vorgestellt. Eben wegen dieser Identität der beiden unterschiedlichen Gestalten des Bewußtseins einerseits, aber des höheren theoretischen Aufwandes der Begriffsform andererseits hat der Doppelsatz der allgemeinen Bewußtseinsgeschichte wie auch die Versöhnung der beiden unterschiedlichen Doppelsätze, die Hegel der neueren Bewußtseinsgeschichte zuschreibt, ein geschichtlich früheres

Pendant in derjenigen Versöhnung, die die christliche Religion in der Form der Vorstellung ausspricht: Es sei der Glaube der Welt, daß der Geist als ein Selbstbewußtsein, d.h. als ein wirklicher Mensch da sei (GW 9.404).

(3) Hegels Formulierungen sehen das Resultat der Religionsgeschichte in weitgehender Analogie mit dem begrifflichen Gehalt der neueren Bewußtseinsgeschichte – und so manch ein Kommentator hört an dieser Stelle schon die Glocken läuten. Aber – spricht die christliche Religion den Satz, daß der Geist ein Selbstbewußtsein sei, wirklich aus – d.h.: Spricht sie ihn in einem Sinne aus, der die Interpretation stützt, die Hegel von ihm gibt? Daß sie ihn früher ausspricht als die »Wissenschaft«, wird niemand bestreiten, und daß sie ihn in der Lehre von der Menschwerdung Gottes ausspricht, ist trivial. Damit sie ihn aber im Sinne der Genese des absoluten Wissens ausspräche, müßte sie wissen, was sie da sagt. Und genau dies ist – auch nach Hegel – nicht der Fall, und zwar unvermeidlicher Weise nicht. Man könnte dies die Tragik der Religion nennen: Sie spricht die Wahrheit aus – aber sie spricht sie, als Religion, unvermeidlich in der Form der Vorstellung aus, in der die Wahrheit eben nicht ausgesprochen werden kann. Das, was sie zum Inhalt hat, ihr »Ansich«, ist nicht für sie. Sie verlegt das, was an sich ist, die Einheit des Geistes und des Selbstbewußtseins, die Substantialität des Subjekts, in einen dem Bewußtsein gegenüberstehenden, räumlich und zeitlich definiten Gegenstand und folgerichtig – mit dem Verschwinden dieses Gegenstands – in ein Einst der Vergangenheit und ein Einst der Zukunft (GW 9.420f).

Damit hält sie das für das Wahre, was der genaue Gegensatz des »absoluten Wissens« ist. Und weil sie das Wahre zwar ausspricht, aber nur verzerrt, entstellt, bildet sie ungeachtet des hohen Ranges, den Hegel ihr zuspricht, zugleich die tiefste Form der Entzweiung. Diese Konsequenz des inneren Widerspruchs zwischen ihrem Bewußtsein und ihrem Selbstbewußtsein hebt Hegel mit großem Nachdruck hervor: »Die religiöse Gemeine, insofern sie zuerst die Substanz des absoluten Geistes ist, ist das rohe Bewußtseyn, das ein um so barbarischeres und härteres Daseyn hat, je tiefer sein innerer Geist ist, und sein dumpfes Selbst eine um so härtere Arbeit mit seinem Wesen, dem ihm fremden Inhalte seines Bewußtseyns.« (GW 9.430)

(4) Trotz dieser desillusionierenden Diagnose der Denkform der Religion könnte ihr eine nicht allein heuristische, sondern eine für die Genese des »absoluten Wissens« letztlich konstitutive Funktion zukommen. Der von ihr vorgestellte geistige Gehalt, dem sie durch seine räumliche und zeitliche Fixierung und damit Entstellung die Bedeutung eines »Ansich« abspricht, könnte – einmal in der geistigen Welt ausgesprochen – aus sich heraus eine Dynamik entfalten, die diese Fixierung durchbräche und so den entscheidenden Anstoß für die Erkenntnis der Substantialität des Selbstbewußtseins gäbe. Dann wäre die Genese des »absoluten Wissens« gleichwohl durch die Religion bedingt – und insofern gehörte die religiöse Versöhnung zu den geschichtlichen und systematischen Bedingungen, die Hegel für das Erreichen des »absoluten Wissens« als des sich als Geist wissenden Geistes nennt: »Diese Versöhnung des Bewußtseyns mit dem Selbstbewußtseyn zeigt sich hiemit von der gedoppelten Seite zu Stande gebracht, das einemal im religiösen Geiste, das anderemal im Bewußtseyn als solchem.« Jedoch kann es nicht bei solchem Nebeneinander bleiben, und: »Die Vereinigung beyder Seiten ist noch nicht aufgezeigt; sie ist es, welche diese Reihe der Gestaltungen des Geistes beschließt« (GW 9.425).

Diese Annahme ist sowohl in systematischer als auch in historischer Perspektive zu diskutieren – wobei allerdings über einen Punkt kein Zweifel bestehen kann: Auch durch eine derartige – einmal unterstellte – geschichtliche Bedingtheit des »absoluten Wissens« auch durch die Religion wäre die Wahrheit jenes Wissens keineswegs von äußeren Instanzen, von einem Akt der Offenbarung abhängig gemacht. Es wäre auch nicht aus zwei Stücken »übel zusammengenäht«,[12] deren eines aus dem »Jenseits« und deren anderes aus dem »Diesseits« stammte. Denn die »Offenbarung«, von der hier im Kontext des erscheinenden Wissens wie auch später im »System« allein die Rede sein kann, ist selber nichts anderes als ein Wissen – nämlich dasjenige Wissen, das vom Bewußtsein notwendig als ein

[12] Diesen Ausdruck gebraucht Schleiermacher, um eine Bestimmung der Religion durch Addition von Metaphysik und Moral abzuwehren; siehe *Über die Religion. Reden an die Gebildeten unter ihren Verächtern* (1799). In: Schleiermacher, *Kritische Gesamtausgabe,* Abt. I, Bd. 2. Hg. von Günter Meckenstock. Berlin/New York 1984, 199.

ihm von außen zukommendes Wissen vorgestellt wird, solange die Substantialität des Selbstbewußtseins noch nicht begriffen ist. Es ist derselbe Geist, dessen »Arbeit« das Wissen der Religion wie auch die Philosophiegeschichte prägt – wenn auch in unterschiedlicher Weise. Wirklich »offenbar« aber, wie Hegel recht gut weiß und auch ausspricht, ist »nur die Gewißheit seiner selbst« (GW 9, S. 428).

Heute mag es eher überraschend erscheinen, daß Hegel der Religion überhaupt einen Beitrag zur Genese des »absoluten Wissens« zuspricht, der strukturell demjenigen der Seite des nicht-religiösen Bewußtseins analog ist. Es spricht aber vieles dafür, daß er damit die Bedeutung des Beitrags der Religion sehr realistisch eingeschätzt habe: daß ihr Beitrag, zumindest bis in Hegels Zeit, demjenigen der anderen Bereiche der Bewußtseinsgeschichte gleichwertig gewesen sei. Kunst, Philosophie und Wissenschaft haben sich ja erst langsam genug von der Dominanz der Religion befreit. Die Frage, *ob* der Religion die ihr von Hegel zugesprochene Funktion für die Genese derjenigen Gestalt des neuzeitlichen Wissens zukomme, die Hegel das »absolute Wissen« nennt, ist nicht durch systematisch-philosophische Erwägungen zu beantworten, sondern allein durch eine umfassende Bewußtseinsgeschichte, wie Hegel sie mit seiner *Phänomenologie* angeregt und in einem ersten Umriß ausgearbeitet hat.

Ich darf hier vielleicht meinen Eindruck aussprechen, daß wir – fast zweihundert Jahre nach ihrer Veröffentlichung – immer noch entschieden zu wenig über solche bewußtseinsgeschichtlichen Prozesse wissen – und daß Ansätze zu ihrer Analyse auch heute noch in ideenpolitischen Grabenkämpfen steckenzubleiben drohen. Soweit ich sehe, zeigt die Bewußtseinsgeschichte insgesamt einen ambivalenten Charakter – teils Anzeichen einer solchen initiativen und über Epochenschwellen hinweg dominierenden Funktion der Religion, teils jedoch schwerwiegende Belege dafür, daß nichts die Einsicht in die Substantialität des Selbstbewußtseins so sehr blockiert hat wie die autoritative Fixierung der früheren Antizipation dieser Einsicht durch das religiöse Bewußtsein. Seine eigene Einschätzung dieses Prozesses hat Hegel – in der »Vorrede« zum »System« – hinreichend prägnant ausgesprochen: »Jene Anticipation, daß das Absolute Subject ist, ist daher nicht nur nicht die Wirklichkeit dieses Begriffs, sondern macht sie sogar unmöglich, denn jene setzt ihn als ruhenden Punkt, diese aber ist die Selbstbewegung.« (GW 9.21)

Ich darf in diesem Zusammenhang an meine Bemerkungen über die frühneuzeitliche Geschichte der praktischen Philosophie erinnern: Erst die Überwindung der religiösen Blockaden und erbittert verteidigten Barrikaden hat den Weg zur Einsicht in die Substantialität des Selbstbewußtseins eröffnet. Dies spricht für die Richtigkeit der Analyse Hegels, daß die »Vereinigung beyder Seiten«, also der der Religion und des allgemeinen Bewußtseins, derjenigen Seite angehöre, »die im Gegensatze die Seite der Reflexion in sich, also diejenige ist, die sich selbst und ihr Gegentheil, und nicht nur *an sich* oder auf eine allgemeine Weise, sondern *für sich* oder entwickelt und unterschieden enthält« (GW 9.425). Und erst wenn die Philosophie sich im Laufe ihrer Geschichte in den Besitz des Begriffs und damit auch des Schlüssels zum Verständnis der Religion gesetzt hat, deutet sie jene Aussage der Religion als eine sich selbst mißverstehende, für das Selbstbewußtsein der Religion dem Gehalt nach nicht durchsichtige Antizipation des der Philosophie eigentümlichen Wissens: »Denn das Vorgestellte hört nur dadurch auf, vorgestelltes und seinem Wissen – sc. dem Wissen des Selbstbewußtseins – fremd zu seyn, daß das Selbst es hervorgebracht hat und also die Bestimmung des Gegenstandes als die *seinige,* somit sich in ihm anschaut.« (GW 9.369, 425f)

Deshalb beschränkt Hegel in seinem knappen Rückblick die bewußtseinsgeschichtliche Rolle der Religion auf Antike und Mittelalter und läßt sie – mit der Renaissance – auf die theoretische und praktische Philosophie übergehen (GW 9.430). Das Stück des Weges, auf dem die Religion das »absolute Wissen« antizipiert, erweist sich bewußtseinsgeschichtlich als eine Sackgasse, aus der erst durch das Wissen der Philosophie wieder herauszufinden ist: »Erst nachdem es [sc. das Bewußtsein] die Hoffnung aufgegeben, auf eine äusserliche d.h. fremde Weise das Fremdseyn aufzuheben, wendet es sich, weil die aufgehobne fremde Weise die Rückkehr ins Selbstbewußtseyn ist, an sich selbst, an seine eigne Welt und Gegenwart, entdekt sie als sein Eigenthum und hat somit den ersten Schritt gethan aus der *Intellectualwelt* herabzusteigen, oder vielmehr deren abstractes Element mit dem wirklichen Selbst zu begeisten.« (GW 9.430)

Die »Vereinigung« der Seiten der Substanz und des Selbst, von der Hegel zuvor spricht, ist deshalb nicht in Form einer Addition der beiden Resultate der beiden Partialgeschichten vorzustellen, als deren gemeinsames Resultat sich dann das »absolute Wissen« ergäbe. Sie ist vielmehr ein Prozeß, in dem diejenige partielle Vereinigung, die zuvor auf der Seite der Religion erfolgt ist, in ihrer traditionellen Form aufgelöst und nunmehr auf der Seite des Subjekts verwirklicht wird. Wegen des geschichtlich späteren Auftretens der Begriffsgestalt des Wissens »gehören dem *Selbst*bewußtseyn daher von der Substanz nur die *abstracten Momente* an; aber indem diese als die reinen Bewegungen sich selbst weiter treiben, bereichert es sich, bis es die ganze Substanz dem Bewußtseyn entrissen, den ganzen Bau ihrer Wesenheiten in sich gesogen, und [...] sie aus sich erzeugt und damit für das Bewußtseyn zugleich wieder hergestellt hat«. Denn trotz seiner Beschreibung dieses Prozesses als »Entreißen« und »Insichsaugen des religiösen Inhalts« verdeutlicht Hegel, daß dieser Prozeß, der seit Hegels Schülern häufig mit dem unscharfen Wort »Säkularisierung« bezeichnet wird, ebenso als ein Setzen des Neuen durch das Bewußtsein zu begreifen ist und nicht als ein bloß negatives Verhalten oder gar, wie man hinzufügen kann, als ein Prozeß, dessen Resultate von dem in ihm Negierten abhängig blieben. Die antizipierte Gestalt ist abhängig von der wahren Gestalt dessen, was da antizipiert wird, und nicht etwa diese Gestalt von ihrer vorzeitigen und vorläufigen Antizipation.

III. Absolutes Wissen und Freiheit

(1) Die Genese des »absoluten Wissens« fällt in eine Bewußtseinsgeschichte, die sich in einzelnen herausgehobenen Gestalten, in Bewußtsein, Selbstbewußtsein und Religion manifestiert, deren entscheidende Phase aber durch die neuzeitliche Geschichte der Wissenschaften und der Philosophie eingeleitet und geprägt wird. Philosophie *ist* das methodisch entfaltete Selbstbewußtsein des Menschen – und deshalb muß der Gehalt dieser Bewußtseinsgeschichte in der Philosophie sich selbst durchsichtig werden. Weil das »absolute Wissen« für Hegel das Resultat dieser Geschichte – als einer begriffenen Geschichte – ist, ist es nicht nur partiell verfügbar und schon gar nicht für Sonntagskinder reserviert: Jede – oder jeder –, die oder der dieses Resultat gedanklich nachvollzieht oder – wie Hegel sagt – die Reflexion darauf macht, zu welcher Gestalt sich das Wissen entwickelt hat, ist im Besitze dieses »absoluten Wissens«. Es bedarf in

der Tat nicht mehr als dieser Reflexion, um sich in den Besitz des »absoluten Wissens« zu versetzen – nämlich desjenigen »absoluten Wissens«, in dessen Begriff die *Phänomenologie* kulminiert und das die geschichtliche und systematische Voraussetzung des Hegelschen Systems bildet. Und von einem anderen Wissen ist hier ohnehin nicht die Rede. Es ist zwar eine beliebte, aber nicht sehr erhellende und ebensowenig fruchtbare Form der Kritik an Hegel, ihm unsinnige Erkenntnisansprüche zu unterstellen und dann mit triumphalem Gestus zu verkündigen, daß er sie nicht eingelöst habe und auch gar nicht einlösen konnte, weil sie unsinnig seien. Berechtigt ist freilich die historische Frage nach der Stimmigkeit seiner Deutung der Bewußtseinsgeschichte sowohl nach der Seite der in ihr aufgehobenen neuzeitlichen Geschichte der theoretischen und der praktischen Philosophie als einer Philosophie der Subjektivität als auch nach der anderen Seite des Beitrags der Religion zu dieser Geschichte. Diesen Fragen wäre nachzugehen – und es ist offenkundig, daß sie weit über die Interpretation von Hegels *Phänomenologie* hinausweisen und von übergreifender Bedeutung für unser Selbstverständnis sind.

(2) Das »absolute Wissen« ist ein geschichtliches Resultat, weil alle Formen des Geistes sich geschichtlich entwickeln. Es gibt nichts Geistiges, das nicht auch ein Geschichtliches wäre. Geschichtlich ist es aber nicht im Sinne eines Zufälligen, das ebensogut anders sein könnte. Die Notwendigkeit, mit der sich die geschichtliche Herausbildung des »absoluten Wissens« vollzieht, macht es zu einem normativen Konzept, das zur Beurteilung auch früherer Gestalten des Wissens als defizienter Formen dienen kann. Seinen Normcharakter verdankt es nicht einem hinter ihm stehenden externen Sollen, sondern ausschließlich der Einsicht in die Notwendigkeit seiner geschichtlichen Herausbildung. Die *Phänomenologie* bietet ja nicht eine bloß historische Deskription; sie erkennt im Rückblick auf den Gang des erscheinenden Wissens diese »Nothwendigkeit« seiner Herausbildung – auch wenn sie diese nur in einer locker erscheinenden Folge von Bewußtseinsgestalten herausarbeitet. Hierdurch leistet sie zugleich mit der Freilegung der geschichtlichen Voraussetzungen des Hegelschen Systems der Philosophie die »Begründung des Wissens« (GW 9.446).

(3) Die Leistung dieses »absoluten Wissens«, die Überwindung des Bewußtseinsverhältnisses, die Erkenntnis der Auflösung des Gegen-

standes in das Selbstbewußtsein, bezeichnet Hegel mehrfach mit einem Wort, das uns primär einem anderen Kontext anzugehören scheint: mit dem Wort »Versöhnung«. »Versöhnung« als Resultat setzt die Überwindung von Streit voraus – und dies gibt Anlaß zur Frage, ob sich hier nicht ein entwicklungsgeschichtlich überholtes Modell von Entzweiung und Vereinigung einschiebe, das nicht mehr in den neuen begrifflichen Rahmen passe. Man mag im Zweifel sein, ob denn auf dem Gebiet des theoretischen Erkennens die Subjekt-Objekt-Differenz sinnvoll als eine zu versöhnende »Entzweiung« zu beschreiben sei. Denn diese Differenz wirft zwar erkenntnistheoretische Probleme auf, doch kann man von ihr nicht sagen, daß sie nicht sein solle und nach Möglichkeit zu tilgen sei; sie ist eine strukturelle Entzweiung, unter der wir nicht leiden und zu deren Überwindung wir nicht das Wort »Versöhnung« bemühen würden. Es ist zumindest nicht selbstverständlich, auf dem Gebiet des theoretischen Wissens die Auflösung des Gegenstands in das Selbstbewußtsein als »Versöhnung« anzusprechen. Und das Alltagsbewußtsein nimmt eher daran Anstoß, die von Hegel behauptete Einheit des Wissens und seines Gegenstandes zu verstehen, als daß es sich durch die Struktur des Bewußtseinsverhältnisses in seinen Rechten, seinen Wünschen und seinem Wohlbefinden tangiert sähe. Problematischer stellt sich dies jedoch im Gebiet des Praktischen dar – und auch auf dem Gebiet der Religion.

Zur Illustration der Intention, die Hegel hier von »Versöhnung« sprechen läßt, möchte ich Ausführungen heranziehen, die aus denselben Monaten stammen wie das Kapitel über das »Absolute Wissen«. Am Schluß seiner Jenaer *Vorlesungen über die Geschichte der Philosophie* charakterisiert Hegel das »absolute Wissen« zunächst mit einer Wendung, die an Giordano Bruno erinnert – und es bedarf keiner besonderen Rechtfertigung, in einer Abhandlung über Hegel an Bruno zu erinnern, nicht nur aus Anlaß der vierten Säkularfeier seiner Verbrennung: »In der Einheit den Gegensatz, und in dem Gegensatz die Einheit zu wissen, dieß ist das absolute Wissen«. Dieses Wissen des Gegensatzes in der Einheit und der Einheit im Gegensatz ist aber nicht – wie es zunächst scheinen könnte – ein spielerisches und ruheloses Oszillieren zwischen diesen beiden Polen – von der Einheit zum Gegensatz und wieder zurück. Hegel faßt diese Überwindung der Entzweiung vielmehr unmittelbar darauf in einer dramatischen, ja martialischen Wendung: »Es scheint, daß es dem Weltgeiste jetzt gelungen ist, alles fremde gegenständliche Wesen sich abzutun und endlich sich als absoluten Geist zu erfassen und, was ihm gegenständlich wird, aus sich zu erzeugen und es, mit Ruhe dagegen, in seiner Gewalt zu behalten. Der Kampf des endlichen Selbstbewußtseins mit dem absoluten Selbstbewußtsein, das jenem außer ihm erschien, hört auf.« (TWA 20.460) Von »Versöhnung« also ist deshalb die Rede, weil mit dem Erreichen des »absoluten Wissens» dieser Kampf endigt, dessen Schauplatz die Weltgeschichte und insbesondere die Philosophiegeschichte sind. Beide sind dort an ihr Ziel gelangt, »wo dieß absolute Selbstbewußtseyn, dessen Vorstellung sie hat, aufgehört hat, ein Fremdes zu seyn, wo also der Geist als Geist wirklich ist«. Erst dort also, wo die nur auf der Seite des Ansich geschehene Versöhnung, nämlich das von der Religion nur vorgestellte und deshalb bei aller Bemühung um Vereinigung stets ein Fremdes bleibende, fälschlich so genannte »absolute Selbstbewußtseyn« überwunden ist, kann der Geist *als* Geist, und das Subjekt *als* Substanz, und das Wissen *als* absolutes Wissen wirklich sein.

(4) Man kann den Zustand am Ende dieses Kampfes als »Versöhnung« ansprechen. Man kann ihn aber auch mit einem Wort charakterisieren, das in dem betreffenden Abschnitt der Jenaer philosophiegeschichtlichen Vorlesungen nicht vorkommt und im Schlußkapitel der *Phänomenologie*, wie überhaupt beim frühen Hegel, keine ausgezeichnete Bedeutung hat: mit dem Wort »Freiheit«. Der Kampf des endlichen Selbstbewußtseins mit dem absoluten Selbstbewußtsein, der mit der Überwindung der Endlichkeit des endlichen und mit der Wirklichkeit des absoluten und mit dem Erreichen des »absoluten Wissens« endet, ist ein Kampf der Befreiung – und ein Denken, das in diesem Kampfe die Position der Neutralität einnehmen zu können glaubte, würde sich selber mißverstehen. Das »absolute Wissen« *ist* die philosophische Gestalt dieser geschichtlich gewordenen Freiheit des Geistes.

IV. Schlußbetrachtung

(1) Hegels Begriff des »absoluten Wissens« markiert den Einheitspunkt, von dem aus die geistige Wirklichkeit insgesamt zu deuten ist;

er ist die knappe und sicherlich provozierende Formel für eine integrale Theorie des geistigen Lebens, als dessen Resultat eben das »absolute Wissen« verwirklicht wird. Diese vereinigt die Selbstgewißheit des Geistes – und zwar sowohl die theoretische Erkenntnis wie auch die Rechts- und Moralphilosophie – mit demjenigen Wissen, das sich in der Religion in Form einer vermeintlich objektiven Erkenntnis ausspricht, die ihren Ursprung jenseits der Selbstgewißheit des Ich habe. So umfaßt sie die Totalität der geistigen Formen. Diese bilden nicht differente, partikulare Sphären, die unterschiedlichen Gesetzen gehorchen. Die mit dem Stichwort »absolutes Wissen« bezeichnete integrale Theorie hat den Charakter einer freilich nur impliziten, zunächst nur antizipierten Prinzipienwissenschaft: Sie exponiert die Grundbegriffe der Wissenschaften, des Rechts, der Moral, Religion, Geschichte und bringt sie in ein einheitliches System, indem sie die vermeintlich unüberwindbaren Gegensätze der Erkenntnistheorie wie auch der Ontologie, der geschichtlichen Wirklichkeit und selbst der Religion, als integralen Zusammenhang in Form einer stufenweisen Selbstdifferenzierung und Selbstreflexion einer einzigen geistigen Wirklichkeit zu denken erlaubt, die nichts dem erkennenden Subjekt Fremdes ist.

In einer Hinsicht greift Hegels Begriff des »absoluten Wissens« aber sicherlich zu kurz: Der Kunst kommt im Religionskapitel der *Phänomenologie* bekanntlich noch keine eigenständige Bedeutung zu, und so auch nicht im Blick auf die Genese des »absoluten Wissens«. Der späte Hegel hätte die Kunst fraglos – und nicht allein aus Gründen der Systemeinheit, sondern auf Grund des herausragenden Beitrags der Kunst für die Genese des Wissens des Geistes von sich – als eine eigenständige, für das »absolute Wissen« konstitutive Gestalt des Selbstbewußtseins des Geistes neben Religion und Philosophie eingeführt. Und gerade an der Kunst hätte sich sein Gedanke der Genese der Selbstgewißheit des Geistes in einer hervorragenden Weise explizieren lassen.

(2) Diese mit der Formel »absolutes Wissen« bezeichnete integrale Theorie ist fundiert in einer freilich nur skizzenhaften Analyse der frühneuzeitlichen Bewußtseinsgeschichte, der antiken und mittelalterlichen Religionsgeschichte und schließlich der neuzeitlichen Philosophiegeschichte. Sie begreift die in der Religionsgeschichte und insbesondere in der Philosophiegeschichte formulierten Einsichten

als konstitutiv für unser Denken – nicht in dem Sinne, als ob sie durch die nachträgliche Rezeption dieser beiden Geschichten von außen her in unser Denken hineinwirkten und es bestimmten, sondern als die methodische Erkenntnis der – uns im allgemeinen gar nicht bewußten – geschichtlichen Entwicklung des Denkens. Deshalb gibt es auch kein »absolutes Wissen«, ehe nicht der Geist als Weltgeist vollendet ist (GW 9.428 – 430). Bereits hier – und nicht erst unter den Bedingungen der politischen Restauration – erhebt die Eule der Minerva ihre Schwingen erst bei Einbruch der Dämmerung. Und bereits hier besteht die Aufgabe der Philosophie darin, die Vernunft in der Wirklichkeit zu erkennen. Sie vollendet diese Aufgabe in der Rekonstruktion der geschichtlich sukzessiven Auflösung des Gegenstands in das Selbstbewußtsein oder, etwas moderner gesprochen, in der Rekonstruktion der Genese des Paradigmas der Subjektivitätsphilosophie, das sie im Begriff des absoluten Wissens ausspricht und retrospektiv als Resultat der vorausgegangenen Bewußtseinsgeschichte, prospektiv als systematische Voraussetzung eines Systems der Philosophie erkennt. Denn es »erscheint in der Zeit und Wirklichkeit die *Wissenschaft* nicht eher, als bis der Geist zu diesem Bewußtseyn über sich gekommen ist« (GW 9.428).

(3) Gerade diese geschichtliche Fundierung des Begriffs des absoluten Wissens könnte sich freilich als geeignet erweisen, dessen Geltung zu untergraben: wenn sich denn herausstellte, daß der Geist sich doch noch nicht als Weltgeist vollendet habe und dem sich erfassenden Begriff noch nicht gelinge, was Hegel ihm zubilligt: die Zeit zu tilgen. An beidem dürfte kein Zweifel bestehen. Dann aber bleiben zwei Fragen:

- zum einen, ob und inwiefern die neuere geschichtliche Entwicklung und die philosophiegeschichtliche Forschung Hegels damalige Analyse der Auflösung der Gegenständlichkeit in das Selbstbewußtsein widerlegt habe, und
- zum anderen, ob der weitere Fortgang der Bewußtseinsgeschichte und der Philosophiegeschichte neue Wege eingeschlagen habe, die die von Hegel zu seiner Zeit vielleicht mit gutem Recht diagnostizierte Tendenz der Bewußtseinsgeschichte dementieren.

Ich möchte diese Fragen hier nur noch im Sinne eines Ausblicks formulieren, sie jedoch nicht mehr beantworten – obschon mir zumindest im Blick auf die erste Frage Hegels Analyse der Auflösung der

Gegenständlichkeit in das Selbstbewußtsein – also aller Form von Positivität einschließlich des Gehalts der Religion – eindrucksvoll bestätigt zu sein scheint – auch wenn derartige Analysen heute in anderer Sprache vorgetragen werden. Und auch im Blick auf die zweite, den Gang der nachhegelschen Bewußtseinsgeschichte betreffende Frage scheint mir die Tendenz zu immer weiterer Auflösung der Gegenständlichkeit in das Selbstbewußtsein, also die Tendenz zur stetigen Steigerung der Reflexivität offenkundig zu sein. Ich beschränke mich jedoch auf diese Andeutungen und möchte nicht in einen Wettbewerb um die Proklamation kurzatmiger Paradigmata eintreten, die ihrerseits der Dialektik der sinnlichen Gewißheit unterliegen und trotz ihres vollmundig-epochalen Anspruchs im nächsten Hier und Jetzt verschwunden sind. Statt dessen möchte ich ihre Beantwortung lieber einer künftigen Bewußtseins- und Philosophiegeschichte der beiden letzten Jahrhunderte anheimstellen.

Die Prinzipien des Denkens und des Seins. Hegels System der reinen Vernunft

I. Von der Metaphysik zur Logik

(1) Die »Wissenschaft der Logik« – aus diesem berühmten, für viele allerdings auch berüchtigten Titel tritt das Wissenschaftspathos plakativ entgegen, das so charakteristisch für die Klassische Deutsche Philosophie insgesamt ist. Dies allerdings ist von Hegel zunächst gar nicht beabsichtigt gewesen: Noch kurz vor dem Erscheinen des ersten Bandes hat er nicht geplant, sein Werk »Wissenschaft der Logik« zu nennen. Sogar im Katalog der Frühjahrsmesse, zu der das Buch erschienen ist, wird es mit dem Titel »System der Logik« angezeigt (GW 12.325), und so, als »System der Logik«, hat Hegel es auch Jahre zuvor schon angekündigt (GW 9.447). Einen Grund für seine plötzliche Sinnesänderung nennt Hegel nicht – doch läßt er sich erraten: Wenige Monate zuvor hat sein alter Gegner Jakob Friedrich Fries ein »System der Logik« veröffentlicht,[1] auf das Hegel recht schlecht zu sprechen gewesen ist, und so ist es nicht unverständlich, daß er sein Werk nun nicht ebenfalls so nennen wollte – schon um nicht des Titeldiebstahls bezichtigt zu werden. Doch auch wenn er noch kurz vor der Publikation nicht gewußt hat, daß »seine Logik«, wie er zumeist einfach schreibt, den Begriff der »Wissenschaft« im Titel führen werde – eines hat er damals schon etwa sechs Jahre lang, seit dem Systementwurf des Jahres 1805/06, gewußt: daß sein Hauptwerk »Logik« und nicht »Metaphysik« heißen werde.

(2) Die Entstehungsgeschichte der »Logik« Hegels ist die Geschichte seiner Verabschiedung der Metaphysik – seiner Resignation (im alten Sinne dieses Wortes) auf die Metaphysik. Sie ist nicht die Geschichte des Zusammenwachsens der beiden Disziplinen ›Logik‹ und ›Metaphysik‹, an deren Ende dann unbekannte Gründe den Ausschlag für die Wahl des Titels »Logik« gegeben hätten, sondern sie ist die Geschichte der sukzessiv reifenden Einsicht Hegels in die

1 Jakob Friedrich Fries, *System der Logik. Ein Handbuch für Lehrer und zum Selbstgebrauch,* Heidelberg 1811.

Unmöglichkeit einer Metaphysik nach Kant. Deshalb ist die Kenntnis dieser Entwicklungsgeschichte ein konstitutives Moment des Verständnisses seiner »Logik« – ganz im Sinne seines bekannten Diktums, daß ein Resultat, isoliert von dem Prozeß, aus dem es resultiert, etwas Unlebendiges und Unverständliches ist.

Dieser Überzeugung von der Notwendigkeit der Verabschiedung der Metaphysik ist Hegel bekanntlich nicht stets gewesen. Noch in seiner ersten Systemskizze bezeichnet er die Metaphysik als die ›eigentliche Wissenschaft der Idee‹, während er der Logik – als dem ersten Systemteil – die Aufgabe zuweist, in das System einzuleiten. Doch schon hier äußert er sich über die Aufgaben der »Logik« vergleichsweise präzise, über den Inhalt dieser ersten Metaphysik hingegen nur sehr vage – so zumindest nach Auskunft der recht dürftigen Überlieferung im Fragment »Logica et Metaphysica« aus dem Winter 1801/02 wie auch der ebenfalls spärlichen Vorlesungsnotizen (GW 23,1.3–12): Die Metaphysik habe »das Princip aller Philosophie vollständig zu konstruieren«, und »aus der wahren Erkenntniß desselben, wird die Überzeugung hervorgehen, daß es zu allen Zeiten nur Eine und eben dieselbe Philosophie gegeben hat«. Seinen Hörern verspricht Hegel damals ausdrücklich nichts Innovatives, sondern lediglich, »das älteste Alte herzustellen; und es von dem Misverstande worein die neuern Zeiten der Unphilosophie es begraben haben, zu reinigen; es ist noch nicht lange Zeit, daß in Deutschland wieder auch nur der Begriff der Philosophie erfunden worden ist, aber seine Erfindung ist auch nur für unsere Zeiten neu; es muß wenn man will, für einen Probierstein ächter Philosophie gelten, ob sie sich in der wahren Philosophie erkennt«. Doch *was* der Inhalt dieser »wahren« sei, läßt Hegel zumindest in den überlieferten Fragmenten ungesagt. Statt dessen verspricht er noch, »von diesem höchsten Princip aus« »die Möglichen Systeme der Philosophie« zu konstruieren, danach »das Gespenst des Skepticismus ... dem Tage [zu] zeigen« und schließlich mit der Darstellung »des Kantischen und des Fichteschen« Systems der Philosophie fortzufahren.

An diesen Ausführungen ist vor allem eines hervorzuheben: ihre gedankliche Dürftigkeit. Während Hegel in der Vorlesung »Introductio in philosophiam« zur gleichen Zeit eine erste Systemskizze vorträgt, die – trotz einiger Modifikationen – die Ausbildung seines Systems in den folgenden drei Jahrzehnten präformiert, weiß er über die angekündigte Metaphysik inhaltlich so gut wie nichts zu sagen – und das Wenige, was er doch sagt, hätte er besser ungesagt gelassen. »Si tacuisses« möchte man ihm zurufen – und dies nicht allein wegen des Wolkendunstes, in den der junge Hegel hier »das älteste Alte« sorgfältig einhüllt, sondern ebensosehr wegen der Unbedenklichkeit, mit der er – mit leeren Taschen – über Kants Philosophie spricht und glaubt, Kants Metaphysikkritik zur Seite wischen und eine nachkritische Metaphysik als Fundamentaldisziplin seines Systems entwerfen zu können. Daß zudem die von ihm in der Vorschau auf die Metaphysik verheißene Entblößung des Gespenstes des Skeptizismus angesichts der zuvor von ihm eingeführten Unterscheidung von Logik und Metaphysik eher auf die Seite »der negativen, oder vernichtenden Vernunft« gehört hätte, also in die Logik, dürfte ihm schwerlich entgangen sein, und Gleiches gilt für die angekündigte Darstellung der Systeme Kants und Fichtes. Ohne diese beiden Fremdkörper im Reiche der Metaphysik hätte diese jedoch lediglich den Kult des ›ältesten Alten‹ umfaßt – und dies hätte ihre ohnehin dürftige Attraktivität wohl vollends ins Bodenlose sinken lassen.

(3) Zwei Jahre später, im »Systementwurf I« (1803/04), trägt Hegel erneut über Metaphysik vor, doch ist wegen der fragmentarischen Überlieferung dieses Entwurfs nichts über ihre Ausgestaltung bekannt – außer einem in einen Satz gedrängten Rückblick auf den ersten, Logik und Metaphysik umfassenden Systemteil (GW 6.268). Erst der folgende »Systementwurf II« (1804/05) bietet einen Einblick in Hegels Jenaer Konzeption der Metaphysik, zumal diese Metaphysik – im Unterschied zur Logik dieses Entwurfs – vollständig erhalten ist. Hierdurch fallen aber auch die Schwierigkeiten der Konzeption einer Metaphysik nach Kant ins Auge. In ihrem ersten Teil behandelt Hegel unter dem Titel »Das Erkennen als System von Grundsätzen« die Sätze der Identität, des ausgeschlossenen Dritten und des Grundes – somit Inhalte, die – als Thematisierung nicht von Gegenständen, sondern des Denkens – ihren Platz traditionell in der Logik haben, zuletzt in Kants transzendentaler Logik im »System aller Grundsätze des reinen Verstandes« (B 187). Auf dieses Kantische Lehrstück spielt ja auch Hegels Titel (»Das Erkennen als System von Grundsätzen«) an. Dennoch ordnet er hier diese Thematik noch – als ihren ersten Teil – der Metaphysik zu – mit dem wenig überzeugenden Argument, daß die für die Logik charakteristische Form der in unser Bewußtsein

fallenden, sich bewegenden Reflexion hier verabschiedet und das Erkennen in diesen Grundsätzen auf sich selbst bezogen sei (GW 7.128 – 138) – übrigens ein geradezu verräterisches Argument.

Besonders deutlich läßt der zweite Teil der Metaphysik ihre ambivalente Stellung gegenüber der vormaligen, vorkritischen, hervortreten. Er führt zwar den neuartigen Titel »Metaphysik der Objectivität«, folgt aber – mit den Themen Seele, Welt und »höchstes Wesen« – strikt dem Aufbau der vorkantischen »metaphysica specialis«. Doch die Ausgestaltung dieses von der vorkantischen Metaphysik vorgegebenen Rahmens dementiert den plakativen Traditionsbezug aufs Schärfste, und Hegels Übergang vom zweiten zum dritten Teil, von der »Metaphysik der Objectivität« zur »Metaphysik der Subjectivität«, vom »höchsten Wesen« zum theoretischen und praktischen Ich, zerstört vollends die systematische Funktion der früheren metaphysica specialis. Statt eine Metaphysik zu entwerfen, überführt Hegel die traditionellen Themen der Metaphysik ihrer inneren Unwahrheit und destruiert sie erbarmungslos: Die Wahrheit des »höchsten Wesens« ist das Ich; denn für die Monade, und mehr noch für das »höchste Wesen«, ist das Andere nur die Negation; für das Ich hingegen »ein dem Ich gleiches«. Die Darstellung der Metaphysik – als einer vorgeblichen Vernunfterkenntnis von Gegenständen – ist bereits hier zugleich ihre vernichtende Kritik.

(4) Der »Systementwurf II« ist der erste Entwurf, dessen Überlieferung einen ausführlichen Einblick in die Differenz der frühen Logik und Metaphysik Hegels erlaubt – und er ist zugleich der letzte, der am Nebeneinander beider Disziplinen festhält. Doch bereits in den Skizzen von 1801/02 wirkt ihre traditionelle, bereits durch Kant ausgehöhlte Unterscheidung künstlich, und sie ist auch dort terminologisch schon partiell durchbrochen. Die Ausgestaltung beider Disziplinen im ausgeführten »Systementwurf II« läßt dann entgegen Hegels ursprünglicher Absicht zweierlei offenkundig werden: daß er das, was ihm hier unter dem Namen »Metaphysik« vorschwebt, weder methodologisch noch inhaltlich von der Logik zu scheiden weiß und daß diese Metaphysik keinen Inhalt mehr hat, der den früher einmal prätentiösen und ehrwürdigen Namen rechtfertigt. Unter den neuen Bedingungen eines Denkens nach der Aufklärung läßt sich weder die methodische noch die inhaltliche Trennung beider Disziplinen aufrechterhalten.

Die daraus resultierende notwendige Veränderung ist aber nicht – wie dies gern geschieht – als Zusammenwachsen zweier Disziplinen zu beschreiben, sondern als Zerfall des – ohnehin von Beginn an verkümmerten – Konglomerats »Metaphysik« und als Inkorporation seiner nicht einmal autochthonen materialen Relikte in andere Disziplinen: Der erste Teil seiner damaligen »Metaphysik«, das »System von Grundsätzen«, ist traditionell ohnehin Bestandteil der Logik; später findet es seinen systematischen Ort in Hegels »Wesenslogik«. Und während die Themen der »Metaphysik der Subjectivität« später in die »Philosophie des Geistes« abwandern, ist dem Zentrum der Jenaer »Metaphysik« Hegels, der als Kritik der metaphysica specialis konzipierten »Metaphysik der Objectivität«, im späteren System kein Weiterleben beschieden. Wegen dieser ›inneren Auszehrung‹ der »Metaphysik« bezeichnet Hegel die ›Erste Wissenschaft‹ seines Systems bereits am Ende der Jenaer Jahre nur noch als »Logik«; auch in seinen nächsten Entwürfen der ›Ersten Philosophie‹ – seit dem Beginn der Nürnberger Zeit (1808) – ist von »Metaphysik« nicht mehr die Rede: Im Aufriß des Hegelschen Systems hat die Logik die Nachfolge der vormaligen Metaphysik angetreten. Dies ist das Resultat eines Lernprozesses, vielleicht ja gar eines schmerzhaften Lernprozesses, der sich über etwa fünf Jahre hinzieht – doch dann tritt unwiderruflich die Logik an die Stelle, die er zuvor der Metaphysik zugedacht hat.

II. Die Logik als »System der reinen Vernunft«

(1) Mit diesem Schritt zieht Hegel die Konsequenzen nicht allein aus dem Scheitern seines eigenen Versuchs, eine nachkantische Metaphysik zu entwerfen. Er begreift dieses Scheitern nun als eine notwendige Folge des bereits durch Kant heraufgeführten Endes der Metaphysik. Hegels Philosophie setzt das »Ende der Metaphysik« als ein Ereignis der Philosophiegeschichte voraus. Kant – und Jacobi – haben, so Hegel, der Metaphysik ein Ende gemacht (GW 15.11–13, 24–29), ja sie haben »die ganze Weise der vormaligen Metaphysik und damit ihre Methode über den Hauffen geworfen« (GW 12.229). Was vor Kants *Kritik der reinen Vernunft* »*Metaphysik* hieß, ist, so zu sagen, mit Stumpf und Styl ausgerottet worden, und aus der Reihe der

Wissenschaften verschwunden« (GW 11.5) – wobei das selten bemerkte Sprachspiel (»Stil – Stiel«) dem ›Ende der Metaphysik‹ noch eine zusätzliche pikante Note verleiht: Die Metaphysik ist also nicht eines natürlichen Todes gestorben; vielmehr ist sie – ›mit Stil‹, also stilvoll – ausgerottet worden. Und mit dieser Einsicht steht Hegel damals nicht allein: Auch Fichte sieht in der Entgegensetzung gegen die Metaphysik das Proprium der Transzendentalphilosophie. Übereinstimmend mit Kant leugne er »die Möglichkeit der Metaphysik gänzlich«; Kant rühme sich – zu Recht! –, die Metaphysik in diesem Sinne »mit der Wurzel ausgerottet zu haben, und es wird, da noch kein verständiges und verständliches Wort vorgebracht worden, um dieselbe zu retten, dabei ohne Zweifel auf ewige Zeiten sein Bewenden haben«.[2] Sowohl Fichte als auch Hegel greifen also hier – unabhängig voneinander – zu dem harten Wort »ausrotten«.

Seit dieser – gegen Ende der Jenaer Jahre erreichten – Einsicht ist »Metaphysik« für Hegel nur noch »vormalige Metaphysik« – eine vergangene Gestalt des Geistes.[3] Daß dies so ist, ist ein Faktum, doch ist es nicht einmal zu bedauern und zu betrauern. Und deshalb rechtfertigt Hegel sich auch gegenüber der Schulbehörde, daß (entgegen den Anforderungen des Lehrplans) in seinen Gymnasialkursen die Metaphysik »leer auszugehen« scheine. Die Metaphysik sei »eine Wissenschaft, mit welcher man heutiges Tags in Verlegenheit zu seyn pflegt« – so Hegel, selbst etwas verlegen, dann aber doch bestimmter:

2 Siehe Fichtes programmatisches, seinem Schreiben an Jacobi vom 22. April 1799 beigelegtes (und zu Hegels Zeit noch nicht veröffentlichtes) »*Fragment*«. In: Jaeschke (Hg.), *Transzendentalphilosophie und Spekulation. Der Streit um die Gestalt einer Ersten Philosophie (1799–1807).* Quellenband. Hamburg 1993, 60 (PLS 2/1).

3 Hegels Überzeugung vom ›Ende der Metaphysik‹ spiegelt sich auch in den beiden folgenden Zitaten: »Auch denen, welche sich sonst noch an das Aeltere halten, ist die *Metaphysik* zugrunde gegangen wie der Juristenfakultät das deutsche Staatsrecht.« »Es ist diß ein Factum, daß das Interesse theils am Inhalte, theils an der Form der vormaligen Metaphysik, theils an beyden zugleich verlohren ist.« – Siehe Hegel an v. Raumer, 2. August 1816, Br 2.97, sowie Hegel: *Wissenschaft der Logik,* GW 11.5. Ein solches Interesse verliert sich jedoch nicht ohne Grund; der Interessenschwund ist deshalb nicht die Ursache, sondern die Folge und die Erscheinungsform des »Endes der Metaphysik« – also des Endes derjenigen Gestalt, die die Metaphysik in der rationalistischen Schulphilosophie des 17. und 18. Jahrhunderts gefunden hat.

Nach seiner Ansicht falle »ohnehin das *Metaphysische* ganz und gar« in die Logik. Und dies sei eben nicht allein *seine* Privatansicht: Schon Kants Kritik reduziere »das seitherige Metaphysische in eine Betrachtung des Verstandes und der Vernunft«[4] und habe damit die Metaphysik zur Logik gemacht (GW 11.22), zur »transcendentalen Logik«. Oder anders und präziser gesagt: An die Stelle der »vormaligen Metaphysik« tritt nun das »System der reinen Vernunft«.

(2) Diese Forderung Hegels, die Erste Wissenschaft der Philosophie als ein »System der reinen Vernunft« auszuführen, gilt häufig als abschreckendes Indiz für die Hybris der Generation nach Kant, die dessen Warnungen und kritische Restriktion der Philosophie mißachten zu können glaubte. Doch auch wenn die Kant-Rezeption unserer Tage gern darüber hinweggleitet: Es ist kein anderer als Kant, der seinen Nachfolgern mit dieser Parole den Weg gewiesen hat. Er führt ja aus, daß das Eigentümliche der Vernunft »das *Systematische* der Erkenntnis sei, d.°i. der Zusammenhang derselben aus einem Prinzip« – und deshalb zielt Kant auf eine »vollständige Einheit der Verstandeserkenntnis« als »ein nach notwendigen Gesetzen zusammenhängendes System«, also auf die »Einheit der mannigfaltigen Erkenntnisse unter einer Idee«, ja auf ein »vollständiges System der reinen Vernunft«,[5] und in diesem »System der reinen Vernunft« sieht er das Ziel, auf das seine (bisherige) »Propädeutik« oder »Kritik der reinen Vernunft« hinzuführen bestimmt ist.

(3) An diesem Punkt scheinen sich die Wege Kants und Hegels bereits wieder zu trennen. Denn in der »Methodenlehre« der *Kritik der reinen Vernunft* bezeichnet Kant das »System der reinen Vernunft« – das er ja nie ausgearbeitet hat – nun doch wieder als »Metaphysik«, und er teilt diese in die »Metaphysik der Natur« und die »Metaphysik der Sitten«.[6] Von »Logik« ist bei ihm in diesem Zusammenhang nicht die Rede – obschon die Logik doch ebenfalls Anspruch erheben dürfte, ihren systematischen Ort im Kontext eines »Systems der reinen Vernunft« zugewiesen zu erhalten – und nicht allein in einer propädeutischen »Kritik der reinen Vernunft«.

4 Hegel: *Privatgutachten an Niethammer über seine gymnasiale Lehrtätigkeit (1812)*, GW 10.825.

5 Kant: *Kritik der reinen Vernunft*. Insbesondere B 736, B 673, B 860.

6 Ib. B 869.

Schließlich ist ja auch sie – und gerade sie – eine Disziplin, die ganz auf apriorischer Erkenntnis basiert. Allerdings scheint mir Kant diese Position der »Methodenlehre« in der Einleitung zur zweiten Auflage der *Kritik der reinen Vernunft* ebenso implizit wie nachdrücklich zu korrigieren – leider auch in diesem Fall, ohne die einschlägigen Passagen der »Methodenlehre« ebenfalls zu revidieren. Denn in dieser Einleitung ist nicht mehr von »Metaphysik« die Rede, sondern Kant betont mit großem Nachdruck, die Transzendentalphilosophie – zu der die *Kritik der reinen Vernunft* ja nur den Plan entwerfe – sei »das System aller Prinzipien der Vernunft«. Und während die *Kritik der reinen Vernunft* sich »der ausführlichen Analysis« der Stammbegriffe der reinen Erkenntnis »wie auch der ausführlichen Analysis dieser Begriffe selbst« enthalten müsse, werde dieses System der reinen Vernunft beides nachtragen.[7]

Diese von Kant anvisierte »ausführliche Analysis« hat Hegel in seiner *Logik* ausgearbeitet – wenn auch fraglos in anderer Gestalt, als Kant sie ihr gegeben hätte. Für Hegel ist das »System der reinen Vernunft« nicht mehr »die Transzendental-Philosophie«, sondern *die Logik* – und dies mit gutem Grund: Denn *wenn* eine philosophische Wissenschaft den Anspruch auf den Titel »System der reinen Vernunft« erheben darf, so doch wohl an erster Stelle diejenige Disziplin, die sich der Analysis und Synthesis der Begriffe der reinen Vernunft, der Ausarbeitung des »Systems« dieser Begriffe, widmet. Die Ansätze hierzu enthält Kants transzendentale Logik – aber eben nur die Ansätze.

III. Das System der reinen Vernunft als System der Denkbestimmungen

Nach diesen beiden – rekapitulierenden und zugleich vorbereitenden, für das Problem, das ich hier verfolge, unvermeidlichen – Überlegungen zu Hegels Verabschiedung der Metaphysik und zu seiner Anknüpfung an Kant möchte ich nun den eigentlichen Punkt, um den es mir hier zu tun ist, ansteuern. Und da ich auf dem Weg zu meinem

[7] Ib. B 25–27.

Ziel mehrere Abschweifungen nicht vermeiden kann, möchte ich es hier zur leichteren Orientierung vorweg nennen: Es geht mir um das Verständnis von Hegels *Wissenschaft der Logik* als eines metaphysisch neutralen »Systems der reinen Vernunft«, das in der Tradition und im Dienste der Erforschung der Kategorien als der Prinzipien des Seins und des Denkens steht.

Denn Hegel löst die von Kant gestellte Aufgabe, die Philosophie als ein solches System zu verwirklichen, mit den Mitteln der ›Kategorienforschung‹ – vorausgesetzt, daß man die Rede von ›Kategorien‹ in einem neuzeitlich-weiten Sinn versteht (darauf werde ich zurückkommen). Zu solcher Kategorienforschung trägt die *Kritik der reinen Vernunft* sehr wenig bei – eher läßt sie durch ihre etwas abrupte Präsentation der Kategorientafel deutlich werden, daß hier eine empfindliche Lücke in ihrem Argumentationsgang klafft. Fichte und Schelling haben sich zwar in vielfacher Hinsicht an Kant orientiert, und sie haben (in der »Grundlage der gesammten Wissenschaftslehre« bzw. im »System des transscendentalen Idealismus«) auf der Grundlage der Kantischen Kategorientafel auch Ansätze zu einer systematischen Ableitung der Kategorien vorgelegt. Die von Kant selbst gesehene, in der *Kritik der reinen Vernunft* aber bewußt offengelassene und bezeichnete Leerstelle haben sie aber nicht geschlossen – was wohl mit der distanzierten Haltung sowohl Fichtes als auch Schellings gegenüber der Logik zusammenhängt.

Doch läßt sich diese Lücke verschmerzen – denn die Kategorienforschung erfreut sich nicht allein einer weit zurückreichenden Tradition, für deren Darstellung ich hier auf Friedrich Adolf Trendelenburg (1802–1872) verweisen darf – auch und gerade weil er sich als einer der ersten Kritiker der Hegelschen Logik profiliert hat und in dieser Rolle bis heute Aufmerksamkeit findet.[8] Die Kategorienforschung erfreut sich auch einer Weiterführung über Hegel hinaus, zumindest bis ins letzte Jahrhundert – und hier darf ich auf Nicolai Hartmanns Gesamtwerk, insbesondere auf seinen »Aufbau der realen Welt« verweisen, wobei Hartmann (1882–1950) – dies sei nur am Rande vermerkt – trotz seines großen, den Kategorien gewidmeten

[8] Zu ihr siehe insbesondere Adolf Trendelenburg, *Historische Beiträge zur Philosophie,* Bd. 1: *Geschichte der Kategorienlehre. Zwei Abhandlungen.* Berlin 1846.

Werkes die Ansicht vertritt, daß die Kategorienforschung noch ganz am Anfang stehe.[9] Mir scheint, daß sich von solcher Kategorienforschung etliche Blicke auf Hegels *Wissenschaft der Logik* werfen lassen, die einige ihrer Prätentionen, aber auch einige ihrer oft als anstößig erscheinenden Charakteristika besser erkennen und problematisieren lassen. Dabei habe ich nicht etwa das Interesse, die teils gravierenden Differenzen zwischen den Genannten herunterzuspielen.

Es geht mir vielmehr darum, daß bei einer solchen Betrachtung analoge Probleme und analoge Antworten aufscheinen, deren partielle Konvergenz gerade angesichts der Unterschiedlichkeit der Ansätze ein wichtiges Indiz dafür bildet, daß hier ein allgemeines Problem zugrunde liegt – zwar kein ›ewiges‹, aber doch ein in Jahrhunderten gewachsenes und aus dem Denken nicht mehr wegzudenkendes, und nicht ein bloß selbsterdachtes und -gemachtes. Ich möchte deshalb hier Hegels »System der reinen Vernunft« in der Perspektive der Kategorienlehre Nicolai Hartmanns in den Blick nehmen – wobei sich überraschende Ähnlichkeiten ergeben werden, freilich auch eine Reihe von kritischen Anfragen an Hegels Konzeption und Rückfragen an Hartmann. Denn Hartmann greift diese Probleme ja als dezidierter Vertreter nicht allein des Realismus, sondern auch der Ontologie auf.

Im Interesse dieser wechselseitigen Erhellung der Problemlagen möchte ich drei Fragenkomplexe unterscheiden: (1) die Frage nach dem Status der Kategorien, (2) die Frage nach dem Verhältnis von Gegenstands- und Erkenntniskategorien und schließlich, leider nur noch kurz, (3) die Frage nach dem Verfahren ihrer Gewinnung.

1. Status der Kategorien

Zunächst also zum ›Status der Kategorien‹. Aller Kategorienforschung liegt die Überzeugung zugrunde, daß es nicht allein möglich sei, die allgemeinen Bestimmungen aufzustellen, die für alles Seiende konstitutiv sind, sondern daß dies eine fundamentale und vordringliche Aufgabe der Philosophie sei. Hierbei kann das ›Seiende‹ in dem

9 Nicolai Hartmann, *Der Aufbau der realen Welt. Grundriß der allgemeinen Kategorienlehre,* Berlin 1940, ^{3}1964.

engen Sinne äußerer Gegenständlichkeit gefaßt werden, also im Sinne traditioneller Ontologie; es kann aber auch in einem neuzeitlich-weiten Sinne verstanden werden, der das »geistige Sein« einschließt. »Geistiges Sein« – derjenige, dem dies zu wenig Hegel-adäquat klingt, mag sich daran erinnern, daß »Sein« für Hegel die allgemeinste Denkbestimmung ist, die allem zukommt, und vor allem: daß ›Geist‹ ja etwas durchaus Reales ist, auch wenn man ihn nicht sehen und hören kann. Deshalb zählt die Philosophie des Geistes für Hegel ja auch zur »Realphilosophie«, und die Sphäre des Geistes bildet ein herausragendes Element im »Aufbau der realen Welt« (um Hartmanns Titel zu adaptieren), ja sie bildet – für Hegel wie für Hartmann – in diesem Aufbau die höchste Sphäre.[10] Um einen möglichst neutralen Ausdruck zu wählen: Kategorien sind allgemeine Bestimmungen teils des natürlichen, teils des geistigen Seins – und damit ist (dies sei nur am Rande gestreift) auch schon gesagt, daß sie – auch wenn sie natürlich sprachlich formuliert werden müssen – ihren Ort doch nicht *allein* und auch nicht primär in der Sprache haben.

Als solche allgemeinen Bestimmungen aber stehen sie den beiden Bereichen, die in ihrer Gesamtheit die ›reale Welt‹ bilden, als etwas Drittes gegenüber, jedoch als ein Drittes, das keineswegs bloß äußerlich zu ihnen hinzutritt und neben ihnen steht, sondern als ein Drittes, das sich sowohl zum natürlichen als auch zum geistigen Sein als ein »Prinzip« verhält: Kategorien sind »die inneren Prinzipien, und zwar sowohl […] des Seienden als auch […] der Erkenntnis des Seienden«.[11] Und als solche Prinzipien fungieren sie als ein »Gerüst«, wie Hegel und Hartmann wiederum übereinstimmend formulieren.[12] Alles Seiende *ist* nicht einfach, regellos und formlos, sondern es ist gemäß diesen Prinzipien gestaltet. Es steht uns auch nicht frei, eine

10 Von hier aus versteht sich, daß Hartmanns Werk *Das Problem des geistigen Seins. Untersuchungen zur Grundlegung der Geschichtsphilosophie und der Geisteswissenschaften,* Berlin/Leipzig 1933, dasjenige seiner Werke bildet, in dem sein Denken dem Denken Hegels am nächsten kommt; vgl. Walter Jaeschke, *Der Geist und sein Sein. Nicolai Hartmann auf Hegelschen Wegen.* In: Thomas Wyrwich (Hg.): *Hegel in der neueren Philosophie,* Hamburg 2011, 181–213 (= Hegel-Studien, Beiheft 55).

11 Hartmann, *Der Aufbau der realen Welt,* 12.

12 Ib. V: »ein einheitliches Gerüst der realen Welt« bzw. Hegel, *Wissenschaft der Logik,* GW 12.20: »die Grundlage und das innere einfache Gerüste«.

Welt zu denken, die diesen Prinzipien nicht unterworfen wäre. Wie das (mißverstandene) Reich der »Dinge an sich«, so wäre auch eine von den Kategorien verlassene reale Welt »nichts anderes als ein formloser Klumpen«.[13] Und selbst die nicht-realen Welten, in die manche gern gelegentlich ausschweifen, um ihrer Imagination einmal freien Lauf zu lassen, bleiben den Kategorien letztlich auch im Modus ihrer gewollten Negation noch unterworfen.

Mit dieser Sicht ist jedoch eine Entscheidung von erheblicher Tragweite für die Architektonik des Systems verbunden: Als Prinzipien des natürlichen und geistigen Seienden sind die Kategorien nicht im Rahmen der jeweiligen Realphilosophie abzuhandeln, sondern in einem von deren beiden Formen gesonderten Systemteil. Prinzipien des Natürlichen sind ja nichts Natürliches, und Prinzipien des Geistigen nichts Geistiges. Und zudem ist die Geltung dieser Prinzipien ja auch nicht auf jeweils einen von beiden Bereichen – Natur- *oder* Geistesphilosophie – beschränkt, sondern sie übergreift sie beide – zumindest tendenziell. Diese – ich denke: zutreffende – Einschätzung rechtfertigt, ja erfordert Hegels Systemaufriß. Denn neben den beiden realen Sphären der Natur und des Geistes und der Sphäre ihrer Prinzipien läßt sich keine weitere finden – auch wenn sich daneben so mancherlei erträumen läßt.

2. Seinskategorien und Erkenntniskategorien

Noch von Aristoteles her läßt das Wort ›Kategorie‹ unmittelbar Seinsprinzipien assoziieren: Auch für Hartmann bilden Kategorien »die Grundmomente der Welt in ihrem objektiven Gesamtaufriß«,[14] und Hegel stellt an den Beginn seiner Logik ebenfalls die »Lehre vom Seyn«, und nur die in dieser Seinslehre entfalteten Denkbestimmungen bezeichnet er im strengen Sinne als »Kategorien«. Doch eine derartige, in der Perspektive der Ontologie stehende und von einem erkenntnistheoretischen Realismus getragene Einschätzung ist unter

13 GW 4.332. Vgl. Walter Jaeschke und Andreas Arndt: *Die Klassische Deutsche Philosophie nach Kant. Systeme der reinen Vernunft und ihre Kritik (1785–1845)*, München 2012, 355f.

14 Hartmann, *Der Aufbau der realen Welt*, 15.

den Bedingungen der neuzeitlichen Philosophie und insbesondere der Philosophie Kants in einer doppelten Hinsicht zu revidieren: im Blick auf den Status der Kategorien und – wenn ich richtig sehe: in Folge dieser Statusveränderung – auch im Blick auf die Abgrenzung des Bereichs, für den von Kategorien zu reden ist. Zunächst hierzu: Für die Erkenntnistheorie des transzendentalen Idealismus gibt es eigentlich keine Seinsprinzipien, sondern nur Verstandesbegriffe. Unter diesen gedanklichen Bedingungen aber wendet sich das Interesse der Kategorienforschung von der Erkenntnis der Seinsprinzipien zurück auf die Erkenntnis, die solche Prinzipien erfaßt. Und wenn es doch allein die Erkenntnis ist, die solche Prinzipien auffindet oder gar generiert, so liegt die Annahme nahe, daß auch und insbesondere diese Erkenntnis ihrerseits unter Prinzipien stehe. Damit aber verschiebt sich das Ziel der Kategorienforschung: Die Frage nach den Seinsprinzipien wird zumindest ergänzt, wenn nicht gar ersetzt durch die Frage nach den Erkenntnisprinzipien und dem Verhältnis beider. Und wenn man erst einmal nach ihnen fragt, so beschränkt sich die Antwort nicht auf eine bloße Umwertung früherer Seinsprinzipien zu Erkenntnisprinzipien, sondern sie führt zu einer erheblichen Erweiterung der Erkenntnisprinzipien – ja eines eigenen ›Reiches‹ solcher Prinzipien.

Dieser Aspekt ist bekannt genug; ich brauche ihn hier nicht weiter zu vertiefen, doch muß ich ihn berühren, weil er in der neueren Reflexion des Kategorienproblems eine nicht unwichtige und – wie ich denke – eine weiterführende Rolle spielt. In ontologischer Perspektive hat Nicolai Hartmann eine Reihe von Einwänden gegen diese Verschiebung des Akzents von den »Gegenstandskategorien« auf die »Erkenntniskategorien« vorgetragen, die ich hier zu zwei Argumenten kurz zusammenfassen möchte: (1) Alle Erkenntnis ist Gegenstandserkenntnis und erfolgt gänzlich unabhängig von Kategorienerkenntnis. (2) Erkenntniskategorien sind zwar die ersten Bedingungen der Erkenntnis, aber nicht selber Gegenstand der Erkenntnis; wir erkennen Gegenstände durch Kategorien, aber wir erkennen in dieser Erkenntnis nicht die Kategorien, die diese Erkenntnis ermöglichen.[15]

15 Hartmann, insbesondere ib. 10f.

Das erste Argument scheint mir weder strittig noch sonderlich erheblich zu sein. Und auch das zweite Argument trifft fraglos zu – doch spricht es nur die Hälfte der Wahrheit aus. Es ist ja richtig: Die sogenannten Erkenntniskategorien sind Grundlagen oder Bedingungen der Erkenntnis, aber erkannt werden (zunächst einmal) nicht sie, sondern »durch sie« die Gegenstände der Erkenntnis. Soweit, mit Hartmann, die erste Hälfte der Wahrheit. Doch die zweite Hälfte lautet: *Wenn* man ein etwas naives Erkenntnismodell verabschiedet und bereit ist, einzuräumen, daß es »Bedingungen der Erkenntnis« gebe, so hat die Philosophie allen Anlaß, solche »Bedingungen der Erkenntnis« nun ihrerseits zum Gegenstand der Erkenntnis machen, also die Denkbestimmungen, *durch die* wir erkennen, auch selber zum »Stoff« oder »Inhalt« oder »Gegenstand« der Erkenntnis zu machen. Hartmann sucht zwar die Bedeutung der Erkenntniskategorien mit der Bemerkung herunterzuspielen, daß die Erkenntnis so wenig auf die Erkenntnistheorie gewartet habe wie der Gebrauch der Muskeln auf die Anatomie.

Dies ist sicherlich richtig: Der Erfolg des Erkennens ist nicht abhängig von der Erkenntnis der Erkenntniskategorien. Doch ist mit dieser Einsicht nicht viel gewonnen; auch Hegel hat dies gewußt und das Beispiel mit der Anatomie mehrfach notiert (Hartmann mag sogar von ihm zu seiner Äußerung angeregt worden sein) – aber Hegel führt es eben an, um zu zeigen, daß dies ein trivialer Einwand sei. Und wie man aus der trivialen Einsicht in das Verhältnis von Gehen und Studium der Anatomie nicht den Schluß ziehen darf, daß das Studium der Anatomie dann unnütz sei und eingestellt werden solle, so ebensowenig den Schluß, daß man die Erkenntnisbedingungen nicht zu untersuchen brauche, wenn man doch auch ohne ihre Untersuchung erkennen könne – zumal sich die Lage im Blick auf Seinskategorien und Erkenntniskategorien durchaus analog darstellt. Wäre das Argument triftig, so müßte man es auch gegen die Erforschung der Seinskategorien wenden: Unser praktisches Weltverhältnis hat ja auch nicht erst mit der Erforschung der *Seins*kategorien eingesetzt, und es ist auch nicht davon abhängig.

Sie sehen, worauf ich, nach dem angekündigten längeren Umweg, nun in einem ersten Schritt hinaus will: *Wenn* man – sogar von einem ontologischen Ansatz aus – einräumt, daß es »Bedingungen der Erkenntnis«, »Erkenntnisprinzipien« gebe (ob man sie nun »Erkenntnis*kategorien*« nennt oder nicht), so erwächst daraus für die Philosophie die Aufgabe, sich dieser Bedingungen zu vergewissern, also diese in aller Erkenntnis wirksamen Prinzipien auch für sich selbst zum Gegenstand zu machen. Und eben dies ist ja das Programm seiner *Wissenschaft der Logik:* die Prinzipien – seien sie nun Prinzipien des Seins oder Prinzipien des Erkennens – in ihrer Vollständigkeit und in ihrer Ordnung aufzustellen. Schon dies ist ein ebenso berechtigtes wie ambitioniertes Programm. Hegel schließt jedoch noch einen weiteren Schritt an, der freilich eine notwendige Voraussetzung dafür bildet, daß der erste gelingt: Es geht nicht allein darum, die Seins- und Erkenntniskategorien zu registrieren und ihnen eine stillschweigende und als immer schon bekannt unterstellte Funktion im Erkenntnisprozeß zuzugestehen, sondern sie »an ihnen selbst«, wie Hegel zu sagen pflegt, zu denken. Ohne einen solchen Versuch bliebe die Rede von »Prinzipien« oder »Bedingungen der Erkenntnis« leer. Und noch ein weiteres kommt hinzu: Wenn es sich um »Bedingungen der Erkenntnis« handelt, dann müssen sie ihren Ort auch in der erkennenden Vernunft selber haben (wobei ich die Frage nach der Methode ihrer Aufstellung und Abhandlung hier zurückstellen muß). Jedenfalls gilt: Die vollständige Aufstellung und Abhandlung dieser »Bedingungen der Erkenntnis« ist dann nichts anderes als das »System der reinen Vernunft«.

3. Einheit von Sein und Denken

Hartmann hebt aber noch einen weiteren Aspekt hervor, und übrigens einen Aspekt, der für ihn selber nicht weniger wichtig ist als für Hegel: Wenn man – mit Kant – mit den Erkenntniskategorien ansetzt, sie aber – wie die Bezeichnung schon sagt – als Bedingungen der Erkenntnis versteht und sich deshalb genötigt sieht, sich ihrer »objektiven Gültigkeit« zu versichern, dann wird hierdurch die strikte Trennung zwischen Erkenntnis- und Seinskategorien unterlaufen – oder wie Hartmann sagt: »Die ›objektive Gültigkeit‹ […] setzt voraus, daß die Verstandeskategorie zugleich Gegenstandskategorie ist«.[16]

[16] Hartmann, ib. 6.

Denn sonst könnte man sie gar nicht mit gutem Recht *als Erkenntnis*kategorie ansprechen und auch nicht von ihrer »Gültigkeit« sprechen. Seit jeher haben viele in diesem Punkt das eigentliche Skandalon der Hegelschen Logik gesehen: in Hegels Diktum, daß die Denkbestimmungen ebensosehr Seinsbestimmungen seien oder – etwas schwächer formuliert – daß sie ebensosehr die Bedeutung von Seinsbestimmungen hätten.

Für eine Rezeption, die sich strikt innerhalb der Grenzen der Transzendentalphilosophie Kants bewegt und deren fraglose und immerwährende Gültigkeit voraussetzt, liegt in dieser Option der philosophische Sündenfall par excellence, nämlich der Rückfall hinter Kants radikale Umdeutung der früher als ontologisch gedachten Bestimmungen in Verstandesbestimmungen, und somit der Rückfall in eine vorkritische Ontologie. Doch so einfach ist es ja nicht. Denn Hegel vollzieht mit Kant den Schritt zu einer ›subjektiven‹ Auffassung der Kategorien – in seinem Sprachgebrauch dominiert fraglos die Rede von »Denkbestimmungen«. Er faßt sie jedoch als Bestimmungen eines »objektiven Denkens«, also zugleich als »Seinsbestimmungen«, und deshalb wirft er Kant vor, er sei einen Schritt zu weit gegangen und habe die Denkbestimmungen aus Furcht vor dem Objekt als *bloß* subjektive Bestimmungen verstanden und sie damit – trotz seiner Bemühungen um die Sicherung ihrer »objectiven Gültigkeit« – um ihren guten Sinn gebracht.

Damit bin ich nun auch bei meinem zweiten Zielpunkt angelangt: Es scheint mir sehr bemerkenswert, daß Hegel just an diesem neuralgischen Punkt Schützenhilfe von seiten der Kategorienforschung erhält, und zudem von einer Seite, von der sie wohl am wenigsten erwartet werden sollte: von Adolf Trendelenburg, dem wirkungsmächtigen Kritiker der Hegelschen Logik, und von Nicolai Hartmann, der sich zwar in der Geistesphilosophie eng an Hegel anschließt, als Ontologe aber ebenfalls zu seinen beharrlichen Kritikern zählt. Nun entscheidet eine solche – überraschende – Unterstützung fraglos nichts über die Wahrheitsfrage, aber sie ermuntert doch dazu, diese Frage erneut und wohl auch etwas weniger voreingenommen aufzurollen. Trendelenburg etwa bekräftigt zwar die Differenz von Grundbegriffen des Denkens und Grundbegriffen der Dinge – doch da es kein Denken ohne das gegenüberstehende Sein gebe, »werden die Grundbegriffe des Denkens (die modalen Kategorien) zugleich

Grundbegriffe der Dinge, inwiefern diese gedacht werden«. Trendelenburg spricht hier zwar nicht – Parmenideisch – von einer Identität von Denken und Sein, aber doch von einer »Gemeinschaft« von Denken und Sein: Denn beiden lägen dieselben Prinzipien zugrunde. Als »im Geiste erzeugt« hätten die Kategorien »in den Dingen Anwendung«. Sie seien »keine imaginäre Grössen, keine erfundene Hülfslinien, sondern ebenso objective als subjective Grundbegriffe«.[17] – »Ebenso objective als subjective Grundbegriffe« – der Hegelkritiker Trendelenburg scheint es sich hier zur Aufgabe gemacht zu haben, Hegels Konzeption der Denkbestimmungen, die zugleich Seinsbestimmungen sind, zu explizieren.[18]

Trendelenburgs Verständnis der Kategorien als »ebenso objective als subjective Grundbegriffe« erwächst aus einer Überlegung darüber, welche Bedingungen überhaupt erfüllt sein müssen, um im vollen Sinne von »Kategorien« sprechen zu können. Aus dem gleichen Grund sind auch für Nicolai Hartmann die Hegelschen Denkbestimmungen völlig angemessen und ausdrücklich »Grundmomente der Welt in ihrem objektiven Gesamtaufriß, sowie zugleich solche der Welterkenntnis«.[19] Und diese Charakteristik ist nicht etwa in kritischer Absicht abgegeben: Die Kategorienforschung *muß* die Kategorie als Gegenstandskategorie erfassen – sonst hätte sie sie ja nicht als Prinzip des Gegenstandes gedacht. Doch unter den Bedingungen der neuzeitlichen »Stellung des Gedankens zur Objektivität« kann sie auch nicht mehr, wie in ihrer naiven Phase, davon abstrahieren, daß uns diese Seinsprinzipien stets nur als gedachte, als Denkprinzipien, zugänglich seien – also in der Einheit von Seins- und Denkbestimmungen, als »ebenso objective wie subjective Grundbegriffe«.

17 Trendelenburg, ib. 364–378.

18 Allerdings erfindet Trendelenburg hier, als Basis dieser Einheit von Denken und Sein, eine »constructive Bewegung« als »allgemeine Bedingung des Denkens«, eine »Bewegung«, die »Raum und Zeit, Figur und Zahl aus sich hervorbringt«, die »in sich productiv« ist und deren »Producte« die Kategorien seien. Hier allerdings scheinen mir Hegels Ausführungen über die Aufhebung des Gegensatzes des Bewußtseins doch eine erheblich bessere, verläßlichere Grundlage dafür zu bieten, die Denkbestimmungen zugleich als Seinsbestimmungen zu verstehen.

19 Hartmann, ib. 15.

Nun könnte man vielleicht einwenden wollen, ein solches Verständnis der Kategorien verrate trotz aller verbalen Distanzierung von der Metaphysik selber einen – vielleicht sogar sehr massiven und problematischen – metaphysischen Ansatz. Daß dies nicht der Fall ist, möchte ich schließlich an einer weiteren Kongruenz zwischen Hegel und Hartmann noch kurz veranschaulichen: Beide verweisen übereinstimmend und mit Nachdruck darauf, daß – mit den Worten Hartmanns – die Entfaltung einer Kategorienlehre »in weiten Grenzen unmetaphysisch vorgehen« könne und erst die sekundäre Deutung der Kategorien differiere: Doch diese »metaphysische Deutung der Prinzipien auf ihren Ursprung hin ist ihrem ontologischen Gehalt durchaus unwesentlich«.[20] Nicht anders sind für Hegel die »objektiven Denkformen« »unabhängig vom metaphysischen System; – sie kommen beim transcendentalen Idealismus eben so sehr vor, wie beim Dogmatismus; dieser nennt sie Bestimmungen der Entium [der Seienden], jener [nennt sie Bestimmungen] des Verstandes« (GW 10.825 f.) Aus dem gleichen Grunde plädiert Nicolai Hartmann für die Anerkennung der metaphysischen »Neutralität« der Kategorien und der Kategorienforschung, und im Interesse dieser Anerkennung stützt er sich ebenfalls auf »die geschichtliche Tatsache«, »daß Kategorien aller Seinsstufen sowohl in idealistischer als auch in realistischer Denk- und Forschungsweise aufgedeckt worden sind«. Und deshalb könne die Kategorienlehre »sich in gewissen Grenzen diesseits der standpunktlichen Gegensätze – insonderheit neutral gegen Idealismus und Realismus halten«.

Diese – metaphysisch-neutralen – »Grundmomente der Welt« und zugleich »der Welterkenntnis« bilden das »System der reinen Vernunft« – oder zunächst etwas vorsichtiger: Sie bilden den Inhalt der *Wissenschaft der Logik*. Zu einem »System der reinen Vernunft« gehört ja unverzichtbar noch weit mehr – nämlich zum einen die geordnete und begründete Aufstellung der Vernunftbestimmungen und zum anderen der Nachweis, daß es sich bei ihnen auch wirklich um Bestimmungen »der reinen Vernunft« handle. Dies letztere allerdings ist im Gesagten bereits impliziert: Denn wenn es sich bei ihnen – mit Hegel und Hartmann – um »Bedingungen der Er-

20 Ib. 14f.

kenntnis« handelt und nicht um willkürlich entworfene oder geschichtlich vermittelte Vorstellungen, so kann es nicht zweifelhaft sein, daß sie ihren Ort in der Vernunft selber haben – sonst wären sie keine Erkenntnisprinzipien. Davon allerdings ist die Frage nach dem wissenschaftlichen Gang ihrer Aufstellung zu unterscheiden – und hier scheinen schwer überbrückbare Gegensätze zwischen Hegel und Hartmann aufzubrechen. Denn während solche Grundbestimmungen für Hartmann durch empirisch-geschichtliche Forschung erarbeitet werden, finden sich bei Hegel die bekannten Aussagen über den reinen, immanenten, nichts von außen hereinnehmenden Gang der Aufstellung der Denkbestimmungen, geleitet durch die Negation, zur Negation der Negation usf.

Diese plakative Kontrastierung zweier völlig unvereinbarer Ansätze scheint mir allerdings dem Gang der Ausarbeitung von Hegels *Wissenschaft der Logik* nicht ganz gerecht zu werden. Wenn man das Jahrzehnt der frühen Entwicklungsgeschichte der *Logik* überblickt, so drängt sich ein durchaus anderes Bild auf: das Bild eines Philosophen, der mit einer Reihe unterschiedlicher Modelle experimentiert, der sich an den Entwürfen seiner Zeitgenossen orientiert, der aus der reichen Geschichte der Philosophie schöpft, der auch in der Geschichte der Wissenschaften hospitiert und auf diese Weise den großen Vorrat der Denkbestimmungen ›nach Hause trägt‹.

In Verbindung mit diesem Bild zeigt sich allerdings auch noch ein zweites: das Bild des Philosophen, der diesen Kategorienvorrat nun, in unablässigen Versuchen, von Schuljahr zu Schuljahr und von Kolleg zu Kolleg, immer aufs Neue durchdenkt: der die immanente Logik der Denkbestimmungen entdeckt und sie gemäß dieser immanenten Logik in fortlaufend verbesserte Ordnungen bringt, dabei durchaus auch selber – wenn man das Wort einmal bilden darf – ›kategorieninventiv‹ verfährt – also das Bild des Philosophen, der diese Fülle der Denkbestimmungen, indem er ihren apriorischen Gehalt jeweils rein herausarbeitet, durch seine Gedankenarbeit zu einem »System der reinen Vernunft« ausgestaltet und es schließlich, am Ende seines Lebens, in Teilen nochmals nicht unerheblich umgestaltet – ohne daß er diesen Umgestaltungsprozeß als einen Einwand gegen den Systemanspruch der reinen Vernunft verstanden hätte – im Gegenteil. Die apriorische Form wird auch hier erst aus dem a posteriori Vorhandenen herausgearbeitet, und eine Vernunft, die glaubte, anders verfahren zu können, wäre recht wenig vernünftig. Im »System der reinen Vernunft« ist der windungsreiche Gang der Kategorienforschung jedoch nicht mehr als solcher präsent; hier, in der Wissenschaftsform, geht es nur noch um den Zusammenhang und apriorischen Gehalt der Denkbestimmungen. Erst diese beiden – zusammengehörigen – Bilder beschreiben das wirkliche Verfahren der Exposition dieses »Systems aller Prinzipien der reinen Vernunft« – als der nicht-metaphysischen oder metaphysisch-neutralen Entfaltung der Totalität der Bestimmungen des reinen Denkens, als der Prinzipien der Welt und der Welterkenntnis zugleich.

Wer denkt metaphysisch? oder: Über das doppelte Ende der Metaphysik

Denken? Metaphysisch? »Sauve qui peut! Rette sich wer kann! – So höre ich schon einen« Vertreter der schönen Welt der Gegenwartsphilosophie »ausruffen, der diesen« Vortrag »dafür ausschreyt, daß hier« von Hegel, also »von Metaphysik die Rede seyn werde. Denn Metaphysik ist das Wort, wie Abstract und beynahe auch Denken ist das Wort, vor dem, jeder, mehr oder minder, wie vor einem mit der Pest behafteten davon laüfft.« Und wegen dieses Verstoßes gegen die guten Sitten der philosophischen »schönen Welt« füge ich für diejenigen, die seine Abhandlung »Wer denkt abstract?« nicht kennen, meiner kleinen Hegel-Allusion noch den bei ihm folgenden, hoffentlich tröstlichen und beschwichtigenden (wiederum leicht modifizierten) Satz hinzu: »Es ist aber nicht so bös gemeynt, daß, was« Metaphysik »sey, hier erklärt werden sollte.« (GW 5.381). Ich werde nämlich die Argumentationsfigur aus Hegels Aufsatz hier nicht in dem Sinne adaptieren, daß ich das von der feinen Welt als metaphysisch Perhorreszierte als das in Wahrheit Empirische und das als empirisch Hochgeschätzte als in Wahrheit metaphysisch erweisen werde.

Die Metaphysik soll hier also nicht in ihre ehemaligen Ämter und Würden eingesetzt und auch das Ende der Metaphysik soll nicht widerrufen werden – doch soll darüber nachgedacht werden. Jedoch: Ist dies überhaupt ein Thema, über das zu reden oder gar nachzudenken sich noch lohnt? Hier scheint die Lage anders zu sein als beim »Ende der Kunst«, über das zumindest zu reden (wenn auch nicht unbedingt nachzudenken) inzwischen so sehr zum Gemeingut der feinen Welt der Ästhetiker geworden ist, daß in ihr nun beinahe über nichts anderes mehr geredet wird. Hinsichtlich des »Endes der Metaphysik« läßt sich dies kürzer abtun. Denn wenn es *eine* Frage gibt, über deren Beantwortung sich die zerstrittenen Philosophen beiderlei Geschlechts unserer Tage einig sind, so ist es fraglos dieses: daß es mit der Metaphysik zu Ende sei – und daß es auch keinerlei Grund gebe, ihr Ende zu beklagen und ihr eine Träne nachzuweinen. Auch wer nichts von Metaphysik weiß, weiß doch so viel von ihr, daß es mit ihr vorbei sei, unwiderruflich und auch völlig zu Recht. Eben deshalb darf dieses Wissen sich selbstgenügsam geben: Von dem, was da vorbei und restlos vorbei ist, braucht man auch nicht mehr als eben dies zu wissen. Wer jedoch über dieses Basiswissen hinaus über etwas historische Orientierung verfügt, vermag dieses unbestreitbare Faktum auch noch geschichtlich einzuordnen: Das – gerechte! – Ende der metaphysischen Hybris sei herbeigekommen, als beim »Zusammenbruch des deutschen Idealismus« im Vormärz die Phantasiebauten der philosophischen Systeme wie Kartenhäuser lautlos in sich zusammengefallen seien. Und der rauhe Wind der politisch-gesellschaftlichen Wirklichkeit habe ein übriges getan und die luftigen Wahngebilde der metaphysischen Systemschmiede alsbald hinweggefegt.

Angesichts der uneingeschränkten Lufthoheit dieser Interpretation ist es nicht leicht, in den mühsamen Schritten philosophiegeschichtlicher Bodenoperationen solchen Ansichten, die von ihr abweichen, auch nur Gehör, geschweige denn Geltung zu verschaffen. Doch andererseits ist *ein* Faktum – auch wenn es nicht überall begrüßt wird – doch schwer zu bestreiten: daß philosophische Ansätze aus der Zeit vor dieser – als epochal betrachteten – Zäsur zwischen Klassischer deutscher Philosophie und Vormärz sich nach wie vor größter Aufmerksamkeit erfreuen – und zwar weltweit, nicht etwa nur bei denjenigen, die auf einem angeblichen deutschen Sonderweg des Denkens in die Irre gegangen sind und deren Herzen deshalb mit ebenso unbegreiflicher wie verderblicher Sehnsucht nach den metaphysischen Gefilden erfüllt sind. Für diejenigen Entwürfe hingegen, die für das vorherrschende Bewußtsein diese Zäsur entweder selbst markieren oder in die Zeit nach ihr fallen, läßt sich dies nicht in gleicher Weise behaupten. Schon dieser merkwürdige Kontrast berechtigt zum Zweifel an der eingangs skizzierten Deutung – ja er nötigt dazu, ihr begriffliches Instrumentarium und ihre historische Konstruktion zu überdenken: ihren Begriff der Metaphysik, ihre Sicht der geschichtlichen Rolle, die die Metaphysik zur fraglichen Zeit gespielt hat. Eines sei allerdings vorweg eingeräumt: Ob und wie man vom ›Ende der Metaphysik‹ spricht, hängt natürlich vom jeweiligen Metaphysikbegriff ab. Wenn man den Metaphysikbegriff so weit faßte, wie Hegel es in den einleitenden Partien zu »Wer denkt abstract?« parodistisch anprangert, daß letztlich das Denken überhaupt schon mit Metaphysik gleichgesetzt würde und die Frage »Wer denkt metaphysisch?« gleichbedeutend würde mit der Frage »Wer denkt denn überhaupt noch?«, so wäre es – glücklicherweise! – derzeit noch etwas verfrüht, vom »Ende der Metaphysik« zu sprechen. Es gibt aber auch gute Gründe, sich einem solchen Pan-Metaphysiokritizismus zu verweigern, für den alles Metaphysik und deshalb vom Bösen ist, was sich über Empirie oder Sprachanalyse erhebt, und vielmehr auf dem Unterschied eines seine Möglichkeiten ausschöpfenden und eines seine Grenzen überschreitenden Denkens zu beharren.

I. Das Ende der Metaphysik als Ereignis der Philosophiegeschichte

(1) »Auch denen, welche sich sonst noch an das Aeltere halten, ist die *Metaphysik* zugrunde gegangen wie der Juristenfakultät das deutsche Staatsrecht.« »Es ist diß ein Factum, daß das Interesse theils am Inhalte, theils an der Form der vormaligen Metaphysik, theils an beyden zugleich verlohren ist.« – Diese beiden Zitate konstatieren das Ende der Metaphysik als ein »Factum«. Zugleich bieten sie eine Diagnose für sein Eintreten: Das Interesse an der vormaligen Metaphysik habe sich verloren. Damit meine – auf begriffliche und historische Klärung und nicht auf Restitution gerichtete – Intention nicht mißverstanden werde, beeile ich mich hinzufügen: Abgesehen von etlichen ephemeren Reanimationsversuchen hat sich dieses verlorene Interesse bis heute nicht wieder eingefunden – und es ist kein Wagnis zu prognostizieren, daß es sich auch künftig nicht wieder einfinden werde.

Die eben zitierte Diagnose des Endes der Metaphysik scheint das Selbstverständnis des Vormärz prägnant zu artikulieren – der Zeit nach dem Ende des Hegelschen Systems und der »Systemphilosophie« überhaupt, nach dem sogenannten »revolutionären Bruch im Denken des 19. Jahrhunderts«.[1] Doch steht dieser so plausibel erscheinenden Deutung sowohl die Chronologie als auch das Urheberrecht entgegen: Die zitierte Diagnose des Endes der Metaphysik

[1] Siehe den Untertitel der Darstellung von Karl Löwith, *Von Hegel zu Nietzsche. Der revolutionäre Bruch im Denken des 19. Jahrhunderts. Marx und Kierkegaard.* Stuttgart [5]1964.

stammt nicht etwa von Ludwig Feuerbach oder einem sonstigen Kritiker der Klassischen deutschen Philosophie und vornehmlich der Hegelschen; sie stammt von keinem anderen als von Hegel selber: aus seinem Hauptwerk, der *Wissenschaft der Logik,* und aus einem ostensiblen Brief aus dem Jahre 1816 – also aus den entscheidenden Jahren der Ausbildung seines Systems.[2] Und seine Rede vom »Ende der Metaphysik« ist keineswegs nur kokettierend gemeint: Hegels Selbstverständnis zu Folge setzt seine Philosophie das »Ende der Metaphysik« als ein Ereignis der Philosophiegeschichte voraus.

Allerdings wäre es zu kurz gegriffen, als Ursache für das »Ende der Metaphysik« lediglich einen Interessenschwund zu konstatieren. Noch kurz zuvor gelten die Themen der Metaphysik ja als die höchsten Gegenstände des Denkens. Das Interesse an solchen Gegenständen verliert sich nicht wie eine Münze, und sein Dahinschwinden ist auch kein Naturereignis. Der Interessenschwund ist nicht die Ursache, sondern die Folge und die Erscheinungsform des »Endes der Metaphysik«. Und das Ende, von dem hier die Rede ist, kann prägnant gefaßt werden als das Ende derjenigen Gestalt, die die Metaphysik in der rationalistischen Schulphilosophie des 17. und 18. Jahrhunderts gefunden hat – oder, um das zweite Eingangszitat fortzusetzen: Was vor Kants *Kritik der reinen Vernunft* »*Metaphysik* hieß, ist, so zu sagen, mit Stumpf und Styl ausgerottet worden, und aus der Reihe der Wissenschaften verschwunden.« – Am Rande sei vermerkt, daß all denen, die diesen Satz nicht in der historisch-kritischen, sondern in der meistzitierten Hegel-Ausgabe unserer Tage lesen, das ironische Wortspiel Hegels entgeht: Er schreibt nämlich keineswegs, wie es dort heißt, die Metaphysik sei »mit Stumpf und Stiel« ausgerottet worden (TWA 5.13), sondern, sie sei »mit Stumpf und Styl« ausgerottet worden – also: Sie habe ihr Ende durch eine, sit venia verbo, ›stilvolle Ausrottung‹ gefunden.

Auch diese drastischen Wendungen gehören also nicht erst dem Vormärz an: Die Metaphysik ist nicht allein »zu Ende gegangen«, als wäre sie eines natürlichen Todes gestorben, vielmehr ist sie – stilvoll – ausgerottet worden und deshalb aus der Reihe der philosophischen Wissenschaften verschwunden. Wer vom »Ende der Metaphysik«

2 Hegel an v. Raumer, 2.8.16, Br 2.97. – Hegel, *Wissenschaft der Logik,* GW 11. 5.

reden will, darf diese mit ebenso großem geschichtlichen Recht wie mit Emphase vorgetragene Diagnose nicht ignorieren – er muß vielmehr von ihr ausgehen. Ich schließe mich ihr ausdrücklich an: Als ein Ereignis der Philosophiegeschichte ist die Ausrottung der Metaphysik das Resultat nicht des Vormärz, sondern der Aufklärung – nämlich der Metaphysikkritik Kants. Dies ist eine adäquate Einschätzung ihres faktischen Resultats und ihrer Wirkungsgeschichte – auch wenn Kants Intention damit fraglos nicht vollständig erfaßt ist. Die *Kritik der reinen Vernunft* ist die definitive Kritik der traditionellen Metaphysik in ihrem gesamten Umfang. Unbarmherzig destruiert sie die rationale Psychologie mit ihrer Lehre von der Einfachheit und – daraus folgend – der Unsterblichkeit der Seelensubstanz, ebenso die rationale Kosmologie mit ihren antinomischen Aussagen über den Weltbegriff und schließlich die rationale Theologie wegen ihres illegitimen Übergangs vom höchsten Gedanken zur Existenz eines diesem Gedanken entsprechenden Wesens. Diese Kritik verbannt die metaphysica *specialis* aus dem Kreise der philosophischen Wissenschaften, und an die Stelle der metaphysica *generalis,* der früheren Ontologie, als einer rationalen Erkenntnis äußerer Gegenstände, setzt Kant die transzendentale Logik, als Erkenntnis nicht etwa transzendenter Gegenstände, sondern der internen Verfassung der Vernunft.

In der Retrospektive der Philosophiegeschichte stehen die beiden Jahrzehnte nach dem Erscheinen der *Kritik der reinen Vernunft* – negativ gesehen – im Zeichen der Metaphysikkritik, positiv gesehen im Zeichen der Transzendentalphilosophie. Dies ist nicht als ›statistische‹ Aussage in dem Sinne zu nehmen, daß die meisten der damaligen Philosophen sich zu ihr bekannt hätten – denn dies ist fraglos nicht der Fall; die traditionelle Schul- und die Popularphilosophie sind zahlenmäßig noch stark vertreten. Doch die Weiterentwicklung des Denkens vollzieht sich damals in dem von Kants Transzendentalphilosophie vorgegebenen Denkraum, und selbst die Rezeption von philosophischen Ansätzen vergleichbaren Gewichts – wie der Lehre Spinozas – erfolgt in Relation zur Transzendentalphilosophie, ja sie steht in ihrem Bann. Ihre Dominanz beruht auf ihrer durchschlagenden Kritik der Metaphysik als eines Systems »reeller durch das bloße Denken hervorgebrachter Erkenntnisse«. In dieser Entgegensetzung gegen die Metaphysik sieht auch Fichte das Proprium der

Transzendentalphilosophie. Übereinstimmend mit Kant leugne er »die Möglichkeit der Metaphysik gänzlich«; Kant rühme sich – zu Recht! –, die Metaphysik in diesem Sinne »mit der Wurzel ausgerottet zu haben, und es wird, da noch kein verständiges und verständliches Wort vorgebracht worden, um dieselbe zu retten, dabei ohne Zweifel auf ewige Zeiten sein Bewenden haben«.[3] Sowohl Fichte als auch Hegel greifen also hier – unabhängig voneinander – zu dem harten Wort »ausrotten«. Von den beiden von Descartes ausgehenden Linien – der Begründung der Metaphysik auf den ontologischen Gottesbeweis und der Fundierung der Philosophie in der Selbstgewißheit des Ich – hat damit die letztere, die subjektivitätstheoretische, den Sieg über die ontologische davongetragen.

(2) Doch wie kommt es zu diesem durchschlagenden Erfolg? Geistige Prozesse von epochalem Rang lassen sich selten an eine einzelne Person binden und auf einen Zeitpunkt fixieren. Auch wenn sie sich geradezu auf ein Jahr datieren lassen – auf das Erscheinen der *Kritik der reinen Vernunft* –, so sind sie doch stets länger vorbereitet. Dies gilt fraglos auch für Kants Metaphysikkritik: Mehrere seiner Formulierungen lassen erkennen, daß sein vernunftkritisches Werk im gedanklichen Umkreis einer breiten vernunftkritischen Tradition steht. Das »Ende der Metaphysik« als ein Faktum der Philosophiegeschichte der Aufklärung ist eingebettet in diesen größeren Zusammenhang der neueren Bewußtseinsgeschichte, die durch zwei epochale Entwicklungen charakterisiert ist: durch das Zerbrechen der Einheit von Vernunft und Glaube und durch das Zerbrechen der Einheit von Denken und Sein.

Ohne mich allzusehr ins Detail zu verlieren, möchte ich diese Aussage durch zwei knappe Hinweise illustrieren, um das »Ende der Metaphysik« in den größeren Rahmen zu stellen, in dem es sich ereignet hat. Zu Beginn des 18. Jahrhunderts stellt Leibniz seiner *Theodizee* die »Einleitende Abhandlung über die Übereinstimmung des Glaubens mit der Vernunft« voran – denn diese Übereinstim-

[3] Siehe Fichtes programmatisches, seinem Schreiben an Jacobi vom 22. April 1799 beigelegtes (und zu Hegels Zeit noch nicht veröffentlichtes) »Fragment«. In: Jaeschke (Hg.), *Transzendentalphilosophie und Spekulation. Der Streit um die Gestalt einer Ersten Philosophie (1799–1807).* Quellenband, Hamburg 1993, 60 (PLS 2/1).

mung ist ein Konstituens der neuzeitlichen Metaphysik. Sie bildet gleichsam den Schlußstein, der ihr Gewölbe stabilisiert. Aber schon zu Leibniz' Zeiten ist diese Übereinstimmung keineswegs allgemein akzeptiert. Seine Abhandlung verfolgt ja eine ausgesprochen apologetische Absicht: Sie sucht die fideistische Skepsis Pierre Bayles zu widerlegen, die im Interesse des Glaubens auf die Zerstörung der Einheit von Vernunft und Glauben zielt. Damit weist die Intention seiner Vernunftkritik – bei aller Differenz in der Methode wie im Inhalt! – eine Analogie zu derjenigen Kants auf: Bayle sucht Widersprüche in der Vernunft aufzuzeigen, um deren Geltung zu begrenzen, allerdings – anders als Kant! – auch generell zu untergraben. Und sosehr Leibniz die deutsche Philosophie des 18. Jahrhunderts geprägt hat – an dessen Ende steht der Sieg der Diagnose Bayles über Leibniz: die Annahme der Unvereinbarkeit von Glaube und Vernunft. Sie wird nirgends deutlicher als in Kants Lehre, daß die Vernunft sich in ihrem theoretischen Gebrauche in Widersprüche verstricke, die ihren Geltungs*anspruch* zwar nicht schlechthin aufheben, jedoch ihren Geltungs*bereich* begrenzen. Der höchste Gedanke, den die Vernunft denkt, ist nicht gleichzusetzen mit dem Gott, den der Glaube bekennt. Und der Versuch der Metaphysik, diesem höchsten Gedanken der Vernunft das Dasein zu unterschieben, wird als bloße Subreption gebrandmarkt.

Insoweit bildet das von Kant herbeigeführte »Ende der Metaphysik« die philosophiegeschichtlich prägnante Entscheidung eines Streites, der bereits ein Jahrhundert lang die Bewußtseinsgeschichte durchzieht. Und mit seiner Entscheidung ist zugleich die zweite Frage – nach dem Verhältnis von Denken und Wirklichkeit – entschieden. »Einheit von Denken und Sein«: In der Bestimmung dieses Verhältnisses liegt das Fundamentalproblem der abendländischen Metaphysik – seit ihrem Beginn. Auch Hegel sieht hierin in seinen philosophiegeschichtlichen Vorlesungen gleichsam den roten Faden, der die philosophischen Entwürfe seit der Antike durchzieht und miteinander verknüpft.[4] Die Behauptung der Einheit von Denken und Sein ist natürlich niemals so zu verstehen, als ob zwischen beiden nicht auch zu unterscheiden sei – dies ist trivial. Doch auf die Bestimmung

4 Siehe vom Verf.: *Hegel-Handbuch. Leben – Werk – Schule.* Stuttgart 2003, 486f., 494 [[3]2016, 446f, 453f].

des Unterschieds kommt es an. Unter dem Titel »Erste Stellung des Gedankens zur Objektivität« skizziert Hegel in seiner *Enzyklopädie* die Tradition einer »unbefangenen Metaphysik«, der die Differenz zwischen Denken und Sein nicht wirklich zum Problem geworden sei.

Im Empirismus und im Kritizismus des 18. Jahrhunderts sieht er diese »Einheit von Denken und Sein« jedoch in doppelter Weise zerbrechen: Das Wirkliche ist nicht im Gedanken selbst, sondern in der Erfahrung zu suchen; es kann vom Denken nicht einfach gesetzt oder ergriffen, sondern es muß ihm gegeben werden. Mit der Bildung des Begriffs des Unendlichen ist nicht schon die Wirklichkeit des Unendlichen als eines quasi-Gegenständlichen gegeben, und mit der Bildung des Begriffs des Unbedingten nicht schon das Unbedingte. Und das Sein ist nicht eine der im Begriff vereinigten Realitäten, sondern etwas prinzipiell anderes als das Denken: Es ist (für Kant) die »absolute Position« des im Begriff Gedachten. Doch auch wenn Hegel hier vom »Zerbrechen« der Einheit von Denken und Sein spricht und dieses Wort fraglos pejorativ besetzt ist, versteht er diesen Prozeß keineswegs bloß negativ: Durch ebendieses Zerbrechen, so Hegel, gewinne die Vernunft vielmehr Unabhängigkeit, ja »absolute Selbstständigkeit in sich« – und diese sei von nun an »als allgemeines Princip der Philosophie, wie als eines der Vorurtheile der Zeit, anzusehen« (GW 20.99; § 60). Das Denken ist nicht mehr auf äußere Gegenstände gerichtet, auf ein ihm gegenüber für sich bestehendes »Sein«, wie in der traditionellen Ontologie, sondern die Vernunft ist sich selbst Gegenstand und Wirklichkeit. Aber eben durch diese Umwendung des Blicks, durch die Ausrichtung auf diesen neuen Gegenstand, auf das Wissen, ist die vorhergehende Metaphysik an ihr Ende gekommen.

(3) Dieses Ende hat Kant herbeigeführt, und damit ist er – fraglos auch und gerade *er* – zu einem »Wendepunkt der geistigen Bildung der Zeit« geworden.[5] Obschon die Philosophie den Gestalten des Lebens erst nachfolgt, wenn diese alt geworden sind: Der allgemeinen Bewußtseinsgeschichte trägt die Philosophiegeschichte das Licht

[5] Vgl. Hegel an Niethammer, 26. März 1819. In: *Briefe*, Bd. 2.213. – Hegel prägt dieses Wort allerdings im Blick nicht auf Kant, sondern auf Jacobi; siehe Walter Jaeschke und Birgit Sandkaulen (Hg.), *Friedrich Heinrich Jacobi – Ein Wendepunkt der geistigen Bildung der Zeit,* Hamburg 2004, IX.

voran, und jene folgt diesem Licht nur zögerlich und nicht ohne Widerstreben. Epochale geistige Prozesse, habe ich oben gesagt, lassen sich nicht auf einen Punkt zusammendrängen; und wie sie eine Vorgeschichte haben, so haben sie auch eine Nachgeschichte. In ihr werden die getroffenen Entscheidungen nochmals zur Diskussion gestellt und Alternativen gedanklich durchgespielt – und dies gelegentlich in einem Ausmaße, das es zumindest für die Zeitgenossen als zweifelhaft erscheinen läßt, ob der »Wendepunkt« korrekt loziert und nicht etwa verfrüht oder verspätet angesetzt worden sei, ob der Bruch wirklich als »radikaler« oder als nur »regionaler«, als partikularer zu bewerten sei und ob es sich bei der eingetretenen Veränderung um eine Transformation oder um eine Substitution handele. Und eine sichere Entscheidung dieser Fragen dürfte allenfalls in der Retrospektive möglich sein.

Dies ist nicht eine bloße Folge gedanklicher Trägheit, die sich durch Bemühung um etwas gründlichere Reflexion leicht vermeiden ließe. Es ist eine Konsequenz dessen, daß das Gefüge unseres Denkens eine insgesamt erstaunliche Konstanz aufweist – gestützt fraglos auch durch die Sprache, letztlich, mit Nietzsche zu reden, durch die Grammatik, aber fraglos auch durch die Lexik. Die Positionen im System des menschlichen Wissens sind weitgehend stabil; sie ändern sich nicht schon in Folge theoretischer Beweisführungen, und seien diese noch so plausibel. Und gerade dort, wo die Notwendigkeit eines radikalen Bruchs proklamiert wird, kann die Rückbindung am tiefsten verankert sein. Überzeugungen überleben das Zerbrechen der Fundamente, auf denen sie vermeintlich geruht haben, und begeben sich auf die Suche nach neuen Fundamenten; und Erwartungen, deren Befriedigung sich unter neuen Bedingungen nicht mehr rational erhoffen läßt, lösen sich deshalb nicht schon auf, sondern sie drängen darauf, auf andere Weise eingelöst zu werden. Ist der eine Weg verbaut, so erschließen sie sich, wie aufgestautes Wasser, neue Wege, um ihr Ziel zu erreichen. Und oft genug sind es dieselben Individuen, die die Bedingungen für ein radikales Umdenken schaffen und doch zugleich für spekulative Schadensbegrenzung sorgen – nämlich dafür, daß die Folgen des durch sie prinzipiell herbeigeführten Wandels kontrollierbar bleiben. Hierzu werden sie durch eine – nicht unplausible – interne Gesetzmäßigkeit des Denkens verführt: Die Erklärungskraft einer neuen Theorie muß die Leistungsfähigkeit der verabschiedeten nicht allein erreichen, sondern übertreffen. In dem Maße hingegen, in dem sie hinter der vorherigen zurückbleibt, sinken die Chancen ihrer Akzeptanz.[6]

(4) Auch Kants Kritik der Metaphysik steht unter den Bedingungen dieses Mechanismus des Geistes. Es ist jedoch eine Folge der Architektonik der *Kritik der reinen Vernunft,* ihrer Trennung von transzendentaler Analytik und Dialektik, daß seine Kritik der Metaphysik nicht als ein einziger, in sich differenzierter Zusammenhang sichtbar wird. Hierdurch gerät auch etwas aus dem Blick: daß hier das Ende der Metaphysik in ihrem gesamten Umfang, der allgemeinen ebenso wie der speziellen, gekommen ist. Kant beschränkt ja seine eigentliche, plakative Kritik auf die metaphysica specialis und erspart sich eine ausgeführte Kritik der metaphysica generalis, weil diese in dem Ansatz der transzendentalen Ästhetik und Analytik implizit immer schon, und zwar geräuschlos, aber nicht weniger konsequent vollzogen ist als die Kritik der speziellen Metaphysik in der »transzendentalen Dialektik«. Die *Ersetzung* der vormaligen Ontologie durch die transzendentale Logik bildet sogar eine wirkungsvollere Form der Kritik als die ausdrückliche, in der Transzendentalen Dialektik durchgeführte, die eben schon *als* Kritik immer auf ihren Gegenstand bezogen und durch ihn beschränkt bleibt und diesen Gegenstand sogar im Modus der Kritik an ihm perpetuiert.

Das Ende der Metaphysik durch ihre Ersetzung scheint mir zudem eine weniger problematische Form der Kritik zu sein. Die Akzeptanz und die Durchsetzungsfähigkeit seiner expliziten Kritik an der speziellen Metaphysik bindet Kant selber zudem daran, daß es gelinge, das mit den Mitteln und auf dem Wege der theoretischen Vernunft Zerstörte mit Hilfe der praktischen Vernunft um so gewisser zu erreichen und um so fester aufzubauen. Hier scheint mir weniger eine Ersetzung als eine Transformation vorzuliegen. Man könnte hier Lessings programmatische Formel von der »Ausbildung geoffenbarter Wahrheiten in Vernunftswahrheiten«[7] adaptieren und von einer

6 Ich schließe mich hier dem Modell an, das Hans Blumenberg: *Die Legitimität der Neuzeit.* Frankfurt 1966, entworfen, wenn auch nicht stets am passenden Gegenstand zu bewähren gesucht hat.

7 Gotthold Ephraim Lessing: *Die Erziehung des Menschengeschlechts.* Berlin 1780, § 76.

»Ausbildung metaphysischer Wahrheiten in Wahrheiten einer nicht mehr metaphysischen, nämlich praktischen Vernunft« sprechen. Dies allerdings ist ein nicht unproblematisches Transformationsmodell – hat es doch leicht zur Folge, daß ein Inhalt nur eine veränderte äußere Form erhält und nun für neu ausgegeben wird, obgleich er nur eine Pseudomorphose seiner selbst ist.

So kehren bei Kant in der »Dialektik der reinen praktischen Vernunft« die ihres theoretischen Fundaments beraubten Gedanken des Daseins eines persönlichen Gottes und der Unsterblichkeit der Seele wieder zurück, lediglich in Postulate der praktischen Vernunft verwandelt – aber eben immer noch auf »Vernunft« gestützt. Damit aber bleiben – wenn auch modifiziert – die beiden Grundannahmen derjenigen Metaphysik in Kraft, deren Ende Kant selber mehr als jeder andere herbeigeführt hat. Er verfügt – und dies ist biographisch gesehen verständlich genug! – nicht mehr über die Entschlossenheit und Kühnheit, sie völlig aus dem Haushalt des menschlichen Geistes zu verbannen, wie er ja auch den Metaphysikbegriff oder denjenigen des Naturrechts trotz seiner Kritik an beiden beibehält – und so treibt sein Ansatz gegensätzliche Konsequenzen hervor: Viele seiner Zeitgenossen ergreifen begierig den von Kant gewiesenen »praktischen« Ausweg, um die naheliegenden, vermeintlich verderblichen Folgen des Endes der Metaphysik für die Theologie abzuwenden. Diejenigen seiner Nachfolger hingegen, die sich einen Platz in der Philosophiegeschichte erobern – Fichte, Schelling und Hegel –, gehen darin über Kant hinaus, daß sie ausdrücklich diejenigen Folgen ziehen, zu denen Kant selber sich nicht verstanden hat.

Und während Kant am Titel »Metaphysik« auch für die neue Vernunftwissenschaft festhält – obschon er die vormalige »Metaphysik« nun auf bloße »metaphysische Anfangsgründe« der Wissenschaften der Natur und der Sitten reduziert –, ziehen seine Nachfolger aus dem Ende der Metaphysik die Konsequenz, zugleich mit der Sache auch den Titel preiszugeben: Fichte entwirft eine neuartige Wissenschaftswissenschaft oder »Wissenschaftslehre«, Schelling spricht zumeist etwas unbestimmt von seinem »System«, und Hegel ersetzt die »Metaphysik« seiner ersten Jenaer Systementwürfe durch eine »Logik«. Sie ist nicht mehr eine rationale Theorie des Seienden, sondern eine Selbsterkenntnis der Vernunft, die dem »mit seinem reinen Wesen sich beschäftigenden Geist« (GW 11.5) ein neues Dasein gibt. Die frühere »metaphysica specialis« hingegen ist für ihn ohnehin vergangen – endgültig vergangen. Seine »Philosophie des subjektiven Geistes« hat mit der metaphysischen psychologia rationalis ebensowenig zu tun wie seine Naturphilosophie mit der rationalen Kosmologie oder seine Religionsphilosophie mit der theologia naturalis. Alle diese Disziplinen des Hegelschen Systems haben andere Gegenstände, und sie folgen anderen Methoden. Die beiden Begriffe hingegen, in denen die traditionelle Metaphysik kulminiert – Persönlichkeit Gottes und Unsterblichkeit der Seele –, finden keinen Eingang in seine Philosophie – weder in die *Wissenschaft der Logik* noch in die realphilosophischen Disziplinen.

(5) Am Beispiel von Schellings Identitätsphilosophie läßt sich aber leider *auch* ablesen, daß die bloße Vermeidung des Titels »Metaphysik« einen Rückfall in diese keineswegs verhindert – und dies muß als Warnung dienen, nicht auf dem leichten Weg der Wahl von Worten zum ›Tempel der Gewißheit‹ einzugehen. Es ist, denke ich, nötig, sich in *einer* Frage zu entscheiden: Entweder man verwendet einen weiten Metaphysikbegriff und versteht unter Metaphysik ein Denken, das empirisch nicht verifizierbare Aussagen über Begriffsverhältnisse macht – dann ist es fraglos möglich, die Klassische Deutsche Philosophie als Metaphysik zu bezeichnen, aber dann ist keine pauschale Kritik solcher ›Metaphysik‹ möglich, denn einer solchen ›natürlichen Metaphysik‹ kann niemand entgehen, auch ihr Kritiker nicht, sofern er sich kein Rede- und sogar Denkverbot auferlegt. Oder man verwendet einen historisch präzisen Metaphysikbegriff und versteht unter ihr eine reine Vernunfterkenntnis des Seienden, wie sie in der vorkritischen Ontologie, Psychologie und Theologie betrieben wurde. Dann jedoch ist die Klassische Deutsche Philosophie nicht als Metaphysik zu bezeichnen. Doch ihre gängige Perhorreszierung beruht zum guten Teil auf der Subreption des historischen Metaphysikbegriffs anstelle des weiten Begriffs. Die Überzeugungskraft des Metaphysikvorwurfs beruht ja auf dem historisch prägnanten Metaphysikbegriff. – Ich zweifle keineswegs daran, daß man im Rahmen dieser Alternative auch sehr viel feinere Distinktionen ausarbeiten kann, doch bestreite ich, daß es möglich sei, mit Hilfe solcher Distinktionen die an einer der vorkritischen Formen von Metaphysik orientierte Metaphysikkritik auf seriöse Weise gegen die Klassische Deutsche Philosophie zu richten.

Intermezzo: Fünf Thesen zu Hegels nicht-metaphysischer Philosophie

1. Hegels Kritik der Metaphysik

Dies will ich nun an Hand von fünf Themen der Philosophie Hegels andeuten. Gegen den Satz, daß sie keine geeignete Zielscheibe für den Metaphysikvorwurf sei, scheinen sich leicht Einwände erheben zu lassen. Schon in den frühen Entwürfen, die am Beginn der Ausarbeitung seines Systems stehen, kann man einen solchen Rückfall in die vorkritische Metaphysik vermuten – setzen sie doch ausdrücklich den Begriff des Absoluten als das alleinige »principium essendi et cognoscendi« an den Anfang der Philosophie. Dies klingt in der Tat metaphysisch, und es klingt auch nicht nur so. Ähnliches gilt für Hegels frühe Bestimmung des Verhältnisses von Logik und Metaphysik; er spricht damals – von den genannten Prämissen her durchaus folgerichtig – der Metaphysik den Primat gegenüber der Logik zu. Dies trifft zu – aber etwas anderes ist ebenso richtig: Hegel zeigt von Beginn an eine erhebliche inhaltliche und terminologische Unsicherheit, ja eine Verlegenheit in der Behandlung des Gegenstandes der Metaphysik, die er zunächst hinter anspruchsvollen Wendungen verbirgt. Die Metaphysik, so heißt es zunächst, habe »das Princip aller Philosophie vollständig zu konstruiren«; aus ihr werde die Überzeugung hervorgehen, »daß es zu allen Zeiten nur Eine und eben dieselbe Philosophie gegeben hat«; sie habe »das älteste Alte herzustellen« und vom Mißverstand der modernen Unphilosophie zu reinigen (GW 5.269 ff).

Wäre Hegel in solchen Äußerungen steckengeblieben, so wäre er heute fraglos das, als was er im Titel dieser Tagung[8] mit einem Fragezeichen versuchsweise bezeichnet wird: ein »toter Hund« – und dies mit Recht. Sein Denkweg führt ihn jedoch sehr rasch weg von diesen Anfängen, und er führt ihn von der Metaphysik zur Logik. Diese Entwicklung zur Logik spiegelt die Schwierigkeiten, eine nachkantische Metaphysik zu entwerfen. Wo die Gegenstände der traditionellen Metaphysik – und zwar sowohl der allgemeinen als

[8] "Ist Hegel ein toter Hund? – Über die Wirklichkeit der Vernunft in postmetaphysischer Zeit." (Oldenburg 2007)

auch der speziellen Metaphysik – zunächst noch ein Thema seiner Philosophie bilden, überführt Hegel sie ihrer inneren Unwahrheit. Kants Kritik der Metaphysik wird von ihm – könnte man sagen – auf andere Weise nochmals nachvollzogen. Seine Darstellung der Metaphysik ist schon und *insbesondere hier* ihre Kritik.[9]

2. Revision der Grundlegung

An die Stelle der destruierten Metaphysik tritt Hegels, in einer langen Tradition stehendes und doch singuläres, auf dem Boden der Transzendentalphilosophie entworfenes Programm, die *Denk*bestimmungen – und eben nicht wie die vormalige Metaphysik die *Seins*bestimmungen! – in ihrem systematischen Zusammenhang und deshalb auch in ihrer Gesamtheit aufzustellen. Die *Wissenschaft der Logik* ist nicht mehr, wie die Ontologie, eine rationale Theorie des Seienden, sondern des Denkens, also die Selbsterkenntnis der Vernunft, die methodische Selbstexplikation des »mit seinem reinen Wesen sich beschäftigenden Geistes« (GW 11.5). Auch dies mag sich für heutige Ohren ›metaphysisch‹ anhören – doch wenn man die Überzeugung der Transzendentalphilosophie teilt, daß Begriffe nicht von außen in unser Denken hineingeraten, sondern daß das Denken selber über solche Begriffe verfügt oder besser: daß es einen derartigen Zusammenhang von Begriffen bildet, so muß Philosophie den Versuch unternehmen – und immer wieder unternehmen –, diese Begriffe in ihrem Zusammenhang zu entwickeln. Bestimmtheit kommt dem Denken ja nur dann zu, wenn es seine Begriffe in bestimmter Bedeutung – und damit in ihrer negativen Beziehung zueinander – entwickeln kann. Und Kants Beitrag zur Lösung dieses Problems erscheint weder methodisch noch umfangsmäßig als ausreichend – er bietet ja nicht einmal einen systematischen Ort zur Diskussion des Verhältnisses von Qualität und Quantität.

Dieses, hier nur mit wenigen dürftigen Worten skizzierte Programm der Logik Hegels ist das Programm einer Philosophie nach dem »Ende der Metaphysik«. In einem Aspekt allerdings scheint es

[9] Siehe insbesondere den »Systementwurf II (1804/05)«, GW 7.

über die Transzendentalphilosophie hinauszugehen oder auch hinter sie zurückzufallen: mit seinem Anspruch, daß die Denkbestimmungen nicht bloß subjektive Bedeutung, sondern zugleich die Bedeutung von Seinsbestimmungen haben. Doch hinter dieser Identitätsthese steht nun nicht mehr die frühere Ontologie, sondern die radikalisierte transzendentalphilosophische Einsicht, daß alle Wahrheit nur im Bewußtsein zugänglich sei – doch ohne daß man hierdurch berechtigt wäre, das, was *für* das Bewußtsein ist, als etwas zu diskriminieren, das *nur* für das Bewußtsein ist. Es hat nur keinen Sinn, den Seinsbegriff für etwas zu reservieren, das man jenseits des Bewußtseins vermutet. Seinsbestimmungen lassen sich nur als Denkbestimmungen entwickeln, Ontologie ist nur noch als Logik möglich. Systematische Relevanz erhält unter diesen Bedingungen hingegen das Verhältnis von Logik und Sprache – und auf diesem Gebiet, denke ich, gibt es noch etliches zu tun, gerade auch im Blick auf Hegels Philosophie.

3. Hegels in sich differenzierter Monismus

Auch eine nicht-metaphysische Philosophie kann nicht darauf verzichten, den Zusammenhang von Natur und Geist – oder von Logik, Natur und Geist – zu thematisieren. Wenn sie dies unterläßt, so hinterläßt sie ein diffuses Feld von beliebigen Annahmen und kann dann nicht einmal erklären, ob eine »Antinomie zwischen Forderungen unserer theoretischen und unserer praktischen Einstellung«[10] entstehe und wie sie sich gegebenenfalls vermeiden lasse. Die Richtung, die Hegel zur Lösung dieses Problems einschlägt, scheint mir durchaus erfolgversprechend: Er vermeidet sowohl den in der frühen Neuzeit dominierenden ontologischen Dualismus von Materie und Geist, von ausgedehnter und denkender Substanz, als auch die beiden möglichen Formen des Monismus, den Materialismus und den Spiritualismus. Der Dualismus ist lange Zeit durch das theologische Interesse stabilisiert worden, da er dazu nötigte, den Gottesgedanken einzuführen, um das Zusammenwirken des nicht Zusammenhängenden zu erklären. Andererseits ist der Erklärungsnotstand des

10 Hans Friedrich Fulda, *G. W. F. Hegel,* München 2003, 153.

Materialismus in den mehreren hundert Jahren seiner neuzeitlichen Versionen nicht geringer geworden, und der Spiritualismus braucht hier wohl nicht eigens erwogen zu werden. Ein Beispiel für die Fruchtbarkeit von Hegels in sich differenziertem Monismus scheint mir auch seine Anthropologie zu bilden, die ja diejenige Sphäre bildet, in der Natürliches und Geistiges in engem Zusammenhang stehen. – Es ist natürlich ein leichtes, über die etwas ungelenken Formeln zu lächeln, mit denen Hegel diese Probleme anzusprechen sucht – wenn er etwa die Natur als »das Andere des Geistes« bezeichnet –, doch die in diesem Verhältnis implizierten Probleme lassen sich durch dieses Lächeln nicht beirren; sie verschwinden nicht vor ihm und auch dann nicht, wenn man die Augen vor ihnen verschließt.

4. Objektiver Geist

Hegels Konzeption der philosophischen Wissenschaften bildet die ›klassische‹ Gestalt der nachmetaphysischen Ausdifferenzierung der Philosophie in Einzeldisziplinen. Kant etwa bleibt ja, wie seine Vorlesungen zeigen, trotz seiner Metaphysikkritik weitgehend an der Systemarchitektur der vorkritischen Metaphysik orientiert, und Fichte oder Schelling bieten keine brauchbare Vorlage für eine neue, in sich differenzierte Konzeption der philosophischen Wissenschaft – man denke nur etwa an Schellings thematisch einschlägige *Vorlesungen über die Methode des akademischen Studiums,* die die Philosophische Fakultät abschaffen wollen, da »das, was alles ist [sc. die Philosophie], eben deßwegen nichts insbesondere seyn kann«.[11] Hegel hingegen entwirft von seinem nicht-metaphysischen Begriff des Geistes aus den neuen Kanon der philosophischen Einzelwissenschaften. Als nicht-metaphysisch bezeichne ich Hegels Geistbegriff, weil dieser ›Geist‹ nichts Über- oder Hinterweltliches an sich hat, sondern eben nichts als die ihrer selbst bewußte Vernunft ist, die zumindest bis heute nicht offiziell als inexistent erklärt oder per Dekret abgeschafft worden ist.

11 Friedrich Wilhelm Joseph Schelling, *Vorlesungen über die Methode des akademischen Studiums* (1803), in: Schelling: *Sämmtliche Werke.* Bd. 5.284.

Mit Emphase hat Hegel geltend gemacht, daß der ganze Bau der geistigen Welt aus dieser Geistigkeit und Freiheit hervorgehe. Ebenso hat er geltend gemacht, daß dieses Hervorgehen ein geschichtliches und Geschichte im prägnanten Sinn gar nichts anderes als dieses Hervorgehen sei. Das Verständnis des ganzen Baus der geistigen Welt als einer Objektivation des Willens hat erhebliche Konsequenzen für viele Gebiete – etwa für die Rechtslehre, den »objektiven Geist«. Alle Rechtsbestimmungen und Institutionen sind Objektivierungen des Willens; anders als das der Metaphysik zugeordnete Naturrecht gelehrt hat, gibt es keine der Objektivation des Willens vorgelagerte, als »natürlich« zu bezeichnende normgebende Instanz, und ebensowenig gibt es göttliche Normen. Von Hegels Ansatz her stellt sich jedoch das Problem, daß die Manifestation des Willens die Form einer transsubjektiv verfaßten Wirklichkeit annimmt, deren interne Logik nicht mehr aus der Logik des freien Willens abgeleitet werden kann. Sie ist eine Objektivation von Freiheit – doch *als* Objektivation steht sie der Freiheit entgegen. Dies allerdings ist nicht als Einwand, sondern als Anzeige eines zu wenig bedachten Problems gemeint.

5. Absoluter Geist

Als weiteres – und letztes – Beispiel für den nicht-metaphysischen Charakter der Philosophie Hegels möchte ich seine Religionsphilosophie nennen. Denn für die Religion gilt wie für alle anderen Gestalten des Geistes, daß sie aus diesem »Innersten« hervorkomme, das Hegel ›Freiheit‹ nennt, und daß sie gemeinsam mit Kunst und Philosophie diejenige Form sei, in der der Geist, der wir doch alle sind, sich selbst vergegenständlicht und sich zu erkennen sucht. Mit der metaphysischen Disziplin der rationalen oder natürlichen Theologie hat dies nicht mehr zu tun als Hegels Lehre vom subjektiven Geist mit der metaphysischen rationalen Psychologie und ihrem Erweis der Einfachheit und Unsterblichkeit der menschlichen Seele – nämlich lediglich das Negative, daß die ›Ausrottung‹ dieser metaphysischen Disziplinen die Bedingung für das Auftreten der neuen Disziplinen, ihrer veränderten Grundbegriffe und ihrer veränderten Methodik ist. Deshalb ist die Religionsphilosophie ebenso wie die Ästhetik oder die

Geschichtsphilosophie – um nur diese zu nennen – eine ›nach-metaphysische Disziplin‹.

II. Das Ende der Metaphysik als Ereignis der Bewußtseinsgeschichte

(1) Damit ist jedoch erst *der* Teil der Nachgeschichte des »Endes der Metaphysik« berührt, der in die Philosophiegeschichte fällt. In der allgemeinen Bewußtseinsgeschichte hingegen dominiert seit der Wende zum 19. Jahrhundert eine konservative Tendenz – die Tendenz, die für die Politik und die Weltorientierung gleichermaßen schädlichen Folgen, die man dem »Ende der Metaphysik« zuschreibt, zumindest zu begrenzen. Ich erinnere an die Konversionsbewegung dieser Jahre, vornehmlich an die Namen Friedrich Leopold Graf zu Stolberg und Friedrich Schlegel – an ihren Versuch, den zuvor durch die Metaphysik gesicherten und nun verlorenen festen Halt durch den Rückzug in den positiven Glauben wiederzugewinnen. Und nicht allein ihr passives Unvermögen, die vormalige metaphysische Gewißheit zu garantieren, wird nun der Vernunft vorgeworfen: Ihr wird auch die entscheidende Rolle bei der aktiven Zerstörung derjenigen Gewißheiten und Grundlagen zugeschrieben, auf denen das individuell-geistige wie auch das gesellschaftlich-politische Leben beruht. Sie gilt nun – sowohl als theoretische wie als praktische Vernunft – als die treibende Kraft der Revolution, und deshalb wird ihr die Verantwortung für alles Zerstörerische angelastet, das von dieser Revolution ausgeht. In dieser Perspektive gilt das »Ende der Metaphysik« als philosophiegeschichtlicher Zwilling des Umsturzes der traditionellen Gesellschaftsordnung – und dieser Umsturz wird zumindest in Deutschland keineswegs schlechthin als Befreiung eingestuft. Zu Beginn der Restaurationszeit wird schließlich auch das Wort zur Bezeichnung der geistigen wie der gesellschaftlichen Auflösungserscheinungen gefunden – und es wird ein knappes halbes Jahrhundert lang, bis in die späten Schriften von Friedrich Julius Stahl, mit sich steigernder Intransigenz wiederholt »Sünde«.[12]

[12] Friedrich Schlegel, *Signatur des Zeitalters* (1820–1823). In: Jaeschke (Hg.): *Philosophie und Literatur im Vormärz. Der Streit um die Romantik (1820–1854).*

Das philosophiepolitische Programm, das unter diesen Bedingungen entworfen und auch mit Hilfe staatlicher Macht durchgesetzt wird, zielt mit doppelter Stoßrichtung auf die Revision des »Endes der Metaphysik«. Negativ zielt es auf das Ende der an Kant anschließenden »Vernunftphilosophie« Fichtes und Hegels und positiv auf die Erneuerung der metaphysischen Fundierung der christlichen Heilsgewißheiten der Persönlichkeit Gottes und der Unsterblichkeit der Seele. Um sie dreht sich der Streit, der die Philosophie der folgenden vier Jahrzehnte beherrscht – der Restaurationszeit nicht anders als auch des Vormärz.

Diese Einschätzung mag verwundern – denn sie deckt sich nicht mit den Vorstellungen, die über den gedanklichen Umbruch im Vormärz kursieren. Doch deren Mangel liegt darin, daß sie diejenigen (radikalen) Denkansätze des Vormärz, die sie im Blick haben, unbefragt als repräsentativ unterstellen. Ich möchte meine Aussage deshalb bekräftigen und durch eine zweite noch verschärfen: Die Philosophiegeschichte des Vormärz ist bislang »terra incognita« – trotz zahlreicher Studien, die einzelnen Themen gewidmet sind. Das spezifische Erkenntnisinteresse des Vormärz hingegen, die Dominanz des Themas ›Persönlichkeit Gottes und Unsterblichkeit der Seele«, läßt sich nicht aus der immanenten Logik der Philosophiegeschichte begreifen. Wenn man nicht nur nach vornehmlich »revolutionären« oder »progressiven« Autoren fragt, in denen allerdings das Neue dieser Zeit aufblitzt, sondern wenn man die Gesamtlage der Philosophie dieser Zeit thematisiert, so bietet sie eben wegen ihrer Verwobenheit in die allgemeine Bewußtseinsgeschichte ein diffuses, ja fast konfuses Bild. Der breite Strom der damaligen Universitätsphilosophie nimmt von den Zeitereignissen wenig Notiz.[13] Dafür wird heute von ihr wenig Notiz genommen, und sie ist auch nicht wirklich charakteristisch für diese Jahre. Doch die spärlichen Ansätze zu einer radikalen Neuorientierung der Philosophie sind ebensowenig charakteristisch für die Philosophie des Vormärz insgesamt. Hingegen

Quellenband. Hamburg 1995, 3–91 (= PLS 4.1). Siehe dort auch zwei der einschlägigen Texte Friedrich Julius Stahls.

13 Siehe Klaus-Christian Köhnke, *Entstehung und Aufstieg des Neukantianismus. Die deutsche Universitätsphilosophie zwischen Idealismus und Positivismus.* Frankfurt am Main 1986.

sind diejenigen philosophischen Entwürfe des Vormärz, die damals die öffentliche Diskussion bestimmt haben, in hohem Maße Exponenten der Bewußtseinsgeschichte dieser Epoche – und damit einer Geschichte, die von der Französischen Revolution von 1789 ausgeht, durch die Juli-Revolution von 1830 erneut angetrieben wird und schließlich in der gescheiterten Märzrevolution von 1848 endet.

Daß die Bewußtseinsgeschichte dieser Jahrzehnte weitgehend durch den Bezug auf diese drei Revolutionen geprägt ist, bedeutet aber nicht, daß ihre Grundstimmung revolutionär sei – im Gegenteil. Die dominierende Tendenz dieser Jahre ist konservativ bis restaurativ. Die Philosophie des Vormärz: Das ist ja nicht nur die Handvoll Junghegelianer um Ludwig Feuerbach – auch wenn es richtig bleibt, daß die entscheidenden gedanklichen Anstöße für die Folgezeit von ihnen ausgegangen sind. Dies aber ist eine andere Frage; sie darf mit der Beschreibung der geistigen Signatur dieser Zeit nicht vermischt werden. Das Wort »Vormärz« ist primär ein Epochenbegriff und erst sekundär ein Begriff für das spezifisch »revolutionäre« Potential, das es in dieser Zeit *auch* gibt – aber eben nur neben dem anderen, und zudem sowohl universitätspolitisch als auch gesellschaftlich an den Rand gedrängt: in die Einsamkeit von Feuerbachs Refugium »Bruckberg« oder gar ins Exil. Und diese – ohnehin spärlichen – progressiven Tendenzen vor allem der Junghegelianer, die heute fast allein Aufmerksamkeit finden, artikulieren sich erst spät, im Gegenzug gegen die konservativ bis restaurativ verfaßte Denkströmung, die damals jahrzehntelang das Feld beherrscht – und sie artikulieren sich in der Philosophie übrigens erheblich weniger und auch später als in der Literatur. Die Signatur des Vormärz liegt in der Spannung zwischen der dominanten restaurativen Grundströmung und dem gedanklich hochstehenden, aber vereinzelten und wirkungslosen Protest gegen sie. Oft genug muß er im Ausland publiziert oder gar im Exil erhoben werden.

(2) Das Bewußtsein dieser Zeit ist durch drei starke Tendenzen geprägt, die zunächst im Dienst der gesellschaftlichen Integration und Konsolidierung nach den revolutionären Wirren stehen: durch Politisierung, Historisierung und Theologisierung. Diese Bewußtseinslage ist zwar bereits zu Beginn der Restaurationszeit erreicht, um 1820. Sie dominiert aber noch die gesamte Zeit des Vormärz – wie ja

überhaupt die Restauration in Deutschland ihre größte Macht erst im Vormärz entfaltet. Ich möchte diese drei Tendenzen kurz illustrieren:

»*Politisierung*«: Seit der einflußreichen Gleichsetzung von »Aufklärung« oder »Vernunftphilosophie« oder gar von »Philosophie schlechthin« mit »Revolution« hat die Politik in zuvor ungekannter Weise Besitz vom gesellschaftlichen Bewußtsein ergriffen. Sie beansprucht die Kontrolle über das Denken – und nicht allein über die Philosophie, sondern ebenso über Theologie und Literatur. Selbst in entlegenen und im Grunde völlig apolitischen Bereichen wie in Einzelfragen der neutestamentlichen Exegese entdeckt man nun eine verborgene politische Dimension und einen verschleierten revolutionären Impuls. Und es ist keineswegs die Geheimpolizei, die solche Entdeckungen macht: Die politische Denunziation wird in diesen Jahren zum allzuoft erfolgreichen Surrogat der – verweigerten oder mißlingenden – geistigen Auseinandersetzung.

»*Historisierung*«: Die für den Vormärz charakteristische Historisierung ist durch einen langen gemeineuropäischen Prozeß vorbereitet worden. In der Auseinandersetzung um die geistigen Wurzeln der Französischen Revolution, um »Vernunft« und »Geschichte«, wird die Historisierung jedoch zum Motor einer kulturellen und politischen Integration durch historische Identitätsstiftung und Legitimation. Das Vernunftparadigma der Aufklärung wird jetzt abgelöst durch das Paradigma »Geschichte«, und zwar zunächst in ausschließlich konservativer oder gar restaurativer Absicht – auch wenn sich die faktische Wirkung dieser Historisierung, wie Nietzsche so treffend herausgestellt hat, wenig später in das Gegenteil des ursprünglich Beabsichtigten verkehrt.[14]

Diese beiden Tendenzen zielen fraglos nicht auf eine Erneuerung der Metaphysik. In ihnen artikuliert sich vielmehr ein Verlangen nach dem »Positiven«, dem »Gesetzten«, »Festen«, anstelle des bloß »Gedachten«, von der Vernunft Entworfenen. Die Orientierung des gesellschaftlichen Handelns wie auch des persönlichen Lebens wird nun vom »Gegebenen« erwartet, nicht von der »Vernunft« – denn diese

[14] Friedrich Nietzsche, *Morgenröthe.* Aphorismus 197: Die Feindschaft der Deutschen gegen die Aufklärung. In: Nietzsche, *Kritische Studienausgabe.* Hg. von Giorgio Colli und Mazzino Montinari. München und Berlin/New York 1980, Bd. 3.171f.

gilt als wirklichkeitszerstörend und als sowohl theologisch wie auch politisch diskreditiert. Daher rührt der Zauber des Begriffs des »Positiven«, der damals die deutschen Philosophen, Theologen und Politiker ebenso in den Bann schlägt wie Auguste Comte – ein Zauber, der zugleich verdeckt, daß der Gegenbegriff zu diesem »Positiven« im Sinne des »Gegebenen« keineswegs das »Negative« ist, wie die wirkungsmächtige ideenpolitische Kontrastierung des »Positiven« und des »Negativen« (im pejorativen Sinne) – oder Schellings Gegenüberstellung von »negativer« und »positiver Philosophie« – suggeriert, und deshalb ein fauler Zauber, weil er das »Positive« im Sinne des Gegebenen zugleich als das »Positive« in einem wertenden Sinn unterstellt. Dennoch bilden Politisierung und Historisierung den Boden für die Rückkehr der Metaphysik – durch ihre Verbindung mit der dritten Tendenz, der

»*Theologisierung*«: Hierunter verstehe ich den Versuch, der christlichen Religion die gesellschaftliche Stellung zurückzuerobern, die sie am Ende der Aufklärung verloren hat. Sie zielt zum einen auf eine innerkirchliche Erneuerung, bis hin zur erneuten Akzentuierung der konfessionellen Ausformungen.[15] Über den kirchlichen Sektor hinaus umfaßt die Theologisierung aber sämtliche Bereiche des gesellschaftlichen und geistigen Lebens – und somit auch die Gestalt, in der das Denken einer Zeit sich begreift: die Philosophie.

(3) Aus dieser Bewußtseinslage heraus wird der erste und nachhaltige Angriff gegen diejenige Philosophie geführt, die nach dem »Ende der Metaphysik« in methodisch und inhaltlich gewandelter Form deren Nachfolge angetreten hat: gegen die nun sogenannte »Vernunftphilosophie« – also gegen den Zyklus von Kant bis Hegel, gegen die Umgestaltung der Ontologie zur Transzendentalphilosophie und weiter zur Identitätsphilosophie Schellings und zum System Hegels. Bekämpft wird damals nicht etwa die eigentliche, durch Kant beendete Metaphysik; sie nimmt am Streit des Vormärz gar nicht mehr teil. Bekämpft wird die »Vernunftphilosophie« – aber nicht im Namen der sich ausdifferenzierenden Einzelwissenschaften und ebensowenig im Namen einer revolutionären Praxis. Bekämpft wird

[15] Vgl. Emanuel Hirsch: *Geschichte der neuern evangelischen Theologie im Zusammenhang mit den allgemeinen Bewegungen des europäischen Denkens.* Bd. 5. Gütersloh ^{4}1968, 414–428.

sie vielmehr im Namen einer politischen Praxis, die auf die Verhinderung von Revolution und auf die Rückkehr der Religion ausgerichtet ist und zu diesem vermeintlich guten Zweck keine Gelegenheit scheut, die Vernunftphilosophie mit der Revolution zu identifizieren und sie als ebenso religiös verderblich wie als politisch gefährlich zu denunzieren. Dieser jahrzehntelange Kampf gegen die »Vernunftphilosophie« zielt jedoch nicht notwendig auf die Abschaffung aller Philosophie, sondern primär auf die Ersetzung der »Vernunftphilosophie« oder »Ichphilosophie« durch eine »christliche Philosophie«. »Christlich« wird sie genannt, weil sie auf »Offenbarung« gründet, und nicht etwa auf der Offenbarung durch die Natur oder auf einer »inneren Offenbarung«, sondern auf der »positiven Offenbarung« der christlichen Religion. Denn erst diese gebe den anderen Offenbarungen den inneren Halt.[16] Und nur sie sei in der Lage, diejenigen Gegenstände zu sichern, die wir »eigentlich wollen«: die Persönlichkeit Gottes und die Unsterblichkeit der Seele – also die Gegenstände der Metaphysik.[17]

Deshalb stellt sich auch die Frage nach dem »Ende der Metaphysik« in einem anderen als dem zumeist verbreiteten Lichte dar. Die für den Vormärz charakteristische, bei weitem überwiegende Kritik am Vernunftbegriff der Klassischen deutschen Philosophie erwächst nicht – wie immer wieder zu hören ist – aus dem Gegensatz zwischen diesem Vernunftbegriff und den aufstrebenden Erfahrungswissenschaften. Sie richtet sich gegen die redliche Weigerung der Vernunftphilosophie, die Demonstration der religiös erwünschten Wahrheiten als ihre Aufgabe zu ergreifen und ihre Einlösung zu versprechen und sich wieder in Metaphysik zu verwandeln. In einer bewußtseinsgeschichtlichen Lage, die starke Züge einer »Rechristia-

16 Friedrich Schlegel: *Jacobi-Rezension* (1812). In: Jaeschke (Hg.): *Religionsphilosophie und spekulative Theologie. Der Streit um die Göttlichen Dinge (1799–1912).* Quellenband. Hamburg 1994, 328–339 (PLS 3.1); Friedrich Wilhelm Joseph Schelling: *System der Weltalter.* Münchener Vorlesung 1827/28 in einer Nachschrift von Ernst von Lasaulx. Hg. und eingeleitet von Siegbert Peetz. Frankfurt am Main 1990, 9, 13.

17 Siehe vom Verf.: *Die hohle Nuß der Subjektivität, oder: Über die Verklärung der Philosophie ins Positive.* In: *Transzendentalphilosophie als System. Die Auseinandersetzung zwischen 1794 und 1806.* Hg. von Albert Mues. Hamburg 1989, 483–496.

nisierung« aufweist, will man von einer Philosophie, die sich aus der metaphysikkritischen Tradition der Aufklärung speist, ›nichts mehr wissen‹. Die vorkritische Metaphysik ist für die dominierende Philosophie des Vormärz nicht ein Gegner; sie ist vielmehr insofern ein Leitbild, als *sie* ja Vernunfterkenntnis der Persönlichkeit Gottes und der Unsterblichkeit der Seele versprochen hat. Deshalb wird die Rechristianisierung konsequent flankiert vom Versuch der Erneuerung der vorkritischen Metaphysik zumindest in Hinsicht auf ihr Beweisprogramm: Wie zuvor die traditionelle, so soll nun die neue Metaphysik die Vernunfterkenntnis der Persönlichkeit Gottes und der Unsterblichkeit der Seele leisten.

Diese starken metaphysischen Annahmen hat Kant zu Postulaten der praktischen Vernunft herabgesetzt, wenn auch lediglich, um sie auf diese Weise in der Sittlichkeit des Menschen um so tiefer und sicherer zu verankern. Seine Nachfolger, Fichte, Schelling und Hegel, haben sie zwar aus der »Vernunftphilosophie« und ihrer Geschichte eliminiert. Doch im breiten Strom der Bewußtseinsgeschichte schwimmen sie damals zunächst untergründig mit, und im Vormärz werden sie wieder an die Oberfläche gespült und erneut ins Zentrum der Philosophie gestellt – sei es als ihr Fundament, von dem die Philosophie anheben, sei es als ihr Resultat, in dem sie sich vollenden müsse. Ihre Reaktualisierung entspringt nicht einer internen Logik der Philosophiegeschichte, sondern einem bewußtseinsgeschichtlich noch tief verwurzelten Interesse – nicht einer *Erkenntnis,* sondern einem *Wollen.* Der späte Schelling – für Feuerbach der »philosophische Cagliostro des neunzehnten Jahrhunderts«[18] – hat dieses Interesse damals mehrfach überdeutlich ausgesprochen, mit seiner Formel von dem, »was wir eigentlich *wollen,* wenn wir Gott wollen«, oder mit seinem Ausruf: »*Ihn, Ihn* will es haben, den Gott, der handelt, bei dem eine Vorsehung ist, [...] der der *Herr* des Seyns ist.«[19]

Ein solcher Gott mag zwar der Gegenstand eines – partiellen – Wollens sein; nach dem Ende der Metaphysik ist er aber nicht mehr

18 Feuerbach, *Das Wesen des Christentums,* in: Feuerbach, *Gesammelte Werke,* hg. von Werner Schuffenhauer. Bd. 5.26; vgl. Bd. 18.293.

19 Schelling, *Zur Geschichte der neueren Philosophie* bzw. *Philosophie der Mythologie.* In: Schelling, *Sämmtliche Werke.* Hg. von Karl Friedrich August Schelling. Bde. 10.21 bzw. 11.566.

mit den begrifflichen Mitteln einer Vernunftphilosophie zu denken, sondern allein in der Weise der damals als Lieblingsstück weiter Kreise des Publikums aufgeführten »theosophischen Posse« – um nochmals Feuerbach sprechen zu lassen.[20] Um diesen Gott wieder in die Philosophie zurückzuholen, ist die Verabschiedung der Vernunftphilosophie in ihrer Kantischen, Fichteschen oder Hegelschen Gestalt und eine »nochmalige Umgestaltung der Philosophie« erforderlich – so die programmatische Aussage der Philosophie nach Hegels Tod. »Nochmalige Umgestaltung« zielt fraglos auf »letztmalige Umgestaltung« – nämlich auf die endgültige Inthronisation der erneuerten christlichen Metaphysik. Angesichts dieser dominierenden Bewußtseinslage ist es nicht verwunderlich, daß wahrscheinlich zu keiner Zeit mehr Bücher und Abhandlungen mit dem Titel »Metaphysik« oder mit metaphysischem Inhalt veröffentlicht werden als gerade im Vormärz – und zwar »metaphysisch« sogar im strikten Sinne der traditionellen metaphysica specialis als einer Vernunftwissenschaft von transzendenten Gegenständen, von der Persönlichkeit Gottes und der Unsterblichkeit der Seele. Entgegen der weitverbreiteten Annahme ist die Epoche des Vormärz nicht die Zeit des »Endes der Metaphysik«. Sie ist vielmehr – zumindest nach der Absicht und dem Selbstverständnis ihrer Repräsentanten – die Zeit ihrer Wiedergeburt.[21] Sie verdecken sich und ihrer Leserschaft aus religiösem Eifer, daß die Dissoziation zwischen Glaube und Vernunft schon längst so weit fortgeschritten ist, daß eine Restitution der Metaphysik – als einer Vernunftwissenschaft von Gott und Unsterblichkeit – nicht mehr möglich ist.

Die »Vernunftphilosophie« hat die vorherige Metaphysik beendet – aber eben deshalb wird sie im Vormärz bekämpft, und zwar zunächst und vorwiegend nicht etwa deshalb, weil die »Vernunftphilosophie« als »Metaphysik« eine abgelebte Gestalt des Denkens sei.

20 Feuerbach, *Das Wesen des Christentums*, in: Feuerbach, *Gesammelte Werke*. Bd. 5.26.

21 Gedacht ist hier an die zahlreichen und dickleibigen »Metaphysiken« des sog. spekulativen Theismus: Christian Hermann Weiße, Immanuel Hermann Fichte, Karl Philipp Fischer und Jakob Sengler sowie an die Kritik seitens der katholischen Tübinger Schule an der »Vernunftphilosophie«; vgl. Jaeschke: *Die Vernunft in der Religion. Studien zur Grundlegung der Religionsphilosophie Hegels*. Stuttgart-Bad Cannstatt 1986, 361–436.

Jahrzehnte bevor der erste Junghegelianer auf der Bühne der Kritik gesichtet wird, wird die »Vernunftphilosophie« vielmehr bekämpft, weil sie *keine* Metaphysik ist und weil sie sich aus guten methodologischen Gründen nicht mehr in der Lage sieht, die Gewißheit derjenigen Gegenstände zu garantieren, deren Erkenntnis die vormalige Metaphysik verheißen und die christliche Philosophie nun wieder auf ihre Fahnen geschrieben hat: die Erkenntnis der Persönlichkeit Gottes und der Unsterblichkeit der Seele. Heute hingegen wird das Ende dieser Vernunftphilosophie unter den Titel eines »Endes der Metaphysik« gestellt – und es wird unterstellt, sie sei deshalb beendet worden, weil sie sich mit diesen transzendenten Gegenständen zu schaffen gemacht habe. Die Konfusion könnte kaum größer sein – doch ist sie keine unschuldige Verwechslung, sondern das Produkt einer dreisten Geschichtslüge.

Das – in der allgemeinen Bewußtseinslage verankerte – religiöse Interesse verlangt seit Beginn der 1830er Jahre stürmisch nach der Restitution der Metaphysik als derjenigen Disziplin, in der sich die Philosophie vollendet, im Interesse der Restitution der vormaligen Gegenstände dieser Metaphysik. Seit der Mitte der 1830er Jahre verbindet es sich zunehmend mit der staatlichen Macht: Der Erneuerung der Einheit von Glauben und Vernunft unter der Führung des Glaubens entspricht die Erneuerung der Einheit von Religion und Politik. Die »christliche Philosophie« wird durch den »christlichen Staat« institutionell gestützt – und wer sich nicht dem Programm der »christlichen Wissenschaft« verschreibt, der wird durch die Macht des »christlichen Staates« zwar nicht am Denken oder am Schreiben gehindert, wohl aber daran, zu publizieren oder gar an einer Universität zu lehren.

(4) Ludwig Feuerbach etwa hat die Macht dieser unheiligen Allianz erfahren. Aber noch aus der gesellschaftlich marginalisierten Position heraus, in die er gedrängt worden ist, hat er massiv gegen das Phantom einer »christlichen Philosophie« und gegen deren Bündnis mit dem »christlichen Staat« protestiert, wie es insbesondere sein Kollege Friedrich Julius Stahl in der gemeinsamen Erlanger Zeit anvisiert und später, als Mitglied des Preußischen Staatsrates, politisch durchzusetzen versucht hat. Und diesen Protest hat Feuerbach – der durch seine philosophiegeschichtlichen Werke einer der namhaften Repräsentanten der Hegelschen Schule geworden ist – mit den Mitteln

der Hegelschen Philosophie und in ihrem Publikationsorgan vorgetragen.

In diesen frühen Jahren weiß Feuerbach sehr wohl zu unterscheiden zwischen der »Vernunftphilosophie« Kantischer, Fichtescher und Hegelscher Provenienz, die das Ende der vormaligen Metaphysik herbeigeführt hat, und dem in der allgemeinen Bewußtseinsgeschichte verwurzelten Verlangen seiner Zeitgenossen nach »positiver« oder »geschichtlicher« oder »christlicher Philosophie« und nach Restitution solcher Metaphysik – wobei es im Interesse dieser Restitution gleichgültig ist, ob sie sich nun ausdrücklich erneut des traditionellen Namens »Metaphysik« bedient und deren traditionelle Form erneuert oder ob sie unter dem neuen Namen einer »positiven Philosophie« mit neuer (und gleichwohl untauglicher) Methode an das Ziel der früheren Metaphysik zu gelangen sucht: zur philosophisch begründeten Gewißheit der Persönlichkeit Gottes und der Unsterblichkeit der Seele. Doch diese Konstellation des erbitterten Kampfes zwischen Hegelscher »Vernunftphilosophie« und »christlicher Philosophie« oder erneuerter Metaphysik ändert sich im Übergang zur zweiten Phase des Vormärz, in den Jahren ab 1840. In ihnen spitzt sich der Streit um Religion und Politik unter wachsendem politischen Druck unversöhnlich zu, und Teile der Hegelschen Schule werden zunächst in die Radikalität und schließlich weiter, teils in die innere, teils in die äußere Emigration abgedrängt.

Probleme, die durch staatlichen Zwang entschieden werden, werden wohl selten zugleich mit philosophischen Argumenten gelöst. Kurzfristig pflegt der Zwang zwar wirkungsmächtiger zu sein als Argumente, doch ersetzt er sie bekanntlich nicht – und deshalb werden die durch staatlichen Zwang herbeigeführten Entscheidungen zu späterer Zeit erfreulich oft durch Argumente revidiert. Doch kann der Zwang, der ja selbst in Interessenkoalitionen gründet – wie hier im Interesse an der wechselseitigen Stützung der »christlichen Wissenschaft« und des »christlichen Staates« – sehr wohl die Interessenlagen verändern.

Angesichts der damaligen Zwangsmaßnahmen gegen eine freie, nicht auf ein religiöses Credo verpflichtete Vernunftphilosophie gibt Feuerbach den für Hegels Philosophie zentralen Gedanken einer Vermittlung sowohl von Glauben und Vernunft (unter der Führung der letzteren!) als auch der Fundierung des Staates auf die begreifende

Vernunft preis: Wenn ein wenig-vernünftiger Staat seine Gewalt zugunsten eines wenig-vernünftigen Glaubens einsetzt, so ist die Perpetuierung des Hegelschen Programms der doppelten Vermittlung ad absurdum geführt – zumindest auf lange Sicht. Diese Einschätzung führt Feuerbach zur Absage an die zuvor ingeniös verteidigte Vernunftphilosophie und zur Aktualisierung und Profilierung zweier – fraglos zuvor schon angelegter – Interessenrichtungen. Die eine zielt auf die Verwandlung des tiefsitzenden antitheologischen Affekts bereits seiner frühen Jahre in seine fundamentale genetisch-destruktive Religionskritik, zur programmatischen Ersetzung Gottes durch den Menschen; die andere zielt auf die Abwertung des »Begriffs« gegenüber der »Natur« und ihrer »Anschauung« – und letzteres zwar teils in Form eines biedermeierlichen Rousseauismus,[22] teils aber auch in Übereinstimmung mit der Blickrichtung der zeitgleich aufblühenden Naturwissenschaften.

Seine Abkehr von der »Vernunftphilosophie« beschreibt Feuerbach als einen »Bruch mit der Spekulation« – und diese Wendung ist ambivalent: Sie verrät etwas über den Vorgang, sogar mehr als Feuerbach sagen will, aber sie verdeckt ihn zugleich. Zum einen ist der »Bruch« *mit* etwas nicht der »Zusammenbruch« dessen, mit dem da gebrochen wird – der »Bruch *mit* der Spekulation« also nicht der »Zusammenbruch *des* deutschen Idealismus«, von dem immer wieder zu hören ist, in aparter Analogie zum »Zusammenbruch der deutschen Wehrmacht« am Ende des Zweiten Weltkrieges. Ferner setzt ein »Bruch« – und wäre er noch so radikal[23] – nicht notwendig

22 Feuerbach, *Zur Kritik der Hegelschen Philosophie,* in: Feuerbach, *Gesammelte Werke.* Bd. 9.61: »Die Rückkehr zur Natur ist allein die Quelle des Heils«.

23 Feuerbachs »Bruch mit der Spekulation« erfolgt aus vorwiegend religionspolitischem Interesse, nicht auf Grund einer ausgearbeiteten Kritik dessen, mit dem da gebrochen werden soll. Und auch mit der Radikalität dieses Bruches ist es nicht weit her. Im Brief an Arnold Ruge vom 13. Februar 1842 fordert Feuerbach zwar programmatisch: »ein radikaler Bruch ist notwendig« – und mit dieser verbalen Radikalität enden gewöhnlich die Zitate, ohne die unmittelbar anschließende Nivellierung zu beachten: »Damit soll aber natürlich nicht das ›peu à peu‹ ausgeschlossen sein. Es handelt sich vor allem jetzt darum, etwas zu geben, wornach man dozieren kann. Das beste ist, sich an Hegel anzuschließen – sein Gang ist ein ganz richtiger –, aber ihn natürlich zu reformieren nach den neuen Prinzipien.« (Feuerbach: *Gesammelte Werke.* Bd. 18.159) Die plakativ zur Schau getragene Radikalität ist in dieser Wendung in eine pragmatische Überlegung

»Kritik« voraus, und schon gar nicht berechtigte Kritik, sondern vielmehr ein Interesse, aus dem heraus er vollzogen wird. Kant »bricht« nicht mit der Metaphysik, sondern er arbeitet deren durchschlagende Kritik aus – und aus ihr folgt konsequent das »Ende der Metaphysik«. Die Kritik hingegen, die Feuerbach an der Vernunftphilosophie übt, hat bei weitem nicht den Rang der Kantischen Kritik der Metaphysik. Im wesentlichen besteht sie in der Denunziation, daß die spekulative Vernunft der »Vernunftphilosophie« ein Relikt der Theologie sei, nichts als der frühere Verstand Gottes – doch mit der Verwandlung des *Deus* in die Vernunft sei man den *Deus* noch nicht losgeworden,[24] und so sei die »spekulative Philosophie« insgesamt »spekulative Theologie«.

Wie willkürlich und leer eine derartige Kritik ist, hat Feuerbach wenig später erfahren müssen. Denn diese Kritikfigur des entlarvenden »ist nichts als« läßt sich beliebig wiederholen, wenn der Mechanismus ihrer Handhabung erst einmal erlernt ist. Deshalb richtet sich die Iteration des Theologieverdachts wenig später gegen eben die Position, die Feuerbach durch seine Entlarvung der angeblich theologisch bedingten Genese der Vernunft inthronisieren und stabilisieren wollte. Denn nun wendet Friedrich Engels, angeregt durch Max Stirner, mit gleichem Recht ein: »der Feuerbachsche ›Mensch‹ ist von Gott abgeleitet, Feuerbach ist von Gott auf den ›Menschen‹ gekommen, und so ist ›der Mensch‹ allerdings noch mit einem theologischen Heiligenschein der Abstraktion bekränzt«.[25] Somit wird *der* Begriff, dem Feuerbach die Nachfolgerolle des Gottes- und des Vernunftbegriffs zugedacht hat, noch weit rascher von demselben Schicksal ereilt als der Vernunftbegriff der Klassischen deutschen Philosophie durch Feuerbachs Kritik. Dies ist jedoch nicht ein Indiz für die Schlüssigkeit des Arguments, sondern nur für den Mangel einer seriösen Kritik.

zurückgebogen. Radikal wird die Philosophie des Vormärz nur dort, wo sie die Ebene des verbalen Protestes verläßt, sich als Philosophie aufgibt und sich anschickt, die Welt nicht bloß zu interpretieren, sondern sie zu verändern (Karl Marx: *Thesen über Feuerbach.* Marx-Engels-Werke. MEW 3.535).

24 Feuerbach: *Entwürfe zu einer Neuen Philosophie.* Hg. von Walter Jaeschke und Werner Schuffenhauer. Hamburg 1996, 107, 125.

25 Friedrich Engels an Karl Marx, 19. November 1844; MEW 27.11f.

(5) Der Bruch mit der Vernunftphilosophie ist das Resultat nicht einer kritischen Destruktion ihrer inneren Ungereimtheit, sondern eines doppelten Interesses – des Interesses an der Befreiung von theologischer und staatlicher Bevormundung und des Interesses an der Zuwendung zur Natur, Unmittelbarkeit, Sinnlichkeit – zu ihrer Anschauung und ihrer wissenschaftlichen Erkenntnis. Was man das »Ende der Vernunftphilosophie« am Ausgang des Vormärz nennen könnte, hat deshalb eine andere Struktur als das »Ende der Metaphysik« am Ausgang der Aufklärung. Daher ist es nicht unverständlich, daß das weitere Schicksal dieser Philosophie einen anderen Verlauf nimmt als dasjenige der vormaligen Metaphysik. Fast gleichzeitig mit Feuerbachs Verkündung des Bruches mit der Vernunftphilosophie ertönt der Ruf »Zurück zu Kant!«, und an ihn schließt sich, mit gebührendem Abstand, der Ruf »Zurück zu Hegel!« an. Seitdem zählen diese beiden Denker zu den klassischen Grundlagen neueren Philosophierens – in striktem Gegensatz zur traditionellen Metaphysik, aber auch zu derjenigen Philosophie, die den »revolutionären Bruch« mit der Vernunftphilosophie vollzogen und verkündet hat, und in nochmals gesteigertem Maße gegenüber der »christlichen Philosophie« oder erneuerten Metaphysik des Vormärz, die die Vernunftphilosophie um ihrer religiösen Insuffizienz willen verdrängen wollte. Das »Ende der Metaphysik«, das sie revidieren wollte, ist in einem zweiten Anlauf endgültig über sie verhängt worden – und zwar sowohl über einen Philosophiebegriff, der die Wahrheiten der Religion zum Fundament der Philosophie macht, als auch über einen Philosophiebegriff, der im Ausgang von der Vernunft zur unvermittelten Übereinstimmung mit den Wahrheiten der Religion gelangen zu können vorgibt. Anders als beim Eintreten eines Geistes in ein Zimmer bedarf es zur Verabschiedung dieser Metaphysik nunmehr auch aus der Bewußtseinsgeschichte eines zwar nicht dreimaligen, aber immerhin eines zweimaligen Rufes.[26]

Dies zeichnet sich bereits in den letzten Jahren des Vormärz ab. Immanuel Hermann Fichte, der Sohn Johann Gottlieb Fichtes und einer der vornehmsten Repräsentanten der Philosophie des Vormärz, versucht sich zwar mit großem gedanklichen und rhetorischen Auf-

[26] Goethe: *Faust.* Vers 1531.

wand an der Erneuerung der »Spekulativen Theologie« – also der höchsten Disziplin der vorkantischen Metaphysik. Deutlicher kann der Wunsch dieser Denkrichtung nach einem »Zurück hinter Kant!« oder »Zurück hinter das Ende der Metaphysik!« nicht ausgesprochen werden. Doch in seinem etwa gleichzeitigen Streit mit Christian Hermann Weiße und selbst im Vorwort zu seiner *Speculativen Theologie* schlägt Fichte andere Töne an: Statt in der sterilen Wüste der Abstraktion nach Brunnen lebendigen Wassers zu graben, gelte es, sich zur Einen ewig strömenden Lebensquelle des »Realen« zu wenden. Im Vordergrund steht hierbei aber nicht die Aufforderung zur wissenschaftlichen Erkenntnis dieses »Realen«, sondern das Verlangen nach Einsicht in die Immanenz des an sich transzendenten göttlichen Geistes in der Welt – also das Verlangen nach einer Einsicht, die weder auf dem Wege der Spekulation noch auf dem der traditionellen Religion erreichbar scheint.[27] Hier deutet sich bereits eine Entwicklung an, die noch nicht im Vormärz, sondern erst in der zweiten Hälfte des 19. Jahrhunderts Gestalt gewinnt: Nach dem Ende sowohl der Vernunftphilosophie als auch der gegen sie unternommenen Versuche zur Restitution einer religiös begründeten Metaphysik können Einzelwissenschaften die Funktion eines Religionssurrogats erhalten.[28]

(6) Mit diesen Bemerkungen habe ich den entscheidenden bewußtseinsgeschichtlichen Prozeß noch nicht angesprochen, der doch zur gleichen Zeit das Verhältnis von Philosophie und Wissenschaft von Grund auf umgestaltet: die fundamentale Veränderung im Verhältnis der Philosophie zu den sich ausdifferenzierenden Einzelwissenschaften, und zwar sowohl zu den Geisteswissenschaften als auch zu den Naturwissenschaften. Deren eindrucksvolle Erfolge bewirken einen Wandel des Wissenschaftsbegriffs: »Wissenschaft« im prägnanten Sinne ist nun nicht mehr die traditionelle Vernunftphilosophie, die noch bei Hegel den stolzen Titel der »Wissenschaft« führt,

27 Immanuel Hermann Fichte: *Der Begriff des negativ Absoluten und der negativen Philosophie. Antwortschreiben an […] C. H. Weiße.* In: *Zeitschrift für Philosophie und speculative Theologie* (1843), 157–217, hier 207–211.

28 Immanuel Hermann Fichte: *Grundzüge zum Systeme der Philosophie.* 3. Abt.: *Die speculative Theologie oder allgemeine Religionslehre.* Heidelberg 1846, II–XX.

sondern die – zumeist empirische – Einzelwissenschaft. In der Philosophie des Vormärz hat dieser epochale Vorgang keine tiefen und deutlichen Spuren hinterlassen – obgleich diese interne Bedeutungsverschiebung in den Begriffen des »Wissens« und der »Wissenschaft« nicht erst mit dem Vormärz einsetzt.

Sie beginnt bereits im 18. Jahrhundert, etwa zeitgleich mit dem »Ende der Metaphysik«, mit der Überwindung des »garstigen breiten Grabens« zwischen der apriorischen »Wissenschaft« und der »Historie«, in der das Einzelne dargestellt und aufbewahrt wird. Damals entsteht mit dem »Ende der Metaphysik« ein neuer Kanon der philosophischen Wissenschaften. Er überwindet die vorherige Entgegensetzung von »Wissenschaft« und »Historie« wie auch von »rationalen« und »empirischen« Wissenschaften – einer rationalen und einer empirischen Seelenlehre, einer rationalen und einer empirischen Kosmologie. Das rationale Moment, das weiterhin als konstitutiv für Wissenschaftlichkeit erachtet wird, geht mit dem empirischen eine neuartige und enge Verbindung ein. Gleichwohl behält damals, im Zeitalter der »Vernunftphilosophie«, das rationale Moment den Primat: Der Vernunftgehalt der einzelnen Wissenschaften verbürgt die Allgemeinheit und Notwendigkeit der Erkenntnis und eben damit ihre Wissenschaftlichkeit. Deshalb bildet er zugleich das Kriterium der Hierarchie der Wissenschaften, und die Philosophie als die Wissenschaft der Wissenschaften oder die Wissenschaft par excellence erwägt deshalb sogar, ihren traditionellen Namen einer bloßen Philo-Sophie abzulegen, weil die bloße »Liebe zum Wissen« inzwischen in das »Wissen selbst« aufgehoben sei. Leider sind die Beziehungen zwischen der Philosophie und der Wissenschaftsgeschichte im Vormärz bisher nur punktuell erforscht[29] – und dies in scharfem Kontrast zu der weithin geteilten Überzeugung, daß damals die »Metaphysik« – oder richtiger: die »Vernunftphilosophie« – durch die Einzelwissenschaften widerlegt wurde. Doch die spärlichen Arbeiten zum Verhältnis von Philosophie und Wissenschaftsgeschichte im Vormärz bestätigen dieses Bild nicht. Die Einzelwissenschaften

29 Einige Aspekte dieser Problematik sind angesprochen in dem ersten Band der Trilogie *Weltanschauung, Philosophie und Naturwissenschaft im 19. Jahrhundert.* Bd. 1: *Der Materialismusstreit.* Hg. von Kurt Bayertz, Myriam Gerhard u. Walter Jaeschke. Hamburg 2007.

widerlegen die »Metaphysik« oder die »Vernunftphilosophie« nicht – sie ignorieren sie, und ihre Erfolge verdrängen sie. Die epochalen Veränderungen im Verhältnis von Wissenschaft und Philosophie vollziehen sich gleichsam »hinter dem Rücken des Bewußtseins«: hinter dem Rücken einer Philosophie, deren Interesse teils durch die Erneuerung des Bündnisses von Religion, Philosophie und Staat absorbiert ist, teils durch die Demontage ebendieses Bündnisses. Sie leistet keinen Beitrag zum Erfolg der Wissenschaften; sie trägt ihnen nicht das Licht der Erkenntnis voran, und sie folgt ihnen nicht einmal nach, wie die von Hegel beschworene Eule der Minerva (GW 14,1.16), um die Resultate der Wissenschaften ins Bewußtsein der Zeit zu heben – und sie reflektiert auch nicht darauf, daß mit der Bedeutungsverschiebung des Wissenschaftsbegriffs doch auch ein erheblicher Verlust in der Bestimmung dessen einhergeht, was »Wissen« und »Wissenschaft« unter den Bedingungen der Vernunftphilosophie geheißen hat. Dann nämlich hätte sich in den Erfolg der neuen Wissenschaften ein resignativer Zug eingemischt – vielleicht sogar eine Vorahnung dessen, was man seit dem frühen 20. Jahrhundert mit der Rede von der »Krisis der Wissenschaften« bezeichnet.

Im Vormärz jedoch liegt dies der Philosophie noch fern. Erkenntnistheoretische, wissenschaftstheoretische und wissenschaftssystematische Fragestellungen bildet die Philosophie erst wieder aus, als sie nach dem Vormärz, nach dem Ende des Streites um die Etablierung einer christlichen Philosophie und die Erneuerung der traditionellen Metaphysik, erneut an die Vernunftphilosophie anknüpft – im Neukantianismus, der sich doch wenigstens am sogenannten »Faktum der Wissenschaft« orientiert und hierzu die Theorie zu liefern sucht. Angesichts einer Philosophiegeschichte, die teils von den Restitutionsversuchen einer christlichen Metaphysik, teils von religionspolitischen Auseinandersetzungen erfüllt ist, und angesichts einer Bewußtseinsgeschichte, die durch die fundamentale Verschiebung im Wissenschaftsbegriff geprägt wird, darf man für die Zeit nach der gescheiterten Märzrevolution das Wort geringfügig adaptieren, das Hegel an den Beginn seiner *Wissenschaft der Logik* stellt und mit dem ich meine Überlegungen begonnen habe: »Es ist diß ein Factum, daß das Interesse theils am Inhalte, theils an der Form der vormaligen Vernunftphilosophie, theils an beyden zugleich verlohren ist.« (GW 11.5)

(7) Wer also denkt metaphysisch? Mir scheint, es gebe keinen Anlaß, sich vor Hegel als einem ›alten metaphysicus‹ zu retten. Die Behauptung, ›X sei ein Metaphysiker‹, kann durchaus ein Ehrentitel sein – wenn sie nämlich impliziert, daß X sein Denken nicht in der Weise beschränken lasse, wie es der Positivismus in seinen vielfältigen Formen seit der Mitte des 19. Jahrhunderts fordert, sondern sich zentralen Fragen des Selbst- und Weltverständnisses des Menschen stellt, die sich weder auf dem Wege der Empirie noch mit den Mitteln bloßer Sprachanalyse beantworten lassen. Sie impliziert allein dann einen Vorwurf, wenn sie unterstellt, X habe sich eines Rückfalls in die Fehler der vorkritischen Metaphysik schuldig gemacht: in die Verwechslung des Gedankens mit einem existierenden Ding und die Verwechslung einer religiösen Vorstellung mit einem Vernunftbegriff. Ich denke jedoch nicht, daß sich dieser Vorwurf auf seriöse Weise gegen Hegel richten lasse – obschon dies immer wieder getan wird, und zwar in einer Weise, die Jacobi in seiner kleinen Erzählung »Die feinste aller Haderkünste« angeprangert hat (JWA 5.3 – 5). Man kann sie auch kurz mit dem Wort Lessings bezeichnen, das Hegel mehrfach zitiert hat: Man gibt jemandem die Krätze, um ihn kratzen zu können (V 3.161, 395).

Dieses Bedürfnis zu kratzen ist allerdings ein Indiz dafür, daß es der heutigen Philosophie nicht gelingen will, sich zu Hegel in ein bloß historisches Verhältnis zu setzen – und dies wiederum ist ein sicheres Indiz dafür, daß man es bei ihm nicht mit einem »toten Hund« zu tun hat: Tote Hunde tritt man nicht. Allerdings bedürfte es dieser indirekten Vergewisserung gar nicht – es gibt ja hinreichend viele positive Anknüpfungspunkte an Hegel.

Der Geist und seine Wissenschaften

I. Die Einführung des Geistbegriffs

(1) Der Begriff des Geistes ist ein nicht-metaphysischer Begriff. Dies mag auf den ersten Blick wenig plausibel erscheinen. Es gibt ja wenige Begriffe, die in einem vergleichbaren Ausmaß metaphysisch und theologisch konnotiert, ja geradezu durchtränkt sind wie der Begriff des Geistes. Darin liegt die Quelle teils seiner Attraktivität, teils seiner Perhorreszierung – und vor allem: die Quelle seines Mißverständnisses. Die Bandbreite der Bedeutung des Wortes reicht ja vom ›Heiligen Geist‹, der Einkehr in uns halten soll, bis zu den ›unreinen Geistern‹, die aus uns auszutreiben sind; sie reicht vom ›Geist‹ als einer höchsten metaphysischen Entität bis zum ›Geist‹, der in einem Witz aufblitzt, und von dem ›Geist‹, der Tische und Stühle bewegt, bis zu demjenigen Geist, der, auf Flaschen gezogen, auf diesen Tischen steht. Er umfaßt ›mind‹ *und* ›spirit‹, nous *und* pneuma. Vor allem scheint er weitgehend entzauberungsresistent. Wo er aus der vom Licht der Aufklärung durchfluteten, entzauberten Welt vertrieben wird, nistet er sich umgehend in den verbliebenen dunklen Nischen ein. Deshalb ist der Spiritismus ein Komplement des Positivismus, und deshalb ist er nie so einflußreich gewesen wie im Zeitalter des militanten weltanschaulichen Positivismus – und ähnliches gilt ja heute für Esoterik aller Art.

Diese ungeklärte und oft auch dubiose Situation macht es verständlich, daß das Wort ›Geist‹ sich in heutigen Diskursen keiner sonderlichen Beliebtheit erfreut – und daß man von ›Geist‹ fast nur noch dort ohne einen Anflug von Schamesröte spricht, wo von »Philosophie des Geistes« im Sinne einer »philosophy of mind« die Rede ist. Doch eine solche Unbefangenheit ist nicht weniger auch dort angebracht, wo unter ›Geist‹ zwar etwas sehr viel Irdischeres verstanden wird als in weiten Teilen der Tradition oder gar in deren gegenwärtigen Zerrbildern, aber doch noch erheblich mehr als in der erschreckend abgemagerten Form der »philosophy of mind«. Hegel hat dazu einen höchst diskutablen Ansatz unterbreitet. Sein ›Geist‹ schwebt nicht über den Wassern, und er tropft auch nicht in Gestalt von Feuerzungen hernieder auf die, die da an ihn glauben. Gleichwohl ist er die höchste Gestalt der Wirklichkeit, ja das »Absolute« – wenn es denn überhaupt um den Namen des Absoluten zu tun wäre.

(2) Auch Hegel ist sich nicht stets darüber im klaren gewesen, daß dem Begriff des Geistes diese zentrale Rolle zukomme. Selbst in seiner frühesten ›Geistesphilosophie‹ hat der Begriff des Geistes noch nicht die zentrale systematische Funktion – und dies ist von der damaligen philosophischen Terminologie her auch plausibel. Ich möchte hier keine Überlegungen anstellen, wieweit im allgemeinen Sprachgebrauch der Zeit Hegels Anhaltspunkte für seine Wahl des Wortes ›Geist‹ liegen. Für die zeitgenössische Philosophie jedenfalls ist ›Geist‹ kein tragender Begriff. Dies gilt für den transzendentalen Idealismus überhaupt, für Kant wie für Fichte und den frühen Schelling – und die Gründe dafür sind leicht einzusehen. Damals wird ja erst eine deutschsprachige philosophische Terminologie ausgebildet; selbst das Wort ›Selbstbewußtsein‹ ist damals erst im Deutschen eingebürgert worden. Das lateinische Äquivalent für ›Geist‹ – ›spiritus‹ – hat sich jedoch wegen seiner eindeutig theologischen Fixierung nicht zur Bezeichnung der sehr säkularen, später ›geistig‹ genannten Phänomene geeignet. Die deutsche Sprache kennt – glücklicherweise! – die präzise Differenz zwischen einem profanen und einem religiösen Sprachgebrauch, wenn auch nicht beim Substantiv ›Geist‹, so doch bei den verwandten Wortbildungen: ›Geistig‹ ist strikt unterschieden von ›geistlich‹, und ›Geistigkeit‹ ist bekanntlich etwas anderes als ›Geistlichkeit‹.

Und deshalb ist auch ›Geistesphilosophie‹ eben nicht ›philosophia spiritus‹ – dies wäre völlig abwegig. Auch der in der Aufklärung begegnende Versuch, hinter das theologisch besetzte Wort »spiritus« auf das griechische Pendant »pneuma« zurückzugreifen und die Geisteslehre unter den Titel »Pneumatologie« zu stellen, bietet keinen Ausweg, da ›pneuma‹ kaum weniger theologisch besetzt ist als ›spiritus‹; ›pneuma‹ ist vorzugsweise ›pneuma hagion‹, ›heiliger Geist‹ – und vor allem: Mit dem Wort ›Pneuma‹ verbinden sich gerade nicht diejenigen Konnotationen, die Hegel bei ›Geist‹ im Blick hat. Diese Konnotationen sind vielmehr mit ›Nous‹ und ›Noesis‹ verknüpft – und so hat Hegel sich zur Bezeichnung seiner Geistesphilosophie des Wortes »Pneumatologie« mit gutem Grund ebenfalls nicht bedient. Allerdings ist auch die von ihm statt dessen gewählte Ankündigung seiner Jenaer Vorlesung über ›Geistesphilosophie‹ als »philosophia mentis« damals unverständlich: Einmal wird seine lateinische Ankündigung im deutschen Vorlesungsverzeichnis als »Seelenlehre« wiedergegeben und ein anderes Mal als »Philosophie des Verstandes« – was von der Wortbedeutung her zwar nicht unplausibel ist, aber das von Hegel Intendierte verfehlt und deshalb von ihm korrigiert wird.[1]

Diese Not, das richtige sprachliche Äquivalent zu finden, bildet somit ein Indiz gleichermaßen für die Distanz des Hegelschen Geistbegriffs gegenüber einem theologischen Geistbegriff wie für die Neuartigkeit seiner Begriffsbildung. Der ›Geist‹, in dem Hegels System kulminiert, ist nicht »spiritus«, sondern vom Ansatz her eher »mens« – deshalb übersetzt Hegel ja auch »Phänomenologie des Geistes« durch »phaenomenologia mentis«. Dennoch wird Hegel auch ›mens‹ nur nolens volens als lateinisches Pendant für ›Geist‹ gewählt haben. Er hätte die Übersetzung von »philosophia mentis« durch »Philosophie des Verstandes« ja nicht korrigiert, wenn ihm nicht bewußt gewesen wäre, daß auch ›mens‹ kein wirkliches Äquivalent für ›Geist‹, sondern nur – gegenüber ›spiritus‹ – das kleinere Übel ist. Seine Geistesphilosophie ist ja weit mehr als eine ›Philosophie des menschlichen Verstandes‹ – nämlich etwas, was es damals gar nicht gibt und dessen Form und Gehalt Hegel erst erarbeiten muß.

(3) Für die Konzeption einer derartigen Geistesphilosophie müssen – zumindest – zwei Bedingungen erfüllt sein: zum einen die Depotenzierung des Begriffs der »Seele«. Unter der Dominanz des Seelenbegriffs hat eine Geistesphilosophie keinen systematischen Ort im ›System der Wissenschaften‹, und insbesondere dann nicht, wenn eine ›empirische Psychologie‹ durch eine ›rationale Psychologie‹ komplementiert und überhöht wird – wie dies in der Epoche der vorkantischen Metaphysik üblich gewesen ist. In diesem systematischen Rahmen mag zwar in der ›empirischen Psychologie‹ auch von der ›mens humana‹ die Rede sein – doch bestimmt dann der Seelenbegriff die Abgrenzung und inhaltliche Ausrichtung dieser Disziplin. Ein Indiz für die Unverträglichkeit des Seelenbegriffs – in seiner damaligen Prägung! – mit dem Geistbegriff bildet – etwa gleichzeitig mit Hegels Ausarbeitung der Geistesphilosophie – die Aufwertung

[1] Jaeschke, *Hegel-Handbuch. Leben – Werk – Schule,* Stuttgart 2003, Sp. 161b [[3]2016, 149].

des Seelenbegriffs im Kontext des sogenannten Übergangs von der ›Philosophie zur Nichtphilosophie‹, also zu einer theologisch verstandenen Nichtphilosophie, zur Religion – bei Carl August Eschenmayer und in der Folge in Schellings »Stuttgarter Privatvorlesungen«.[2] Hier wird die Seele gedacht als ein Vermögen, das über der Vernunft liegt – als die »Potenz des Seligen« – als das Unsterbliche, als das, worin die Verbindung des Menschen und Gottes liegt. Und diese Aufwertung des Seelenbegriffs erfolgt auch ausdrücklich in kritischer Stoßrichtung gegen Kants Metaphysikkritik und im Interesse der Repristination der Themen der vorkantischen Metaphysik – und unter völligem Ignorieren des Geistbegriffs.

Eine zweite Bedingung für Hegels Rede vom ›Geist‹ liegt in der Abkoppelung des Geistbegriffs von seiner Prägung durch die theologische Tradition. ›Geist‹ wird erst dort zu einem Leitbegriff der Philosophie, wo eine hinreichend große, jede Verwechslung ausschließende Distanz zu den traditionellen Begriffen »anima« und »spiritus« etabliert ist – dies habe ich vorhin schon angedeutet. Da das Wort ›Geist‹ jedoch seine theologischen Konnotationen nicht völlig verliert, findet diese Distanz des menschlichen und des göttlichen Geistes einen sprachlichen Ausdruck in der Differenz der Adjektive: Der Bereich des göttlichen Geistes ist der Bereich des *Geistlichen,* des Spirituellen; die Seite des menschlichen Geistes hingegen – oder des Geistes schlechthin – bildet der Bereich des *Geistigen.* In dieser Differenz der Adjektive zeigt sich die Tendenz zu einer säkularen Fassung des Geistbegriffs. Und erst mit der Ausbildung dieses Begriffs des ›Geistigen‹ wird diejenige Welt, die der natürlichen Welt entgegengesetzt ist, zur »geistigen Welt«; zuvor war sie die »moralische Welt« – im weiten Sinne des ›Moralischen‹ als des Gegenbegriffs zum ›natürlichen‹, also im traditionellen Sinne des ›moralischen Seins‹, des ›esse morale‹. Freilich verschwindet die Rede vom ›esse morale‹ im 18. Jahrhundert nicht deshalb, weil Hegel später einen neuen Begriff

2 Carl August Eschenmayer, *Die Philosophie im Uebergang zur Nichtphilosophie* (1803), in: Jaeschke (Hg.), *Religionsphilosophie und spekulative Theologie. Der Streit um die Göttlichen Dinge (1799–1812),* Quellenband. Hamburg 1994, 55–99 (= Philosophisch-literarische Streitsachen. Bd. 3/1.); Schelling, *Stuttgarter Privatvorlesungen* (1810), in: Schelling, *Sämmtliche Werke,* hg. von K. F. A. Schelling, Abt. I, Bd. 7, Stuttgart und Augsburg 1860.

des Geistigen einführt, sondern weil die Geltung dieses Begriffs durch Christian Thomasius' Naturalisierung ohnehin untergraben ist und zudem der starke und enge Moralbegriff Kants keinen weiten Begriff eines ›esse morale‹ neben sich duldet.

(4) Erst wenn diese beiden Bedingungen erfüllt sind› kann der Begriff des Geistes die neue, ebenso zentrale wie weitgespannte Funktion übernehmen, die Hegel ihm in seinem System zuweist. Für ihn ist ›Geist‹ – und zunächst auch nur der ›subjektive Geist – ein Einheitsbegriff: der Begriff, in dem er die Einheit derjenigen ›Vermögen‹ denkt, die damals voneinander getrennt thematisiert worden sind: Intelligenz, Wille, Bewußtsein, Selbstbewußtsein, dann auch Seelisches, Gefühl. Und hierzu zählen keineswegs nur solche ›Vermögen‹, die zunächst noch, Schellingianisch ausgedrückt, unter dem Titel »theoretische Potenz« stehen, sondern auch die Seite der »praktischen Potenz« und sogar noch – was zunächst aus dem Rahmen zu fallen scheint – die »Potenz des Besitzes, und der Familie«. Es ist, denke ich, für die Philosophie ein wichtiger Schritt, daß Hegel all diese ›Vermögen‹ – eben, wie wir heute zu sagen pflegen: diese ›geistigen Vermögen‹ – unter diesen neuen Titel ›Geist‹ stellt, und es ist zugleich ein Schritt, der erhebliche Auswirkung auf die deutsche Sprache und unser Denken und auf die duale Struktur des Wissenschaftssystems gehabt hat.

Um sich dieser Neuartigkeit zu vergewissern, braucht man Hegels Rede vom ›Geist‹ nur einmal mit zeitgenössischen Ansätzen zu vergleichen – wobei es natürlich nicht darum gehen kann, ob das Wort ›Geist‹ vorkommt, sondern ob es thematisch, als tragender Begriff vorkommt. In Kants *Anthropologie in pragmatischer Hinsicht* etwa ist vom »Erkenntnißvermögen« die Rede, vom Bewußtsein, von der Sinnlichkeit, von der Einbildungskraft, vom Gefühl der Lust und Unlust, vom Begehrungsvermögen und vielen anderen Vermögen und Unvermögen – nur von einem ist nicht die Rede: vom Geist. Und ein Vergleich des Hegelschen Ansatzes mit dem anderer zeitgenössischer Denker führt zum selben Ergebnis. Fichte etwa spricht zwar davon, daß er in seinen Vorlesungen »den menschlichen Geist vollständig ausgemessen« habe, oder er spricht von der »Handlungsart des menschlichen Geistes« – doch genau an dieser Stelle ersetzt er in der zweiten Auflage das Wort »Geist« durch »Intelligenz«,[3] also durch den Begriff, der auch in Schellings *System des transscendentalen Idealismus* dominiert, in dem man das Wort ›Geist‹ sehr mühsam suchen muß. Hegel hingegen beschreibt in Jena den umgekehrten Weg: Er beginnt mit einer Philosophie der Intelligenz und entwickelt sie in den folgenden Entwürfen weiter zur Philosophie des Geistes; er macht gleichsam ernst mit der Rede vom »menschlichen Geist« und entfaltet das »System des menschlichen Geistes« in einer »Geistesphilosophie«. – Mit dem Wort ›Geist‹ führt Hegel aber nicht etwa nur einen neuen Namen für eine altbekannte Sache ein. Sie erscheint in einem neuen Licht, und in diesem neuen Licht zeigt sich eine völlig neue Gestalt – und diese neue Gestalt möchte ich nun, im zweiten Teil meiner Überlegungen, in dreifacher Hinsicht charakterisieren.

II. Drei Strukturmerkmale des Geistes

(1) Der Begriff des Geistes – verstanden zunächst als der Begriff des ›subjektiven Geistes‹, wie Hegel ihn später nennen wird – ist der Begriff einer in sich differenzierten Einheit: Es ist *Ein* Geist, der anschaut, fühlt, erkennt, will, sich seiner bewußt ist und vieles andere mehr. Damit ist die Differenz von theoretischer und praktischer Philosophie schon im Ansatz überbrückt, und dies – wegen der größeren Reichweite des Geistbegriffs – mit erheblich größeren Folgen als durch Kants Verklammerung des theoretischen und des praktischen Gebrauchs der Vernunft. Der Umfang des Begriffs des Geistes ist bestimmt durch dessen Entgegensetzung gegen die Natur. Sie erfolgt aber nun in der Form nicht mehr eines Cartesianischen ontologischen Dualismus, sondern eines in sich differenzierten Monismus. Schon die frühesten Fragmente von Hegels Jenaer System-

[3] Johann Gottlieb Fichte, *Ueber die Würde des Menschen, Beym Schlusse seiner philosophischen Vorlesungen gesprochen* (1794); ders., *Grundlage der gesammten Wissenschaftslehre als Handschrift für seine Zuhörer* (1794/95); ders., *Ueber den Begriff der Wissenschaftslehre oder der sogenannten Philosophie, als Einladungsschrift zu seinen Vorlesungen über diese Wissenschaft* (1794). In: Fichte, *Gesamtausgabe der Bayerischen Akademie der Wissenschaften.* Abt. I, Bd. 2.89 bzw. 272 bzw. 143.

entwürfen enthalten hierzu erstaunliche, sehr weitgehende Aussagen. Schon in einem Fragment aus dem Jahr 1803 heißt es, die Natur sei »das Andersseyn des Geistes« – und weiter: der Geist »ist frey, indem er das leere wird, das die ganze Natur gegen sich hat, und er ist lebendig, indem er dieses Ganze als ihm selbst gleich setzt«. »Geist ist nicht ein Sein, sondern ein Gewordensein, Tätigkeit, Erkenntnis der Natur als seines Anderen und eben darin Aufheben seines Anderen, Befreiung seiner selbst, Rückkehr zu sich, Beisichsein und Sichselbstgleichheit.«[4] Doch trotz solcher erhellender Vorgriffe hat Hegel nicht allein die Jenaer Jahre, sondern noch rund zwei weitere Jahrzehnte zur systematischen Ausbildung der Geistesphilosophie benötigt.

(2) Ich möchte mich heute aber nicht dem eben berührten, sehr wichtigen Thema dieses in sich differenzierten Monismus zuwenden, sondern im Interesse meines Themas zwei andere Spezifika des Begriffs des Geistes hervorheben. Das erste ist eben schon angeklungen: der Selbstbezug des Geistes. ›Geist‹ ist immer zu denken als ein ›Fürsichsein‹. Alles Geistige bezieht sich stets auf sich selbst – freilich nicht so, daß dadurch der Bezug auf Anderes ausgeschlossen wäre, vielmehr so, daß der Bezug auf Anderes stets einen Selbstbezug in sich schließt. Der Geist erkennt nicht in einer bloß objektivistischen, eindimensionalen Bewegung die Natur, sondern seine Gegenstandserkenntnis ist immer zugleich Selbsterkenntnis; er weiß nicht nur vom Gegenstand, sondern im Wissen des Gegenstandes weiß er auch von sich – und dies auch dort, wo er davon kein explizites Wissen hat. Oder, wie es schon in dem eben zitierten frühen Fragment heißt: Das Leben des Geistes besteht darin, »daß er diß Universum als sich selbst erkennt« – und dies nicht etwa im Sinne eines metaphysischen Spiritualismus, für den alles nur ›Geist‹ ist, sondern weil der Geist in der Erkenntnis seines Anderen immer zugleich sich selbst erkennt.

Für den transzendentalen Idealismus ist im Selbstbewußtsein – und allein in ihm – diese Subjekt-Objekt-Identität wirklich: Wissen und Gewußtes sind eins. Doch im Selbstbewußtsein sind die beiden Relate, das wissende und das gewußte Ich, nicht real different, sondern nur begrifflich zu unterscheiden. Hegel hingegen begreift »Selbstbe-

4 Jaeschke: *Hegel-Handbuch*, Sp. 158b [³2016, 146].

wußtsein« ebensowenig wie Kant nach dem Modell eines solchen internen Selbstbezugs der Reflexion, und es läßt sich so auch nicht denken. Aber ebendiese vermeintlich am Selbstbewußtsein abgelesene reflexive Struktur löst Hegel vom einzelnen Selbstbewußtsein ab, weil er im Begriff des Geistes ihren eigentlichen, von der Transzendentalphilosophie verfehlten Ort erkennt: Geist ist Sichwissen im Anderen seiner selbst. Hier, im Geist, sind die im Selbstbewußtsein nur vermeintlich unterschiedenen Relate wirklich unterschieden, und während die Relation im Begriff des Selbstbewußtseins notwendig leer bleibt, wird der wissende Selbstbezug hier als Spezifikum von Prozessen des realen Geistes gedacht – als mit Realität gesättigtes Sichwissen im Anderen.

Diese selbstbezügliche Verfassung des Geistes ist rudimentär und implizit schon in der vermeintlich bloß objektiven Gegenstandserkenntnis wirklich – und sogar in doppelter Weise: Zum einen ist der gewußte *Gegenstand* immer ein *gewußter* Gegenstand, und so weiß der Geist sich in ihm, selbst wenn der Gegenstand dem Reich der Natur angehört. Denn das, was der Geist weiß, ist eben dadurch immer auch ein Geistiges, dem Geist Verwandtes und Anverwandeltes – sonst könnte es gar nicht gewußt werden. Zum anderen ist alles Bewußtsein reflexiv in dem Sinne, daß ein Gegenstand nicht lediglich ›bewußt‹, sondern ›mir bewußt‹ ist – und im Zuge der Exposition der einzelnen Formen auch nur des subjektiven Geistes tritt der wissende Selbstbezug des Geistes zunehmend deutlicher hervor, beginnend vom »Selbstgefühl« der »Seele« bis hin zum Willen, der sich selber, seine Freiheit will.

(3) Mit diesen knappen Bemerkungen zur selbstbezüglichen Verfassung der Gestalten des subjektiven Geistes ist jedoch das zweite und entscheidende Spezifikum des Selbstbezugs des Geistes noch nicht berührt. Der Selbstbezug findet seine für den Begriff des Geistes charakteristische Gestalt ja erst dort, wo er über solche interne Reflexivität des subjektiven Geistes hinausgeht – zur Objektivierung des Geistes durch den Willen, also zur »Form der *Realität* als einer von ihm hervorzubringenden und hervorgebrachten *Welt,* in welcher die Freiheit als vorhandene Nothwendigkeit ist, – *objectiver Geist*«. Hegel schreibt dem Geist ja nicht nur die Verfassung der internen Selbstbezüglichkeit zu – und auch dies wäre schon ein überaus wichtiger Schritt! –, sondern das zweite Spezifikum des Geistes ist seine Ob-

jektivation oder Manifestation – und alle Objektivation des Geistes ist notwendig Objektivation seiner selbst, Selbstvergegenständlichung. Geist bezieht sich also nicht allein im Gefühl oder im Erkennen und Wollen eines vorgefundenen Anderen auf sich, sondern Geist schafft aus sich selber eine Gestalt der Wirklichkeit, eine ›geistige Welt‹, zu der er sich ins Verhältnis setzt und in der er sich auf sich bezieht und sich weiß.

Diese Manifestation ist somit die Voraussetzung für die höherstufigen Formen der Selbstbeziehung des Geistes. In seiner Objektivation setzt der Geist sich die Bedingung seiner Beziehung auf sich selbst voraus, und zwar auf einer höheren Ebene als im Selbstverhältnis des bloß subjektiven Geistes. Die ›Objektivierung‹ des Geistes ist das Hervorbringen seiner selbst als einer Welt, der Welt des objektiv gewordenen, ›objectiven Geistes‹, und damit zugleich die Grundlage seiner Selbstbeziehung in dieser Welt. Und diese Objektivierung des Geistes umfaßt keineswegs bloß seine Selbstobjektivierung zum ›objektiven Geist‹; sie umfaßt ebenso seine Objektivierung zur Welt des ›absoluten Geistes‹, in der einerseits seine Realität als Wissen des Geistes von sich selbst zu begreifen ist und andererseits der Gegenstand des Wissens nichts anderes als der Begriff des Geistes ist – in der er somit ›*in an und für sich seyender* und ewig sich hervorbringender *Einheit* der Objectivität des Geistes und seiner Idealität oder seines Begriffs‹ steht: »der Geist in seiner absoluten Wahrheit« (Enzyklopädie 1830, § 385).

Dies mag sich mystisch oder mythisch anhören – und es ist doch das gerade Gegenteil davon. Es ist Hegels Einsicht – und Hegels große Einsicht! –, daß der gesamte Bau der geistigen Welt aus dem subjektiven Geist hervorgegangen ist – oder aus dem Innersten, aus der Freiheit, wie er einmal formuliert (GW 26,3.1495). Die geistige Welt ist ja weder der Erde entsprossen, noch ist sie vom Himmel gefallen. Alles Reale,[5] was nicht ein Natürliches ist, ist ein Geistiges, vom Geist Produziertes; oft genug ist auch das vermeintlich Natürliche ein vom Geist im Interesse seiner Selbstbeziehung verwandeltes Natürliches –

[5] Ich wähle diese an Hegels ›Realphilosophie‹ erinnernde Formulierung, um den schwierigen Sonderstatus des Logischen hier auszuklammern; es ist weder ein Natürliches noch ein vom Geist Produziertes, sondern dem Geist Immanentes, ihm Zugrundeliegendes.

und diese vom Geist produzierte und von ihm erkannte Welt wächst gleichsam mit jedem Tag sprunghaft an. Hegels Rede vom ›objektiven Geist‹ läßt sich somit nach zwei Richtungen auslegen – sowohl als Distanzierung einer eigenständigen Sphäre gegenüber derjenigen des subjektiven Geistes, aber ebensosehr als Rückbindung dieser objektiven Sphäre an den sie produzierenden subjektiven Geist. Die in sich differenzierte Zusammengehörigkeit dieser beiden Sphären oder ›Welten‹ ist nirgends treffender ausgesprochen als im Begriff der Objektivation des subjektiven Geistes.

(4) Man mag versuchen, sich über diese Einsicht leichtfüßig mit der Bemerkung hinwegsetzen, daß dies alles schließlich ohnehin klar sei und keiner langatmigen Erörterung bedürfe. Doch so selbstverständlich ist es nun auch wieder nicht. Hegels Einsicht ist wiederum an historische Bedingungen geknüpft, und sie verändert diese historischen Bedingungen. Zu seiner Zeit galt die Welt jenseits der äußeren Natur keineswegs allgemein als ein Produkt des – menschlichen – Geistes, und ebensowenig galt das Geistige in der Welt als aus dem subjektiven Geiste hervorgegangen. Die von Hegel ›objektiver Geist‹ genannte Welt galt vielmehr bis in seine Zeit (und auch noch erheblich länger) als eine von Gott eingerichtete und durch das von ihm gegebene natürliche Gesetz durchherrschte Welt – und eine solche Welt ist gerade nicht eine Welt des objektiven Geistes – sie ist nicht ›Geist vom Geiste des Menschen‹. Das ›natürliche Gesetz‹ ist nicht als eine Objektivation des freien Willens gedacht, sondern als ein Gesetz, dem dieser Wille schlechthin unterworfen ist. Die Welt des objektiven Geistes hingegen ist weder eine ›natürliche‹ noch eine von Gott eingerichtete Welt – sie ist eine vom Geist, näher vom Willen hervorgebrachte Welt.

Und zum anderen – habe ich gesagt – gilt das, was zu Hegels Zeit als ›Geist‹ bezeichnet wird, keineswegs als Manifestation des subjektiven Geistes. Hierüber kann man sich wiederum von Schelling belehren lassen: Charakteristisch für diese Zeit ist vielmehr die Rede nicht von einer ›Geist*es*welt‹, sondern von einer »Geist*er*welt« – nicht von der ›Welt *des* Geistes‹, sondern von der ›Welt *der* Geister‹. Und diese Rede ist ganz wörtlich zu nehmen: Die Geist*er*welt ist – für Schelling – die Welt der reinen aus Gottes Gemüt geschaffenen Geister; sie sind »die ursprünglichen Einwohner der Geisterwelt«, und nach dem Tode sei der Mensch nicht »der Geist«, sondern »ein

Geist«, also nicht etwa »ein luftähnliches Wesen« oder gar »pures, lauteres Denken«, sondern »ein höchst-wirklicher, ja weit kräftiger und also auch wirklicher als hier«. »Geist« ist hier also gedacht als eine substanzhafte und der menschlichen Wirklichkeit überlegene Form«.[6] Doch mit solchen Geistern macht Hegels Geist sich nicht gemein – und deshalb sollte man sich von ihnen auch nicht bei einer sinnvollen Rede vom Geist stören lassen.

Ich denke, diese beiden Beispiele sind geeignet, die gedankliche Leistung Hegels zu veranschaulichen – seine Abstoßung von derartigen, über Jahrtausende tradierten Annahmen und seine Insistenz auf dem Zusammenhang des subjektiven und objektiven, des produzierenden und des produzierten Geistes. Allein der Begriff des Geistes erlaubt, die subjektive Seite der Produktion und die objektive Seite des Produzierten als Einheit zu erfassen. Diese Einheit läßt sich, wenn ich recht sehe, mit keinem anderen Begriff denken, und deshalb ist sie ja auch vor Hegel nicht gedacht worden. Subjektiver Geist objektiviert sich, und objektiver Geist ist nichts anderes als die Objektivation des subjektiven. – Daß es sich bei dieser Manifestation nicht um die Manifestation des Geistes des einzelnen Subjekts, sondern des bereits zu Formen von Intersubjektivität, etwa zur Geistigkeit eines Volkes konkreszierten subjektiven Geistes handelt, muß sicherlich nicht eigens hervorgehoben werden – und ebensowenig, daß diesen Formen auf Grund von Hegels Theorem des rückwärts gehenden Begründens eine höhere Dignität und ›Wahrheit‹ zukommt als dem Geist des einzelnen Subjekts. Aber auch diese Formen basieren auf dem subjektiven Geist; sie sind seine Manifestationen.

Dieses Objektivationsverhältnis gilt ebenso für den ›absoluten Geist‹. Die Werke der Kunst sind ja nichts anderes als in exemplarischer Weise objektivierter Geist – und Gleiches gilt für die Religion: Das von ihr Vorgestellte ist ja nichts Natürliches, sondern ein vom subjektiven Geist Entworfenes, seine Manifestation. Der Unterschied zwischen den Objektivationen im Bereich des objektiven und des absoluten Geistes besteht einzig darin, daß die letzteren *solche* Formen der Vergegenständlichung des Geistes sind, die ausschließlich der Selbsterkenntnis des Geistes dienen und daneben keine andere

6 Schelling, *Stuttgarter Privatvorlesungen*, 477, 480.

Funktion haben, etwa die Organisation des menschlichen Zusammenlebens. Diesem spezifischen Unterschied scheint mir Hegels Unterscheidung zwischen dem »objektiven« und dem »absoluten Geist« besser gerecht zu werden als Nicolai Hartmanns Versuch der Ersetzung des ›absoluten Geistes‹ durch den »objektivierten Geist«. Denn auch der »objektive« ist ja »objektivierter Geist«, und »absolut« ist der »objektivierte Geist« eben dadurch, daß es ihm rein um die Erkenntnis seiner selbst zu tun ist.

III. Die Wissenschaften des Geistes

(1) Dieser Zusammenhang von Objektivation und Selbsterkenntnis bezeichnet gleichsam das ›innerste Leben‹ des Geistes – nicht des Geistes als einer mythischen Instanz, sondern des subjektiven Geistes in seiner Entäußerung zum objektiven und seiner Erkenntnis im absoluten Geist – also das ›innerste Leben‹ *des* Geistes, auf den wir doch alle – und wohl nicht zu Unrecht – Anspruch machen. Rudimentäre Formen der Selbsterkenntnis des Geistes bestehen auch unabhängig vom Akt der Selbstobjektivation des Geistes – also etwa in der Naturerkenntnis. Fraglos gibt es auch hier einen Selbstbezug des Geistes – nämlich als Selbstbezug des erkennenden Subjekts in der von ihm selber geleisteten Gegenstandskonstitution, in der Begrifflichkeit der Wissenschaftssprache und in der Methodologie, durch die der Gegenstand begriffen und von der er geformt wird. Es gibt aber keinen bewußten Selbstbezug im Gegenstand; dieser bleibt – mit Hegel gesprochen – »das Andere des Geistes«; er wird nicht in das Selbstverhältnis des auf geistige Objekte gerichteten Erkenntnissubjekts hineingenommen. Doch die entwickelte Selbsterkenntnis des Geistes setzt die Geistigkeit des erkannten Gegenstandes und damit die vermittelnde Instanz seiner Selbstobjektivation voraus – nur in ihr kann sich der Geist adäquat erkennen. Und während im Bereich des »objektiven Geistes« das Moment der Selbsterkenntnis hinter dem der Objektivation zurücktritt, gleichsam nur unthematisch mitschwingt, stehen beide Momente im »absoluten Geist« in Einheit – wenn auch erst nur »an sich«, dem Begriff nach.

(2) Dem Begriff nach sind die Gestalten des absoluten Geistes Gestalten des sich objektivierenden und sich in seinen Objektivatio-

nen wissenden Geistes. Das Kunstwerk etwa ist Einheit von Objektivation und Selbsterkenntnis des Geistes – doch um es *als solche* zu erfassen, bedarf es eines vermittelnden Wissens. Denn das ursprüngliche Sichwissen des Geistes im Kunstwerk ist zunächst begrenzt – es ist das Wissen des Künstlers und das Wissen, das er in sein Werk legt. Doch das subjektive Wissen des Künstlers, auch wo es einen hohen Grad von Reflektiertheit erreicht, ist unausweichlich ein vorübergehendes Wissen, es bedarf der Verstetigung; und das vom Künstler ins Werk gelegte Wissen ist zum großen Teil ein implizites Wissen.

Zur vollständigen und dauerhaften Selbsterkenntnis des Geistes bedarf es also der sekundären Explikation dieses Wissens – und diese vollzieht sich im Medium der wissenschaftlichen Erkenntnis. Sie verändert zwar nicht primär das Kunstwerk als eine Objektivation des Geistes, doch verändert sie das durch das Kunstwerk repräsentierte Sichwissen des Geistes – und oft genug auch das Kunstwerk selber. Durch diese Tätigkeiten wird die wissenschaftliche Explikation zum integralen Moment dieses Sichwissens des Geistes. Ihr fällt – zwar nicht zwingend, aber häufig – bereits die *Präsentation* des Kunstwerks zu – zumindest eine wichtige Rolle bei seiner Präsentation für die allgemeine Rezeption. Ich vermag nicht abzuschätzen, in welchem Umfang die Kenntnis von Kunst und die Partizipation an ihr sich erst der wissenschaftlichen Explikation verdankt – doch scheint mir nicht fraglich, daß ihr ein erheblicher und zunehmend wachsender Stellenwert zukommt. In die wissenschaftliche Explikation fällt – sodann – die *Selektion,* die sonst ja oft dem Zufall der Überlieferung überlassen bleibt. Die eigentliche Domäne der wissenschaftlichen Explikation aber ist fraglos die *Interpretation;* insbesondere hierdurch fällt ihr ein entscheidender Anteil an der Formung des Sichwissens des Geistes zu.

Für die zweite Gestalt des absoluten Geistes, für die Religion, scheint sich die Aufgabe der wissenschaftlichen Explikation nicht in gleicher Weise zu stellen, wegen der – vermeintlichen – Unmittelbarkeit und Wissenschaftsferne des religiösen Verhältnisses. Doch trotz der veränderten Konstellation fällt auch hier der wissenschaftlichen Explikation eine nicht minder konstitutive Rolle zu – sie wird nur in anderer Form oder vielmehr in zwei sehr unterschiedlichen Formen wahrgenommen. Zum einen – und vor allem — fällt sie im

Umkreis der christlichen Religion traditionell der Theologie zu: Das Sichwissen des Geistes in der Religion ist ja alles andere als unmittelbar. Fraglos ist es durch die religiösen Texte geprägt, aber selbst sie haben schon einen protowissenschaftlichen Selektionsgang durchlaufen, und die für eine Religion wie die christliche entscheidend wichtige historisch-philologische Erschließung und Interpretation der Texte wie auch die dogmatische Ausgestaltung des Inhalts ist ebenfalls von der Theologie geleistet worden. Insofern verdankt sich auch das Sichwissen des Geistes in der religiösen Vorstellung in nicht geringerem, vielleicht sogar noch höherem Maße als in der Kunst der geisteswissenschaftlichen oder protogeisteswissenschaftlichen Formung und Erschließung. Hierzu treten in neuerer Zeit die Erschließung religiöser Texte, Denkformen und Traditionen durch Religionswissenschaft, Religionsgeschichte und Religionsphänomenologie. Und daß auch die Philosophie einer solchen erschließenden geisteswissenschaftlichen Arbeit, einer philosophischen Forschung bedarf, muß ich hier nicht ausführen, wo wir mitten in solcher Arbeit begriffen sind.

Die Wissenschaften, die sich den drei Gestalten des absoluten Geistes zuordnen lassen, leisten somit einen zwar sekundären, aber gleichwohl konstitutiven und nicht zu unterschätzenden Beitrag zur Formung des Sichwissens des Geistes. Es entspringt einer inneren Logik, daß sie sich zu eben dem Zeitpunkt als ›Geisteswissenschaften‹ konstituiert haben, zu dem zum einen Hegels Philosophie den Geistbegriff in der ›geistigen Welt‹ etabliert und zum anderen das Sichwissen des Geistes die Begrenzung auf die Philosophie gesprengt hat. Ohne die Geisteswissenschaften – ohne Philologien, Theologie, Kunst- und Musikwissenschaft – wüßte der Geist wohl nur recht wenig von sich. Auch als nicht-philosophische Wissenschaften und Einzelwissenschaften nehmen sie doch gleichsam am Leben des absoluten Geistes teil – was wäre *er* ohne *sie*. Aber auch der Bereich des objektiven Geistes wird durch Wissenschaften erschlossen – durch die Geschichtswissenschaft, die Rechtswissenschaft, die Sozialwissenschaft und die Wirtschaftswissenschaft. Und während im Bereich des absoluten Geistes die Seite des »Wissens« als ein Zwilling der Objektivation auftritt, also zum einen Teil in Kunst, Religion und Philosophie selber und nur zum anderen Teil in die ihnen zugeordneten Wissenschaften fällt, bilden die dem objektiven Geist zugeordneten Wissenschaften die alleinigen Repräsentanten des Sichwissens des Geistes – abgesehen von dem unthematischen, marginalen Wissen, das in den Prozeß der Weltgeschichte sowie der Rechts- und Sozialgeschichte selber fällt. – Ich kann es vielleicht hier bei der kurzen Erwähnung bewenden lassen, daß natürlich auch den Formen des subjektiven Geistes entsprechende Wissenschaften zugeordnet sind – Anthropologie und Psychologie –, und daß die letztere sich heute zumeist nicht mehr als ›Geisteswissenschaft‹ versteht, ist gar nicht so verwunderlich angesichts des Umstands, daß für Hegel der Bereich des Psychischen ohnehin ein Bereich ist, in dem Natur und Geist sich berühren.

Den Formen des subjektiven Geistes wie auch den Formen seiner Objektivation im objektiven und absoluten Geist sind somit jeweils Wissenschaften zugeordnet, denen die methodische Entfaltung dieses in den Objektivationen des Geistes impliziten und expliziten Wissens zufällt. Sie sind die Wissenschaften des Geistes, sind Formen seines Fürsichseins, seines Sichwissens – und deshalb heißen sie mit gutem Grund ›Geisteswissenschaften‹, im Unterschied zu den Naturwissenschaften, die eben nicht oder nur rudimentär Formen der Selbsterkenntnis des Geistes sind und im wesentlichen vielmehr Formen der Erkenntnis des Anderen des Geistes.

(3) Die Geisteswissenschaften sind die Wissenschaften der Selbsterkenntnis des Geistes – Wissenschaften, in denen der Geist, während er auf von ihm geschaffene Gegenstände bezogen ist, zugleich auf sich bezogen ist und sich selbst in ihnen erkennt; sie sind Gestalten des Fürsichseins des Geistes. Anders als in der »Naturwissenschaft« tritt in der »Geisteswissenschaft« der »Geist« gleichsam zweimal auf – auf der Seite der Subjekte, die die Wissenschaft betreiben, und auf der Seite der »Gegenstände« dieser Wissenschaft – denn diese »Gegenstände« sind entweder die geistige Tätigkeit selbst oder ihre Produkte. Die Geisteswissenschaften sind also diejenigen Wissenschaften, in denen ›geistige Wesen‹ die Produktionen geistiger Tätigkeit zum Gegenstand der Erkenntnis machen. Daher tragen sie ihren Namen, und daher ergibt sich ihre primäre Abgrenzung gegen die Naturwissenschaften – nicht aus ihrer Methodendifferenz gegenüber den Naturwissenschaften, mit deren Erfassung sich der Neukantianismus und sein Umkreis so viel zu schaffen gemacht haben. Soweit eine Methodendifferenz vorhanden ist, ist sie – trotz aller

gegenteiliger Beteuerungen! – allererst eine Folge der Gegenstandsdifferenz, der Differenz von Geist und Natur. Dies gilt für die Unterscheidung von nomothetischen und idiographischen Wissenschaften wie für die hiermit übereinkommende Unterscheidung von erklärenden und verstehenden Wissenschaften. Auch das »Verstehen« als angeblich unterscheidender Methodenbegriff der Geisteswissenschaften ist ja allererst von deren Funktion für das Selbstverständnis des Geistes her zu verstehen: Ihr Sinnverstehen ist Selbstverstehen – und eine Hermeneutik, die diesen Aspekt des Selbstbezugs nicht in den Verstehensbegriff einträgt, wird sich mit der vermeintlich so wichtigen und doch schon sprachlich so unscharfen Differenz von »Erklären« und »Verstehen« vergebens abquälen.

Dieses »Sichwissen« ist grundlegend für die Geisteswissenschaften. Sie stehen insgesamt unter dem Imperativ am Eingang des Apollontempels zu Delphi: »Erkenne dich selbst!« Es ist aber bekannt, daß dieser Imperativ auf doppelte Weise zu verstehen ist: als Aufforderung, sich auf das Göttliche im Menschen zu besinnen, wie auch als Erinnerung an die eigene Kontingenz, an Endlichkeit und Hinfälligkeit. Das Sichwissen, das die Geisteswissenschaften erschließen, ist ein Wissen von der Geistnatur des Menschen – seiner Größe und seiner Nöte, seiner Bedürftigkeit und Schwäche, der Ausbildung seiner Affekte, seiner zeitlichen und räumlichen Gebundenheit wie auch seines Wissens, durch das er diese Bindung überwindet und alle Begrenzungen in sich auflöst und in Dialog mit weit entfernten und längst vergangenen Gestalten tritt und künftige erschafft. Die Geisteswissenschaften erschließen das Material für eine Analyse sämtlicher Leistungen des Geistes; sie präsentieren auch alle Gestalten seines Selbstverständnisses – für sich selbst und im Verhältnis zur Natur, zu anderen Menschen und vielleicht auch zu den Göttern, und sei es selbst im Akt ihrer Verwerfung.

Zudem erschließen sie einen weiteren charakteristischen Grundzug geistigen Lebens: die Geschichtlichkeit des Geistes. Die Konzeptualisierung dieser Geschichtlichkeit fällt deshalb nicht zufällig in die frühe Phase der Herausbildung der Geisteswissenschaften, in die Zeit um 1800, und sie wird damals – von Hegel – knapp, aber eindringlich so ausgesprochen: »was *wir* sind, sind wir zugleich geschichtlich« (GW 18.100). Doch wenn wir das, was wir sind, zugleich geschichtlich sind, dann muß dieses Wissen von uns zugleich ein geschichtliches

Wissen sein. Die Geisteswissenschaften sind deshalb zum großen Teil geschichtliche Wissenschaften, und als solche sind sie das »kulturelle Gedächtnis« des kulturellen Raums, der jeweils ihr Gegenstand ist, der von ihnen bewahrt und analysiert wird. Aus dem eben zitierten Satz möchte ich aber noch ein zweites Stichwort herleiten: das Stichwort »Identität«. Wenn wir das, was wir sind, zugleich geschichtlich sind, so ist dieses Geschichtliche ein konstitutives Moment unserer Identität. Durch unsere Geschichte werden wir zu dem, was wir sind – nicht in dem Sinne, daß wir ein bloßes Produkt der Vergangenheit wären, aber daß wir ohne diese Vergangenheit nicht wären, was wir sind. Dies läßt sich auf mehreren Ebenen aufzeigen, bis hin zum Zusammenhang von Wahrnehmung und Gedächtnis – und angesichts des gesellschaftlich erzeugten Wissens ist es – trotz konjunktureller Schwankungen – keine naheliegende Annahme, daß sich dieses Verhältnis von Geistigkeit und Geschichtlichkeit wieder ändern und einer neuen Epoche der ›Geschichtslosigkeit‹ weichen werde.

(4) Mein Versuch einer Verankerung der Geisteswissenschaften im Kontext des Fürsichseins des Geistes mündet plausibler Weise in ein Plädoyer für ihre – für unsere Tradition charakteristische – Bezeichnung *als* Geisteswissenschaften. Es ist ja ihr Proprium, daß sie Gestalten des Selbstverhältnisses des Geistes sind: ›Geist‹ weiß in ihnen vom ›Geist‹. Dies ist der Sache nach zwar nicht anders, wenn man von ›Kulturwissenschaften‹ statt von ›Geisteswissenschaften‹ spricht, sofern man ›Natur‹ und ›Kultur‹ als die beiden Formalobjekte versteht, die die Gesamtheit möglicher Objekte der Wissenschaften erschöpfen. Doch wird durch den Terminus ›Kulturwissenschaften‹ der innerste Kern und Sinn der Geisteswissenschaften verdeckt: ihre Partizipation an der Selbstbeziehung des Geistes. Deshalb verkürzt der Name ›Kulturwissenschaften‹ den ursprünglichen Sinn der Rede von ›Geisteswissenschaften‹ um den entscheidenden Aspekt. ›Kultur‹ erscheint für den erkennenden Geist zunächst als ein äußeres Objekt, nicht anders als ›Natur‹. Damit wird aber das Selbstverhältnis nicht zum Ausdruck gebracht, das den charakteristischen Zug der Geisteswissenschaften ausmacht und ihre spezifische Entwicklungsform bedingt: In den Geisteswissenschaften ist die Erkenntnis des Objekts eben nicht bloße Objekterkenntnis, sondern immer zugleich Selbsterkenntnis des erkennenden Subjekts. Dieses ist in der geisteswissenschaftlichen Erkenntnis stets auf den

Gegenstand *und* auf sich bezogen, zwar auch dann, wenn es darauf nicht reflektiert und davon nichts weiß und mit einem ihm äußeren Gegenstand zu tun zu haben glaubt – doch verfehlt es dann den Sinn seiner Wissenschaft. Deshalb verfehlt man den innersten Sinn der Geisteswissenschaften, wenn man sie als Kulturwissenschaften bezeichnet. Und von dem unglücklichen Terminus ›humanities‹, der die Herkunft der Gegenstände dieser Wissenschaften aus dem menschlichen Geist vollends verdeckt, den Geisteswissenschaften nach Kräften den Geist austreibt und vom Namen her primär Humanmedizin und vergleichbare Wissenschaftszweige assoziieren läßt, will ich hier gar nichts sagen.

Geisteswissenschaften sind die Wissenschaften vom ›Geist‹ – vom ›Geist‹ als (zunächst) derjenigen Wirklichkeit, die sich im Menschen als einem ›geistigen Wesen‹ zeigt, in seinem Fühlen, Denken und Wollen, also in seinen ›geistigen Tätigkeiten‹ (wie immer es um deren natürliche Basis bestellt sein mag). ›Geist‹ ist aber (sodann) diejenige Wirklichkeit, die die Tätigkeit dieses ›Geistes‹ zur alleinigen und unverzichtbaren Basis hat – die einzig durch diese erzeugt und zu ›Welten‹ gestaltet wird – zu den Welten der Gesellschaft und des Rechts, der Sprache, der Kunst, der Religion, der Wissenschaft und der Philosophie –, die jedoch in all ihrer Unterschiedlichkeit die Eine Welt des Geistes bilden. Ihm verdanken sie ihre Existenz und ihre Gestalt, auch wenn diese spezifische Gestalt sich weder aus dem subjektiven Geist noch aus dem Akt seiner Manifestation ableiten läßt. Davon, und allein davon, daß die Geisteswissenschaften in dieser Weise an der Selbsterkenntnis des Geistes partizipieren, geht die große, dauerhafte und sonst unverständliche Faszination aus, die sie allgemein ausüben, obgleich sie, wie man weiß, keinen bezifferbaren ›Nutzen‹ haben. Ihr ›Nutzen‹ – *wenn* man in diesen Kategorien reden wollte – besteht eben rein in ihrer Partizipation an der Selbstexplikation des Geistes. Um eine Wendung Hegels aus anderem Kontext hier einzuführen: Der Geist erkennt sich in seinen Wissenschaften »nicht um eines Nutzens, sondern um des Seegens willen« (GW 11.6), der eben im Wissen des Geistes von sich gelegen ist. Darin liegt ihre ratio essendi wie auch ihre ratio cognoscendi, und man verdunkelt oder zerstört beide rationes, wenn man mit dem Rückbezug der Geisteswissenschaften auf den Begriff des Geistes ihren Lebensnerv durchtrennt.

Anthropologie zwischen Natur und Tat. Bemerkungen über eine gut gemeinte Mesalliance

Diskussionen leben vom Widerspruch – wenn auch sicherlich nicht vom Widerspruch um jeden Preis, durch den – wie Hegel einmal sagt – zänkische Jungen sich die Freude erkaufen, miteinander im Gespräch zu bleiben. Doch wer ein großes Thema stellt – und »Natur und Normativität« ist ein großes Thema![1] –, der setzt sich der Gefahr aus – vielleicht sollte ich besser sagen: der hat die Chance –, Widerspruch zu erfahren, freilich: nach Möglichkeit solchen Widerspruch, der andere Aspekte des gemeinsamen Themas hervorhebt und dadurch ebenfalls zu seiner Abhandlung beiträgt. Ich wünschte mir, daß meine Bemerkungen hier in diesem Sinne verstanden würden und diese Rolle spielen könnten – zumal ich, wie ich hier anschließen möchte, sehr viel Sympathie für den Versuch habe, hinter einen starren Naturbegriff zurückzugehen und gerade bei Origenes anzuknüpfen – was man ja übrigens im späten 18. Jahrhundert auch schon einmal mit gutem Erfolg getan hat. – Aber zunächst muß ich hier von etwas anderem reden.

I. Vom Naturrecht zum Vernunftrecht

(1) Was Aristoteles vom »Sein« sagte – daß es auf vielerlei Weise ausgesagt werde –, hätte er ebensogut von einem anderen Grundwort der philosophischen Sprache des Abendlandes sagen können: von dem Wort »Natur«. Von ihm läßt sich wohl sogar mit noch besserem Recht behaupten, daß es auf vielerlei Weise gebraucht werde – und dies bereits zu Aristoteles' Zeiten. Auf Beispiele, die die verwirrende Vielfalt des Wortgebrauchs belegen, kann ich hier verzichten – und dies um so eher, als das Kernproblem der Berufung auf »Natur« gar nicht in dieser Vieldeutigkeit des Wortes liegt. Es liegt vielmehr in der ungeschiedenen Einheit von Deskription und Präskription, die es

[1] Tagung: »Natur und Normativität". Münster 2009.

traditionell assoziieren läßt. Ich rede von einer ungeschiedenen Einheit von Deskription und Präskription, um damit auszudrücken, daß früher – unter den Bedingungen des Naturrechts – nicht etwa »der Natur« »normative Kompetenzen« zugeschrieben worden sind. Dies wäre eine Retrojektion unserer Begrifflichkeit in eine ihr nicht angemessene Denkweise, deren Charakteristikum eben darin bestanden hat, daß sie die uns geläufige Trennung von »Natur« und »Norm« so nicht gemacht hat. Daß etwas nicht durch (menschliche) Setzung, sondern »von Natur« sei und so sei, wie es sei, hat Jahrhunderte oder gar Jahrtausende lang als Indiz für sein zugleich implizites normatives Potential gegolten – ob es sich nun um das von Natur aus Rechte handelt, um das schlechthin Gültige jenseits der vielen und unterschiedlichen Gesetze der griechischen Poleis, oder um die Einteilung der Menschen in die Freien und in diejenigen, die die Natur zu Sklaven bestimmt hat.

Die Annahme einer solchen ungeschiedenen Einheit von Deskription und Präskription im Wort »Natur« ist nicht einfach ein – durch besseres Nachdenken leicht korrigierbarer – Denkfehler gewesen. Sie ist Ausdruck einer menschheitsgeschichtlich tief verankerten Denkweise – gewesen –, an deren geschichtlicher Wirkungsmacht gemessen sich unsere moderne Sicht geradezu ephemer ausnimmt – doch ohne daß man die Dauer ihrer unbefragten Geltung zum Maß einer heutigen Entscheidung für die eine und gegen die andere machen könnte. Die zugleich als normativ gedachte Natur ist eine noch nicht oder allenfalls in Ansätzen »entzauberte«, rationalisierte Natur gewesen, eine Natur, der ein »Wille« zugeschrieben worden ist – ein ihr immanenter oder ein von Gott in sie hineingelegter Wille –, damit allerdings auch ein Wille, der sich dem eigenen Willen gegebenenfalls widersetzen konnte und deshalb durch geeignete Praktiken fügsam gemacht werden konnte und mußte – von Xerxes' Geißelung des widerspenstigen Meeres bis zu magischen Praktiken, die ja weit in die Neuzeit und auf subkultureller Ebene sogar bis in die Gegenwart hineinreichen. »Die Natur will« oder »die Natur hat gewollt« – diese Wendungen haben ja selbst in Kants *Idee zu einer allgemeinen Geschichte in weltbürgerlicher Absicht* noch eine tragende Funktion und müssen erst durch Interpretation wieder entschärft werden. Und einer Natur, der man einen »Willen« zuschreibt, kann man problemlos auch eine normative Funktion zubilligen – selbst wenn man nie so weit gegangen ist, auch von ihr zu sagen: »dein Wille geschehe«.

(2) Diese Auffassung der Natur habe ich eben – was unsere Gegenwart betrifft – auf eine subkulturelle Ebene verwiesen (ohne mir über ihre Alltagspräsenz und -wirksamkeit auf dieser Ebene Illusionen zu machen). Auf der Ebene der philosophischen und auch philosophisch-theologischen Verständigung hat sich jedoch schon seit der Antike und verstärkt seit der frühen Neuzeit *ein* in sich gedoppelter Prozeß der Aufsprengung dieser unmittelbaren Einheit vollzogen: zum einen die »Rationalisierung« und Entzauberung des Naturbegriffs, zum anderen – und im Zusammenhang mit dem ersten – eine schärfere Fassung des Normbegriffs. Mir liegt nicht daran, hier die Prioritätsfrage aufzuwerfen – ob die Rationalisierung der Natur der Präzisierung des Normbegriffs vorausgegangen sei oder umgekehrt –, sondern auf die Zusammengehörigkeit, auf die wechselseitige Verflechtung und Voraussetzung beider Aspekte abzuheben.

Markant greifbar sind beide Aspekte im Werk von Thomas Hobbes – sowohl die neue Naturauffassung als auch ein neues Bewußtsein des spezifischen Charakters und der Quelle von Normativität. Es kommt mir nicht darauf an, Hobbes zum Ahnherrn der neuen Weltsicht zu erklären – doch daß ihm für die Durchsetzung dieser neuen Sicht eine überragende Bedeutung zukommt, ist nicht zweifelhaft. Die mechanistisch interpretierte, auf Bewegung und Schwere, auf Druck und Stoß reduzierte Natur hat alle frühere normative Potenzialität verloren – und wenn sie diese normative Potenz erst einmal verloren hat, so erhält sie diese auch dann nicht wieder, wenn »Natur« nicht mehr streng mechanistisch gefaßt wird. Daß etwas ist oder geschieht, heißt nicht, daß etwas sein oder geschehen soll. Sein und Sollen sind streng getrennt, und das Sollen wird ausschließlich im Willen verankert. Jenseits des Willens gibt es kein Sollen, oder anders: Alle Normsetzung beruht ausschließlich auf dem Willen – sei es auf dem Willen des einzelnen Menschen, der nun als Rechtsperson anerkannt ist, sei es auf dem Willen des staatlichen Gesetzgebers oder sei es selbst auf dem Willen Gottes, von dem man aber nur noch im Rückblick auf die Vergangenheit weiß, weil er sich in der Gegenwart nicht mehr im prophetischen Wort manifestiert.

Mit dieser Konzeption wird im Grunde die Rede von »Naturrecht« oder »Naturgesetz« obsolet. Man muß es deshalb als Indiz der Geschichtsmächtigkeit dieser beiden Begriffe ansehen, daß sie bei Hobbes dennoch wiederkehren – allerdings in stark depotenzierter Gestalt: Das »Naturrecht« ist nur noch mein Recht, in einem rechtsfreien Zustand alles für meine Selbsterhaltung Erforderliche zu tun, und der ehrwürdige Name Naturrecht wird nur noch insofern mitgeführt, als dieses Recht aus meinem natürlichen, auf meine Selbstbehauptung bedachten Willen fließt, aus meiner »natürlichen«, mir als Einzelwesen zukommenden, auf meine Selbsterhaltung zielenden Vernunft. Und die »Naturgesetze«, von denen Hobbes rund zwei Dutzend aufzählt, sind zu Funktionsbedingungen des menschlichen Zusammenlebens geschrumpft. Sie haben keine normative, sondern nur noch funktionale Bedeutung; sie verpflichten nicht, sondern sie machen deutlich, unter welchen Bedingungen menschliches Zusammenleben funktioniert – und wann nicht: etwa schon dann nicht, wenn ich mich für eine Wohltat, die mir erwiesen worden ist, nicht bedanke und erkenntlich zeige. Doch dies ist keine Norm und auch kein Normverstoß, sondern ein Erfahrungswert, der Prognosen erlaubt: Ohne entsprechende Reaktion meinerseits werde ich beim nächsten Mal leer ausgehen – das ist mißlich, aber das ist auch schon alles.

(3) Von hier aus beginnt die Erosion des Naturrechts – und daß die große Zeit seiner Wirksamkeit erst zu folgen scheint, liegt lediglich daran, daß sich unter dem Mantel des Wortes »Naturrecht« etwas Neues und Erfolgreiches etabliert: ein »Vernunftrecht«. Zwar werden noch Rechtssätze aus der »Natur« abgeleitet – aber »ex ipsa hominis natura«, und diese Natur des Menschen ist seine Vernunftnatur. Die Normkompetenz haftet somit nicht an der »Natur«, sondern an der »Vernunft«. Einen weiteren Schritt in der Demontage des Naturrechts vollzieht Baruch de Spinoza auf Grund einer von ihm vorgenommenen Verschiebung in der Bedeutung des Begriffs des natürlichen Gesetzes. Zwar bestimmt er die Naturgesetze sogar als von Gott mit Freiheit gesetzt, doch beschränkt er ihre Geltung strikt auf den Bereich des Äußerlich-Natürlichen: Das Naturgesetz verbietet ohnehin »nichts als das, was man nicht kann« – also genau genommen gar nichts. Die Menschen können sich nun einmal nicht durch das rasche Schlagen ihrer Arme in die Lüfte erheben. Das Naturgesetz bestimmt die natürlichen Rahmenbedingungen, die auch allem Handeln zugrunde liegen, aber es bestimmt keine Handlungsnormen. Deshalb

sind die Menschen auch keineswegs durch das Naturgesetz gehalten, der Vernunft zu folgen – wie man schon daraus ersehen kann, daß sie es ja auch nur höchst selten tun.

Die Sphäre des Politischen ist nicht durch ein »Naturgesetz« geregelt, sondern sie wird überwiegend durch die Affekte des Menschen, im besseren Fall durch deren Einschränkung durch die Vernunft, bestimmt. In dieser Konstellation gewinnt – anstelle der Natur – die Vernunft eine klare normative, gesetzgeberische Kompetenz. Spinoza spricht mehrfach vom »Gebot der Vernunft« oder gar vom »Gebot der gesunden Vernunft«, und er fordert, daß die Gesetze des Staates »nach der Vorschrift der Vernunft verordnet« seien – nicht etwa nach der Vorschrift der Natur. Die Vernunft gewährt also nicht bloß die Erkenntnis von »Gesetzen«, von gesetzlichen Zusammenhängen, deren causa essendi außerhalb ihrer liegt, sondern sie tritt selbst gebietend, mit normativer Kompetenz auf. Über ihren Erfolg gibt Spinoza sich zwar keinen Illusionen hin: Die Vernunft vermöge zwar viel »in der Einschränkung und Mäßigung der Affekte«, aber: »Wer meint, die Masse oder die durch Staatsgeschäfte in Anspruch Genommenen könnten dahin gebracht werden, allein nach der Vorschrift der Vernunft zu leben, der träumt vom goldenen Zeitalter der Poeten oder von einem Märchen.«[2] Doch mit dieser nicht unrealistischen Einschätzung ist weder der Vernunft die Gesetzgebungskompetenz abgesprochen noch das erträumte Ziel dementiert.

(4) Dieser Prozeß der Umpolung von »Natur« auf »Vernunft« setzt sich fort – von Pufendorf, dem einflußreichsten Naturrechtslehrer, bis hin zum »Naturrecht« Fichtes und Hegels. Es ist die große Leistung der Aufklärung, die Quelle aller Normativität in die »Vernunft« – und präziser: in den vernünftigen Willen – zu legen und hierdurch de facto das »Naturrecht« in ein »Vernunftrecht« zu transformieren – auch wenn der traditionelle Titel noch weit über die Aufklärung hinaus und bis in die Gegenwart festgehalten wird, weil man sonst um ein eingebürgertes Wort zur Bezeichnung der Dualität

[2] Beide Zitate in: Baruch de Spinoza, *Abhandlung vom Staate,* in ders.: *Abhandlung über die Verbesserung des Verstandes. Abhandlung vom Staate.* Übersetzung, Anmerkungen und Register von Carl Gebhardt. Einleitung von Klaus Hammacher. Hamburg [5]1977. 58. Siehe insbesondere auch 58–74. (*Tractatus politicus*, Kap. I, § 5, Kap. II, §§ 18–21, Kap. III, §§ 6f).

von gesetztem und nicht gesetztem Recht verlegen ist. Der Sache nach ist »Natur« jedoch verabschiedet: Fichtes »Naturrechtskonzeption« ist rein kontraktualistisch; die in seinem Titel »Grundlage des Naturrechts« hervorgehobene »Natur« besteht lediglich in der Stringenz der kontraktualistischen Argumentation, und auch Hegel dementiert durch seine Ausführungen den von ihm selber verwendeten Titel »Naturrecht«: Der Boden des Rechts, so Hegel, ist nicht die Natur, weder die äußere noch die Natur des Menschen, sondern das Geistige; und der »Name des *Naturrechts* verdient aufgegeben u*nd* durch die Benennung ›philosophischer R*echts*lehre *[…]* ersetzt zu werden.« (GW 26,1.8) Die Quelle aller Normativität ist nicht die Natur, sondern der Wille, und es ist vergebliche Liebesmüh', aus der Natur Normen ableiten zu wollen.

(5) Daran hat sich, denke ich, trotz aller wohlgemeinten Versuche bis zum heutigen Tage nichts geändert. An der Natur (und selbst an der Natur des Menschen) ist nur abzulesen, was ist, aber nicht, was sein soll; sie bietet keine Basis für einen Schluß aus dem, was ist, auf das, was sein soll. Daß – biblisch gesprochen – im Herzen des Menschen arge Gedanken wohnen – Mord, Ehebruch, Hurerei –, eignet sich nicht zur Begründung der Forderung, daß dies – als natürlich – weiterhin so sein und nicht vielmehr anders werden solle. Und das Problem ist auch nicht dadurch zu lösen, daß man die menschliche Natur als verderbt bezeichnet – eine andere haben wir bekanntlich nun mal nicht, und weder diejenige, die wir haben, noch diejenige, die uns umgibt, eignet sich dazu, Normen aus ihr abzuleiten. Sie ist Quelle nur solcher Normen, die von uns erst in sie hineinprojiziert worden sind. Sie gibt ebensowenig ein Recht wie die Macht, von der ganz richtig gesagt worden ist: »Die Macht allein gibt Göttern selbst kein Recht.« Um es zuzuspitzen: Die Natur ist weder *Quelle,* noch ist sie *Gegenstand* von Normen. Sie ist nicht *Gegenstand:* Man kann geradezu die Gegenposition beziehen: Wenn ein Sachverhalt Gegenstand von Normierung ist, so liegt darin ein hinreichendes Indiz dafür, daß es sich bei ihm nicht um etwas »Natürliches« handelt, sondern stets um eine Handlung – und wenn eine Verhaltensweise als »unnatürlich« gebrandmarkt wird, so ist dies nur ein Indiz dafür, daß sie sehr wohl »natürlich«, nämlich in »der Natur« angelegt, von ihr ermöglicht, aber dennoch von uns nicht erwünscht ist. »Natur« hingegen braucht man nicht zu normieren, ja noch mehr: Man kann

sie auch gar nicht normieren – man kann sie nur verändern, aber nicht normieren. Sie hat ja gar kein Sensorium für unsere Normen.

Analoges gilt aber auch für Natur als *Quelle* von Normen – obschon man sie seit alters und immer wieder um dieser Eigenschaft willen hoch geschätzt hat. Doch dabei handelt es sich um ein Mißverständnis. Freilich kann man, ob mit den Stoikern oder nach anderen Vorbildern, »der Natur gemäß leben« – aber dann gibt nicht die Natur die Norm, dies zu tun, sondern der Wille. Und dies gilt verstärkt für alle weitere Normativität: Für unser modernes Rechtsverständnis ist die Quelle von Normen allein der Wille. Zwischen »Sein« und »Norm«, zwischen »Natur« und »Wille« ist eine Dissoziation eingetreten, und ich halte es für illusorisch, an ihre frühere Einheit anknüpfen zu können. Alle Rechtserzeugung erfolgt allein durch den Willen – auch wenn die vom Willen erlassenen Normen fraglos unter Beachtung natürlicher Verhältnisse gewonnen sein müssen. Und es ist – hoffentlich – überflüssig zu betonen, daß diese Rückführung aller Normativität allein auf den rechtserzeugenden Willen nicht mit einem Bekenntnis zum Rechtspositivismus gleichzusetzen ist. Man kann den Willen ja auch auf die Verwirklichung vernünftiger Verhältnisse ausrichten.

II. Vernunft vs. Natur

(1) Ich habe diese allgemeinen Überlegungen vorangestellt, weil sie *die* Überzeugungen formulieren, die der Klassischen Deutschen Philosophie – geschichtlich gesehen – im Rücken liegen oder, anders formuliert: weil sie den Boden zumindest für diejenigen Vertreter der Klassischen Deutschen Philosophie bilden, die dem Thema »Normativität« am nächsten stehen: Kant und Hegel – und für Fichte, den ich hier nicht zusätzlich berücksichtigen kann, ergäbe sich kein anderes Bild. Schelling hingegen ist auf diesem Gebiet weniger produktiv gewesen.

»Normativität«: Dieses Thema – wenn auch nicht das Wort – ist das zentrale Thema der praktischen Philosophie Kants – ganz im Gegensatz zum Wort »Natur«. Kants praktische Philosophie – und ich orientiere mich hier zweckmäßigerweise an der *Grundlegung zur Metaphysik der Sitten,* da sie diesen Aspekt am schärfsten thematisiert

– hat es zu tun mit der rechtlichen und der moralischen Gesetzgebung der reinen praktischen Vernunft – und, in seinen Augen, eben deshalb nicht mit der Natur. »Natur« ist vielmehr das Thema der Physik – und dort geht es bekanntlich nicht um Normen. In der Ethik oder Sittenlehre (die hier die Rechtslehre einschließt) kommt »Natur« allein insofern vor, als sie den »Willen des Menschen [...] afficirt« (AA IV.387). Dies ist zwar ein wenig glücklicher Ausdruck, aber auch er läßt deutlich werden, daß »Natur« allenfalls am Rande in das Gebiet der »Sittenlehre« hineinspielt – nämlich in die Anthropologie und damit in das empirische Teilgebiet der praktischen Philosophie, dem Kant seine *Metaphysik der Sitten* entgegenstellt. Das Spezifikum seines Ansatzes liegt ja darin, eine *Metaphysik der Sitten* zu entwerfen, »die von allem Empirischen sorgfältig gesäubert« ist – eine »reine Moralphilosophie [...], die von allem, was nur empirisch sein mag und zur Anthropologie gehört, völlig gesäubert wäre« – und dies nicht, weil Kant grundsätzlich etwas gegen Empirie hätte, sondern weil er es für zwingend hält, »daß ein Gesetz, wenn es moralisch, d.i. als Grund einer Verbindlichkeit, gelten soll, absolute Nothwendigkeit bei sich führen müsse«. Derartige strenge Gesetze aber müssen für »vernünftige Wesen« überhaupt gelten – und dies wiederum bedeutet, daß »der Grund der Verbindlichkeit hier nicht in der Natur des Menschen, oder den Umständen in der Welt, darin er gesetzt ist, gesucht werden müsse, sondern a priori lediglich in Begriffen der reinen Vernunft« (AA IV.389).

Damit stellt Kant sich frontal gegen das Naturrecht, und namentlich gegen das Naturrecht Christian Wolffs, das eben »ex ipsa hominis natura« Normen ableiten zu können glaubte. Auch wenn das Naturrecht diese »Natur« selbst schon als »Vernunftnatur« bestimmt hat, so sieht Kant darin immer noch eine zu große Nähe zu »Natur« als einem Gegenstand der Erfahrung. Die »Natur des Menschen« ist also, weit entfernt, die Quelle von Normativität zu sein, etwas, das im Interesse der Begründung von moralischer und rechtlicher Verbindlichkeit strikt aus der Ethik ausgeschlossen werden muß. Der reine Teil der Moralphilosophie dürfe »nicht das mindeste von der Kenntniß« des Menschen, von der Anthropologie, entlehnen – und nochmals: nicht weil Kant etwas gegen Anthropologie hätte, sondern weil die Berücksichtigung der »Natur des Menschen« die strenge Begründung moralischer oder rechtlicher Normen und ihrer Verbindlichkeit unterhöhlte. Und auch wenn man Kants Distanzierung von »Natur« im Ausdruck etwas überzogen findet: In der Sache ist ihm zuzustimmen. Denn wenn »Natur« das Kriterium für Normativität bildete, könnte man sich die Bemühung um die Ethik und heute auch den Unterricht in ihr ersparen.

(2) Die »Natur des Menschen« bleibt allerdings auch für Kant nicht gänzlich außer Betracht; ihre Berücksichtigung bildet jedoch erst die nachträgliche Aufgabe einer »durch Erfahrung geschärften Urtheilskraft« (AA IV.389), um die jeweilige Anwendbarkeit des Vernunftgesetzes zu überprüfen, und sie bleibt eine Aufgabe der Anthropologie. Doch auch in der Anthropologie setzt Kant seine Distanzierung von »Natur« (zumindest von »Natur« in einem landläufigen Sinne) fort. Im bewußten Gegenzug gegen viele seiner Zeitgenossen, die sich damals mit dem vermeintlich so unschuldigen und verheißungsvollen Schlagwort »Der ganze Mensch!« um die Integration naturwissenschaftlicher Methoden in die Anthropologie bemühen, schließt Kant diese Seite der »Natur« aus der Anthropologie aus: Er glaube »die Materialien zu einer Anthropologie« so ziemlich zu kennen, und deshalb sei er »überzeugt, dass sie weder in der Metaphysik,« (dies betrifft den soeben besprochenen Aspekt) »noch im Naturaliencabinet durch Vergleichung des Skelets des Menschen mit dem von andern Thiergattungen aufgesucht werden müssen«. Die Anthropologie müsse vielmehr die »Handlungen« des Menschen thematisieren, durch die er »seinen Charakter offenbart« (AA VIII.56).

Die Anthropologie muß also nicht den Naturbegriff zugrunde legen, sondern den Handlungsbegriff, oder: Sie muß »pragmatische Anthropologie« sein. Paradox formuliert: Die »Natur des Menschen« erkennt man nicht aus seiner Natur, sondern aus seiner Handlung. Und es geht dabei auch nicht bloß um einen alternativen Ansatz zur Betrachtung des Skeletts des Menschen – und dies heißt damals insbesondere: zur Kranioskopie! –, sondern allgemein um die Alternative zu einer physiologisch ausgerichteten Anthropologie. In der Vorrede zu seiner *Anthropologie in pragmatischer Hinsicht* unterscheidet Kant von dieser pragmatischen eine physiologische Anthropologie; diese Letztere gehe ein »auf die Erforschung dessen, was die *Natur* aus dem Menschen macht« – und Kant läßt keinen Zweifel daran, was er von ihr hält: »alles theoretische Vernünfteln hierüber«

sei »reiner Verlust«. Die pragmatische Anthropologie hingegen gehe ein »auf das, was *er* als freihandelndes Wesen aus sich selber macht, oder machen kann und soll« (AA VII.119) – und darin liegt eben auch ihre Anknüpfung an die praktische Philosophie.

Das mit dieser Unterscheidung aufgeworfene Problem liegt aber nicht etwa in Kants Abwertung der physiologischen Anthropologie: Wenn deren Resultat wirklich nur »reiner Verlust« gewesen wäre, so wäre dies ja noch ein begrüßenswertes Ergebnis. Das Problem besteht vielmehr darin, daß diejenige Anthropologie, die das Wesen des Menschen aus der »Natur« statt aus den »Handlungen« des Menschen erkennen wollte, sich hierzu naturwissenschaftlicher Methoden bedient hat: insbesondere der Kranioskopie. Und diese Messungen der Schädelform und des -umfangs des Menschen haben der um diese Zeit entstehenden Rassenlehre als »wissenschaftliche« Basis gedient, um die Inferiorität der anderen Rassen, insbesondere der »schwarzen«, »wissenschaftlich« erweisen zu können – und wenn das gewünschte Ergebnis sich nicht gleich einstellen wollte, so wurde eben so lange weitergemessen, bis das Ergebnis »stimmte«. Diese Integration naturwissenschaftlicher Methoden in die Anthropologie, im Interesse der Bestimmung der »Natur« des Menschen, hat damals eine ungeheure Dynamik entfaltet und nahezu die gesamte Anthropologie des 19. und des frühen 20. Jahrhunderts durchzogen und getragen – aber eben: Sie hat verheerend gewirkt, in der uns allen allzu gut oder auch allzu schlimm bekannten Weise.

Wenn man erst einmal damit beginnt, im Interesse der Bestimmung der »Natur« des Menschen seinen Schädelumfang zu vermessen, um daraus auf seine überlegene oder degenerierte Intelligenz und seine Moralität zu schließen, liegen auch weitere Behauptungen über seinen Körperbau und die aus ihm ableitbaren Charaktereigenschaften bis hin zum Unterschied des reinen Blutes vom unreinen Blut und zur allgemeinen Superiorität oder Inferiorität eines bestimmten »Erbguts« nicht fern. Und es ist geradezu erschreckend zu sehen, wie auch honorige und seriöse Forscher wie Kant oder Georg Forster, der Weltumsegler – selbst wenn sie sich auch nur peripher auf diesen schlüpfrigen Boden begeben! – nahezu unausweichlich zu Fall kommen.[3] Allzugroß ist die Versuchung, sich mittels der Methoden der »exakten Wissenschaft« der eigenen Überlegenheit zu vergewissern. Und der Weg der praktischen Konsequenzen führt vom stillen Genuß der eigenen Höherwertigkeit über die Rechtfertigung der Sklaverei und des Sklavenhandels zur Eugenik des späten 19. und des frühen 20. Jahrhunderts und weiter in die Vernichtungslager; er ist – wie sich gezeigt hat – kurz, und er ist bestürzenderweise nicht einmal ohne innere Konsequenz. Denn mit naturwissenschaftlichen Methoden wird man die »Natur« des Menschen niemals bestimmen können – auch wenn dies inzwischen wieder eine erschreckende Konjunktur hat.

III. Geist vs. Natur

(1) Es ist überaus betrüblich, daß sich die Einführung des Begriffsfeldes »der Mensch, der ganze Mensch, die Natur des Menschen« in das Denken der späten Aufklärung und des 19. Jahrhunderts unter diesen Auspizien vollzogen hat – zumal es ja das Pathos der Humanität, der Verbreitung von Humanität, gewesen ist, das den Versuch zur Ersetzung des Leitbegriffs »Vernunft« durch den neuen Leitbegriff »Mensch« ursprünglich beflügelt hat. Die Klassische Deutsche Philosophie ist insgesamt noch am Leitbegriff »Vernunft« orientiert – trotz Kants bekannter Überhöhung der drei Leitfragen der Philosophie durch die Frage »Was ist der Mensch?«. Dennoch steht die Anthropologie nicht im Zentrum seiner Philosophie, auch nicht der Philosophie seiner Nachfolger; auch bei ihnen fällt erst vom Leitbegriff »Vernunft« – oder bei Hegel präziser: vom Leitbegriff »Geist« – her ein Licht auch auf den Begriff des Menschen – und dies nicht einmal zum Schaden des Menschen.

[3] Dies gilt sowohl für Kants Schriften *Von den verschiedenen Rassen der Menschen* (1777) (AA II.427–444) und *Bestimmung des Begriffs einer Menschenrace* (1785) (AA VIII.89–106) als auch für Georg Forsters, Kant in einigen Punkten korrigierende und in anderen vergröbernde Abhandlung *Noch etwas über die Menschenraßen*, in: *Deutsches Museum* (1786) sowie in Georg Forster, *Werke*, Akademieausgabe, Berlin [2]1991, Bd. 8.130–156.

(2) Denn von dieser Position aus wendet Hegel sich in der *Phänomenologie des Geistes* – in langen Ausführungen, die vor Ironie geradezu triefen! – gegen damals prominente, ja modische Versuche, den Menschen von seiner »Natur« und »Ganzheit« (unter Einschluß seiner körperlichen Gestaltung) in den Blick zu nehmen: gegen Johann Kaspar Lavaters Physiognomik und insbesondere gegen Franz Josef Galls Schädellehre. Hegel richtet seine massive – und damals übrigens ziemlich einsame! – Kritik gegen den Versuch, Aussagen über den Charakter des Menschen auf dessen Körperlichkeit zu stützen, dem geistigen Sein also ein organisches Sein nicht allein als Komplement beizugeben, sondern das Geistige vom Körperlichen abhängen zu lassen, Gehirn und Rückenmark als das »körperliche *Fürsichseyn* des Geistes« aufzufassen, genauer: das Rückenmark als den »innwohnenden Ort des Geistes« und die Wirbelsäule als dessen »gegenbildliches Daseyn«. Und Hegel läßt seine Präsentation dieses von Grund auf verfehlten Ansatzes, ja dieser abgründig verfehlten »begrifflosen [...] freyen prästabilirten Harmonie« von körperlichen und geistigen Eigenschaften in dem bekannten provokativen Satz kulminieren: »die *Wirklichkeit und Daseyn des Menschen ist sein Schädelknochen.*«

Die törichten Behauptungen einer derartigen »Anthropologie«, die das Selbst in einem Ding findet, könnte man auf sich beruhen lassen, wenn sie nicht die Exponenten einer Denkweise wären, die aus dem organischen Sein, aus dem Ding, Rückschlüsse auf das geistige Sein, auf das Selbst, ziehen möchte – und zwar um so leichter und politisch effizienter, »je elender die Vorstellung von dem Geiste ist«, die hier die Regie führt. Doch der Schädelknochen ist eben nicht »die unmittelbare Wirklichkeit des Geistes«; er »ist kein Organ der Thätigkeit, noch auch eine sprechende Bewegung; es wird weder mit dem Schädelknochen gestohlen, gemordet« oder »gedichtet«, »noch verzieht er zu solchen Thaten im geringsten die Miene, so daß er sprechende Gebehrde würde«. Und er hat auch nicht »den Werth eines Zeichens«. Man kann sich beim Anblick eines Schädels zwar »vielerley einfallen lassen« und auch alle möglichen Verbindungen der organischen Gestaltung und des Geistigen »*vorstellen*« – allerdings nur mit dem gleichen Recht wie »die fliegende Kuh, die zuerst von dem Krebs, der auf dem Esel ritt, geliebkost und hernach u.s.f. wurde«.

In der Retrospektive muß man einräumen, daß Hegels Ironie in *einem* Aspekt verfehlt ist: Indem sie eine derart geistlose Denkweise der Lächerlichkeit preisgibt, verführt sie dazu, den bitteren und überaus hellsichtigen Ernst zu verdecken, aus dem seine Ironie erwächst. Lavater und Gall sind ja eher harmlose Exponenten dieser Denkweise, die sich – ich habe davon gesprochen – zur gleichen Zeit schon in weit gefährlicherer Weise zu Wort meldet und den Spott übertönt, in den Hegel seine warnende Kritik kleidet. Er hat sie aber auch ohne diese Verkleidung hinreichend deutlich, wenn auch leider ungehört, ausgesprochen: Die Objektivation des Geistes ist das Geistige, im Sinne des »objektiven Geistes«, nicht aber die Körperlichkeit. Deshalb ist der Geist – oder wenn man will: »die Natur des Menschen« – nicht aus der Körperlichkeit zu erkennen, die den Geist trägt, sondern – wie schon Kant betont hat – aus seiner Handlung – und sei diese zunächst auch nur rudimentär: »eine sprechende Bewegung« oder eine »sprechende Gebehrde«. Eine Anthropologie hingegen, die die »Natur des Menschen« aus einem solchen – angeblichen – »Seyn« des Geistes bestimmt, aus einem »Ding«, und nicht aus seiner Handlung, ist immer schon verfehlt. Denn: »Das wahre Sein des Geistes« ist kein »Knochen«, sondern es »ist vielmehr seine That«.[4]

Man sieht: Auch eine Philosophie, die dem Leitbegriff der Vernunft verhaftet bleibt, muß den Menschen keineswegs vergessen. Unter – bewußtseinsgeschichtlich ungünstigen – Umständen trägt sie zu seinem Verständnis sogar mehr bei als eine Philosophie, die sich »dem ganzen Menschen« oder der »Natur des Menschen« direkt zuwendet, ohne den – vermeintlichen – Umweg über die Begriffe der Vernunft oder des Geistes. Diese Überzeugung spiegelt sich auch in der »Anthropologie«, die Hegel ein Jahrzehnt später auszuarbeiten beginnt: zunächst in knapper Form in seiner *Enzyklopädie*, sodann in der komprimierten Form eines Vorlesungskompendiums, das leider Fragment geblieben ist (GW 15.207–249), und parallel dazu umfassend in seinen *Vorlesungen über die Philosophie des Geistes*, deren

4 Alle Zitate in den vorigen Abschnitten in: Hegel, *Die Phänomenologie des Geistes*, GW 9.181–186.

Veröffentlichung in historisch-kritischer Gestalt jetzt begonnen hat.[5] Doch trotz der breiten Aufmerksamkeit, die Hegel hier dem Menschen widmet: Hegels Anthropologie führt nicht hinter den Begriff des Geistes zurück; sie bleibt einbezogen in eine Philosophie des Geistes, aber sie steht der Natur noch vergleichsweise nahe. Daß die Anthropologie im Kontext der hegelschen Geistesphilosophie die erste Disziplin bildet, bedeutet – wie stets für Hegel –, daß sie als die am wenigsten vollkommene Disziplin gilt, in der das Geistige thematisch wird. Sie betrachtet den Geist ja in der Form, in der er noch in die Natürlichkeit verstrickt ist und sich sukzessive aus ihr befreit, und so betrachtet sie folgerichtig weniger »die Natur des Menschen« als vielmehr die Krankheitserscheinungen des Geistes, die aus seiner Nähe zum Natürlichen entspringen – aber sie macht das Natürliche nicht zum »Seyn« des Geistes, sondern sie bestimmt den Menschen primär von seiner Vernunft und Geistigkeit her.

(3) Der Primat des Geistigen verschwindet jedoch dort, wo der Leitbegriff »Vernunft« programmatisch durch die Begriffe der Natur oder des »Menschen« ersetzt wird – und sogar gezielt durch den Begriff des »ganzen Menschen«: im Werk Ludwig Feuerbachs. Das Motto »der ganze Mensch« ist allerdings nicht so neu, wie Feuerbach glauben machen möchte; es handelt sich vielmehr um eine Formel, die am Ende des 18. Jahrhunderts eine hohe Konjunktur gehabt hat. Auch der junge Hegel hat sich ihrer bedient – was Feuerbach damals allerdings nicht wissen konnte.

Doch wer ist dieser »Mensch«, der die Vernunft als Leitgedanke ablöst und sich als das Ziel des Weges von Gott über die Vernunft empfiehlt – und vor allem: Was verändert sich, wenn man nicht allein den Menschen, sondern den »*ganzen* Menschen« und die »Natur des Menschen« zum »*Maß der Vernunft*« verklärt und programmatisch ins Zentrum der Philosophie stellt? Ich möchte hier zwei Antworten kurz skizzieren – die Antwort der damaligen Anthropologie, zu-

[5] Sie ist inzwischen abgeschlossen: GW 25,1–3. – Zu den hier interessierenden Aspekten siehe vom Herausgeber dieser Bände, Christoph Johannes Bauer, *Eine ›Degradierung der Anthropologie‹? Zur Begründung der Herabsetzung der Anthropologie zu einem Moment des subjektiven Geistes bei Hegel.* In: *Hegel-Studien* 43 (2009), 13–35, insbesondere 26–31: »IV. Kritik der ›Rassenlehre‹ und Forderung nach allgemeiner Bildung«.

nächst jedoch die Antwort Feuerbachs.[6] Seine Philosophie habe »*nicht das Ich, nicht den absoluten,* d.i. abstrakten, Geist« »zu ihrem *Erkenntnisprinzip*« oder zu ihrem »*Subjekt*«, »*nicht die Vernunft in abstracto,* sondern das *wirkliche und ganze Wesen des Menschen*« (§ 51). Doch: Was ist – im Unterschied zu seinem »abstrakten Wesen« – nun dieses »wirkliche und ganze Wesen des Menschen«, das Feuerbach in immer neuen Wendungen als das »Erkenntnisprinzip« der Philosophie anpreist? Es ist nicht ganz leicht, unter den vielen Metaphern, mit denen er diese Frage letztlich überspielt – etwa mit seiner Rede von der mit dem *Blute des Menschen getränkten* Vernunft – eine präzise Bestimmung herauszugreifen. Selbst sein Begriff der »universellen Sinnlichkeit« und deren Identifikation mit der »Geistigkeit« (§ 54) wie auch seine Erklärung des Denkens als der Verbindung dessen, was die »Evangelien der Sinne« [7] lehren, machen da keine Ausnahme. Prägnant erscheint mir vornehmlich eine Aussage: Das Denken ist »nicht Subjekt für sich selbst, sondern Prädikat eines wirklichen Wesens« (§ 52) – eben des »ganzen Menschen« – unter Einschluß seiner Natürlichkeit.

Diese Abhängigkeit des Denkens von der Natur des Menschen hebt Feuerbach eigens hervor – und wer »Natur« sagt, muß auch »Physiologie« sagen: Die neue Philosophie mache den Menschen zum universalen und höchsten Gegenstand der Philosophie und »die *Anthropologie* [...], mit *Einschluß der Physiologie, zur Universalwissenschaft*« (§ 55).[8] Mit diesen Worten legitimiert Feuerbach eine

[6] Die folgenden Bemerkungen stehen im gedanklichen Umkreis einer früheren Publikation des Verfassers: *Humanität zwischen Spiritualismus und Materialismus,* in: Adriana Veríssimo Serrão (Hg.), *O homem integral. Antropologia e utopia em Ludwig Feuerbach.* Lissabon 2001, 51–63. – Die folgenden Passagen stützen sich vor allem auf Feuerbach, *Grundsätze der Philosophie der Zukunft.* §§ 51–56, in ders., *Gesammelte Werke.* Bd. 9. Hg. von Werner Schuffenhauer. Berlin 1970, 333–337.

[7] Feuerbach, *Wider den Dualismus von Leib und Seele, Fleisch und Geist.* In: Ders., *Gesammelte Werke.* Bd. 10. Hrsg. von Werner Schuffenhauer. Berlin 1971, 122–150, hier 150.

[8] Es könnte Feuerbach bei der Niederschrift dieser Passage durchaus präsent gewesen sein, daß er sich mit dieser Auskunft strikt gegen die Position eines anderen stellt, der doch ebenfalls mit Vehemenz den »ganzen Menschen« zum Thema gemacht hat: gegen Friedrich Heinrich Jacobi und seine Frage »*hat der Mensch Vernunft; oder hat Vernunft den Menschen?*« (JWA 1.259) – eine Dop-

Entwicklung, die sich damals – 1843 – schon seit mehr als zwei Jahrzehnten jenseits der Hauptlinien der Klassischen deutschen Philosophie, von vielen unbemerkt, vollzogen hat: die Integration einer zunehmend physiologisch ausgerichteten Anthropologie in die philosophische Anthropologie. In der Rückschau muß man sagen, daß er (im Unterschied zu anderen) dies gut, aber doch etwas naiv gemeint hat. Denn in dieser Inkorporation der Physiologie besteht der Preis, der für die Aufwertung der Anthropologie zur Universalwissenschaft zu zahlen ist – und dieser Preis ist hoch: so hoch, daß er die philosophische Anthropologie des 19. Jahrhunderts unausweichlich in den Bankerott treibt. Und als Konkursverwalter werden schließlich die Rassenhygiene und die Eugenik bestellt.

Dies ist fraglos eine Fehlentwicklung gewesen – aber doch keine zufällige und auch keine unvorhersehbare und deshalb auch keine unschuldige. Denn *einem* kann nicht gut widersprochen werden: Wenn die Rede vom »ganzen Menschen« und von der »Natur« einen Sinn haben soll, so muß sie plausiblerweise auch die physische Natur, die Körperlichkeit des Menschen einschließen. Und wenn die Vernunft ein Prädikat des *ganzen* Menschen sein soll – und nicht nur das Produkt einer als »abstrakt« denunzierten Fähigkeit oder überhaupt etwas den Menschen Auszeichnendes und Bestimmendes, aber ihn in seiner Einzelheit auch Transzendierendes –, dann wird auch denjenigen menschlichen Eigenschaften, die der Gegenstand der Physiologie sind, ein Einfluß auf die Formierung der Vernunft zugestanden. In der Verabschiedung eines »reinen« Vernunftbegriffs und in der Eröffnung dieses Einflusses, in der Rückkoppelung der Vernunft an die Natur, liegt ja der erstrebte systematische Sinn der Einführung des Begriffs des »ganzen Menschen«. Und es ist dann plausibel, daß gerade solchen physiologischen Eigenschaften, die sich bei größeren Menschengruppen finden – wie den Rassemerkmalen –, eine kon-

pelfrage, die die Klassische Deutsche Philosophie mit einem doppelten ›Ja‹ beantwortet hat. Im Licht dieser Retrospektive läßt sich Feuerbachs Ersetzung der Vernunft durch den Menschen kurz so charakterisieren: Er streicht die »substantive Vernunft«, also die Vernunft, die *den Menschen* hat, und er versteht die »prädikative Vernunft«, also die Vernunft, die *der Mensch* hat, als ein Prädikat des *ganzen* Wesens des Menschen – unter Einschluß seiner Sinnlichkeit und auch seiner Körperlichkeit.

stitutive Funktion für die Geistigkeit ihrer Trägergruppe zugeschrieben wird. Es bedarf dann keiner bösartigen Konsequenzmacherei, um sich die Folgen vor Augen zu führen – sie liegen in der Depravation der philosophischen Anthropologie des 19. Jahrhunderts ja offen genug zutage, so offen, daß man die Augen verschließen muß, um sie nicht zu sehen – schon zu Beginn des 19. Jahrhunderts bei Jakob Friedrich Fries, wenig später bei Hendrik Steffens, bei dem die Rassenfrage zum Kernproblem der Anthropologie avanciert, und ebenso bei Carl Gustav Carus oder bei einem in dieser Tradition stehenden und sonst sehr verdienstvollen Naturwissenschaftler wie Matthias Jakob Schleiden – um nur diese fünf Namen anstelle einer Unzahl weiterer zu nennen, für deren Aufzählung meine Zeit hier nicht ausreichen würde.[9]

Der zunächst mit viel Enthusiasmus und gutem Willen beschrittene Weg vom Vernunftbegriff oder vom Geistbegriff zum Begriff des Menschen und zur »Natur des Menschen« – und insbesondere des »ganzen Menschen«, unter Einschluß seiner physiologischen Bestimmungen! – erweist sich bereits Jahrzehnte vor seiner Proklamation durch Feuerbach als ein gefährlicher Abweg: Er endet ja nicht mit der Einbeziehung der Sinnlichkeit des einzelnen Menschen, sondern er ist zugleich der Weg in die strategisch eingesetzte Kranioskopie und in die Auflistung von körperlichen Unterschieden, insbesondere Geschlechtsmerkmalen und Rassenunterschieden, die dann bedenkenlos zu Unterschieden in der Intellektualität und oft genug auch noch in der Moralität umgemünzt werden. Hierdurch ist der Weg zum »ganzen Menschen« zugleich der Weg der »wissenschaftlichen« Rechtfertigung des Imperialismus: des »wissenschaftlichen« Nachweises, daß es Völkerschaften gebe, die weit unter dem Tier stehen – was die Aufforderung, sie entsprechend zu behandeln, ebenso dezent wie wirkungsvoll einschließt. Das Pathos der Orientierung an der »Natur«, am »ganzen Menschen« – unter Einbeziehung der Physiologie! – verlangt geradezu nach solchen Resultaten. Denn nur, wenn die physiologischen Eigenschaften über »das Wesen des Menschen« bestimmen oder zumindest ein gewichtiges Wort mitreden, ist es

[9] Für diesen Aspekt meines Vortrags stütze ich mich auf die Darmstädter Habilitationsschrift von Marc Rölli, Marc Rölli, *Kritik der anthropologischen Vernunft*, Berlin o.J., insbesondere 264–312.

gerechtfertigt und lohnend, sie zur Beschreibung dieses Wesens heranzuziehen. Sonst könnte man sich die Mühe ja sparen.

An dieser Stelle möchte ich von der späteren Entwicklung her noch einmal zu Hegel zurückblenden. In der Mitte der 1820er Jahre, also zu einer Zeit, in der es bereits zur opinio communis wird, daß es legitim sei, den auf Grund ihrer körperlichen Merkmale als inferior erklärten »Racen« Freiheit und Berechtigung abzusprechen, kommt auch Hegel im Kontext seiner Anthropologie auf die »Racenverschiedenheit« zu sprechen – jedoch mit einem entscheidenden Unterschied. Er läßt sich bereits aus dem erahnen, was ich vorhin anhand der *Phänomenologie des Geistes* ausgeführt habe: Hegel betont nämlich, daß die ersichtlich vorhandenen Unterschiede zwischen den »Racen«

> »dem blossen *Seyn* des Geistes angehören; aber der Begriff des Geistes, Denken und Freyheit, ist höher als das blosse Seyn [...]. Die Unterschiede fallen in die *besondere* Natur des Menschen oder in seine Subjectivität, die sich als Mittel zur Vernünftigkeit verhält, wodurch und worin diese sich zum Daseyn bethätigt. [Und nun folgt der entscheidende Satz; W.J.] Diese Unterschiede betreffen deswegen nicht die Vernünftigkeit selbst, sondern die Art und Weise der Objectivität derselben, und begründen nicht eine ursprüngliche Verschiedenheit in Ansehung der Freyheit und Berechtigung unter den sogenannten Racen.« (GW 15.224 f).

Übereinstimmend – und weit ausführlicher – heißt es in den Vorlesungen über die Philosophie des subjektiven Geistes:

> »Man kann keinen Schluß machen auf einen ursprünglichen Unterschied des menschlichen Geschlechts. Diese Frage über die ursprüngliche Raceverschiedenheit hat vorzüglich Interesse gehabt in Beziehung auf das Recht was man den Menschen einräumen wollte. Sind sie von Natur verschieden so hat eine Race mehr Recht über die andere zu herrschen, eine Race ist edler als die andere. Allein es ist nicht die Naturverschiedenheit wodurch sich Recht und Gerechtigkeit bestimmt, nur durch Vernunft geschieht dieß und sofern sie Menschen sind, sind sie vernünftig, darin haben sie absolut gleiche Rechte« (GW 25,1.236).

Es kommt hier – natürlich – nicht darauf an, ob Hegel irgendeine »Ansicht«, eine »Meinung« vorgetragen hat oder nicht, sondern es kommt auf dieses an: Gerade Hegels Festhalten an einem nicht vom

Begriff der »Natur des Menschen« her gedachten, sondern (wenn man will) an einem »abstrakten« Begriff der »Vernünftigkeit« und seine Unterscheidung dieser, auf einer Ebene oberhalb der Natürlichkeit angesiedelten Vernünftigkeit von dem Begriffe der »besonderen Natur des Menschen« und vom Begriff des »ganzen Menschen« verhindern, daß »Freyheit« und »Berechtigung« der »sogenannten Racen« an die körperlichen, natürlichen Merkmale geknüpft werden – damit sie denjenigen abgesprochen werden können, die derartige äußere Merkmale (welche auch immer) nicht aufweisen.

Deshalb insistiert Hegel auf dieser Orientierung an einer Vernunft, die nicht an die Natürlichkeit zurückgebunden ist und nicht – mit Feuerbach zu reden – vom Blute des Menschen durchtränkt ist, sondern ein Bestehen und eine Dignität in und für sich selbst hat; die nicht erst ein Prädikat *des Menschen* und schon gar nicht des »ganzen Menschen« ist:

> »Die Vernünftigkeit des Geistes und ebendeßwegen seine an sich Qualitätslose Allgemeinheit steht für sich selbst über diesen unterschiedenen Qualitäten, weil sie Besonderheiten sind, dem natürlichen Daseyn angehören« (GW 15.226).

Und man kann – ohne den Sinn der Aussage zu verfälschen – die Bemerkungen adaptieren, die Hegel im gleichen Kontext in etwas anderer Richtung macht: Er warnt hier vor »phantastischen und unwürdigen Vorstellungsweisen, worin die Idee und natürliche Existenz ineinander gebraut sind« (GW 15.227). Denn wo diese, den Menschen auszeichnende »Vernünftigkeit« nicht vom »Sein« des »ganzen Menschen« abgehoben wird, sondern als von seiner »Natur« erzeugt gilt, dort resultiert notwendig eine Intellektualität und Moralität, die durch die natürliche Besonderheit geprägt ist – die von Rassenmerkmalen und Gehirnvolumen bestimmt ist, und dies eben nicht allein quantitativ, sondern auch qualitativ und damit zugleich politisch und ökonomisch »verwertbar«.

Sicherlich: Daß sich die Anthropologie des 19. Jahrhunderts auf dem Weg von der Vernunft zum Menschen in solche fragwürdige »Natur« verirrt hat, ist kein hinreichender Ausschlußgrund dafür, daß es nicht dennoch gute Gründe geben mag, sein philosophisches Glück auf dem anthropologischen Wege und der Bestimmung der

»Natur des Menschen« zu suchen. Angesichts der nicht allein betrüblichen, sondern verheerenden Folgen der philosophischen Anthropologie des 19. Jahrhunderts sollte dies jedoch nur im wachen Bewußtsein eben dieses Schicksals und unter Vorsichtsmaßnahmen geschehen, die geeignet sind, seine Wiederholung auszuschließen. Es scheint vielmehr im Interesse des Menschen zu liegen, seine »Vernünftigkeit« nicht in ein Prädikat seiner selbst, zumindest nicht in ein Prädikat seiner physiologischen Natur aufzulösen und – mit Jacobi gesprochen – neben der »adjektiven Vernunft« (die er hat) noch eine »substantiale« anzuerkennen (die ihn hat) (JWA 1.259 f). Doch wie man dies auch entscheiden mag: Es gibt, denke ich, gute Gründe dafür, auf dem Wege von der Natur über die Vernunft und weiter zur Natur des Menschen zumindest noch einmal anzuhalten und zurückzusehen, vielleicht ja auch umzukehren – denn es wäre nicht allein dem »ganzen Menschen«, sondern auch der »ganzen Menschheit« viel Unheil erspart geblieben, wenn sich dies im 19. Jahrhundert rechtzeitig und in weiteren Kreisen herumgesprochen hätte.

Person und Persönlichkeit. Anmerkungen zur Klassischen Deutschen Philosophie

Eine »allgemeingültige Definition der Person«, so ist vor kurzem bekräftigt worden, gibt es »bis heute nicht. Was es gibt, sind ausschließlich Verwendungsweisen dieses Ausdrucks, die abhängig vom Kontext der jeweiligen erkenntnistheoretischen, ontologischen, sprachphilosophischen und ethischen Grundannahmen festlegen, was das Wort ›Person‹ je bedeuten soll.«[1] Diese Charakterisierung der mißlichen Situation des Redens von ›Person‹ ließe sich durch eine Vielzahl weiterer, analoger Urteile bestätigen – doch wäre dies wenig hilfreich zur Klärung der Frage, was – oder wer – denn nun eigentlich eine ›Person‹ sei. Statt dessen scheint sich ein probates Mittel anzubieten: Wenn die Pluralität, ja Anarchie gedanklicher und begriffsgeschichtlicher Traditionen zur Signatur der Gegenwart gehört, so daß der Gebrauch von Worten weniger zur Verständigung als zur Verwirrrung beiträgt, so bleibt ja noch der Rückzug in die weniger zersplitterte und in diesem Sinne ›heile Welt‹ einer klassischen Epoche, deren gedankliche Einheit eine Verständigung auch über die heute dringlichen Fragen erleichtert. So scheint es wenigstens.

Die Klassische Deutsche Philosophie bildet eine solche Einheit: die Epoche, die mit Kant beginnt und deren spätere Repräsentanten – bis hin zu Hegel – wirkungsgeschichtlich unmittelbar an Kant anschließen und die von ihm gestellten Probleme weiterdenken – wenn auch in modifizierter und häufig verfremdeter Gestalt. Und dennoch: Im Blick auf die Frage nach der ›Person‹ zeigt auch diese Epoche keineswegs ein geschlossenes Bild. Das Spektrum der Formulierungen ist kaum weniger begrenzt als heute – vielleicht ist es sogar noch weiter gespannt. Denn es reicht von der eminenten Hochschätzung der Person, vom Gebot »Sei eine Person« über deren Diskreditierung bis hin zur Forderung, unsere Persönlichkeit zu zerstören. Und diese entgegengesetzten Forderungen gehen jeweils auf unterschiedliche

[1] Birgit Sandkaulen: »Daß, was oder wer? Jacobi im Diskurs über Personen.« In: Walter Jaeschke u. Birgit Sandkaulen, *Friedrich Heinrich Jacobi – ein Wendepunkt der geistigen Bildung der Zeit.* Hamburg 2004, 222.

Deutungen dessen zurück, was eine Person sei. Insofern bietet auch die Klassische Deutsche Philosophie keine verläßliche Antwort auf diese Frage – doch bietet sie etwas anderes: Einblick in eine problemgeschichtliche Situation, in der traditionelle Antworten sich einerseits zu allgemein herrschenden Denkweisen verfestigen, während sie andererseits, durch die historische Distanzierung der Traditionen, die sie formuliert haben, ihren geistigen Grund und damit auch ihre Verbindlichkeit zu verlieren beginnen. Neue Bestimmungen ersetzen sie zwar nicht, aber sie treten neben sie. Insofern hat die gegenwärtige babylonische Sprachverwirrung zumindest zum guten Teil von derjenigen Epoche aus ihren Lauf genommen, deren Erhellung vorhin versuchsweise als Heilmittel gegen diese Verwirrung dienen sollte.

I. Person als Begriff des moralischen Seins

(1) Die älteste, damals dominierende und auch wirkungsgeschichtlich wichtigste Bedeutungsvariante des Personbegriffs in der Klassischen Deutschen Philosophie verdankt sich nicht ihr selbst. Um zu ihrem gedanklichen Ursprung zu gelangen, braucht man den langen und windungsreichen Weg der Wortgeschichte von ›Person‹ jedoch nicht sehr weit zurückzugehen – nicht zu den Schauspielen der Antike, aber auch nicht zu den christologischen Auseinandersetzungen des Mittelalters, sondern nur in das Naturrecht der Neuzeit.[2] Diese – starke! – Tradition ist durch die Klassische Deutsche Philosophie zwar gebrochen und beendet worden, doch haben sich umfangreiche Teile ihres geistigen Gehalts in die neue Form eines Vernunftrechts hinübergerettet. Dort, im neuzeitlichen Naturrecht, ist der Personbegriff ausgebildet worden, den das Vernunftrecht der Klassischen Deutschen Philosophie wie selbstverständlich voraussetzt. Er gewinnt sein spezifisches Profil erst im Gegenzug gegen die genannten früheren Bedeutungsvarianten – und selbst noch gegenüber dem Verhältnis von ›auctor‹ und ›persona‹, das Thomas Hobbes in seinem *Leviathan*

2 Damit soll nicht bestritten sein, daß dieses neuzeitliche Naturrecht auch selbst wieder weiter zurückreichende Wurzeln hat – wie wohl alles in der geistigen Welt. Siehe hierzu Theo Kobusch, *Die Entdeckung der Person. Metaphysik der Freiheit und modernes Menschenbild.* Darmstadt ²1997.

dem Gedanken der Repräsentation zugrunde legt: »Eine *Person* ist der, *dessen Worte oder Handlungen entweder als seine eigenen angesehen werden, oder als solche, die die Worte oder Handlungen eines anderen Menschen oder Dinges vertreten, denen man sie tatsächlich oder durch Fiktion zuschreibt.*«[3] Diese Definition steht noch – gleichsam mit einem Bein – in dem für die Rede von ›Person‹ traditionellen Gedanken der ›Stellvertretung‹: »als *Person auftreten* heißt soviel wie sich selbst oder einen anderen *darstellen* oder *vertreten.*« Doch ist diese Struktur der Vertretung nun nicht mehr konstitutiv für das Verständnis von ›Person‹. Zumindest erlaubt sie die Identität von Vertretenem und Vertreter: Die Person kann auch für sich selber sprechen und handeln. In wessen Namen sie spricht und handelt, ist sekundär gegenüber dem Umstand, *daß* sie spricht, will und handelt.

Der Personbegriff, den die Klassische Deutsche Philosophie aus dem Naturrecht des späteren 17. und 18. Jahrhunderts voraussetzt, hat sich von diesem Strukturelement der ›Stellvertretung‹ abgelöst. Man könnte ihn in erster Annäherung zu formulieren suchen, indem man die eben zitierte Hobbessche Definition um den Gedanken der Stellvertretung verkürzt: Eine Person ist jemand, der spricht und handelt – und zwar entweder tatsächlich (wenn es sich um eine natürliche Person handelt) oder durch Fiktion (wenn etwa vom Staat als Person die Rede ist). Nun ist fraglos diejenige ›natürliche Person‹, die will, spricht und handelt, ein Mensch und niemals etwas anderes als ein Mensch. Jemanden als ›Menschen‹ anzusprechen bedeutet jedoch, ihn als eine leiblich-seelisch-geistige Einheit anzusprechen; ihn als ›Person‹ anzusprechen hingegen bedeutet, ihn als ein sittliches Wesen anzusprechen: ihm ein ›moralisches Sein‹ zuzusprechen.

(2) Die Klassische Deutsche Philosophie übernimmt und bewahrt diesen Begriff der Person als eines ›moralischen Seins‹ – eines ›moralischen Seins‹ nicht etwa im Unterschied zu einem ›unmoralischen‹, sondern zum ›physischen Sein‹. Noch Hegel nimmt diesen Begriff auf und spricht von »dem Moralischen« – oder bedeutungsgleich vom »sittlichen Sein« – im Sinne eines ›Bereichsbegriffs‹. Als

[3] Thomas Hobbes: *Leviathan […].* Hg. u. eingeleitet von Iring Fetscher. Frankfurt am Main 1984, 123 (16. Kapitel: »Of Persons, authors and things personated.«)

Person ist der Mensch als ein ›moralisches‹ oder ›sittliches Sein‹ angesprochen – als Glied einer ›Seinsordnung‹, die neben und über derjenigen des physischen Seins besteht. Im Personbegriff ist nicht nur eine abstrakte Qualität am Menschen hervorgehoben, sondern seine Zugehörigkeit zu dieser eigentümlichen Sphäre des geistigen Seins, die, obschon unsichtbar, immer nur in Verbindung mit physisch Seiendem besteht, aber gleichwohl nicht auf dieses physische Sein reduziert werden kann. Denn sie hat eine eigene Ordnung, eine Struktur, die nicht mit der des physischen Seins identisch ist, ja überhaupt nicht mit ihr verbunden ist und auch nicht aus ihr erhoben werden kann, eine interne Logik. Sie ist, könnte man sagen, eine ›geistig-sittliche Welt‹, deren Substanz die Person – oder genauer: eine Pluralität von Personen – ist. Sie wird durch Akte von Personen konstituiert, und sie weist eine eigene, spezifische Struktur und Gesetzlichkeit auf; vor allem aber: Sie hat als ganze einen normativen Charakter. Sie ist auch erkennbar – allerdings nicht als ein Gegenstand der theoretischen Philosophie. Zu ihrer Erkenntnis bedarf es einer ›Ontologie des moralischen Seins‹ oder einer Disziplin anderen Namens und anderer Methoden, aber letztlich mit demselben Erkenntnisinteresse – und solche Ansätze lassen sich bis ins 20. Jahrhundert, in die sogenannte ›Rechtsphänomenologie‹ etwa Adolf Reinachs, verfolgen.

Fraglos spricht Kant – als Transzendentalphilosoph – nicht terminologisch von einer derartigen ›Ontologie des geistigen Seins‹. Doch gerade er bildet in produktiver Anknüpfung an das von ihm zugleich scharf kritisierte Naturrecht diese Disziplin aus – unter dem Namen einer *Metaphysik der Sitten:* ein »System der Erkenntnis a priori aus bloßen Begriffen«, und zwar aus Begriffen der praktischen Vernunft, also das System einer Vernunfterkenntnis der Grundlagen der moralischen Welt. Die in Kants *Metaphysik der Sitten* exponierten Begriffe sind sämtlich Begriffe dieses moralischen Seins: der Personbegriff nicht anders als der Rechtsbegriff oder die Begriffe des Eigentums oder des Staates, ebenso wie alle weiteren Begriffe, die diesen Sphären angehören. Und auch Hegels ›Rechtsphilosophie‹ ist eine solche ›Ontologie des sittlichen Seins‹ oder des ›objektiven Geistes‹: die im System ausgeführte Vernunfterkenntnis derjenigen Strukturen, die durch personale Akte geschaffen sind und die Welt der Sittlichkeit insgesamt bilden.

(3) Diese ›sittliche Welt‹ also ist insgesamt durch den Willen und das Handeln von Personen konstituiert – doch was ist eine Person? Person, so Kant, ist nicht schon, wie es vorhin zunächst in einer ersten Annäherung hieß, derjenige, der will, spricht und handelt, sondern »*Person* ist dasjenige Subject, dessen Handlungen einer *Zurechnung* fähig sind.« Man kann den Begriff des Handelns fraglos auch enger fassen, so daß er überhaupt nur solche Tätigkeiten unter sich begreift, die »einer *Zurechnung* fähig sind«: Nur Personen handeln, und nur Personen sind der Zurechnung fähig. Kants Formulierung hebt jedoch dieses – für das Naturrecht fundamentale – Moment der Imputation als konstitutive Bestimmung von ›Person‹ eigens hervor. Imputation aber setzt Freiheit voraus – auch wenn dies, wie Nietzsche uns eindringlich ins Bewußtsein gerückt hat, ein sehr spätes und erst unter spezifischen Bedingungen erreichtes Resultat in der langen und schmerzhaften Geschichte der »Genealogie der Moral« ist.[4] Man kann Handlungen auch zurechnen und mit Sanktionen belegen, ohne lange nach der Freiheit des Handelnden oder gar nach der Angemessenheit der Sanktion zu fragen. Unter den systematischen Bedingungen einer Lehre vom moralischen Sein hingegen setzt Imputation Freiheit voraus – und deshalb kann Kant die Implikation des eben zitierten Satzes nochmals eigens aussprechen: »Die *moralische* Persönlichkeit ist also nichts anders, als die Freiheit eines vernünftigen Wesens unter moralischen Gesetzen.« (AA VI.223) Freiheit, so wäre demnach Kants berühmte Formel aus der Vorrede zur *Kritik der praktischen Vernunft* zu erweitern, Freiheit ist nicht allein die »ratio essendi« des Sittengesetzes, sondern eben damit der Seinsgrund der Person wie auch der sittlichen Welt überhaupt.

Kants ausdrückliche Rede von ›Zurechnung‹, von der Imputabilität einer Handlung, hebt allerdings ein Moment hervor, das in der Rede von ›Freiheit‹ oder von ›Handlung‹ nicht bzw. nur bei einer spezifischen Bestimmung des Freiheits- bzw. des Handlungsbegriffs in gleicher Weise explizit wäre: das Moment der interpersonalen Struktur des ›moralischen Seins‹. Denn die ›Zurechnung‹ wird ja nicht von der handelnden Person selbst vollzogen; vielmehr wird der

4 Nietzsche: *Zur Genealogie der Moral,* in: Nietzsche, *Kritische Studienausgabe.* Bd. 5. Besonders »Zweite Abhandlung: ›Schuld‹, ›schlechtes Gewissen‹ und Verwandtes.«

Person ihre, aus Freiheit entsprungene Tat von anderen Personen zugerechnet. Insofern klingt in Kants Definition der ›Person‹ bereits die interpersonale Struktur der sittlichen Welt an: Wenn ›Person‹ nur dort ist, wo Zurechnung stattfindet, dann kann von ›Person‹ nur innerhalb eines Personenverbandes, einer sittlichen Gemeinschaft die Rede sein: Die ›Zurechnung‹ setzt bereits die Anerkennung eines Handelnden *als* Person voraus – zumindest dann nämlich, wenn wir nicht mehr auf einer bewußtseinsgeschichtlichen Stufe agieren, auf der wir zwischen Naturereignissen und dem Handeln von Personen noch nicht unterscheiden und deshalb – wie von Perserkönig Xerxes berichtet wird – das Meer geißeln lassen, um für seine Flotte eine ruhige Überfahrt nach Griechenland zu erzwingen.

(4) Im Begriff der Person sind also die Freiheit und die Imputabilität – und somit auch die Freiheit und Imputabilität anderer Personen – als miteinander unauflöslich verknüpft zu denken. Doch ist dies keine ›natürliche‹ Verknüpfung, auch keine ›logische‹. Sie wird erst im Zuge der Ausbildung einer moralischen, geistigen Welt hergestellt – ein Aspekt, der noch nicht für Kant, um so mehr aber für Hegel von zentraler Bedeutung ist. Ist jedoch diese geistige Welt, diese Sphäre des ›moralischen Seins‹ erst einmal begrifflich ausgebildet, so legt sie sich wie ein normatives Netz über die physische Welt, und ihre Begriffe entfalten eine eigene, zwingende Dynamik, die nicht zur Disposition der Handelnden steht. Ein einmal gegebenes Versprechen etwa, eine eingegangene Verpflichtung hat eine eigene Form des ›Seins‹, der ›Realität‹. Man kann sie nicht selber wieder aufheben, sondern allenfalls ignorieren. Doch wer sie ignoriert, kann von anderen durch Zwang daran erinnert werden, daß sie ein eigentümliches Sein hat, das durch freie, sittliche, interpersonale Handlungen erzeugt worden ist und nun eine eigene Dynamik freisetzt: auch solche Konsequenzen nach sich zieht, von denen derjenige nichts mehr wissen will, der dieses ›Sein‹ erzeugt hat. Und weil es die Person ist, die im Verband mit anderen Personen durch ihren freien Willen diese Welt konstituiert, wird ihr noch ein weiteres geistiges Sein zugeschrieben: die Würde. ›Würde‹ kommt nicht dem ›Subjekt‹ zu, zumindest nicht einem auf Objekte bezogenen, erkennenden oder einem mit Gründen differenzierenden Subjekt, sondern allein der ›Person‹ als dem Zentrum der moralischen Akte, die die Welt des ›sittlichen Seins‹ konstituieren. Deshalb kommt der Person die Würde unauf-

heblich zu – selbst da, wo sie gegen die von ihr selber mitgeschaffene rechtliche und sittliche Welt durch im engeren Sinne unrechtliche oder unmoralische Handlungen verstößt. Sie entspringt aus der Möglichkeit sittlichen Handelns, aus der Freiheit, die die Person zum Glied eines ›Reiches der Freiheit‹ macht – auch wenn in dieser Freiheit ebenso die Möglichkeit der Schuld liegt. Nicht anders als Kant hat Hegel deshalb die Würde der Person ausdrücklich an den Gedanken ihrer Schuldfähigkeit geknüpft und sogar das Vorrecht der Person darin gesehen, daß sie schuldig werden kann: Es sei, schreibt Hegel, »das Siegel der hohen absoluten Bestimmung des Menschen, [...] daß er Schuld haben kann« (GW 18.167).

Dieser Begriff von ›Person‹ – ich betone es nochmals – ist bereits vom Naturrecht der frühen Neuzeit ausgebildet worden. Doch Kants *Metaphysik der Sitten*, Fichtes *Grundlage des Naturrechts*[5] und Hegels *Rechtsphilosophie* – um nur diese drei zu nennen – haben ihn auf dem Boden ihres Vernunftrechts nicht allein rekonstruiert, sondern dabei seine Kontur nochmals verschärft. Und sie haben den Personbegriff auch der Gegenwart vermittelt, deren Rechtsdenken er zugrunde liegt – ob nun terminologisch weiter von der ›Person‹ oder vom ›Subjekt‹ oder vom ›Menschen‹ die Rede ist. Wir sprechen auch wie selbstverständlich vom Staat als einer juristischen oder moralischen Person – und dies nicht nur auf dem Wege der Analogie, sondern weil er dieselbe Charakteristik aufweist wie die individuelle Person: eine Einheit des freien Wollens und des Handelns, aber nicht zuletzt auch die Imputabilität: die Zurechnung und die Verantwortlichkeit für die in seinem Namen geschehenen Taten und Untaten.

(5) Bevor ich zu einer anderen Dimension der Rede von ›Person‹ übergehe, möchte ich nur noch rasch drei Aspekte dieses ersten Problemkreises stichwortartig hervorheben – zunächst die Allgemeinheit der Person: Im Sinne dieses zunächst skizzierten Begriffs ist ›Person‹ etwas Allgemeines. Personen sind – als Personen – nicht unterschieden. Als handelnde und unter der Bedingung der Zurechnung von Handlungen stehende Personen sind wir alle gleich; die Differenzierung und Individualisierung erfolgt gerade nicht über den

[5] Die zentrale Bedeutung von Fichtes *Grundlage des Naturrechts* (GA I,3–4) für die Einsicht in die interpersonale Konstitution der ›Person‹ kann ich in dieser Skizze nicht ausführen.

Personbegriff. Hegel formuliert deshalb geradezu das »Rechtsgebot«: »*sey eine Person und respectire die andern als Personen*« (GW 14,1.52; § 36). In der Personalität liegt nichts, was mich vor anderen Personen auszeichnet, sondern nur die Auszeichnung der Person überhaupt gegenüber einer Welt der ›Sachen‹, die weder Freiheit noch Zurechnung kennen. Deshalb kann man Personalität auch nicht verlieren, und a fortiori kann man sie nicht aufgeben.[6] »Man kann wohl sein Leben aber nicht seine Freiheit aufopfern«, heißt es einmal in Kants Reflexionen.[7]

Der entwickelte Personbegriff scheint – zweitens – von einem inneren Widerspruch gezeichnet: Zum einen bedarf Personalität – als geistiges oder ›moralisches Sein‹ – eines ›natürlichen Seins‹ als eines Trägers. Hierdurch scheint sie von physischem Sein abhängig zu sein – sie ruht gleichsam auf einem ›Grund‹ – und bei Schelling wird es später sogar einmal heißen, alle Persönlichkeit ruhe auf einem dunklen Grunde.[8] Doch dieses physische Sein ist ›Träger‹, aber nicht ›Grund‹; es trägt die Personalität, aber es bestimmt sie nicht. Obschon die Person an eine natürliche Grundlage gebunden ist, hat sie ihr Bestehen gleichwohl in sich: Sie ist ihr eigener Grund, und insofern ›Substanz‹. Friedrich Schiller – und Schillers Werk reicht ja weit in die Klassische Deutsche Philosophie hinein; er nimmt diesen Gedanken auf, verwandelt ihn und reicht ihn weiter – Schiller hat einen Aspekt dieses Problems prägnant gefaßt: Anders als im ›absoluten Subjekt‹ sind im endlichen Wesen ›Person‹ und ›Zustand‹ unterschieden – die ›Person‹ als das Bleibende und der ›Zustand‹ als das Wechselnde. Deshalb können beide nicht durch einander bedingt sein: »Die Person also muß ihr eigener Grund sein, denn das Bleibende kann nicht aus der Veränderung fließen; und so hätten wir denn fürs erste die Idee

[6] Bei der Rede von der Unverlierbarkeit der Persönlichkeit berücksichtige ich hier nicht den extremen Fall, in dem aus Krankheitsgründen die Möglichkeit freier Handlungen und damit die Möglichkeit der rechtlichen oder moralischen Imputation nicht mehr gegeben ist.

[7] Kant, Reflexion Nr. 7633, AA XIX.474, vgl. ebd. 537, Reflexion Nr. 7857: »personalitas non est alienabilis«. Beide Stellen zitiert von Kobusch, *Die Entdeckung der Person*, 146.

[8] Schelling, *Über das Wesen der menschlichen Freiheit und die damit zusammenhängenden Gegenstände*, in: Schelling, *Sämtliche Werke*. Abt. I, Bd. 7.413.

des absoluten, in sich selbst gegründeten Seins, d.i. die *Freiheit.*«[9] Wie diese Substantialität der Person zustande komme, ist jedoch – auch heute noch und trotz aller aufwendigen Bemühungen wohl für alle Zukunft – unerklärlich. Es erklären zu wollen hieße zu erklären, wie Freiheit möglich sei. Doch an die Stelle des Versuchs einer solchen Erklärung hat Kant in der *Kritik der praktischen Vernunft* seine Lehre vom »Faktum der Vernunft« gesetzt: Es ist ein »Faktum der Vernunft«, daß wir uns als unter dem Anspruch des Sittengesetzes stehend und folglich als frei erfahren (AA V.4) – und man könnte ebensogut sagen, es sei ein Faktum der Vernunft, daß wir uns als Personen erfahren.

Und noch eine dritte Bemerkung: Hegel hat den Begriff der Person aus dem Naturrecht und aus Kants Vernunftrecht aufgenommen, auch wenn er ihn terminologisch auf die Rechtssphäre beschränkt und im Bereich der Moralität durch den des ›Subjekts‹ ersetzt hat. In einer Hinsicht aber ist er über den tradierten Begriff der Person hinausgegangen: Aus dem Begriff der Person als einer wollenden, handelnden und unter der Bedingung der Zurechnung stehenden hat er gefolgert, daß der Person eine Sphäre ihres Wirkens – und deshalb Eigentum zukommen müsse. Dies ist nicht etwa eine politische Forderung, sondern es folgt aus der Analyse des Personbegriffs: Die Person legt ihren Willen in Gegenstände, und so, wie sie selber ein moralisches Sein ist, so schafft sie dadurch ein moralisches Sein: das Eigentum.[10] Hegel vollzieht damit den Übergang von der Allge-

[9] Schiller, *Briefe über die ästhetische Erziehung des Menschen.* 11. Brief.

[10] GW 14,1.55; § 41. – Im Interesse einer leichteren Distanzierung von Hegel kursiert eine anscheinend unausrottbare Fehlinterpretation, als ob Hegel mit dieser engen Verbindung zwischen ›Person‹ und ›Eigentum‹ das Personsein von der Faktizität des Eigentums abhängig gemacht hätte. Wäre dies der Fall, so reichte es aus, jemandem sein Eigentum wegzunehmen, um ihn auch als Person auszulöschen. Doch für Hegel ist das Gegenteil der Fall. Der Zusammenhang zwischen ›Person‹ und ›Eigentum‹ hat für ihn einen Richtungssinn: Die Person ist das Erste und Stabile, und *weil* der Mensch Person ist, gibt er sich (auch) eine äußere Sphäre seiner Freiheit – im Eigentum. Dieser Zusammenhang hat also einen normativen Charakter: Die Person kann deshalb aus ihm ein ›Recht auf Eigentum‹ als auf das ihr kraft ihrer Personalität Zustehende ableiten. Damit ist dieser Konnex politisch weitaus brisanter als die Auflösung der Verbindung von ›Person‹ und ›Eigentum‹ und ihre Ersetzung durch die Behauptung, hier bestehe nur ein zufälliger Zusammenhang. Wäre dies richtig, so hätte die Person keinerlei Anspruch auf Ei-

meinheit der Person zur Besonderheit der Sphäre, die sie sich erschafft, die aber als besondere – hinsichtlich des Was und des Wieviel – nicht vom Begriff der Person als dem Allgemeinen bestimmt werden könne. Hierdurch wird der Begriff der Person zugleich zum systematischen Ausgangspunkt der basalen Begriffe der Rechtssphäre, die ja auch für Kant mit dem Begriff des inneren Mein und Dein, also dem transzendentalen Eigentumsbegriff, beginnt – obschon etwas unvermittelt.

II. Kritik und Affirmation der Persönlichkeit

(1) Dieser Begriff der Person als eines geistigen, moralischen Seins ist grundlegend für die Epoche der Klassischen Deutschen Philosophie – und über sie hinaus in gedanklich verdünnter Form ebenso für die Gestaltung unserer Gegenwart, auch wenn diese so häufig kein Bewußtsein mehr davon hat. Deshalb habe ich ihn hier etwas ausführlicher skizziert. Und doch scheint eine andere und in sich gegenläufige Entwicklung nicht minder spezifisch für diese Epoche zu sein – vielleicht ja sogar noch charakteristischer, da sie nicht zum vorgegebenen Problembestand dieser Zeit gehört, sondern ihr eigentümlich ist.

(2) Die Klassische Deutsche Philosophie schließt ja nicht allein an das neuzeitliche Naturrecht an; in ihr verknoten sich zahlreiche Traditionen und Optionen. Eine von ihnen ist der Spinozismus, der zeitgleich mit den drei Kritiken Kants das Bewußtsein der Epoche in Bann schlägt. Und es ist insbesondere die theologische Konsequenz der *Ethik* Spinozas, die die Zeitgenossen ebenso fasziniert wie beunruhigt: Spinozas Gott ist ›Substanz‹, aber er ist nicht ›Person‹. Die philosophische Theologie des 17. und 18. Jahrhunderts hat Gott ohne Bedenken und ohne sonderliche methodische Sorgfalt zunächst

gentum; man verstünde aber auch den – menschheitsgeschichtlich gesehen – engen Zusammenhang zwischen der Ausbildung der Konzeptionen ›Person‹ und ›Eigentum‹ nicht. Hegels Einsicht in den nicht nur zufälligen, sondern wesentlichen Zusammenhang von ›Person‹ und ›Eigentum‹ hat somit auch abgesehen von ihrer Richtigkeit einen gewichtigen politischen Vorzug – zumindest für diejenigen, die Privateigentum nicht für Teufelszeug halten.

›Persönlichkeit‹ attestiert und diese dann durch ›Prädikate‹ näher zu bestimmen gesucht. Sie hat dies aber völlig unabhängig vom naturrechtlichen Begriff der Person getan. Dieser ist nicht unter theologischen Auspizien entwickelt worden, und seine prägnantesten Bestimmungen lassen sich Gott gar nicht zuschreiben. Man mag zwar vom Willen und vom Handeln Gottes sprechen – doch was könnte es bedeuten, daß Gottes Handlungen »einer *Zurechnung* fähig« oder einer Verantwortlichkeit unterworfen seien oder daß seine Persönlichkeit »die Freiheit eines vernünftigen Wesens unter moralischen Gesetzen« sei? ›Persönlich‹ ist der Gott der natürlichen Theologie, des Rationalismus der Aufklärung, sofern er als Subjekt von Prädikaten gedacht ist, die wir gemeinhin endlichen Personen zuschreiben: Güte und Gerechtigkeit, Macht und Weisheit. Solche ›Persönlichkeit‹ aber gilt nun – zu Recht! – als Signatur der Endlichkeit, und deshalb darf sie Gott, dem schlechthin Unendlichen, nicht zugeschrieben werden, wenn nicht der Gottesgedanke zerstört werden soll. In diesem Sinne schreibt Schelling an Hegel: »Persönlichkeit entsteht durch Einheit des Bewußtseyns. Bewußtseyn aber ist nicht ohne Objekt möglich, für Gott aber d.h. für das absolute Ich, giebt es *gar kein* Objekt, denn dadurch hörte es auf, absolut zu seyn – mithin giebt es keinen persönlichen Gott, und unser höchstes Bestreben ist die Zerstörung unsrer Persönlichkeit, Übergang in die absolute Sphäre des Seyns«.[11]

Man sollte diese briefliche Äußerung des noch recht jungen Schelling nicht überschätzen. Doch zum einen finden sich analoge Partien auch noch in seinem späteren Werk,[12] und vor allem zeigen

11 Schelling an Hegel, 4. Februar 1795; in: *Briefe,* I.22.

12 Siehe Birgit Sandkaulen: *Dieser und kein anderer? Zur Individualität der Person in Schellings ›Freiheitsschrift‹,* in: Thomas Buchheim u. Friedrich Hermanni (Hg.), *Alle Persönlichkeit ruht auf einem dunkeln Grunde.« Schellings Philosophie der Personalität.* Berlin 2003, 35–53, insbesondere 52f: »Auch nach der ›Freiheitsschrift‹, die gern als seine personalistische Wende angesehen wird, obschon sie mit ›Persönlichkeit‹ den bewußt verfolgten Eigenwillen assoziiert, verwendet Schelling in seinen *Stuttgarter Privatvorlesungen* analoge Formulierungen.« – Wieviel meine Ausführungen in diesem zweiten Teil den beiden hier und in Anmerkung 1 genannten Abhandlungen von Birgit Sandkaulen verdanken, ist so offenkundig, daß es keiner weiteren Betonung, sondern eines Dankes bedarf.

sich die Auswirkungen der Spinoza-Rezeption auch bei den anderen Denkern dieser Zeit – beginnend bei Herder. Schellings Kritik ist ja ohnehin nicht originell; sie beruht auf der Kritik, zu der Johann Gottlieb Fichtes *Wissenschaftslehre*[13] am Begriff der ›Persönlichkeit‹ Anlaß gibt: ›Persönlichkeit‹ ist etwas Endliches – und deshalb ist der Gedanke eines persönlichen Gottes zu verwerfen, wenn auch *ad maiorem Dei gloriam* [zum höheren Ruhme Gottes]. Wäre Gott ›persönlich‹, so wäre es schlecht um ihn bestellt – nämlich nicht besser als um uns endliche Personen. Doch Gott ist nicht ein persönlicher Gott, sondern Gott ist – für Fichte – die »moralische WeltOrdnung« (GA I,5.354). Diesen Einwand gegen den Personbegriff hat Fichte durch dessen Analyse in seiner *Grundlage des Naturrechts* noch weiter fundiert. Er liegt der nachkantischen Phase der Klassischen Deutschen Philosophie insgesamt zugrunde – dem Werk Schellings nicht anders als dem Hegels. Für Hegel besetzt der Gedanke der ›geistigen Substanz‹ den systematischen Ort, den im Denken zuvor der persönliche Gott eingenommen hat. Die Klassische Deutsche Philosophie ist deshalb die Epoche, mit der – in Deutschland – der Begriff eines persönlichen Gottes fragwürdig wird – und nicht allein in der Philosophie, sondern mit Auswirkungen auf die Literatur und selbst auf die Theologie. Paradigmatisch für diesen Prozeß sind die drei epochalen philosophisch-theologischen ›Streitsachen‹: der ›Pantheismusstreit‹ (um 1785), der ›Atheismusstreit‹ (1798/99) und der ›Theismusstreit‹ (1811/12), in dem schließlich Jacobi und Schelling darüber streiten, wie der Gedanke eines persönlichen Gottes überhaupt zu denken sei. Dies ist ja – ungeachtet der Frage, welcher der beiden Streitenden die besseren Argumente hat – ein Indiz dafür, daß die noch kurz zuvor so selbstverständlich scheinende Rede von der ›Persönlichkeit Gottes‹ ihre Geltung verloren hat.

(3) Es stünde zu erwarten, daß diese Ausbürgerung des Gedankens der ›Persönlichkeit Gottes‹ aus der Philosophischen Theologie um 1800 desaströse Folgen für den Gedanken der Persönlichkeit auch des Menschen nach sich gezogen hätte – Folgen etwa von der Art, wie

13 Fichte, *Grundlage der gesammten Wissenschaftslehre als Handschrift für seine Zuhörer*. Jena 1794/95 (GA Abt. I, Bd. 2). – Zu den Folgerungen aus Fichtes Ansatz für den Begriff des persönlichen Gottes siehe Falk Wagner, *Der Gedanke der Persönlichkeit Gottes bei Fichte und Hegel*. Gütersloh 1971.

Schelling sie in dem zitierten Brief an Hegel zieht: die Forderung nach Zerstörung auch unserer, der menschlichen, Persönlichkeit. Und weiter wäre zu erwarten, daß dieser Schritt auch Folgen für den oben entwickelten natur- und vernunftrechtlichen Begriff der ›Person‹ hätte. Denn wie könnte der Begriff der ›Person‹ ein fundamentaler Begriff der praktischen Philosophie bleiben, wenn andererseits die »Zerstörung unsrer Persönlichkeit« gefordert würde, um die Zerstörung des Gottesbegriffs durch die Zuschreibung der Persönlichkeit an ihn zu vermeiden?

Doch das Gegenteil ist der Fall. Entgegen diesen – plausiblen – Vermutungen bildet die Klassische Deutsche Philosophie vielmehr zugleich diejenige Epoche, in der die Rede von ›Persönlichkeit‹ einen neuen Sinn und zugleich eine neue Dynamik gewinnt, die weit über diese Epoche hinausreicht. Es scheint zwar auf den ersten Blick eigentümlich, daß zeitgleich mit der Kritik am Gedanken der Persönlichkeit Gottes der Begriff der Persönlichkeit eine affirmative Bedeutung und mit ihr auch ein neues Gewicht erhalten sollte. Doch sind beide Prozesse – die Kritik des Gedankens der Persönlichkeit Gottes und die Aufwertung der Persönlichkeit des Menschen – nur zwei Seiten derselben Bedeutungsverschiebung im Personbegriff und des durch sie ausgelösten Umbruchs.

Dieser Umbruch läßt sich, denke ich, aus dem Zusammentreffen zweier problemgeschichtlicher Entwicklungen verständlich machen. Die eine habe ich bereits genannt: die Einführung der pantheistischen Substanzmetaphysik Spinozas in die Philosophie – und über sie hinaus in die allgemeine Bewußtseinsgeschichte am Ende des 18. Jahrhunderts. Die zweite liegt in der Ausbildung der Transzendentalphilosophie Kants und seiner Nachfolger. Durch sie gerät das Begriffsfeld ›Ich‹, ›Bewußtsein‹ und ›Selbstbewußtsein‹ nicht allein ins Zentrum des philosophischen Interesses, sondern auch in eine zentrale Stellung in dem »System der reinen Vernunft«, das Kant fordert und das seine Nachfolger zu verwirklichen suchen. In der Folge gerät auch der Begriff der Person unter die Dominanz des Begriffs des ›Ich‹ und seiner Äquivalente. In dem zitierten provokativen Wort Schellings ist diese Verschiebung mit Händen zu greifen: »Persönlichkeit entsteht durch Einheit des Bewußtseyns. Bewußtseyn aber ist nicht ohne Objekt möglich«. Dann aber ist auch ein Begriff von Persönlichkeit nicht ohne Objekt möglich – und somit muß

›Persönlichkeit‹ stets als etwas Endliches gedacht werden. Systematisch gesehen ist solche »Einheit des Bewußtseyns« auch für den natur- und vernunftrechtlichen Begriff der Person vorauszusetzen: ›Zurechnung‹ setzt ja Einheit des Bewußtseins voraus – zumindest unter neuzeitlichen Bedingungen. Sie ist nur nie in dieser Perspektive thematisiert worden; dem naturrechtlichen Kontext ist dieser Gedankengang, diese Unterordnung des Personbegriffs unter den des ›Ich‹ ebenso fremd wie die darauf aufbauende Kritik, daß alle Persönlichkeit etwas Endliches sei. Und nicht minder fremd ist ihm die im Spinozismus wurzelnde Forderung, über solche Endlichkeit hinauszugehen und somit Persönlichkeit zu zerstören – gleichsam ein spinozistisches ›exeundum esse e statu personae‹ [Man muß aus dem Zustand der Person herausgehen].

(4) Gegen Ende des 18. Jahrhunderts ist der Spinozismus eine starke geistige Kraft – doch er ist nicht die einzige, und vor allem ist er auch die Zielscheibe heftiger Angriffe. Und wie man – spinozistisch – um der Endlichkeit der Person willen die Persönlichkeit Gottes – als des schlechthin Unendlichen – bestreitet, so erfolgt die Kritik am Spinozismus gerade im Namen solcher Endlichkeit und Persönlichkeit. Damit setzt – in der Klassischen Deutschen Philosophie – eine völlig neuartige Frage nach der ›Person‹ ein: nun aber nicht mehr als Frage nach derjenigen ›Person‹, die etwas Allgemeines ist, die wir alle sind und alle gleichermaßen sind, die die »Menschheit in uns« ist[14], sondern als Frage nach der unverwechselbaren Persönlichkeit des individuellen Menschen. Die Klassische Deutsche Philosophie – dies sind ja nicht nur Kant, Fichte, Schelling und Hegel, sondern auch diejenigen, die deren Schriften mit Kritik begleitet und mit Anregungen gefördert haben, ja deren Schriften gleichsam den roten Faden in der Entwicklung des Denkens dieser Epoche bilden. Sie haben insofern einen erheblichen, wenn auch weniger offensichtlichen

14 Siehe die dritte Formulierung des kategorischen Imperativs in Kants *Grundlegung zur Metaphysik der Sitten*, AA IV.429: »Handle so, daß du die Menschheit sowohl in deiner Person, als in der Person eines jeden andern jederzeit zugleich als Zweck, niemals bloß als Mittel brauchst.« – »Menschheit« bezeichnet hier – dem damals dominierenden Sprachgebrauch folgend – nicht die Gattungstotalität, sondern die spezifische Qualität des Menschseins: das, was den Menschen zum Menschen macht.

Anteil an seiner Ausbildung – und unter diesen ist Friedrich Heinrich Jacobi an erster Stelle zu nennen.

Im Interesse terminologischer Klarheit möchte ich hier die von der Sprache vorgegebene Differenzierung zwischen der ›Person‹ als allgemeiner und der ›Persönlichkeit‹ als individueller aufgreifen und sie entgegen dem schwankenden Sprachgebrauch konsequent anwenden – wenn auch nicht ohne Rückhalt am damaligen Sprachgebrauch: Kant und Hegel sprechen von der ›Person‹ – Jacobi hingegen spricht zwar nicht von der ›Persönlichkeit‹, jedoch von ›Personalität‹: »Mir ist Personalität α und ω; und ein lebendiges Wesen ohne Personalität scheint mir das Unsinnigste, was man zu denken vorgeben kann. Seyn, Realität, ich weiß gar nicht, was es ist, wenn es nicht Person ist. Und nun gar Gott! Was für ein Gott wäre das, der nicht zu sich selbst sagen könnte: Ich bin, der ich bin! Die Ichheit endlicher Wesen ist nur geliehen«.[15]

(5) Schon hier spricht Jacobi in gänzlich anderer Weise von ›Personalität‹, als zuvor auf dem Boden des Natur- oder Vernunftrechts von ›Person‹ die Rede war. Diese Differenz liegt freilich nicht schon in der wenig präzisen Ausdrucksweise, in der er hier den »lebendigen Wesen« überhaupt »Personalität« zuschreibt – was doch wohl erheblich zu weit ginge. Wichtiger ist etwas anderes. ›Personalität‹, ›Persönlichkeit‹ wird nicht als ein Begriff sittlichen Seins eingeführt, sondern durch die Möglichkeit, sich als ›Ich‹ ansprechen zu können. Der Begriff der Persönlichkeit scheint somit stillschweigend dem der Subjektivität subsumiert und trotz der biblischen Anspielung fest auf dem Boden der Transzendentalphilosophie zu stehen – auch bei ihrem Kritiker Jacobi. Und noch ein zweiter Unterschied ist – gerade bei Jacobi! – mit den Händen zu greifen: die antispinozistische Insistenz: Ein Gott, der nicht zu sich ›Ich‹ sagen könnte, wäre gar kein Gott. Daß die Forderung nach diesem Selbstbezug das Problem der Endlichkeit des Bewußtseins nach sich zieht, spielt für ihn keine Rolle – und nicht allein deshalb, weil seine Option für ›Personalität‹ lange vor Fichtes *Wissenschaftslehre* formuliert ist. Das Problemfeld ›Endlichkeit – Persönlichkeit‹ ist auch zuvor schon bekannt gewesen:

15 Friedrich Heinrich Jacobi an Johann Kaspar Lavater, 14. November 1787. In: Friedrich Heinrich Jacobi, *Briefwechsel.* Abt. I, Bd. 7, hg. von Jürgen Weyenschops. Stuttgart-Bad Cannstatt 2012.

Schon ein Jahrzehnt vor Fichte hat Herder in Auseinandersetzung mit Jacobis Antispinozismus eine Reihe von Bedenken hinsichtlich der Endlichkeit von ›Persönlichkeit‹ geltend gemacht[16] – doch hierdurch hat sich Jacobi nicht beirren lassen, ebensowenig wie später durch Fichte: Lieber nimmt er die Endlichkeit in Kauf, als daß er auf das Bewußtsein verzichtete.

Allerdings ist mit dieser Verschiebung von der – sittlich gedachten – Person zur – subjektivitätsphilosophisch gedachten – ›Persönlichkeit‹ erst der eine und der wohl weniger wichtige Schritt getan. Denn eines bleibt trotz der Verschiebung ja gleich: Sowohl die ›Person‹ als auch die ›Persönlichkeit‹ sind Allgemeine. Die ›Persönlichkeit‹, die zu sich ›Ich‹ sagt, unterscheidet sich darin in nichts von jeder anderen – ebensowenig wie die ›Person‹. Jacobi läßt jedoch den zweiten Schritt folgen: Er versteht dieses ›Ich‹-Sagen gar nicht ›subjektivitätsphilosophisch‹ im Sinne der Transzendentalphilosophie – nicht als Resultat eines Erkenntnisprozesses, einer Reflexion, durch die das Ich im Ausgang von sich wieder auf sich selbst zurückgeworfen würde und sich gleich einem Objekt erkennte, sondern als eine Artikulation ursprünglichen Selbstseins. Um es mit seinen Worten zu sagen: Der Mensch »findet sich als dieses Wesen durch ein *unmittelbares,* von Erinnerung vergangener Zustände unabhängiges *Wesenheitsgefühl,* nicht durch *Erkenntniß;* er weiß, er ist dieser Eine und derselbe, der kein anderer ist noch werden kann, weil unmittelbare *Geistes-Gewißheit* von dem *Geiste,* von der Selbstheit, von der *Substantivität* unzertrennlich ist.«[17]

[16] Herder, *Gott. Einige Gespräche,* in: Herder, *Sämtliche Werke.* Hg. von Bernhard Suphan. Bd. XVI, 497ff.

[17] Jacobi, *Über eine Weissagung Lichtenbergs.* JWA 3.26f. – Zur Interpretation siehe Birgit Sandkaulen: *Daß, was oder wer?,* 231: Es gehe Jacobi um »das existentielle Bewußtsein persönlicher Identität also, das Bewußtsein jeweiligen konkreten Selbstseins, das seinerseits nicht durch Identifikation entsteht, sondern das als ›bleibendes und in sich seiendes‹ die wesentliche Voraussetzung dafür darstellt, daß ich eine Was-Identität reflexiv überhaupt ausbilden kann.« – Ib. 229: »Personsein meint dann, über das stabilisierende Bewußtsein einer Identität zu verfügen, die wir als endliche aber rationale Wesen im Kontext jeweiliger Umwelt und jeweiliger Erfahrungen *ausbilden* und an der wir dann auch unsere zukünftigen Handlungen orientieren.«

Indem Jacobi ›Persönlichkeit‹ auf diesem »Wesenheitsgefühl«, auf der »unmittelbaren Geistes-Gewißheit« beruhen läßt, umgeht er sehr bewußt die Probleme, auf Grund deren Fichte die ›Persönlichkeit‹ als eine Gestalt der Endlichkeit identifiziert. Und es ist auch deutlich, daß die Forderung, diese ›Persönlichkeit‹ zu zerstören, in doppelter Hinsicht sinnlos ist: Weder gibt es für sie einen plausiblen Grund, noch ist sie durchführbar. Sie setzte ja immer schon denjenigen als Agenten der Zerstörung voraus, dessen Vernichtung sie beabsichtigte. Kants Wort, man könne wohl sein Leben, aber nicht seine Freiheit aufopfern (AA XIX.474), gilt – mutatis mutandis – auch hier: Wenn ›Persönlichkeit‹ nicht durch äußere Relationen, sondern durch diese innerste, unmittelbare Selbstgewißheit des Geistes konstituiert wird, so kann man sie auch nicht durch Aufopferung zerstören. Jacobi ist in diesem Punkt auch keineswegs ohne Nachfolge geblieben: Während Schelling, wie erwähnt, trotz einer vermeintlich personalistischen Wende auch später noch der Zerstörung der Persönlichkeit das Wort redet, versteht Hegel das ›Ich‹ als eben solche ursprüngliche, nicht durch anderes vermittelte und deshalb »unendliche Beziehung des Geistes auf sich« (GW 20.421) – obschon er diese nicht *als* Persönlichkeit benennt.

Und es ist auch plausibel, daß dieser Begriff der ›Persönlichkeit‹ tiefer ansetzt als der eingangs entwickelte sittliche Begriff der ›Person‹: ›Person‹ als ›esse morale‹ oder als ›sittliches Sein‹ setzt zweifellos letztlich solche geistige ›Persönlichkeit‹ voraus. Personalität im Sinne des ›moralischen Seins‹ kann nur solchen Wesen zukommen, die ›Persönlichkeit‹ im Sinne einer unmittelbaren Selbstgewißheit des Geistes sind – aber nicht umgekehrt: Moralische Imputation setzt solche Selbstgewißheit voraus; der Gedanke einer derartigen Selbstgewißheit hingegen läßt sich auch ohne denjenigen der Imputation widerspruchsfrei denken. Doch trotz dieses Fundierungsverhältnisses ist in einer Hinsicht der Begriff der ›Person‹ vor dem der ›Persönlichkeit‹ auszuzeichnen: Die natur- und vernunftrechtliche Tradition schreibt der Person ›Würde‹ zu – und diese ›Würde‹ kommt nicht schon der ›Persönlichkeit‹ zu, nicht schon dem Menschen, der sich »durch ein *unmittelbares,* von Erinnerung vergangener Zustände unabhängiges *Wesenheitsgefühl*« als sich selber findet.[18] Dieses unmittelbare Sichfinden ist zwar fraglos etwas, das den Menschen als geistiges Wesen vor anderen Wesen auszeichnet – doch ist es nichts, dem deshalb schon ›Würde‹ zukäme. ›Würde‹ eignet allein dem Menschen als ›Person‹: als einem frei handelnden und der Zurechnung fähigen Wesen. Aber es geht mir hier nicht darum, der »Person« nun doch noch den Primat vor der »Persönlichkeit« zu vindizieren. Entscheidend ist vielmehr dieses: In demjenigen, was uns »dieser und kein anderer« sein läßt, ist zugleich unaufhebbar dasjenige enthalten, was uns mit allen anderen gemeinsam ist. Und deshalb ist es unverzichtbar, beide in der Klassischen Deutschen Philosophie herausgearbeiteten Bestimmungen als essentiell und in ihrer Zusammengehörigkeit zu erkennen – und über der einen Bestimmung nicht die andere zu vergessen: über der ›Person‹ nicht die ›Persönlichkeit‹, aber ebensowenig über der ›Persönlichkeit‹ die ›Person‹.

18 Dies hat Jacobi aber auch selber sehr deutlich ausgesprochen; siehe seinen Roman *Woldemar* (1796), JWA 7.439.

Genealogie des Rechts

I. Die Absenz der Rechtsgeschichte

(1) Die Geschichte des Rechts ist die Geschichte der Freiheit. Dies ist – leider – kein Hegel-Zitat, allenfalls ein Selbstzitat.[1] Man ka sogar zweifeln, ob Hegel ihm zugestimmt hätte. Denn unter all den Themen seines Systems finden sich zwar die Weltgeschichte sowie die Geschichten der Kunst, der Religion und der Philosophie, aber nicht die Geschichte des Rechts. Ihr weist Hegel sogar einen minderen Status zu als den eben genannten Geschichten: In der Rechtsgeschichte sei der Geist nicht bei sich; ihre Bestimmtheiten folgten nicht aus dem Begriff, sondern man nehme sie »von anderswoher« (V 3. 84).

Dennoch bringt der Satz, die Geschichte des Rechts sei die Geschichte der Freiheit, zwei basale rechtsphilosophische Überzeugungen Hegels auf den Punkt: Recht muß sich geschichtlich entwickeln, denn es ist etwas Geistiges, und alles Geistige entwickelt sich geschichtlich. Und: Was sich in der Geschichte des Rechts entwickelt, ist Freiheit. Denn wenn das Recht, mit Hegel, das Dasein der Freiheit ist (GW 14,1.46; § 30), dann ist die Geschichte des Rechts die Geschichte dieses Daseins der Freiheit oder, kurz, die Geschichte der Freiheit. Doch trotz dieser beiden Einsichten thematisiert Hegel die Rechtsgeschichte nicht eigens. Die Ausführungen der *Phänomenologie des Geistes* über den »Rechtszustand« können ihr Fehlen nicht ersetzen; sie lassen ihren Mangel eher noch deutlicher spüren; und auch die *Grundlinien der Philosophie des Rechts*, die Hegel seinen rechtsphilosophischen Vorlesungen zugrunde gelegt hat, bieten der Geschichte des Rechts keinen Raum. Eher vermitteln sie den Eindruck, sowohl das Recht als auch die durch es geformten Institutionen seien merkwürdig geschichtslos – und dies, obschon die geschichtliche Prägung aller Begriffe der Hegelschen Rechtsphilosophie so offenkundig ist, daß es einiger Anstrengungen bedarf, die Spuren ihrer geschichtlichen Herausbildung sorgfältig zu verwischen – als gelte es sicherzustellen,

[1] Siehe vom Verf.: *Die vergessene Geschichte der Freiheit*, in: *Hegel-Jahrbuch 1993/94*, Berlin 1995, 65–73. – An diese Abhandlung knüpft die vorliegende an.

daß die Vernunft, als deren Manifestation der Rechtsbegriff in seinen konkreten Ausformungen nun gelten soll, durch die Entdeckung seiner Herkunft keine Einbuße erleide. Man mag sich auf den Standpunkt stellen, daß Hegel der Geschichte des Rechts völlig zu Recht keinen Ort anweise und die dem entwickelten Rechtsbegriff geschichtlich vorausgehenden Formen des werdenden Rechts mit gutem Grund stillschweigend ausschließe. Diese Position läßt sich jedoch nur dann durchhalten, wenn sie zugleich begründen kann, daß für die Geschichte des Rechts, des ›objektiven Geistes‹, andere Prinzipien gelten als für die Geschichten von Kunst und Religion, die jeweils konstitutive Momente von Ästhetik und Religionsphilosophie bilden. Hegel betont ja mit Emphase, es sei jeweils nur *ein* Prinzip, *ein* Geist, der auf seinen geschichtlichen Stufen das gemeinschaftliche Gepräge der Religion, der politischen Verfassung, der Sittlichkeit und des Rechtssystems ausmache (GW 18, 196f). Dann aber muß das Recht an der geschichtlichen Entfaltung der anderen Gestalten des Geistes partizipieren und selbst geschichtlich sein.

(2) Auf die Frage, warum Hegel der Geschichte des Rechts nicht eine vergleichbare Bedeutung für die Systemform seiner Rechtsphilosophie einräume, lassen sich zwei Antworten geben. Sie befriedigen zwar letztlich beide nicht, doch können sie zum Verständnis beitragen. Die erste erinnert daran, daß die Disziplin, die wir seit den Tagen Hegels als »Rechtsphilosophie« bezeichnen, zuvor unter dem Namen »Naturrecht« firmiert hat – bis hin zu Fichte und strenggenommen bis zum linken Titelblatt von Hegels *Grundlinien*. Dem Naturrecht aber liegt der Gedanke einer Rechtsgeschichte fern. Fraglos ist auch damals nicht unbekannt, daß das Recht eine Geschichte habe, doch das Naturrecht sucht die Formen des Rechtsbegriffs und seine Geltungsgrundlagen in einer nicht-geschichtlich gedachten Vernunftnatur aufzuweisen. Denn nur auf diese Weise, so scheint es damals, läßt sich das Recht in Form eines ›Systems‹ explizieren, das dem Wissenschaftsideal des Rationalismus genügt.[2] Daß die Geschichte des Rechts eine spezifisch wissenschaftsgeschichtliche wie auch eine

2 Samuel Pufendorf, *De jure naturae et gentium*; Christian Wolff, *Institutiones iuris naturae et gentium*. Halle 1750, in: Wolff, *Gesammelte Werke*, II. Abteilung, Bd. 26, Hildesheim 1969.

allgemein bewußtseinsgeschichtliche Relevanz für seine Ausformung habe, wird nicht zum Thema seiner wissenschaftlichen Explikation.

Die zweite Antwort auf die Frage nach Hegels sprödem Verhalten gegenüber der Rechtsgeschichte wirkt dem einseitigen Eindruck der ersten entgegen, er sei von rechtsgeschichtlichen Überlegungen vielleicht gänzlich unberührt geblieben. Das Rechtsdenken seiner Zeit steht ja nicht allein im Banne des Naturrechts, sondern ebensosehr unter dem Eindruck der Wendung, die die Historische Rechtsschule gegen das schon etwas abgelebte Naturrecht vollzieht: Sie macht die Geschichte des Rechts zu einem beherrschenden Thema. Doch das Verständnis sowohl von Recht als von Geschichte, mit dem sie das Themenfeld »Rechtsgeschichte« besetzt, hält Hegel noch stärker auf Distanz zur Rechtsgeschichte als deren Ignorierung durch das Naturrecht. Den methodologischen Ansatz der historischen Rechtsschule – die Unterscheidung des wahren ›ursprünglichen‹ vom ›abgeleiteten‹ oder ›nachgebildeten‹ Recht[3] und das Verstehen des Rechts auf Grund der Rekonstruktion der ursprünglichen Form und seiner Ableitungsgeschichte – lehnt Hegel mit Nachdruck ab (GW 18.85), da sie seinem Entwicklungsgedanken wie auch seinem Verstehensbegriff strikt zuwiderläuft. Ebenso nachdrücklich verwirft er die rechtspolitischen wie auch die allgemein politischen Konsequenzen, die aus dem Ansatz der Historischen Rechtsschule schon deshalb resultieren, weil ihnen ohnehin der Primat gegenüber der wissenschaftlichen Programmatik zukommt: die Hochschätzung des Ursprünglichen und Gewesenen, die zur Ablehnung moderner Rechtsentwicklung und Gesetzgebung führt und im Extremfall in eine Haltung übergeht, die – wie Marx später formuliert – »die Niederträchtigkeit von heute durch die Niederträchtigkeit von gestern legitimiert«.[4]

(3) In diesem gespannten Verhältnis zur Methodik und Programmatik der Historischen Rechtsschule liegt der Grund für Hegels Distanz zur Rechtsgeschichte. Dennoch ist er sich ihrer zumindest punktuellen Bedeutung für die Geschichte des Selbstbewußtseins

3 Siehe Joachim Rückert, *Idealismus, Jurisprudenz und Politik bei Friedrich Carl von Savigny*, Ebelsbach 1984, bes. 335 ff., 111 ff.

4 Karl Marx, *Zur Kritik der Hegelschen Rechtsphilosophie. Einleitung*, in: Karl Marx/Friedrich Engels, Werke (= MEW), Bd. 1. 380, Berlin [15]1988.

wohlbewußt gewesen. In der *Phänomenologie* skizziert er die Herausbildung des Prinzips der Rechtspersönlichkeit und damit – implizit – den Beginn der Welt des Rechts und auch der Rechtsgeschichte im strikten Sinn: Der Übergang von der »Sittlichkeit« der griechischen Welt in den »Rechtszustand« der römischen vollziehe sich als Schritt von einem *sittlichen* Gemeinwesen in ein »allgemeines Gemeinwesen«, und während im sittlichen Gemeinwesen der Einzelne nur als »der *selbstlose abgeschiedene* Geist« gelte, der seine Wirklichkeit nur im allgemeinen *Blut* der Familie habe, habe das »allgemeine Gemeinwesen« des römischen Rechtszustands seine »Lebendigkeit« in der »*wirklich geltenden* Selbstständigkeit des Bewußtseyns«, im Individuum *als* einzelnem, in der »absoluten Sprödigkeit« der Punktualität des atomen Selbstbewußtseins. Denn dieses »absolut diskrete Selbst« wisse sich nun als das »absolute Wesen«, als das wirklich Geltende, und deshalb werde von diesem »*leeren Eins* der Person« aus das »Recht der Person« und die Welt des Rechts überhaupt erbaut (GW 9.260–264). Diesen bewußtseinsgeschichtlichen Schritt von der Sittlichkeit zum Rechtszustand faßt Hegel – in der für ihn so charakteristischen Ambivalenz – zwar drastisch als eine »Verwüstung«, aber doch zugleich als den epochalen Schritt der Entdeckung der »in der sittlichen Welt nicht vorhandenen Wirklichkeit des Selbsts« – oder mit den Worten der *Grundlinien der Philosophie des Rechts:* als die Entdeckung »der *selbstständigen in sich unendlichen Persönlichkeit* des Einzelnen, der subjectiven Freyheit« (GW 14,1.161; § 185).

(4) Es ließen sich leicht weitere Belege für Hegels Sensibilität in Fragen des Zusammenhangs von Rechts- und Bewußtseinsgeschichte anführen – eine Sensibilität, die mir für seine Zeit wie auch für seine Profession singulär zu sein scheint. Und dennoch: Läge Hegels Beitrag allein in solchen eher beiläufigen Hinweisen auf die bewußtseinsgeschichtliche Relevanz des Rechts, so wäre er vielleicht anregend, aber nicht sonderlich signifikant. Doch Hegel verfügt nicht nur über ein punktuelles Problembewußtsein auf diesem Gebiet: Sein System weist der Geschichte des Rechts zwar keinen spezifischen Ort zu, doch bietet es ein Begriffspotential für die Erörterung rechtsgeschichtlicher Entwicklungen: einen konzeptuellen Rahmen, innerhalb dessen sowohl das Werden rechtsförmlicher Verhältnisse als auch der Übergang von ihnen in den eigentlichen »Rechtszustand« wie auch die

hieran anschließende Rechtsgeschichte begriffen werden kann – ob nun im Kontext der ›phänomenologischen‹ Geschichte des Selbstbewußtseins oder der späteren Philosophie des objektiven Geistes.

Es mag banal klingen, aber: Eine Philosophie der Rechts*geschichte* setzt notwendig eine Geschichtsphilosophie voraus, nicht anders als eine Philosophie der Kunst- oder der Religions*geschichte* oder eine Geschichte der Philosophie. Eine solche Geschichtsphilosophie mag sich auf implizite Annahmen, vielleicht auf Rudimente von Theorieversatzstücken aus anderem Kontext beschränken – aber sie bildet eine unverzichtbare Grundlage. Auch im Ansatz der Historischen Rechtsschule sind derartige basale Annahmen aufgewiesen worden, die aber, als unausgesprochen und unausgewiesen, selbst von einer sympathetischen Darstellung als »falsche Metaphysik« bezeichnet worden sind.[5] Ich kann hier nicht auf die Frage eingehen, ob Hegels Geschichtsphilosophie nicht vielleicht eine zwar andere, aber ebenfalls »falsche Metaphysik« sei. Unstrittig ist, daß sie einen ausgeformten Teilbereich seines Systems und somit einen Boden für die Erkenntnis auch partieller Geschichten – des Rechts, der Kunst, der Religion – bildet.

Und dieser Boden erweist sich im Verlaufe der rechtsgeschichtlichen Analyse als fruchtbar. Denn Hegel begreift Geschichte als Entwicklung des Geistes zum Wissen von sich – eines Geistes, der eben auch das Recht als eine seiner vornehmsten Objektivationen in sich schließt. Insofern umfaßt Hegels Geschichtsphilosophie immer schon – implizit – eine Philosophie der Rechtsgeschichte. – Wegen dieser im System angelegten Affinität verwundert es nicht, daß das heutige akademische Leben zwar eine geradezu inflationäre wissenschaftssystematische Zuordnung von »Philosophie *und* Rechtsgeschichte« kennt, die aber, rein additiv, beide Bereiche nur nebeneinander stellt, ohne sie aufeinander zu beziehen, während eine »Philosophie *der* Rechtsgeschichte« unter Berufung auf Hegels Begrifflichkeit konzi-

5 Rückert, *Savigny*, 114; ib.: »eine kaum entwirrbare Mischung von Weltanschauung, Jurisprudenz und Geschichte«. – Vgl. 117: »Historie wurde ihm [sc. Savigny] zu einer spekulativen Mischung von Sinn und Sein unter dem Namen ›die Geschichte‹.«

piert worden ist.[6] Den Erweis ihrer Fruchtbarkeit muß die Untersuchung erbringen, wieweit die Geschichte des als Recht objektivierten Geistes als ein Prozeß begriffen werden kann, der aus Freiheit entspringt und zum Wissen der Freiheit von sich führt – als eine Geschichte der Freiheit.

Intermezzo: Geschichte des Rechts und Genealogie des Rechts

(1) Eine Philosophie der Rechtsgeschichte setzt das reiche Material rechtsgeschichtlicher Forschung als ihren Gegenstand voraus und sucht auf seiner Grundlage einen Beitrag zur Erkenntnis des Rechts zu leisten – vielleicht ja auch einen darüber hinausgehenden Beitrag. Sie wird aber gut daran tun, den in rechtsgeschichtlichen Arbeiten auf das römische und – sekundär – das germanische Recht verengten Blick zu erweitern; es geht ihr ja um die Erkenntnis der Genese des Rechts überhaupt, nicht um eine einzelne seiner Gestalten. Ihr idealer Referenzpunkt wäre eine Vergleichende Rechtsgeschichte, doch angesichts der immer noch beträchtlichen Lücken in diesem Gebiet der Forschung[7] ist Zurückhaltung geboten. Eine Philosophie der Rechtsgeschichte muß aber zumindest einen – langen – Blick auf die

[6] Gerhard Dulckeit, *Philosophie der Rechtsgeschichte. Die Grundgestalten des Rechtsbegriffs in seiner historischen Entwicklung*, Heidelberg 1950. – Dulckeit, selbst ein angesehener Rechtsgeschichtler, dessen Geschichte des Römischen Rechts zahlreiche Auflagen erfahren hat, betont zu Beginn seiner *Philosophie der Rechtsgeschichte*, daß »die philosophische Denkweise Hegels die Methode und Grundlage der folgenden Erörterungen bildet«; siehe 12. – Dulckeit stellt deshalb seinen geschichtlichen Ausführungen ein erstes Kapitel über die »Geschichtsphilosophischen Voraussetzungen« voran, in dem er die in der Philosophie Hegels liegenden Grundlagen einer Philosophie der Rechtsgeschichte aufweist; siehe 9–59.

[7] Vor einem halben Jahrhundert hat Dulckeit, *Philosophie der Rechtsgeschichte*, 123, der philosophischen Betrachtung der Rechtsgeschichte geraten, »sich zunächst jedenfalls auf das abendländische Recht zu beschränken« und erst danach auf die orientalische Rechtsgeschichte überzugehen – und dies nicht aus einem bornierten Eurozentrismus, sondern um nicht allen Boden unter den Füßen zu verlieren. Inzwischen sind die Voraussetzungen für einen solchen Ausgriff auf außereuropäisches Recht zwar besser geworden, aber sie sind noch nicht hinreichend.

Frühgeschichte des Rechts werfen. Für eine Philosophie der Rechtsgeschichte ist *die* Epoche von besonderem Interesse, die von der rechtsgeschichtlichen Forschung schon deshalb zur bloßen ›Vorgeschichte‹ marginalisiert ist, weil sie noch keinen entwickelten Begriff des Rechts aufweist – also die lange Epoche des werdenden, vorstaatlichen Rechts. Auch für die Geschichte des Rechts bildet die Entstehung der Staaten ja eine wichtige Zäsur – wie Hegel dies ohnehin für die Geschichte überhaupt betont hat.[8]

(2) Die Schlüsselstellung der Frühgeschichte des Rechts für eine Philosophie der Rechtsgeschichte resultiert aber nicht etwa aus ihrer größeren Nähe zu einem reinen Ursprung, sondern weil sie einen guten Zugriff sowohl auf die systematischen Bedingungen als auch auf die geschichtlichen Voraussetzungen der sukzessiven Ausformung des Rechts gestattet. Die Erörterung dieses Prozesses, in dem das Recht erst zu Recht in unserem Sinne wird, bezeichne ich hier als ›Genealogie des Rechts‹. Nietzsche bestimmt es ja als die Aufgabe einer »Genealogie der Moral«, »die ganze lange, schwer zu entziffernde Hieroglyphenschrift der menschlichen Moral-Vergangenheit« doch endlich zu entziffern; analog sei der Gegenstand einer »Ge-

8 GW 18.191–194, 212. – Daß zu Hegels Zeit für eine Genealogie des Rechts alle wissenschaftsgeschichtlichen Voraussetzungen gefehlt haben, bedarf keines umständlichen Nachweises. Die ihm vorliegende Rechtsgeschichte – Gustav Hugo, *Lehrbuch eines civilistischen Cursus, Bd. 3, Geschichte des Römischen Rechts.* Fünfter, ganz von neuem ausgearbeiteter Versuch, Berlin 1815 – wäre auf diesem Gebiet ein blinder Führer gewesen. Die Frühgeschichte des Rechts ist erst im Verlauf des späteren 19. Jahrhunderts in den Blick der rechtsgeschichtlichen Forschung getreten; später ist ihre Erforschung aus methodologischen Gründen in die Ethnologie ausgewandert, die sich hierdurch zu einer Rechtsethnologie erweitert hat. Und auch heute bildet die Untersuchung der »Frühgeschichte des Rechts« nicht einen selbstverständlichen Bereich der Rechtsgeschichte, sondern ein Spezialgebiet, das unter dem Titel »historische Rechtsanthropologie« »Ethnologie, Geschichte und Recht« zu vereinigen sucht. – Siehe Uwe Wesel, *Frühformen des Rechts in vorstaatlichen Gesellschaften. Umrisse einer Frühgeschichte des Rechts bei Sammlern und Jägern und akephalen Ackerbauern und Hirten,* Frankfurt/M. 1985, 17; ders., *Geschichte des Rechts. Von den Frühformen bis zur Gegenwart,* 2., überarbeitete und erweiterte Auflage, München 2001, bes. 48–66.

nealogie des Rechts«, die »Hieroglyphenschrift der menschlichen Rechts-Vergangenheit« lesen zu lernen.[9]

Allerdings halte ich eine heute prominente Ansicht für keineswegs entschieden, ja nicht einmal für wahrscheinlich: daß eine derartige Entzifferung, wenn sie nur erst »die Chimäre des Ursprungs« vertreibe und sich als »Analyse der Herkunft« verstehe, notwendigerweise in der Entdeckung kulminiere, »daß an der Wurzel dessen, was wir erkennen und was wir sind, nicht die Wahrheit und das Sein steht, sondern die Äußerlichkeit des Zufälligen«. Diese Alternative zwischen einer »Chimäre des Ursprungs«, in der »die Wahrheit und das Sein« ihr Wesen treiben, und der »Äußerlichkeit des Zufälligen« ist selbst eine billige Chimäre und keine seriöse Disjunktion. Zeigte die Genealogie des Rechts wirklich nur die »Einzelheiten und Zufälle der Anfänge«,[10] so ließe sich die erstaunliche Homogeneität rechtsgeschichtlicher Entwicklungen in geographisch und zeitlich weit voneinander entfernten Kulturen schwerlich erklären. Auch der Moral-Genealoge Nietzsche hat keineswegs nur »Einzelheiten und Zufälle der Anfänge« zutage gefördert – im Gegenteil. Und so muß es auch dem heutigen Genealogen freistehen zu prüfen, ob sich die Genealogie des Rechts – bei allem, was sich ihr fraglos als äußerlich und zufällig darstellt – nicht analog zur Geschichte als Genealogie der Freiheit verstehen lasse.

(3) Doch auch wenn die Frühgeschichte des Rechts einen bevorzugten Gegenstand seiner Genealogie bildet: Die Entzifferung der »Hieroglyphenschrift der menschlichen Rechts-Vergangenheit«, die Klärung der Bedingungen, denen die geschichtliche Herausbildung des Rechtsbegriffs untersteht, beschränkt sich nicht auf die Frühgeschichte des Rechts, um im Interesse einer exakten Ressortverteilung mit dem Beginn der Römischen Rechtsgeschichte abzubrechen. Sie reicht vielmehr in denjenigen Bereich der Rechtsentwicklung hinein,

9 Friedrich Nietzsche, *Zur Genealogie der Moral.* Vorrede § 7, in: Nietzsche, *Sämtliche Werke. Kritische Studienausgabe,* hg. von Giorgo Colli und Mazzino Montinari, München/Berlin/New York 1980, 254.

10 Michel Foucault, *Nietzsche, die Genealogie, die Historie,* in: ders., *Von der Subversion des Wissens,* hg. und aus dem Französischen und Italienischen übertragen von Walter Seitter. Mit einer Bibliographie der Schriften Foucaults, Frankfurt/M. 1991, 69–90, bes. 72–74.

der traditionell von der rechtsgeschichtlichen Forschung thematisiert wird – auch wenn sich das Werden des Rechts dort unter gewandelten Bedingungen vollzieht. Die Genealogie beschränkt sich deshalb nicht auf die bloße Vorgeschichte einer Rechtsgeschichte, die eigentlich erst mit dem Römischen Recht einsetzte; sie untersucht die Genese der Prinzipien, die der Ausformung des Rechts an seinem vorgeschichtlichen Anfang und in seiner weiteren Geschichte zugrunde liegen.

II. Aspekte einer Genealogie des Rechts

Nach diesem Intermezzo zum Begriff der Genealogie des Rechts möchte ich nun drei Aspekte seiner Genese skizzieren – stellvertretend für eine kaum überschaubare Fülle weiterer. Sie sind nicht strikt voneinander geschieden, und sie gehorchen jeweils der Bewegung, die Hegel als die Bewegung und als das eigentümliche Wesen des Geistes beschreibt: der Bewegung von der Natur zur Freiheit:

> »Wo er – sc. der Geist – herkommt, – es ist von der Natur; wo er hingeht, – es ist zu seiner Freyheit. Was er *ist*, ist eben diese Bewegung selbst von der Natur sich zu befreien.« (GW 15, 249)

Zugegeben: ›Natur‹ und gar ›Geist‹ – dies klingt heute antiquiert, als Verstoß gegen die ›philosophical correctness‹ unserer Tage. Die Frühgeschichte des Rechts favorisiert ein anderes Modell: »the movement from Status to Contract« – und sie kann es gar nicht oft genug zitieren.[11] Doch warum verläuft das Gefälle der Frühgeschichte des Rechts »from Status to Contract«? Einzig deshalb, weil der »Status« als naturgebundener durch die Willenseinigung des »Kontraktes« ersetzt wird – und der Wille ist ein geistiges Prinzip. Der Begriff des Geistes ist zudem weit reicher; er erlaubt es, auch die Entwicklung zu thematisieren, die über den bloßen Vertragsgedanken noch hinaustreibt; schließlich signalisiert der Schritt zum Kontrakt ja nicht das

11 So Henry Maine, *Ancient Law*, Ende 5. Kapitel: »we may say that the movement of the progressive societies has hitherto been a movement from Status to Contract.« – Zitiert etwa bei Wesel, *Frühformen des Rechts*, 12, 349; *Rechtsgeschichte*, 66.

Ende der Rechtsgeschichte. Und deshalb ziehe ich es vor, von einer Bewegung von der Natur zum Geist zu sprechen.

(1) »Wo er herkommt, – es ist von der Natur«: Die Genese des Rechts beginnt nicht mit der Sicherung einer Gebietsherrschaft oder mit staatlichen Akten der Rechtssetzung; sie beginnt aber ebensowenig mit den Begriffen, mit denen die philosophisch-systematische Explikation des Rechts zu Hegels Zeit bereits traditionell einsetzt: mit Eigentum und Vertrag. Am Anfang des Rechts steht vielmehr eine Lebensordnung, die durch natürlich-biologische Gegebenheiten, durch Verwandtschaftsverhältnisse fundiert ist oder doch als hierdurch fundiert gedacht wird: also eine »persönliche Ordnung der Verwandtschafts- oder Stammesorganisation«.[12] Sozialgeschichtlich gesehen ist hier die Rede von vorstaatlichen, akephalen Gesellschaften. Über rechtsförmige Strukturen in den noch vorausliegenden Gesellschaften von Jägern und Sammlern ist wenig bekannt, doch über das Recht der segmentären Gesellschaften sind wir inzwischen vergleichsweise gut unterrichtet – wenn auch vor allem durch die ethnologische Erforschung rezenter segmentärer Gesellschaften, bei unterstellter Vergleichbarkeit der ›Rechtsordnung‹ gegenwärtiger und früherer analog strukturierter Gesellschaften.

Von einem entwickelten Begriff des Rechts aus mag man einwenden, daß im Blick auf diese vorgeschichtliche Phase noch nicht von ›Recht‹ zu sprechen sei, nicht einmal von Frühformen des Rechts, und daß wirkliches Recht erst in der Anfangsphase der Staatenbildung einsetze, etwa in den Protostaaten Vorderasiens. Ein derartiger Streit würde und wird jedoch nur um Worte geführt. Die natürlich vorgegebene Verwandtschaftsstruktur fungiert ja zweifellos als Ordnungsprinzip, und zudem als ein sehr effizientes: Auf sie gründen sich die diffizilen Heiratsregeln, die großes Gewicht für die Gestaltung des gesellschaftlichen Lebens insgesamt erhalten. Diese auf Verwandtschaftsbeziehungen begründete Ordnung ist – ›natürlich!‹ – keineswegs bloß natürlich; auch sie ist an sich ein »Daseyn der Freyheit«, auch wenn sie es noch nicht *für* die Mitglieder dieser Rechtsordnung ist. Sie wird zwar nicht *als* Rechtsordnung gedacht, sondern als Naturordnung, doch ihre normierende Kraft liegt nicht in den natürli-

12 Wesel, *Geschichte des Rechts*, 66.

chen Verhältnissen selber – auch wenn diese so angesehen werden, als ob ihnen per se eine derartige Ordnungsfunktion zukomme. Solche Ordnungsfunktion kann auf einer frühen bewußtseinsgeschichtlichen Stufe nicht auf einen Willensakt begründet werden, sondern nur in ihrer Bindung an das, was als Natürliches erscheint. Und selbst eine hochgradig normative Entscheidung wie die zwischen kognatischen und agnatischen Systemen, also zwischen der Zuordnung der Kinder zur Verwandtschaftslinie beider Eltern oder nur eines Elternteils (entweder patrilinear oder matrilinear) wie auch die Regelung der Wohnverhältnisse – patrilokal oder matrilokal – erscheint unter solchen Bedingungen als ›naturgegeben‹ und unmittelbar verbindlich – trotz vereinzelter Fälle, in denen willentlich Veränderungen vorgenommen werden, etwa eine Lockerung des Inzestverbots durch Beschränkung des betroffenen Personenkreises. Doch eben in dieser Differenz zwischen der Naturgegebenheit, in der die normativen Prinzipien dem damaligen Menschen erscheinen, und dem, was sie an sich oder für uns – für uns Heutige! – sind, liegt der Ansatzpunkt derjenigen Dialektik, die von der Natur zur Freiheit treibt.

»Wo er – sc. der Geist – hingeht, – es ist zu seiner Freyheit«: Ein wichtiger, gleichwohl nur erster Schritt auf dem Wege von der Natur zur Freiheit besteht in der Auflösung dieser, auf Verwandtschaftsstrukturen basierenden Gemeinschaftsordnung. Die Entwicklung »von der persönlichen Ordnung der Verwandtschafts- oder Stammesorganisation zur territorialen und politischen Organisation des Staates« und – damit verbunden – zum Individuum als Rechtspersönlichkeit[13] vollzieht sich – und wieder sage ich: ›natürlich!‹ – nicht auf Grund einer Einsicht in die an sich geistige Verfassung der zuvor als natürlich verstandenen Ordnung, sondern im Zuge der Auflösung der segmentären Gesellschaftsstrukturen im Übergang zu den Protostaaten und Staaten, in denen die Menschen ihrer Einbindung in Sippen- und Stammesverhältnisse entnommen sind und zu Individuen werden – also durch den Übergang von der »aggregation of families« zur »collection of individuals«.[14] Der Übergang, den Hegel in der *Phänomenologie* als bewußtseinsgeschichtlichen Übergang

13 Ebd., im Anschluß an Henry Maine, *Ancient Law*. 1861, Reprint London 1977, 74.

14 Maine, *Ancient Law*, 74.

vom griechischen »sittlichen Gemeinwesen« zum »allgemeinen Gemeinwesen« des römischen Rechtszustands so eindrucksvoll beschreibt, als Entdeckung des Prinzips »der *selbstständigen in sich unendlichen Persönlichkeit* des Einzelnen, der subjectiven Freyheit«, muß begriffen werden als ein Prozeß von erheblich größeren, ja epochalen Dimensionen, die mit dem Übergang von segmentären Gesellschaften zu Protostaaten und Staaten vorgegeben sind.

In dieser erweiterten Perspektive erhellt auch *der* Prozeß, den Hegel als Zerstörung der alten Staaten durch die »selbstständige Entwicklung der Besonderheit« beschreibt (GW 14,1.161; § 185). Hierdurch werden die alten Staaten zerstört, aber sie erzeugen diese sie zerstörende Besonderheit selbst erst aus sich, denn sie ersetzen die traditionellen Gesellschaftsstrukturen, die durch Naturverhältnisse begründet sind, durch Strukturen, die aus Freiheit hervorgegangen sind und deshalb die Reste der Naturbasis frühstaatlicher Gesellschaftsformen weiter aufbrechen. ›Übergang von der Natur zur Freiheit‹: Dies bedeutet ja nicht, daß in diesen neugebildeten Protostaaten oder Staaten in unserem Sinne freiheitliche politische Verhältnisse verwirklicht seien – im Gegenteil, es mag in den auf Naturverhältnissen basierenden und doch zugleich konsensorientierten traditionalen Gesellschaften ›freiheitlicher‹ zugegangen sein als in den staatlich organisierten, in denen das Recht einen zuvor ungekannten massiven Zwangscharakter erhält. ›Übergang zur Freiheit‹ bedeutet vielmehr, daß die neuen Gesellschaftsstrukturen und die ihnen entsprechenden Rechtsverhältnisse aus Freiheit nicht nur hervorgegangen sind (dies ist selbstverständlich), sondern daß sie auch so gewußt werden – wenn auch zunächst nur rudimentär. *Darin* besteht der »Fortschritt im Bewußtseyn der Freyheit« (GW 18.153).

Diese Überlegungen zur Genese des Rechts haben deshalb keineswegs zum Ziel, die Frühgeschichte des Rechts in Sozialgeschichte aufzulösen. Die Entwicklung zu den frühen Formen von Staatlichkeit kommt ja über die segmentären Gesellschaften nicht wie ein Naturverhängnis, das die Familien und Sippen in Individuen verwandelte, und sie vollzieht sich fraglos auch nicht gemäß der kürzlich vorgetragenen possierlichen Deutung, daß die Männer einer segmentären Gruppierung, die bis dahin immer nur über ihre Frauen geherrscht haben, eines Tages entdecken, daß man ja auch über andere Männer herrschen könne,[15] und in der Folge die segmentäre Ordnung im Interesse der Schaffung großer Herrschaftsverbände aufbrechen. Auf der Ebene der empirischen Ursachenforschung müßte man wahrscheinlich wirtschaftsgeschichtlich argumentieren. Doch in jedem Fall setzt die Bildung der frühen Staaten die Auflösbarkeit (vermeintlich) naturbasierter Rechtsverhältnisse und ihre Ersetzbarkeit durch willensbasierte Verhältnisse voraus, und insofern folgt sie der inneren Logik des Übergangs von Natur zu Freiheit. Die neuen Strukturen sind ein Produkt von Macht – aber sie könnten kein Produkt von Macht sein, wenn die naturbasierten Ordnungsstrukturen nicht als solche durchschaut würden, die keineswegs naturgegeben und unveränderbar sind, sondern an sich ebenfalls auf dem Willen beruhen – freilich auf einem Willen, der seine Freiheit noch nicht weiß und sich deshalb zu seiner Realisierung des Umwegs über die Natur bedient.

Ich füge meiner Behandlung des ersten Aspekts nur noch die Bemerkung an, daß die Entwicklung von der Natur zur Freiheit, die die innere Logik der Genese des Rechts ausmacht, mit dem Übergang von den frühen Gesellschaftsformen zur Welt der Protostaaten und Staaten keineswegs zum Stillstand kommt. Sie zeigt sich auch gegenwärtig in der Ablösung des Rechts von natürlichen Vorgegebenheiten – im Bedeutungsschwund als natürlich verstandener Einheiten wie der Völker über die Auflösung der Bindung der Staatsangehörigkeit an das »Blut« bis hin zu den jüngsten Umgestaltungen des Eherechts. Die Dynamik dieses Prozesses wird jedoch nirgends und niemals durch eine »Äußerlichkeit des Zufälligen« in Gang gesetzt. Deshalb bedarf es auch keiner sonderlichen prognostischen Kraft zu der Vorhersage, daß die Entwicklung von der Natur zur Freiheit oder vom Selbstmißverständnis zum Selbstbewußtsein der Freiheit sich fortsetzen werde – wenn auch, wie stets, verzögert durch retardierende Momente und Gegenbewegungen.

(2) Unter das Motto ›von der Natur zur Freiheit‹ – von der naturgegebenen Ordnung zur Willensfreiheit – läßt sich auch der Weg stellen, den die – letztlich – rechtserzeugende Instanz geschichtlich durchläuft. Wenn man ihn mit einem – zugegeben – allzu raschen

15 Wesel, *Geschichte des Rechts*, 52.

und groben Pinselstrich nachzeichnet, so führt er von der Natur über die Heteronomie zur Autonomie. Doch die Etappen und Ebenen seines Verlaufs von der Natur zum freien Willen bedürfen einer diffizilen Unterscheidung und Nachzeichnung, die ich hier kaum andeuten kann.

Das in der ›Natur‹ manifeste Recht wird nicht als ›gesetztes Recht‹ gedacht – also im strengen Sinne nicht als ›objektiviert‹, sondern als ohne Objektivationsprozeß immer schon in ihr liegend. Seine Naturgegebenheit schließt seine ›Setzung‹ aus; ›Physis‹ ist ja der traditionelle Gegenbegriff zu ›Thesis‹. Doch handelt es sich auch bei diesem vermeintlich naturgegebenen Recht ›an sich oder für uns‹ um eine Setzung durch das Selbstbewußtsein, um eine ›Entäußerung‹ an die Natur, da das Selbstbewußtsein noch nicht weiß, daß sein Wille selber die rechtsetzende Instanz ist. Und der Weg, auf dem das Bewußtsein zu dieser Erfahrung gelangt, ist ein langer und noch längst nicht in allen Verzweigungen bis zum Ende gegangener Weg.

Deutlicher noch zeigt sich diese Entäußerungsstruktur, wo das Selbstbewußtsein die rechtssetzende Instanz nicht in die Natur, sondern in ein anderes, ein übermenschliches Selbstbewußtsein verlegt – wo also das ›an sich‹ vom Selbstbewußtsein gesetzte Recht ihm entgegentritt als gesetzt durch ein fremdes, ihm entgegenstehendes Selbstbewußtsein, dem es sich unterworfen glaubt. Das Sichwissen des rechtserzeugenden Willens ist nichts Unmittelbares; zu seiner Realisierung bedarf es des umwegig scheinenden und doch gar nicht anders zurückzulegenden Weges der Bewußtseinsgeschichte; es bedarf der Ausbildung einer Entäußerungsstruktur und zugleich ihrer Verdeckung, weil eben in dieser Verdeckung die Bedingung der Wirksamkeit der Projektion liegt. Es handelt sich somit hier nicht um einen wirklichen Wechsel der rechtserzeugenden Instanz, sondern um eine Veränderung im Wissen von ihr, also um eine Differenz im Bewußtsein der Freiheit.

Es liegt in der Logik dieser Projektion des Willens in einen ihm entgegenstehenden, höheren Willen, daß ihre Spuren verwischt werden: daß die Instanz, in die die letzte Quelle allen Rechts und aller Verpflichtung – und auch aller Sanktion! – gesetzt wird, durch Sakralisierung der menschlichen Willkür entzogen wird. Durch diesen Akt wird sowohl ihre überlegene Kompetenz zur Rechtssetzung gesichert als auch die Verbindlichkeit der erlassenen Satzungen garantiert. Archaisches Recht ist deshalb immer zugleich, in unterschiedsloser Einheit, sakrales Recht, und die Ablösung des ius vom fas, die Gegenüberstellung von fas und nefas einerseits, ius und iniuria andererseits, wie auch die Unterscheidung göttlichen und menschlichen Rechts und die Möglichkeit eines Konflikts zwischen ihnen sind wichtige Schritte auf dem Wege zur Anerkennung des Willens als des rechtserzeugenden Prinzips – wenn dieser Weg zunächst auch nur zu einer Verdoppelung der Instanzen führt, die sich als ein sehr wirkungsmächtiges, flexibles und deshalb dauerhaftes Institut erweist. Das Naturrecht hat sich bis in seine rationalistische Ausformung von dieser Verdoppelung und deshalb auch vom Prinzip der Heteronomie nicht völlig gelöst; es hat der rechtsetzenden und verpflichtenden Kraft des Willens weniger Vertrauen entgegengebracht als der zum Inbegriff des Gerechten und Mächtigen stilisierten Entäußerungsgestalt eben dieses Willens. Und damit hat es den letzten Schritt zum Selbstbewußtsein der Freiheit verweigert.

Doch, nach diesem ›Prolog im Himmel‹, wieder zurück auf die Erde, auf der die eigentliche Geschichte des Willens spielt. Bei seinem Debüt in der – antiken – Rechtsgeschichte gilt der Wille weniger als ordnungs*stiftend* denn als ordnungs*zerstörend.* Er wird noch nicht als rechtserzeugend gedacht, weil er noch nicht als in sich berechtigt gedacht wird. Doch nur das, was als in sich berechtigt gilt, kann Recht erzeugen – und diese Berechtigung wird dem Willen lange vorenthalten. Selbst der Vertrag, der doch für uns vom Willen nicht abgelöst werden kann, wird zunächst nicht als Willenseinigung gefaßt.[16] Für das griechische Rechtsdenken etwa bleiben vertragliche Willenseinigungen lange ohne Rechtswirkung; sie sind nicht mit einem klagbaren Erfüllungsanspruch verbunden, und erst »die Erkenntnis der unmittelbaren rechtlichen Bedeutung des Willens als solchen« gibt dem Vertragsgedanken die ihm für unser Rechtsdenken zukommende Bedeutung.[17]

Geschichtlich gesehen setzt die Erkenntnis des Willens als des rechtserzeugenden Prinzips die Ausbildung der Rechtspersönlichkeit voraus, also einen Prozeß, der weit in den »Rechtszustand« der römischen Welt hineinreicht. Doch auch damit ist erst der Beginn eines

16 Dulckeit, *Philosophie der Rechtsgeschichte*, 69.

17 Ib. 83, 86, 88.

Weges markiert, nicht sein Ende. Denn der Gedanke der Rechtspersönlichkeit wird zunächst nach der personenrechtlichen Seite ausgebildet, nach der Seite der Stellung der Person in der Familie und im Staat, der öffentlichen Aufgaben, die ihr in diesem Umkreis zufallen, während die Ausbildung der Seite des Willens deutlich später erfolgt.

Die rechts*geschichtliche* Vertiefung des Willensbegriffs erfordert zu ihrem Komplement die rechts*systematische* Durchbildung des Begriffsfeldes ›Handlung‹: der Fragen des Verschuldens, der Zurechnung, der Absicht, des Vorsatzes und damit der objektiven und subjektiven Haftung[18] – also die Ausbildung der Begriffe des »inneren Rechts«, die Hegel in den *Grundlinien der Philosophie des Rechts* im Kapitel »Moralität« abhandelt. Prägnanz gewinnt der Handlungsbegriff ja erst dort, wo ›Handlung‹ nicht bloß auf objektiv gedachte Vorgänge wie Veräußerung, Leistung oder Unrecht bezogen, sondern als zurechenbare, rechtlich verschuldete Willenshandlung, als verantwortliche Tat und »als Äußerung der Subjektivität, als das Recht des *subjektiven Willens* begriffen wird«.[19] Die Ausbildung dieser Seite der Anerkennung des freien Willens setzt sowohl systematisch als auch geschichtlich die Begriffe des »äußeren Rechts« und damit auch den Begriff der Person voraus – und sie reicht bis weit in die Neuzeit hinein. Vielleicht ist sie ja auch heute noch nicht abgeschlossen.

Parallel hierzu vollzieht sich die Ausbildung des Eigentumsrechts. So eng »Person« und »Eigentum« (im Sinne von Individualeigentum) auch und gerade bei Hegel begrifflich verknüpft sind: Zur Realisierung dieses Zusammenhangs bedarf es einer Jahrhunderte, ja Jahrtausende langen Entwicklung. In ihr kommt der Person der sowohl systematische als auch geschichtliche Primat vor dem Eigentum zu:

> »[N]och bevor das einzelne Individuum seine Eigentums- und Vermögensrechtsfähigkeit gewinnt, gilt es im Gemeinschaftsleben bereits rechtlich als verantwortlich handelnde freie Persönlichkeit.«[20]

18 Wesel, *Frühformen des Rechts*, 346f.
19 Dulckeit, *Philosophie der Rechtsgeschichte*, 97, vgl. 108.
20 Ib. 63f.

Die große Spanne in der geschichtlichen Realisierung lockert jedoch nicht den systematischen Zusammenhang beider Begriffe; die Freiheit des Eigentums tritt zur Freiheit des Willens und zur Erkenntnis seiner als des rechtserzeugenden Prinzips nicht äußerlich hinzu, sondern sie ist ein Indiz seiner Verwirklichung. Hegel hat diesen systematisch ebenso engen wie geschichtlich weiten Zusammenhang erkannt und ausgesprochen: Die Freiheit der *Person* habe schon vor anderthalb Jahrtausenden zu blühen angefangen, doch die Freiheit des *Eigentums* sei erst »seit gestern, kann man sagen, hier und da als Princip anerkannt worden«. Und so sieht er in der zeitlichen Diskrepanz ein »Beyspiel aus der Weltgeschichte über die Länge der Zeit, die der Geist braucht, in seinem Selbstbewußtseyn fortzuschreiten« (GW 14,1.68; § 62 Anm.). Denn die Freiheit des Willens ist erst dort in vollem Umfang realisiert, wo sie in der Freiheit des Eigentums ihr Komplement und ihre Wirklichkeit findet – also ebenfalls erst »seit gestern«.

(3) Der Weg von der Natur zur Freiheit ist – drittens – im Blick auf den Geltungsmodus des Rechts als ein Weg von außen nach innen zu charakterisieren – präziser: von ›Wirkformen‹ zum Willensakt. Dieser Aspekt ist eng verbunden mit dem eben angesprochenen zweiten; deshalb berühre ich ihn hier nur kurz. – Auf frühen Stufen der Rechtsgeschichte ist es dem Bewußtsein unerklärlich, wie das Recht aus sich heraus eine Bindungswirkung entfalten könne. Wo dem »Innen« noch nicht die Kraft zugeschrieben wird, Recht zu setzen, wo das Recht noch nicht als durch einen Willensakt gesetzt gilt, sondern als entweder immer schon in der Natur wurzelnd oder als von außen gesetzt, da muß plausibler Weise auch seine Verbindlichkeit durch – für uns! – äußere Umstände begründet und garantiert werden. Rechtsvorgänge werden nur nach ihrer äußeren Objektivität betrachtet und gewertet; eine rechtliche Wirkung kommt nur der formalisierten Rechtshandlung, also einem äußeren Tatbestand zu.

Wie das Bewußtsein bei der Identifizierung der rechtsetzenden Instanz zur Projektion greift und das Prinzip, das es noch nicht in sich selber findet, außer sich suchen muß, so muß es auch das Prinzip, das die Geltung des Rechts sichern soll, in die Äußerlichkeit verlegen – in religiöse Rituale oder, weniger feierlich, aber ebenso langfristig wirksam und effizient, in magisch-zauberische Praktiken, denen es eine direkte, quasi-mechanische Wirkung zuschreibt. Ihre geschichtliche Ablösung erfolgt in einigen Aspekten analog der frühneuzeitlichen Einführung des Kraftbegriffs und der dadurch möglichen Ablösung der Himmelsgeister, denen zuvor die Aufgabe zugefallen ist, die Sphären zu bewegen. Doch während diese Emeritierung der Himmelsgeister im frühen 17. Jahrhundert rasch vonstatten geht, treten an die Stelle magischer Praktiken zunächst Wirkformen, die die Geltung des Rechts durch seine Verankerung in äußeren Akten und Formen sicherstellen sollen – Wortformeln oder Handlungsriten. *Sie* gelten als das eigentlich rechtwirkende und geltungsbegründende Moment. Dies betrifft auch solche Vorgänge, die für uns den Charakter von Willenserklärungen haben. Selbst wenn etwa, nach dem bekannten Satz des Gaius, »Omnis enim obligatio vel ex contractu nascitur vel ex delicto«,[21] wenn alle Verbindlichkeit entweder aus einem Vertrag oder aus einem Delikt erwächst, so erwächst sie doch nicht aus dem Faktum der dem Vertrag zugrundeliegenden Willenseinigung, sondern aus den äußeren Wirkformen, da *sie* erst die Rechtsgeltung des Kontraktes begründen. Und parallel zur Ausbildung des Begriffs der Rechtspersönlichkeit und seiner Vertiefung durch die subjektive Seite des Rechts, in dem Grade, in dem der Wille als das rechtsetzende und geltungsbegründende Prinzip erkannt wird, wird auch die Geltung des Rechts aus der Äußerlichkeit in die bindende Wirkung des Willens gesetzt; die äußeren Wirkformen treten zurück. Sie verschwinden aber nicht gänzlich; ein flüchtiger Nachhall von ihnen bleibt erhalten im fixierten Wortlaut beim Vollzug von Rechtsakten oder in den Zeremonien von Vertragsunterzeichnungen – aber nun nicht mehr als geltungsbegründendes Moment, sondern nur noch als medienwirksames Dekor.

III. Genealogie des Rechts – Genealogie des Subjekts

(1) Die Genealogie des Rechts ist die Genealogie der Freiheit. Vielleicht klingt dieser – von Hegel so nicht ausgesprochene und doch so ganz Hegelsche – Satz jetzt, am Ende meines Vortrags, weniger befremdlich als an seinem Beginn. Ich habe meine anfängliche Aussage über die Geschichte des Rechts als Geschichte der Freiheit hier be-

21 Wesel, *Frühformen des Rechts*, 345.

grenzen müssen auf die Genealogie des Rechts; es läßt sich aber unschwer zeigen, daß sie für die Rechtsgeschichte überhaupt zutrifft. Natürlich wäre es töricht, sie gleichsam an jeder Gesetzesnovelle verifizieren zu wollen. Doch ist die Rechtsgeschichte voll von Belegen dafür, daß sie als eine Geschichte der Freiheit verstanden werden kann und auch verstanden werden sollte. Ich nenne hier nur die Trennung von Privatrecht und Strafrecht oder die Sphärendifferenzierung von Recht, Moral und Sitte in der Aufklärung oder die Entkoppelung von religiösem Bekenntnis und Bürgerrecht im 19. Jahrhundert – und diese Reihe ließe sich fast beliebig verlängern.

Allerdings möchte ich nochmals unterstreichen: Der »Fortschritt im Bewußtseyn der Freyheit« liegt nicht darin, daß die Rechtsverhältnisse sich ständig ein Stückchen freiheitlicher gestalten – so wie im Frühling die Welt schöner wird mit jedem Tag. Er liegt vielmehr darin, daß der Wille fortschreitend als eine nicht allein *wirklichkeits*gestaltende, sondern *rechts*gestaltende Potenz erkannt und anerkannt wird – daß erkannt wird, daß er dem Gesetz nicht bloß *unterworfen ist,* sondern daß er es selber *gibt* und daß es sich auch gar nicht anders geben läßt als nur durch ihn selbst, weil alle Normativität allein in ihm ihren Ursprung hat. Daß die ihrer selbst bewußte Freiheit auch wieder eine Gestaltungskraft für die Verwirklichung freiheitlicher Verhältnisse freisetzen *kann,* trifft sicherlich zu – aber dies ist ein weiterer Schritt, und er steht unter anderen Bedingungen. Und es ist leider ebenso wahr, daß aus Freiheit massiver Zwang folgen kann. Doch steht auch zu erwarten, daß das Selbstbewußtsein der Freiheit – anders als die sich nicht wissende Freiheit – auf die Abschaffung dieses Zwangs hinarbeiten werde. Und dies scheint mir keine bloße Hoffnung, sondern eine Selbstverständlichkeit zu sein.

(2) Hegels Konzeption der Geschichte des Selbstbewußtseins bietet einen konzeptuellen Rahmen für das Begreifen der Genealogie des Rechts und der Rechtsgeschichte überhaupt. Die rechtsgeschichtliche Genese der Person und im weiteren Verlauf die Genese des – in Hegels Sinn – »moralischen« Subjekts ist neben und vor allen anderen Aspekten als ein Ereignis der Bewußtseinsgeschichte zu begreifen. Damit soll der Beitrag der Sozial- und Wirtschaftsgeschichte der Alten Welt zur Genealogie des Rechts keineswegs bestritten sein; heute ist die Bedeutung der Wirtschaftsgeschichte für die Dynamik der Rechtsgeschichte ohnehin unübersehbar. Aber diese gegenwärtigen Entwick-

lungen stehen auf dem Boden einer – soweit sich erkennen läßt – abgeschlossenen Entwicklung des Subjekts; Hegel hätte gesagt: auf dem Boden des Wissens um die Unendlichkeit des Subjekts. Fraglos vollzieht sich die Genese des Rechts nicht unabhängig von sozial- und wirtschaftsgeschichtlichen Entwicklungen – dies ist trivial. Doch sind diese Entwicklungen selber an einen Rahmen gebunden, der durch subjektivitätstheoretische Voraussetzungen abgesteckt ist. Sie beruhen selber auf Leistungen der Subjektivität, und deshalb werden Person und Subjekt durch sie nicht erst *hervor*gebracht, sondern sie werden zum Wissen von sich selbst, zu ihrem selbstbewußten Fürsichsein gebracht – zum Wissen dessen, was sie an sich sind.

(3) Bisher habe ich die Erschließungskraft bewußtseinsgeschichtlicher Argumente für die Genealogie des Rechts betont: Die Genese des Rechts ist nur dort begriffen, wo sie zumindest zugleich als Moment der Bewußtseinsgeschichte begriffen ist. Doch dieser Satz läßt sich ebenso umkehren – und hierdurch gewinnt er noch an Gewicht: Fundamentale Züge der Bewußtseinsgeschichte – die Genese von Person und Subjekt – lassen sich nicht ohne die Genese und Geschichte des Rechts begreifen. Die Rechtsgeschichte bildet deshalb einen konstitutiven Bereich der Geschichte des Selbstbewußtseins. Die Bewußtseinsgeschichte beginnt ja nicht mit dem Selbstbewußtsein von Person und Subjekt; diese bilden zwar – nach der Seite eines sich selbst zunächst nicht durchsichtigen Ansichseins – die Voraussetzung der Genese des Rechts, aber ihr Selbstbewußtsein ist das Produkt der Rechtsgeschichte. Hierdurch aber wird das Verhältnis von Rechtsgeschichte und Bewußtseinsgeschichte asymmetrisch. Eine Rechtsgeschichte, die nicht ausdrücklich bewußtseinsgeschichtlich konzipiert ist, wird zwar – nach Hegels Wort – das Aufzeigen, wie es mit einer Sache vormals gehalten worden, mit ihrem Verstehen verwechseln (GW 18.85), aber sie wird dennoch die Genese bewußtseinsgeschichtlich relevanter Begriffe wie Person, Subjekt, Wille, Handlung in ihrem Kontext darstellen. Eine Bewußtseinsgeschichte hingegen, die die Rechtsgeschichte nicht integrierte, verfügte nicht einmal über den grundlegenden Begriff der Person, und auch wichtige Züge des Begriffsfeldes ›Subjekt, Wille, Handlung‹ blieben ihr verschlossen. Und deshalb bliebe ihr letztlich auch der Gedanke der Freiheit verschlossen, der doch – mit dem letzten Satz der rechtsphilosophischen Vorlesungen Hegels – »ihr Innerstes« ist (GW 26,3.1495).

Machtstaat und Kulturstaat

»Machtstaat oder Kulturstaat« – dies ist fraglos keine prägnante Disjunktion. Es sind zwei Begriffe, die beide auch gar nicht der Rechtsphilosophie Hegels angehören. Sie begegnen jedoch im Umkreis ihrer Interpretation, weil sie eine gewichtige Bedeutung für das Staatsdenken des 19. Jahrhunderts und seit dem 19. Jahrhundert gewonnen haben. Denn die in diesen Begriffen anvisierten Charakteristika und Aufgaben des Staates sind keineswegs mit diesem Jahrhundert vergangen – im Gegenteil. Die Probleme, die sie bezeichnen, haben sich fraglos verschoben – doch sind sie für die Gegenwart nicht weniger dringlich als vor zwei Jahrhunderten. Deshalb seien sie hier in philosophiegeschichtlicher Perspektive angesprochen.

I. Der Staat als Machtstaat

(1) »›Macht, Macht und abermals Macht‹« – diese Losung steht »über dem Eingang« des Hegelschen »Staatsgebäudes geschrieben«, »und vor dem Licht dieser Sonne verschwindet dem geblendeten Blick des Denkers – nämlich Hegel – alle innere Mannigfaltigkeit staatlichen, alle geistige Fülle nationalen Lebens« – so lauten die Eingangsverse eines alten Märchens.[1] Nur ein Jahr später sind sie wenig modifiziert – obschon mit anderer Tendenz – wiederholt worden: »Macht, Macht und noch einmal Macht« für den Staat habe Hegel »als erstes und höchstes Gebot der Vernunft und Sittlichkeit, des Rechts und der praktischen Politik aufgestellt«.[2] Seine Beliebtheit verdankt dieses Märchen einem doppelten Grund: Zum einen läßt es dem Zuhörer oder Leser den Schauder über den Rücken rinnen, der nun einmal zu einem guten Märchen gehört, und zum anderen – und vor allem – hat dieses Märchen eine exzellente Ablenkungs- und Verdrängungsfunktion: Es steckt mit wenigen Worten das ›Reich des Bösen‹ ab und

1 Franz Rosenzweig, *Hegel und der Staat,* München und Berlin 1920, Bd. 1.109.

2 Hermann Heller, *Hegel und der nationale Machtstaatsgedanke in Deutschland. Ein Beitrag zur politischen Geistesgeschichte.* Leipzig und Berlin 1921, VI.

läßt dadurch den Gedanken gar nicht mehr aufkommen, daß es solches ›Böses‹ auch außerhalb der Grenzen dieses Reiches gegeben haben könne – und vielleicht ja immer noch und sogar in wachsendem Maße gibt.

Nun ist der Gedanke, daß politische Herrschaft etwas mit ›Macht‹ zu tun hat, zur Zeit Hegels weder neu noch sonderlich aufregend. Seit es Staaten gibt, hat niemand daran gezweifelt. Und für die neuzeitliche Staatsphilosophie ist nicht schon die Macht dasjenige, was den Staat als den spezifisch modernen Herrschaftsverband auszeichnet, sondern die in *einer* Hand konzentrierte Macht – und auch nicht allein die Macht, sondern die »absolute Macht«. Diese Rede nicht allein von der »potentia«, sondern von der »potentia absoluta« hat fraglos eine theologische Konnotation[3] – aber doch nur deshalb, weil der theologische Begriff der göttlichen Allmacht eine politische Konnotation hat, weil er nämlich nach dem Begriff der staatlichen Allmacht modelliert worden ist. Für die Staatstheoretiker der frühen Neuzeit – ich nenne hier nur Jean Bodin oder Thomas Hobbes – ist diese Konzentration der Macht und der absoluten Macht in den Händen des Souveräns aber keineswegs der Selbstzweck des Staates: Die Zuschreibung der potentia absoluta an den Souverän erfolgt ja nicht im Interesse der Rechtfertigung des Absolutismus, sondern der Begründung des friedlichen Zusammenlebens und der Erhaltung derjenigen, die dieser Macht unterworfen sind. Der ›bürgerliche Zustand‹, der status civilis, ist gedacht als ein Rechtszustand, aber dieser »Rechtszustand« unterscheidet sich vom sogenannten »Naturzustand« nur durch die etablierte politische Macht. Unter dem »Naturzustand« wird ja nichts anderes verstanden als ein nicht durch eine zentrale Macht und deshalb auch nicht durch Recht geregeltes menschliches Zusammenleben.

Ein »bürgerlicher Zustand«, ein Rechtszustand, der nicht durch die Macht eines Souveräns gesichert wäre, ist eine Chimäre. Macht und Recht stehen deshalb einander nicht ausschließend entgegen; Recht wird durch Macht zwar nicht als Recht begründet, aber das Recht muß sich stets auf Macht stützen können; und ohne die Macht gibt es kein Recht – ganz im Sinne von Thomas Hobbes' Beobachtung, daß der

3 Carl Schmitt, *Politische Theologie. Vier Kapitel von der Souveränität,* Berlin [3]1979.

Mensch allein unter den Bedingungen staatlicher Macht zum Gott für den Menschen werden kann – »homo homini Deus« – während die Menschen sich im Falle der Abwesenheit staatlicher Macht wie Wölfe zueinander verhalten. Zumindest unter *den* Bedingungen des menschlichen Zusammenlebens, die wir allein kennen, muß man entweder ein Träumer und Ignorant oder selber ein Wolf sein, wenn man meint oder gar hofft, auf die Macht als die notwendige Bedingung staatlichen Zusammenlebens verzichten zu können.

(2) Nun mag man freilich einwenden, daß diese Einsicht in die Notwendigkeit der Begründung der Staatsmacht als des »machthabenden Allgemeinen« trivial sei, daß sie aber nicht schon zur Rechtfertigung eines ›Machtstaates‹ geeignet sei – und dem möchte ich nicht widersprechen. Doch was ist damit gesagt – was ist eigentlich ein »Machtstaat«? Von der Wortbedeutung her ist unter »Machtstaat« ein Staat zu verstehen, dessen einziger oder zumindest dominierender Zweck in der Ausübung von Macht besteht. Es dürfte allerdings schwerfallen, hierfür einen historischen Beleg zu finden – selbst wenn man die Staaten mit Augustinus gegenüber der Gottesherrschaft als »große Räuberbanden«, als »magna latrocinia«, abqualifiziert. Der Begriff des »Machtstaates« ist auch gar kein traditioneller, allgemein verwendeter und verständlicher, vermutlich nicht einmal ein übersetzbarer Begriff, sondern ein ›Kampfbegriff‹, ein ideenpolitischer Begriff, der in einer spezifischen Situation der deutschen Geschichte des 19. Jahrhunderts gebildet worden ist, parallel zu »Rechtsstaat« oder »Polizeistaat«. Versteht man den Begriff des »Machtstaates« als Gegenbegriff zu dem des »Rechtsstaates«, so ist unter »Machtstaat« ein Staat zu verstehen, der sich nicht auf das Recht, sondern auf die Macht stützt – oder: als ein Staat, in dem das Recht nicht mit Hilfe von Macht durchgesetzt wird, sondern in dem das Recht durch die Macht begründet wird. Und dagegen steht natürlich die alte, immer wieder beschworene und doch immer wieder verleugnete Einsicht: »Die *Macht* allein, gibt *Göttern* selbst kein *Recht.*«[4]

(3) Der Begriff des »Machtstaates« hat seinen geschichtlichen Ort in der Auseinandersetzung zwischen Konservativen und Liberalen in

4 Christoph Martin Wieland, *Idris und Zenide.* – Siehe jedoch Friedrich Heinrich Jacobi, *Ueber Recht und Gewalt.* JWA 4,1.268.

der deutschen Geschichte der zweiten Hälfte des 19. Jahrhunderts. Durch ihren Konflikt – durch den Konflikt zwar nicht von ›Macht und Recht‹, jedoch von ›Macht und Freiheit‹ – ist sein spezifischer Bedeutungsgehalt geprägt worden. Dies hat allerdings vergessen lassen – und man hat dies auch *gern* vergessen gemacht! –, daß der programmatische Ruf nach Macht damals im Lager der Liberalen erschollen ist. Dort hat man nach der gescheiterten Revolution von 1848 »die Wahrheit, die in der Macht liegt«, entdeckt – oder um das bekannte Wort Friedrich Christoph Dahlmanns, eines der profiliertesten Köpfe der Liberalen aus der deutschen konstituierenden Nationalversammlung in der Paulskirche im Jahr 1849, zu zitieren, oder zunächst seinen ersten Teil: »Die Bahn der Macht ist die einzige, die den gährenden Freiheitstrieb befriedigen und sättigen wird, der sich bisher selbst nicht erkannt hat.«[5] Im gleichen Umkreis, aus dem gleichen Interessenzusammenhang, wird damals auch das Wort »Realpolitik« geboren, das man so gern der konservativen Partei zuzuschreiben gewillt ist.[6] Und es ist auch überaus plausibel – und ich will es auch keineswegs inkriminieren! –, daß diese programmatische Parole der Macht gerade von denen ausgegeben wird, denen die Macht damals versagt gewesen ist. Die damals tonangebenden Konservativen haben nicht von der Macht geredet – sie haben sie ausgeübt.

(2) »Die Wahrheit, die in der Macht liegt« – ich habe soeben in den Kontext der Diskussionen der deutschen konstituierenden Nationalversammlung ein Wort aus Hegels, ein halbes Jahrhundert zuvor verfaßter Schrift *Kritik der Verfassung Deutschlands* – oder kurz: aus

5 Friedrich Christoph Dahlmann, 22. Januar 1849, in Franz Wigard (Hg.), *Stenographischer Bericht über die Verhandlungen der deutschen constituirenden Nationalversammlung zu Frankfurt am Main,* 9 Bde. Frankfurt am Main, 1848/49, Bd. 7.4821 (Hervorhebung W.J.). – Vgl. Wilhelm Bleek, *Geschichte der Politikwissenschaft in Deutschland,* München 2001, 149.

6 Ludwig August von Rochow: *Grundsätze der Realpolitik, angewendet auf die staatlichen Zustände Deutschlands,* Stuttgart 1853. Siehe hierzu zuletzt Christian Jansen: *»Revolution« – »Realismus« – »Realpolitik«. Der nachrevolutionäre Paradigmenwechsel in den 1850er Jahren im deutschen oppositionellen Diskurs und sein historischer Kontext.* In: Kurt Bayertz, Myriam Gerhard u. Walter Jaeschke (Hg.), *Weltanschauung, Philosophie und Naturwissenschaft im 19. Jahrhundert.* Bd. 1: *Der Materialismus-Streit.* Hamburg 2007, 223–259.

seiner *Verfassungsschrift* – eingeführt. Denn trotz aller Differenzen der Jahre um 1800 und der Jahre um 1850: In einem Punkt stimmt die Situation überraschend überein: »Die Wahrheit, die in der Macht liegt«, wird von denen entdeckt, die sie nicht haben. Hegel analysiert in seiner *Verfassungsschrift* die politische Lage des damaligen Deutschen Reiches – oder genauer: des Heiligen Römischen Reiches Deutscher Nation, dem damals ja auch das heutige Kroatien angehört hat: Das Reich ist ein auf Tradition basierender Herrschaftsverband, dem jedoch unglücklicherweise ein für die Staatlichkeit konstitutives Moment fehlt: die Macht. Und deshalb wird es für alle zum Gespött – für die Fürsten der deutschen Staaten, die wirkliche, wenn auch nur geringe Macht haben, und für das Ausland, insbesondere natürlich für Frankreich, das sich unter der politisch wirkungsvollen Decke der Verkündung menschheitsfreundlicher und menschheitsrechtlicher Parolen Stück für Stück dieses Reiches einverleibt. In dieser Lage erinnert Hegel beharrlich und nachhaltig daran, daß ein Staat ohne Macht kein Staat sei, sondern eine leere Proklamation und ein Spielball anderer Mächte – auch wenn dieser machtlose Staat die von Hegels Kritiker betonte »innere Mannigfaltigkeit staatlichen« oder »geistige Fülle nationalen Lebens« in noch so hohem Maße in sich hat. Mit dieser »geistigen Fülle nationalen Lebens« wird es vielmehr bald vorbei sein, wenn es nicht durch Macht gesichert wird. Und deshalb ist für Hegel damals – wie er stereotyp formuliert – »Deutschland« – das Deutsche Reich – »kein Staat mehr«.

Die im Namen der Freiheit vorgetragene Kritik des Hegelschen »Machtstaates« verschweigt beharrlich, daß diese Diagnose Hegels nur vier Jahre später durch die Auflösung des Deutschen Reiches bewahrheitet worden ist. Und sie verschweigt ebenfalls, daß Hegel vehement dafür plädiert, die aus dem Gedanken des Staates als der höchsten Macht fließenden Funktionen auf lediglich zwei zu begrenzen: auf die Gewalt zur Verteidigung und auf die Finanzhoheit. Beides gehört ja insofern zusammen, als ohne Finanzhoheit die Verteidigung nicht möglich ist. Was hingegen nicht für die Organisation der höchsten Gewalt zur Erhaltung der äußeren und inneren Sicherheit erforderlich ist, müsse die Regierung »der Freyheit der Bürger überlassen«, und Hegel betont mit großer Emphase, »daß ihr nichts so heilig seyn müsse, als das freye Thun der Bürger in solchen Dingen gewähren zu lassen und zu schützen, ohne alle Rücksicht auf

Nutzen, denn diese Freyheit ist an sich selbst heilig« (GW 5.175). Nicht einmal die Einheit des bürgerlichen Rechts gilt ihm als konstitutiv für einen Staat – eine Behauptung, die er durch einen Rückblick auf die sehr partikularistische Rechtsverfassung des vorrevolutionären Frankreich und durch das Gedankenexperiment zu erweisen sucht, daß auch eine einheitliche Geltung des römischen Rechts in den europäischen Staaten diese nicht zu einem Gesamtstaat konstituierte (GW 5.69f). Der vielgeschmähte Hegelsche ›Machtstaat‹ umfaßt insofern weit weniger Funktionen als irgendein heutiger Staat, und er ist in diesem Sinne erheblich »liberaler«.[7]

(3) Man könnte den Staat der Hegelschen *Verfassungsschrift* allenfalls insofern einen »Machtstaat« nennen, als er sein Zentrum in der Verteidigung nach außen hat – eine Perspektive, die damals, angesichts der französischen Annektionspolitik, nur allzu plausibel ist. Vor allem aber: Gerade solche Kritiker, die die Chimäre des angeblichen Hegelschen ›Machtstaats‹ im Namen der Freiheit kritisieren, sollten sich nicht darüber hinwegsetzen, daß Hegels Identifikation des Staates mit der Ausübung von Macht eine strikte Reduktion des Staates auf die Macht zur Verteidigung seiner selbst und seiner Bürger, zur Sicherung seines Bestehens ist. Darüber hinaus läßt diese Reduktion des Staates auf den Verteidigungszweck das politische Leben frei. Sie scheidet die Sphären der staatlichen Macht und der »an sich selbst heiligen« »Freyheit der Bürger« voneinander ab – und zu dieser Sphäre gehört neben dem wirtschaftlichen fraglos auch das kulturelle Leben der Bürger, das aber als solches eben ein privates und somit kein ›staatliches‹ Leben ist. Es wäre in dieser politischen Konstellation auch völlig widersinnig, wenn diese »Freiheit« nun ihrerseits »Macht« forderte.

(4) Ein halbes Jahrhundert später hat sich diese Konstellation verschoben – durch einen Staat, der diese »Freiheit der Bürger« nicht anerkennt, und durch ein selbstbewußtes, politisiertes Bürgertum, das aus gutem Grund die Ausübung der Macht nicht mehr einem von sich streng geschiedenen Staat überlassen will, das aber bei der ›Machtprobe‹ mit dem Staat – in der Märzrevolution des Jahres 1848 und

[7] Für eine etwas ausführlichere, obschon dennoch komprimierte Interpretation der *Verfassungsschrift* siehe Jaeschke, *Hegel-Handbuch,* 100–106 [[3]2016, 93–98].

den anschließenden Bemühungen um eine nationale Verfassung – erkennen muß, daß es keine Macht hat. Es ist historisch nur zu plausibel, daß das Bürgertum in dieser neuen Konstellation nun seinerseits nach der politischen Macht verlangt, um seine Freiheit zu schützen – und nunmehr nicht, wie zur Zeit Hegels, gegen eine äußere Bedrohung, sondern gegen die innere Bedrohung der Freiheit durch staatliche Bevormundung. Und doch stimmen die Formulierungen bedenklich, in denen sich dieses neu erwachte Verlangen nach politischer Freiheit ausspricht. Ich wiederhole und vervollständige das Zitat aus der Rede Dahlmanns: »Die Bahn der Macht ist die einzige, die den gährenden Freiheitstrieb befriedigen und sättigen wird, der sich bisher selbst nicht erkannt hat. Denn es ist nicht bloß die Freiheit, die er meint, es ist zur größeren Hälfte die Macht, die ihm bisher versagte, nach der es ihm gelüstet.« Der »Freiheitstrieb« also, »der sich bisher selbst nicht erkannt hat«, erkennt nun, daß er ebensosehr Machttrieb ist – und nicht nur »ebenso«: Er erkennt vielmehr, daß es ihn »zur größeren Hälfte« – also mehr noch als nach Freiheit! – nach der Macht gelüstet, die ihm bisher versagt geblieben ist und die er nun unter der Losung der Freiheit gewinnen will.

In dieser Formulierung spricht sich in fast erschreckender Deutlichkeit eine Dialektik aus – und zwar nicht schon eine »Dialektik der Freiheit«, sondern die »Dialektik des politischen Liberalismus« – und auch dies nicht schon darin, daß der Liberalismus sich – reichlich spät! – darauf besinnt, daß er der Macht bedarf, um Freiheit zu verwirklichen, sondern dort, wo er sich eingesteht, daß es ihn nur ›zur kleineren Hälfte‹ nach der Freiheit und »zur größeren Hälfte« nach der Macht »gelüstet«. Und selbst die Rede vom »sich gelüsten« ist verräterisch – sie ist in der deutschen Sprache ja fest an den Mythos vom Sündenfall wie auch an die beiden letzten der Zehn Gebote gebunden: Sie schließt ein klares Unrechtsbewußtsein ein. Darin liegt das Problematische: Der Freiheitstrieb, der sich erkennt, erkennt sich vielmehr als Machttrieb. Diese Diagnose des Verhältnisses von Freiheit und Macht antizipiert einen guten Teil der Geschichte des politischen Liberalismus des 19. Jahrhunderts, seine Liaison mit der Macht: Wer nur ›zur kleineren Hälfte‹ die Freiheit und »zur größeren Hälfte die Macht« begehrt, wird auch dort nach der Macht greifen, wo sie nur auf Kosten der Freiheit zu haben ist. Und der Verwirklichung dieses »Gelüstes« nach Macht dient es auch, den politischen Gegner durch das ideenpolitische Schlagwort »Machtstaat« zu diskreditieren.

II. Der Staat als Kulturstaat

(1) Während Hegels Manuskript der *Verfassungsschrift* fast das gesamte 19. Jahrhundert hindurch von niemandem gelesen in seinem Schreibtisch geschlummert hat, hat die ungeheure Dynamik der Entwicklung der Staatlichkeit diejenige politische Konstellation hinweggefegt, deren Begriff Hegel in diesem Manuskript *ent*worfen – und bald auch wieder *ver*worfen hat. Denn der Staat, wie Hegel ihn in der *Verfassungsschrift* zeichnet, ist lediglich ein »äußeres Band« zum Zwecke der Verteidigung; er ist nicht »objektiver Geist«, also auch kein »sittlicher Staat«, und noch weniger ist er ein »Kulturstaat«. Daß diese äußerst reduzierte Konzeption nicht geeignet ist, die Wirklichkeit des Staates zu begreifen, hat Hegel zu eben der Zeit erkannt, zu der er – aus politischen Gründen – die Arbeit an der *Verfassungsschrift* abgebrochen hat. Die Entwicklung der Realität und des Begriffs des Staates möchte ich nun unter den Gesichtspunkt der Entwicklung zum »Kulturstaat« stellen. Zuvor aber, um ein Mißverständnis zu vermeiden, nochmals und zum letzten Mal: Diese Entwicklung ist nicht etwa als Entwicklung vom ›Machtstaat‹ zum ›Kulturstaat‹ zu charakterisieren – denn einen solchen ›Machtstaat‹ hat es weder in der politischen Philosophie noch in der politischen Wirklichkeit gegeben.

(2) Die Entwicklung der Staatlichkeit im 19. Jahrhundert ist dadurch geprägt, daß dem Staat kontinuierlich Funktionen zuwachsen – und dies, möchte ich einschieben, ist ein Prozeß, den ich hier zwar an der Entwicklung Preußens ablese, der aber keineswegs auf diesen Staat beschränkt, sondern charakteristisch für die Ausformung des Staatsgedankens im allgemeinen ist – auch wenn die Formen ihres Verlaufs sich fraglos erheblich unterscheiden. Sie ist auch nicht schlechthin unter den Titel »Entwicklung zum Kulturstaat« zu stellen; diese macht nur *ein* Moment, wenn auch ein wichtiges Moment in ihr aus. Zumindest ebenso wichtig ist die Entwicklung des Staates zum »sittlichen Staat«, und diese ist sogar die historische und begriffliche Voraussetzung. Die Grenzen zwischen dem »sittlichen

Staat« und dem »Kulturstaat« lassen sich zwar nicht scharf ziehen, doch hat der Begriff des »sittlichen Staates« fraglos größeren Umfang als der des »Kulturstaates«. Dennoch bildet er – zumindest auf der begrifflichen Ebene – keineswegs eine notwendige Voraussetzung für den des »Kulturstaates« – oder anders: »Kulturstaat« könnte auch ein Staat sein, der sich nicht als »sittlichen Staat« versteht.[8] Allerdings ist es wahrscheinlich, daß der Staat im Grade seines Selbstverständnisses als »sittlicher Staat« »kulturelle« Funktionen übernehmen und sich zum »Kulturstaat« erweitern wird.

Doch was ist – zunächst – ein »sittlicher Staat«? Zur Vorsicht möchte ich nur ein paar Sätze einfügen, um ein mögliches Mißverständnis auszuschließen. Hegels Rede vom Staat als einer Gestalt der »Sittlichkeit« hat nichts damit zu tun, daß es in diesem Staate ›moralisch‹ zugeht – obschon dagegen natürlich nichts einzuwenden ist. Unter dem Titel »Sittlichkeit« begreift Hegel die Organisationsformen des menschlichen Zusammenlebens, deren höchste eben der Staat ist, und insofern ist jeder Staat an sich ein »sittlicher Staat«. Im affirmativen, unterscheidenden Sinne aber liegt die »Sittlichkeit« des Staates in seinem Selbstverständnis, in seinem Fürsichsein – daß er weiß oder daß für ihn ist, daß er eine solche Gestalt des menschlichen Zusammenlebens ist, die ihren Grund in sich selber hat, und daß er sich weder einem Vertragsschluß verdankt noch ein Zufallsprodukt der geschichtlichen Entwicklung ist, das es ebensogut nicht geben könnte. Ein Staat, der als vertraglich begründete Anstalt im Interesse der physischen Selbstbehauptung verstanden würde, hätte wenig Anlaß, sich als »Kulturstaat« zu profilieren; ein Staat hingegen, der als die allgemeine und höchste Organisationsform menschlichen Zusammenlebens verstanden wird, wird alle diejenigen Lebensbereiche in sich zu integrieren bestrebt sein, die konstitutive Bedeutung für dieses Leben haben.

8 Es scheint mir deshalb nicht gerechtfertigt, den Begriff des »Kulturstaats« so eng mit dem des »sittlichen States« zu verbinden, wie Ernst Rudolf Huber, *Zur Problematik des Kulturstaates*. Tübingen 1958, mit seiner Formulierung: »Der Kulturstaat ist die Selbstdarstellung der Kultur als Staat. Diese Bedeutung von Kulturstaat drückt sich ethisch in der Hegelschen Formel aus, der Staat sei ›die Wirklichkeit der sittlichen Idee‹.«

(3) Ich möchte die damalige Entwicklung des Staates zum »sittlichen Staat« an zwei Beispielen kurz skizzieren. Das erste hat noch nichts mit seinem Werden zum »Kulturstaat« zu tun – auch wenn es den Beginn einer Entwicklung anzeigt, die im späten 19. Jahrhundert schließlich zum sogenannten »Kulturkampf« führt. Schon wenige Jahre nach Hegels Tod wird in Deutschland – und insbesondere im konfessionell gemischten Preußen – das Problem der »Mischehen«, also der Ehen von Partnern unterschiedlicher Konfession, virulent. Bis ins 19. Jahrhundert hat der Staat die Schließung der Ehe der Kirche oder den Kirchen überlassen – oder historisch richtiger: Diese Aufgabe ist seit alters eine Aufgabe der Kirchen gewesen, und der Staat hat keine Anstalten unternommen, sie an sich zu ziehen. Gleiches gilt für die Geburten und Todesfälle: Über sie wird von seiten der Kirche Buch geführt – und statt einer Geburtsurkunde gibt es lediglich den Taufschein. Solange der Staat sich als Anstalt zum Schutz der Sicherheit und des materiellen Wohlergehens seiner Untertanen versteht, bleibt der Kirche – oder den Kirchen – ein wesentlicher Teil des Bereichs der »Sittlichkeit« überlassen. Erst die Kritik am aufklärerischen Staatsbegriff in Verbindung mit dem sozialen Wandel zu Beginn des 19. Jahrhunderts führt zur Neukonzeption des Staates, die sich in Preußen im Staatskonzept der Reformzeit – also in den Jahren ab 1807 – niederschlägt.

Der Staat, der sich als »sittlicher Staat« versteht, ergreift von nun an selbst diese zuvor von den Kirchen wahrgenommenen Funktionen – und er setzt sein Selbstverständnis in einem langen Kampf mit den Kirchen durch, weil sie auf Grund der Konfessionsspaltung gar nicht mehr in der Lage sind, das Interesse des Allgemeinen zu vertreten. Dabei geht es nicht etwa darum, die zuvor von den Kirchen wahrgenommenen Funktionen zu untersagen. Der Taufschein kann weiterhin ausgestellt werden, doch entscheidend ist die – staatliche – Geburtsurkunde. Und auch das Sakrament der Ehe wird keineswegs destruiert – doch wird es dem Gedanken der staatlichen Ordnung nachgeordnet, und so kann die kirchliche Eheschließung erst auf der Grundlage der bürgerlichen vollzogen werden. Es ist jedoch festzuhalten, daß die Ausbildung dieser staatlichen Funktionen nicht an das Vorliegen der beschriebenen historischen Voraussetzungen – also der verbreiteten Konfessionsverschiedenheit – gebunden ist, sondern daß dem Staat diese Funktionen – wenn auch zeitlich verzögert – auch dort zuwachsen, wo weitgehende konfessionelle Homogenität herrscht. Doch auch wenn diese Auseinandersetzungen, die in Preußen ein halbes Jahrhundert dauern, unter dem Titel »Kulturkampf« bekannt sind: Sie haben nichts mit der Entwicklung des Staates zum »Kulturstaat« zu tun. Anders steht es mit einem benachbarten Bereich: Der Staat zieht nicht allein die Regelung von Eheschließung, Geburt und Tod an sich, sondern er unterstellt auch das Bildungswesen seiner Hoheit. Und während die Universitäten und auch ein großer Teil des höheren Schulwesens traditionell in staatlicher Hand gewesen sind: Der elementare Bildungsbereich untersteht bis ins 19. Jahrhundert ebenfalls den Kirchen; er ist »causa ecclesiastica«. Es ist eine Entwicklung von großer Tragweite gewesen, daß der »sittliche Staat« seinen Anspruch auf »Kulturhoheit« auch hier gegen den anhaltenden Widerstand der Kirchen durchgesetzt hat und sich auf diesem Wege als »Kulturstaat« profiliert hat.

Zu den in diesen beiden Beispielen genannten Problembereichen hat Hegel in seiner Philosophie nicht ausdrücklich Stellung bezogen. Dennoch ist es auf Grund von anderen Ausführungen nicht zweifelhaft, wie sie ausgefallen wäre, wenn er sich geäußert hätte. Hegel spricht dem Staat – als einer Gestalt des »objektiven Geistes« – keine Kompetenz im Bereich des »absoluten Geistes«, also im Bereich von Kunst, Religion und Philosophie zu – allerdings mit einer entscheidenden Ausnahme: Dort, wo die Sphäre des »absoluten Geistes« in die staatliche Wirklichkeit hineinreicht und die »wirkliche Sittlichkeit« betrifft, fällt die Entscheidungskompetenz dem Staat zu. Und dies ist fraglos nicht allein dort der Fall, wo ein religiöser Kultus gegen staatliche Gesetze verstößt, sondern auch im Falle der konfessionell-gemischten Ehen oder bei den Auseinandersetzungen um die Regelungskompetenz in den Fragen der Schulbildung. Der Staat, der sich als »sittlicher« und zugleich als »Kulturstaat« versteht, muß diese Bereiche in seine eigene Obhut nehmen. Denn er vertritt das allgemeine Interesse gegenüber dem Partikularinteresse religiöser Gruppierungen.

(4) Von der Entwicklung zum »sittlichen Staat« möchte ich hier die Entwicklung zum »Kulturstaat« noch unterscheiden. Diesen Aspekt hat Hegel in seinen *Grundlinien der Philosophie des Rechts* nicht ausführlich entwickelt; er begnügt sich statt dessen mit dem bloßen Hinweis, daß »in einer vollständig concreten Abhandlung vom

Staate« – die also über die bloßen »Grundlinien« der Rechts- und Staatsphilosophie hinausgeht – auch das Verhältnis von Staat und Kunst thematisch zu sein hätte (GW 14,1.214; § 270).

Die Entwicklung des Staates zum »Kulturstaat« wird jedoch auch noch durch eine Entwicklung befördert, die ursprünglich weder mit dem Begriff des »sittlichen Staates« noch mit dem des »Kulturstaats« verbunden ist, sondern am Begriff der Souveränität verläuft: mit dem Übergang von der »Herrschersouveränität« zur »Staatssouveränität«. Dies mag etwas umwegig erscheinen, doch liegt auch hier eine wichtige Wurzel des Selbstverständnisses des Staates als »Kulturstaat«. Der Begriff der Souveränität, der »summa potestas« oder der »potestas absoluta« ist ja derjenige Begriff, der die neuzeitliche Staatskonzeption markant vom Herrschaftsgedanken des Mittelalters abhebt. Im Begriff der Souveränität liegt aber noch nicht, wer der Inhaber der souveränen Gewalt ist. Für Hobbes – als einen der wichtigsten Vertreter dieser Konzeption – kann die souveräne Gewalt einer kleineren oder größeren Versammlung zukommen, aber auch einem Einzelnen, und es sind dann nur noch pragmatische Gründe, die für diese oder jene Lösung sprechen; schon zu Hobbes' Zeiten kann die Souveränität aber auch dem Volk zugeschrieben werden – etwa von Althusius.[9]

Mit dem Übergang zum 19. Jahrhundert – und fraglos angestoßen von Aufklärung und französischer Revolution! – erfolgt jedoch ein Übergang von den genannten, an der Zahl der Inhaber orientierten Varianten des Souveränitätsbegriffs zum Begriff der einen »Staatssouveränität«: Souverän ist nicht der Monarch, aber auch nicht das Volk, sondern der Staat. Doch diese Aussage ist zu modifizieren: Genauer gesagt handelt es sich hier nicht um einen Übergang von der Herrschersouveränität zur Staatssouveränität, sondern um eine Differenzierung im Begriff der Souveränität. Solange der Herrscher der Staat »ist«, im Absolutismus, gibt es ja gar keine von der Herrschersouveränität getrennte Staatssouveränität – oder umgekehrt; beide fallen in eins zusammen. Die Herrschersouveränität steht in ungeschiedener Einheit mit den Funktionen des Staats, und deshalb erfolgt

[9] Zu Althusius vgl. Otto von Gierke, *Johannes Althusius und die Entwicklung der naturrechtlichen Staatstheorien. Zugleich ein Beitrag zur Geschichte der Rechtssystematik.* Breslau 1880.

auch keine scharfe Trennung zwischen dem Privatvermögen des Herrschers und dem Vermögen des Staates.

Zu Hegels Zeit erhebt der Staat noch keinen umfassenden, programmatischen Anspruch auf Gestaltung der Kultur. Dies zeigt sich schon daran, daß es kein »Kultusministerium«[10] oder auch nur fixierte Instanzenzüge für die Verwaltung des Bereichs »Kultur« gibt. Doch im Zuge dieses allmählichen, sich etwa ein Jahrhundert hinziehenden Übergangs von der Herrschersouveränität zur Staatssouveränität geht eine Reihe von Kompetenzen, aber auch von Aufgaben, die zuvor dem Herrscher zugefallen sind, an den Staat über – und hierzu gehören auch solche Aufgaben, die den Staat auf den Weg zum »Kulturstaat« führen. Besonders augenfällig wird dieser Übergang an den Bezeichnungen kultureller Einrichtungen: Aus der »Königlichen Bibliothek« wird die »Staatsbibliothek«, aus dem »Königlichen Schauspielhaus« das »Staatstheater« und aus den Königlichen Sammlungen werden die »Staatlichen Museen«. Dieser Prozeß steckt zur Zeit Hegels aber noch in den Anfängen.

Der Übergang von der Herrschersouveränität auf die Staatssouveränität darf jedoch nicht als ein gleichsam »natürlicher« Übergang von der Kunstliebe oder auch vom Mäzenatentum des Herrschers auf den Staat verstanden werden. Der Staat hätte diese Aufgaben auch ablehnen und in den Privatbereich des Herrschers verweisen können – wie etwa beim Ankauf einer bedeutenden Gemäldesammlung, die heute einen wichtigen Bestandteil der »Staatlichen Museen zu Berlin« bildet: Der Plan eines Ankaufs durch den Staat hat sich wegen der hohen Kosten zerschlagen; es ist damals aber auch von einflußreicher Seite das Argument vorgetragen worden: »Der preußische Staat ist nicht zu einer zweckmäßigen Bühne für die höhere Kunst geeignet.« So hat der König diese Sammlung damals als Privateigentum und aus seinen Privatmitteln erworben.[11] Doch im weiteren Verlauf wird die

10 Die korrekte Bezeichnung des Ministeriums des oft als »Kultusminister« bezeichneten Ministers v. Altenstein lautet »Ministerium für Geistliche-, Unterrichts- und Medicinalangelegenheiten«.

11 Die Sammlung Solly; siehe Jaeschke, *Politik, Kultur und Philosophie in Preußen.* In: Otto Pöggeler und Annemarie Gethmann-Siefert (Hg.), *Kunsterfahrung und Kulturpolitik im Berlin Hegels,* Bonn 1983, 31f. (= Hegel-Studien. Beiheft 22).

Entscheidung über den Ankauf von Kunstwerken wie überhaupt über kulturelle Belange zunehmend dem Willen des Herrschers entzogen und auf das Ministerium verlagert. Dann aber erwirbt der Staat Gemälde oder Sammlungen nicht mehr zur Verschönerung der Königsschlösser oder zur Demonstration des Reichtums und Geschmacks des Herrschers gegenüber anderen Fürsten, sondern für die Ausstattung der nun erst eingerichteten öffentlichen Museen. Hierin zeigt sich die sukzessive Anerkennung der Kulturgestaltungsfunktion des Staates in dem umfassenden Sinn, der auch die Ausbildung staatlicher Kompetenzen für den Bereich der Kunst einschließt.

Es handelt sich somit bei dem hier beschriebenen Prozeß nicht um einen eher zufälligen oder naturwüchsigen Prozeß, sondern um eine politische Einsicht und Entscheidung: Vorausgesetzt ist eine Veränderung im Begriff des Staates, die eine Veränderung in der Beschreibung seiner Aufgaben nach sich zieht: die Einsicht nämlich, daß der Kultur ein nennenswerter, wenn auch nicht exakt quantifizierbarer Einfluß auf die Gestalt des Staates, also eine »Staatsgestaltungsmacht« zukommt, daß also der »Staat als Kulturgebilde« aufgefaßt wird. Diese Einsicht hat damals vielleicht in keinem Staat näher gelegen als in Preußen, das sich damals, in der Reformzeit und in den von ihr ausgehenden Traditionen, als einen künstlichen, auf Intelligenz gebauten Staat verstanden hat. Zum »Kulturstaat« wird der Staat dort, wo er sich weder durch eine göttliche oder heroische Stiftung noch durch einen primordialen Vertragsschluß legitimiert, sondern wo er sich als ein Gewachsenes verstehen lernt, dessen Wachstum sich natürlich nicht allein, aber doch zu einem beträchtlichen Teil der kulturellen Entwicklung verdankt. Wenn aber der Staat sich als ein »Kulturgebilde« erkennt, wird er sich nicht als Produkt einer eindimensionalen Entwicklung verstehen, sondern er wird eine »Kulturgestaltungsmacht« für sich in Anspruch nehmen, wenn er sich seiner eigenen Grundlagen vergewissern will – dies sicherlich nicht in dem Sinne, daß er erst die Kultur hervorbrächte, die ihn dann gestaltet, sondern in dem Sinne, daß er sich der Sorge für den Bereich annimmt, von dessen ›staatsgenerierender, staatsprägender und staatserhaltender Kraft‹ er sich überzeugt hat. Er versteht sich dann als »Kulturstaat« im doppelten Sinne des Wortes, nämlich als durch Kultur hervorgebrachte und als Kultur gestaltende Macht.

(5) Der hier angedeutete Prozeß wird jedoch durch eine weitere, von ihm unabhängige Entwicklung zusätzlich kompliziert: durch die Ausbildung einer vom Staat unterschiedenen »bürgerlichen Gesellschaft«. Als Mitglied dieser bürgerlichen Gesellschaft handelt selbst der König, wenn er als Privatmann mit seinem Privatvermögen eine Gemäldesammlung erwirbt. Es ist somit nicht der »Staat« allein – der Staat, nun im prägnanten Sinne gefaßt –, der als eine kulturgestaltende Macht auftritt, sondern der Staat teilt sich diese Aufgabe mit der »bürgerlichen Gesellschaft« – und zwar ohne daß ein prägnantes und durchgreifendes Prinzip der Aufteilung erkennbar wäre, wie dies zuvor bei der Verteilung der im weiten Sinne kulturellen Aufgaben zwischen Kirche und Staat der Fall gewesen ist. Staat und Gesellschaft lassen sich zwar prägnant unterscheiden, doch lassen sich ihnen kulturelle Bereiche nicht so zuordnen, daß es nicht zu Überschneidungen käme. Und dies ist auch keineswegs zu beklagen: Theater und Museen, Konzertsäle und Opernhäuser können – zumindest – ebensogut vom Staat wie von Vereinen oder Privatpersonen getragen werden, und es unterliegt keinem Zweifel, daß sich diese Dualität förderlich auf das kulturelle Leben auswirkt. Schon Hegel genießt es, den einen Tag in die Königliche Oper und den anderen ins private Königsstädtische Theater zu gehen. Der »Kulturstaat im weiten Sinne« tritt somit stets in zweifacher – aber nicht in entzweiter, sondern in verdoppelter – Gestalt auf: als »Kulturstaat im engen Sinne« und als Kultur der bürgerlichen Gesellschaft – und dies ist übrigens eine Seite – und eine keineswegs unwichtige Seite – der bürgerlichen Gesellschaft, die Hegel bei der Entwicklung ihres Begriffs in seiner Rechtsphilosophie nicht berücksichtigt hat.

III. Abschied vom Kulturstaat?

(1) Etwas anderes jedoch hat Hegel sehr wohl berücksichtigt: die Dynamik der bürgerlichen Gesellschaft. Zu den besonders eindrucksvollen Partien seiner Rechtsphilosophie zählen für mich die knappen Ausführungen, in denen Hegel das Verhältnis von Familie und bürgerlicher Gesellschaft beschreibt: Die »bürgerliche Gesellschaft« habe bereits die Familie als die traditionelle ökonomische Basis in sich aufgesogen. Sie reiße das Individuum aus dem Band der

Familie heraus, »entfremdet dessen Glieder einander, und anerkennt sie als selbstständige Personen«; das Individuum sei hierdurch statt zum Sohn seiner Eltern zum »Sohn der bürgerlichen Gesellschaft geworden« (GW 14,1.192; § 238). Diese sei »die ungeheure Macht, die ihn [sc. den Menschen] an sich reißt, von ihm fordert für sie zu arbeiten, alles durch sie zu sein, vermittelst ihrer zu thun.« (GW 26,3.993) Inzwischen allerdings scheint es, als habe die »bürgerliche Gesellschaft« das ihr von Hegel zugewiesene Unterordnungsverhältnis gegenüber dem Staat umgekehrt und nun auch diesen für die Durchsetzung ihrer Interessen instrumentalisiert – und zumal unter der Vorspiegelung der Befreiung des Individuums von Herrschaftsverhältnissen und natürlich unter Verdeckung des Umstands, daß die Herrschaftsverhältnisse nicht beseitigt, sondern lediglich verändert sind und sich somit letztlich nichts zum Besseren gewendet hat – vielleicht ja gar zum Gegenteil.

Unter diesen Bedingungen steht zu erwarten, daß sich die von Anfang an bestehende duale Relation von »staatlicher« und »bürgerlicher Kultur« – wenn ich einmal so abgekürzt formulieren darf – in der Gegenwart verändert habe und auch weiterhin verschieben werde, nämlich zu Lasten des »Kulturstaates« – und dies trifft bekanntlich zu. Gegenbewegungen gegen diese dominierende Tendenz der Verschiebung des Gewichts vom Staat auf die Gesellschaft scheint es allein dort geben, wo ein Bereich, der zunächst das Interesse der bürgerlichen Gesellschaft geweckt hat, sich für diese als zu aufwendig oder nicht lukrativ genug erweist. Es ist – dies möchte ich ausdrücklich einräumen – es ist auch keineswegs ausgemacht, daß diese sich auch hier abzeichnende Verschiebung vom Staat auf die Gesellschaft negativ zu beurteilen sei. Daß die Kulturgestaltungsmacht des Staates hochproblematisch sein kann, mehr noch als die der »bürgerlichen Gesellschaft«, ist aus dem 20. Jahrhundert wohlbekannt. Und wenn es auch richtig ist, daß der Staat ein Kulturgebilde ist und die Kultur also eine staatsprägende Kraft, so ist daraus ja nicht schon abzuleiten, daß die Pflege der Kultur in die Verantwortung des Staates und nicht vielmehr der Gesellschaft fallen müsse – freilich ebensowenig das Gegenteil.

(2) Im letzten Abschnitt des Manuskripts zu seinen religionsphilosophischen Vorlesungen spricht Hegel vom Entstehen, Bestehen und schließlich vom »Vergehen der Gemeinde« – und er macht sich

selber den Einwand: »Von *Vergehen* sprechen hiesse mit einem Miston endigen« (GW 17.297). Eine Nachschrift führt diesen Gedanken weiter: »Allein, was hilfts? Dieser Mißton ist in der Wirklichkeit vorhanden.« (V 5.94) An diese bekannten Wendungen fühle ich mich durch mein Thema erinnert: Ich habe vom Entstehen und vom Bestehen des Kulturstaats gesprochen, und nun scheint es unausweichlich, auch vom Vergehen des Kulturstaats zu sprechen – und natürlich nicht aus dem Wunsche nach Analogie, sondern weil dieser Mißton in der Wirklichkeit vorhanden ist. Die duale Struktur des Kulturstaates, wie sie sich schon zu Hegels Zeit herausgebildet hat, ist – denke ich – diejenige Form gewesen, in der er sich am besten entfalten konnte, weil eben die Kultur sowohl in die Sphäre des objektiven als auch in die des absoluten Geistes fällt; sie unterliegt nicht strikt staatlichen Regelungen, doch sie bedarf staatlicher Regelungen – und dies weniger deshalb, weil ihr eine Staatsgestaltungskraft zukommt, als vielmehr deshalb, weil sie ein Ausdruck von Freiheit ist und die Freiheit unter der Obhut des Allgemeinen zumeist bessere Bedingungen der Entfaltung vorfindet als unter den Bedingungen partikularer Interessen. Dies ist die Situation, die Hegel am Verhältnis von Staat und Religion vorgefunden und durchdacht hat. Die Ausbildung des Kulturstaates in der Dualität von Staat und bürgerlicher Gesellschaft als Trägern der Kultur ist zu seiner Zeit noch nicht so ausgeformt gewesen, daß er sie als Spezifikum dieses Bereichs erkannt hätte – zumindest hat er sie nicht zum Thema gemacht. Dennoch scheint es mir nicht fraglich, daß er das heute sichtbare Vergehen des Kulturstaates und die Überantwortung des Geistes in die Verfügungsmacht gesellschaftlicher Gruppierungen als einen schrillen, alarmierenden Mißton wahrgenommen hätte – zumindest als ein deutlich hörbares Warnsignal.

Anerkennung als Prinzip staatlicher und zwischenstaatlicher Ordnung

I. Bewußtseinsgeschichtliche Aspekte von ›Anerkennung‹

Auch wenn die Topoi ›Anerkennung‹ und insbesondere ›Kampf um Anerkennung‹ in der Architektonik des Hegelschen Systems nicht sonderlich exponiert sind: In ihnen scheint ein markanter Schlüsselbegriff gefunden, der es erlaubt, Probleme der Konstitution des Selbstbewußtseins und der Persönlichkeit mit der Begründung von Recht und Moral und auch noch mit der Ausbildung von Gesellschaftsformen in einem einheitlichen systematischen Gang zu erschließen. Oder, um das Bild zu variieren: Hier scheint ein Ansatz gefunden, um eine Brücke zu schlagen zwischen den sonst durch Abgründe getrennten Problemlagen der Transzendentalphilosophie, der praktischen Philosophie und der Sozialphilosophie – und somit ein Ansatz von ebenso fundamentaler wie aktueller Bedeutung für die heutige Ordnung der Gesellschaft wie auch für ihr Selbstverständnis.

In den großen Chor derer, die dieses Lied unisono und zu allen Gelegenheiten singen, hätte einer allerdings nicht eingestimmt: Hegel – auch wenn er als derjenige gilt, dem wir seine Komposition verdanken. Deshalb möchte ich hier seine abweichende Stimme vortragen – auch auf die Gefahr hin, daß der Versuch, das Lied mehrstimmig zu singen, als dissonant empfunden wird. Hegel hat dieses Lied ja nicht allein *komponiert* – er hat auch angegeben, zu welcher Gelegenheit es gesungen werden soll, und vor allem: wo es nicht zu singen ist. In seinen *Vorlesungen über die Philosophie des subjektiven Geistes* spricht er dies unmißverständlich aus. Er führt hier zunächst die bekannte Figur des Kampfes auf Leben und Tod ein – doch dann expliziert er die bewußtseinsgeschichtliche Lokalisierung, die implizit bereits die *Phänomenologie des Geistes* gegenüber der Geistesphilosophie 1805/06[1] vornimmt: »Dieser Standpunkt hat da statt, wo die

[1] In der Wanderung des Themenkomplexes ›Anerkennung‹ aus der *Geistesphilosophie 1805/06* in die *Phänomenologie des Geistes* ist diese bewußtseinsgeschichtliche Lokalisierung prinzipiell vollzogen, und Hegel hat sie später nicht

Indiv*iduen* als einzelne Selbstbewußts*ein* gegenüber sich stehn, also im Naturzustande. Er hat [...] in d*er* bürgerlichen Gesellsch*aft*, im Staate k*einen* Sinn mehr. Sowie ein Rechtszust*and* vorhanden ist fällt er weg. Wo ein Staat ist auf irgend eine Weise, so sind Mitglieder dieser Gesamtheit, u*nd* haben ein Drittes, Fürst, Gesetz ect, was objectiv sie verei*nig*t. In solchem Gemeinwesen ist schon vorhanden, d*aß* Jeder v*on* Haus aus von sich u*nd* d*en* Andren anerkannt ist. [...] Als Bürger habe ich m*eine* Einzelh*eit* in d*ie* Allg*emeinheit* versenkt u*nd* gebe so d*en* Beweis m*einer* wahrhaften Freiheit. Also indem d*er* Mensch als Bürger ist, ist dieses Aufgegebens*ein* d*er* Einzelh*eit* d*es* Selbstbe*wu*ßts*eins* vorhanden; die Bürgergesel*l*schaft kennt also d*en* Kampf d*es* Anerkennens nicht mehr, u*nd* es ist schon mehr v*or*handen als er zu Stande bringen kann.« (GW 25,1.113)

Insbesondere der letzte Satz faßt Hegels Sicht ebenso prägnant wie unmißverständlich zusammen: In der bürgerlichen Gesellschaft ist *mehr* vorhanden, als der Kampf um Anerkennung zustande bringen kann. Historisch gesehen spricht Hegel also der Anerkennung ein ähnliches Schicksal zu wie den vorgeschichtlichen Heroen: Wie sie eine geschichtliche Funktion für die Begründung des menschlichen Zusammenlebens in Staaten haben, aber selber nicht mehr Teil der gesellschaftlichen Welt sind, als deren Begründer sie vorgestellt werden, so sind auch die von Hegel anvisierten Anerkennungsprozesse gesellschaftsbegründend, aber sie bleiben der durch sie begründeten Gesellschaft extern, historisch vorgelagert. Und der Versuch, den im Anerkennungsbegriff gedachten Kampf auf Leben und Tod in die Gesellschaft zu integrieren, wäre ebenso gesellschaftszerstörend wie das Auftreten eines antiken Heros in der nachrevolutionären bürgerlichen Gesellschaft. Wenn sie etabliert ist, ist die Zeit der Heroen abgelaufen, aber ebenso auch die Zeit des Kampfes um Anerkennung.

revidiert. Deshalb hat der Prozeß der ›Anerkennung‹ keinen systematischen Ort mehr in der »Philosophie des objektiven Geistes« oder Rechtsphilosophie. Er findet sowohl bewußtseinsgeschichtlich als auch systematisch im Vorfeld der Rechtsphilosophie statt, die ja mit dem Begriff der Person einsetzt – und der Begriff der Person ist ein Resultat des Anerkennungsprozesses. – Siehe Hegel, *Jenaer Systementwürfe III.* GW 8.213–231, sowie Hegel, *Die Phänomenologie des Geistes,* GW 9.103–116.

In Hegels Satz ist jedoch nicht nur eine historische Begrenzung ausgesprochen, sondern zugleich eine begriffliche. Der »Kampf um Anerkennung« ist nicht etwa die vielleicht historisch vergangene, aber doch hinreichende Voraussetzung der bürgerlichen Gesellschaft, sondern, nochmals, in ihr »ist *mehr* vorhanden, als der Kampf um Anerkennung zu Stande bringen kann.« Der Kampf ist ein fraglos wichtiges Moment, aber doch nur *ein* Moment der Konstitution von Selbstbewußtsein und Gesellschaft – und wenn man die anderen Momente aus dem Blick verliert, so verabsolutiert man dieses eine Moment, und zwar in dem Sinne, in dem das Absolute das Abstrakte ist.

Hegels bewußtseinsgeschichtliche Lokalisierung des Anerkennungsbegriffs ist aber nicht etwa an den »Kampf um Anerkennung« gebunden; sie bezieht sich auf den Rechtsbegriff der Anerkennung überhaupt. Mit dem Eintritt in den status civilis, in die »Bürgergesellschaft«, ist die Anerkennung rechtlich vollzogen und gleichsam institutionalisiert – »Einmal ist Allemal«, könnte man aus dem christologischen Kontext hier einfügen (GW 17.255). Es hat keinerlei Sinn, die rechtliche Anerkennung – wenn sie denn erst einmal institutionell vollzogen ist – als wiederholungsbedürftig zu denken, in dem Sinne, wie gewisse Verrichtungen des täglichen Lebens täglich erneut erfolgen. Diese Nicht-Erneuerungsbedürftigkeit gilt für Rechtsbegriffe überhaupt, etwa auch für den Eigentumsbegriff. Deshalb haben Gedenkveranstaltungen an Staatsgründungen nicht den Charakter einer rechtlichen Erneuerung des ursprünglichen Aktes der staatskonstituierenden wechselseitigen Anerkennung, sondern lediglich der feierlichen Erinnerung an ihn – zumal die Anerkennung der Rechtspersönlichkeit des Menschen seit Beginn der Neuzeit immer schon über den Horizont einzelstaatlichen Zusammenlebens hinausgewachsen ist, auch wenn sie in ihm ihre institutionelle Gestaltung gefunden hat. Es trifft zwar – bedauerlicherweise – zu, daß es täglich aufs Neue erschreckende Anschauungen von Verstößen gegen diese Anerkennung der Rechtspersönlichkeit des Menschen gibt, bis hin zu höchst aktuellen Fällen, die man als Beispiele für einen Rückfall in den finstersten Naturzustand beschreiben möchte. Doch diese einzelnen Verstöße – so zahlreich sie gegenwärtig auch sein mögen! – machen die prinzipielle und epochale Anerkennung des Menschen als einer Rechtsperson nicht rückgängig, und sie machen sie auch nicht erneuerungsbedürftig. Die Verstöße gegen das Prinzip der Rechtspersönlichkeit und damit der Freiheit sind ja erst vor dem Hintergrund seiner festen Verankerung inkriminierbar.

Soweit also Hegels sehr zurückhaltende Einschätzung der historischen und systematischen Reichweite des Anerkennungsprinzips. Ich möchte sie nun in zwei Schritten näher erläutern. Der erste Schritt verbleibt noch im Bereich der Rolle der Anerkennung für die Konstitution der »Bürgergesellschaft«, trotz einiger unvermeidlicher Vorblicke auf die zwischenstaatlichen Beziehungen; erst der zweite Schritt wird über den einzelnen Staat hinausführen und die Rolle der Anerkennung für die Konstitution der Staatengemeinschaft ansprechen, und zwar sowohl im Blick auf die Zeit Hegels als auch auf die Gegenwart.

II. Anerkennung als Prinzip staatlicher Ordnung

(1) Zunächst aber ein paar Bemerkungen zur Genealogie des Anerkennungsbegriffs. ›Anerkennung‹ ist, wie Fichte und Hegel sehr wohl gewußt haben, primär ein Rechtsinstitut, und der Gegenstand der Anerkennung sind Rechtsansprüche. Nur von dieser Anerkennung ist hier die Rede; daß es daneben noch mannigfache weitere Formen gibt, die man unter diesen Titel zu stellen gewohnt ist, obgleich sie eine andere Struktur haben, trifft sicherlich zu, doch ist es für Hegels emphatischen Begriff der wechselseitigen Anerkennung unerheblich.[2] Einerseits verleiht ihr dies ihre Bedeutung – aber andererseits enthält dies zugleich einen Hinweis auf die Zugehörigkeit der Anerkennung zu einer spezifischen Phase der Rechts- und Gesellschaftsgeschichte. Das Rechtsinstitut der Anerkennung hat seinen zugleich natürlichen

[2] Es lassen sich fraglos beliebig viele Formen von Anerkennung finden – bis hinunter zu derjenigen Anerkennung, die dem Hund gezollt wird, der einen geworfenen Stock apportiert. Doch dies hat nichts mit Hegels großem Thema zu tun. Und auch diejenige Anerkennung, die etwa einem Künstler zuteil wird, hat offensichtlich eine völlig andere Struktur: Anders als die rechtliche Anerkennung ist sie inhaltlich bestimmt, und sie ist vor allem nicht wechselseitig und nicht »*Ein* Proceß«. Deshalb kann es bei der rechtlichen Anerkennung auch keine Differenz zwischen einer ›guten‹ und einer ›schlechten Anerkennung‹ geben. Es gibt sie, oder es gibt sie nicht.

wie geschichtlichen Ort in der Staatenwelt der frühen Neuzeit. Es dient dazu, die Beziehungen der vielen souveränen Staaten zu ordnen, die zu Beginn der europäischen Neuzeit geschichtlich auftreten und die in der Phase der Auflösung des Reichsgedankens, nach dem Ende der religiösen Einheit Europas, weder eine weltliche Macht noch eine religiös-moralische Instanz über sich anerkennen. Insofern ist der Anerkennungsbegriff ein notwendiges Komplement des Souveränitätsbegriffs, der ja ebenfalls durch diese politisch-geschichtliche Situation geformt ist: Das Rechtsinstitut der Anerkennung findet Anwendung nur zwischen solchen Staaten, die einander als souveräne Staaten gegenüberstehen und deren Verhältnis zueinander nicht immer schon durch spezifische Verträge oder durch übergreifende Ordnungen geregelt ist.

(2) Man kann diesen Sachverhalt auch mit einem dritten, dieser Epoche und ihrem gedanklichen Zusammenhang angehörigen und ja auch von Hegel selber gebrauchten Begriff formulieren: Das Rechtsinstitut der Anerkennung findet Anwendung auf souveräne Staaten, die sich untereinander im Naturzustand befinden. Der Begriff des Naturzustands verdankt sich, methodisch gesehen, ja nicht allein der Abstraktion von der Rechtsordnung des bürgerlichen Zustandes – er beruht zumindest ebensosehr auf der gedanklichen Übertragung des rechtlich nicht geregelten Zustandes der *Staaten*individuen auf die Verhältnisse zwischen den *menschlichen* Individuen. Auf diesem Rückschluß vom historisch erfahrenen zwischen*staatlichen* Naturzustand auf den zwischen*menschlichen* Naturzustand beruht ja zum guten Teil[3] die Evidenz, den zwischenmenschlichen Zustand analog zum zwischenstaatlichen als ein bellum omnium contra omnes zu deuten, als einen Krieg aller gegen alle, und nicht etwa als die frohen Jahre der unschuldigen Schäferspiele oder als die Idylle der herrschaftsfreien Kommunikation. Der zwischenmenschliche Naturzu-

[3] Zum anderen Teil beruht sie auf Hobbes Einführung des Menschen als einer Rechtsperson, d.h. als einer Person, die mit einem freien Willen ausgestattet ist, deshalb Recht setzt und folglich im Zustand der – gedachten – allgemeinen Rechtlosigkeit ein »Recht auf alles« in Anspruch nimmt, das mit dem »Recht auf alles« der anderen notwendig konfligiert. Aber auch diese am Gedanken der Rechtspersönlichkeit orientierte Formulierung ist ein getreues Spiegelbild der damaligen (und leider nicht nur damaligen) internationalen Lage.

stand ist ja nur eine methodische Fiktion, der zwischenstaatliche Naturzustand hingegen ist damals politische Realität. Die wechselseitige Anerkennung der Staaten jedoch beendet – zumindest de iure – diesen Naturzustand; sie begründet ein endgültiges Rechtsverhältnis zwischen den einzelnen Staaten und ersetzt somit deren Naturzustand durch den Rechtszustand, analog zum Gesellschaftsvertrag zwischen den Einzelmenschen, der ja den Beginn der im Grundsatz unauflöslichen staatlichen Rechtsordnung bildet. Angesichts dieser erheblichen staatsrechtlichen Bedeutung ist es allerdings verwunderlich, daß das Rechtsinstitut der Anerkennung – wenn ich recht sehe – erst spät den Weg aus der zwischenstaatlichen Praxis in die Staatsphilosophie gefunden hat.[4]

Es ist eines der wichtigsten Axiome der neuzeitlichen Staatsphilosophie, daß sich Staatenindividuen zueinander verhalten wie menschliche Individuen. Diese Analogie wird im allgemeinen unter der Priorität des Verhältnisses der Konstitution der staatlichen Gemeinschaft durch die einzelnen, sich vergesellschaftenden Menschen gesehen. Den Leitsatz »exeundum esse e statu naturali« – das andere Grundaxiom der neuzeitlichen Staatsphilosophie – hat Hobbes ja primär im Blick auf die menschlichen Individuen formuliert. Dann aber erscheint die Anwendung dieses Grundsatzes auf die zwischenstaatlichen Verhältnisse, also die Forderung, auch die einzelnen Staaten sollten durch ihre wechselseitige Anerkennung aus dem Naturzustand herausgehen, in dem sie sich befinden, als eine Übertragung des an der Konstitution des Individualstaates gewonnenen Modells: An die Stelle der Begründung des Einzelstaats durch den Gesellschaftsvertrag oder Unterwerfungsvertrag tritt die Begründung der internationalen Rechtsgemeinschaft durch Anerkennung. Doch diese vermeintliche Übertragung des individualstaatlichen Vertragsmodells auf die zwischenstaatliche Anerkennung ist eigentlich eine

4 Um dies an zwei weit auseinanderliegenden Entwürfen zu illustrieren: Kants Rechtslehre kennt es ebensowenig wie Schleiermachers Staatslehre. Siehe Kant, *Metaphysik der Sitten.* AA VI.343–351: Völkerrecht; vgl. Kant: *Zum ewigen Frieden.* AA VIII.341–386; Schleiermacher, *Vorlesungen über die Lehre vom Staat,* hg. von Walter Jaeschke. In: Schleiermacher, *Kritische Gesamtausgabe.* Abt. II: Vorlesungen, Bd. 8. Berlin-New York 1998.

Rückübertragung: Dem Anerkennungsverhältnis kommt der begriffliche Primat zu, und zudem genießt es noch einen Realitätsbonus.

(3) Im zwischenstaatlichen Bereich erscheint die real vollzogene Anerkennung als funktionales Äquivalent zum bloß gedachten Gesellschaftsvertrag: Durch diesen Vertrag und durch jene Anerkennung wird jeweils der Naturzustand überwunden und ein Rechtsverhältnis begründet. Doch trotz dieser weitgehenden funktionalen Analogie zeigen sich inhaltliche Differenzen: So kann die zwischenstaatliche Anerkennung in Analogie nur zum Gesellschaftsvertrag gedacht werden, als eine rudimentäre Form der Vergesellschaftung, der Bildung einer Staatengemeinschaft – nicht aber in Analogie zu einem, Souveränität begründenden, Unterwerfungsvertrag. Zwischenstaatliche Anerkennung bestätigt vorhandene Souveränität, begründet aber keine neue, übergeordnete Souveränität. Und auch die Sprache legt eine zu weitgehende Identifizierung von Anerkennung und Gesellschaftsvertrag nicht nahe; sie hält die Bezeichnungen für beide Vorgänge sorgfältig auseinander: Im Blick auf die Konstitution des Einzelstaates sprechen wir nicht von einer vorausgesetzten wechselseitigen ›Anerkennung‹ der künftigen Bürger, ebensowenig wie im Blick auf die zwischenstaatlichen Beziehungen von einem »Gesellschaftsvertrag«.

Diese Differenz hat ihren Grund aber nicht darin, daß der Ausgang aus dem Naturzustand in den bürgerlichen Zustand nur als eine fiktive Operation gedacht ist, während der Ausgang aus dem zwischenstaatlichen Naturzustand einen realen, datierbaren Akt darstellt. Und er liegt auch nicht darin, daß Anerkennung beim Verlassen des menschlichen Naturzustands keinen Ort habe – im Gegenteil. Wer einen Vertrag mit anderen schließt, erkennt diese eben damit immer schon an. Der Vertragsgedanke ist gegenüber dem Anerkennungsgedanken dominant. Im – gedachten – Faktum des Gesellschaftsvertrages ist die Anerkennung immer schon logisch impliziert. Sie tritt hier aber nicht als Rechtsinstitut förmlich in Erscheinung, sondern sie ist ein selbstverständliches Implikat des gedachten Vertragsschlusses. Ein Vertragsschluß ohne die in ihm vielleicht nicht mitgedachte, aber doch vorausgesetzte Anerkennung ist ja ein Unding.

(4) Um einem möglichen Mißverständnis zuvorzukommen: Die These von der im bürgerlichen Leben vorausgesetzten Anerkennung ist nicht etwa an eine vertragstheoretische Begründung der Gesell-

schaft gebunden, die Hegel ja ohnehin nicht geteilt hat. Sie beruht auch nicht etwa auf der Unterstellung eines erfolgten Vertragsschlusses als eines empirischen Faktums und ebensowenig darauf, daß wir immer schon in der Gesellschaft leben und insofern die Anerkennung immer schon »im Rücken des Selbstbewußtseins« liegt – auch wenn man den zitierten Text Hegels als eine bloß historische Feststellung verstehen kann. Sie wäre ja auch korrekt, doch betrifft dies nur die empirische Seite. Der wirkliche oder auch der gedachte Vertrag bilden jeweils nur eine äußere Erscheinungsform des Begriffs des Menschen als einer Rechtsperson, als eines durch seinen freien Willen und im Kontext mit anderen freien Willen rechtsetzenden Wesens. Es bleibt ja fraglos richtig, daß hierfür ein Anerkennungsprozeß vorausgesetzt ist, ebenso wie auch für das Eigentumsrecht. Auch im Kontext des von mir zitierten Textes betont Hegel: »Alles R*echt* beruht auf d*em* Anerkennen beider Persönlich*keiten.* Als Person bin ich wirklich, wenn ich als Pers*on* gelte u*nd* d*en* Andern gelten lasse; in diesem Verhältn*iß* habe ich d*ie* Einzelheit des Selbstbestimmens aufgehoben, u*nd* gehorche schon einem Allgem*einen*, dem Fürsten, der Sitte ect. In diesem Gehorsam habe ich d*ie* Einzelh*eit* m*eines* Selbstbe*wu*ßts*eins* aufgegeben, die Freiheit weggel*a*ssen, die bloß auf d*em* abstracten St*a*ndp*unkt* d*es* einzelnen Selbstbe*wu*ßts*eins* steht.« (GW 25,1.113)

Dies bleibt – nochmals – alles richtig, doch liegt es, systematisch gesehen, gleichsam »im Rücken« des Begriffs des Menschen als einer freien Rechtspersönlichkeit. Auch in Fichtes *Naturrecht* geht ja dem Abschluß des Staatsbürgervertrags (GA I,4.5 ff) kein »Kampf um Anerkennung« voraus – die Beteiligten schließen diesen Vertrag als Rechtspersonen. Diesen – spezifisch neuzeitlichen – Begriff des Menschen als einer Rechtsperson kann man als Resultat eines Jahrhunderte – oder richtiger: Jahrtausende – dauernden »Kampfes um Anerkennung« bezeichnen. In diesem Begriff ist die Anerkennung gesetzt, gleichsam kondensiert – und deshalb bedarf es hier, im zwischenmenschlichen Verhältnis, zur Begründung eines Rechtsverhältnisses keines weiteren Aktes einer formellen Anerkennung und erst recht keines »Kampfes um Anerkennung«.

(5) Dann aber zeigt sich hier eine markante Asymmetrie zwischen der im Begriff der Rechtspersönlichkeit fixierten Anerkennung der vertragschließenden Einzelmenschen und der expliziten wechselsei-

tigen Anerkennung der Staaten: Der souveräne Staat bedarf der ausdrücklichen Anerkennung. Die Person hingegen, die als konstituierender Faktor des Einzelstaates gedacht wird, gilt als immer schon, als unmittelbar anerkannt. Doch trotz der strukturellen Verschiedenheit zwischen der Begründung eines Staates und einer Staatengemeinschaft ist diese Asymmetrie nicht strukturell bedingt, sondern geschichtlich: Sie gehört der Epoche an, die im Blick auf die zwischenstaatlichen Beziehungen als Epoche der souveränen Staaten beschrieben werden kann und im Blick auf den Begriff des Menschen als die Epoche der bürgerlichen Gesellschaft, die den Menschen als an sich frei erkennt und für die es deshalb weder Sklaven noch Leibeigene gibt. Nur solange der Mensch nicht als an sich frei gedacht wird, also solange es Sklaverei und Leibeigenschaft gibt, ist Anerkennung ein virulentes Problem des gesellschaftlichen und staatlichen Lebens. Sklaven und Leibeigenen wird ja die Anerkennung verweigert, und deshalb werden sie nicht als potentielle Vertragspartner gedacht. Im verwirklichten bürgerlichen Zustand hingegen geht es nicht mehr um Anerkennung – hier ist sie vollzogen und vorausgesetzt. Und deshalb formuliert Hegel unmißverständlich: »Auf d*en* St*an*dp*unkt* d*es* Anerkennens gehört d*ie* Sclaverei hin.« (GW 25,1.114)

III. Anerkennung als Prinzip zwischenstaatlicher Ordnung

(1) Es ist bemerkenswert und sicherlich kein Zufall, daß die beiden Autoren, die den Begriff der Anerkennung in ihren Überlegungen zur Konstitution des Selbstbewußtseins verankern – Fichte[5] und Hegel –, diesen Begriff auch im Kontext des »Völkerrechts« bzw. des »äußeren Staatsrechts« abhandeln – und hier hat er ja eigentlich seinen ›natürlichen Ort‹, von dem aus er auf Grund der Analogie zwischen

[5] Fichte, *Grundlage des Naturrechts.* [Erster Theil.] GA I/3. Stuttgart-Bad Cannstatt 1966. Siehe Fichtes Deduktionen des Rechtsbegriffs und der Anwendbarkeit des Rechtsbegriffs, GA I/3.329–388, insbesondere 351: »Das Verhältniß freier Wesen zu einander ist daher das Verhältniß einer Wechselwirkung durch Intelligenz und Freiheit. Keines kann das andere anerkennen, wenn nicht beide sich gegenseitig anerkennen: und keines kann das andere behandeln als freies Wesen, wenn nicht beide sich gegenseitig so behandeln.«

Staatenindividuen und menschlichen Individuen zunächst in die Grundlegungspartien des Fichteschen *Naturrechts* und sodann in die *Phänomenologie des Geistes* eingewandert und schließlich wieder in Hegels »äußeres Staatsrecht« zurückgewandert sein dürfte.[6] Denn nicht die rechtliche Anerkennung überhaupt, sondern nur die zwischenstaatliche Anerkennung hat diejenige spezifische Verfassung der Wechselseitigkeit und der inhaltlichen Abstraktheit, die in Fichtes und Hegels Anerkennungsbegriff vorausgesetzt ist. Bei beiden – Fichte und Hegel – verbindet sich mit dem Thema ›Anerkennung‹ auch das des ›Kampfes um Anerkennung‹. Und es wird wohl ebenfalls kein Zufall sein, daß das Ende des innerstaatlichen Kampfes um Anerkennung durch die Etablierung der »Bürgergesellschaft«, durch ihre innen- und außenpolitische Konsolidierung, zwar nicht den Beginn, jedoch eine verschärfte Phase des zwischenstaatlichen Kampfes um Anerkennung eröffnet hat.

(2) Das Axiom der Analogie von menschlichem Individuum und Staatenindividuum, von natürlicher und künstlicher Person bewährt sich auch im Blick auf die Form der Anerkennung – auch wenn sie im einen Fall zur Konstitution des Einzelstaates, im anderen zur Konstitution der Staatengemeinschaft führt. Im zwischenstaatlichen Bereich erscheint die real vollzogene Anerkennung als funktionales Äquivalent zum bloß gedachten Gesellschaftsvertrag. Äquivalent sind beide Prozesse als Formen des »exeundum esse e statu naturali« – also sofern sie in jeweils unterschiedlicher Form, doch übereinstimmend den Ausgang aus dem Naturzustand in den Rechtszustand vollziehen. Oder mit den Worten der *Phänomenologie:* Die Anerkennung ist *ein* Akt, der sowohl das »*Thun des Einen*« als »*das Thun des Andern*« umfaßt. »Die Bewegung ist also schlechthin die gedoppelte beyder Selbstbewußtseyn« – und ich ergänze: Sie ist auch die gedoppelte Bewegung beider staatlicher Selbstbewußtsein. – »Jedes sieht *das andre* dasselbe thun, was *es* thut; jedes thut selbst, was es an das andre fodert; und thut darum was es thut, auch *nur* insofern als das andre dasselbe thut; das einseitige Thun wäre unnütz; weil, was geschehen soll, nur durch beyde zu Stande kommen kann.« Das Thun ist »un-

6 So überzeugend Fichtes Anerkennungsbegriff als Reflex der Diskussionen der 1790er Jahre um die Anerkennung der französischen Republik zu deuten ist, so unsinnig wäre es, ihm hierfür den Primat zusprechen zu wollen.

getrennt ebensowohl *das Thun des Einen* als *des Andern*« (GW 9.110) – des einen oder anderen Menschen oder Staates.

Dieser »reine Begriff des Anerkennens« ist indifferent gegen die Sphäre, in der sich Anerkennung vollzieht – und Gleiches ist bedauerlicherweise auch für den »Proceß« zu sagen, den dieser »reine Begriff« in der geschichtlichen Wirklichkeit durchläuft. Um ihn zu beschreiben, braucht man im Text der *Phänomenologie* nur jeweils den Begriffen »Selbstbewußtseyn« oder »Individuum« das Adjektiv »staatliches« voranzustellen. Ich möchte deshalb hier im Blick auf die Staatenpraxis nur zwei Aspekte besonders herausgreifen: die Frage des ›Rechts auf Anerkennung‹ und die Frage der Inhaltlichkeit der Anerkennung – denn auf diese beiden Fragen sind bis in Hegels Zeit und auch nach ihm – wenn auch nicht von ihm selber – durchaus problematische Antworten gegeben worden.

Schon das Naturrecht der frühen Neuzeit räumt dem Menschen implizit ein »Recht auf Anerkennung« ein: Wer mit einem anderen in einen Vertragszustand treten möchte, hat das Recht, ihn zu töten, wenn der andere dies verweigert. Denn bei Vertragsverweigerung besteht der Naturzustand fort, in dem jeder durch das Naturgesetz nicht allein berechtigt, sondern sogar verpflichtet ist, alles zu tun, was zu seiner Selbsterhaltung notwendig ist. Das ›Recht auf Anerkennung‹ schlägt hier also um in das Recht, den zur Anerkennung nicht Bereiten zu töten. Auf Grund des Axioms der Analogie von menschlichen und staatlichen Individuen und Handlungen bedeutet dies: Die Verweigerung der Anerkennung gibt das Recht zum Kriege – oder präziser: Sie läßt das ohnehin vorhandene natürliche Recht zum Krieg fortbestehen oder wiederaufleben. Fichte zieht ebendiese Folgen: Er spricht dem Staat – ebenso pointiert wie auf Grund der damals geltenden Prämissen konsequent – ein »Zwangsrecht auf die Anerkennung« zu, also das Recht, die verweigerte Anerkennung durch Krieg zu erzwingen: »Die Verweigerung der Anerkennung giebt sonach ein gültiges Recht zum Kriege.« (GA I/4.154) Hegel ist hier weniger konsequent; er bekräftigt zwar ebenfalls das Recht des souveränen Staates auf Anerkennung als »seine erste absolute Berechtigung« (GW 14,1.269; § 331) – aber er fährt fort: »diese Berechtigung ist zugleich nur formell« – und so vermeidet er die martialischen Folgen. Begrifflich aber lassen sie sich dann nicht vermeiden, wenn alles Recht – streng kontraktualistisch – erst und allein aus der Beendigung des Naturzustands durch den Akt der Anerkennung entsteht.

Ähnlich prekäre Folgen wie aus dem »Recht auf Anerkennung« können, wie angedeutet, dann eintreten, wenn die Anerkennung an inhaltliche Zwecksetzungen, etwa an gutgemeinte moralische Kriterien gebunden wird – und seien dies selbst die Menschenrechte. In diesem Punkt scheinen mir die Ausführungen Fichtes wie auch Hegels zur zwischenstaatlichen Anerkennung ein Stück weit hinter dem Anerkennungsbegriff zurückzubleiben, den Fichte in den Grundlegungspartien und Hegel in der *Phänomenologie* entwerfen. Anerkennung ist hier ja abstrakt gefaßt: Individuen »*anerkennen* sich, als *gegenseitig sich anerkennend*«. (GW 9.110) Fichte bindet jedoch die zwischenstaatliche Anerkennung an den Abschluß eines Vertrags, durch den Staaten sich gegenseitig die Sicherheit ihrer Bürger garantieren. Im Anerkennungsakt setze jeder Staat voraus, »daß der andere eine legale Verfaßung habe, und für seine Bürger einstehen könne«. Fichte bekräftigt hier zunächst, daß für den Anerkennungsakt nur die »Legalität« des anderen Staates beurteilt und vorausgesetzt werden dürfe und die »innere Verfassung« des einen Staates den anderen nichts angehe (§ 5). Doch weil er dem die Anerkennung implizierenden Vertrag den Zweck zuweist, das Leben und Eigentum der eigenen Bürger im jeweils anderen Staat zu schützen, räumt er den sich anerkennenden Staaten schließlich doch »das Recht der gegenseitigen Aufsicht auf einander« ein, »ob in jedem diesem Vertrage gemäß verfahren [...] werde«. Denn die Verbindlichkeit des Vertrages beruhe darauf, daß er von beiden Partnern in gleicher Weise gehalten werde – und dies müsse überprüft werden (GA I/4.153–156.)

Das gleiche Problem stellt sich für Hegel, und er löst es – wiederum – deutlich zurückhaltender: Die Forderung der Anerkennung eines Staates, »bloß weil er ein solcher sey«, sei abstrakt, und ob er ein solcher sei, komme auf seinen Inhalt, auf seine Verfassung an – doch genügt letztlich der übereinstimmende Wille zur Anerkennung. Hegel sieht auch, daß im Grunde die Anerkennung die Garantie der Wechselseitigkeit impliziere und daß es deshalb einem Staate nicht gleichgültig sein könne, was im Inneren eines anderen passiere (GW 14,1.269; § 331) – doch er leitet hieraus keine Rechte zur Inspektion oder zu weiteren Maßnahmen ab. Hiervor mag ihn die Erinnerung an die einschlägige Passage der *Phänomenologie* bewahrt haben, in der er festhält, daß die beiden »in das *Seyn* des *Lebens*« versenkten Bewußtsein anfangs »*für einander* die Bewegung der absoluten Abstraction, alles unmittelbare Seyn zu vertilgen, und nur das rein negative Seyn des sichselbstgleichen Bewußtseyns zu seyn, noch nicht vollbracht« hätten (GW 9.111). Es dürfte nicht zweifelhaft sein, daß er hiermit zugleich den Sinn der zwischenstaatlichen Anerkennung prägnant faßt: Auch für sie kommt es auf die »absolute Abstraction« an, auf die Vertilgung alles unmittelbaren Seins und auf das bloße – in der Tat abstrakte! – Füreinandersein der staatlichen Individuen. Denn sowie der Akt der Anerkennung an weitere, vornehmlich moralische und selbst ›humanitäre‹ Kriterien gebunden wird, ist die Unabhängigkeit der Staaten bedroht, und die ›guten Gründe‹ für Interventionen lassen sich dann nach Belieben produzieren und potenzieren.[7]

(2) Anerkennung ist somit, für Hegel, ein Thema nicht mehr der »Bürgergesellschaft«, sondern der Staatengemeinschaft – und strenggenommen läßt sich für seine Zeit noch gar nicht von einer »Staatengemeinschaft« sprechen, von den wenigen Ausnahmen im Geltungsbereich des Ius publicum Europaeum abgesehen. Beziehungen zwischen den – souveränen – Staaten können damals einzig durch einzelne Anerkennungsakte hergestellt werden – und diese Aussage gilt auch noch für mehr als ein Jahrhundert nach Hegel. Heute allerdings ist ein ähnlicher Prozeß zu konstatieren, wie Hegel ihn für die Begründung innerstaatlicher Rechtsverhältnisse und staatlicher Strukturen feststellt: eine fortgeschrittene Erosion der Bedeutung der Anerkennung. Die Völkerrechtswissenschaft der Gegenwart weiß deshalb mit dem Anerkennungsbegriff wenig anzufangen. Zwischenstaatliche Anerkennungsakte seien zwar »üblich«, aber keineswegs notwendig und sogar »völlig unerheblich«. Denn die Konstitution eines Staates erfolge nicht erst durch seine Anerkennung

7 Welche Verbrechen sind nicht schon im ›humanitären Interesse‹, im Namen der Menschheit verübt worden? Ich führe dazu nur einen etwas älteren Satz an, der diese Einschätzung kondensiert und mit einer ungeschminkten und deshalb fast erschreckenden Hellsichtigkeit ausspricht: »›Menschheit‹ ist ein besonders brauchbares ideologisches Instrument imperialistischer Expansionen und in ihrer ethisch-humanitären Form ein spezifisches Vehikel des ökonomischen Imperialismus.« (Carl Schmitt, *Der Begriff des Politischen* (1932), 7. Nachdruck, Berlin 2002, 55.) Dem ist – heute – nichts hinzuzufügen.

durch andere, und ebenso gehe seine Staatlichkeit nicht mit dem Entzug der Anerkennung verloren. Auch der Staat, dem von anderen die Anerkennung entzogen werde, bleibe nach wie vor ein Völkerrechtssubjekt. Seine Völkerrechtssubjektivität beruht auf den Bedingungen, die für seine Staatlichkeit erfüllt sein müssen, und nicht auf der Anerkennung durch andere Völkerrechtssubjekte.[8]

Man kann hierdurch zu einer Rückfrage an Hegels und Fichtes Anerkennungsbegriff versucht sein: Sollte es – wenn das eben Gesagte richtig ist – vielleicht gar nicht zutreffen, daß Subjektivität des Anstoßes und der Anerkennung durch andere Subjekte bedarf und nur unter dieser Bedingung denkbar sei? Diese Vermutung wäre allerdings vorschnell, und sie trifft auch keineswegs zu – im Gegenteil. Denn der Verlust des früheren Gewichts des Anerkennungsbegriffs ist vielmehr die Folge einer Veränderung in der Staatengemeinschaft und in ihrer Rechtsform, dem Völkerrecht. Anders als zur Zeit Hegels und überhaupt in der Epoche des sogenannten klassischen Völkerrechts geht das moderne Völkerrecht vom Primat der Rechtsgemeinschaft aus. Zwischenstaatliches Recht wird nicht allein durch wechselseitige Anerkennung und Vertragsschluß erzeugt, sondern die Rechtsordnung geht den Staaten und ihren individuellen Rechtsetzungen voraus. Die förmliche Anerkennung ist unerheblich geworden, weil die Teilnahme aller Staaten an der Staatengemeinschaft, ihre Völkerrechtssubjektivität, ohnehin unterstellt ist. Die übergreifende Rechtsgemeinschaft geht den individuellen Anerkennungsakten voraus, und deshalb sind sie zwar möglich, aber nicht notwendig. Anders ist dies nur in Sonderfällen – wie etwa beim Zerfall eines Staates in Einzelstaaten. Die zwischenstaatlichen Beziehungen sind inzwischen durch das Völkerrecht in einer Weise geregelt, die derjenigen analog ist, die Hegel zu seiner Zeit für die »Bürgergesellschaft« konstatieren zu können glaubte: Nicht allein in der »Bürgergesellschaft«, sondern auch in der Staatengemeinschaft hat sich die Anerkennung inzwischen überholt und erübrigt. Daß ihre Bedeutung in der heutigen Welt marginal geworden ist, beruht aber nicht etwa auf der zahlenmäßig kleinen Gruppe neu auftretender Staatenindividuen,

[8] Siehe etwa – um nur eine Arbeit anzuführen – Otto Kimminich, *Einführung in das Völkerrecht,* 2. vollständig überarbeitete Auflage. München u.a. 1983, 129–135. – In anderen Darstellungen fehlt das Thema ›Anerkennung‹ gänzlich.

sondern darauf, daß nicht mehr – wie früher – erst die Anerkennung ein Rechtsverhältnis begründet: Die Rechtsordnung besteht, und die Staaten haben in ihrem Rahmen zu agieren – ob sie dabei eine förmliche Anerkennung aussprechen oder nicht.

Deshalb erscheint es mir angemessen, das eingangs zitierte Wort Hegels im Blick auf die neuere Entwicklung der zwischenstaatlichen Verhältnisse zeitgemäß zu adaptieren: ›Der moderne, nicht mehr im früheren Sinne auf seine Souveränität pochende Staat hat seine Einzelh*eit* in d*ie* All*gemeinheit* versenkt u*nd* gibt so d*en* Beweis *seiner* wahrhaften Freiheit. Also indem d*er* Staat Teil der Völkergemeinschaft ist, ist dieses Aufgegebens*ein* d*er* Einzelh*eit* d*es* Selbstbe*w*ußts*eins* vorhanden; die Völkergemeinschaft kennt also d*en* Kampf d*es* Anerkennens nicht mehr, u*nd* es ist schon mehr vorhanden als er zu Stande bringen kann.‹

Staat und Religion

I.

Im Zuge der Entfaltung der einleitenden Paragraphen zum »Inneren Staatsrecht«, die zum Begriff der politischen Verfassung hinführen, unterbricht Hegel den engen begrifflichen Zusammenhang der §§ 269 und 271 überraschend durch den Einschub des § 270. Im Corpus dieses Paragraphen gibt er jedoch lediglich ein knappes Resümee von zuvor bereits Ausgeführtem – um dann gleich zu Beginn des Corrolariums mit der etwas verräterischen Versicherung, hier sei »der Ort, *das Verhältniß des Staats zur Religion* zu berühren«, zur Abhandlung dieses Verhältnisses überzuleiten. Dem Corpus dieses Paragraphen kommt keine eigenständige, gedanklich weiterführende Funktion zu; es dient allein dem Zweck, einen Anknüpfungspunkt für die Thematik ›Religion und Staat‹ bereitzustellen, da Hegel sich offensichtlich gescheut hat, durch ihre Abhandlung den strengen Gedankengang der Paragraphenfolge zu unterbrechen. In der Architektur der *Grundlinien* ist das Thema »Staat, Kirche und Religion« somit in eine Nische verbannt, nahezu versteckt, so daß es auch im Inhaltsverzeichnis nicht aufscheint. Das inhaltliche – philosophische wie auch politische – Gewicht jedoch, das diesem Thema zu seiner Zeit und bis in gegenwärtige Diskussionen zukommt, steht in eklatantem Gegensatz zu dem untergeordneten Rang, den Hegel ihm in der Systematik seiner Darstellung zugewiesen hat. Deshalb hat dieses Thema auch in der Diskussion um Hegels Rechtsphilosophie gleichsam die ihm zugewiesene subalterne Stellung verlassen und in der Reihe der vorrangig diskutierten kardinalen Probleme der *Grundlinien* seinen angemessenen Ort gefunden.

Der Grund für Hegels Herabstufung des systematischen Ranges dieses Themas liegt nicht etwa darin, daß er sich hier auf ein ihm noch nicht vertrautes Gebiet gewagt und es deshalb noch etwas unsicher in den Kontext seiner Rechtsphilosophie eingefügt hätte. Die hier verhandelten Probleme sind ihm vielmehr bereits seit seinen Berner Schriften vertraut, in denen er – insbesondere im Fragment *Man mag die widersprechendste Betrachtungen* ... (GW 1.313 – 351) – ausführlich zu Fragen des Staatskirchenrechts Stellung nimmt, hier freilich, noch auf der Grundlage des Vertragsgedankens, vielfach anders akzentuierend. Doch bereits ein Jahrzehnt später, in den Fragmenten seiner *Verfassungsschrift* (GW 5.22, 46, 96), erarbeitet Hegel sich die Position, die er – modifiziert – in einem zentralen Gesichtspunkt auch noch in den *Grundlinien* vertritt, und in den Jahren vor der Veröffentlichung der *Grundlinien* ist das Thema in seinen Heidelberger und Berliner Vorlesungen über Rechtsphilosophie (GW 26,1.77f., 209–211, 286, 516–528) in zunehmender Ausführlichkeit und Zuspitzung präsent. Die Wahl des verdeckten systematischen Ortes, an dem Hegel es in den *Grundlinien* abhandelt, verdankt sich somit wohl dem Dilemma, daß er zwar selber die Ansicht vertritt, daß dieses Thema nicht im engen Rahmen eines solchen Kompendiums für Vorlesungen, sondern nur »in einer vollständig concreten Abhandlung vom Staate« seinen angemessenen Ort habe (GW 14,1.214 Fußnote), daß er aber angesichts der verschärften religionspolitischen Diskussion gerade dieser Jahre nicht schweigen, sondern gezielt in sie eingreifen wollte – wobei sein Vorstoß in den erbitterten Debatten seiner Zeit jedoch allenfalls marginal Gehör gefunden hat. Doch auch wenn Hegel – wie mehrfach in seinem Wirken – hier einen solchen ›Eingriff in das Leben‹ seiner Zeit beabsichtigt hat: Seine Position erschöpft sich nicht in einer politischen Stellungnahme zu aktuellen Streitfragen, sondern er sucht das Problem erheblich tiefer zu fassen.

Der Horizont seiner Deutung des Verhältnisses von Religion und Staat in den *Grundlinien* wird durch eine Position abgesteckt, die er sich bereits in der *Verfassungsschrift* erarbeitet hat und die seitdem seine Ausführungen als Grundtenor durchzieht, die jedoch der den damaligen ›Zeitgeist‹ beherrschenden Tendenz strikt zuwiderläuft: Gegen die romantisch tingierte Sehnsucht nach Wiederherstellung der Einheit von Religion und Staat und sogar von Kirche und Staat, gleichsam in einer idealisierten mittelalterlichen Einheit, sieht Hegel eine solche Rückkehr weder als geschichtlich realisierbar noch gar als erstrebenswert an. Er sieht den Staat – es versteht sich: den neuzeitlichen, für ihn »modernen« Staat – aus den konfessionellen Bürgerkriegen der frühen Neuzeit hervorgehen – eine Einsicht, mit der er neuere Deutungen dieses Prozesses vorwegnimmt: Eine Einheit von Staat und Religion kann es in der Neuzeit schon deshalb nicht mehr geben, weil die Einheit der Religion durch die Reformation zerrissen ist. Und nicht nur die Einheit der Religion ist zerrissen: Wegen der zu Beginn der Neuzeit zumindest programmatisch noch engen Verschränkung von Staat und Religion hat die Religion ihre eigene Spaltung in den Staat hineingetragen und hierdurch den – traditionellen – Staat zerrissen, und diese Zerreißung ist durch eine zielstrebig-destruktive Politik und mehrfache militärische Interventionen aus dem Ausland auch noch vertieft worden. Daraus ist aber nicht der – romantische – Schluß zu ziehen, daß zunächst die ›Einheit der Christenheit‹ und als Folge davon auch die Einheit von Kirche und Staat wiederherzustellen sei – im Gegenteil: Die Zerreißung des – traditionellen – Staates hat wider Erwarten nicht die Vernichtung des Staates überhaupt zur Folge gehabt; sie hat vielmehr zu der Einsicht geführt, »daß verschiedener Religionen ungeachtet, ein Staat möglich ist« (GW 5.22). Deshalb faßt Hegel seine Position in dem knappen Satz zusammen: »Daß nur ein Staat möglich ist, ist die Trennung der Religion und Politik nothwendig.« (GW 5.46) Von dieser Position aus läßt sich auch die Berechtigung des mehrfach belächelten Votums seiner *Vorlesungen über die Philosophie der Weltgeschichte* verstehen, daß man vor einer Revolution erst eine Reformation machen müsse – nicht, um die jeweilige Bevölkerung zur protestantischen Konfession zu bekehren, sondern um den für die Staatsbildung konstitutiven Prozeß der Trennung von Religion bzw. Kirche und Staat einzuleiten. – Als »Princip der modernen Staaten« bleibt für Hegel in diesen frühen Jahren der Entwicklung seines Denkens, in denen er noch nicht über den Begriff des objektiven Geistes verfügt, allein ein äußeres Band übrig, eine Verbindung »über äussere Dinge, Kriegführen u.s.w.« (GW 5.99) – und nur in diesem Aspekt wird er sich später korrigieren.[1]

II.

In den *Grundlinien* sind diese geschichtlichen Auseinandersetzungen der frühen Neuzeit durchaus noch präsent, doch treten sie nicht in

[1] Jaeschke, *Hegel-Handbuch*, ³2016, 65–67, 95f.

den Text ein, sondern sie bleiben als Reminiszenzen im Hintergrund. Hegel faßt das Verhältnis von Staat und Religion nun nicht mehr primär von der geschichtlichen Entwicklung her; es beruht für ihn letztlich nicht auf der geschichtlich eingetretenen Trennung zweier Institutionen, des Staates und der Religion in ihrer institutionellen Form, als Kirche, sondern darauf, daß Staat und Religion zwar Getrennte sind, aber der Staat, wie die Religion, ein Geistiges ist. Der Staat ist die »Wirklichkeit der sittlichen Idee«, »der *offenbare,* sich selbst deutliche, substantielle Wille, der sich denkt und weiß und das was er weiß, und insofern er es weiß, vollführt«. (§ 257) Es ist ein geistiger Zusammenhang, in dem Staat und Religion als getrennte stehen und in dem sie beide ihre Wurzel haben: Beide sind Ausformungen des *einen* Geistes, und deshalb sind auch beide für ihn etwas Göttliches. In seinen Vorlesungen über die Philosophie des Rechts schreckt Hegel sogar nicht davor zurück, zwar nicht die »besondere[n] Staaten«, aber doch die »Idee des Staats« als den »wirklichen Gott« zu bezeichnen.[2]

Diese Göttlichkeit beansprucht Hegel also nicht allein aus taktischen Gründen für den Staat – weil es, wie stets in solchen geschichtlichen Übergangszeiten, aussichtslos gewesen wäre, den Staat ohne ein derartiges traditionelles, ihn aufwertendes Epitheton als die überlegene Gestalt, als Verkörperung der sittlichen Idee, einzuführen –, sondern eben wegen dieser gemeinsamen Verwurzelung von Religion und Staat im Sichwissen der absoluten Idee. Diese Grundbestimmung des Staates als der sich wissenden Geistigkeit aus § 257 nimmt Hegel in § 270 wieder auf, hier mit einem geschichtlichen Index versehen: Der Staat sei der »durch *die Form der Bildung hindurch gegangene* sich wissende und wollende Geist«. Das geschichtlich vermittelte Sichwissen und Sichwissen als ein Allgemeines macht seine Substantialität und seine Göttlichkeit aus; primär ist der Staat nicht ein Herrschaftszusammenhang, ein Machtinstrument, aber auch keine Veranstaltung zur Verwirklichung der privaten ›Glückseligkeit‹, sondern ein substantielles und damit allgemeines, dem Einzelnen vorgelagertes Wissen, Wirken und Handeln: objektiver Geist. Insofern sind Staat und Religion dasselbe: Formen des Sich-

2 GW 26,3.1406; dazu Ludwig Siep, *Der Staat als irdischer Gott. Genese und Relevanz einer Hegelschen Idee.* Tübingen 2015, 165–188.

wissens dieser geistigen Substanz. Dennoch sind sie zwei sehr unterschiedliche Formen: In einer ersten Annäherung scheint die Religion dem Bereich der Innerlichkeit anzugehören, und deshalb ist *sie* auch in einer ausgezeichneten Weise ein solches Sichwissen des Geistes: absoluter Geist. Der Staat hingegen scheint nur in die Sphäre der Äußerlichkeit zu fallen, und sogar in solcher Ausschließlichkeit, daß das Moment des Sichwissens in dieser Äußerlichkeit zu verschwinden droht. Diese Annahme sieht Hegel nun jedoch als ein Mißverständnis dessen an, was ein Staat ist: Wenn man den Staat nur als einen »Noth- und Verstandesstaat« faßt oder gar als ein bloßes System gleichgültiger Willkür und unrechtlicher Gewalt, so fällt er allerdings in die begrifflose Äußerlichkeit herab – doch ist dieses Verständnis des Staates in Hegels Augen eben ein bloßes Mißverständnis, eine Verkennung der geistigen Natur des Staates.

Wenn dem Staat die Sphäre der bloßen Äußerlichkeit korrespondierte und der Religion die Sphäre der Innerlichkeit, so ließe sich ihr Verhältnis in wenigen Sätzen fassen, und es wäre auch gar nicht einzusehen, inwiefern beide in Konflikt miteinander geraten könnten. Doch stellt sich dieses Verhältnis weit komplexer dar: Sosehr es zutrifft, daß der Staat in die Sphäre der Äußerlichkeit fällt, so greift er – nämlich der moderne Staat, wie er sich im Durchgang durch die »*Form der Bildung*« herausgearbeitet hat – doch weit über die bloße Äußerlichkeit auf das Gebiet des Wissens, der Geistigkeit aus. Andererseits beschränkt sich auch die Religion keineswegs auf den Bereich der bloßen Innerlichkeit. Sie wirkt nicht allein durch ihre Lehre und ihren Kultus in die äußere Wirklichkeit hinein, sondern sie manifestiert sich in der Wirklichkeit als eine rechtlich und hierarchisch organisierte, institutionelle Gestalt; sie ragt somit ähnlich in den Bereich des Staates hinein, wie dieser in ihren angestammten Bereich der Innerlichkeit, und aus diesem wechselseitigen Übergreifen in das Gebiet des anderen erwachsen potentiell Konflikte zwischen ihnen: Beide Gestalten stehen in der äußeren Wirklichkeit, beide beanspruchen aber auch, Formen der Geistigkeit, des Sichwissens des Geistes zu sein. In vielfacher Hinsicht stehen sie in einem Verhältnis der Koordination, ja der wechselseitigen Ergänzung – doch auf ebenso vielen Gebieten stehen sie miteinander in einem Konflikt, der sich nicht durch einen bloßen Hinweis auf ihre Unterschiedlichkeit und die Aufforderung zum Rückzug hinter die festgelegten Grenzen ihrer Gebiete beheben läßt. Dieser Konflikt ist aber nichts Ewiges, Ungeschichtliches; seine Wurzel liegt letztlich in der geschichtlich fortschreitenden Ausbildung des modernen Staates zur beherrschenden Gestalt der Sittlichkeit, die von einer kontinuierlichen Verschiebung dieser Grenzen zuungunsten der Religion begleitet wird – also in einer Entwicklung, die Hegel als begriffsgerecht ansieht und die sich auch in der Wirklichkeit nicht einfach zum Stillstand bringen oder gar umkehren lässt.

III.

Wenn zwei – zudem sehr unterschiedliche – Gestalten auftreten, beide mit dem Anspruch, die vollendete, ja die als göttlich ausgezeichnete Geistigkeit zu repräsentieren, zugleich aber auch die Wirklichkeit zu gestalten, so stellt sich unvermeidlich die Frage nach ihrer Über- und Unterordnung. Hegel beginnt deshalb seine Ausführungen mit der Umwertung derjenigen Antwort auf diese Frage, die, wie er sagt, »in neuern Zeiten so oft wiederholt worden« sei: »daß die Religion die Grundlage des Staates sey«. Diese zeitgenössische Auszeichnung der Religion als der »Grundlage des Staates« erwächst aus der Absicht, den Staat bleibend als von der Religion abhängig zu erweisen, denn solche »Grundlage« wird als ratio existendi und ratio essendi gedacht: als »Grundlage« nicht allein seines Daseins, sondern auch seines Soseins. Doch gegen diese, die Inferiorität des Staates erweisen sollende Formel wendet Hegel sich bereits in den vorausgehenden Vorlesungen, und zwar mit von Kolleg zu Kolleg zunehmender Intensität (GW 26,1.77; 516–519). Sie macht es ihm – von seinem Gedanken der vorwärts schreitenden Begründung her – sogar leicht, sie in sich zu widerlegen und die in ihr implizierte Absicht zu konterkarieren: Denn das, was hier als »Grundlage« ausgezeichnet wird, ist – *als* »Grundlage« – eben auch *nur* die »Grundlage«, und von ihr her ist erst zu einer Entwicklung des Verhältnisses und zu einer wahrhaft philosophischen Begründung voranzuschreiten.

Doch nimmt Hegel das politische Gewicht dieser Formel nicht so leicht, daß er sich ihre Widerlegung durch diese einfache, von der Konzeption seiner Philosophie her naheliegende, aber nicht allgemein verständliche Umkehrung ersparte. Und er stimmt ihr in gewisser

Hinsicht zunächst sogar zu: sofern mit ihr gesagt sein soll, daß der Staat für das einzelne Subjekt »die letzte und höchste Bestätigung an der Religion« finde – daß dem einzelnen Subjekt durch das Wort der Religion alle Ausreden und Ausflüchte abgeschnitten seien und deshalb die Religion für den Staat »ein Nothwendiges« sei. (GW 26,1.517) Deshalb sieht Hegel sogar die Forderung des Staates als berechtigt an, daß die Bürger sich zu einer Religion halten müssen – »übrigens zu irgend einer, denn auf den Inhalt, insofern er sich auf das Innere der Vorstellung bezieht, kann sich der Staat nicht einlassen.« (GW 14,1.216)

Und trotz dieser Unbestimmtheit der Religion geht Hegel sogar noch erheblich weiter: Die Religion sei für den Staat nicht nur »ein Nothwendiges«, sondern sie sei »die letzte und höchste Bestätigung« für den Staat. Doch diese sehr weitgehende Anerkennung der den Staat stabilisierenden Funktion der Religion ist nicht Hegels letztes Wort – im Gegenteil: Seiner Einsicht nach ist nichts mehr als diese Rede von der Religion als der »Grundlage« geeignet, »die Verwirrung selbst zur Verfassung des Staats, zur Form, welche die Erkenntniß haben solle, zu erheben«. (GW 14,1.213) Denn die Religion sei gänzlich ungeeignet, die Verfassung des Staates und die in ihm wirkliche Erkenntnisform vorzugeben. Und deshalb spricht er der Religion nicht das Recht zu, in Fragen der Staatsgestaltung mitzusprechen oder sich gar über die im Staate verwirklichte Form der Sittlichkeit hinwegzusetzen und seine Stelle zu usurpieren. Allein der Staat ist die »Form der selbstbewußten, objectiven Vernünftigkeit«, und so hat er auch »das Recht, sie geltend zu machen« (GW 14,1.221) und sie im Konfliktfall auch gegen die Religion geltend zu machen – wie es ja auch gegenwärtig in einer Vielfalt von Bereichen geschieht, die traditionell durch religiöse Vorgaben geordnet gewesen sind.

IV.

Hegel vertritt hier eine im Grunde in sich nicht stimmige Position. Indem er mit der Tradition – die auch noch die Rechtslage seiner Gegenwart bestimmt – die Religion schlechthin, ohne weitere Kautelen, als das den Staat »für das Tiefste der Gesinnung integrirende Moment« (GW 14,1.216), als die letzte Legitimationsinstanz auszeichnet, erhebt er sie unweigerlich zur letzten Instanz auch der Delegitimation des Staates. Doch andererseits ist er sich, wie seine durchaus drastischen Ausführungen zeigen, der hierin liegenden Gefahr für die staatliche Integrität wohlbewußt: Diejenige Instanz, die den Staat am tiefsten integrieren kann, kann ihn im Konfliktfall eben deshalb auch am tiefsten destabilisieren. Um dieses Risiko zu minimieren, greift Hegel zu dem Mittel, die Religion gegenüber dem Staat zu delegitimieren. Der Versicherung auch seiner eigenen höchsten Wertschätzung der Religion läßt er, in einer Art von prophylaktischer Schadensbegrenzung, die schärfste Kritik der Religion folgen – und zwar der Religion überhaupt, und nicht allein derjenigen, die sich eines Mißverständnisses ihres Verhältnisses zum Staat schuldig machte und die Superiorität über den Staat als die in der Wirklichkeit stehende Sittlichkeit beanspruchte.

Um diese prinzipielle Überlegenheit des Staates gegenüber der Religion geltend zu machen, setzt Hegel ein umfangreiches Arsenal teils von philosophischen Argumenten, teils von geschichtlichen Beobachtungen ein. Zunächst zu den philosophischen Argumenten: Auf den ersten Blick kann es ja scheinen, als sei die Religion – als eine der drei Formen des absoluten Geistes – schon vom Systemaufbau her dem Staate als einer Form des objektiven Geistes immer schon übergeordnet. Diese Einschätzung der Religion beruht jedoch auf einem undifferenzierten Verständnis dessen, was Hegel »absoluten Geist« nennt – als ob alles, was dieser Sphäre angehört, damit über jegliche Kritik erhaben sei. »Absoluter Geist« ist die Religion, weil sie ein Wissen des Geistes von sich selbst ist, nicht von einem anderen. Doch liegt es unaufhebbar in ihrem Begriff, daß sie dieses Wissen von sich stets verfehlt. Denn *als* Religion mißversteht sie das Sichwissen des Geistes als ein Wissen von einem dem Menschen gegenüberstehenden Gott und sogar als ein von diesem Gott dem Menschen gegebenes Wissen. Das, was sie an sich ist – ein Wissen des Geistes vom Geist –, mißversteht sie als ein Wissen von einem Anderen. Und dieses Selbstmißverständnis ist ihr – *als* Religion – prinzipiell nicht einsehbar und deshalb auch nicht überwindbar. Wird es erkannt und überwunden, wird mit eben diesem Schritt die Sphäre der Religion verlassen.

Die Defizienz der Religion, die es verbietet, ihr eine staatsgestaltende Rolle zuzuweisen, liegt somit in ihrer spezifischen Wissensform begründet. Als Form des absoluten Geistes hat sie zwar das Wahre zu ihrem Inhalt – aber nur »als einen *gegebenen*«, nicht durch Denken und Begriffe erkannten Inhalt (GW 14,1.220). Nun ist es fraglos so, daß eben dieses Moment des Gegebenseins, des Positiven, in dem bewußtseinsgeschichtlichen Umbruch, der sich in diesen Jahrzehnten vollzogen hat, vielen als ein fester Anker erschienen ist, an dem sich die sittliche Ordnung befestigen und gegen das Fortgespültwerden sichern ließ. Hegel hingegen sieht solches – vermeintlich! – Gegebene als ein Hindernis auf dem Wege zur Verwirklichung der Sittlichkeit an – so sehr, daß er sich den Nachweis erspart, in wie vielerlei Rücksicht ein solches Gegebenes nicht als hilfreicher Anker, sondern als störende Blockade wirkt. Statt dessen beschränkt er sich auf den einen entscheidenden, formalen Punkt: Ein Gegebenes ist »in seinen Grund-Bestimmungen nicht durch Denken und Begriffe erkannt«, sondern durch »Autorität« – und zwar durch eine durchaus zweifelhafte Autorität! – gesetzt und nur dem Glauben, aber nicht der Einsicht oder »dem bestimmten Gedanken« zugänglich. Als freie Sittlichkeit aber kann der Staat nicht abhängig sein von einer jenseits seiner gesetzten Autorität und von den ihr vom Glauben zugeschriebenen und nur ihm offenbaren unveränderlichen Weisungen; der Staat ist vielmehr ein vernünftiges Wissen, das sich zu einem systematischen Zusammenhang von Recht und Gesetz und von Institutionen ausformt.

Auch wenn Hegels etwas schematische Zuordnung von ›Glaube und Autorität‹ zur Religion und ›vernünftigem Wissen‹ zum Staat eine sehr stark von der Aufklärung geprägte und vielleicht verzerrte Sicht sein mag, die zweifellos nicht allen geschichtlichen Fällen angemessen ist: Seine philosophie- und weltgeschichtlichen wie auch seine religionsphilosophischen Vorlesungen geben ihm einen nahezu unbegrenzten Fundus von Beispielen an die Hand, die unwidersprechlich belegen, daß gegen »gewisse« und keineswegs seltene Erscheinungsformen der Religion »eine rettende Macht gefordert ist, die sich der Rechte der Vernunft und des Selbstbewußtseyns annehme«. Und dies gilt nicht nur für die frühen Formen der Religion, in denen sie »die härteste Knechtschaft unter den Fesseln des Aberglaubens und die Degradation des Menschen unter das Thier [...] zur Folge hat (GW 14,1.213 f); es gilt auch für die Kreuzzüge des Mittelalters und für nicht wenige Unruhen und Bürgerkriege der Neuzeit, in denen religiöse Faktoren eine bestimmende Rolle gespielt haben, und es gilt ebenso für historisch noch nicht weit zurückliegende Fälle wie das Wirken der Inquisition, das Hegel hier an den für ihn erst rund zwei Jahrhunderte vorausliegenden Beispielen von Giordano Bruno und Galileo Galilei anprangert – wofür er sogar, für die *Grundlinien* ganz untypisch, den empörten Bericht von Laplace über das Verfahren gegen Galilei in eine ausführliche Fußnote aufnimmt, um das sinnlose und verbrecherische Hineinwirken der Religion in das staatliche Leben vor Augen zu stellen.

Angesichts des nicht ohne Absicht an dieser Stelle von Hegel gezogenen Resümees, daß »die *Freyheit des Denkens* und *der Wissenschaft*« vom Staate ausgegangen ist – und dies nicht geschichtlich zufällig, sondern notwendig, weil *sein* Prinzip die Allgemeinheit ist –, stellt sich jedoch unausweichlich die Frage, was Hegel wohl bewogen hat und was dazu berechtigen mag, die Religion so ganz im allgemeinen als das den Staat »für das Tiefste der Gesinnung integrirende Moment« auszuzeichnen – und dies, obschon noch eine weitere von ihm herausgehobene strukturelle Eigentümlichkeit der Religion dagegen spricht. Hegel faßt die Religion als »das Verhältniß zum Absoluten *in Form des Gefühls, der Vorstellung, des Glaubens*« und die religiöse Wahrheit als das »in die Subjectivität des Fühlens und Vorstellens sich einhüllende Wahre«. Diese religiöse Konzentration auf die Innerlichkeit bleibt aber nicht ohne praktische Folgen: Alles ist in der Religion in dieses Subjektive, Innerste zusammengefaßt – aber »in ihrem Alles enthaltenden Centrum ist Alles nur als ein Accidentelles, auch Verschwindendes«.

In dieser Konzentration auf die Innerlichkeit liegt eine unaufhebbare Ambivalenz: Einerseits läßt sich aus dieser Konzentration auf die Innerlichkeit, aus dieser Abwertung des als gleichgültig erklärten Außen, des ›Weltlichen‹, das therapeutische Potential der Religion herleiten: Die von ihr vollzogene Erhebung über die Endlichkeit versetzt sie in die Lage, dem Leidenden Trost zu spenden, ihn über die Widrigkeiten des Lebens hinwegzuheben, und zwar nicht durch die Beseitigung der widrigen Umstände, sondern durch die Erklärung, daß es sich dabei nur um Nichtigkeiten handle, und letztlich durch die Verheißung eines künftigen, von solchen Widrigkeiten befreiten Lebens. Doch in dieser Argumentationsfigur liegt potentiell auch eine Bedrohung des Staates: wenn nämlich der »zu bestehenden Unterschieden, Gesetzen und Einrichtungen entwickelte Organismus« des Staates ebenfalls zu dieser im tieferen Sinne unwichtigen, ja störenden Endlichkeit gerechnet wird: »Das Objective und Allgemeine, die Gesetze, anstatt als bestehend und gültig bestimmt zu seyn, erhalten die Bestimmung eines Negativen gegen jene alles Bestimmte einhüllende und eben damit zum Subjectiven werdende Form«.

Der Religion ist somit prinzipiell und unaufhebbar eine Tendenz eingeschrieben, die sich negativ gegen diejenige Bewegung verhält, die Hegel als das Innerste der Weltgeschichte diagnostiziert: gegen den »ungeheure[n] Überschritt des Innern in das Aeußere, der Einbildung der Vernunft in die Realität«, wodurch »die gebildete Menschheit die Wirklichkeit und das Bewußtseyn des vernünftigen Daseyns, der Staatseinrichtungen und der Gesetze gewonnen hat« (GW 14,1.215).

V.

Diese in der Religion verankerte, gegen die Verwirklichung vernünftiger, nämlich allgemeiner und freier Verhältnisse gerichtete Tendenz muß sich keineswegs militant gegen die Wirklichkeit des Staates richten; sie kann ebensogut im Aussprechen von Überzeugungen bestehen, die vermeintlich den Staat stützen, sich langfristig jedoch dennoch gegen den Staat richten, weil sie sein Prinzip der vernünftigen Allgemeinheit unterlaufen. Ein Beispiel hierfür bildet die Bindung der Bürgerrechte an die Zugehörigkeit zu einer der drei »*christlichen ReligionsParteien*«, die gerade in diesen Jahren durch ihre Verankerung in Art. 16 der *Akte des Deutschen Bundes* bekräftigt wird.[3] Auch wenn der dort kodifizierte, für die christlichen Konfessionen gleiche »Genuß der bürgerlichen und politischen Rechte« fraglos ein erheblicher Fortschritt gegenüber früheren rechtlichen Regelungen und vor allem gegenüber den faktisch praktizierten Verfahren gewesen ist: Die Kehrseite dieser erfreulichen Gleichstel-

3 SchlußActe des Wiener Congresses, vom 9. Juni 1815, und BundesActe oder Grundvertrag des teutschen Bundes, vom 8. Juni 1815. Beide [...] herausgegeben von D. Johann Ludwig Klüber. Zweite Auflage, durchaus berichtigt und mit vielen neuen Anmerkungen vermehrt. Erlangen, 159f.

lung der drei christlichen Konfessionen besteht eben darin, daß alle anderen Gruppierungen vom Genuß der bürgerlichen Rechte ausgeschlossen sind. Für die Juden werden weitere Beratungen, wie »denselben der Genuß der bürgerlichen Rechte, gegen die Uebernahme aller Bürgerpflichten, [...] verschafft und gesichert werden könne«, etwas schwammig angekündigt. Und von anderen Gruppierungen ist gar nicht erst die Rede.

Welche Probleme für die Zeitgenossen und welche Folgelasten für die Zukunft aus dieser religiös bedingten Restriktion erwachsen sind, ist bekannt. Durch sie räumen die Staaten dem religiösen Bekenntnis eine konstitutive Bedeutung für das staatliche Leben ein; die Stelle der vernünftigen Allgemeinheit des staatlichen Lebens bleibt noch durch die religiöse Besonderheit und Subjektivität besetzt. Über das anläßlich der Verleihung von Bürgerrechten – und nicht etwa nur von allgemeinen Menschenrechten! – an die Juden »erhobene Geschrey« gießt Hegel seinen bitteren Spott aus: Man habe dabei übersehen, »daß sie zu allererst *Menschen* sind und [...] daß darin liegt, daß durch die zugestandenen bürgerlichen Rechte vielmehr das *Selbstgefühl,* als *rechtliche* Personen in der bürgerlichen Gesellschaft zu gelten, und aus dieser unendlichen von Allem andern freyen Wurzel die verlangte Ausgleichung der Denkungsart und Gesinnung zu Stande kommt.«

Die Fortsetzung der Trennung hingegen »wäre dem ausschließenden Staate mit Recht zur Schuld und Vorwurf geworden; denn er hätte damit sein Prinzip, die objective Institution und deren Macht verkannt«. Auch wenn fraglos noch andere Aspekte in diesen Komplex hineinspielen, so liegt doch die entscheidende Blockade für die Verweigerung der rechtlichen Allgemeinheit in der religiösen Rücksicht – wie auch in der noch Jahrzehnte länger vertretenen Annahme, daß nur Mitglieder der drei *»christlichen ReligionsParteien«* Eide schwören und deshalb in öffentliche Dienste treten können. Ebenso fraglos ist aber, daß sich das von Hegel wie von keinem anderen bekräftigte Prinzip der vernünftigen Allgemeinheit des Staates allmählich von den damals immer noch starken religiösen Ansprüchen und Einreden befreit und gegen sie durchgesetzt hat.

VI.

Die Jahre vor der Niederschrift der *Grundlinien* fordern aber auch noch in anderer Hinsicht zu politisch-philosophischen Stellungnahmen heraus. Bereits in seinen rechtsphilosophischen Vorlesungen des Wintersemesters 1819/20 sieht Hegel den Staat konfrontiert mit einer »feindseelig und polemisch« gegen ihn auftretenden Frömmigkeit, von der er jedoch die »unbefangene einfache Frömmigkeit« wohl abzuheben weiß. Er schreibt dieses polemische Verhalten keineswegs ›der Religion‹ schlechthin zu; die Religion sieht er hier vielmehr für politisch irregeleitete Interessen instrumentalisiert: »die Kraftlosigkeit der Zeit« ist »zu der Frömmigkeit zurückgeflohen«, und »man hat sich mit seiner Seichtigkeit hinter die Religion gesteckt« (GW 26,1.521). Im Hintergrund dieser Andeutungen stehen die Auseinandersetzungen um die Ermordung des Dichters und angeblich russischen Agenten August von Kotzebue im März 1819 durch den Theologiestudenten Karl Ludwig Sand – eine Tat, geboren aus einem durch den Nationalismus der Burschenschaften aufgeheizten Fremdenhaß.

Zur Rechtfertigung dieses Mordes bietet Wilhelm Martin Leberecht de Wette, ein enger Freund des in diesen Kreisen aktiven Jakob Friedrich Fries, sekundiert von anderen Kollegen, religiöse Wendungen auf: Er beschönigt den Mord als eine aus der »besten Überzeugung« entsprungene und somit nicht nur gute, sondern »beste« Tat. Mit diesem radikal gesinnungsethischen (und somit für Hegel subjektiven, gegen die wirkliche Sittlichkeit des Staates verstoßenden) Argument rechtfertigt de Wette der Mutter Sands gegenüber den Mord, und er fährt fort: die durch »diesen reinen frommen Jüngling, mit diesem Glauben, mit dieser Zuversicht« geschehene Tat sei »ein schönes Zeugnis der Zeit. Ein Jüngling setzt sein Leben daran, einen Menschen auszurotten, den so viele als einen Götzen verehren; sollte dieses ohne alle Wirkung sein?« (Br 2.445) In dieser ›Rechtfertigung‹ sieht Hegel ein krasses Beispiel für einen religiösen Fanatismus, »der, wie der politische, alle Staatseinrichtung und gesetzliche Ordnung als beengende der innern, der Unendlichkeit des Gemüths unangemessene Schranken [...] verbannt« und die Devise ausgibt: »dem Gerechten ist kein Gesetz gegeben, seyd fromm, so könnt ihr sonst treiben, was ihr wollt« (GW 14,1.215). Mit diesen scharfen Wendungen verwirft Hegel sowohl die Tat als auch ihre Entschuldigungen, freilich ohne im gedruckten Text Namen zu nennen, was damals aber ohnehin nicht erforderlich gewesen ist. Er geht jedoch nicht darauf ein, daß hier zugleich ein erschreckendes Beispiel für die auch von ihm selber akzeptierte Berufung auf die Religion als letzte Legitimationsinstanz eines Handelns vorliegt, das sich kraft dieser Legitimation über die staatlichen Gesetze erhaben glaubt.

VII.

Den überlieferten Zeugnissen zufolge hat Hegel erst mehrere Jahre später, in der Vorlesung, die er 1824/25 auf der Basis der *Grundlinien* gehalten hat, einen Ausweg aus diesem Dilemma gefunden, daß er die letzte Instanz der Integration und Legitimation des Staates in die Religion verlegt – und damit den Staat einem Prinzip anvertraut, das er nicht allein als subjektiv bezeichnet, sondern auch als potentiell polemisch und staatsgefährdend einstuft. In der Anmerkung zu § 563 der zweiten (bzw. § 552 der dritten) Auflage der *Enzyklopädie* sowie in den religionsphilosophischen Vorlesungen des Jahres 1830 hat er diesen Weg weiter ausgebaut – doch hat dies nicht verhindern können, daß gerade diese elaborierteste Position am häufigsten mißverstanden worden ist. Ausschlaggebend hierfür ist wahrscheinlich der doppelte Verdacht: daß Hegel nun doch noch dem – im Zuge des Fortschreitens der Restauration grassierenden – Verlangen nach der Einheit von Religion und Staat huldige und daß er die konfessionelle Neutralität der *Grundlinien* aufgebe und zum Vorkämpfer der Rekonfessionalisierung der 1820er und 1830er Jahre mutiere.

Auf den ersten Blick liegt eine solche Einschätzung allerdings nahe: denn an die Stelle der konfessionell-neutralen Forderung der *Grundlinien,* die Bürger des Staates sollten sich »zu irgend einer« Religion halten, scheint nun die offene Privilegierung des Protestantismus zu treten – als wolle Hegel nun den Protestantismus als Staatsreligion etablieren und den reformatorischen Glauben zum Hüter der persönlichen Freiheit und der Sittlichkeit des Staates berufen. Doch dies ist gerade nicht der Fall. Hegels Auszeichnung des Protestantismus beruht nicht auf irgendwelchen dogmatischen Prinzipien der Reformation oder auf der engeren Staatsverbundenheit der protestantischen landeskirchlichen Organisation oder gar darauf, daß der Protestantismus dem sittlichen Leben eine spezifisch lutherische Prägung geben solle. Das ›protestantische Prinzip‹ besteht im Gegenteil darin, daß der Protestantismus in der Form, zu der er sich damals herausgebildet und die Hegel vor Augen gestanden hat, die Sittlichkeit des Staates als in diesem selbst gegründet und als unabhängig von religiös motivierten Forderungen anerkennt.

Mit der Etablierung dieses ›protestantischen Prinzips‹ ist somit einerseits der Forderung nach einer letztgültigen religiösen Vertiefung formal Rechnung getragen, doch sind die sonst aus dieser Vertiefung potentiell entspringenden bedrohlichen Folgen ausgeschlossen, weil dieses Prinzip kein anderes als das des Staates ist: die Freiheit. Das ›protestantische Prinzip‹ anerkennt das Recht des Staates zur inneren Ausbildung der Sittlichkeit, ohne unter Rekurs auf traditionell-religiöse Überzeugungen zu intervenieren, und es stellt dem Staat auch nicht eine äußere Macht entgegen, die nicht Moment seiner Sittlichkeit ist. In dieser Konstruktion liegt die Auflösung des Dilemmas der *Grundlinien:* Als letzte Legitimationsinstanz ist nur die protestantische Religion geeignet, weil sie selber kein anderes Prinzip hat als der Staat – die Freiheit: »Es ist *ein* Begriff der Freiheit in Religion und Staat.«[4] In diesem *einen* Begriff der Freiheit liegt für Hegel nun die Einheit von Religion und Staat – und nicht etwa in einer institutionellen Einheit von Kirche und Staat, die er stets kompromißlos als Despotismus verworfen hat.

Es ist nicht unwahrscheinlich, daß Hegel erst durch die Analyse der politischen Situation seiner Gegenwart – und zwar nicht allein der deutschen, sondern der europäischen Lage – den Anstoß zur Ausbildung dieser systematisch konsistenten Lösung erhalten hat. Insbesondere die Entwicklung im Frankreich der Restauration und ihr Ende in der Juli-Revolution wird ihn auf diesen Weg geführt haben. Sie hat auch eine kaum verhüllte Selbstrevision veranlaßt. Nun heißt es: »in neuerer Zeit ist die Einseitigkeit zum Vorschein gekommen, daß einerseits die Konstitution sich selbst tragen soll und Gesinnung, Religion, Gewissen andererseits als gleichgültig auf die Seite gestellt

4 Jaeschke, *Es ist Ein Begriff der Freiheit in Religion und Staat,* in: Andreas Arndt, Christian Iber u. Günter Kruck (Hg.): *Staat und Religion in Hegels Rechtsphilosophie.* Berlin 2009, 9–22.

sein sollen, indem es die Staatsverfassung nichts angehe, zu welcher Gesinnung und Religion sich die Individuen bekennen« (V 3.346). Eben diese »Einseitigkeit« hat auch Hegel sich in den *Grundlinien* zu Schulden kommen lassen – mit seiner Behauptung, daß der Staat sich »auf das Innere der Vorstellung [...] nicht einlassen« könne (GW 14,1.216). Doch hat ihn der Blick auf die romanischen Staaten und insbesondere auf Frankreich belehrt, daß »das moderne System«, das den Staat allein auf das Formelle der Konstitution stützen zu können vorgibt, nicht ausreichend sei, politische Stabilität zu garantieren, und daß es zur Sicherung des Staates vielmehr einer diesem Formellen korrespondierenden »Gesinnung« bedarf: »Beide Seiten, die Gesinnung und jene formelle Konstitution, sind unzertrennlich und können sich gegenseitig nicht entbehren« (V 3.346).

Diese Gesinnung *kann* sich religiös aussprechen, sie *muß* es aber nicht; doch wenn sie sich religiös ausspricht, dann darf sie kein anderes Prinzip aussprechen als das der freien Sittlichkeit des Staates. Es ist also Hegels – wohl zutreffende – Einsicht, daß nur derjenige Staat stabil ist, in dem zum Formellen der Verfassung eine solche auf die Verwirklichung von Freiheit ausgerichtete Gesinnung hinzutritt – und daraus folgt unausweichlich, daß die vermeintlich gleichgültigen Inhalte der Religionen oder Konfessionen doch wieder relevant werden. Und daraus wiederum folgt unausweichlich Hegels Skeptizismus hinsichtlich des politischen Systems von Staaten, in denen sich die für das Staatsleben unverzichtbare Gesinnung nicht in der von ihm als konstitutiv bezeichneten Form auffinden läßt.

Diese – letzte – Position Hegels beruht, wie gesagt, auf seiner politischen Analyse der Tragfähigkeit der Verfassungen vornehmlich in den romanischen Staaten der 1820er Jahre bis hin zur Juli-Revolution in Frankreich 1831, unter besonderer Berücksichtigung der Rolle, die die Religion bei den Verfassungsstreitigkeiten in diesen Ländern spielt. Es geht ihm darum, vornehmlich im Blick auf die europäischen Nachbarstaaten die Mechanismen im Verhältnis von Verfassung und Gesinnung zu durchschauen. Er spricht jedoch nirgends von einem »Recht« des Staates, »zur Förderung der notwendigen Staatsloyalität bestimmte Religionen zu bevorzugen«, und er leitet aus seiner Analyse auch keinerlei Überlegungen für eine Einschränkung des »Grundrecht[s] der Religionsfreiheit« ab.[5] Vielmehr verbleibt er strikt im Bereich der geschichtlichen Analyse seiner Zeit – und in diesem Bereich ist es nicht leicht, seinen Resultaten zu widersprechen.

Es scheint allerdings, als sei Hegel bei seinem Entwurf eines solchen ›politischen Protestantismus‹ entschieden zu optimistisch gewesen – als habe er hier eine temporäre, wenn nicht ephemere Ausformung des Protestantismus zu seiner Zeit für dessen wahre und bleibende Gestalt gehalten. Daß schon unmittelbar nach seinem Tode von dieser Gestalt nahezu nichts mehr sichtbar gewesen ist, kann allerdings nicht verwundern. Denn wie Hegels auf dem christlichen Prinzip der Freiheit beruhender ›Protestantismus‹ nichts mit den Konzeptionen der Reformationszeit und insbesondere Luthers zu tun hat, so hat er auch ebensowenig mit dem nachfolgenden häufig sehr engstirnigen, dogmatischen Protestantismus gemein, und der ›christliche Staat‹, der bald von Staatstheoretikern beider Konfessionen zum politischen Leitbild erhoben worden ist – genannt sei insbesondere Friedrich Julius Stahl, der erbitterte Kritiker von Hegels *Grundlinien* –, ist ein gegen Hegels Konzeption des Staates entworfener chimärischer Atavismus, dem gegenüber die ›wirkliche Vernunft‹ der damaligen deutschen Staaten glücklicherweise weitgehend resistent geblieben ist.

Die weitere Entwicklung des Verhältnisses von Staat und Religion ist nicht in die Richtung einer Rückkehr oder Rückholung der Religion, einer erneuten ›Verchristlichung‹, sondern in die entgegengesetzte Richtung gegangen, in die Richtung einer weitestgehenden politischen Depotenzierung der Religion. Dabei hat sie auch noch einen Schritt über Hegel hinaus gemacht: Angesichts der eingetretenen Depotenzierung ist es müßig, von dieser oder jener Konfession die tiefste Integration des Staates erwarten zu wollen. Heutige Staaten werden weder mit dem Hegel der *Grundlinien* das tiefste Prinzip ihrer Integration in der Religion suchen noch mit dem Hegel der späten 1820er Jahre den Protestantismus hierfür einsetzen wollen. Die Entwicklung ist längst über das Stadium hinausgegangen, in dem Hegels Lösung als provokativ gelten konnte; man könnte sagen, daß seine Bedenken gegen die politische Eignung der Religion allgemein ge-

5 Anders Siep, *Der Staat als irdischer Gott. Genese und Relevanz einer Hegelschen Idee,* Tübingen 2015, 169f.

worden seien. Zwar zeigen noch die neueren Auseinandersetzungen um die politische Funktion einer ›Zivilreligion‹, daß dieser Schritt noch nicht überall als ein Schritt in die richtige Richtung angesehen wird. Doch überall dort, wo die politische Neutralisierung der Religion vorangeschritten ist, ist diejenige »Kollision« von Verfassung von Gesinnung überwunden, von der Hegel gemeint hat, sie sei »noch sehr weit davon, gelöst zu sein« (V 3.347).

Zur Geschichtsphilosophie Hegels

I. Geschichte zwischen Fortschrittsoptimismus und Schlachtbank

Was ist, für Hegel, Geschichte? Wollte man einem Großteil der lautstark kolportierten Äußerungen zu diesem Thema glauben, so wäre Geschichte für ihn der Triumphzug des Weltgeistes, der, mit dem Siebenmeilenstiefel angetan, in siegesgewissem aufklärerischen Optimismus in unaufhaltsamem Fortschritt die Epochen durcheilt und, unbeirrt durch etwaige nachdenkliche Einreden, die Unterlegenen der Vergessenheit überliefert und die Erfolgreichen verklärt und sich so mit sicherem Schritt Stufe um Stufe zum Absoluten emporschwingt. Nun lassen sich fraglos in Hegels Werk Ausführungen finden, die in die Richtung einer optimistischen Fortschrittsgeschichte weisen oder zumindest zu weisen scheinen. Doch auf der anderen Seite entwirft Hegel – gerade Hegel! – ein ungeschminktes Bild von Geschichte, das diesem triumphalistischen strikt entgegensteht: Die Geschichte bietet uns das »Schauspiel der Leidenschaften« dar; sie zeigt uns »die Zertrümmerung der edelsten Gestaltungen von Völkern und Staaten«, das »furchtbarste Gemählde«, ja die »Schlachtbank«, »auf welcher das Glück der Völker, die Weisheit der Staaten und die Tugend der Individuen zum Opfer gebracht worden«: »es ist in der Weltgeschichte, daß die ganze Masse des concreten Übels uns vor die Augen gelegt wird.«

Der Eindruck, den sie auf uns macht, ist alles andere als erhebend; er ist vielmehr niederschmetternd: Was wir in der Geschichte sehen, stürzt uns in die Empfindung der »tiefsten rathslosesten Trauer« – und damit in eine Empfindung, die eigentlich gar nicht mehr gelebt werden kann, von der man sich deshalb wieder befreien, gegen die man sich im Interesse des eigenen Lebens immunisieren muß. Deshalb fällt die »Empörung des guten Geistes« in uns über das Geschehene und Geschehende – wenn man sich erst eine Weile »trübselig« »in den leeren, unfruchtbaren Erhabenheiten« herumgetrieben hat – unvermeidlich in die »Langeweile« herab, so daß wir »aus der Langeweile, welche uns jene Reflexion der Trauer machen kann, zurück in unser Lebensgefühl, in die Gegenwart unserer Zwecke und Interessen, [...] auch in die Selbstsucht zurüktreten, welche am ruhigern Ufer steht, und von da aus sicher des fernen Anblicks der verworrenen Trümmermasse« geniessen (GW 18.157)[1] – vornehmlich abends am Fernseher, mit einem Glas Bier in der Hand, um den Genuß des Grauens zu vertiefen und geschmacklich abzurunden.

Doch freilich: Diese beiden vor-philosophischen ›Stellungen des Gedankens zur Geschichte‹ – wenn ich sie in Anlehnung an Hegels *Enzyklopädie* einmal so nennen darf –, die Verzweiflung an solcher Geschichte und die sich von ihr distanzierende Langeweile, die sich an das ruhige Ufer der Selbstsucht rettet, sind nicht die angemessenen Weisen, mit ›Geschichte‹ umzugehen – man kann sogar sagen, daß beide das, was ›Geschichte‹ ist, gar nicht in den Blick bekommen. Sie sind deshalb zu ersetzen durch eine dritte Stellung des Gedankens zur Geschichte: durch die philosophische Erkenntnis sowohl des Prinzips als auch der »Mittel« der Weltgeschichte und durch das Wissen des Geistes um seine – durch die Erkenntnis der Geschichte vermittelte – Selbsterkenntnis.

II. Eine bewußtseinsgeschichtliche Voraussetzung

Doch was hat eine *Philosophie der Geschichte* den beiden skizzierten Sichtweisen entgegenzusetzen? Sehr viel – und zunächst einmal den Begriff von Geschichte überhaupt. Eine entscheidende Veränderung in der Sicht auf ›Geschichte‹ – und zugleich die notwendige Bedingung einer »Philosophie der Geschichte« – bildet eine Bedeutungsverschiebung, die in den Jahrzehnten kurz vor Hegel vollzogen worden ist, die aber auch für sein Denken grundlegend ist und deshalb hier nicht übergangen werden kann: der Übergang von der subjektiven zu einer objektiven Bedeutung von Geschichte, von ›Historie‹ als ›Bericht von einem Geschehen‹ zu ›Geschichte‹ als einem Geschehenszusammenhang. ›Geschichte‹ im neuen, objektiven Sinn ist also nicht der ›Bericht‹, sondern das, wovon berichtet wird. ›Philosophie der Geschichte‹ kann es plausibler Weise erst geben, wenn

[1] Vgl. Hegel, *Vorlesungen über die Philosophie der Weltgeschichte. Kolleg 1830/31*, Nachschrift Karl Hegel, 15f (künftig: Hl)

diese Bedeutungsverschiebung vollzogen ist – nicht notwendig in dem Sinne, daß die frühere Bedeutungsvariante völlig getilgt ist, aber doch so, daß die neue, objektive Variante dominiert und primär assoziiert wird. Denn eine ›Philosophie über einen Bericht über etwas‹ wäre ein Unding.

Schon deshalb kann es vor der zweiten Hälfte des 18. Jahrhunderts keine ›Philosophie der Geschichte‹ geben. Ich weiß nun nicht, ob sich diese Bedeutungsverschiebung von der subjektiven Historie zum objektiven Geschehen in der französischen Sprache ähnlich vollzieht wie in der deutschen – ja ob die französische Sprache der deutschen darin vielleicht vorausgegangen ist. Die Bedingungen, unter denen sich die Neuorientierung des Denkens vollzieht, die dieser Bedeutungsverschiebung zugrunde liegt, sind – soweit ich sehe – noch keineswegs geklärt, ja vielmehr kaum thematisiert. Sie könnten – in Deutschland – etwas mit der Ersetzung der lateinischen durch die deutsche Sprache als Wissenschaftssprache zu tun haben – damit, daß im Lateinischen ›historia‹ die Dominanz des griechischen ἱστορειν untilgbar ist, in der ›historia naturalis‹ noch des späten 18. Jahrhunderts nicht anders als schon bei Plinius, und ähnlich in der ›historia critica‹, während im Deutschen ›Geschichte‹ trotz des vorhandenen subjektiven Aspektes das objektive Moment des ›Geschehens‹ dominiert –, doch muß ich diese Frage hier leider offenlassen. Gesichert ist nur, daß auch der frühe Gebrauch des Wortes ›Geschichte‹ – etwa in Kants *Idee zu einer allgemeinen Geschichte in weltbürgerlicher Absicht* (1784) und selbst noch in Friedrich Schlegels Condorcet-Rezension (1795) – noch unter dem Primat der subjektiven Bedeutung von ›Geschichte‹, also des traditionellen Begriffs von ›historia‹, steht, während in Herders gleichzeitigen *Ideen zur Philosophie der Geschichte der Menschheit* die objektive Bedeutung vorherrscht – und nur unter dieser Bedingung kann es eine ›Philosophie *der* Geschichte‹ wie auch eine ›Wissenschaft *der* Geschichte‹ geben. Drei Jahrzehnte später, im Werk Hegels, ist diese Bedeutungsverschiebung jedoch abgeschlossen.

III. ›Objektive Geschichte‹

Doch was macht den Begriff der ›objektiven Geschichte‹ aus? Die frühen Versuche der Aufklärung zur Systematisierung von Geschichte, die Deutungen des Geschichtsverlaufs an Hand der Paradeigmata der Erziehung oder des Fortschritts, gar der unendlichen Perfektibilität, stellen noch nicht diese Frage nach dem spezifischen Begriffsgehalt von Geschichte. Auch nach der Bedeutungsverschiebung in der Verwendung des Wortes wird der nunmehr als Geschichte bezeichnete ›objektive Prozeß‹ nicht in seiner internen Verfassung zum Problem der Philosophie. So unterschiedliche Denker wie Condorcet und Herder haben Geschichte naiv-objektivistisch aufgefaßt. Sie haben unterstellt, daß es Geschichte ›gebe‹, ähnlich wie ›Natur‹, und daß sich darüber nachdenken lasse, welche Verlaufsform sie habe – ob sie mit einem Rückschritt verbunden sei oder ob sie die Richtung auf größere Vollkommenheit nehme. Der Geschichtsbegriff selber wird dabei zunächst nicht zum Problem der Philosophie. Die frühesten geschichtsphilosophischen Entwürfe beschäftigen sich mit etwas an der Geschichte – mit ihrem Ursprung, ihrem Ende, ihrer Struktur und ihrer Gesetzlichkeit und vielleicht gar mit ihrer providentiellen Leitung –, aber sie klären nicht die begriffliche Bestimmung von Geschichte.

Von diesen Ansätzen unterscheidet Hegels geistesphilosophisches Verständnis von Geschichte sich prinzipiell. Bei aller Rede von ›Objektivität‹ oder Verlauf, die an beobachtbare Naturprozesse erinnert: »Geschichte« ist – entgegen dem Anschein, den ihre etwas gedrängte Abhandlung als »Weltgeschichte« in der *Enzyklopädie* und in den *Grundlinien der Philosophie des Rechts* erwecken mag – nichts bloß Objektives, Vorfindliches, das es irgendwo ›gibt‹, und auch nichts »Natürliches«. Geschichte ist eine, ja die höchste Gestalt des »objektiven Geistes«, also eine Gestalt, in der der subjektive Geist sich vergegenständlicht, objektiviert, manifestiert. Von Geschichte kann nur dort die Rede sein, wo Geist ist und als Subjekt der Geschichte ist. In einer geist-losen, vom Geist verlassenen Welt gäbe es keine Geschichte – es gäbe Bewegungen von Gestirnen, Zerfall und Entstehung von Himmelskörpern, vielleicht auch eine Entstehung neuer Arten in einem ungeheuren Evolutionsprozeß, aber keine Geschichte.

Ich betrachte es als eine unglückliche, irreführende Fügung der Sprachgeschichte, daß wir geneigt sind, auf Grund der tief im Bewußtsein verankerten traditionellen Wortbildung ›historia naturalis‹ von ›Naturgeschichte‹ zu sprechen und damit – in Verkehrung der wörtlichen Bedeutung der lateinischen Wendung – gedankenloser Weise zugleich der Natur eine Geschichte zu unterstellen. Hegel hingegen begrenzt den Geschichtsbegriff ausdrücklich und ausschließlich auf solche Prozesse, die ›den Geist‹ zu ihrem Subjekt und Boden haben. Daß in solche geistigen Prozesse immer auch natürliche Bedingungen und Faktoren mit hineinspielen, von der Endlichkeit des natürlichen Lebens des Menschen bis hin zu den geographischen und klimatischen Bedingungen, unter denen er sein Leben führt, liegt unaufhebbar in der Struktur unserer Wirklichkeit. Doch von Geschichte ist, nochmals, nur dort zu sprechen, wo Geist ist. Von der ›Geschichte‹ von etwas Nicht-Geistigem ist allein im übertragenen Sinne und insofern zu sprechen, als dieses in die menschliche Geistigkeit hineinragt und Teil des menschlich-geistigen Lebens ist – ich denke etwa an die Geschichte der Technik. Und damit nicht etwa falsche Assoziationen aufkommen, beeile ich mich zu betonen: Der ›Geist‹, von dem hier die Rede, ist der Geist, die Geistigkeit des Menschen, und keine mysteriöse Entität, mit der sich Geisterseher befassen.

Ich kann hier nicht ausführlich auf Hegels Begriff des Geistes eingehen, auf den Begriff des menschlichen Geistes, der eben selber das Göttliche im Menschen ist: insbesondere auf die Selbstbezüglichkeit, die Hegel als das basale Charakteristikum des Geistes erkennt. Statt dessen möchte ich nur zweierlei herausheben: die Struktur der Objektivation und die Geschichtlichkeit des Geistes.

Die Selbstbeziehung des Geistes, von der ich eben gesprochen habe, ist – genau genommen – kein Erstes, sondern sie steht unter der Bedingung einer weiteren Eigentümlichkeit des Geistes: seiner Vergegenständlichung oder Objektivation oder Manifestation. Die wirkliche, nicht nur formelle und vermeintliche Selbstbeziehung in Form des Ich=Ich setzt ja eben die Vergegenständlichung voraus: Geist kann sich nur dann auf sich selbst beziehen, wenn er sich vergegenständlicht – und die basale Form der Vergegenständlichung in der Sphäre des objektiven Geistes ist die Handlung. Wie wir ›Geschichte‹ nur geistigen Wesen oder Gebilden zuschreiben, so sprechen wir auch ›Handeln‹ nur geistigen Wesen zu: Das Einschlagen eines Blitzes, das Herabstürzen eines Wasserfalls, aber auch das Emporranken einer Pflanze oder die Nahrungssuche eines Tieres bezeichnen wir nicht als ›Handlung‹. Auch auf den Begriff der Handlung kann ich hier nicht ausführlich eingehen, insbesondere nicht auf den gesamten Komplex der Imputation.[2] Statt dessen beschränke ich mich nur auf den einen, hier für mich wichtigen Aspekt: Handeln kann nicht gedacht werden ohne Zwecksetzung – eben deshalb schreiben wir nicht-intelligenten Wesen ja auch kein Handeln zu. Wir handeln nie anders als im Horizont der Verwirklichung von Zwecken, und wir verstehen Handlungen anderer auch nur dann, wenn wir die ihnen zugrundeliegenden Zwecksetzungen kennen – ob dies nun die kleinen, begrenzten Zwecke des Alltagslebens oder die großen Zwecke sind, die wir uns – vielleicht gemeinsam mit anderen und generationenübergreifend – gesetzt haben.

Insofern läßt sich nun die etwas unbestimmte Aussage, daß alle Geschichte aus der Geistigkeit des Menschen hervorgeht, ein Stück weit konkretisieren: Alle Geschichte erwächst aus menschlichen Handlungen und nur aus ihnen. Allgemeine natürliche Bedingungen und spezielle Naturereignisse mögen einen äußeren Rahmen für dieses Handeln bilden oder dieses Handeln auf unerwartete Weise unterbrechen oder gar abbrechen – doch zu geschichtlichen Faktoren werden sie allein durch diese Einbeziehung in den auf geistigen Zwecksetzungen beruhenden Handlungszusammenhang. Dies ist nun nach zwei Seiten hin zunächst zu vervollständigen und sodann zu problematisieren. Die Handlung und auch die Zwecksetzung sind ja kein Erstes. Sie gehen aus der Geistigkeit des Menschen hervor, näher aus seinem Willen, also aus seinem freien Willen, oder wie Hegel kurz sagt: »aus seiner Freiheit«. Geschichte also geht aus der Freiheit hervor – so wie der gesamte Bau der geistigen Welt aus der Freiheit emporsteigt.

Doch auch, wenn man einräumt, daß alle Geschichte einzig aus Handlungen hervorgeht: Wie wird aus der Unzahl von Handlungen

2 Verweisen möchte ich hier statt dessen auf die jüngst erschienene Arbeit von Britta Caspers, *›Schuld‹ im Kontext der Handlungslehre Hegels,* in: Hegel-Studien. Beiheft 58. Hamburg 2012, insbesondere 285–306: Handlungslogische Implikationen in Hegels Philosophie der Weltgeschichte und die Frage nach der Schuld.

›Geschichte‹? Man wird ja dem morgendlichen Aufstehen und abendlichen Schlafengehen keine weltgeschichtliche Bedeutung beimessen wollen. Aus dem Chaos von Handlungen sind also zunächst einmal diejenigen Handlungen als nicht-geschichtskonstitutiv auszuscheiden, die sich auf den individuellen, durch unsere physische Natur determinierten Lebenszyklus beziehen – und dies sind nicht wenige. Darüber hinaus sind aber auch diejenigen Handlungen auszuscheiden, die aus zwar geistigen, aber rein individuellen Zwecksetzungen hervorgehen – auch wenn sie unsere ›Lebensgeschichte‹ bestimmen mögen, wie wir gelegentlich in Rückübertragung des Geschichtsbegriffs formulieren. Doch wenn wir von ›Geschichte‹ reden, reden wir nicht von individuellen Lebensgeschichten, sondern von den Handlungen der das einzelne menschliche Leben übergreifenden geistigen Subjekte oder ›künstlichen Personen‹: der Staaten. Es hat häufig Verwunderung und manchmal auch Verärgerung erregt, daß Hegel ›Geschichte‹ erst mit der Bildung von Staaten beginnen läßt.

Mir scheint dies jedoch ein ganz richtiger Ansatz zu sein. Man muß nur sehen, daß Hegel ganz allgemein einen weiten Staatsbegriff hat: ›Staat‹ ist für ihn jede gesellschaftliche Ordnung, die nicht rein auf natürlicher Basis, etwa auf einer auf genealogischen Linien basierenden Sippenstruktur, sondern auf geistigen Prinzipien beruht. Und auch wenn der Begriff eines Volkes zunächst auf natürliche Verhältnisse abhebt, auf die Zusammengehörigkeit durch gemeinsame Herkunft, so läßt sich doch schwerlich ein neueres Volk denken, das nicht zumindest rudimentäre Analogien zu einer auf geistigen Prinzipien beruhenden Verfaßtheit aufwiese – im Unterschied zu einem Rudel Wölfe. Und dies gilt fraglos um so mehr für die sogenannten ›Protostaaten‹ etwa des Alten Orients. Doch ohne diese Form der Staatlichkeit ermangelt ein Volk »der Objectivität, in Gesetzen, als gedachten Bestimmungen, ein allgemeines und allgemeingültiges Daseyn für sich und für die Andern zu haben«; »seine Selbstständigkeit, als ohne objective Gesetzlichkeit und für sich feste Vernünftigkeit nur formell, ist nicht Souverainetät.« (GW 14,1.277; § 349)

Die Basis der Geschichte bilden somit erst die Handlungen dieser vom individuellen Lebenszyklus abgelösten, geistig verfaßten künstlichen Personen oder Subjekte. Allein sie sind die Subjekte derjenigen, das individuelle Leben übergreifenden Zwecksetzungen und Handlungen, die wir zur ›Geschichte‹ zählen. Ich weiß: Gegen diese Sicht erhebt sich ein Chor empörter Stimmen, die Hegel der Mediatisierung der Individuen beschuldigen. Es seien ja schließlich die einzelnen Menschen, die in der Geschichte handeln, und nicht ein monströser und ominöser ›Weltgeist‹. Dies allerdings ist auch Hegel nicht verborgen geblieben. Fraglos ist es immer »die konkrete Kausalität« einzelner natürlicher Personen, die in einer gegebenen Situation am Werke ist – die Verträge aushandelt und oder zerreißt und den Start von Raketen und den Abwurf von Bomben auslöst. Doch diese einzelnen Menschen handeln eben nicht als natürliche Personen, sondern als Repräsentanten eines Staates – und oft genug über die Köpfe derjenigen ›einzelnen Menschen‹ hinweg, als deren Repräsentanten sie sich gerne ausgeben – und ihre Handlungen sind es, die den Stoff der Geschichte ausmachen.

Und nur noch ein abschließender Punkt im Blick auf Geschichte als »objektive Geschichte«: Geschichte, habe ich, mit Hegel, gesagt, beruht auf der Ausbildung übergreifender Zwecke und deren Verwirklichung durch Handlungen – und es ist ja nur ein anderes Wort, wenn man statt von »Zwecken« heute lieber von »Interessen« spricht. Nun ist aber unübersehbar, daß Geschichte gar nicht diese planvolle Realisierung von Zwecken durch wohldurchdachte Handlungen ist. Auf dem Boden solcher individueller Zwecke – ich sage ausdrücklich nicht: im Reich der Zwecke – geht es ja eher chaotisch zu: Die Objektivität der Geschichte ist nicht die Objektivität *eines* Handlungszusammenhangs, sondern einer Vielzahl ineinandergreifender, teils sich unterstützender, teils sich behindernder oder gar sabotierender Handlungszusammenhänge. Die individuellen Zwecke prallen aufeinander, der eine vernichtet den anderen, um schließlich selber durch eine neu eingetretene Konstellation von Zwecken zu Fall gebracht zu werden, so daß das schließliche Resultat keinem einzigen zuvor gefaßten Zweck entspricht. Ich denke, es erübrigt sich, hierfür Beispiele aus der Geschichte des 20. Jahrhunderts anzuführen. Und dennoch bleibt es richtig, daß die Dynamik der Geschichte durch diese Zwecke und die für ihre Realisierung eingesetzten Leidenschaften vorangetrieben wird – und wenn man keine mehr ausbildete, stünde ihre Dynamik still.

IV. ›Subjektive Geschichte‹

Allerdings: Auch wenn man bereit ist, diese Überlegungen Hegels zur ›objektiven Geschichte‹ zu akzeptieren, so fehlt doch ein ganz entscheidendes Moment: daß dieses dynamische Gefüge von übergreifenden und konfligierenden Zwecken, von ihrer erfolgreichen Realisierung oder auch ihrer Abwandlung oder gar Zerstörung, *als Geschichte* begriffen wird; es fehlt also, was Hegel als ›subjektive Geschichte‹ bezeichnet. Die ›objektive Geschichte‹ wird nie anders als hier skizziert verlaufen sein – und doch ist sie nicht *als Geschichte* begriffen worden. Dies ist ein Indiz dafür, daß auch die (vermeintlich) bloß objektive Seite der Geschichte in der Geistigkeit, in der Geschichtlichkeit fundiert ist. Geschichte ist nichts Vorfindliches; sie wird erst durch das geschichtliche Bewußtsein gemacht und begriffen, d.h. *als Geschichte* gewußt. Ohne einen derartigen Konstitutionsakt gibt es Vorfälle, heroische Taten und Untaten, auch Ereignisketten, aber keine »Geschichte«.

Erst durch die Geschichtsbetrachtung werden Begebenheiten in ein »Werk der Vorstellung« geformt – und erst so, als in ein solches »Werk der Vorstellung« verwandelte, werden die Begebenheiten zu »Geschichte«. Hierin zeigt sich der spezifische, im Hegelschen Sinne »spekulative« Charakter des Geschichtsbegriffs: Das, was als »objective Geschichte« erscheint, ist vielmehr selbst ein Werk der subjektiven Vorstellung und der ihr angehörenden aufwendigen Selektions- und Integrationsprozesse; die subjektive Vorstellung, das Geschichtsbewußtsein, schafft erst die Objektivität, die wir in der ›objektiven Geschichte‹ zu haben glauben und die wir ihr auch zu Recht zuschreiben, weil sie eben keine überflüssige Zutat ist, sondern das materiale geschichtskonstitutive Moment schlechthin. Die subjektive Geschichte schafft die ›objektive Geschichte‹, aber sie schafft sie nicht ex nihilo, sondern aus ihr vorgegebenem Material, das als solches aber noch nicht »Geschichte« ist. Geschichte, könnte man mit Hegel sagen, hat eben auch die Struktur der »Idee«, der Identität des Subjektiven und Objektiven, der Idealität und der Realität.

Geschichte gehört allein diesem von objektiver und subjektiver Geschichte gebildeten Doppelbereich an – oder besser: Sie ist diejenige komplexe Wirklichkeit, die sowohl äußere Gegenständlichkeit als auch subjektive Konstitution umfaßt, die nie bloß ›objektiv‹ ist, aber ebensowenig bloß ›subjektiv‹ – was sie in gegenwärtigen Ansätzen wird, deren Narrationsbegriff schließlich nicht mehr zwischen Erzählung von Geschehenem und Phantasiegebilden unterscheiden kann. Diese Zusammengehörigkeit von »objectiver« und »subjectiver Geschichte« hat Hegel mit Nachdruck herausgehoben, auch im Blick auf die frühe Ausbildung des Geschichtsdenkens: »Die Vereinigung der beyden Bedeutungen müssen wir für höhere Art als für eine aüsserliche Zufälligkeit ansehen; es ist dafür zu halten, daß Geschichtserzählung mit eigentlich geschichtlichen Thaten und Begebenheiten gleichzeitig erscheinen; es ist eine innerliche gemeinsame Grundlage, welche sie zusammen hervortreibt.« Völker »sind darum ohne objective Geschichte, weil sie keine subjective, keine Geschichtserzählung aufweisen«; »ohne einen Endzweck des Fortschreitens und der Entwicklung [...] ist kein denkendes Andenken, kein Gegenstand für die Mnemosyne vorhanden« (GW 18.192 – 194).

Demnach scheint der Seite des Bewußtseins, der Formulierung eines solchen Endzwecks, die Initiative zuzufallen – doch läßt Hegel die Frage der Priorität letztlich unentschieden, zumal es ihm hier wie stets auf die Zusammengehörigkeit beider Seiten ankommt. Etwas schematisch ausgedrückt: Ohne subjektive Geschichte gibt es keine objektive, aber ohne objektive Geschichte auch keine subjektive. Um aber zu begreifen, warum es an diesem und nicht an jenem Ort zur Konstituierung von »Geschichte« *als* Geschichte kommt, ist eine Vielzahl von Faktoren zu berücksichtigen – bis hin zu natürlichen Bedingungen. Auch die Faktoren der Ausbildung staatlicher Verhältnisse oder des »absoluten Geistes« sind ja nichts Unmittelbares, sondern ihrerseits aufklärungsbedürftig.

Doch unter welchen Voraussetzungen kommt es zur Ausbildung solcher ›subjektiven Geschichte‹? Der Verweis auf »objective Geschichte« allein wäre nicht tragfähig, denn rudimentär objektive Geschichte, Ereignisketten, gibt es allenthalben. Man muß hier, denke ich, nochmals auf die ›Natur des Geistes‹ zurückgehen, also auf seine Freiheit. Aus ihr habe ich vorhin nur das Handeln abgeleitet, ohne Blick darauf, daß alles eigentliche, über den Rahmen des Naturzyklus hinausgehende Handeln unter einer Bedingung steht, deren Kenntnis und Benennung wir Hegel verdanken: unter der Bedingung der Geschichtlichkeit. Sie liegt in unserer Geistigkeit, in unserer Freiheit – ob wir uns ihrer bewußt werden oder nicht. Dieser Begriff der Geschichtlichkeit ist fundamental für alle Bereiche des geistigen Lebens – für die politische Sphäre, für die Wissenschaft, die Kunst, die Religion, die Philosophie. Daß diese Bereiche ›geschichtlich‹ verfaßt sind, bedeutet nicht, daß ihnen ein ›Gewordensein‹ im Sinne eines Naturprozesses zukommt, analog zum natürlichen Lebenslauf eines Menschen – den wir ja auch nicht als seine ›Geschichte‹ bezeichnen –, sondern ein ›Geschaffensein‹ durch geistige Produktion und Aneignung, durch »Arbeit« und »Erbschaft« – in der erinnernden Reflexion auf das Gewesene. Einen weiteren Aspekt, der sich hier aufzudrängen scheint, berücksichtigt Hegel nicht: daß der Begriff der Geschichtlichkeit erst dann vollständig durchdacht ist, wenn zur »Mnemosyne« auch der Zukunftsentwurf hinzutritt.

Dieser Begriff der ›Geschichtlichkeit‹ ist – systematisch gesehen – ein zentraler Begriff für Hegels Geschichtsphilosophie, auch wenn er in seinen Vorlesungen selten fällt und seine Exposition sogar nicht in diese Vorlesungen, sondern in die Vorlesungen über die Geschichte der Philosophie fällt. (Dies ist übrigens insofern plausibel, als Hegel sich sein Verständnis von ›Geschichte‹ ohnehin im Ausgang von seinen philosophiegeschichtlichen Vorlesungen erarbeitet hat; die Vorlesungen über die Philosophie der Weltgeschichte folgen ja erst 17 Jahre später, als Hegel auch schon ausführlich über die Geschichte der Kunst und der Religion gearbeitet hat.) Diesen – nochmals: zentralen – Begriff der Geschichtlichkeit kann ich hier nicht ausführlich thematisieren; deshalb nur soviel: ›Geschichtlichkeit‹ im Sinne Hegels ist nicht gleichzusetzen mit einem Begriff, der zumindest im Deutschen (und auch von Hegel selbst) oft in einem Atemzug mit ›Geschichtlichkeit‹ genannt wird: mit ›Faktizität‹. ›Geschichtlichkeit‹ besagt nicht, daß etwas ›geschichtlich‹, ›real‹, dagewesen sei, sondern ›Geschichtlichkeit‹ bezeichnet die spezifische Verfassung des menschlichen Geistes, zeitlich Vergangenes als solches zu distanzieren und sich zu ihm in ein temporal gedeutetes Verhältnis der Identität und Differenz zu setzen. Diese Struktur ist grundlegend für den »Aufbau der geistigen Welt« – um einen späteren Titel zu adaptieren.

Die Geschichtlichkeit besteht in der Doppelstruktur von Zeitlichkeit und Reflexion auf Zeitlichkeit, in der spezifischen Struktur der Einbettung in einen Zusammenhang, die im vollen Sinne erst durch das Ineinanderfallen von Zeitlichkeit und Reflexion auf Zeitlichkeit konstituiert wird und die letztlich die Struktur von Geschichte selber ist: das, was Geschichte zu Geschichte macht und als Geschichte von anderen Prozessen unterscheidet. »Geschichte« ist nicht schon eine bloße Abfolge von Ereignissen und auch nicht von Versuchen zur Realisierung von Zwecken, sondern sie wird zu »Geschichte« erst dadurch, daß das Subjekt, das in der Kette dieser Ereignisse steht, sein eigenes Sein durch sie bestimmt weiß und im gleichen Akt sich in ein »geschichtliches« Verhältnis zu ihr setzt und eben dadurch Ereignisfolgen allererst zu Geschichte konstituiert. Die meines Erachtens prägnanteste Formulierung dieses Gedankens findet sich, wie angedeutet, in Hegels philosophiegeschichtlichen Vorlesungen: »was *wir* sind, sind wir zugleich geschichtlich, oder genauer, wie in dem was in dieser Region, der Geschichte des Denkens, das Vergangene nur die Eine Seite ist, so ist in dem, was wir sind, das gemeinschaftliche Unvergängliche unzertrennt mit dem, daß wir geschichtlich sind, verknüpft.« (GW 18.100f.)

»Geschichtlich« zu sein bedeutet demnach nicht bloß, faktisch zu sein, und auch nicht, wandelbar zu sein, geboren zu werden und zu sterben, in diesem oder in jenem Jahrhundert zu leben, der Geschichte unterworfen zu sein und die Erbschaft der Vergangenheit angetreten zu haben. Es bedeutet vor allem, seiner selbst bewußt in jenem Prozeß der Entwicklung der Vernunft, des Geistes zu stehen, sich seiner Stellung in diesem Prozeß mittels der Mnemosyne zu vergewissern und dem Vergangenen so gegenüberzustehen, daß diese Beziehung zum Vergangenen, die Mnemosyne, konstitutiv für das eigene Sein und Handeln ist: geschichtlich nicht nur zu sein, sondern auch darum zu wissen, daß, was wir sind, wir nur geschichtlich sind.

Um nichts zu verwirren: Es sind meines Erachtens zwei Stufen solcher ›Geschichtlichkeit‹ zu unterscheiden. In rudimentärer und gar nicht bewußter Form liegt Geschichtlichkeit allem menschlichen Handeln zugrunde. Wir können gar nicht anders handeln als unter der Form der Geschichtlichkeit. Deshalb generiert menschliches Handeln den objektiven Zusammenhang, den wir erst – nachträglich – *als Geschichte* zu bezeichnen und zu begreifen gewöhnt sind. Jahrtausende lang hat man gehandelt und ›geschichtlich gehandelt‹, ohne das Resultat seines Handelns *als Geschichte* zu begreifen oder gar von seiner ›Geschichtlichkeit‹ ein ausdrückliches Bewußtsein zu haben. Dieses Wissen um ›Geschichtlichkeit‹ als ein Spezifikum des menschlichen Geistes ist der neueren Zeit vorbehalten geblieben, der Zeit seit der Entstehung des Historismus, und – soweit wir sehen – ist Hegel es gewesen, der für dieses Spezifikum des menschlichen Geistes, für dieses ›Existential‹, das Wort geprägt hat, das dann, nach einigen Windungen und Wendungen, erst im 20. Jahrhundert eine lebhafte Konjunktur gehabt hat (übrigens, was weniger erfreulich ist, unter sorgfältiger Verwischung der zu Hegel zurückführenden Begriffsgeschichte).

Es ist eine Folge dieser ›Geschichtlichkeit‹, daß bereits in menschheitsgeschichtlich frühen Zeiten das Bedürfnis entstanden ist, die Ereignisketten ins Bewußtsein zu heben, in denen ein über den Naturzyklus hinausgehendes menschliches Leben stets steht – also in unserem Verständnis: ›Geschichte zu schreiben‹, mittels der ›subjektiven Geschichte‹ das objektive Geschehen in einen Zusammenhang zu bringen und es in die Form der Vorstellung zu heben, das rudimentäre Bewußtsein von Geschehenem in ›subjektive Geschichte‹ zu verwandeln und eben damit erst eigentliches ›Geschichtsbewußtsein‹ zu schaffen. »Objective Geschichte« ist für Hegel stets ›objektivierte‹, durch das geschichtliche Bewußtsein konstituierte Geschichte. Freilich wird dieser Konstitutionsakt der »objectiven Geschichte« nicht durch jedes einzelne Bewußtsein vollzogen, sondern durch die Geschichtsschreibung – auch nicht schon durch Annalen, wiewohl sie als Vorstufe zur Geschichtsschreibung anzusehen sind. Die Frage nach dem Primat von ›Geschichtsbewußtsein‹ und ›Geschichtsschreibung‹ erscheint mir als ebenso unbeantwortbar als die Frage, ob die Henne oder das Ei zuerst gewesen sei. Ohne ein rudimentäres ›Geschichtsbewußtsein‹ – das mit unserer Geschichtlichkeit immer schon und untilgbar gegeben ist! – kommt es nicht zur Ausbildung von ›subjektiver Geschichte‹, doch ohne diese hat das Geschichtsbewußtsein keinen Halt, an dem es sich emporranken kann.

Das zu diesem Verhältnis von subjektiver und objektiver Geschichte Gesagte möchte ich noch durch eine Beobachtung Hegels vervollständigen, die mir plausibel und wichtig erscheint: Es ist für Hegel keineswegs so, daß die »subjective Seite«, die Historie, zu der materialen Seite der Begebenheiten nur hinzuträte und sie zu »Geschichte« konstituierte. Die subjektive Geschichte verändert vielmehr die objektive Geschichte – nicht nur in dem Sinne, daß die subjektive

Geschichte, wie gesagt, allererst Geschehnisse in einen *als Geschichte* verstandenen Zusammenhang transformiert, sondern daß sie auf den Gang der – späteren – Ereignisse einwirkt. Durch das Hinzutreten der »subjectiven Seite« ändert die objektive, materiale, ihren Charakter: »die eigentliche objective Geschichte eines Volkes, fängt erst da an, wo sie auch eine Historie haben« (GW 18.124). Sie fängt somit in doppeltem Sinne erst durch die Historie an: indem sie von ihr *als Geschichte* konstituiert wird und indem sich ihre Verlaufsform, der materiale Charakter der Handlungen ändert. Ich denke dabei nicht an eine unmittelbare Wirkung der von Hegel ja sehr geschätzten ›ursprünglichen Geschichte‹, also der mit den beschriebenen Ereignissen nahezu gleichzeitigen Geschichtsschreibung. Trotz ihrer zeitlichen Nähe kommt sie immer noch zu spät, um einen geistigen Horizont zu eröffnen, der auf das Handeln der Akteure zurückwirkt, und hierdurch auf den von ihr thematisierten Gang des Geschehens Einfluß zu nehmen.

Thukydides' *Geschichte des Peloponnesischen Krieges* hat den Verlauf dieses Krieges nicht beeinflußt, und gleiches gilt von den Geschichtswerken Caesars. Zwar haben diese Werke die Identität und das Geschichtsbewußtsein der Nachfolgenden geprägt und ihre Zwecksetzungen beeinflußt – doch um diese Wirkung auszuüben, ist es vermutlich sogar gleichgültig, ob sie durch ›unmittelbare Geschichtsschreibung‹ oder durch spätere, reflektierte erfolgt. Möglicherweise ist die spätere, reflektierte Geschichtsschreibung für die Identitätsstiftung der Akteure der Geschichte und für die Formulierung ihrer Zwecke sogar wichtiger als die unmittelbare, weil sie eben darauf abzielt – und dies wohl im Positiven wie im Negativen.

V. Teleologie

Hegels Vorlesungen über Philosophie der Weltgeschichte scheinen mir – ganz unabhängig von dem großen geschichtlichen Bogen, den sie beschreiben – eine Fülle von Antworten auf die Frage zu bieten, was Geschichte sei und wie es zu Geschichte komme – insbesondere natürlich seine ausführlichen »Einleitungen«, aber nicht nur sie. Eine Frage aber ist bisher nicht angesprochen worden, obgleich sie vielfach auf Unverständnis und nicht selten sogar auf Empörung gestoßen ist:

Hegels Annahme, daß Geschichte auf ein Ziel hin laufe, daß sie einen ›Zweck des Weltgeistes‹ verwirkliche, und dies, ohne auf die Zwecke der übergroßen Zahl der in ihr wirksamen Akteure auch nur zu achten. Der ›Weltgeist‹, scheint es, zwingt sie in seinen Dienst, instrumentalisiert sie für seine Ziele und kümmert sich wenig darum, ob sie, von ihm zertreten› ›auf der Strecke bleiben‹ oder nicht. (Wenn ich mir an dieser Stelle die provokante Nebenbemerkung erlauben darf: Mit solcher moralisierenden Kritik stellt man nur zur Schau, daß man ein guter Mensch zu sein prätendiert, daß man aber recht wenig Einsicht in die geschichtsbegründenden Mechanismen hat. Es mag durchaus sein, daß jemand die ihm zugewiesene Rolle als unbewußtes Werkzeug des Weltgeistes nicht als sonderlich komfortabel und ehrenhaft empfindet. Doch ist es ja nicht die Frage, wie man es gerne hätte, sondern wie ein Machtgefüge funktioniert. Und zu dieser Frage haben wir, zu Beginn des 21. Jahrhunderts, leider weit mehr und weit drastischeres Anschauungsmaterial, als es selbst Hegel zur Verfügung stand.)

Doch abgesehen hiervon: Das wenig attraktive Bild von ›unbewußtem Werkzeug‹ und ›Instrumentalisierung‹ scheint mir das Resultat einer ›Pseudomorphose‹ zu sein, einer Verzerrung der Gestalt, die sich dann ergibt, wenn man Hegels gänzlich neuartige Sichtweise in der Perspektive traditioneller Schablonen wahrnimmt – und sich dadurch den Blick auf die Texte und die in ihnen präsente Geschichtskonzeption verstellt – der Hegel allerdings durch seine traditionsgebundene Diktion unnötig Vorschub geleistet hat. Doch vielleicht fällt es ja auch allzu schwer, der ungeschminkten, fast brutalen Nüchternheit der Hegelschen Konzeption ins Auge zu sehen.

Geschichte beginnt für Hegel, ausdrücklich, nicht mit einem bewußten Zweck. Sie beginnt auch nicht mit einem Plan und schon gar nicht mit einem göttlichen Ratschluß, den man sich vielleicht als übergeordnete Instanz und wirksames Korrektiv wünschen mag und dessen Effizienz man vor allem deshalb als über jeden Zweifel erhaben behaupten kann, weil man bekanntlich keinen Einblick in ihn hat und somit alles aus diesem Ratschluß folgen kann. Doch für dergleichen Wunschvorstellungen ist hier kein Platz. Für Hegel reicht die Geschichte so weit, wie menschliches Handeln reicht, und nur die Ereignisse zählen zu ihr, die – mit einem neueren Ansatz gesprochen – den Prinzipien der Analogie und der Korrelation gehorchen. Damit steht Hegels Ansatz in striktem Gegensatz etwa gegen Schelling, der eine durch angebliche Taten Gottes und seiner Handlanger inszenierte Wahnwelt als ›Geschichte‹ ausgibt und sich entrüstet dagegen zur Wehr setzt, daß man seine »geschichtliche Philosophie« in die Nähe einer kritischen Weltgeschichte und gar von Hegels Geschichtsphilosophie bringt.

Für Hegel geht Geschichte aus Freiheit hervor, aus der Freiheit des Sichvergegenständlichens und des Handelns, das stets unter dem Prinzip der Geschichtlichkeit steht – aus einer Freiheit, die den individuellen, biologisch vorgegebenen Lebensrhythmus durchbricht und geistige Gebilde schafft, die nun ihrerseits Interessen ausbilden und Zwecke setzen und hierdurch miteinander in Verbindung treten und in Konflikte geraten und sich dabei so verhalten, wie wir es nur allzuoft kennengelernt haben und wie Hegel es in seinem plastischen und drastischen Bild von der Weltgeschichte als der Schlachtbank der Völker vor Augen stellt. Gegen das, was aus diesem traurigen Spiel herauskommt, gibt es keine Berufungsmöglichkeit, keine höhere Instanz, keinen »Praetor«. Man mag dies ja bedauern – aber wir wissen doch eigentlich alle recht gut, daß die Mechanismen, die seit etwa einem Jahrhundert im Interesse einer allgemeinen Konfliktregelung eingerichtet worden sind, sich als wenig erfolgreich erwiesen haben. Vielleicht haben sie ja gar mehr geschadet als genützt.

Und dennoch: In dieser illusionslos gezeichneten geschichtlichen Wirklichkeit, deren Betrachtung uns unausweichlich mit der »ratlosesten Trauer« erfüllt, meint Hegel *ein* Moment ausmachen zu können, das geeignet ist, dieser Trauer die Waage zu halten: Weil alle Geschichte aus Freiheit hervorgeht, zielt sie auch auf die Verwirklichung von Freiheit. Es ist für Hegel gleichsam ein undenkbarer Gedanke, daß, was aus Freiheit hervorgeht, nicht auf Verwirklichung von Freiheit zielen könnte. Und dies bleibt auch nicht allein ein undenkbarer Gedanke – Hegel meint auch Anzeichen dafür sehen zu können, daß Geschichte – trotz des abschreckenden Bildes, das gerade er von ihr entwirft und leider auch ganz zutreffend entwirft! – auf die Verwirklichung von Freiheit zielt: in der europäischen Verfassungsgeschichte. Und während Kant seine *Idee zu einer allgemeinen Geschichte in weltbürgerlicher Absicht* dadurch legitimiert, daß er angibt, »etwas Weniges« ausmachen zu können, das seinen Entwurf bestätigt, kann Hegel sich auf eine tiefe Vertrautheit mit der Rechtsgeschichte im allgemeinen und der Verfassungsgeschichte im besonderen seit der griechischen Antike stützen. Diese – für Philosophen nicht eben übliche – Vertrautheit erlaubt es ihm, einen »Fortschritt im Bewußtsein der Freiheit« zu konstatieren, und ich denke, daß nur ein Wille zur Opposition um jeden Preis ihm darin widersprechen kann. Und da ich nun dieses Stichwort »Fortschritt im Bewußtsein der Freiheit« ausgesprochen habe, möchte ich auch hier mein ceterum censeo wiederholen, daß diese Wendung gemeinhin falsch verstanden (und deshalb auch mehrfach kritisiert) wird: Hegels Diktum behauptet ja nicht, daß die Welt jeden Tag um ein Stückchen Freiheit reicher werde, sondern daß es im Verlauf der Geschichte fortschreitend zu Bewußtsein komme, daß alles Recht aus der Freiheit hervorgeht – ja daß die Freiheit fortschreitend als die Quelle erkannt werde, aus der der ganze Bau der geistigen Welt emporsteigt.

Und da ich gerade dabei bin, einige Mißverständnisse zu korrigieren, möchte ich noch einen letzten Punkt ansprechen, dessen Klärung hier besonders vordringlich erscheint: Es ist eigentümlich, daß die Rezeption – und vor allem die Kritik! – sich so häufig auf solche Passagen stürzt, an denen Hegel sich dem damals ja noch weit üblicheren theologischen Sprachgebrauch anschließt – ähnlich wie bei seiner Wendung, man könne die Logik gleichsam als Darstellung Gottes vor der Schöpfung ansprechen –, und es ist vor allem eigentümlich, daß insbesondere diese Passagen grob mißverstanden werden, bis hin zur massiven Entstellung des Wortlauts – sei es, weil hier jeweils ein unzutreffendes Vorverständnis auf die falsche Spur führt, oder sei es, weil die hier angesprochenen Fragen, auf die man selber keine Antwort weiß, martialisch gesprochen, zu Entlastungsangriffen einladen.

Gegen Hegels Behauptung, seiner Philosophie der Weltgeschichte komme die Funktion einer Theodizee zu, einer Rechtfertigung Gottes angesichts der Übel in der Welt, erhebt eine lautstarke Kritik den Vorwurf der Mediatisierung, der Instrumentalisierung und gar der Verhöhnung der Opfer – doch auch wenn diese Kritik an den von Hegel gebrauchten traditionellen sprachlichen Wendungen einige Anknüpfungspunkte hat, ist sie doch unzutreffend bis zur Unredlichkeit. Und dies nicht allein deshalb, weil derjenige, der das trostlose Erscheinungsbild der Weltgeschichte in so düsteren Farben malt wie kein anderer und sich auch nicht scheut, sie der Wahrheit gemäß als

»Schlachtbank« der Völker und Individuen zu bezeichnen, dieses Resultat damit nicht schon als erwünscht oder als moralisch gerechtfertigt bezeichnet. Hegels Geschichtsphilosophie ist vielmehr die einzige der klassischen Konzeptionen, der man den Vorwurf einer Instrumentalisierung nicht machen kann.

Der Grund hierfür ist leicht zu erkennen: Instrumentalisierung setzt einen bewußten Zweck voraus, wie er in allen personalistischen theologischen Denkmodellen enthalten ist – doch Hegels Konzeption kennt keinen Gott, der in bewußter Zwecksetzung, als »Vorsehung«, die Geschicke der Menschheit nach einem »Plan« lenkte, und damit fehlt der Adressat für die Anklage, die das Verfahren der Theodizee in Gang setzen muß. Hegel bedient sich zwar noch dieser damals vorherrschenden Terminologie – und nicht ohne sie korrigieren –, aber sie ist nur noch eine erstarrte Fassade. Hinter ihr verbirgt sich nicht mehr der persönliche, über »Mittel« und »Zwecke« disponierende Gott des Kirchenglaubens und auch nicht mehr der Leibnizische Gott, der durch eine moralische Notwendigkeit genötigt wird, die beste aller möglichen Welten zu wählen, obschon sie leider immer noch des Übels genug enthielt – so daß Kritiker sie mit gutem Grund als die schlechteste aller möglichen entlarven konnten. Hier, bei Hegel, steht der Gang der Weltgeschichte eben nicht mehr unter der segensreichen Leitung einer Vorsehung, die auch über Millionen von Leichnamen zum Ziel geht, wie der junge Herder einmal so anmutig in Aussicht stellt[3] – übrigens: ohne daß ihm dies zum Vorwurf gemacht wird. Das Göttliche, das in Hegels »Theodizee« gerechtfertigt wird, ist der »Geist«, die aus der Freiheit hervorgehende und auf das Bewußtsein der Freiheit gerichtete, im Wissen und Handeln wirkliche Geistigkeit des Menschen – und nicht mehr ein der Instrumentalisierung anderer und der moralischen Imputation fähiges Subjekt. Deshalb ist auch das Wort »Theodizee« hier nur ›cum grano salis‹ zu verwenden.

Die Kritik an der Verhöhnung der Opfer ist völlig im Recht gegenüber jeder »Theodizee«, die mit einem personalen Gottesgedanken arbeitet – und dies sind seit der Antike nahezu alle Gestalten der »Theodizee«, einschließlich ihrer klassisch-neuzeitlichen Gestalt bei Leibniz. An Hegels Ansatz aber geht solche Kritik völlig vorbei. Es ist

[3] Herder, *Auch eine Philosophie der Geschichte zur Bildung der Menschheit,* in Herder, *Sämtliche Werke,* hg. von Bernhard Suphan. V.576.

eine – in vielen Fällen wohl beabsichtigte – merkwürdige, einem theoretischen schlechten Gewissen entspringende Verkehrung, Hegels Konzeption wegen eben der Züge zu kritisieren, die an den traditionellen theologischen Gestalten der »Theodizee« unvermeidlich kritikabel, aber eben deshalb aus seiner Konzeption eliminiert sind. Man kann der Geschichte ja nicht gut vorwerfen, daß sie so ist, wie sie ist: daß ihre Dynamik durch ein zweckorientiertes und deshalb unvermeidlich in Konflikte führendes Handeln bestimmt ist und daß sie insbesondere durch die Leidenschaften bewegt wird. Hegels Philosophie jedenfalls hat es nicht damit zu tun, sich bessere Welten und eine bessere Geschichte zu erträumen, sondern sie in ihrer Wirklichkeit zu erkennen.

Das Fremde und die Bildung. Hegel über die Entwicklung des griechischen Bewußtseins

I.

(1) Lassen Sie mich mit einem etwas gestrafften, aber immer noch längeren Zitat aus Hegels *Vorlesungen über die Geschichte der Philosophie* beginnen – mit einem der vielen Zitate, in denen Hegels Faszination von der Kultur des antiken Griechenland sich nahezu hymnisch ausspricht: »Wenn wir von Griechenland sprechen, so wird es jedem gebildeten Menschen [...] heimatlich zu Mute. [...] alle Wissenschaft und Kunst, was das geistige Leben ziert und würdig macht, ist teils von Griechenland direkt ausgegangen, teils indirekt durch den Umweg über die Römer zu uns gekommen«. Nachdem – so Hegel weiter – die europäische Menschheit »den harten Dienst der Kirche und des Rechts« hinter sich gelassen und das Fremde, das Historische aufgegeben habe – also in der Renaissance –, »[d]a hat der Mensch angefangen, in seiner Heimat sein zu wollen, aus seiner Vernunft, seinem Verstande einzusehen, zu schließen. Die Erfahrungsphilosophie hat begonnen, die gegenwärtige Welt zu beobachten. Damit, mit diesem Geiste der Heimatlichkeit, ist auch wieder die Liebe zur freien Wissenschaft und Kunst, Geschmack, Liebe zur griechischen Philosophie aufgekommen. Um dies zu genießen, hat man sich selbst an die Griechen gewendet. Bei ihnen ist es uns heimatlich zu Mute, weil sie selbst bei sich in ihrer Welt zu Hause waren, sich selbst ihre Welt zur Heimat gemacht haben.« (V 7.1 f)

(2) Doch was heißt es, und wie kommt es dazu, daß die Griechen »in ihrer Welt zu Hause waren«? Bei der Entstehung dieses Faszinosums könnte es sich um ein herausragendes Beispiel für das Wirken der Göttin Tyche handeln: um den Glücksfall der grundlosen Existenz eines solchen bei sich seienden und in seinem Beisichsein glücklichen Volkes. Die Vermutung einer derart glücklichen Fügung ließe sich noch durch eine Vielzahl weiterer Hinweise stützen: Wir könnten von den beiden heldenhaften Jünglingen sprechen, deren Existenz den Beginn und das Ende dieser »schönen Welt« bezeichnet: von Achill, dem gedachten, und von Alexander, dem wirklichen Jüngling. Und

wir könnten das Dahinschwinden dieser von ihnen zunächst aufgeschlossenen und dann auch wieder beschlossenen »schönen Welt« mit den ergreifenden Wendungen aus Schillers Gedicht beklagen, in die ja auch Hegel in seinen Vorlesungen immer wieder (wenn auch nicht ohne Korrektur) einstimmt. Mit dem Zitieren solcher Wendungen ließe sich leicht ein ganzer Vortragsabend füllen – wenn es denn um Erbauung zu tun wäre. Genau davor aber hat Hegel bekanntlich gewarnt: Die Philosophie müsse sich hüten, erbaulich sein zu wollen (GW 9.14). Ich möchte Sie deshalb heute von Hegel in eine andere, sehr nüchterne Betrachtung der griechischen Kultur einführen lassen – ohne jedoch das zu dementieren, was ich soeben über ihre Hochschätzung durch Hegel gesagt habe.

(3) Zunächst: Ist es wirklich, wie vorhin vermutet, ein unerklärlicher »Glücksfall«, dem wir die Realisierung dieses uns ideal erscheinenden Zustands der griechischen Kultur zu verdanken haben, oder handelt es sich hier nicht vielleicht doch um eine geschichtliche Erscheinung, deren Bedingungen sich zumindest weitgehend angeben lassen? Hegel beläßt es ja nicht bei der Annahme eines unerklärlichen Glücksfalls; er nennt vielmehr eine Reihe von Umständen – und zunächst einmal natürliche. An erster Stelle hebt er die Bodenformation Griechenlands heraus – die Zerklüftung des Landes, seine Gliederung in kleine Landstriche, die von Flüssen durchzogen oder vom Meer umschlossen sind – und er kontrastiert diese Bodengestaltung Griechenlands mit den unüberschaubar großen, feuchten und sumpfigen Schlammebenen Asiens. Es ist ja auch durchaus plausibel anzunehmen, daß eine derartige Bodengestalt nicht allein eine spezifische Form der Besiedelung und der Bodenbearbeitung ermöglicht und erfordert, sondern auch zu anderen Kommunikationsformen der Bewohner, ja vielleicht gar zur Herausbildung eines andersartigen Menschentypus und anderer Herrschaftsformen und Denkweisen führt: Die regionale Zersplitterung erfordert an der Stelle der nicht vorhandenen realen Einheit eine geistige, eine gedachte Einheit (GW 27,1.286f).

Und doch: So plausibel diese damals modische Betrachtungsweise – die sich ja etwa auch in Herders »Ideen zu einer Philosophie der Geschichte der Menschheit« findet – auf den ersten Blick erscheinen mag: Sie ist wenig aussagekräftig. Sie mag ausreichen, um das Entstehen unterschiedlicher Menschentypen und Gesellschafts- und

Wirtschaftsformen zu erklären, aber sie reicht nicht hin in das Gebiet der spezifischen Ausprägung des Geistigen. Gleiches gilt für den Rekurs auf klimatische Bedingungen. Hegel selber hat sich ja mehrfach über die Versuche lustig gemacht, den Zauber der Homerischen Epen von der milden Sonne Ioniens herzuleiten: Die Sonne scheine dort, nach bald 3000 Jahren, noch jeden Tag so mild und habe doch keinen neuen Homer, keine neue Ilias und keine neue Odyssee hervorgebracht. Und ähnlich scheint sie auch in anderen Weltgegenden, ohne dort jemals einen einzigen Homer oder Pindar erzeugt zu haben. An der Sonne kann es also nicht gelegen haben – aber ebensowenig am Schlamm. Denn fruchtbare Schlammebenen mit großen Flüssen, die zum Meer fließen, gibt es, gerade auch nach Hegel, sowohl in China als auch in Indien, und doch entwickelt sich – wiederum für Hegel – in beiden Ländern eine strikt entgegengesetzte Kultur. So läßt sich also im Blick auf diesen Aspekt resümieren: Naturfaktoren reichen zur Erklärung geistig-kultureller Bestimmtheit nicht aus; sie mögen am Rande mit hineinspielen, aber sie bieten letztlich keine tragfähige Erklärung. Die geistige Signatur einer Kultur ist keine Abbildung ihrer Naturverhältnisse.

(4) Ebenso unfruchtbar ist aber auch ein weiterer Versuch, das Faszinosum ›Griechenland‹ unter Rekurs auf Natürliches zu erklären: der Rückgriff auf die traditionellen Lebensalter-Metaphern, auf die Rede von einem »Jünglingsalter« der Menschheit. Es mag zwar verführerisch sein, diese alte Metaphorik aufzuwärmen, um die schöne Naivität des »Jünglingsalters« des griechischen Lebens dem Ernst des »Mannesalters« in der römischen Welt entgegenzustellen – doch letztlich erklärt dies auch nichts, und Hegel beugt ja auch selber einem Mißverständnis vor: Das Jugendalter sei eigentlich »unreif und unvollendet«, und der Vergleichspunkt liegt für ihn allenfalls darin, daß er das griechische Leben noch nicht durch »ein Bemühen um abstracten Verstand als Zweck« (GW 27,1.284) gekennzeichnet sieht. Und spätestens beim Fortgang zum »Greisenalter«, der dann von der unvermeidlichen immanenten Konsequenz der Metapher erzwungen wird, erweist sich das Kurzsichtige und Kurzatmige einer solchen Deutung. Und außerdem: Weltgeschichtlich gesehen fällt die griechische Kultur ja in eine recht späte, reife Zeit. Doch wer wollte deshalb schon vom »Jünglingsalter« der ägyptischen oder der chinesischen Kulturen sprechen? Also, obschon auch Hegel sich gele-

gentlich dieser traditionellen Bilder bedient: Sie sind beliebig und irreführend.

(5) Deshalb nun zurück zu der Frage, worin die Wurzeln dieses »Geistes der Heimatlichkeit« liegen, den Hegel als so charakteristisch für das griechische Leben und als so faszinierend für uns heraushebt. Verdankt sich dieser »Geist« etwa doch – wie die Rede vom »Jünglingsalter« andeuten könnte – der »Unmittelbarkeit« dieses griechischen Lebens, seiner Nähe zum Ursprung, der ungetrübten Reinheit seines kulturellen Ursprungs? In der philhellenischen Begeisterung der Jahrzehnte um 1800 mag dies häufig so gesehen worden sein. Nach Hegels Deutung hingegen ist das Gegenteil der Fall – und damit komme ich zu dem Begriff, dem Hegel eine Schlüsselstellung für diesen Kontext einräumt: zum Begriff des Fremden. Paradox – und (wie wir später sehen werden:) auch etwas thetisch verkürzt – formuliert: Die »Heimatlichkeit«, das Beisichsein des griechischen Geistes verdankt sich seiner Begegnung mit dem »Fremden« und der durch dieses Fremde veranlaßten kulturellen Entwicklung – nicht einer erträumten Ursprungsnähe, sondern im Gegenteil: seiner Distanz zum Ursprung.

II.

(1) Hegel, diese These möchte ich hier in den Mittelpunkt stellen und erläutern, Hegel begreift das Fremde als ein notwendiges Incitament der kulturellen Entwicklung. Insbesondere in seinen »Vorlesungen über die Philosophie der Weltgeschichte«, aber nicht nur in ihnen, sondern auch in den philosophiegeschichtlichen sowie in den kunst- und religionsphilosophischen Vorlesungen entwickelt er Bausteine für eine zumindest in ihrer starken Akzentuierung neue, fruchtbare und komplexe Theorie der Kulturgenese: Sie schreibt der Begegnung mit dem Fremden eine herausragende Bedeutung für die Ausformung der geistigen Welt eines Volkes zu. Und Hegel entwickelt diese Einsicht in die kulturgenetische und kulturgestaltende Kraft des Fremden nicht etwa an den großen Kulturen des Fernen Ostens, die dem heutigen Betrachter vielleicht zunächst im Blick stehen, wenn man von Hegels »Begegnung mit dem Fremden« spricht, zumal er ja in seinen Berliner Vorlesungen so ausführlich auch über diesen Weltteil

handelt – insbesondere über China und Indien. Für seine Einsicht in die Bedeutung der Begegnung mit dem Fremden für die Entwicklung einer Kultur spielt gar nicht so sehr der »Ferne Osten« eine Rolle, sondern vielmehr der »Nahe Osten« – in seinem Verhältnis zur Kultur des antiken Griechenland.

Zum einen mag dies überraschend sein, doch zum anderen ist es auch plausibel: Es geht Hegel ja nicht um die Bedeutung, die der Kenntnis Asiens für das Selbstverständnis seiner Gegenwart zukommt – in dieser Hinsicht ist er bekanntlich sehr zurückhaltend gewesen, und dies mit gutem Grund. Diejenige geschichtliche Situation hingegen, an der Hegel seine Einsicht in die kulturgenetische und kulturgestaltende Kraft des Fremden gewinnt, ist die Begegnung der griechischen Kultur mit der Kultur orientalischer Völker und Reiche: Der »substantielle[n] Gediegenheit« und »patriarchalische[n] Einheit« des Orients stellt er die »mannigfaltigste Vermischung« in Griechenland entgegen; die »natürliche Mannigfaltigkeit *und* das Prinzip der Fremdartigkeit« haben Bedeutung für die »Bildung der Völkerschaften« – und Hegel verallgemeinert und resümiert: »es ist sehr wichtig zu bemerken, daß gerade diese ursprüngliche Fremdartigkeit in den Elementen, die ein Volk constituirt haben, den Autochthonen entgegengesetzt, die Bedingung zur Lebendigkeit, zur Regsamkeit wird«.[1]

Damit sind diese beiden ›Welten‹, die des Orients und die griechische, zunächst nur einander entgegengestellt; es ist nicht etwa behauptet, daß die in Griechenland zu findende natürliche Mannigfaltigkeit und Gegensätzlichkeit in einem genealogischen Verhältnis zum Orient stehe. Es kommt mir zunächst nur auf diese Einsicht Hegels an: Die in einer Kultur liegende »ursprüngliche Fremdartigkeit« ist nicht etwa als ein schwächendes, störendes, die »Reinheit« kultureller Entwicklung (und im schlimmsten Falle die »Reinheit« des Blutes einer Rasse) verderbendes Element anzusehen (und nach Möglichkeit zu eliminieren), sondern, ganz im Gegenteil, diese Fremdheit bildet die »Bedingung zur Lebendigkeit« und zur »Regsamkeit«: Die geographische wie auch die soziale Gleichförmigkeit

[1] Hegel, *Vorlesungen über die Philosophie der Weltgeschichte, Kolleg 1830/31,* GW 27,4 (Nachschrift Karl Hegel (im folgenden: Hl mit Originalpaginierung 226).

tragen, wie Hegel sagt, keine »Aufregung in sich« »zum heraustreten aus der Beschränktheit« (Hl 226). Das Fremde hingegen fungiert als der Motor, der die kulturelle Entwicklung in Gang setzt und über die Beschränktheit hinaustreibt. Dies ist eine weitreichende Aussage, und man würde sie heute in aktuellen Kontexten gerne öfter hören.

Diese Aussage lässt sich jedoch in einer schwächeren und einer stärkeren Form interpretieren: Die kulturgestaltende Kraft des Fremden könnte auf der Rezeption seines fortgeschrittenen Entwicklungsstandes durch ein noch weniger weit entwickeltes Volk beruhen, wie etwa später zur Zeit der Völkerwanderung[2]. Dies wäre nicht weiter bemerkenswert: Die kulturelle Entwicklung, die höhere Bildung eines unterworfenen Landes teilt sich dem Eroberer mit. Für diesen Prozeß bietet ja gerade Spanien eindrucksvolle Beispiele – ich brauche dies nicht auszuführen. Nach der stärkeren Lesart hingegen kommt dem Fremden diese Funktion nicht kraft seiner kulturellen Überlegenheit, sondern bereits kraft seiner Fremdheit zu, kraft seiner Differenz, durch die es die Identität des Autochthonen aufbricht und in Bewegung versetzt. Allein schon das Moment des Negativen wäre dann die Bedingung der Entfaltung der gesellschaftlichen und kulturellen Dynamik. Und fraglos ist dies gemeint, wenn Hegel die Fremdartigkeit als die »Bedingung zur Lebendigkeit« auszeichnet.

(2) Diese These Hegels möchte ich nun weiter entfalten – und zwar an dem für Hegel paradigmatischen Gegenstand: an der Welt der griechischen Antike. Denn obgleich die von ihm hervorgehobene Funktion der Begegnung mit dem Fremden fraglos in vielen Kulturen zu beobachten ist, verdichten sich seine Bemerkungen zu diesem Thema ganz auffällig dort, wo er von der griechischen Welt handelt. Doch stellt sich der Überprüfung der These Hegels eine gravierende Schwierigkeit in den Weg: Die Prozesse, die hier in den Blick zu nehmen wären, verlaufen zum großen und entscheidenden Teil vor den Zeiten, aus denen wir gesichertes Wissen und schriftliche Zeugnisse haben. Aber sie reichen doch auch in die geschichtliche Zeit hinein, und für die frühe Zeit lassen sie sich zu einem guten Teil erschließen. Es ist deshalb auch nicht nötig, auf diejenigen Prozesse

2 Hl 378: "Die Germanen haben den Trieb innrer Entwicklung durch eine fremde Kultur erhalten; ihre Bildung, Staatsbildung, Gesetze, Religion sind fremd."

einzugehen, die sich im Dunkel der Vorzeit verlieren – wie etwa das Zusammenfließen mehrerer, für uns heute nur noch umrißhaft erkennbarer oder gar sagenhafter Stämme, über deren Herkunft, Wanderungen und Leben wir kein gesichertes Wissen haben. Im Blick auf sie ist der Begriff des »Fremden« auch gar nicht anwendbar – denn was wäre hier das Griechische und was wäre das »Fremde«.

(3) Das »Fremde« jedoch, das wir noch identifizieren können, weil es im kulturellen Gedächtnis der Griechen tief verankert ist, ist der Orient. Genau genommen sind es zwei Gestalten des Fremden – der Orient und Ägypten. Ägypten ist sicherlich mit gemeint, wenn Hegel lapidar sagt: »die griechische *Welt* hat [...] die orientalische Welt zur Grundlage« (GW 27,1.285). Auch an anderer Stelle nennt Hegel den Orient (wiederum unter Einschluß Ägyptens) das »Mutterland Griechenlands«, und so werde ich (mit Hegel) der Einfachheit wegen oft nur vom »Orient« sprechen. Und wenn Hegel so pauschal vom »Orient« als »Grundlage« und »Mutterland« der griechischen Welt spricht, sieht dies auf den ersten Blick so aus, als ergreife er mit diesem Votum eindeutig Partei in der damaligen Auseinandersetzung um die Mythologie – gegen Johann Heinrich Voß, der für den autochthonen Charakter der griechischen Mythologie streitet, und für seinen Freund Georg Friedrich Creuzer, der die orientalischen Einflüsse herausstellt. Hegel bezieht sich auch auf diese Kontroverse, und seine Antwort auf sie zeigt den spezifischen Ansatz seines Denkens: »In Betreff der griechischen Bildung sind 2 Systeme: ob die Griechen ihre Kunst und Wissenschaft von Außen oder durch sich selbst empfingen. Historisch sieht es so aus, als ob die Griechen aus sich ihre Bildung genommen und alle Stufen des Fortgangs producirt hätten. Wir sehn einen ununterbrochnen Stufengang der Bildung ohne nach Außen gehn zu brauchen, und das Specifisch Griechische finden wir nur in Griechenland. Aber eben so geschichtlich ist, daß die Griechen von Fremden her anfingen, und dieses ist nothwendig.« (GW 27/1.299)

Doch: Was ist mit der Rede vom Orient als »Grundlage« und »Mutterland« gemeint? Es hat eine Begegnung mit einem Fremden stattgefunden, und dieses Fremde wird angenommen und übernommen und bildet in der Folge die »Grundlage« dessen, was sich als griechische Kultur erst entwickeln wird. Die eigentliche Phase der Inkorporation dieses Fremden als »Grundlage« – oder die geistige Geburt Griechenlands aus diesem »Mutterland« – fällt jedoch in eine

Zeit, aus der uns direkte Quellen, schriftliche Zeugnisse fehlen – in die Zeit vor der Ausbildung der griechischen Volksreligion, vor der Kosmogonie Hesiods und den Epen Homers. Hegel folgt hier späteren Aussagen unter anderem Herodots über die Parallelen zwischen den älteren und jüngeren Göttern sowohl Ägyptens als auch Griechenlands, über die Analogie der ›Kalendergottheiten‹, der Tierkreiszeichen oder auch Herodots Aussage, daß Poseidon ein ägyptischer Gott gewesen sei (GW 27,1.255); er nimmt die Überlieferung auf, daß das Orakel von Dodona auf ägyptische Ursprünge zurückgehe, und er macht auf die widersprüchlich scheinenden und sich doch nicht widersprechenden Aussagen Herodots aufmerksam: neben der Aussage, daß Homer und Hesiod den Griechen ihre Götter gemacht haben, steht die andere, daß die griechischen Götter ägyptischen Ursprungs seien. Mit der Ausbildung der Götterwelt und der ihr zugehörigen Weltvorstellung hat die griechische Kultur bereits einen in sich gefestigten Charakter erhalten, der zwar eine weitere Begegnung mit dem Fremden und dessen Einwirkung nicht ausschließt, aber doch zu etwas Marginalem herabsetzt. Und deshalb schließt Hegel sich insgesamt der These an, »daß Griechenland die Anfänge der Bildung« von einem Fremden, nämlich aus dem Orient empfangen habe. Sie faßt ja nur die Berichte griechischer Autoren prägnant zusammen – das kulturelle Gedächtnis, das sich in solchen Autoren ausspricht.

(4) Doch bevor ich näher auf diesen Prozeß eingehe, zunächst die Frage: Wie vertrauenswürdig ist eigentlich dieses ›kulturelle Gedächtnis‹? Es scheint ja auch im antiken Griechenland geradezu ein Qualitätssiegel gewesen zu sein, wenn man solche orientalische Herkunft behaupten konnte: Damit wurde dem Gegenstand eine eigene Würde zuteil, und er wurde der Verfügbarkeit entzogen. Es ist ja auch damals schon bekannt gewesen, daß der Prophet im eigenen Vaterlande nichts gilt, und so ist es auch nicht verwunderlich, wenn er seine Weisheit als eine fremde, eine orientalische Weisheit ausgibt – vorzugsweise als die Weisheit ägyptischer Priester. Wieviel Nimbus haben nicht die Pythagoräer aus dem Raunen über die geheimnisvollen ägyptischen Ursprünge der Lehre ihres Meisters gezogen! Es gibt ja eine übergroße Fülle von Zeugnissen dafür, daß gerade das kulturelle Gedächtnis nur allzuleicht geneigt ist, seinem Bedürfnis nach Selbststilisierung zu erliegen – oder, provokativ formuliert: daß

seine eigentliche Leistung nicht in der Bewahrung des Vergangenen im Wissen besteht, sondern in seiner Selbststilisierung.

Auch Hegel berichtet ja, es sei für römische Geschlechter wie auch für viele spätere Europäer geradezu eine Sucht gewesen, von Troja abstammen zu wollen – und er setzt dagegen, daß zumindest »wir Deutsche« nicht von Troja abstammen, sondern geistig von Griechenland. Aber auch dies dürfte eine nicht unerhebliche Selbststilisierung sein. Doch wie groß der Anteil an Selbststilisierung in den späteren Zeugnissen auch sein mag: Hinreichend viele unverdächtige historische Zeugnisse belegen diese Abhängigkeit des frühen Hellas, das sich ja noch nicht einmal so bezeichnet hat, vom Fremden, vom Orient. Unbezweifelt ist der große kulturelle Vorsprung, den die Reiche Vorderasiens damals gegenüber der griechischen Welt gehabt haben – in der Ausbildung der Staatlichkeit wie auch der Wissenschaften, und unbezweifelt sind ebenso die Herkunft der Sprache wie auch der Schrift aus Asien. Und als ein zusätzliches Argument fügt Hegel noch an, daß die von uns so hochgeschätzte griechische Kultur ihren Schwerpunkt im Osten des Landes, in den nach Osten ausgerichteten Gegenden gehabt habe – während der Westen von ihr weitgehend unberührt geblieben sei.

III.

(1) Mit der Rede vom Orient als von der »Grundlage« und dem »Mutterland« der griechischen Welt ist die kulturgenetische Bedeutung des Fremden bereits eingeräumt – allerdings nur zu einem ersten und weniger interessanten Teil. Eine einfache Rezeption, eine bloße Übernahme orientalischer Kulturen wäre kulturgeschichtlich wenig innovativ und deshalb nicht sonderlich bemerkenswert – doch solche bloßen Übernahmen des Fremden hat es wohl nie oder so gut wie nie gegeben, auch nicht im Verhältnis der Germanen zu Rom. Darauf deutet auch schon die Sprache: Sowohl »Mutterland« als auch »Grundlage« implizieren eine intime Zusammengehörigkeit, aber sie deuten ebenso auf Differenz – und dies ist ja eine typische und doch oft mißverstandene Gedankenfigur Hegels: Was »Grundlage« ist, ist auch *nur* die Grundlage. Wenn Hegel etwa in der *Rechtsphilosophie* (§ 270) sagt, die Religion sei die »Grundlage« des Staates, so ist sie

eben deshalb *als* Grundlage auch *nur* die Grundlage, und entscheidend ist, was auf diesen Grund gebaut wird. Und so auch hier: Die Begegnung mit dem Fremden vollzieht sich ja nicht als bloße Übernahme, sondern als Umbildung. Die griechischen Götter sind deshalb nicht einfach identisch mit den orientalischen – ebensowenig wie später die nochmals umgebildeten römischen Gottheiten mit den griechischen identisch sind, auch wenn wir in unserer Sprache oft recht sorglos die lateinischen Namen an die Stelle der griechischen setzen.

(2) Aber auch das bereits recht treffende Wort »Umbildung« legt noch falsche Konnotationen nahe – nämlich ein aus handwerklicher Arbeit vertrautes Modell: Ein Subjekt bemächtigt sich eines äußerlichen Gegenstands und bildet ihn zu einer veränderten Gestalt um – etwa aus einer Tiergestalt in eine göttliche Gestalt –, ohne sich selber dabei zu verändern. Ein solches Modell geht jedoch völlig an der Funktion vorbei, die Hegel dem »Fremden« zuschreibt. Ihm zufolge vollzieht sich die Begegnung eines Volkes mit dem »Fremden« so, daß »eine fremde Cultur in den Anfang tritt und so das Volk von Anfang an in sich ein doppeltes hat; sodaß es einmal aus sich, andrerseits aus einem Fremden ausgeht, und seine Erziehung geht darauf dieses Gedoppelte in eine Einheit zu bringen. denn dieses Fremde hat das Volk zu verdauen, und das was Fremdes bleiben muß, von sich abzustoßen.« (GW 27,1.285)

Mit dieser Wendung ist Hegels Modell des Ablaufs derartiger kulturgeschichtlicher Prozesse plastisch beschrieben. Und es ist – dies kann nicht verwundern – ein spezifisch Hegelsches Modell: Das Fremde ist das Andere, das Negative – und so, wie die Entwicklung der logischen Bestimmungen sich gerade mittels der Negation vollzieht und ohne die Negation nicht von der Stelle käme, so bedarf auch die kulturelle Entwicklung des Negativen, des Anderen: des Fremden. Denn das Negative ist die Quelle aller Bewegung und Lebendigkeit. Nun wäre es aber kurzschlüssig und ungerecht, einzuwenden, daß Hegel hier also nur ein in seiner *Wissenschaft der Logik* vorgeformtes Modell begrifflicher Entwicklung auf geschichtliche Prozesse projiziere, also eine Art ›Geschichtsschreibung a priori‹ betreibe und die Geschichte, statt sie zu begreifen, lediglich in einem Netz logischer Begriffe einfange und fessele. Vielmehr ist anzunehmen, daß ihm sein an der Entwicklung der logischen Bestimmungen geschulter Blick die

Augen auch für den Verlauf geschichtlicher Entwicklungen geöffnet habe. Jedenfalls bietet Hegels Ansatz eine erheblich tragfähigere Ausgangsbasis zum Begreifen der kulturellen Entwicklung Griechenlands – wie auch anderer Kulturen – als die vorhin genannte, wenig flexible Alternative zwischen einer ›rein griechischen‹ oder einer ›rein orientalischen‹ Deutung. Weder die »rein griechische« noch die »orientalische« Entwicklung hätte zu der uns vertrauten griechischen Welt geführt; die eine wie die andere wäre vielmehr stagniert. Die kulturelle Entwicklung wird eben durch das »Gedoppelte« in Gang gesetzt und in Gang gehalten: durch das Spannungsverhältnis von Unmittelbarkeit und Negation, von autochthonen Momenten und Fremdem.

Es wäre deshalb auch ein Mißverständnis des Hegelschen Ansatzes, wenn man ihn so verstehen wollte, als ob eine an sich schon vorhandene geschichtliche Entwicklung durch den Einbruch eines Fremden gestört und diese Störung durch kulturelle Arbeit wieder überwunden würde. Kulturelle Prozesse sind geistige Prozesse; sie verlaufen nicht nach dem Modell natürlicher Entwicklung, als Entfaltung keimhaft vorhandener oder gar im Keime präformierter Anlagen. Sie entfalten sich in der Kommunikation, in der Begegnung und Auseinandersetzung mit dem Fremden, in der partiellen Aneignung des Fremden und seiner partiellen Abstoßung. Hierüber ist Hegel sehr beredt: »die Fremdartigkeit ist gleich im Anfang der Hauptzug und erst aus solcher Fremdartigkeit und ihrer Ueberwindung konnte der schöne Geist Griechenlands entstehn. […] nur die oberflächliche Thorheit stellt sich vor, daß ein schönes Ganze der Sittlichkeit durch einfache Entwicklung eines Gleichartigen, eines in familien-verwandschaft bleibenden Geschlechts hervorgehn könnte denn die Pflanze schon, das Bild solcher Einfachheit, gebraucht fremdartiger Elemente, des Lichts, der Luft ect.« Um geistige Entwicklungen zu verstehen, müsse man die Vorstellung von einer ruhigen, von Fremdartigem ungetrübten Entwicklung aufgeben (GW 27,1.287).

(3) Bisher habe ich den Blick nur auf die strukturelle Verfassung der Kulturentwicklung Griechenlands gerichtet, und in dieser Hinsicht haben wir in der griechischen Welt – nochmals! – nicht einen Sonderfall, eine Sonderentwicklung vor uns, sondern nur eine gegenüber analogen Prozessen in vergleichsweise helleres Licht getauchte kulturelle Entwicklung. Bevor ich nun noch auf die inhaltli-

chen Aspekte dieser Entwicklung eingehe, möchte ich noch ein paar kleine Korrekturen und Verdeutlichungen an Hegels Modell der geschichtlichen Entwicklung vornehmen.

Das beschriebene Modell ist das Modell einer ›normalen‹ geschichtlichen Entwicklung; sein Spezifikum ist die starke Akzentuierung der Rolle des Fremden als des Negativen und damit als des Moments, das die geschichtliche Entwicklung vorantreibt. Im Zuge dieser Akzentuierung geht Hegel so weit, daß er diesem Fremden sogar Notwendigkeit für den historischen Fortgang zuschreibt: »diese Fremdartigkeit also ist ein nothwendiges Prinzip« (GW 27,1.287). Dies ist eine nach dem Gesagten zwar plausible, aber doch recht kühne Behauptung, und mit ihr gelangt Hegel an eine Grenze, die sein Modell einerseits dementiert und andererseits bestätigt.

(4) Wenn wir für einen Moment Griechenland verlassen: An anderer Stelle seiner *Vorlesungen über die Philosophie der Weltgeschichte* stellt Hegel zwei »weltgeschichtliche Völker« bzw. zwei große Reiche vor, in denen auch nach seiner eigenen Einsicht das Fremde keine vergleichbar große Rolle gespielt hat: China und Ägypten. Sicherlich wäre es verfehlt zu sagen, daß China oder Ägypten gar nicht mit dem Fremden in Berührung gekommen seien – dies wäre ja auch schnell zu dementieren. Doch um zunächst von China zu sprechen: Die beiden Begegnungen Chinas mit dem Fremden, über die Hegel auch selber berichtet – die Eroberung durch die Tataren im 12./13. Jahrhundert und durch die Mandschus im 17. Jahrhundert –, haben einen gänzlich anderen Stellenwert: Die erobernden Völker sind hier nicht – wie Hegel ja schreibt – »im Anfang« der kulturellen Entwicklung präsent; wir haben hier nicht ein »Gedoppeltes«, und deshalb setzen die erobernden Völker auch kein neues ›weltgeschichtliches Prinzip‹ an die Stelle dessen, was im eroberten Land geherrscht hat; sie werden vielmehr von der Kultur des eroberten Landes rasch assimiliert (auch wenn einzelne Züge wie die private Religionsausübung der Mandschu-Kaiser sich nicht der Religion des eroberten Landes anpassen).

In China also haben wir den Fall einer sehr hoch entwickelten, inhaltlich reichen Kultur, die anscheinend ohne die Negativität des Fremden zu dem geworden ist, was sie ist – und dies widerspricht Hegels Modell. Doch andererseits, auch wenn Hegel mit seinen Bemerkungen über die peripher bleibende Eroberung durch die beiden ausländischen Mächte im Recht ist: Ein »fremdes Prinzip«, das ein bedeutendes Gewicht für die chinesische Kultur erhalten hat, hat Hegel nicht als solches erkannt: den Buddhismus. Doch vor allem: Es ist eben dieses Fehlen oder zumindest die geringe Präsenz des Fremden in China, die Hegel hier von einer geschichtslosen, statischen Kultur sprechen läßt – und dies (trotz aller zumeist oberflächlichen Kritik an seiner Position) ja auch nicht ohne Grund. Mit diesen Epitheta ist ja nicht gesagt, daß in den mehreren tausend Jahren der chinesischen Geschichte nichts geschehen sei – davon ist gar nicht die Rede. Sondern das Statische liegt eben darin, daß in diese Welt kein neues weltgeschichtliches Prinzip eingetreten ist und daß sich deshalb die verbindlichen Grundlagen der chinesischen Kultur seit den vorchristlichen Jahrhunderten bis in die Zeit Hegels nicht geändert haben.

Analoges wäre über Ägypten zu sagen: Auch hier läßt sich nicht von der Wirkungskraft eines Fremden sprechen – schon gar nicht im Anfang, von dem Hegel fraglos noch weniger gewußt hat als wir, aber auch nicht von der späteren Zeit. Auch die persische Eroberung im 6. vorchristlichen Jahrhundert hat hier (soweit ich sehe) keine tiefen Spuren hinterlassen. Erst die darauf folgende Begegnung mit dem Fremden hat Ägypten verändert: die Begegnung mit dem Fremden in Gestalt der griechischen Kultur, in der Eroberung durch Alexander und in den daran anschließenden Reichen. Dieses Prinzip aber hat, weil es eben nicht »im Anfang« in diese frühere ägyptische Kultur eingebettet gewesen ist, nur noch eine die Kultur zerstörende Wirkung entfalten können. Auch hier also hat das Fehlen eines der Kultur immanenten Fremden zur jahrtausendelangen Statik dieser Kultur beigetragen – aber es hat letztlich auch ihren Untergang bewirkt.

(5) Nach diesen weltgeschichtlichen Abschweifungen aber wieder zurück nach Griechenland – denn auch hier gibt es ein Beispiel, an dem man die Erschließungskraft von Hegels Modell überprüfen kann: Sparta. Dazu nochmals die kleine Präzisierung: Das bisher entworfene Bild Griechenlands ist am östlichen Griechenland abgelesen und insbesondere an Athen, das zwar einen Sonderfall bildet, jedoch einen für Griechenland repräsentativen Sonderfall. Auf der anderen Seite ist auch Sparta ein Sonderfall, allerdings kein repräsentativer. Und ganz abgesehen von den Anfängen der griechischen Kultur: Athen ist ein Sammelbecken, in das die Bevölkerung aus vielen Teilen Griechen-

lands strömt. Die geistige Regsamkeit Athens – insbesondere Athens – verdankt sich nicht einer Reinheit des Ursprungs, sondern im Gegenteil: dem Zusammenfluß von Fremdartigem. »Athen, der Gipfel Griechenlands entstand dadurch, daß es ein Zufluchtsort der verschiedensten Völker und familien war« (GW 27,1.288). Bei solchem Zusammenfließen bleiben auch dubiose Elemente nicht aus – doch dies tut der geistigen Regsamkeit der athenischen Kultur keinen Eintrag. Sparta hingegen ist der griechische Staat, der nach der Einwanderung der Spartaner, also im Akt seiner Gründung, zunächst die dort Lebenden unterjocht, sich dann dem Fremden gegenüber verschließt und das gesellschaftliche Leben möglichst einförmig und eintönig organisiert – und wenn Sparta sich einmal öffnet, wie gegenüber den Persern im Peloponnesischen Krieg, so nur, um eine Schurkerei zu begehen. Hier gibt es kein Fremdes, kein »Gedoppeltes«. Aber eben deshalb gibt es hier auch keine nennenswerte kulturelle Entwicklung, und so lebt Sparta in der Erinnerung nur durch die bedenkenlose Tapferkeit seiner Krieger und durch den Verrat seiner Führer.

IV.

(1) Das Faktum des Fremden, des Negativen, haben wir gesagt, bildet eine Bedingung der Lebendigkeit, der kulturellen Entwicklung – nicht allein in der griechischen Welt, sondern in tendenziell allen Kulturen. Hierfür ist aber seine bloße Faktizität nicht hinreichend – es muß einbezogen werden in einen Prozeß der Umarbeitung und Umbildung – und diese Umbildung ist etwas vom Fremden Verschiedenes, auch wenn sie durch dieses Fremde angeregt sein mag. Von außen empfangene Bildung ist noch keine eigene Bildung. Das bloße Faktum des Fremden löst jedoch keinen Automatismus seiner Umbildung und Anverwandlung aus, und wohl insbesondere dort nicht, wo das Fremde nicht, wie in Griechenland, »von Anfang an« in die Grundlagen einer Kultur eingelassen ist – wo es nicht als Fremdes gleichsam ein Konstituens der Kultur bildet, sondern ein zu späterer Zeit von außen herangetragenes Fremdes bleibt, ein zufälliges, bloß abstrakt Anderes. Dieses ›eigene‹ und deshalb ›kulturkonstitutive‹ Fremde ist für Griechenland, geographisch gesprochen, der Orient – der Orient

und Ägypten. Er ist »von Anfang an« »das Andere« Griechenlands und als dieses negative Moment ein Jahrtausend lang im griechischen Bewußtsein präsent – vom Trojanischen Krieg bis hin zum Zuge Alexanders und fraglos auch noch darüber hinaus.

(2) Doch in welcher Erscheinungsform spielt »der Orient« diese Rolle für die griechische Welt? Abgesehen von den vielen kleinen Regelungen des täglichen Lebens, von denen Reisende wie Herodot berichten, daß sie im Orient genau umgekehrt wie in Griechenland seien, sind es vor allem zwei Bereiche, die sich gravierend unterscheiden. Den ersten Bereich bildet die Herrschaftsform: Im Orient herrscht die Despotie; das gesellschaftliche Verhältnis ist ein Verhältnis zwischen dem Despoten und den ihm Unterworfenen. Dieses Fremde nun ist »von Anfang an« im griechischen Bewußtsein – aber als ein Moment, das nicht aufgenommen und umgebildet, sondern abgestoßen wird – dies ist ja die von Hegel genannte Alternative: Umbildung oder Abstoßung. Die staatlichen Verhältnisse in dem repräsentativen Teil Griechenlands entwickeln sich stets vor dem Hintergrund des abschreckenden Bildes der Herrschaftsverhältnisse in Asien – auch wenn der idealtypische Gegensatz von freien Griechen und rechtlos-unterworfenen Asiaten sich in der Wirklichkeit nicht immer so klar ausgeformt haben wird. Dieser Bereich ist natürlich von eminenter praktischer Bedeutung für das griechische Leben gewesen, und es gibt keinen Zweifel daran, daß diese Hintergrundfolie der Unfreiheit ein ganz wichtiges Incitament für die Herausbildung des Freiheitsgedankens in Griechenland gewesen ist – oder anders: Daß der Freiheitsgedanke, das Freiheitspathos in Griechenland zu dieser Tiefe und Klarheit herausgeformt worden ist, verdankt sich fraglos »dem Fremden«, dem Gegenbild des Orients. Auch die Abstoßung des Fremden hinterläßt markante Spuren in dem Bewußtsein, das diese Abstoßung vollzieht.

(3) Die zweite Erscheinungsform des Fremden bildet »die Natur«, genauer: die Naturauffassung und Naturunterworfenheit des Orients, das Naturverhältnis des Menschen, wie wir es aus dem Orient kennen – und dieser Bereich steht für Hegel im Vordergrund des Interesses: Hier ist der primäre Ort für die gedankliche Arbeit der »Umbildung« des Fremden und damit für die eigentliche griechische Bildung. Insbesondere von der Natur ist auch die Rede, wenn Hegel diagnostiziert, der griechische Geist habe »das Fremde zu dem Seinigen umgebildet;

Spuren solcher fremden Anfänge kann man überall entdecken« (Hl 243). Dieses Fremde wird nicht nur als ein »abstrakt Fremdes«, als bloß Anderes, wahrgenommen, sondern als Zeugnis einer untergeordneten, überwundenen Kulturstufe, und seine Aneignung und Umbildung läßt das Gefühl der »Heimatlichkeit« entstehen, das die griechische Welt durchwirkt und ihr ihren zeitlosen Reiz verleiht. Diese »Heimatlichkeit« ist eben keine »unmittelbare«, gleichsam immer schon vorhandene, differenzlose und deshalb regungslose; sie ist eine durch Aneignung und Anverwandlung des Fremden herausgebildete, geschichtlich vermittelte »Heimatlichkeit«.

Hegel faßt hier knapp zusammen: »die Griechen nahmen Fremdartiges auf, als das, was im Naturkreise stehn bleibt; aber ihre Arbeit ist die Umbildung dises Fremden. das Asiatische Prinzip lebte also in ihnen, aber sie ließen es nicht wie sie es empfingen« (GW 27,1.313). Man muß an diesem Punkt natürlich berücksichtigen, daß nach Hegels Deutung die Kulturen Asiens insgesamt unter dem Paradigma ›Natur‹ stehen. Doch auch wenn dieses Paradigma sicherlich nicht überall in der gleichen Weise und mit der gleichen Intensität zur Wirklichkeit ausgestaltet ist: Es wird sich schwerlich bestreiten lassen, daß in der frühen asiatischen Welt Naturverhältnisse insgesamt eine weit größere Bedeutung haben als in Griechenland und in der späteren abendländischen Entwicklung – sei es für den Entwurf einer Gesellschaftsordnung, sei es für die Gestaltung des Götterkreises. Insbesondere hier wird die Arbeit der Umbildung des Fremden greifbar, die schließlich in dem kulminiert, was uns als ›griechische Bildung‹ vertraut ist – erinnert sei nur an die Arbeiten der »Heroen« und an den ›Titanenkampf‹, an den Sieg der geistigen Götter über die Naturgötter: Das Fremde, das Natürliche bleibt – aber als überwunden, teils als entfernt an den Saum der Erde und teils an den geistigen Göttern herabgesetzt zur Seite des Natürlichen.

(4) In der besonderen Weise der Umformung und Anverwandlung des von außen vorgegebenen Natürlichen liegt nun der griechische Beitrag, der spezifische Charakter der griechischen Kultur: in der Depotenzierung der fremden, rohen Naturmacht, in ihrer Herabsetzung zu einem Moment in der Einheit mit dem Geistigen – so, wie wir es in den griechischen Göttergestalten anschauen. In dieser Einheit mit dem Geistigen wird es angeschaut als das Schöne, und insofern bildet es eine notwendige Voraussetzung des Schönen –

denn das Schöne lebt nur in der Anschauung, und wo keine Natur, keine Materialität ist, kann nichts angeschaut werden. Die kulturgeschichtlich herausragende Stellung Griechenlands – könnte man argwöhnen – verdanke sich also nicht etwa einer Begabung dieses Volkes und insbesondere seiner Künstler, sondern seiner geographischen und weltgeschichtlichen Stellung – am geographischen und zeitlichen Übergang von Asien nach Europa, von der Natur zum Geist und zu seiner Freiheit. So ganz abwegig ist diese Vermutung nicht, und auch in Hegels Perspektive nicht: Weil die Begegnung mit dem Fremden ein wichtiges kulturstiftendes Moment ist, ist es eine geschichtliche Voraussetzung für ein Volk, welches Fremde ihm da begegnet – und um ein »welthistorisches Volk« zu werden, bedarf es der geschichtlichen Begegnung mit früheren welthistorischen Völkern – wie hier mit Ägyptern und Persern. Doch andererseits: Aus der bloßen Begegnung mit dem Fremden folgt nichts – alles hängt an der Aufnahme und Umbildung dieses Fremden. Und so auch im Blick auf »Natur«: Daß »Natur« hier die Funktion eines Fremden hat, ist ja selber nichts Natürliches, immer schon Selbstverständliches: »Natur« ist ja nicht per se ein »Fremdes«, sondern sie wird erst zum »Fremden«, wo sie im Bewußtsein in der Doppelung mit einem anderen Prinzip auftritt, als Gegenbild der Geistigkeit.

In dieser Verbindung des Natürlichen und des Geistigen liegt – nach Hegel – die spezifische Signatur des griechischen Geistes, und diese Signatur bestimmt auch seine weltgeschichtliche Stelle: dort, wo die Ineinsbildung von Geistigkeit und Natürlichkeit, ihre vollendete Harmonie, wirklich wird. Insofern ist eigentlich Griechenland der »Angelpunkt«, um den die Weltgeschichte sich dreht – wie ja auch die klassische Kunst Griechenlands für Hegel das Zentrum der Geschichte der Kunst ist, mit einem Vor in der symbolischen und einem Nach in der romantischen Kunst. Diesem Ort verdankt sich der Ausnahmecharakter des griechischen Geistes – aus diesem Ort folgt aber auch eine Begrenzung: das Freie ist wohl eine Seite, aber »noch die im Materiellen versenkte«, die an die Natur noch gebundene Geistigkeit (GW 27,1.307). In Abwandlung einer Wendung aus Hegels frühen Schriften könnte man sagen, dem griechischen Geist hänge sein Fremdes in Gestalt der Natur gleichsam wie Blei an den Füßen. Das Fremde ist die Bedingung seiner Vollendung – aber es begrenzt zugleich das Gebiet, das der griechische Geist nicht verlassen kann. Er verdankt seine Höhe dem in ihm inkorporierten Fremden, der Natur – aber, so Hegel: »die Fremdartigkeit, von der er« – sc. der »schöne Geist Griechenlands« – ausgeht, ist keine gründliche, tiefere, denn sonst wäre der griechische Geist das Höhere geworden, als er ist« (GW 27,1.287). Nur durch das ihm immanente Fremde wird er zu dem, was er ist, doch im Gegenzug begrenzt dieses Fremde auch sein Entwicklungspotential: Er bleibt an seine Natur und somit auch an *die* Natur gebunden. Doch darüber muß man nicht trauern: Eben das, was seine Grenze ausmacht, ist es, was seine Größe und zeitlose Schönheit ausmacht, über die hinaus zwar Wahreres, aber nicht Schöneres werden kann.

Die gedoppelte Schönheit. Idee des Schönen oder Selbstbewußtsein des Geistes?

Die Ambivalenz, ja die Zweischneidigkeit, die für viele Partien der Philosophie Hegels charakteristisch ist, scheint auch noch einen Begriff zu erfassen, von dem man intuitiv der Ansicht sein mag, daß er solcher Ambivalenz unzugänglich sei: den Begriff des Schönen. Einerseits scheint Hegels Begriff der Kunst rückwärtsgewandt, gekettet an einen klassizistischen Begriff der Schönheit. Doch andererseits ist es ebenso unbestreitbar, daß gerade Hegel es ist, der einen Weg aufzeigt, die Philosophie der Kunst vom Begriff des Schönen abzulösen und eine an diesem Begriff orientierte Ästhetik durch eine »Ästhetik des Häßlichen« zwar nicht zu ersetzen, aber doch zu komplementieren. Beide Deutungen können sich auf eine hinreichend große Zahl von Belegen stützen, doch stehen sie einander entgegen – es sei denn, es ließe sich ein Weg finden, den Begriff des Schönen so zu denken, daß er nicht durch den des Häßlichen aufgehoben würde. Hierzu möchte ich im Folgenden einen Vorschlag unterbreiten.

I.

Hegel scheint mir über zwei durchaus unterschiedliche Ansätze zur Bestimmung der Kunst zu verfügen: über einen vom Begriff des Selbstbewußtseins des Geistes her gedachten und über einen auf den Begriff der Schönheit fixierten. Ich möchte sie hier kurz als den geistesphilosophischen und – mit einem Ausdruck Hegels, wenn auch seinem Wortgebrauch nicht gänzlich folgend – den ›kallistischen‹ unterscheiden. Fraglos operiert Hegel mit beiden Ansätzen, Kunst zu verstehen. Doch meine Frage – oder auch mein Zweifel – richtet sich gerade auf die Weise, ob und gegebenenfalls wie sie miteinander verbunden werden können. Deshalb möchte ich diese beiden unterschiedlichen Wege hier zunächst gesondert nachzeichnen – und dann die Frage stellen, ob sie sich miteinander verbinden lassen, und falls ja, ob ihre Verbindung eine überzeugende Lösung darstelle oder ob es nicht vielleicht gute oder gar bessere Gründe dafür gebe, die beiden Wege zu trennen und nur den einen von ihnen zu verfolgen.

Den Weg zum geistesphilosophischen Ansatz der Ästhetik möchte ich hier über Hegels ›erste Ästhetik‹ nehmen – oder genauer: im Ausgang von seinen in der Debatte über die Ästhetik nur selten herangezogenen einschlägigen Ausführungen über die Kunst aus der Geistesphilosophie des Jahres 1805/06, also des sog. Systementwurfs III. Den Übergang zu ihr macht Hegel mit der Wendung, nach dem Durchlaufen der Sphäre des Staates bringe der absolut freie Geist »nun eine andre Welt« hervor, »eine Welt, welche die *Gestalt* seiner selbst hat; wo sein Werk vollendet in sich ist, und er zur Anschauung *seiner* als *seiner* gelangt« (GW 8.277). Oder etwas konkreter: Bereits die (das politische Leben regelnde) »Constitution« sei die »Erzeugung des *Inhalts*« des Geistes aus sich selbst, doch nun habe der »seiner selbst gewisse Geist« »diesen Inhalt als solchen sich selbstwissenden zu erzeugen – / So ist er *unmittelbar* die Kunst.« In ihr sei die »Entzweyung des Wissens von sich, und seiner Wahrheit – in sich zurükgenommen«; sie sei die Form, der jeder Inhalt gleichgültig sei, weil sie jeden als Unendliches zur Anschauung bringen könne – wobei allerdings allein diejenige Kunst, »deren Inhalt der Form gleich ist«, die »absolute Kunst« sei, wie Hegel hier – im Unterschied zu seiner späteren Ästhetik – formuliert. Und in diesem Kontext entwirft er auch eine erste Systematik der Kunstformen.

Den Begriff der Kunst entwickelt Hegel hier also nicht vom Begriff der Schönheit her – von ihr ist gar nicht die Rede –, sondern ausschließlich vom Begriff des Sichwissens des Geistes her: Der Geist, der seinen Inhalt als sich selbst wissenden geistigen Inhalt erzeugt, ist – unmittelbar – die Kunst. Dies ist nach zwei Seiten hin näher zu konkretisieren. Es ist ja keineswegs selbstverständlich, daß dieser, über seine Selbsterzeugung in der »Constitution« hinausgehende Geist »die *Kunst*« sei. Hegels Argument hierfür ist es, daß hier eine Stufe im Gang der Manifestation und des Sichselbstwissens des Geistes in dieser Manifestation erreicht sei, in der es nicht mehr um die Produktion rechtlich-institutioneller Formen zur Regelung des gesellschaftlichen Lebens zu tun sei und die »Erfüllung« gleichsam in deren Produktion bestehe, sondern diejenige Stufe, auf der diese – trotz der auch zuvor vorhandenen Selbstbeziehung noch fortbestehende – äußere Beziehung überwunden sei: Erreicht sei hier, mit dem

Eintritt in die Kunst, »Das unendliche Wissen, das unmittelbar lebendig, seine eigne Erfüllung ist, das alle Bedürftigkeit der Natur und der aüssern Nothwendigkeit, der Entzweyung des Wissens von sich, und seiner Wahrheit – in sich zurükgenommen« hat.

Dieser Geist kann – nochmals – jeden Inhalt als Unendliches zur Anschauung bringen und »es als Geist zum Gegenstande« machen. Und erst hier geht Hegel dazu über, das zuvor schon genannte Wort »Kunst« zu substantiieren – wenn auch nur mit der andeutenden Bemerkung: »Sie [sc. diese Anschauung] schwankt zwischen der Gestalt und dem reinen Ich derselben – und so zwischen plastischer und musicalischer Kunst«. Erst hier weiß man überhaupt erst gewiß, daß wirklich von »Kunst«, und nicht von etwas anderem, die Rede sein soll. Die andere Abgrenzung läßt Hegel hier noch unausgesprochen; er deutet sie nur in dem Wort an, der Geist in dieser Form sei »*unmittelbar* die *Kunst*« – und dies läßt schon vermuten, daß Hegel schon in diesem frühen Entwurf, wie auch später noch, zu Religion und Philosophie als den vermittelten Formen der Selbstbeziehung des Geistes übergehen werde (GW 8.278).

Von »Schönheit« ist bisher in dieser Exposition des Begriffs der Kunst nicht die Rede gewesen. Erst jetzt fällt dieses Wort, doch gewinnt es auch jetzt keine zentrale Bedeutung für die Bestimmung der Kunst. Hegel nimmt die Unterscheidung von »plastischer und musicalischer Kunst« nochmals auf, und er führt aus: »Diese rein intellectuelle Schönheit – diese Musik der Dinge – hat das homerisch plastische zu seinem Gegensatze – jenes unsinnlich diß sinnliche Anschauung«. Hiermit assoziiert Hegel die »Schönheit« unerwartet zunächst nicht einmal mit der ›plastischen‹, sondern mit der ›musicalischen Kunst‹ – jedoch ohne daß er näher auf sie beide und ihr Verhältnis einginge. Vielmehr verbleibt er beim geistesphilosophischen Ansatz, und er bekräftigt nochmals: »Die Kunst erzeugt die Welt als geistige und für die *Anschauung*« – und wenn auch nicht als »der klare sich wissende Geist«, so doch immerhin als »der *begeisterte* Geist – der sich in Empfindung und Bild einhüllende, worunter das Furchtbare verborgen ist«. Und erst jetzt, im Rahmen seiner nun anschließenden Überlegungen zum defizienten Charakter der Kunst, kommt Hegel nochmals auf die Schönheit zu sprechen: Die Kunst könne »ihren Gestalten nur einen beschränkten Geist geben; – die Schönheit ist Form, sie ist die Taüschung der absoluten Lebendigkeit, die sich selbst genügt, und in sich geschlossen und vollendet« ist. Sie könne die Unendlichkeit, die sie doch ihrer Prätention nach zur Anschauung bringe, in Wahrheit gar nicht fassen, und so bringe sie es auch nur zu einer »*gemeynte[n]* Unendlichkeit«: »die Schönheit ist vielmehr der Schleyer, der die Wahrheit bedekt, als die Darstellung derselben.« (GW 8.279)

Die Kunst als eine Gestalt der Täuschung, unter der »das Furchtbare verborgen« ist; die Schönheit als »der Schleyer, der die Wahrheit bedekt« im Sinne von ›verdeckt‹ – hier lassen sich andere, von Hegel fortführende Assoziationen schwerlich vermeiden. Ich möchte ihnen aber nicht nachgehen, sondern noch Hegels abschließendes Urteil etwas amplifizieren. Er dementiert also nun, was er zunächst als Proprium der Kunst ausgegeben hat: daß sie alles »als Unendliches zur Anschauung bringen« könne. Sie könne dies vielmehr gar nicht wirklich, denn sie sei ja gar nicht bloße Form, die den Inhalt vergessen mache – auch wenn »Kenner« dies versichern. Gegen diese »Kenner« (die hier genauso abschätzig behandelt werden wie Ende des 18. Jahrhunderts die »Kunstrichter«) ruft er als höhere Instanz die »Menschen« an – denn diese ließen sich (ganz zu Recht) den Inhalt nicht nehmen –, und so finde die Kunst ihre Wahrheit in der Religion (also nicht in einer verbesserten Form der Kunst, sondern in ihrer Nachfolgegestalt unter den Formen des absoluten Geistes). Bei deren Behandlung kommt Hegel allerdings noch zweimal auf den Begriff der Schönheit zurück: In der Kunst gewinne »jedes *Einzelne* durch die Schönheit freyes eignes Leben« – und nun folgt gleich ein wieder zur Religion überleitendes »aber«. Und noch ein weiteres Mal ist hier von »Schönheit« die Rede: Hegel bezeichnet sie als die »Einheit der Individualität und der Allgemeinheit, oder des Selbsts [des Künstlers?] und seines allgemeinen Daseyns«. Fundamental aber ist auch hier – nochmals – Hegels Insistenz darauf, daß der Inhalt der Kunst der ›absolute Geist‹ und sie »nur die Selbstproduction seiner, als in sich reflecirten selbstbewußten Lebens überhaupt ist« (GW 8.280). Dies macht ihren Begriff aus.

II.

Ich habe diese Passagen aus ›Hegels erster Ästhetik‹ hier so ausführlich referiert und paraphrasiert, weil ich zum einen nicht voraussetzen kann, daß sie jedem deutlich vor Augen stehen, und zum anderen natürlich deshalb, weil ich sie als Beleg sowohl für die Unvermitteltheit der beiden Schlüsselbegriffe ›Schönheit‹ und ›Sichwissen des Geistes‹ als auch als Argument für die geistesphilosophische Interpretation in Anspruch nehmen möchte – natürlich nicht mit der Behauptung, daß hier von Schönheit gar nicht die Rede sei, aber doch als Beleg für den entwicklungsgeschichtlichen und sachlichen Primat des geistesphilosophischen Ansatzes. Die Einheit der Formen des absoluten Geistes denkt Hegel ja nicht, wie ein Jahrhundert später etwa der Neukantianismus, als eine Wertetrias, als Einheit der Werte etwa des Schönen, des Guten und des Wahren, sondern als in sich differenzierte Totalität der Manifestationen des Selbstbewußtseins des Geistes. Eine Verstärkung dieses Arguments zugunsten des ›geistesphilosophischen‹ Begriffs der Kunst ergibt sich eben daraus, daß ja die gesamte Sphäre des ›absoluten Geistes‹, wie Hegel sie später nennen wird, allein durch diesen geistesphilosophischen Ansatz ihre Einheit gewinnt. Und deutlich ist – denke ich – auch geworden, daß der Begriff der Schönheit – soweit Hegel hier überhaupt mit ihm operiert – nicht ausdrücklich mit seiner geistesphilosophischen Deutung der Kunst vermittelt ist. Die Schönheit ist nicht gedacht als das Medium der geistigen Selbstbeziehung, sondern durch ihre Verklärung des Einzelnen ist sie vielmehr dasjenige, was die »Wahrheit« bedeckt und ein Surrogat an die Stelle der gelingenden Selbstbeziehung des Geistes setzt.

Nun ist dadurch – natürlich – keineswegs ausgeschlossen, daß Hegel später, im Zuge der Ausformung seiner Geistesphilosophie insgesamt wie auch seiner Ästhetik im besonderen, in den Heidelberger und Berliner Vorlesungen, seinen Begriff der Kunst in eben diesem Punkt korrigiert haben könnte, und vielleicht ja auch mit guten Gründen. Dies ist auch fraglos der Fall. Zumindest seine Vorlesungen über die Philosophie der Kunst weisen dem Begriff des Schönen ja einen hohen Stellenwert zu; sie nennen das »Reich des Schönen« sogar, bevor das Wort »Kunst« erstmals fällt, und vor allem: Der erste, grundlegende Teil der Vorlesungen ist nun der »Idee des Kunstschönen« oder dem »Ideal« gewidmet.

Allerdings scheint mir der Erkenntnisgewinn hinsichtlich des Begriffs des Schönen, den Hegel aus diesem fundamentalen Teil zieht, eher disproportional zu seinem Umfang zu sein. Denn Hegel nennt die Schönheit nun »den in sich selbst konkreten absoluten Begriff und bestimmter gefaßt die absolute Idee«. Schönheit wird hier also nicht mehr, zumindest nicht mehr primär, mit »Taüschung« und »Schleyer« assoziiert – und hierin liegt ein wichtiger Schritt in der Entwicklung seiner Ästhetik – auch wenn der Begriff des »Scheins« weiterhin eine Schlüsselstellung für die Kunst hat. Allerdings stellt sich angesichts des neuen Ansatzes sogleich die Frage, was Hegel hier mit »absolute Idee« bezeichne – denn es ist ja nicht anzunehmen, daß er in dem Sinne von ihr spreche, den sie am Ende der *Wissenschaft der Logik* hat. Und in der Tat führt er hier weiter aus, daß er eine konkrete Form der absoluten Idee im Blick habe; es heißt ja: »die *absolute Idee* in ihrer wahrhaftigen Wirklichkeit« sei »*Geist*, und zwar … der allgemeine unendliche und *absolute* Geist, der aus sich selber bestimmt, was wahrhaft das Wahre ist« – und im Anschluß hieran geht Hegel sehr ausführlich auf den Begriff des Geistes und den des absoluten Geistes ein: Der absolute Geist sei es, »der um für sich das Wissen seiner selbst zu seyn, sich *in sich* unterscheidet, und dadurch die Endlichkeit des Geistes setzt, innerhalb welcher er sich absoluter Gegenstand des Wissens seiner selber wird« (TWA 13.128 – 130).

Dann aber drängt sich die weitere Frage auf, was diese Selbstunterscheidung, die der Geist im Interesse seines Wissens von sich vornimmt, mit dem Begriff der Schönheit zu tun habe. Und auch Hegel – oder zumindest sein Herausgeber – markiert diese Aussage als den »Punkt, bei welchem wir in der Philosophie der Kunst zu beginnen haben. Denn das Kunstschöne« gehöre »dem *geistigen* Gebiete an«, und zwar dem Gebiet nicht etwa des endlichen, sondern des absoluten Geistes: »Das Reich der schönen Kunst ist das Reich des *absoluten Geistes*.« Damit ist das Schöne, näher das Kunstschöne, in die Philosophie des Geistes eingebettet, und auch den ›wissenschaftlichen Beweis‹, daß dies auch wirklich so sei, weist Hegel der Geistesphilosophie zu.

Doch die Frage bleibt: Auch wenn das »Reich der schönen Kunst« das »Reich des *absoluten Geistes*« ist – warum sollte dann das Wissen des Geistes von sich in der Kunst im Begriff des Schönen zentriert sein? Was hat jenes mit diesem zu tun, und wie erfolgt der begriffliche Übergang von dem ›Urteil‹ des absoluten Geistes, von seinem ›Urteil‹ in sich als wissenden und in den Gegenstand als den gewußten Geist, zum Begriff der Schönheit oder zum »Ideal«? Ist das Sichwissen des Geistes – und auch dasjenige Wissen des Geistes, das er in der Kunst von sich hat – ein Wissen, das notwendig durch den Begriff der Schönheit vermittelt ist? Wird der Begriff des Wissens des Geistes von sich nicht dadurch unzumutbar eingeschränkt, daß der im Urteil erzeugte Gegenstand ein ›schöner‹ Gegenstand sein muß? Und was spricht dagegen, daß ein solches Sichwissen des Geistes auch in künstlerischen Gestaltungen erreicht werden kann, die nicht unter den Begriff des Schönen zu stellen sind?

Doch vielleicht ist diese Frage ja falsch gestellt. Gibt es überhaupt eine gelingende künstlerische Gestaltung, die nicht unter den Begriff der Schönheit gestellt werden kann? Dies ist zwar offenkundig der Fall: Das Erhabene, das Häßliche, vielleicht ja auch das Komische und vieles andere mehr drängen sich sofort auf. Doch scheint mir eine derartige Entgegensetzung von Hegel hier gar nicht beabsichtigt. Es geht ihm ja um die künstlerische und d.h. um die im Interesse der Selbsterkenntnis des Geistes vollzogene Formung eines im weiten Sinne ›Materiellen‹ und um das Selbstverhältnis des Geistes in dieser geistigen Gestaltung – im Unterschied zu seiner Relation zur Natur. Ein Sichwissen des Geistes gibt es zwar auch in Relation zur Natur, aber nur ein implizites Wissen, das darin wirklich ist, daß die Natur als das Andere des Geistes gewußt wird. Darin ist zwar auch ein Sichwissen impliziert, doch bleibt es überwiegend unthematisch.

Doch zurück zu der eben gestellten Frage, ob es – für Hegel – überhaupt eine gelingende künstlerische Gestaltung geben könne, die nicht unter den Begriff der Schönheit gestellt werden könne. Ich denke, man muß diese Frage verneinen – und daraus die Konsequenzen für seinen Ansatz ziehen. An einer Stelle der Vorlesungen erinnert Hegel an seine vorhergehenden Ausführungen »über den Begriff des Schönen und der Kunst«. Wir hätten, heißt es, ein »Gedoppeltes« gefunden, nämlich »*erstens* einen Inhalt, Zweck, Bedeutung, *sodann* den Ausdruck, die Erscheinung und Realität dieses Inhalts, und beide Seiten *drittens* so von einander durchdrungen, daß das Äußere, Besondere nur ausschließend als Darstellung des Innern erscheint« und »nichts vorhanden« ist, »als was wesentliche Beziehung auf den Inhalt hat und ihn ausdrückt« (TWA 13.132). Es geht also – genau genommen – nicht allein um ein »Gedoppeltes«, sondern um die Exposition zweier Seiten, vor allem aber um ihre Durchdringung, die so intim sein muß, daß beide Seiten vollständig in sie eingehen und außer ihrer Einheit »nichts vorhanden« ist. »Nichts vorhanden« – diese Wendung erinnert an § 556 der *Enzyklopädie;* sie findet dort ein noch geringfügig erweitertes Analogon, denn Hegel spricht dort von der konkreten »*Anschauung* und Vorstellung des *an sich* absoluten Geistes als des Ideals, – der aus dem subjektiven Geiste gebornen konkreten Gestalt, in welcher die natürliche Unmittelbarkeit nur *Zeichen* der Idee, zu deren Ausdruck so durch den einbildenden Geist verklärt ist, daß die Gestalt *sonst nichts* anderes an ihr zeigt; – die Gestalt der *Schönheit.*«

Die ›Schönheit‹, von der hier die Rede ist, ist demnach nicht eine innere, spezifische Qualität eines Kunstwerks; sie liegt nicht in einer harmonischen Anordnung von Gestalten oder in einer spezifischen Farbgebung oder was man sonst als Indikator des ›Schönen‹ imaginieren mag, sondern sie liegt einzig in der vollendeten Durchdringung von »Inhalt, Zweck, Bedeutung« einerseits und »Ausdruck, … Erscheinung und Realität dieses Inhalts« andererseits. Daran entscheidet sich, ob ein Werk *als* Kunstwerk, *als* »*Zeichen* der Idee« zu fassen sei. Ob solche »Durchdringung« gelungen, und wirklich außer ihr »sonst nichts« vorhanden sei, wie Hegel hier – sowohl in den *Vorlesungen* als auch in der *Enzyklopädie* – fordert, kann eigentlich nur derjenige feststellen, dem »Inhalt, Zweck, Bedeutung« bekannt sind – wenn auch nicht im Sinne von ›vorweg bekannt‹, als ob man an ein Kunstwerk stets mit einem Vorwissen um »Inhalt, Zweck, Bedeutung« herantreten müsse: Das Wissen um das Gelingen der »Durchdringung« muß vor allem durch das Kunstwerk selbst vermittelt werden, durch das Sichwissen des Geistes, das es ermöglicht. Und wenn man diese intime »Durchdringung« mit dem Wort ›Schönheit‹ bezeichnet, so ist auch einzuräumen, daß solche ›Schönheit‹ – auch wenn die »Durchdringung« im angeschauten Gegenstand selber wirklich ist – dennoch nicht durch eine »Anschauung«, sondern allein durch ein Sichwissen des Geistes erschlossen werde – oder sagen wir etwas weniger hegelisch: daß sie allererst durch ein geistiges Verständnis erschlossen werde – und dies erklärt ja auch hinlänglich das allgemein bekannte Faktum, daß die Schönheit eines Kunstwerks nicht mit Augen und Ohren, sondern mit dem Geist erkannt wird – freilich, sofern es sich um bildende Kunst oder um Musik handelt, auch nicht ohne Augen und Ohren.

Doch um zur Ausgangsfrage nach dem Verhältnis des geistesphilosophischen und des ›kallistischen‹ Ansatzes der Ästhetik zurückzukehren: Anders als in seinem Jenaer Manuskript räumt Hegel in seiner Berliner Ästhetik dem Begriff der Schönheit eine zentrale Rolle ein. Doch dieser Begriff des Schönen ist nicht auf *der* Ebene angesiedelt, auf der vom Erhabenen, Häßlichen, Komischen oder auch vom ›Schönen‹ im üblichen Sinne gesprochen und das ›Schöne‹ den anderen Begriffen entgegengesetzt wird. Diese ›Sonderstellung‹ des Begriffs des Schönen gegenüber den genannten anderen bildet die Voraussetzung dafür, daß die beiden hier kontrastierten Ansätze – der geistesphilosophische und der ›kallistische‹ – nicht unvereinbar miteinander sind: Hegels Begriff des Schönen ist vielmehr selber rein geistesphilosophisch konzipiert: ›Schön‹ in diesem – Hegelschen – Sinne ist die aus dem Geiste geschaffene, mehr oder weniger ›materielle‹ Gestalt, die das Wissen des Geistes von sich erlaubt, und nur sie. Die Schönheit, von der hier die Rede ist, könnte somit – mit dem Ausdruck der Jenaer Geistesphilosophie – als eine »intellectuelle Schönheit« bezeichnet werden, als eine ›geistige Schönheit‹.

Zu Beginn des ersten Teils der Vorlesungen, über die »Idee des Kunstschönen«, polemisiert Hegel folglich gegen die Ansicht, »das Schöne ließe sich überhaupt, eben darum, weil es das Schöne sei, nicht in Begriffe fassen und bleibe daher für das Denken ein unbegreiflicher Gegenstand.« Vielmehr sei allein das Wahre begreiflich, und die Schönheit sei »nur eine bestimmte Weise der Äußerung und Darstellung des Wahren und steht deshalb dem begreifenden Denken [...] nach allein Seiten hin offen« (TWA 13.127). Dies ist auf Grund seines Ansatzes auch zwingend – denn die Schönheit liegt allein in der genannten Vermittlung des »Gedoppelten«, die also immer schon im Kunstcharakter eines Kunstwerks mitgegeben ist, ja konstitutiv für den Kunstcharakter eines Kunstwerks ist. ›Konstitutiv‹ ist sie aber nicht etwa in dem Sinne, daß alle Kunst dadurch auf einen – ›Schönheit garantierenden‹ – Regelkanon verpflichtet würde – im Gegenteil: Durch Hegels Begriff von ›Schönheit‹ sind weder »Inhalt, Zweck, Bedeutung« noch »Ausdruck, ... Erscheinung und Realität«

des Inhalts eines Kunstwerks material eingegrenzt. Gefordert ist einzig, nochmals, die »Durchdringung« der beiden begrifflich unterschiedenen Seiten. Und es ist auch plausibel und zu begrüßen, daß Hegel nicht versucht, Kriterien für diese »Durchdringung« zu entwickeln und vorzuschreiben. Sie wird in der Arbeit des Künstlers vollzogen, und in ihrem Gelingen liegt der Maßstab für den künstlerischen Rang eines Werkes.

III.

Der geistesphilosophische Begriff und der ›kallistische‹ – die Kunst vom Begriff des Schönen her bestimmende – Begriff der Kunst sind somit keineswegs unvereinbar. Sie sind vereinbar unter der Bedingung, daß das Schöne selber geistesphilosophisch gefaßt wird: als eine durch den Geist hervorgebrachte Gestaltung, in der er sich weiß – und »sonst nichts«. Im Ausgang von dieser Position Hegels möchte ich hier noch einen kurzen Rückblick anstellen und einen Blick auf einige Konsequenzen werfen, um das Gesagte in einen etwas größeren Kontext zu stellen.

Wenn man der Ansicht ist, daß Hegels Begriff von Schönheit nicht mit dem gewöhnlichen Verständnis des Schönen übereinkommt, eben weil er den Begriff der Schönheit rein geistesphilosophisch, als »intellectuelle Schönheit«, faßt und weil ›Schönheit‹ in diesem Sinne keine spezifische Qualität ist, die man dem einen Kunstwerk zu- und dem anderen absprechen könnte, sondern weil ›Schönheit‹ den Kunstcharakter *als* Kunstcharakter bezeichnet, so daß also ein Kunstwerk *als* Kunstwerk ein ›schönes Werk‹ ist, so drängt sich verständlicherweise die Frage auf, wieso Hegel in dieser auffallenden Weise von dem sonst üblichen und auch vom Klassizismus seiner Zeit nahegelegten Gebrauch des Wortes abweiche. Die Antwort auf sie scheint mir naheliegend und keineswegs überraschend: Hegels Identifikation des Schönen mit dem Kunstcharakter der Kunst ergibt sich zwanglos aus dem Begriff der ›schönen Kunst‹, durch den sich ja seit der Mitte des 18. Jahrhunderts die Kunst in unserem heutigen Sinne von den früheren ›Künsten‹ (im Sinne der artes oder der τέχναι) abgrenzt. ›Kunst‹ in diesem ›nicht-technischen‹ Sinne ist eben allemal ›schöne Kunst‹ – und dadurch unterscheidet sie sich von den ›technischen Künsten‹, wie ich sie hier kurz nennen möchte. Ihnen wird – seit ihrer Unterscheidung von den ›schönen Künsten‹, mit dem fortschreitenden Gebrauch des Wortes ›Kunst‹ primär für die ›schöne Kunst‹ – der ›Kunst‹-Charakter weitgehend aberkannt. In der Gegenwart ist ja – anders als noch zu Hegels Zeit, insbesondere etwa für Schleiermacher, der von Kunst sehr häufig im ›technischen‹ Sinne spricht – der Begriff der ›Kunst‹ nahezu ganz für die ›schönen Künste‹ reserviert worden, auch wenn wir immer noch gelegentlich von der ›ärztlichen Kunst‹ und demzufolge auch von ›Kunstfehlern‹ oder von der Philosophie als einer ›brotlosen Kunst‹ sprechen.

Andererseits liegt es von diesem Begriff der ›schönen Kunst‹ her eigentlich gar nicht nahe, innerhalb solcher Kunst nochmals in einem spezifischen materialen Sinne eine an ›Schönheit‹ orientierte Kunst zu unterscheiden. Auch das Erhabene fällt mit unter diesen Begriff der ›schönen Kunst‹; es gibt ja neben dieser ›schönen‹ nicht noch eine ›erhabene Kunst‹. ›Schön‹ ist das Epitheton, das Kunst *als* Kunst in diesem Sinne gegenüber den ›technischen Künsten‹ auszeichnet. Hegels Identifikation von ›Kunst‹ und ›schöner Kunst‹ ist somit gleichsam nur eine Konsequenz dieses Verständnisses von Kunst als ›schöner Kunst‹ – auch wenn dies von seinen Zeitgenossen überwiegend anders gesehen und seine geistesphilosophische Begründung nicht geteilt worden ist. Er scheint mir hier lediglich die Konsequenzen aus dem damals ja noch recht jungen Begriff der ›schönen Kunst‹ zu ziehen.

Ferner: In der Perspektive von Hegels geistesphilosophisch begründeter Identifikation des ›Schönen‹ mit der ›Kunst‹ (im Sinne von ›schöner Kunst‹) wird auch klar, warum er das Naturschöne gegenüber dem Kunstschönen nicht allein abwertet, sondern warum es für ihn eigentlich gar kein Naturschönes gibt und auch keines geben kann, abgesehen allenfalls in einem analogischen Sinne: Im sog. ›Naturschönen‹ *kann* die für Kunst konstitutive Identität von »Inhalt, Zweck, Bedeutung« und »Ausdruck, Erscheinung und Realität« plausibler Weise gar nicht vorkommen. Hegels Verwerfung des Naturschönen bildet somit ein zusätzliches Indiz für seine rein geistesphilosophische Konzeption des Begriffs des Schönen. Nun kann man natürlich im Interesse der Rettung des Naturschönen einwenden, ein Begriff des Schönen, der das Naturschöne nicht einschließe, sei schlicht verfehlt, weil er die Basis alles Schönen – die Natur – ignoriere. Wenn man das Schöne in eine bestimmte Qualität eines Kunstwerks legt, etwa in harmonische Verhältnisse des Dargestellten, oder wenn man es gar als etwas versteht, das im Menschen angenehme Empfindungen auslöst, so dürfte es in der Tat unplausibel sein, das Naturschöne auszugrenzen. Wenn man aber, vom geistesphilosophischen Ansatz her, den Kunstcharakter von Kunst in der »Durchdringung« von »einbildendem Geist« und »natürlicher Unmittelbarkeit« sieht und ›Schönheit‹ in *diesem* Sinne zum Konstituens von Kunst überhaupt erhebt, dann kann neben solcher Schönheit kein ›Naturschönes‹ aushalten. Denn eine derartige »Durchdringung« kann es in der Natur schlechthin nicht geben. Hingegen ist jedes Kunstwerk – als aus dem Geist des Künstlers geboren – eine Vergegenständlichung des Geistes, die keinen anderen Sinn hat, als den Vollzug seiner Selbstanschauung. Dies gilt für eine ägyptische Skulptur aus der Zeit des Alten Reiches nicht anders als für einen modernen Roman – und in *diesem* Sinne ist das Kunstwerk schön: In ihm tritt uns die Geistigkeit, die ›Menschheit‹ (im alten Sinne des Wortes), entgegen. Freilich bleibt der Einwand möglich, das Wort ›schön‹ sei hier falsch, nämlich entschieden zu weit, gefaßt, und Hegel hätte ein treffenderes wählen sollen. Dies ist zwar verständlich, aber es ist doch nur ein Streit um Worte. Ich kann mich jedoch nicht anheischig machen, anstelle von Hegels geistesphilosophisch-formalem Begriff des »Schönen« einen anderen, materialen Vorschlag zu unterbreiten – und ich glaube auch nicht, daß damit etwas gewonnen wäre.

Vor allem aber: Hegel kann sich hier auf die Identität des Schönen und der Kunst im Begriff der ›schönen Kunst‹ berufen. ›Schöne Kunst‹ umfaßt ja auch zur Zeit Hegels – und auch lange vor ihm und nicht etwa erst nach ihm – ebenso die Darstellung des Erhabenen und sogar des Häßlichen, ohne doch deshalb aufzuhören, als »schöne Kunst« zu gelten. Das Adjektiv ›schön‹ im Begriff der »schönen Kunst« ist ja nicht im Sinne einer klassizistischen Fixierung zu verstehen. Daraus ist noch eine weitere Konsequenz zu ziehen: Weil Hegel das Schöne im geistesphilosophischen Sinne so formell-allgemein faßt, als vollendete Durchdringung von »Inhalt, Zweck, Bedeutung« und »Ausdruck«, »Erscheinung und Realität dieses Inhalts«, hat er – gerade er! – kein Problem mit dem Vorwurf des Klassizismus, der ja immer wieder gegen ihn erhoben wird. Denn die

Schönheit, auf die er die Kunst verpflichtet, ist eben ihrem Kunstcharakter immer schon immanent. Kunst *ist* schön, weil sie *als* Kunst diese Verbindung des Natürlichen und des Geistigen ist, indem sie die Gestaltung des Natürlichen zu einem Geistigen, Sinnhaften, die Verwandlung des Natürlichen in ein Geistiges ist – und dies kann in der malerischen Gestaltung der »Gesichter der Renaissance« ebenso erfolgen wie in der Anlage eines Landschaftsgartens oder in der Zwölfton-Musik des 20. Jahrhunderts. In dieser Verwandlung durch geistige Gestaltung liegt der Charakter der Kunst als schöner Kunst – die anderen, die technischen Künste haben es damit bekanntlich nicht zu tun.

Doch daraus ist schließlich nochmals eine weitere, naheliegende Folge ausdrücklich abzuleiten: Die Frage, ob Hegel nicht vielleicht zu Unrecht über dem Schönen die vielen anderen ästhetischen Qualitäten übersehen habe – allem voran das Erhabene und das Häßliche, vielleicht auch das Komische –, scheint mir falsch gestellt. Denn diese Qualitäten sind auf einer anderen Bedeutungsebene angesiedelt als Hegels Begriff des Schönen. Auch diejenige Kunst, die das Erhabene oder das Häßliche in den Vordergrund rückt, bleibt ja ›schöne Kunst‹ (im Sinne der Gegenüberstellung gegen die ›technischen Künste‹). Der Klassizismus-Vorwurf wäre meines Erachtens allein dann mit Recht gegen Hegel zu erheben, wenn er der Ansicht wäre, daß die Selbstvermittlung des Geistes im Zuge der geforderten »Durchdringung« jeweils ein Resultat haben müsse, das in einem klassizistischen Sinne als ›schön‹ zu qualifizieren sei – so wie Hegel das Wort ›schön‹ gelegentlich ja auch selber in emphatischem Sinne im Blick auf die griechische Skulptur gebraucht. Doch davon ist gar keine Rede. Hegel ist sich der unterschiedlichen Gestaltungsweisen des Verhältnisses des Geistigen und Natürlichen vielmehr wohl bewußt. Und vor allem: Von seinem geistesphilosophischen Ansatz her *kann* Kunst gar nicht immer ›schön‹ im Sinne des klassizistischen Ideals sein. Denn dies wäre nur dann zu verlangen, wenn der Geist ungeschichtlich wäre – und dies ist bekanntlich nicht der Fall.

IV.

Diese geistesphilosophische – und eben deshalb zugleich geschichtsphilosophisch konnotierte – Fassung des Begriffs der Kunst bildet die Grundlage für das Verständnis, warum die Kunst – obschon sie doch dem »Ideal«, der Schönheit, verpflichtet ist, nicht mehr »schöne Kunst« im materialen Sinne der griechischen Skulptur sein *kann* – ja auch gar nicht mehr sein *darf.* Sonst gäbe es ja statt der drei Epochen der Geschichte der Kunst auch nur eine einzige, und daneben bloß Noch-nicht-Kunst und Nicht-mehr-Kunst. Doch auch wenn Hegel die symbolische und die romantische Kunst im Blick auf einen materialen Begriff von Schönheit von der klassischen Kunst abgrenzt: Er bestreitet diesen beiden nicht-klassischen Formen zwar eine vollendete materiale Realisierung von Schönheit, aber nicht ihren Kunst-Charakter – denn auch bei ihnen handelt es sich ja um Gestalten der geistigen Selbstbeziehung. Und die klassische Schönheit repräsentiert trotz ihre vollendeten materialen Schönheit vielmehr eine defiziente Gestalt von Kunst, weil sie der entwickelten Selbstbeziehung des Geistes nicht gerecht wird: Das »Reich d*e*s Schönen selbst ist für si*ch* noch unvollkommen, weil d*er* freie Begriff nur sinnlich in ihm vorhanden und k*ei*ne geisti*g*e Realität in si*ch* selbst hat. [...] der Geist muß si*ch* selbst zum Boden s*eine*s das*ei*ns haben, si*ch* eine intellectuel*l*e Welt erschaffen. Hier vollendet si*ch* die Innerlichk*ei*t in si*ch*« (GW 28,1.405 f) – in der ›romantischen Kunst‹.

Von einem materialen Begriff des Schönen aus ist diese Dynamik der Geschichte der Kunst weder in den Blick zu bekommen noch gar zu rechtfertigen – nur von der geistesphilosophischen Konzeption der Kunst und des Schönen aus. Das Sichwissen des Geistes erfordert das Hinausgehen über diejenige Einheit des Natürlichen und des Geistigen, die von einem materialen Begriff der Schönheit her gefordert ist. Entscheidend hingegen ist der innere Gehalt, den die »romantische Kunst« aus ihren Kunstwerken heraushebt: die Erhebung des Geistes über die Natur. Der Gegenstand der Kunst ist nicht mehr das Äußere, sondern die Gleichgültigkeit gegen die Gestaltung der unmittelbaren Welt – denn es gibt ein »Höheres als die schöne Erscheinung des Geistes in seiner unmittelbaren, wenn auch vom Geist als ihm adäquat erschaffenen Gestalt«, und »die Schönheit in dem bisherigen Sinne« wird »etwas Untergeordnetes und wird zur *geistigen* Schönheit des an und für sich Inneren als der in sich unendlichen geistigen Subjektivität« (TWA 14.128 f.). Die Differenz, die hier zwischen »Innigkeit« und Realität besteht, kann in der Folge zur schroffen Entgegensetzung werden, zum Losreißen des Geistigen vom Endlichen, zum Triumph des Geistigen über »die Welt«, wie er in der Darstellung der Martyrien, ja im Schwelgen in Grausamkeiten anschaulich wird. Eine Kunst, die dies darstellt, muß nicht allein »die ideale Schönheit« verschmähen; sie muß notwendig (im materialen Sinne) »unschön« werden. Gerade Hegels Ästhetik verweist mit Entschiedenheit auf den geschichtlichen Übergang zu einer Kunst, die nicht mehr der Forderung nach materialer Schönheit unterstellt ist, sondern die zumindest ebensosehr das Häßliche zum Gegenstand hat – und dies nicht nur im Sinne eines kunsthistorischen Berichts über faktisch eingetretene Verschiebungen des Sujets, sondern mit dem Anspruch eines Erweises der Notwendigkeit dieser Entwicklung.

Dies läßt sich noch kurz an Hegels Abhandlung des dritten Themenkreises der »romantischen Kunst« veranschaulichen. Er bildet das letzte Stadium einer Entwicklung, die mit der religiösen Thematik beginnt und kraft ihrer immanenten Dynamik mit der Loslösung von ihr endet: Die »Welt«, nicht mehr in die »Einheit des Absoluten« zurückgebunden, stellt sich »auf ihre eigene Füße« (TWA 14.195) – nicht ohne Folgen für die Kunst: »Stoff u*nd* subject*iv*ität ist getrennt, u*nd* d*er* Fortg*ang* ist ihre Einbild*ung* bis sie wieder auseinander fallen. Ihre abs*olute* Einh*ei*t kommt nicht in d*er* K*u*nst zu Stande. die Innerlichk*ei*t erhebt sich zum reinen Ged*an*ken, wo erst d*ie* wahrh*a*fte Einh*ei*t stattfinden kann.« (GW 28,1.431) Die Kunst seiner Gegenwart sieht Hegel als Schlußpunkt dieser Entwicklung. Ihre Eigentümlichkeit liege darin, »daß die Subjektivität des Künstlers über ihrem Stoffe und ihrer Produktion steht, indem sie nicht mehr von den gegebenen Bedingungen eines an sich selbst schon bestimmten Kreises des Inhalts wie der Form beherrscht ist, sondern sowohl den Inhalt als die Gestaltungsweise desselben ganz in ihrer Gewalt und Wahl behält« (TWA 14.231) – eine Charakteristik, bei der Hegel, soweit sich erkennen läßt, insbesondere das Aufgreifen orientalischer Stoffe in Goethes »West-östlichem Divan« und in den Gedichten Friedrich Rückerts oder Nachdichtungen von Hafis' Lyrik im Blick hat. Sie trifft aber ebenso und noch mehr auf diejenige Kunst zu, die auf das Ende der »goetheschen Kunstperiode«[1] und somit auch seiner Lebenszeit erst folgt.

Da die Gegenstände der Kunst nicht mehr in eine substantielle geistige Einheit aufgenommen werden, ist es letztlich gleichgültig, wie sie dargestellt werden – als »Kreis unmittelbarer Wirklichkeit«, »wie sie sind«, oder – könnte man das Argument verlängern – als abstrakt oder gegenständlich, als erhaben oder trivial, als schön oder häßlich. Denn nicht mehr der Gegenstand ist von Interesse, sondern nur noch die Art seiner Behandlung: die Technik des Malens oder Komponierens oder Erzählens – oder allgemein »die subjektive Auffassung und Ausführung des Kunstwerks« (TWA 14.223). Und dies ist nicht etwa ein Indiz einer defizitären Kunstform, da ja auch in der Beschränkung auf die Auffassung und Ausführung des Kunstwerks das Selbstbewußtsein des Geistes wirklich ist. Vielleicht erweist sich die Kunst ja sogar insbesondere in dieser reinen Darstellung, weitgehend losgelöst von vorgegebenen Inhalten, als eine Form des Selbstbewußtseins des Geistes und das Werk als ein – in diesem geistesphilosophischen Sinne – Schönes. Deshalb scheint mir – für Hegel – die Schönheit auch gar nicht ›gebrochen‹ zu sein. Für die Kunst bleibt der Begriff der Schönheit konstitutiv – allerdings nur in dem allgemeinen, formalen Sinne, in dem auch wir immer noch von ›schöner Kunst‹ sprechen. Auch die ›nicht mehr schönen Künste‹ sind ja immer noch ›schöne Kunst‹. Der engere, materiale Begriff von Schönheit hingegen hat einen sehr spezifischen, lange zurückliegenden und zudem unwiederbringlichen, nur noch der Erinnerung zugänglichen geschichtlichen Ort, von dem aus sie allerdings immer noch in die Gegenwart hineinstrahlt. Und deshalb möchte ich im Blick auf Hegel eigentlich nicht von ›gebrochener Schönheit‹, sondern von ›gedoppelter Schönheit‹ sprechen.

[1] Heinrich Heine, *Die romantische Schule* (1835). In: *Düsseldorfer Heine-Ausgabe.* Bd. 8/1. Hg. von Manfred Windfuhr. Hamburg 1979, 125.

Hegels Kritik an der Romantik

»Hegels Kritik an der Romantik« – im strengen Sinne ist dieser Titel natürlich ein Anachronismus. ›Die Romantik‹, als eine vergleichsweise festgefügte, überzeugend von anderen Strömungen abgrenzbare Gestalt des Geistes im Deutschland der Jahre um und nach 1800 (nur in dieser Begrenzung wird hier von ihr die Rede sein) ist ihm noch unbekannt. ›Die Zeit der Romantik‹ – darunter hat er, wie wohl die Mehrzahl seiner Zeitgenossen, die Zeit des Minnesangs, der ritterlichen Abenteuer verstanden. Was wir heute – historisch nicht ganz korrekt – als »Hegels Kritik der Romantik« ansprechen, sind seine Stellungnahmen zu einigen wenigen philosophischen und literarischen Produktionen, die erst für uns »die Romantik« – oder genauer: einen vergleichsweise kleinen, wenn auch prägnanten Aspekt der Romantik – bilden. Außerdem drängt sich unter diesem Titel stets noch etwas anderes in den Blick: Hegels nicht gerade störungsfreie persönliche Beziehungen zum ›Romantikerkreis‹, insbesondere zu Friedrich Schlegel und auch zu Schleiermacher.

Hegel kommt ja zu Beginn des Jahres 1801 nach Jena, also zu einer Zeit, in der sich der Kreis der ›Jenaer Romantik‹ aufzulösen beginnt, und er wird durch seinen (damaligen) Freund Schelling in diese teils in der Sache begründeten, teils – und wohl überwiegend – persönlich gefärbten Querelen hineingezogen. Davon soll hier aber nicht die Rede sein, und auch nicht von den späteren jahrzehntelangen politisch und religiös zugleich motivierten Spannungen mit Friedrich Schlegel, in denen beide Seiten ihr reich bestücktes Arsenal an Verbaliniurien trefflich ausgeschöpft haben. Nicht umsonst hat ja August Wilhelm Schlegel in seinen Spottversen vom Kampf beider gegeneinander gesprochen und die Deutschen »von der Saar bis an den Pregel« (wenig später hätte man gesagt: »von der Maas bis an die Memel«) aufgefordert, ihren wenig ritterlichen Kampf – nicht etwa zu beenden, sondern zu bestaunen.[1]

[1] Siehe Günther Nicolin (Hg.), *Hegel in Berichten seiner Zeitgenossen.* Hamburg 1970, 362f.

I. Das ›romantische Denken‹

Von all diesem, sage ich, soll hier nicht die Rede sein. Vor allem aber soll nicht in einem engen Sinne nur von negativer Kritik die Rede sein, sondern von Hegels Ambivalenz gegenüber derjenigen Denkform, die man – in seinen Augen, wenn auch nicht mit seinen Worten – als das ›romantische Denken‹ bezeichnen könnte. Allerdings wird es sinnvoll sein, sich zugleich der Wortbedeutung zu vergewissern, in der Hegel vom Romantischen spricht; denn die beiden Bedeutungen berühren sich doch an einem Punkt. In seinen *Vorlesungen über die Ästhetik* führt Hegel den Begriff der »romantischen Kunst« ein, und deshalb ist es ratsam, von diesem Begriff auszugehen, auch wenn die »romantische Kunst« im Sinne Hegels nicht die ›Kunst der Romantik‹ in unserem Sinne ist und dieser Weg deshalb als Abschweifung erscheinen mag. Doch letztlich kulminiert diese (die romantische Kunst insgesamt durchziehende) Bewegung in der geschichtlichen Gestalt, die wir »die Romantik« nennen – wenn auch nicht allein in ihr –, und die ›romantische Denkform‹ ist ohne die ihr vorausgehende Entwicklung der ›romantischen Kunst‹ gar nicht verständlich.

Die romantische Kunst ist für Hegel die gesamte Kunst *nach* der klassischen Kunst Griechenlands einschließlich ihrer Ausstrahlungen nach Rom, auch wenn dies zumeist ungesagt bleibt. Damit scheint zunächst nicht mehr bezeichnet zu sein als ein kaum noch überschaubares Konglomerat unterschiedlichster Stilrichtungen und Sujets. Neben dieser negativen Abgrenzung gegen die klassische Kunst gibt es aber auch noch einen ›roten Faden‹, der die Epochen der romantischen Kunst miteinander verknotet: Sie ist die Kunst der christlichen Zeit oder, mit dem – zwar nicht mißverständlichen, aber doch fast stets mißverstandenen – Terminus der geschichtsphilosophischen Vorlesungen zu sprechen: Sie ist die Kunst der »germanischen«, also der aus der Völkerwanderung hervorgegangenen Welt.[2] Die romantische Kunst ist aber nicht notwendig im engeren Sinne religiöse Kunst, sondern sie ist diejenige Kunst, die in der von der

2 Eine kleine Nebenbemerkung sei mir gestattet: Die romantische Kunst ist die Kunst, die den Gegenstand der Sammlungen des Berliner Bode-Museums bildet: Das Bode-Museum ist das Museum für »romantische Kunst« im Hegelschen Sinne, freilich nur für die bildende romantische Kunst.

christlichen Religion dominierten nach-antiken Kultur des Abendlandes als Komplement zur Religion auftritt. In der langen ersten Phase dieser Kunst, bis ins hohe Mittelalter und an die Schwelle der Neuzeit, ist sie freilich eng mit der Religion verbunden; die Religion dominierte damals ja das gesamte Leben. Motivisch äußert sich diese religiöse Verankerung der romantischen Kunst (zunächst) in ihrer Restriktion auf den explizit religiösen Themenkreis: auf die »Erlösungsgeschichte Christi«, die »religiöse Liebe« – insbesondere Mariae – und den »Geist der Gemeine«, d.h. auf Darstellungen von Märtyrern, Heiligenlegenden und Wunderberichten.

Diese enge religiöse Rückbindung ist jedoch nicht konstitutiv für die romantische Kunst überhaupt, sondern nur für ihren ersten Themenkreis. Grundlegend für sie ist vielmehr etwas anderes: Die romantische Kunst ist eine Kunst des Geistigen. Sie ist nicht, wie die klassische Kunst, der Schönheit gewidmet, der Verwirklichung der Einheit des Geistigen und Natürlichen in der schönen Gestalt, wie wir sie in der klassischen Kunst, in den Statuen der griechischen Antike bewundern, sondern sie ist der Darstellung des Geistigen gewidmet, der Überlegenheit des Geistigen über die Natur, der Darstellung der Innerlichkeit, also eigentlich der Darstellung eines Nicht-Darstellbaren und letztlich einer aus der Innerlichkeit geborenen intellektuellen Welt. Deshalb kommt es in der romantischen Kunst zu einer für das Verhältnis von Kunst und Religion folgenschweren Entwicklung. Der ›romantische‹, christliche Rückzug des Geistes in sich selbst, seine Befreiung zu sich selbst, hat Folgen für die künstlerische Darstellung nicht allein des Menschen, sondern ebenso der nicht-menschlichen Natur. Bereits im Mittelalter, nur kurz nach der Zeit, in der die christliche Religion mit dem »Bilderstreit« des 8. und 9. Jahrhunderts ihr Verhältnis zur bildenden Kunst festlegt, löst sich ein neuer Themenkreis der Poesie von der Bindung an explizit religiöse Motive ab. Diesem, zu Hegels Zeit im eigentlichen Sinne als ›romantisch‹ bezeichneten Kreis, der »Sphäre des Rittertums«, widmet Hegel allerdings nur wenig Aufmerksamkeit; er beschreibt eigentlich nicht eine »Kunstform«, sondern – unter den Leitbegriffen »Ehre«, »Liebe« und »Treue« – nur eine Bewußtseinsform.

Seit dem 15. Jahrhundert, mit der Renaissance, beschleunigt sich diese Emanzipation insbesondere der Malerei von der Bindung an einen ihr vorgegebenen religiösen Inhalt, und sie ergreift zunehmend auch die anderen Künste: Die Kunst durchbricht den von der religiösen Vorstellung gezogenen engen Rahmen; sie wendet sich einer Wirklichkeit zu, die nicht bloß die Wirklichkeit der religiösen Vorstellung ist. Das Bewußtsein der Innerlichkeit, der Selbstgewißheit des Geistigen, bewegt sich zuvor nur innerhalb des von der religiösen Vorstellung abgesteckten Rahmens; nur innerhalb dieses Rahmens begegnen ihm die für seine Selbstgewißheit relevanten Gegenstände. Nun aber wird die Selbstgewißheit des Geistes, die zunächst nicht unmittelbar erfahren, sondern nur im vorgestellten Gegenstand angeschaut werden konnte, auch außerhalb des von der Religion gezogenen Rahmens und ohne die religiöse Vermittlung erfahrbar. Das Weltliche beginnt »von seiner Seite her sein Recht der Geltung in Anspruch zu nehmen und durchzusetzen. [...] Wir können diesen Uebergang dadurch bezeichnen, daß wir sagen, die subjektive Einzelnheit werde jetzt als Einzelnheit unabhängig von der Vermittlung mit Gott, für sich selber frei« (TWA 14,170 f) – wobei dies freilich ein Prozeß ist, der sich über Jahrhunderte, vom Quattrocento bis weit ins 16. Jahrhundert hinzieht.

Der aus dieser Befreiung entspringende dritte Themenkreis der »romantischen Kunst« bildet das letzte Stadium einer Entwicklung, die mit dem religiösen Kreis beginnt und kraft der immanenten Dynamik dieses Themenkreises mit der Loslösung von ihm endet: Die »Welt« befreit sich nun zunehmend von der Dominanz der Religion; sie stellt sich »auf ihre eigene Füße« (TWA 14.195) – nicht ohne Folgen für die Kunst: Indem die Entwicklung der Subjektivität in sich voranschreitet, zur Unendlichkeit der Subjektivität in sich, kann diese sich nicht mehr mit dem Äußeren vermitteln: »Stoff u*nd* subject*i*vität ist getrennt, u*nd* d*er* Fortg*an*g ist ihre Einbild*un*g, bis sie wieder auseinand*e*r fallen.« (GW 28,1.431) Diese Entwicklung beginnt bereits innerhalb des zweiten Themenkreises der romantischen Kunst, und sie setzt sich im dritten verstärkt und beschleunigt fort. Einerseits befreit die Ablösung vom religiösen Themenkreis den Blick der Kunst für das nicht immer schon durch die religiöse Vorstellung transfigurierte Menschliche, aber auch für die ›Landschaft‹ und für die Prosa des Alltäglichen. Doch andererseits: Die innere Welt des Subjekts und die äußere Welt sind getrennt; die »Seite des äußeren Daseins ist der Zufälligkeit überantwortet und den Abenteuern der Phantasie preisgegeben, deren Willkür ebenso das Vorhandene, *wie* es vorhanden ist, widerspiegeln als auch die Gestalten der Außenwelt durcheinanderwürfeln und fratzenhaft verziehen kann« (TWA 113.113f).

Als den Schlußpunkt dieser ambivalenten Entwicklung sieht Hegel die Kunst seiner Gegenwart, auch und – was die ›fratzenhaften Verzerrungen‹ betrifft – insbesondere die (für uns) romantische Kunst: In ihr steht die Subjektivität des Künstlers virtuos über ihrem Stoffe und ihrer Produktion, »indem sie nicht mehr von den gegebenen Bedingungen eines an sich selbst schon bestimmten Kreises des Inhalts wie der Form beherrscht ist, sondern sowohl den Inhalt als die Gestaltungsweise desselben ganz in ihrer Gewalt und Wahl behält« (TWA 14.231). Und da die Gegenstände der Kunst einer substantiellen geistigen Einheit angehören, ist es letztlich gleichgültig, wie sie dargestellt werden – als »Kreis unmittelbarer Wirklichkeit«, »wie sie sind«, oder als »Abenteuer der Phantasie« oder – könnte man das Argument verlängern – abstrakt. Denn nicht mehr der Gegenstand ist von Interesse, sondern nur noch die Art seiner Behandlung: die Technik des Malens oder Komponierens oder Erzählens und überhaupt »die subjektive Auffassung und Ausführung des Kunstwerks« (TWA 14.223). Stoff und Subjektivität sind getrennt, die Einheit des Inneren und Äußeren »kommt nicht in d*er* K*u*nst zu Stande« – erst in der Festigkeit des reinen Gedankens kann ihre wahrhafte Einheit stattfinden (GW 28,1.431).

Intermezzo: der subjektivitätsgeschichtliche Hintergrund

In einem kurzen Zwischenschritt möchte ich nun zunächst diese Entwicklung, die Hegel in seinem Rückblick auf die wechselvolle Geschichte der romantischen Kunst so anschaulich und prägnant zugleich darstellt, etwas enger an ihre begrifflichen Grundlagen zurückbinden: Hegel zeichnet die Entwicklung der romantischen Kunst als Subjektivitätsgeschichte, und zwar als Geschichte der Vertiefung der Subjektivität in sich. Und er zeichnet diese allgemeine, auch die anderen Bereiche seiner Geistesphilosophie übergreifende Geschichte nirgends so anschaulich wie in den *Vorlesungen über die Ästhetik*. Sie beginnt keineswegs mit dem Aufkommen der christlichen Religion, und sie ist auch nicht an die explizit religiösen Inhalte gebunden. Die christliche Religion und ihre Deutung der Welt bilden in ihr vielmehr nur eine, wenn auch fraglos eine wichtige Etappe; sie ist ja nichts, was gleichsam aus einer jenseitigen Welt in das Diesseits hineinstrahlte, sondern sie hat ihrerseits subjektivitätsgeschichtliche Voraussetzungen, durch die sie geformt wird – und auch Folgen. Man kann sich von solchen ›Geschichten‹ natürlich durch die stereotype Wiederholung der Bemerkung zu befreien suchen, daß die Zeit der ›großen Erzählungen‹ vorbei sei. ›Große Erzählungen‹ gibt es bekanntlich mannigfach, von mythologischen Schilderungen vorzeitlicher Ereignisse über die Märchen aus *Tausendundeiner Nacht* bis zu Grimms Märchen und ihren modernen Gegenstücken. Doch sollte es eigentlich nicht so schwer sein, den Unterschied zwischen solchen Erzählungen und Analysen geschichtlicher Entwicklungen in den Blick zu bekommen.

Die Geschichte, die Hegel hier rekonstruiert, ist die Geschichte der Ausbildung und Vertiefung der Subjektivität in sich, von ihren Anfängen in der nachklassischen Epoche Griechenlands bis in seine eigene Zeit – in die Zeit der ›Romantik‹. Sie ist die Geschichte der fortschreitenden Herauslösung der Subjektivität aus den substantiellen Bindungen der Sippe oder des Volkes, aus der Unterwerfung unter die Orakel; sie ist die Geschichte der Ausbildung der Personalität: des Gedankens der Person als einer Verantwortungs- und Entscheidungsinstanz, ihrer Freiheit, letztlich ihrer Autonomie, ihres »höchsten Rechts« und des Bewußtseins ihres unendlichen Werts. Eben damit ist sie aber auch die Geschichte der Lösung der Subjektivität aus allen vorgegebenen Bindungen und zugleich die Geschichte der Abwertung alles Äußeren, der Erhebung über alles der Subjektivität Entgegenstehende, sei es nun die äußere, natürliche Welt, die ihr inneres Leben verliert, von ihr entzaubert und zum bloßen Objekt verdinglicht wird, sei es die im traditionell weiten Sinne ›moralische‹ Welt vorgegebener rechtlicher Verpflichtungen oder sittlicher Bindungen.

Hegel rekonstruiert diese Geschichte der Vertiefung der Subjektivität in sich gleichsam leidenschaftslos, aus der Beobachterperspektive, als eine Geschichte, die von keinem identifizierbaren, für sie verantwortlichen Subjekt in Gang gesetzt wird, der niemand ein Ziel gesetzt hat, und zudem als eine Geschichte, in deren Ablauf niemand eingreifen, die also nicht von außen willentlich gesteuert werden kann. Mit jedem ihrer Schritte vollzieht sie einen »Fortschritt im Bewußtsein der Freiheit« (GW 18.153), und sie kulminiert im bislang letzten Stadium, das Hegel durch die Begriffskonstellation charakterisiert sieht, die ich hier als ›romantische Denkform‹ bezeichnet habe – auch wenn sie über die Romantik im engeren Sinne weit hinausreicht. Charakteristisch für sie ist die beschriebene Vertiefung der Subjektivität in sich, die Selbstgewißheit der Subjektivität, alle Wahrheit zu sein und ein »höchstes Recht« zu haben – und damit zeichnet sich die ›romantische Denkform‹, das ›romantische Subjekt‹, in Hegels Augen als eine weit fortgeschrittene Gestalt der Subjektivitätsgeschichte aus. In seinen rechtsphilosophischen Vorlesungen formuliert er ja geradezu: »[D]as Tiefste des Geistes ist die Subjektivität die wir gesehen haben, tieferes giebt es nicht« (GW 26,3.1238). Es mag wohl Schöneres geben, aber nicht Tieferes.

Dies ist aber nur die eine, dem Betrachter zunächst zugewandte, einnehmende Seite, doch ist nicht zu übersehen, daß diese ›Geschichte der Subjektivität‹ keineswegs eine unproblematische ›Erfolgsgeschichte‹ ist. Hegel weiß sehr genau um die Gefahren, die auf diesem Wege der fortschreitenden Selbstgewißheit lauern. Deshalb markiert er auch die Phasen des Mißlingens, die Punkte, an denen ihr Fortgang zunehmend gefährliche Konstellationen heraufbeschwört – wo er zur inneren Leerheit der auf die Spitze getriebenen formellen Subjektivität und zur Unfähigkeit ihrer Vermittlung mit ›der Welt‹ führt: Denn der Subjektivität, die ihrer Freiheit und ihrer selbst als der Wahrheit gewiß ist, gelingt es nicht mehr, sich mit ihrem Anderen zu vermitteln – und dies hat Rückwirkungen auf sie selber: Das Ich, das triumphierend über den Trümmern der Welt schwebt, wird seines Triumphs nicht mehr froh. Die fratzenhafte Verzerrung, in die das von allen Bindungen befreite und nur noch auf sich selbst fixierte Subjekt die äußere Wirklichkeit hineintreibt, holt sie schließlich selber ein – in der sogenannten ›Schwarzen Romantik‹, die ja erstmals die Probleme des aufs äußerste zugespitzten, sich fragwürdig werdenden, ja sich gespenstisch verdoppelnden und an seiner Subjektivität leidenden Subjekts thematisiert.

Der große Vorzug, daß die Kunst nun nicht mehr – wie zu Beginn der ›romantischen Kunst‹ – auf einen bestimmten Gegenstandsbereich fixiert ist, sondern, hiervon befreit, sich alles zum Gegenstand machen und sich darin genießen kann, schlägt um in den Nachteil, daß ihr die Gegenständlichkeit überhaupt gleichgültig wird: daß das

Subjekt an ihr keinen Widerpart mehr finden kann und mit dem Verlust der Objektivität schließlich sich selbst verliert. Das *principium individuationis* erscheint ihm nun als das Urübel, das man überwinden müsse, und deshalb sucht es seine »höchste Lust« im Unbewußten. In der Kunst verschärft sich dieses Verhältnis aber nicht zum Widerspruch, weil dem unendlichen Recht des Subjekts kein anderes Recht entgegensteht; die Gegenstände, die dem sich als unendlich wissenden Subjekt gegenüberstehen, sind und bleiben ein Rechtloses. Die Subjektivität hat das »höchste Recht«, nichts neben sich anzuerkennen, und sie nimmt es in Anspruch – sogar noch dort, wo sie sich im von ihr geschaffenen Kunstwerk selbst verleugnet und alle Spuren von Subjektivität, etwa auch von künstlerischer Zweckhaftigkeit der Gestaltung, peinlich zu tilgen und ihre Rettung im Zufall sucht. Die Einheit des Inneren und Äußeren »kommt nicht in der Kunst zustande« (GW 28,1.431) – und eben wegen dieses Mangels an Einheit kommt es in der Kunst weder zum »härtesten Widerspruch« noch zur Versöhnung.

Doch wie sich dieses »zur letzten Abstraction zugespitzte Selbst« über alle Gegenständlichkeit erhebt, so erhebt es sich auch über die verbindlichen Grundlagen des menschlichen Gemeinschaftslebens – es kennt ja keine Verbindlichkeit und erkennt keine Verbindlichkeit mehr an, der es unterworfen wäre. Um es mit einer prägnanten Wendung und mit einer biblischen Anspielung aus Hegels *Phänomenologie des Geistes* zu sagen: Dieses Subjekt »erkennt keinen Inhalt für es als absolut, denn es ist absolute Negativität alles Bestimmten«, es hat »die Majestät der absoluten Avtarkie, zu binden und zu lösen«. So ist es teils die »schöne Seele«, die kraftlos in sich verglimmt, teils die »moralische Genialität, welche die innere Stimme ihres unmittelbaren Wissens als göttliche Stimme weiß« (GW 9.347, 349, 352) – und so darf es nicht überraschen, wenn es dieser Überzeugung entsprechend und mit den vorhersehbaren desaströsen Konsequenzen handelt.

Angesichts dieser Charakteristik – und ich glaube hinzufügen zu können: angesichts dieser sehr scharf gesehenen Charakteristik der (keineswegs *nur* romantisch tingierten) Selbstgewißheit der Subjektivität! – verwundert es nicht, daß Hegel sie als eine extrem fragile, nicht wirklich lebensfähige, sondern gleichsam implodierende Gestalt zeichnet. In seinen rechtsphilosophischen Vorlesungen führt er, aus durchaus aktuellem Anlaß, dazu aus: »Ist so den Menschen alle obj*ective* Halt*ung* entschwunden, so ist eine d*er* Erschein*ung*en, d*aß* d*er* M*en*sch die unendliche Sehns*u*cht nach einem Objectiven hat, das ga*nz* entschwunden ist. D*ie*se Sehnsucht kann dahin bringen, sich zum Knechte zu machen, z*um* vollkommen Abhäng*i*gen, um nur d*ie*ser Qual d*er* Leerhe*it*, der Negativit*ä*t zu entrinnen. Dahin gehört d*ie* Erschein*ung*, d*aß* Menschen katholisch w*u*rden; indem sie nehmlich ihr Inn*e*res gehaltlos finden, wurden sie getrieben d*urch* d*ie* Sehns*u*cht nach einem Festen, einem Halt, einer Autorität, wenn es auch die Festigkeit nicht ist des Ged*an*kens« (GW 26,2.915).

»Die Festigkeit des Gedankens«: Von ihr ist auch vorhin schon die Rede gewesen, und ich darf an die beiden Sätze erinnern, weil die Aussage des zweiten Satzes jetzt einen prägnanteren Klang gewinnen wird: Die Einheit des Inneren und Äußeren »kommt nicht in der Kunst zustande. Die Innerlichkeit erhebt sich zum reinen Gedanken, wo erst die wahrhafte Einheit stattfinden kann.« Hier zeigt sich die Ambivalenz in Hegels Urteil über die ›romantische Subjektivität‹ (wobei hier, ich habe es schon angedeutet, auch solche Formen einfließen, die für uns *nicht* unter den Begriff des Romantischen fallen – etwa auch die ›Empfindsamkeit‹ und sogar der Autonomiebegriff der vorangegangenen Ansätze der Klassischen Deutschen Philosophie): Die Vertiefung der Subjektivität in sich und ihr Leiden an sich sind zwei zusammengehörige Seiten. Fraglos ist die Vertiefung als ein »Fortschritt im Bewußtsein der Freiheit« zu werten und deshalb auch zu begrüßen. Doch wenn die Erhebung in die Innerlichkeit des Gedankens nicht gelingt, so ist mit solcher Vertiefung zugleich die Gefahr der Selbstisolierung – gegenüber der Welt der Gegenstände und der Welt des sittlichen Lebens – gegeben, und wenn diese Selbstisolierung eintritt, so hat sie die »Qual der Leerheit« zur Folge. Und aus dieser führt *ein* Weg zu einem Bewußtsein, das bis »zur Verrüktheit zerrüttet« ist oder »in sehnsüchtiger Schwindsucht« zerfließt, ein anderer zur Katastrophe des Freitods oder des politischen Mordes und ein dritter, der diese beiden Wege vermeiden möchte, zurück zu derjenigen Festigkeit, die nicht die des Gedankens, sondern die der Tradition und der Institution ist. Aber auch damit ist die Romantik verlassen und die Vertiefung der Subjektivität in sich preisgegeben.

II. Das Recht des ›romantischen Subjekts‹ und sein Unrecht

Es ist, denke ich, deutlich geworden: Die insbesondere in der ›romantischen Denkform‹ sichtbar werdende Vertiefung der Subjektivität in sich ist nichts Zufälliges; sie ist das Resultat eines die Jahrhunderte, ja die Jahrtausende übergreifenden Prozesses. Und obwohl sie zu begrüßen ist, weil sie stets einen »Fortschritt im Bewußtsein der Freiheit« vollzieht, ist doch nicht zu übersehen, daß sie auch in Probleme führt: zur inneren Leerheit der auf die Spitze getriebenen Subjektivität und zur Unfähigkeit ihrer Vermittlung mit »der Welt« – der Welt der Gegenstände oder der sittlichen Welt –, und im letzteren Fall zum »härtesten Widerspruch«, aus dem nur die Erhebung in den Gedanken herausführen kann. In Hegels Perspektive ist allein die Erhebung in den Gedanken dazu in der Lage, das durch die Vertiefung der Subjektivität in sich nahegelegte Selbstmißverständnis zu korrigieren, sie sei ›alle Wahrheit‹ – ein Mißverständnis, das sie zutiefst überfordert und beschädigt. Die Erhebung in den Gedanken führt jedoch zu der Einsicht, daß diese auf die Spitze getriebene – romantische – Subjektivität in Wahrheit gar nichts Isoliertes ist, sondern ein Moment in einer den Einzelnen übergreifenden Entwicklung des Geistes – und strenggenommen verdient erst *diese,* die einzelnen Subjekte übergreifende Entwicklung den Titel »Subjektivität«.

Diese Einsicht, die Hegel dem Selbstmißverständnis des ›romantischen Subjekts‹, dem Misslingen der Vermittlung des Einzelnen mit dem Allgemeinen als die ›Wahrheit‹ entgegenstellt, ließe sich von verschiedenen Seiten her verdeutlichen – etwa vom Begriff des Denkens her, das eben weit mehr als eine bloße Leistung des individuellen Subjekts ist. Ich möchte aber nur noch kurz auf den Bereich zu sprechen kommen, in dem das Selbstmißverständnis des romantischen Subjekts besonders mißliche Folgen nach sich zieht und augenfällig wird: auf den Bereich des Rechts und der Sittlichkeit (im Hegelschen Sinne), und insbesondere auf den Abschnitt über die »Moralität« in Hegels *Grundlinien der Philosophie des Rechts,* der insgesamt gegen das ›romantische‹ Selbstmißverständnis der Subjektivität, gegen die Verwechslung der besonderen mit der allgemeinen Subjektivität geschrieben ist – eine Verwechslung, die Hegel paradigmatisch bei dem frühen Friedrich Schlegel anprangert.

Nun wäre es leicht, sich dadurch aus der Affäre zu ziehen, daß man dem Subjekt das von ihm in Anspruch genommene »höchste Recht« bestreitet. Aber auch in dieser insgesamt polemisch angespannten Partie bekräftigt Hegel ausdrücklich das »Recht der *Besonderheit* des Subjects, sich befriedigt zu finden«; er bezeichnet die Anerkennung dieses Rechts sogar als »den Wende- und Mittelpunkt in dem Unterschiede des *Alterthums* und der *modernen* Zeit« – und er konkretisiert es darüber hinaus noch durch den Hinweis auf einige Gestaltungen dieses Rechts: Wichtig wird es etwa für »die Liebe, das Romantische« (GW 14,1.109 – 111). Und kurz darauf unterstreicht Hegel nochmals mit Nachdruck: »Das Recht, nichts anzuerkennen, was Ich nicht als vernünftig einsehe, ist das höchste Recht des Subjects«. Diesen Satz hätte der frühe Friedrich Schlegel ebenfalls aussprechen können, und Hegel widerruft ihn auch keineswegs. Und dennoch: Die Fortsetzung dieses Satzes relativiert seinen Beginn: Dieses Recht sei zwar das »höchste Recht« des Subjekts, »aber durch seine subjective Bestimmung, zugleich *formell,* und das *Recht des Vernünftigen* als des Objectiven an das Subject bleibt dagegen fest stehen« (GW 14,1.115; § 132). Hegel stellt also dem »höchsten Recht des Subjects« das »Recht der Objectivität« entgegen: Das Subjekt, das aus seiner Innerlichkeit herausgeht und in dieser Welt handelt (und dieses Handeln kann eben auch im Schreiben von Romanen bestehen), muß sich ihren Gesetzen unterwerfen und dieses »Recht der Objectivität« anerkennen. Auch die Bestimmung und Realisierung des Begriffs des Guten hat nicht erst auf das einzelne Subjekt gewartet, um nach dessen Gutdünken inszeniert zu werden.

Mit ›der Romantik‹ – die in diesem Aspekt für ihn insbesondere durch Friedrich Schlegel, daneben auch durch den frühen Schleiermacher vertreten wird – insistiert Hegel auf der Vertiefung der Subjektivität in sich und auf dem »höchsten Recht«, das ihr deshalb zuzubilligen ist. Gegen sie erinnert er aber an das »Recht der Objectivität«, das er von den Genannten ignoriert sieht. Das entscheidende Defizit der Romantik sieht Hegel somit in ihrer Unfähigkeit, diese beiden gleichermaßen berechtigten Rechtsansprüche in angemessener Weise miteinander zu vermitteln: weder – objektivitätsvergessen – nur das Recht des Subjekts vor Augen zu haben, was unausweichlich zur Zerstörung des Subjekts führt, das sich an dieses Recht klammert, noch – subjektivitätsvergessen – den falschen Ausweg aus dieser

Situation zu wählen und sich der nächstbesten Objektivität in die Arme zu werfen. Im Fortbestehen dieser Extreme, im Scheitern dieser Vermittlung liegt für Hegel die Signatur der Romantik. Doch der Widerspruch zwischen dem »höchsten Recht des Subjects« und dem »Recht der Objectivität« muß aufgelöst werden, und zwar so, daß beide Rechtsansprüche anerkannt werden. Nun könnte man den Verdacht haben, daß Hegel mit seinem Rekurs auf das ›Recht der Objectivität‹ das zuvor so eindringlich und nachdrücklich beschworene »höchste Recht« des Subjekts – kaum, daß der Schwur verklungen ist – sogleich wieder außer Kraft setze. Deshalb ist sehr genau zu sehen, welcher »Objectivität« er welches »Recht« zuschreibt.

Doch – wie kann es dem in sich unendlichen Subjekt als dem Prinzip allen Rechts gegenüber ein »Objectives« geben, das nicht nur ein in manchen schwierigen Lebenslagen vielleicht hilfreiches, aber dennoch an sich rechtloses »Objectives« ist, sondern ein »Objectives«, das sogar nicht nur ein »Recht« überhaupt hat, sondern ein Recht, das gegen das »höchste Recht des Subjects« bestehenbleibt? Ist damit nicht die gesamte Geschichte der sich als unendlich wissenden Subjektivität als Irrweg entlarvt – so, wie es den Verwaltern des ersehnten Objektiven, von dem vorhin die Rede war, gar nicht unlieb wäre und ja auch unablässig eingeschärft wird? Zumindest eines ist klar: Hier stehen sich – für Hegel – nicht allein Forderungen gegenüber, sondern es steht ein Recht gegen ein anderes Recht, das »höchste Recht des Subjects« gegen ein »Recht des Objectiven«, und nicht nur das eine, sondern auch das andere bleibt »fest stehen«; keines hat dem anderen zu weichen, und es ist gleichsam das »höchste Unrecht« des Subjekts, dieses »Recht des Objectiven« zu missachten. Mit diesem Widerspruch des einen Rechts gegen das andere ist eine andere Situation eingetreten als in der Kunst, da deren Gegenstände der Subjektivität gegenüber rechtlos sind. Deshalb hieß es dort auch, die Einheit des Inneren und Äußeren komme »nicht in d*er* K*u*nst zu Stande« – und weiter: »die Innerlichk*ei*t erhebt sich zum reinen G*e*d*an*ken, wo e*r*st d*ie* wahrh*a*fte Einh*ei*t stattfinden kann.« (GW 28,1.431) Doch wie ist diese wahre Einheit des Inneren und des Äußeren durch den Gedanken auszusprechen?

Auch wenn es nun für alle Kundigen längst klar ist, wie die Auflösung dieses Konflikts zwischen dem »Recht des Subjects« und dem »Recht des Objectiven« auszusehen hat: Der gute Brauch verlangt es, daß ich den Gedankengang dieses Vortrags bis zum – guten – Ende weiterführe. Der erste Schritt hierzu geschieht durch die Frage, was denn eigentlich dieses mit einem so hohen Recht ausgestattete »Objective« sei – doch wohl ein anderes als dasjenige, das vorhin als Ziel der Sehnsucht des an seiner Subjektivität kranken Subjekts genannt wurde. Hegel selbst gibt den entscheidenden Hinweis, indem er näher von dem »*Recht des Vernünftigen* als des Objectiven an das Subject« spricht. Das »Objective« also ist »das Vernünftige«, jenes in der Wirklichkeit vorhandene, seiende Vernünftige, das der subjektiven Vernunft gegenübersteht. Insoweit aber ist der Widerspruch des einen Rechts mit dem anderen auch nur zum Widerspruch der subjektiven und der objektiven Vernunft weiterbestimmt – und eben diese Behauptung einer seienden, vorhandenen, objektiven Vernunft ist der subjektiven Vernunft bekanntlich häufig – wenn ich dies einmal so sagen darf – ein Dorn im Auge. Und – um im einmal gewählten Bild zu bleiben – dieser Dorn läßt sich nur durch *eine* Einsicht entfernen: durch die Einsicht, daß dieses Objektive nichts dem Subjekt Fremdes ist, kein stählernes Gehäuse, an dessen Gitterstäben es sich wund scheuern müßte, sondern nichts anderes als die Objektivation seiner selbst als der subjektiven Vernunft (und nicht etwa der Endlichkeit und Einzelheit des Subjekts). Hegel spricht dies in der Wendung aus, das »Objective« sei das zum *Guten* fortbestimmte »Daseyn der Freyheit«, oder nochmals etwas anders: Es ist »der an und für sich seyende Wille als das Objective« (GW 14,1.137 f; § 145) – also die im traditionellen, weiten Sinne ›moralische‹ Welt vorgegebener rechtlicher Verpflichtungen oder sittlicher Bindungen, oder mit Hegel: die Welt der Sittlichkeit.

Im Konflikt des »höchsten Rechts« des Subjekts mit dem »Recht des Objectiven« stellt Hegel sich also weder auf die Seite des – einseitigen – Subjekts (was ihm seine Kritiker allerdings bis heute zum Vorwurf machen), noch stellt er sich einfach auf die Seite einer dem Subjekt bloß entgegenstehenden »Objectivität« (was seine Kritiker geflissentlich ignorieren), sondern er klagt die Vermittlung dieser beiden Seiten ein, und dies nicht etwa in einer bloß moralischen Perspektive, sondern weil sie durch den Begriff gefordert sei und vor allem: weil die Mißachtung dieser Forderung in fragilen Zuständen resultiere, aus denen man sich – wenn es nicht zur Schädigung und zum Verlust des Lebens kommen soll –, nur noch durch die Flucht in die – wiederum vermittlungslose – Objektivität der Geistesknechtschaft retten könne: wodurch aber eben das, was die Romantik auch in seinen Augen auszeichnet, verraten wird. Er insistiert darauf, daß diejenige »Objectivität«, die ein Recht gegen das Subjekt hat, selber ein Produkt der Freiheit sei, eine Form der Manifestation seiner Freiheit. Und wenn das Recht einer solchen Objektivität dem »höchsten Recht« des Subjekts gegenübersteht, so ist hierdurch das »höchste Recht« des Subjekts keineswegs verletzt – im Gegenteil: Es ist gleichsam sein eigenes Recht, das ihm hier entgegentritt. Dadurch wird das Subjekt aus der Isolation befreit, in die es sich durch ein – durch seine Geschichte nahegelegtes – Mißverständnis seiner selbst manövriert hat, als ob die Tiefe seiner formellen Unendlichkeit schon seine wahre, ihm ein »höchstes Recht« verleihende Tiefe wäre – ein Selbstmißverständnis, welches das Subjekt überfordert und beschädigt. Die Unendlichkeit, die es mit Recht beansprucht, kommt ihm nicht in seiner *Entgegen*setzung gegen alle Objektivität zu, sondern sie kommt ihm als demjenigen zu, das diese Objektivität der Sittlichkeit selbst erst setzt und sich als das Setzende dieses an sich Vorhandenen und Berechtigten auch weiß und sich dadurch mit ihm vermittelt. Erst mit diesem Wissen weiß es auch wirklich von seiner Unendlichkeit und von seinem »höchsten Recht«.

Über die Bedingungen einer Religionsphilosophie nach der Aufklärung

Wissenschaft, so ist gesagt worden, entstehe, »wenn die Götter nicht gut gedacht werden«. Ich möchte diese Aussage hier nicht in ihrer Reichweite und ihrem Schwergewicht prüfen; vielmehr möchte ich einen besonderen Aspekt erörtern, der als ein Fall ihrer Anwendung verstanden werden kann: *Religionsphilosophie entsteht, wenn Gott nicht mehr erkannt wird.* Das Bedingungsverhältnis, das dieser Satz behauptet, versteht sich nicht von selbst – im Gegenteil. Es scheint sogar die unmittelbare Evidenz gegen sich zu haben: Wieso sollte die Überzeugung von der Nichterkennbarkeit Gottes die Entstehung von Religionsphilosophie zur – notwendigen – Folge haben? Es dürfte kaum möglich sein, hierfür einen stringenten Beweis zu führen. Doch der mit »wenn« eingeleitete Bedingungssatz – »*wenn* Gott nicht mehr erkannt wird« – ist ja zugleich und sogar primär historisch zu verstehen: Es ist ein Faktum, daß Religionsphilosophie in derjenigen Epoche der Philosophiegeschichte – oder gar der allgemeinen Bewußtseinsgeschichte – entsteht, in der die Einsicht ausgesprochen und weithin geteilt wird, daß Gott nicht erkannt werden könne. Ich möchte im Folgenden diesen Satz zunächst als einen historischen Satz einführen und ihn substantiieren, sodann – in Teil II – einen Blick auf den frühesten Typus von Religionsphilosophie werfen und dabei den inneren, gedanklichen Kern des historischen Nexus herausarbeiten. In Teil III möchte ich diesen Satz jedoch an Hand eines zweiten Typus von Religionsphilosophie etwas modifizieren und schließlich noch einige systematische Konsequenzen aus der Historie andeuten.

I. Philosophische Theologie und Religionsphilosophie

(1) Über die »Religionsphilosophie *nach* der Aufklärung« zu sprechen ist – genau genommen – irreführend. Diese Wendung legt zumindest die Annahme nahe, als gebe es auch eine »Religionsphilosophie *vor* der Aufklärung« – doch dies ist nicht der Fall. Die Aufklärung bildet nicht die Zäsur zwischen einer frühen und einer

späten Epoche der Religionsphilosophie. Sie ist vielmehr diejenige Epoche, die allererst die Voraussetzung für die Herausbildung der Disziplin »Religionsphilosophie« schafft. Anders erscheint dies nur, wenn man einen schwammigen Gebrauch des Wortes »Religionsphilosophie« macht – als sei jede philosophische Rede von den Göttern oder vom »Göttlichen« Religionsphilosophie. Damit aber wäre genau diejenige Unterscheidung eingeebnet, die der Rede von »Religionsphilosophie« allererst ihre Prägnanz verleiht. Ihr Gegenstand ist nicht »Gott« oder »die Götter« und auch nicht »das Göttliche«, sondern eben, wörtlich, »die Religion«. Religionsphilosophie ist deshalb weder ein Ciceronianisches Streitgespräch »De natura Deorum« noch ein Spinozanischer »Tractatus theologico-politicus« (auch wenn sich zu ihm noch die nächsten Verbindungslinien ziehen lassen). Sie ist auf einen Gegenstand gerichtet, dessen Vorhandensein nicht sinnvoll bezweifelt werden kann, und als Philosophie sucht sie diesen Gegenstand nicht – wie eine empirische Religionswissenschaft – zu beschreiben oder – wie die Religionsgeschichte – in der geschichtlichen Kontinuität seiner Herausbildung oder in seinem Entstehen und Vergehen zu verfolgen oder schließlich – wie die Religionssoziologie – seine Funktion für die Gesellschaft zu erfassen. Dies alles mag in sie hineinspielen – doch ihr Proprium liegt darin, diesen Gegenstand ›Religion‹ zu erkennen: zu sagen, was ›Religion‹ – jenseits der vielgestaltigen Erscheinung, die sie dem Betrachter zukehrt, eigentlich sei. Ihre Prägnanz gewinnt Religionsphilosophie somit primär aus ihrer Differenz zur philosophischen Theologie, sekundär aus ihrer Abgrenzung gegenüber den empirischen Disziplinen, die – wie sie selber – auf ›Religion‹ gerichtet sind.

(2) Als eine prägnante Gestalt tritt Religionsphilosophie erst in dem Moment auf, in dem die philosophische Theologie traditionellen Stils verabschiedet wird: in der späten Aufklärung. Dies ist ein Faktum, aber ein durchaus nicht bloß zufälliges oder gar unvernünftiges Faktum, sondern eine plausible Folge der – aus den vorhergehenden Jahrhunderten erwachsenen – philosophiegeschichtlichen Situation: Zum Gegenstand der Philosophie als einer menschlichen Erkenntnis wird Religion erst, wenn und wo sie nicht mehr als eine auf einen unmittelbaren Akt göttlichen Handelns zurückgeführte Heilsveranstaltung gilt, sondern als eine Erscheinungsweise des menschlichen Lebens. Als ein solches dem menschlichen Leben angehörendes

geistiges, moralisches, ästhetisches, gesellschaftliches Phänomen kommt Religion erst nach dem Ende der traditionellen philosophischen Theologie in den Blick: erst wenn die Philosophie sich dessen vergewissert, daß sie den Gottesgedanken zwar denken, sich des Daseins dieses Gottes aber nicht vergewissern kann und deshalb auch ›Religion‹ nicht als seine – etwa durch Offenbarung bewirkte – Veranstaltung klassifizieren kann.

Es ist deshalb kein Zufall, daß das Wort ›Religionsphilosophie‹ erst in diesem Zusammenhang in der Sprache heimisch wird. Zunächst, von 1770 – 1785, wird es noch in apologetischem Interesse und in einem unspezifischen Sinn verwendet, teils gleichbedeutend mit »natürlicher Theologie«, teils als Bezeichnung für eine mit Religion verquickte Philosophie. Doch »dergleichen Bemühungen, die Religion durch Philosophie zu stützen«, finden weder im Lager der Religiösen noch im Lager der distanzierten Aufklärer Zustimmung. Den ersten gelten sie als unnötig und unnütz, den letzten als »Versuch, den übernatürlichen Glaubenswahrheiten ein philosophisches Mäntelchen umzuhängen«. In dieser ersten, unspezifischen Bedeutung führt Carl Leonhard Reinhold 1787 – damals noch nicht in dänischen Diensten – das Wort in die Auseinandersetzung um Kants *Kritik der reinen Vernunft* ein. Doch setzt sich unmittelbar danach die der Wortbildung immanente Bedeutung durch: Philosophie der Religion lehre, »was reine Religion sey, und wie dieselbe beschaffen seyn müsse, wenn sie kein Gift, vielmehr ein Balsam für die Menschheit seyn soll«. Aber auch hier, wo »Philosophie der Religion« erstmals im spezifischen, auch heute noch dominanten Wortsinne verstanden wird, wird sie aus religiösen Gründen verworfen: Mit philosophischen Meinungen habe es das Evangelium nicht zu tun.[1] Doch ungeachtet dieses Protestes gegen solche ›Religionsphilosophie‹ im Namen der Religion wird das Wort ›Religionsphilosophie‹ nun innerhalb weniger Jahre

[1] So Johann Friedrich Kleuker, *Neue Prüfung und Erklärung der vorzüglichsten Beweise für die Wahrheit und den göttlichen Ursprung des Christenthums, wie der Offenbarung überhaupt. [...] Zweiter Theil, welcher eine Kritik der neuesten Philosophie der Religion enthält.* Riga 1789. Vorbericht und 7. – Zum Gesamtkontext vgl. vom Vf. den Art. »Religionsphilosophie« in *Historisches Wörterbuch der Philosophie.* Bd. VIII.748f.

zur bald selbstverständlichen Bezeichnung der philosophischen Behandlung der Religion durch die Nachfolger Kants.

(3) Es kommt mir hier aber nicht auf die Geschichte des Wortgebrauchs an, sondern auf das, was sich aus ihr für die Bedingungen einer Religionsphilosophie nach der Aufklärung erkennen läßt. Religion wird dort zum Gegenstand der Philosophie, wo Kants »Kritik aller Theologie aus spekulativen Prinzipien der Vernunft« die traditionelle metaphysische »natürliche Theologie« zerstört. Darin liegt die entscheidende Bedingung der Religionsphilosophie: Ihr wird im Moment ihrer Entstehung diejenige Grundlage entzogen, deren sie bedarf, um über das Historische und Faktische ihres Gegenstandes ›Religion‹ hinaus Aussagen auch über das zu machen, was traditionell »das Wahre« genannt worden ist. Sie betrachtet die Religion ohne philosophisch-theologische Grundlegung, oder, um es mit einer aus dem Kontext des Naturrechts der frühen Neuzeit vertrauten Wendung zu formulieren: Sie ist eine Religionsphilosophie »etsi Deus non daretur« – so, als wenn es Gott nicht gäbe. Und wenn ich mir bei diesen – wie es bei Jacobi heißt – »göttlichen Dingen« ein Wortspiel erlauben darf: Religionsphilosophie ist eine »Gott-lose« Disziplin. Fraglos kann auch in ihr von Gott die Rede sein – aber immer nur in der Art und in dem Umfang, wie ihr dies von der Religion vorgegeben ist, ohne einen über die denkende Erfassung des Inhalts der Religion hinausgehenden Erkenntnisanspruch; die Religion ist ja ihr einziger Erkenntnisgegenstand. Sonst wäre sie ja selber philosophische Theologie und nicht Religionsphilosophie.

(4) Dann aber beruht die Rede von Gott, die der Religionsphilosophie möglich ist, auf demselben Fundament wie die Rede von Gott, die in der Religion gebräuchlich ist. Dieses Fundament aber wird damals nicht nur auf theoretischem, erkenntniskritischem Weg, sondern durch einen doppelten Stoß erschüttert. Im protestantischen Denkraum, in dem die Religionsphilosophie entsteht, hat dieses Fundament traditionell aus einer Legierung von Verbalinspiration, Vernunfterkenntnis und geschichtlichem Bericht bestanden – eine überraschende Rezeptur, die sich aber für einige Jahrhunderte als durchaus tragfähig erwiesen hat. Das Element »Verbalinspiration« ist damals jedoch bereits als untauglich ausgeschieden worden, und innerhalb weniger Jahre sind auch die beiden anderen Elemente der Kritik verfallen: Nur vier Jahre vor Kants »Kritik aller Theologie aus

spekulativen Prinzipien der Vernunft« hat Gotthold Ephraim Lessing ja die entscheidende Einsicht in das Mißlingen einer historischen Fundierung dogmatischer Aussagen in den Kernsatz verdichtet: »Zufällige Geschichtswahrheiten können der Beweis von nothwendigen Vernunftswahrheiten nie werden.«[2] Die um diese Zeit einsetzende historisch-kritische Erforschung zunächst der alttestamentlichen, dann auch der neutestamentlichen Schriften hat die Richtigkeit dieser Aussage auf ihre eigene Weise – und oft genug ungewollt – bestätigt, und Hegel hat sie ein paar Jahrzehnte später in wenigen Stichworten seines Manuskripts zur Religionsphilosophie bekräftigt: »Wenn geschichtlich behandelt, *so ist* [es] *aus*« (GW 17.299). Neben die genannte erste Bedingung der neu entstehenden Religionsphilosophie, neben den Verlust der philosophisch-theologischen Grundlegung, tritt somit als zweite Bedingung der Verlust auch einer historischen Grundlegung der von der Religion – übrigens von jeder Religion – ausgesagten Wahrheiten.

(5) Bisher habe ich nur vom Ende der philosophischen Theologie der vormaligen Metaphysik und von der Einsicht gesprochen, daß zwischen den historischen Wahrheiten und den Vernunftwahrheiten ein »garstiger breiter Graben« liege, über den nicht hinüberzukommen sei.[3] Es ist aber noch nicht deutlich geworden, weshalb aus eben dieser, für die traditionelle Religion prekären Situation eine neue und kraftvolle Disziplin, »Philosophie der Religion«, erwächst. Angesprochen habe ich bisher nur die Veränderung des Begriffs der Religion auf Grund der beiden eingangs genannten negativen Bedingungen: Religion gilt nun nicht mehr als durch ein unmittelbares Handeln Gottes, durch seine Offenbarung gestiftete Beziehung zu ihm. Was aber begründet – positiv – die Möglichkeit, Religion – als eine Form des geistigen und gesellschaftlichen Lebens – zum herausgehobenen Gegenstand von Philosophie zu machen? Das Wort ›Philosophie‹ ist ja damals – zumindest im deutschen Sprachgebrauch – erheblich weniger breit verwendet (oder sagen wir lieber: verkommen) gewesen als in der Gegenwartssprache, in der das Wort

2 Gotthold Ephraim Lessing, *Ueber den Beweis des Geistes und der Kraft. An den Herrn Director Schumann, zu Hannover.* Braunschweig 1777. In: Lessing, *Sämtliche Werke,* hg. Lachmann/Muncker. Bd. 13.5.

3 Ib. 7.

›Philosophie‹ vornehmlich in Wortbildungen wie ›Unternehmensphilosophie‹ und vergleichbaren Vokabeln enthalten ist. Nicht alle Erscheinungsformen menschlichen Lebens bilden ja gleicherweise einen Gegenstand der Philosophie. Wäre Religion, wie Johann Gottfried Herder betont, »Thatsache! Geschichte!«,[4] so wäre eine Philosophie der Religion ein Unding. Oder wäre Religion, wie etwa gleichzeitig Herders Freund Johann Georg Hamann behauptet, etwas, dessen »Grund« »außer der Sphäre unserer Erkenntniskräfte« läge, »eine Beziehung auf den *Glauben* einer einzigen, selbstständigen und lebendigen *Wahrheit* [...], die, gleich unserer *Existenz,* älter als unsere *Vernunft* seyn muß, und daher nicht durch die *Genesin* der letzteren, sondern durch eine unmittelbare *Offenbarung* der ersteren erkannt werden kann«,[5] so wäre ebenfalls keine Philosophie der Religion möglich.

Das eben zitierte Wort Hamanns, seine Abwehr der Vernunft, verweist – ex negativo – bereits auf die für die Bildung einer Religionsphilosophie erforderliche Bedingung, und ich kann hier auch nochmals auf die vorhin schon zitierte Wendung zurückgreifen, Religionsphilosophie solle lehren, »was reine Religion sey«.[6] »Reine Religion«: Zur Zeit der Veröffentlichung der *Kritik der reinen Vernunft* verweist dies auf die Reinigung von allem Empirischen, auf die Freilegung eines unter allen Verhüllungen der Erscheinungsform verborgenen vernünftigen Kerns. Damit Religion zum Gegenstand der Philosophie werden kann, muß also – nach den beiden genannten negativen Bedingungen – diese dritte, positive Bedingung erfüllt sein: Es muß Vernunft in der Religion sein – ›Vernunft‹ zumindest in einem weiten, noch näher zu präzisierenden Sinne. Nur wenn Vernunft in der Religion ist, *kann* Philosophie – als Vernunftwissenschaft

4 Herder, *Funfzehn Provinzialblätter. An Prediger. 1774.* In: Herder, *Sämtliche Werke,* hg. von Bernhard Suphan. Bd. 7.265. – Zum Kontext siehe vom Verf. den Artikel »Religion VIII« in: Historisches Wörterbuch der Philosophie. Bd. 8.674; dort auch Herders spätere Bestimmungen, die die Religion – vermittelt durch den Humanitätsbegriff – zwar näher an die Philosophie heranrücken, aber letztlich dennoch – durch die Insistenz auf der Religion als der »innigsten Angelegenheit« des Menschen – dem Konzept einer Religionsphilosophie fernbleiben.

5 Johann Georg Hamann, *Zweifel und Einfälle. 1776.* In: Hamann, *Sämtliche Werke, hg. Josef Nadler,* Bd. 3.191.

6 Kleuker, *Neue Prüfung und Erklärung, Theil 2. Vorbericht bzw. 7.*

par excellence – Religion zum Gegenstand machen. Ist aber Vernunft in der Religion, so *muß* die Philosophie die Religion zum Gegenstand machen – sonst wäre sie nicht das vollständige »System der Vernunft«, das sowohl Kant als auch seine Nachfolger anstreben.

II. Religion als Moral

(1) Vernunft also muß in der Religion sein, damit eine Philosophie der Religion möglich wird – und in der ersten, durch Kants kritische Philosophie bestimmten Phase der Ausbildung von Religionsphilosophie ist es nicht fraglich, von welcher ›Vernunft‹ hier allein die Rede sein kann: von der praktischen Vernunft. In dem – soweit ich sehe – ersten Buch, das sich als eine Philosophie der Religion versteht und diese Bezeichnung auch im Titel trägt, formuliert Johann Christian Gottlieb Schaumann im Jahr 1793 programmatisch, Religionsphilosophie sei die Wissenschaft von den (moralischen) Vernunftprinzipien, die der Religion zugrunde liegen.[7] Schaumann, ein Kantianer, stützt sich hierbei auf Kants Aussage, Religion sei die Erkenntnis unserer Pflichten als göttlicher Gebote. Und auch in seiner eigenen, wenn auch nicht so bezeichneten ›Religionsphilosophie‹, seiner Betrachtung der »Religion innerhalb der Grenzen der bloßen Vernunft«, ebenfalls aus dem Jahr 1793, hebt Kant diesen vernünftigen Kern der Religion gebührend heraus – und wohl sogar über Gebühr.

Eine Philosophie der Religion ist möglich, weil – so die Behauptung – Religion auf Vernunft, auf praktischer Vernunft basiert. Diese Behauptung wird aber nicht allein von den – zahlreichen – Gegnern der frühen, kantianischen Religionsphilosophie vehement bestritten; sie weist zudem eine Reihe interner Schwierigkeiten auf. Zum einen muß die Religionsphilosophie plausibel machen, in welcher Weise sie auf den Prinzipien der praktischen und speziell der moralischen Vernunft basiert, ohne zu einer Untergliederung oder zu einem Appendix der Ethik zu werden. Die Wissenschaft von den Prinzipien der praktischen Vernunft ist ja nicht die Religionsphilosophie, sondern

[7] Johann Christian Gottlieb Schaumann, *Philosophie der Religion überhaupt und des christlichen Glaubens insbesondere zu akademischen Vorlesungen geschrieben.* Halle 1793, 232, 73.

die *Metaphysik der Sitten*, mit ihrer Zweigliederung in »Rechtslehre« und »Tugendlehre« – und so bedarf das Verhältnis von Ethik und Religionsphilosophie dringend der Klärung. Zum anderen muß die – auf praktische Vernunft fixierte – Religionsphilosophie unter Beweis stellen, daß dieser Ansatz geeignet sei, die wirkliche Religion zu begreifen.

(2) Diese beiden Problemfelder sind in dem ersten Jahrzehnt der neuen Religionsphilosophie erörtert worden – ausgiebig und erschöpfend, und mit einem doppelten negativen Resultat. Zunächst zum ersten Bereich: Es ist weder Kant noch seinen unmittelbaren Nachfolgern gelungen, den behaupteten Zusammenhang von Ethik und Religion begrifflich zu klären. Dies betrifft zunächst schon die Rede von einer Betrachtung der sittlichen Gebote als göttlicher Gebote. Die sittlichen Gebote sollen ihren Grund ja in der Autonomie der reinen praktischen Vernunft haben. Wer sie als göttliche Gebote auffaßt, verfehlt diesen – herausragenden! – Gedanken der Autonomie der praktischen Vernunft – und dies gilt trotz aller Bemühungen der Interpreten beiderlei Geschlechts um dieses Lehrstück, bis auf den heutigen Tag. Zwischen der Selbstgesetzgebung der Vernunft und der göttlichen Gesetzgebung gibt es nur ein Entweder-Oder – es sei denn, man identifiziert beide Referenten mit einander, so, wie Kant selber schließlich in seinem *Opus postumum*, in dem er die Identität beider herstellt und mit dem traditionellen Wort »Est Deus in nobis« besiegelt: Gott *ist* die reine praktische Vernunft in uns.[8] Diese Identifizierung aber nähme den Gottesgedanken vollständig in die reine praktische Vernunft hinein; neben dieser ließe sie keinen Platz mehr für Religion und für eine Religionsphilosophie, die etwas anderes als Ethik wäre.

Eine ähnliche Diagnose muß man dem Lehrstück stellen, das in Kants Systemaufriß den Gottesgedanken an die Ethik koppeln soll: der Postulatenlehre – und dies wiederum trotz aller emsigen Bemühungen der Interpreten bis auf den heutigen Tag. Hier – und nicht allein hier – hat schon Jacobi weit klarer gesehen, und er hat nicht allein seine Ablehnung, sondern seine Verachtung dieser Lehre

8 Dies ist die These von Gerhard Schwarz, *Est Deus in nobis. Die Identität von Gott und reiner praktischer Vernunft in Immanuel Kants »Kritik der praktischen Vernunft«*. Berlin 2004.

mehrfach in drastischen Worten zum Ausdruck gebracht. Die Behauptung des Mißlingens der Postulatenlehre erforderte eine ausführliche Auseinandersetzung; hier kann ich nur das entscheidende Argument andeuten.[9] Die Einführung der beiden Postulate – des Daseins Gottes und der individuellen Unsterblichkeit – beruht letztlich auf Kants unzutreffender Behauptung, wir seien genötigt, das »höchste Gut« in seinen beiden Teilen zu verwirklichen: sowohl die Sittlichkeit und die damit gegebene Glückswürdigkeit als auch die ihr entsprechende Glückseligkeit. Die Harmonie von vollendeter Glückswürdigkeit und vollendeter Glückseligkeit könnte in der Tat nur ein Gott bewirken. Wäre es sittlich geboten, sie herzustellen, so wäre auch die Annahme des Daseins Gottes – um der internen Stimmigkeit der praktischen Vernunft willen – sittlich geboten. Es gibt aber keinen Anlaß für die Annahme, daß die praktische Vernunft uns gebiete, für unsere Glückseligkeit zu sorgen – im Gegenteil: Sie gebietet uns, sittlich zu handeln und uns nicht um unsere Glückseligkeit zu sorgen. Ob ein Gott diese dann noch zusätzlich und freundlich bewirkt oder nicht, geht die reine praktische Vernunft nichts an. Die Forderung, sittlich zu handeln, ergeht kategorisch – und nicht nur hypothetisch, nämlich für den Fall, daß wir unter der Voraussetzung des Daseins Gottes auf eine der Sittlichkeit angemessene Glückseligkeit hoffen dürfen. Die Brücke der Ethikotheologie, mit der Kant den Graben zwischen der Ethik und der Religion zu überspannen sucht, ist nicht tragfähig – und alle Versuche der *Kritik der Urteilskraft* und der *Religionsschrift*, ihre Haltbarkeit zu optimieren, führen nicht aus dem Dilemma heraus. In der *Metaphysik der Sitten* hat Kant schließlich – und glücklich! – darauf verzichtet, diese Verbindung von Ethik und Religion zu wiederholen.

(3) Es ist deshalb ein – zwar nur kurzer, aber zunächst vielbegangener – Irrweg gewesen, angesichts des Verlustes der traditionell-metaphysischen Sicherung des Gottesgedankens die junge Religionsphilosophie wenigstens mittels der Ethikotheologie stabilisieren zu wollen. Er hat sich aber nicht allein als irrig, sondern als gefährlich für die Ethik erwiesen, für das Prinzip der Autonomie der praktischen

9 Ausgeführt habe ich dieses Argument in: *Die Vernunft in der Religion. Studien zur Grundlegung der Religionsphilosophie Hegels.* Stuttgart-Bad Cannstatt 1986, 24–91.

Vernunft: Die *Kritik der praktischen Vernunft* enthält Passagen, die im Interesse der Verkoppelung der Sittlichkeit mit dem Gottesgedanken die sittliche Forderung von der Annahme des Daseins Gottes und der Unsterblichkeit der Seele abhängig machen – und mit diesen Formulierungen unterläuft Kant selber den kategorischen Anspruch des von der autonomen praktischen Vernunft gegebenen Sittengesetzes. Nicht minder hat dieser Irrweg aber auch für die Erkenntnis der Religion mehr Probleme aufgeworfen als gelöst. Die Reduktion der philosophischen Theologie auf eine Ethikotheologie und die ihr korrespondierende Beschränkung der Religionsphilosophie auf eine Philosophie der moralischen Religion haben die Religion sehr bewußt auf Moralität, ja auf ein Vehikel der Moralität reduziert. All die Seiten der Religion, die nicht in der gewünschten Weise reduzierbar waren, haben sie hingegen mit großer Konsequenz, aber auch mit ebenso großer Einseitigkeit amputiert. Denn wenn die Bedingung der Möglichkeit von Religionsphilosophie darin liegt, daß Vernunft in der Religion sei, und hierfür nach dem Verlust der theoretischen Gotteserkenntnis allein die praktische Vernunft einstehen kann, dann ist es plausibel, daß diese in der Religion inkorporierte praktische Vernunft den einzigen Erkenntnisgegenstand der Religionsphilosophie bildet – und alles, was ihr nicht genügt und sich ihr nicht fügt, beseitigt werden muß.

Die Probleme, die für die Deutung der Religion aus diesem Ansatz erwachsen, sind zunächst nicht in aller Deutlichkeit ins Bewußtsein getreten. Denn die prekäre Argumentationsstruktur von Kants Postulatenlehre hat es erlaubt, die eigentlich strikte Begrenzung der Religion auf den Umfang der praktischen Vernunft zu überspringen und tendenziell sämtliche Inhalte der traditionellen Religion als ein Postulat der praktischen Vernunft zu legitimieren und wiederzubeleben: Wenn es – um der Moralität willen – förderlich sei, das Dasein Gottes anzunehmen, so sei es nicht minder förderlich, weitere traditionell-dogmatische Annahmen zu machen, sei es auch nur um zu vermeiden, daß das religiöse Zeugnis als in sich unzuverlässig erscheine. Es hat aber auch nicht an scharfen Kritikern gefehlt. Jacobi habe ich schon genannt, Schelling wäre vor allem zu nennen, und schließlich auch der junge Hegel.

Dessen Kritik nimmt ohnehin einen eigenen Weg – nicht den der brillanten Polemik Schellings, sondern den einer historisch orientierten Religionsphilosophie. Im Ausgang vor allem von Kant fragt Hegel sehr beharrlich, wie denn aus der – als rein-moralisch unterstellten – ursprünglichen Religion Jesu durch die fortschreitende Aufnahme nicht-moralischer, positiver Momente schließlich das Christentum als eine positive Religion hervorgegangen sei. In diesen, über mehrere Jahre immer neu ansetzenden Analysen und insbesondere bei seinem Versuch, das Leben Jesu rein moralisch zu interpretieren, gewinnt Hegel – ohne auf dieses Resultat auszugehen – schließlich die Einsicht, daß eine rein-moralische Religion ohnehin ein hölzernes Eisen sei. Die ursprüngliche Frage nach den Gründen für eine Abwendung von der rein-moralischen Religion erweist sich schließlich als falsch gestellt: Religion ist stets mehr und etwas anderes als rein-moralisch. Die rein-moralische Religion ist eine eben solche Fiktion wie der rein-moralische Gottesgedanke: etwa die Behauptung, Gott sei die moralische Weltordnung, also die Behauptung, durch die Johann Gottlieb Fichte in den Jahren 1798/99 den Atheismusstreit auslöst. Wäre die Vernunft, die in der Religion ist, lediglich die moralische Vernunft, so wäre die Religion recht wenig vernünftig. Aber auch umgekehrt: Derjenige, der die Religion so zurechtstutzen und -ziehen wollte, daß sie in das Prokrustesbett der bloßen Moralität hineinpaßte, handelte recht wenig vernünftig.

Wenn also Vernunft in der Religion sein soll und *wenn* eine Religionsphilosophie möglich sein soll, dann muß diese Vernunft anders gefaßt werden. Wie sie zu fassen sei, weiß der frühe Hegel aber noch nicht zu sagen. Die Ansätze, die er hierzu unternimmt, bleiben meines Erachtens zunächst recht unbefriedigend, und sie bleiben damals auch – zu Recht – unpubliziert. Seine Zeitgenossen haben dies bereits besser oder zumindest öffentlichkeitswirksam formuliert – der junge Schleiermacher etwa, der in seinen Reden *Ueber die Religion* die Eigenständigkeit der Religion gegenüber Metaphysik und Moral betont und die »Anschauung des Universums« als ihr eigentümliches Gebiet reklamiert.[10] Mit dem Jahr 1799, also mit dem Atheismusstreit einerseits und den teils kritischen, teils vorwärtsweisenden Ansätzen Jacobis und Schleiermachers andererseits, wird die rein-moralische Deutung der Religion, also die bloß auf praktische Vernunft abhe-

10 [Friedrich Daniel Ernst Schleiermacher,] *Über die Religion. Reden an die Gebildeten unter ihren Verächtern.* Berlin 1799 (KGA I/2.227).

bende Religionsphilosophie hinfällig. – Es ist ohnehin ein eigentümlich retardierendes Moment der Philosophiegeschichte, daß Kant und die strengen Kantianer die Religion just zu dem Zeitpunkt ganz von der praktischen Vernunft her deuten und ihr diese praktische Aufgabe zuweisen, zu dem die Religion im öffentlichen Bewußtsein eben die praktische Funktion verliert, die sie zuvor stets gehabt hat: die Funktion, den Grund für die Gestaltung des individuell-moralischen wie auch des rechtlich-gesellschaftlichen Lebens zu legen.

III. Religion als Selbstbewußtsein des Geistes

(1) Der Niedergang der moralischen Auffassung der Religion, den ich soeben recht komprimiert dargestellt habe, hätte zugleich das Ende der Philosophie der Religion bedeuten können. An Gegnern hat es ohnehin nicht gefehlt: Herder verwirft die »sogenannte Religionsphilosophie der Kantianer« ebenso wie die gnostische oder die kabbalistische oder die aristotelisch-scholastische Religionsphilosophie als einen untauglichen Versuch, »Lehrmeinungen« zur Religion zu erheben; Friedrich Schlegel hingegen stellt der verfehlten »populären Religionsphilosophie« Fichtes oder Schleiermachers die »eigentliche Religionsphilosophie« Spinozas, Platons oder Jakob Böhmes entgegen.[11] Der späte Schleiermacher beklagt deshalb in seiner *Glaubenslehre* nicht zu Unrecht das Fehlen einer allgemein anerkannten Religionsphilosophie; die vorhandenen Ansätze seien »bald mehr geschichtlich bald mehr speculativ, aber in beider Hinsicht ohne feste Grundlage, sondern von den widersprechendsten Hypothesen ausgehend«. Demgegenüber fordert er eine Religionsphilosophie als eine vergleichende Religionswissenschaft im Dienste der Grundlegung der theologischen Dogmatik[12] – und damit würde die Religionsphilosophie zu einer empirischen Hilfswissenschaft der Dogmatik, oder an-

11 Vgl. Jaeschke, Artikel »Religionsphilosophie«, 750.

12 Ib. – Daß Schleiermacher mehr und anderes über Religion zu sagen weiß, wird dadurch keineswegs bestritten. Es geht hier lediglich um den Status der Disziplin ›Religionsphilosophie‹. Und es ist ja auch nicht zweifelhaft, daß Schleiermacher in den dreißig Jahren seiner akademischen Lehre über eine Vielzahl von Themen gelesen hat, aber nicht über ›Religionsphilosophie‹.

ders: An die Stelle der kurzlebigen Religionsphilosophie träte eine empirische Religionswissenschaft.

(2) Zur gleichen Zeit mit dieser Kritik und dieser geplanten Reduktion der Religionsphilosophie auf vergleichende Religionswissenschaft trägt jedoch Hegel seine »Vorlesungen über die Philosophie der Religion« vor. Auch von ihnen kann man – mit Schleiermacher – sagen, sie seien »bald mehr geschichtlich bald mehr speculativ« – aber dies doch nicht ohne die geforderte »feste Grundlage«. Diese Grundlage bildet bei Hegel der Begriff des Geistes – und der Verweis auf diesen Begriff des Geistes beantwortet nun die Frage nach der Vernunft in der Religion. Die drei eingangs genannten Bedingungen der Religionsphilosophie – die beiden negativen wie auch die positive – bleiben in Kraft, doch wird die dritte Bedingung in anderer Form erfüllt: Eine Philosophie der Religion ist möglich, nicht weil die Religion letztlich eine Sonderform der praktischen Vernunft darstellt, sondern weil sie eine Gestalt des sich vergegenständlichenden und sich darin begreifenden Geistes bildet. Damit ist ein neues, weites, ja ein für unsere Zwecke entschieden zu weites Gebiet eröffnet, und zudem ein Gebiet, in dem sich die Interpreten nun schon fast zwei Jahrhunderte lang zu verirren pflegen. Ich möchte deshalb hier, anders als vorhin mit Blick auf Kant, so vorgehen, daß ich Hegels religionsphilosophischen Ansatz kurz vorstelle und noch zwei Aspekte hervorhebe, die diesen Ansatz in meinen Augen empfehlen. Und abschließend will ich noch einen Blick auf den Übergang von der Religions*philosophie* zur Religions*kritik* werfen.

(3) Hegels Religionsphilosophie erwächst nicht aus seinen frühen Studien zur Religion, die ich vorhin kurz gestreift habe. Er entwickelt sie aus dem Begriff des Geistes. Diesen Begriff skizziert er zu Beginn seiner akademischen Vorlesungen und damit zugleich zu Beginn der Entwicklung seines Systems, und er arbeitet ihn über drei Jahrzehnte hinweg kontinuierlich aus. »Geist« – dieses Wort ist im letzten Jahrhundert, einem in der Tat oft genug geistfremden, ja geistfeindlichen Jahrhundert, in Mißkredit gekommen. Zudem trägt die Schwierigkeit seiner Übersetzung in andere Sprachen zu seiner kontinuierlichen Abschaffung auch im Deutschen bei – bis hin zur Ersetzung der »Geisteswissenschaften« durch die »humanities«: ein terminologischer Mißgriff, durch den man das Spezifikum der Geisteswissenschaften aus dem Blick verliert. Und dabei ist es keineswegs

schwierig, Hegels Begriff des Geistes zumindest im Grundzug zu verstehen – selbst dann, wenn man sich philosophisch nicht mit ihm anfreunden mag.[13]

»Geist« ist zunächst und vor allem dasjenige, was wir ansprechen, wenn wir uns als »geistige Wesen« bezeichnen – und dafür lassen sich ja immer noch gute Gründe anführen. Die ursprüngliche Form der Wirklichkeit des Geistes sind unsere geistigen Tätigkeiten – beginnend mit Formen des Fühlens, einfacher seelischer Regungen, in denen das Geistige noch eng mit dem Natürlichen verbunden ist, über die Formen der sukzessiven Loslösung vom Natürlichen, im Bewußtsein und Selbstbewußtsein, bis hin zu den Formen des Erkennens und des Wollens. Diesen Schritt muß man mit Hegel gehen, und man kann ihn gehen, ohne sich zuvor in die Probleme einer monistischen oder dualistischen Ontologie verstrickt zu haben. Die genannten, jeweils einem einzelnen Subjekt zugeordneten geistigen Tätigkeiten nennt Hegel kurz den »subjektiven Geist« – und damit ist gar nichts anderes als das eben Gesagte bezeichnet. Wenn man ihn aber mit Hegel gegangen ist, fordert er zu einem zweiten Schritt auf: nämlich zu der Einsicht, daß es diesem »subjektiven Geist« eigentümlich ist, sich zu objektivieren, also eine geistige Welt aus sich herauszusetzen, die Welt des »objektiven Geistes«, des Rechts, der Institutionen, der Gesellschaft, der Wirtschaft, des Staates – und wer wollte dies ernstlich bestreiten, daß der »objektive Geist« den »subjektiven« zu seiner Voraussetzung hat und jener nur dort sein kann, wo dieser ist. Damit ist die Gesamtheit der geistigen Gestalten aber noch nicht erschöpft. Hegel unterscheidet vom »objektiven Geist« noch diejenigen Formen, die nicht eine bloße Objektivation des subjektiven Geistes bilden, sondern in denen Geist auf sich selber gerichtet ist, von sich weiß und sich zu erkennen sucht – und er nennt diese Formen den »absoluten Geist«. Aber auch dieser »absolute Geist« ist nichts Mysteriöses, sondern etwas jedem Vertrautes – nämlich die drei Formen der Kunst, der Religion und der Philosophie.

Religion also, um nach diesem allgemeinen Aufriß wieder zu ihr zurückzukehren, ist eine der drei Gestalten, die aus den geistigen Tätigkeiten entspringen und in denen der Geist ein Bewußtsein von

[13] Für eine ausführliche Darstellung darf ich verweisen auf mein *Hegel-Handbuch,* [3]2016, 322–324.

sich selber zu gewinnen sucht – in denen er zu erkennen sucht, was – vielleicht ja auch: wer – er ist. Hegels Religionsphilosophie ist die umfassende Durchführung dieses strikt geistesphilosophischen Ansatzes. Sie deutet alle religiösen Phänomene als solche Phänomene des sich selbst verwirklichenden und sich selbst begreifenden Geistes. Hierzu gehören fraglos *auch* die Momente dessen, was Kant unter »praktische Vernunft« behandelt – aber dies macht nur ein Moment des Sichbegreifens des Geistes aus, das die Religion ist, neben vielen anderen Momenten. Ein anderes, für das Selbstverständnis des Geistes fundamentales Moment ist etwa die Bestimmung des Verhältnisses des Natürlichen und des Geistigen – und auch diese Welterklärungsfunktion ist fraglos ein für alle Religionen wichtiges Moment – nicht anders als die Fragen, woher man kommt und wohin man geht.

(4) Hegels Religionsphilosophie bietet insofern einen Ansatz, und meines Erachtens einen außerordentlich fruchtbaren Ansatz zum Begreifen von Religion. Von ihm her läßt sich begreifen, weshalb es im weiten Sinne religiöse Phänomene überall gibt, wo es menschliche, also geistige Tätigkeiten gibt – und selbst dies noch, daß sich hierin gegenwärtig Veränderungen vollziehen, die geeignet sein könnten, die Trias von Kunst, Religion und Philosophie langfristig in eine Zweiheit zu verwandeln. Hegel hat seine Religionsphilosophie deshalb – erstmals! – so angelegt, daß sie tendenziell sämtliche Religionen in sich begreift – und nicht nur in den alten apologetischen Triaden von Antike, Judentum und Christentum oder Judentum, Christentum und Islam befangen bleibt. Es geht Hegel nicht um ein Verständnis der christlichen Religion, sondern des Phänomens ›Religion‹ überhaupt. Als ein zweites, fruchtbares Moment möchte ich herausheben, daß Hegels Deutung der Religion als einer Gestalt des Selbstbewußtseins des Geistes außerordentlich breit und flexibel angelegt ist – und daß sie von daher einen erheblichen Vorzug gegenüber der Kantischen Fixierung auf die moralische Vernunft in der Religion aufweist. Sie kennt keine normative Instanz, auf Grund deren Züge, die in einer Religion angetroffen werden, als der Religion fremd ausgestoßen würden. Ein Verständnis von Religion als angewandter Moral hingegen muß stets dazu tendieren, nicht allein das ›Unmoralische‹, sondern alles Nicht-Moralische aus der Religion auszuscheiden – als Afterdienst oder Fetischdienst. Hegels Religionsphilosophie erlaubt es

zwar, die Lehrgehalte wie auch die kultischen Formen unterschiedlicher Religionen nicht allein untereinander zu vergleichen, sondern sie auch am Begriff des Geistes zu messen und sie hierarchisch anzuordnen – aber alle Religionen sind insofern gleich, als sie alle Ausdrucksformen des Selbstverständnisses des Geistes sind, der sich in ihnen ausspricht.

(5) In dem strikt geistesphilosophischen Ansatz der Religionsphilosophie Hegels, den ich bisher als eine weitere – und der moralischen überlegene – Form skizziert habe, ist bisher ein Wort nicht vorgekommen, das doch gemeinhin als eines der wichtigsten Worte im religiösen Kontext gilt: das Wort ›Gott‹. Dies gilt ähnlich auch für Hegel – und doch ist das Wort ›Gott‹ sekundär gegenüber dem Wort ›Geist‹. Gegenstand der Religionsphilosophie ist die Religion, und deshalb auch Gott, sofern er in der Religion gewußt wird – aber eben auch nur, sofern er in der Religion gewußt wird. Denn auch Hegels Religionsphilosophie steht unter der ersten, eingangs genannten Bedingung für die Religionsphilosophie nach der Aufklärung: unter der Bedingung des Verlustes einer ihr vorausgehenden, sie fundierenden philosophischen Theologie. Deshalb kann sie von Gott nur so reden, wie er in der Religion gewußt wird, und das heißt: wie das Wissen von Gott ein Moment des Wissens des Geistes von sich selbst ist. Dieses Sichwissen des Geistes ist einer Religionsphilosophie nach der Aufklärung nicht übersteigbar – sofern sie redlich bleiben will.

Dennoch kann die Religionsphilosophie die Rede von Gott nicht nur als eine traditionelle Form religiöser Rede aufnehmen. Sie ist ja – als Philosophie – auf die Selbsterkenntnis des Geistes angelegt. Deshalb muß sie erklären, weshalb es im Kontext dieses Sichbegreifens des Geistes zur Ausbildung des Gottesgedankens kommt. Hegel sucht auch dies noch aus der internen Verfassung des Geistes plausibel zu machen. Der Geist, der sich zu begreifen sucht, muß sich selbst zum Gegenstand machen, sich vergegenständlichen, sich entfremden, sich in der Gestalt eines Anderen begreifen – und unter der Bedingung der »Vorstellung« als der für die Religion charakteristischen Form des Wissens begreift er sich in derjenigen Gestalt des Subjektiven, die uns als geistigen Wesen vornehmlich vertraut ist: in der Gestalt eines (menschlich-übermenschlichen) Subjekts. Das Wahre, das er selbst ist, sucht er in diesem Anderen seiner selbst anzuschauen; in ihm sucht er sein Wissen von sich selbst zu gewinnen, und mit ihm sucht er sich – im Kultus – zusammenzuschließen und zu vermitteln. Und deshalb insistiert Hegel so vehement darauf, daß es entgegen der Kantischen Rede, daß Gott nicht zu erkennen sei, vielmehr darauf ankomme, Gott zu erkennen – aber eben nicht den Gott der vorkritischen theologia naturalis – insofern hat Kant völlig Recht –, sondern den in der Religion gewußten Gott. Denn das Wissen des Geistes von sich ist ja in der Religion ein vermitteltes Sichwissen des Geistes in der Form des Gottesbewußtseins – und nur so ist die Religion das »Selbstbewußtsein des Geistes«.

(6) Hegels geistesphilosophische Deutung der Religion weist somit der philosophischen Theologie eine neue Stellung zu. ›Philosophische Theologie‹ kann nicht mehr die Form der traditionellen theologia naturalis als einer Disziplin der »metaphysica specialis« haben. Hegel versucht ja keineswegs, gegen Kant die alten Gottesbeweise zu restituieren. Systematisch ist er nur am ontologischen Beweis interessiert, und auch dies nur, weil es in ihm fundamental um das Verhältnis von Denken und Sein zu tun ist – aber nicht, weil in diesem Beweis die Existenz eines »notwendigen Wesens« oder eines »allerrealsten Wesens« bewiesen würde. Und Hegel ist auch ein erklärter Gegner der vorkritischen Bestimmung Gottes als einer Person, der dann eine Reihe von Prädikaten zugeschrieben wird – Güte und Gerechtigkeit, Macht und Weisheit, und alles natürlich im höchsten Grade. Diese Form der philosophischen Theologie ist – strenggenommen – seit Spinoza obsolet geworden, hat sich jedoch auf Grund der Verketzerung Spinozas noch ein Jahrhundert am kraftlosen Leben erhalten können. Gleichwohl braucht die Religionsphilosophie auf die philosophische Theologie nicht zu verzichten. Sie kann es auch gar nicht; sie muß ja von Gott reden, wenn sie von der Religion redet, und sie muß den Gottesgedanken denken, wenn sie die Religion erkennen will. Doch wird die philosophische Theologie nun zu einem Moment der Religionsphilosophie selber – nicht zu etwas sie Begründendem, sondern zu einem konstitutiven Teil der Religionsphilosophie.

Andererseits aber wird die Religionsphilosophie auch als ganze zu einer philosophischen Theologie. Sie handelt ja von der Selbsterkenntnis des Geistes, und sie vollzieht sie auch selber – und dieser Geist ist für Hegel zugleich die höchste Form der Wirklichkeit überhaupt – das absolute Prius gegenüber der Natur, aus der er doch herzukommen scheint, und deshalb das Wahre, das Absolute schlechthin. Dieser Schritt von der Religionsphilosophie als einer Geistesphilosophie zum Verständnis des Geistes als der höchsten Wirklichkeit legt dem gedanklichen Nachvollzug der Hegelschen Religionsphilosophie die größten Hindernisse in den Weg – und zwar nicht etwa deshalb, weil ›Geist‹ nun schließlich doch noch – was man schon immer geahnt hatte – zu einer mysteriösen Figur würde, sondern weil es sich bei diesem ›Geist‹ eben um den in den geistigen Tätigkeiten des Menschen präsenten, sich eine objektive Welt erschaffenden und sich in ihr erkennenden Geist handelt, und damit auch um den Geist, den wir als endlichen, fragilen und irrenden Geist kennen und dem deshalb kein Prädikat so unangemessen scheint wie das des Absoluten.

(7) Gegen diese Konzeption des Geistes als der höchsten Form der Wirklichkeit hat sich deshalb schon zu Hegels Lebzeiten und vor allem nach seinem Tod – und dies heißt zugleich: nach der Veröffentlichung seiner religionsphilosophischen Vorlesungen – der Protest derer erhoben, die eine höhere Wirklichkeit über diesem Geist fordern: die es der Philosophie zur Aufgabe machen, erneut das Dasein Gottes und die Unsterblichkeit der individuellen menschlichen Seele zu erweisen – und dies heißt letztlich: die Forderung, die beiden Lehrstücke der metaphysica specialis, die schon Kant zu Postulaten der praktischen Vernunft herabgesetzt hat, in ihrer vorkritischen Form zu restituieren. Diese Forderung ignoriert jedoch die erste Bedingung einer Religionsphilosophie nach der Aufklärung; sie fällt hinter diese zurück, ohne freilich ihren Anspruch einlösen zu können. An die Stelle einer »Philosophie der Religion« sucht diese Richtung erneut eine »Spekulative Theologie« zu setzen, die sich des Gottesgedankens ohne den Umweg über das Sichwissen des Geistes in der Religion versichern zu können glaubt. Im Gegenzug gegen diesen Versuch der Erneuerung einer spannungslosen Einheit von Theologie und Philosophie wird schließlich – von einer schrittweise in die Opposition und in die Radikalität abgedrängten Position aus – die dritte, die positive Bedingung einer Religionsphilosophie nach der Aufklärung bestritten: die Bedingung, daß Vernunft in der Religion oder daß Religion eine Gestalt der Selbsterkenntnis des Geistes sei. Doch wenn in der Religion nicht mehr der sich selber erkennende Geist am Werke ist, sondern nur noch »Wunsch« und »Illusion« ihr geistloses Wesen treiben, so entfällt ebenfalls die Möglichkeit einer

Religionsphilosophie; die Religionsphilosophie wird notwendig zur Religionskritik – oder eben zur empirischen Religionswissenschaft, die die – ›religiös‹ genannten – Phänomene in historischer oder vergleichender Perspektive auflistet.

Religionsphilosophie erweist sich damit als etwas keineswegs Selbstverständliches, vielmehr als etwas selbst Fragiles, dessen Existenz durch eine Reihe von Annahmen bedingt ist, die ihr vorausliegen. Drei dieser Bedingungen habe ich hier anzugeben und in ihrer Funktion zu illustrieren gesucht. Die beiden ersten, negativen, sind heute wohl kaum strittig. Um so mehr hängt die Möglichkeit von Religionsphilosophie an der dritten, positiven: an der Frage, ob Vernunft in der Religion oder ob Religion eine Form des Vernunftlosen oder gar der Unvernunft sei. Und vielleicht hängt ja nicht allein die Möglichkeit von Religionsphilosophie von dieser Frage ab.

›Zeugnis des Geistes‹ oder: Vom Bedeutungswandel traditioneller Formeln

I. Der Bruch zwischen Glauben und Denken

(1) Ein »Bruch«, so diagnostiziert Hegel, ist eingetreten, ein »Bruch zwischen Denken und Glauben«, und dies keineswegs zufällig, veranlaßt durch vermeidbare und vielleicht ja gar revidierbare geschichtliche Umstände, sondern in Folge einer Notwendigkeit, die in der internen Verfassung des menschlichen Geistes begründet ist: in der Entwicklung seiner Freiheit. Deshalb ist dieser Bruch auch nicht mit den negativen Konnotationen belastet, die dem Wort ›Bruch‹ üblicherweise anhaften: Er ist kein verderblicher, sondern ein glücklicher Bruch und insofern der ›felix culpa‹ vergleichbar. Und wie sie hat auch er etwas mit Erkenntnis und Selbsterkenntnis zu tun: Er ereignet sich an einer markanten Stelle im Prozeß des Fortschritts im Bewußtsein der Freiheit – an derjenigen Stelle nämlich, wo ein Unterschied eintritt »zwischen dem Inneren, dem Orte des Gewissens, worin ich bei mir selbst bin, und zwischen dem wesentlichen Inhalt.

Das Innere ist das Heilige, der Ort meiner Freiheit, welcher respektiert werden soll, das ist eine wesentliche Forderung, die der Mensch macht, insofern das Bewußtsein der Freiheit in ihm erwacht.« Als das wahrhaft Wesentliche gilt dann nicht mehr der »wesentliche Inhalt«, sondern »die subjektive Freiheit« und das Selbstbewußtsein dieser Freiheit. Der Glaube ist zwar auf den »wesentlichen Inhalt« gerichtet, doch ist er für ihn ein äußerer Inhalt; er nimmt ihn als »etwas Gegebenes, Vorhandenes an: Die Freiheit aber verlangt, daß dies von mir gesetzt, produziert sei.« Deshalb ist der Glaube, »was den Inhalt betrifft, noch unfrei, und das Denken erst ist es, das auch in Rücksicht auf den Inhalt frei zu sein sucht«; es ist »eine neue Beziehung gegen den Glauben«. Der Bruch tritt also – geschichtlich gesehen – dort ein, wo das Denken die Voraussetzung eines von außen an ihn kommenden, ihm gegenüberstehenden Inhalts verwirft, die es sich zuvor selber vorausgesetzt hat, und sich als dasjenige erkennt, das selber den wesentlichen Inhalt mit Freiheit und aus seiner Freiheit heraussetzt.

(2) Diese Wendungen können als eine Analyse der bewußtseinsgeschichtlichen Situation am Ende der Aufklärung verstanden werden, der Situation, in der das Denken sich um seiner Freiheit willen selbst an die Stelle des von der christlichen Religion gelehrten und gebotenen Glaubens setzt und den »wesentlichen Inhalt« nicht mehr von außen aufnehmen will, sondern ihn aus sich selbst zu erzeugen beansprucht. Doch diese naheliegende Annahme trifft allenfalls zur Hälfte zu: Hegel diagnostiziert diesen »Bruch« bereits für eine Zeit, in der es den Glauben – im Sinne des christlichen Glaubens – noch gar nicht gibt. Wir sehen diesen Bruch nämlich – so Hegel weiter – »schon in Griechenland zur Zeit des Sokrates«. Damit ist aber keineswegs dementiert, daß er in der frühen Neuzeit und namentlich in der Aufklärung erneut erfolge – wenn auch nicht im Modus der bloßen Wiederkehr des Gleichen, sondern in einer durch die geschichtlichen Umstände modifizierten Form. Der christliche Glaube enthalte nämlich das Prinzip der Freiheit bereits insofern in sich, als er zwar »von einer äußerlichen Geschichte« anfange, an »die geglaubt wird«. Doch habe diese Geschichte selber schon die Bedeutung der »Explikation der Natur Gottes«, also eine geistige Bedeutung, und diese Bedeutung sei im Prozeß der Ausbildung der christlichen Lehre vertieft worden: »Damit ist die Forderung der Innerlichkeit, des Denkens vorhanden.« Dies aber macht eine weitere Entwicklung keineswegs überflüssig – im Gegenteil. Auch unter diesen Bedingungen gilt: »Der Bruch des Denkens und des Glaubens entwickelt sich dann weiter. Das Denken weiß sich frei, nicht nur der Form nach, sondern auch in Rücksicht auf den Inhalt.« Insofern also hat die Entwicklung die Form eines Fortschritts im Bewußtsein der Freiheit – wenn auch eines Fortschritts, der sich »nicht ohne Autorität« vollzieht, nämlich durch die Autorität der in der Entwicklung des Denkens vorhandenen geschichtlich unterschiedenen Prinzipien – und die »letzte Analyse, wo keine vorausgesetzten Prinzipien mehr sind, ist erst das Fortschreiten zur Philosophie« (V 3.337 f.).

II. Begriffliche und geschichtliche Voraussetzungen

(1) Diese Ausführungen aus Hegels letztem Kolleg über die Philosophie der Religion stecken den Rahmen für seine Behandlung des

Verhältnisses von Glaube und Vernunft ab. Die Ausführungen, die den zitierten Wendungen voranstehen, gehen noch weit konkreter auf die geschichtlichen Bedingungen der Entwicklung dieses Verhältnisses ein; darauf ist noch zurückzukommen. Deutlich ist aber bereits dies: Auf Konstruktionen wie den Kantischen ›Vernunftglauben‹, dessen Künstlichkeit bereits aus der Begriffsbildung durch Addition seiner beiden gegensätzlichen Elemente erhellt, läßt Hegel sich gar nicht ein. Seine Bestimmung des Verhältnisses von Wissen und Glauben orientiert sich an den geschichtlichen Wendungen, die dieses Verhältnis seit der Antike genommen hat. Das Verhältnis von Glaube und Vernunft kann nicht aus der bloßen Vernunft heraus bestimmt werden; es ist geschichtlich vorgegeben, und wie für alle geistigen Gestalten gilt auch für dieses Verhältnis, daß es nicht etwas Statisches, sondern in stetem Wandel begriffen ist, wie ja auch der Glaube und die Vernunft sich geschichtlich wandeln. Dieser Wandel wird aber wiederum nicht durch den Zufall bestimmt, und er ist auch kein Indiz der bloßen Relativität alles Geschichtlichen, sondern er gehorcht der Notwendigkeit der Explikation des Geistes: der Entwicklung seiner Freiheit und seiner Entwicklung zur Freiheit.

(2) Diese größeren Dimensionen des Problems lassen sich den Partien, in denen Hegel in seinen religionsphilosophischen Kollegien spricht, nicht unmittelbar entnehmen. In den Abschnitten, die jeweils dem ›Glauben‹ gewidmet sind, behandelt er ihn im Kontext des religiösen Wissens und des Kultus, als eine der dort jeweils behandelten Formen. Dabei zeigt sich aber auch, daß Hegel Schwierigkeiten hat, den systematischen Ort des Glaubens zu bestimmen: Er läßt sich weder der Seite des Wissens, des theoretischen Verhältnisses, noch der Seite des Kultus, des praktischen Verhältnisses, eindeutig zuordnen. Zu Beginn seines Manuskripts zu den religionsphilosophischen Vorlesungen (1821) versteht Hegel den Glauben nicht als ein ›Wissen‹, sondern als ein »Zutrauen« – worin fraglos die lateinische ›fides‹ mitschwingt –, und zudem als ein »Zutrauen«, das sich nicht vom »übrigen Dasein, Leben« des Menschen abschottet, sondern das gesamte »übrige Leben« durchwirkt (GW 17.15).

Es ist deshalb nicht unplausibel, daß Hegel den Glauben hier als eine Form der Identifikation mit der Wahrheit anspricht und daß er ihn in seinem zweiten Kolleg als eine Form nicht des Wissens der Religion, sondern des Kultus behandelt (GW 17.74 bzw. GW

29,1.196 – 205). Erst in seinen beiden letzten Kollegien stellt Hegel den Glauben in den Kontext der Formen des religiösen Wissens, aber auch hier mit einer deutlichen Unterscheidung: Glaube ist nicht so sehr eine Form des theoretischen Wissens, wie es paradigmatisch die religiöse Vorstellung ist, sondern er ist eine »Gewißheit«, und zwar die »Gewißheit« der ungetrennten Einheit des wissenden Subjekts und Gottes – wobei Hegel allerdings sogleich auf die Differenz von »Gewißheit« und »Wahrheit« verweist. Und er grenzt diejenige Form von »Gewißheit«, als die er den Glauben bestimmt, von anderen Formen von »Gewißheit« ab: »Glauben also ist eine Gewißheit, die man hat ohne unmittelbare sinnliche Anschauung, ohne diese sinnliche Unmittelbarkeit und zugleich, ohne daß man die Einsicht in die Notwendigkeit dieses Inhalts hat.«

Doch – läßt sich eine ›Gewißheit‹ ohne sinnliche Anschauung und ohne Einsicht in die Notwendigkeit überhaupt denken – worauf könnte eine solche, weder sinnliche noch mathematisch-logische Gewißheit beruhen? Hegels Auskunft, die Gewißheit des Glaubens beruhe auf dem Zeugnis des Geistes vom Geist (V 3.282 – 285), läßt – zumindest zunächst – mehr Fragen offen, als sie beantwortet. Offenkundig greift Hegel mit dieser Wendung auf die traditionelle Lehre vom *testimonium spiritus sancti internum* zurück; weniger offensichtlich ist aber, wie ein solches »Zeugnis des Geistes vom Geist« sich zum traditionellen Verständnis des Glaubens verhält und wie es im Kontext seiner Religionsphilosophie zu denken sei.

Dieser geraffte Überblick über die Bestimmung des Glaubens als einer Form des religiösen Verhältnisses – mit unterschiedlicher Akzentuierung in den unterschiedlichen Kollegien über Religionsphilosophie – läßt jedoch weder die im Hegelschen Sinne spezifisch geistesphilosophische Begründung des Glaubens und dessen Verhältnis zum Wissen oder Denken erkennen, noch läßt er die Probleme deutlich werden, in die Hegel den Glauben geraten sieht, und vor allem ignoriert er die Geschichte der wiederholten und vertieften Brüche im Verhältnis von Glauben und Denken. Doch ohne die Berücksichtigung dieser Geschichte ist Hegels Rede vom ›Glauben‹ nicht adäquat zu verstehen. Denn unter den im Kontext der Formen des religiösen Verhältnisses von ihm genannten Formen des Glaubens – Zutrauen, Gewißheit, Zeugnis des Geistes – kommt *der* Glaube gar nicht vor, der geschichtlich die größte Wirkungsmacht gehabt hat, nämlich der ›historische Glaube‹. Und andererseits: Zwischen diesen Formen und dem »Denken« kommt es auch gar nicht zu der von Hegel angedeuteten Sequenz von ›Brüchen‹. Sie läßt sich nur aus der geschichtlichen Entwicklung des Verhältnisses von Glauben und Denken verstehen.

(2) Der Schlüssel zu ihrem Verständnis liegt in Hegels illusionslos-lakonischem Satz: »Wie der subjektive Geist beschaffen ist, ist auch für ihn die objektive Wahrheit.« (V 3.335) Der subjektive Geist des Menschen ist zwar ein Allgemeines – sonst gäbe es gar keine Kommunikation –, aber zugleich ist er stets ein »besonderer Geist«, unterschieden von anderen, und dies im Blick sowohl auf die einzelne Individualität in ihrem Verhältnis zu anderen als auch auf seinen geschichtlichen Ort. Wenn aber die »objektive Wahrheit« – das nämlich, was dem subjektiven Geist jeweils für »objektive Wahrheit« gilt – sich danach richtet, »wie der subjektive Geist beschaffen ist«, so folgt schon daraus, daß es eine Mannigfaltigkeit von Gestalten der (jeweils) »objektiven Wahrheit« und des Glaubens an sie geben werde. Doch vor allem: Der subjektive Geist ist nicht nur ein bestimmter und dadurch von anderen abstrakt unterschiedener, sondern er entwickelt sich geschichtlich. In seiner Unmittelbarkeit, oder wohl angemessener: in einem frühen Stadium seiner Entwicklung, ist sein Wissen von sich noch nicht entwickelt. Dieses Sichwissen ist aber nicht direkt zugänglich, sondern nur in seinen Manifestationen: Es erschließt sich nur aus seinen Objektivierungen und insbesondere aus der Objektivierung, die es sich im jeweiligen Gottesgedanken gibt, also aus der besonderen Gestalt, in der dieser Gottesgedanke als jeweils »objektive Wahrheit« für den Glauben ist. Die geschichtliche Varianz des Gottesgedankens und damit auch des Glaubens ist ein getreues Abbild der Weise, wie der subjektive Geist sich versteht; dessen Entwicklung bestimmt die Entwicklung des Gottesgedankens – und nicht etwa umgekehrt.

Die vom subjektiven Geist gewußt und geglaubte »objektive Wahrheit« ist nicht ein vorfindbarer Gegenstand – auch dort nicht, wo ihr ein äußerer Gegenstand korrespondiert, wie etwa bei Gestirnen oder Tieren. Ein Gottesgedanke ist immer ein Gedanke. Auch wenn die »objektive Wahrheit« als etwas Vorhandenes, Wirkliches, ja als etwas Überlegenes, mit Autorität Ausgestattetes gedacht wird, bleibt sie doch stets etwas Gedachtes, ein Bild des subjektiven Geistes – ein

Bild jedoch nicht dessen, was er an sich ist, sondern wie er sich weiß. Es handelt sich bei ihr auch nicht etwa um ein mit Bewußtsein entworfenes Bild des eigenen Geistes, um eine mit Absicht geplante und vollzogene Manifestation. Sie erfolgt vielmehr unwillkürlich, darin, daß der subjektive Geist aus sich selber eine Gestalt erschafft, sie sich als etwas nicht Gesetztes voraussetzt und sich in ihr und sie als die »objektive Wahrheit« erkennt und ihrer gewiß ist – im Glauben.

Unfrei also ist der Glaube seinem Inhalt nach, solange sein Gegenstand zwar eine Manifestation des subjektiven Geistes ist, die aber nicht *als* Manifestation erkannt, sondern für etwas Gegenständliches gehalten und eben deshalb nicht *als* Geist gewußt wird. Und auch der Gott, der als *ein* Geist gewußt wird, wird nicht als *der* Geist gewußt. Die Geschichte der Ausbildung des Gottesgedankens als einer Manifestation des subjektiven Geistes ist zugleich die Geschichte der variierenden Ausgestaltung des Glaubens. Hegel läßt sie – an antike Vorbilder angelehnt – mit der Furcht beginnen: »Der Schauder vor dem Übersinnlichen hat sich im Anfang noch auf ungebildete Weise ausgedrückt. Die Furcht ist der Anfang, und um sie zu entfernen und jene übersinnliche Macht sich günstig zu machen, wurden Zauberformeln angewendet und in Hymnen gebetet. So entwickelt sich nach und nach das Bewußtsein, [...].«

Diese Entwicklung führt also – genau genommen – nicht vom bloß Äußerlichen zu einem Geistigen, sondern vom als Äußerlichkeit mißverstandenen Geistigen zum adäquaten Selbstbewußtsein des Geistes. Vorangetrieben wird sie dadurch, daß der (vermeintlich) äußere Inhalt des Glaubens mit dem Denken, mit dem Selbstbewußtsein des Geistes vermittelt wird. Einen wichtigen Schritt in dieser Entwicklung vollzieht, so Hegel, die christliche Religion: In ihr »ist von Anfang an dies Prinzip [sc. des Denkens] vorhanden; sie fängt zwar einerseits von einer äußerlichen Geschichte an, die geglaubt wird, aber zugleich hat diese Geschichte die Bedeutung, daß sie die Explikation der Natur Gottes ist« (V 3.336 – 338). Allerdings dürfte hierin keine qualitative, sondern nur eine graduelle Differenz gegenüber allen anderen Religionen liegen, in denen ja ebenfalls die »äußerliche Geschichte« und die »Explikation der Natur Gottes« in eine unauflösliche geistige Einheit verwebt ist. Hegel hat ja – und sicherlich nicht zu Unrecht – geltend gemacht, daß es keine Vorstellung eines Göttlichen gibt, das ein bloß Natürliches und nicht zugleich ein

Geistiges wäre. Auch die als göttlich verehrte Sonne ist kein bloß Natürliches mehr, und selbst der geschnitzte und bemalte Fetisch ist noch ein Produkt des Geistes.

III. Das Selbstmißverständnis und Ende des äußerlichen Glaubens

(1) In ihre entscheidende Phase tritt die Entwicklung des – christlichen – Glaubens mit dem Beginn der frühen Neuzeit. Sie ist hier in einen umgreifenden, das Denken der Neuzeit insgesamt gestaltenden bewußtseinsgeschichtlichen Prozeß eingebettet, der sich einer individuellen Steuerung entzieht. Nicht in der Beeinflussung dieser Entwicklung besteht die Aufgabe des Philosophen, sondern in ihrer Erkenntnis, und zu dieser Erkenntnis hat Hegel vielfach Hinweise gegeben – in seinen welt- und philosophiegeschichtlichen, aber auch in seinen kunstphilosophischen und, speziell im Blick auf den Begriff des Glaubens, in seinen religionsphilosophischen Vorlesungen. Begrifflich unterscheiden lassen sich zwei Prozesse, obschon sie fraglos ineinander verschlungen sind und gemeinsam zum Resultat beitragen: die Destruktion des traditionellen Selbstverständnisses und der für die Gestaltung des Lebens zentralen Rolle des Glaubens einerseits und andererseits die Ausbildung der modernen Verstandeskultur.

Den Vorzug der christlichen Religion gegenüber den ihr vorangegangenen Religionen sieht Hegel darin, daß in ihr das Denken bereits insofern in ein inneres Verhältnis zum Glauben gesetzt sei, als der Glaube zwar auch hier noch von einer »äußerlichen Geschichte« anfange, die aber zugleich »die Explikation der Natur Gottes ist«. Ohnehin ist diese vermeintlich »äußerliche Geschichte« für Hegel gar keine wirkliche »äußerliche Geschichte«; – er versteht sie vielmehr bereits als ein Produkt des Geistes, das als »äußerliche Geschichte« verstanden und damit mißverstanden wird. Sie ist ja von denen erzählt, über die der Geist schon ausgegossen ist (V 5.246). Gleiches gilt für die noch zukünftig erwartete »äußerliche Geschichte«. Doch daß es sich hier um einen – in Form eines geschichtlichen Ereignisses vorgestellten – geistigen Gehalt handelt, ist gerade nicht Gegenstand des religiösen Glaubens. Dieser ist vielmehr in einem Selbstmißverständnis befangen und sieht sein Proprium darin, das, was in Hegels

Sicht an sich dem Denken oder der Natur des Geistes angehört und was, bis in Niederschrift der biblischen Quellen hinein, für die Gestaltung des christlichen Glaubens entscheidend geworden ist, als ein äußerliches Geschehen zu behaupten und diese Behauptung gegen etwaige Zweifel und Angriffe notfalls erbittert zu verteidigen – auch gegen den Religionsphilosophen, der den Glauben über sich selbst aufklären und ihn mit dem Denken versöhnen möchte.

(2) In Hegels Perspektive muß man es die Tragik dieses Glaubens nennen, daß er sich durch seine Insistenz auf einer äußerlichen Begründung, auf der Fundierung durch ein (vermeintlich) nachweisbares Geschehen, selbst ins Abseits manövriert – und dies gleich in doppelter Weise. Der »äußerliche Glaube« ist, zumindest in der neueren Zeit, ein historischer Glaube. Zu den allgemeinen, nahezu selbstverständlichen ›Wahrheiten‹ des 18. Jahrhunderts zählt jedoch die fundamentale Differenz zwischen ›Vernunftwahrheiten‹ und ›Tatsachenwahrheiten‹. Was dies für den ›historischen Glauben‹ bedeutet, hat am Ende dieses Jahrhunderts niemand eindringlicher ins Bewußtsein gehoben als Lessing – und Schelling nennt Hegel einmal den »Vertrauten Lessings« (Br 1.21). Auf einen ›historischen Glauben‹ kann man nicht »irgend etwas von großem dauerhaften Belange, dessen Verlust nicht zu ersetzen wäre, wagen«. Auch wenn man »historisch nichts darwider einzuwenden« hat, daß Christus einen Toten auferweckt, kann dies doch keinesfalls die Lehre begründen, »daß Gott einen Sohn habe, der mit ihm gleichen Wesens sey«, und selbst wenn man historisch akzeptiert, »daß dieser Christus selbst von dem Tode auferstanden« ist, so muß man darum nicht schon »für wahr halten, daß eben dieser auferstandene Christus der Sohn Gottes gewesen sey«.

Diese prinzipiellen Einwände gegen die Tragfähigkeit eines ›historischen Glaubens‹ werden ferner durch Bedenken hinsichtlich der Zuverlässigkeit der Überlieferung verstärkt: Das historisch Überlieferte ist historisch gewiß, aber eben doch nur historisch gewiß; es basiert – wie das Wort ja schon aussagt – auf Berichten. Doch »Nachrichten von erfüllten Weissagungen« sind »nicht erfüllte Weissagungen«, und »Nachrichten von Wundern« sind keine Wunder. Und falls man, um alle Zweifel niederzuschlagen, zur Bekräftigung anführen wollte, daß Christus selbst all diese historischen Aussagen bestätigt habe oder daß »inspirirte Geschichtschreiber«

dies so versichert haben, so sei »auch das, leider, nur historisch gewiß«.[1]

Hegel hat sich Lessings Einschätzung der Hinfälligkeit einer historischen Begründung des Glaubens zu eigen gemacht, und er hat sie noch dadurch verschärft, daß er gar nicht erst bereit gewesen ist, die in Lessings Streitschrift im Interesse der prägnanten Markierung des eigentlichen Streitpunktes konzedierten Voraussetzungen ›geschichtlicher Fakta‹ zu teilen; der seit dem Beginn des 19. Jahrhunderts herausgearbeitete Geschichtsbegriff erlaubt dies ja gar nicht. Deshalb hat Hegel knapp und unmißverständlich erklärt: »Wenn geschichtlich behandelt, *so ist* [*es*] *aus*« (GW 17.299) – und mit dieser pauschalen Absage hat er die Unmöglichkeit einer historischen Begründung des Glaubens mittels der Spurensicherung am leeren Grab weit realistischer ausgesprochen als diejenige neuere Richtung der Theologie, die in eben dieser Richtung ihr Heil gesucht hat und zum Teil wohl immer noch sucht – trotz der nun schon weit mehr als ein Jahrhundert alten Enttäuschungen über das Scheitern historischer Begründungsversuche.

Allerdings hat Hegel es auch nicht für einen Vorzug einer Religion gehalten, wenn sie sich, mit Moses Mendelssohn, auf die Offenbarung gesetzlicher Vorschriften beruft, die an die Israeliten ergangen sein soll: »Gesetze, Gebote, Befehle, Lebensregeln, Unterricht vom Willen Gottes, wie sie sich zu verhalten haben, um zur zeitlichen und ewigen Glückseligkeit zu gelangen; dergleichen Sätze und Vorschriften sind ihnen durch Mosen auf eine wunderbare und übernatürliche Weise geoffenbaret worden; aber keine Lehrmeinungen, keine Heilswahrheiten, keine allgemeine Vernunftsätze.«[2] Gegen solche Offenbarung spricht – für Hegel – bereits die Form des Gebots: »dies Befehlen ist aber in seiner höchsten Spitze höchste Härte und kann irreligiös werden«. Aber auch abgesehen von dieser Zuspitzung: Eine derartige Offenbarung stützt sich der Form nach ja ebenfalls auf eine prekäre historische Begründung, und die Inhalte dieser ›historischen Offenbarung‹ sind – wo es sich nicht um Regelungen des sittlichen Lebens handelt, die ohnehin Aufgabe der Vernunft sind – zum großen Teil

[1] Lessing, *Ueber den Beweis des Geistes und der Kraft,* 4–7.

[2] Moses Mendelssohn, *Jerusalem oder über religiöse Macht und Judentum, Teil 2,* Berlin 1783, 31.

nicht minder dubios als die Form ihrer Begründung. Deshalb beruft Hegel sich gegen den von Mendelssohn favorisierten Glauben lieber auf den notorischen Kritiker derart äußerlicher religiöser Glaubensinhalte: »Voltaires bitterste Einfälle sind gegen die Forderung eines solchen Glaubens gerichtet. Er sagt unter anderem, es wäre besser gewesen, wenn Gott den Juden Belehrung über die Unsterblichkeit der Seele gegeben hätte, als daß er ihnen lehrt, auf den Abtritt zu gehen (aller à la selle). Die Latrinen werden so ein Inhalt des Glaubens.« (V 3.240 f)

(3) Zweifel erheben sich deshalb sowohl an der Form der historischen Begründung als auch an den eigentümlichen Inhalten eines solchen, als historisch begründet verstandenen Glaubens – und sie erheben sich keineswegs nur für Hegel, sondern sie prägen das Bewußtsein der neueren Zeit und seine Stellung zum historischen Glauben. Deshalb konstatiert er, man könne zu seiner Zeit »leicht zu der Vorstellung kommen, daß in der allgemeinen Religiosität des Publikums eine weitgreifende, beinahe universelle Gleichgültigkeit gegen die sonst für wesentlich gehaltenen Glaubenslehren eingetreten ist« (V 3.67). Es hat eine rasch fortschreitende Erosion derjenigen ›Substantialität‹ eingesetzt, die zuvor im Wechsel der Generationen tradiert und angereichert worden ist, die eine lange Tradition hindurch die Vorstellungen und Empfindungen des Einzelnen bestimmt hat und deren Geltung unstrittig gewesen ist. Insofern vollzieht diese Auflösung sich eher als eine ›Selbstaufhebung‹ des Glaubens und weniger als seine Aufhebung durch »die Vernunft« oder gar durch eine absolut gesetzte Vernunft.

(4) Es ist aber nicht allein und wohl auch gar nicht primär ein inneres Ungenügen auf Grund von Form und Inhalten des Glaubens, das ihn seiner zuvor unumschränkten Geltung beraubt und ihn fraglich werden läßt. Zwei andere Entwicklungen treten hinzu – zunächst die politische Selbstdiskreditierung des Glaubens. Der (historische) Glaube ist ja nicht der Glaube eines Einzelnen, sondern der Glaube eines Volkes, das Substantielle eines Volkes, das die geistige Entwicklung der Individuen prägt. Weil er aber, so Hegel, immer ein bestimmter Glaube sei, könne er mit anderen Formen des Glaubens in Kollision kommen. Dieses Zusammentreffen könne »auf dem Boden der Vorstellung und der Reflexion geschehen und die Verteidigung sich auf Gründe und Beweise der Wahrheit stützen, aber es kann auch

die Form annehmen, daß die Völker andere zwingen, sich ihrem Glauben zu fügen; der Glaube wird so zwingende Staatsgewalt, teils im Inneren des Staates selbst, teils auch nach außen. Diese Kollision hat unzählige Kriege verursacht.« Als Beispiele nennt Hegel »die Kriege der Mohammedaner« und »die Schlachten unter den Indern zwischen den Verehrern Schiwas und Wischnus«, aber eben auch »die Religionskriege zwischen Katholiken und Protestanten«; in ihnen allen werde jeweils um »die Ehre Gottes« und seine Anerkennung gestritten. Ein solcher Streit endet zwar gewöhnlich mit dem Sieg der einen Partei und der Unterwerfung der anderen – und dann bleibt es, wenn auch vielleicht mit Modifikationen, letztlich bei einer der früheren Formen des Glaubens. Hegel aber hebt nicht auf diese Lösung ab, sondern er stellt *die* Konsequenz heraus, die ihm aus der Geschichte der frühen Neuzeit wohlvertraut ist – und sie verändert die Stellung des Glaubens und die geistige Situation grundlegend:

> »Gegen solchen Zwang erhebt sich die Freiheit des Glaubens überhaupt; diese Freiheit kann sich dann aber näher auch die Stellung geben, daß sie über dem verschiedenen Inhalt stehe, der sich als Wahrheit behauptet. So formell ist sie das, was Glaubensfreiheit als solche ist, wo es außer dem Spiele bleiben soll, was geglaubt wird. Das ist dann die formelle Forderung der Freiheit, die nicht auf die Wahrheit des Glaubens sieht und sich nur auf die subjektive Freiheit bezieht; der Inhalt mag von einer Beschaffenheit sein, wie er wolle.« (V 3.337)

Es ist somit nicht schon das bloße Faktum des Nebeneinanders verschiedener Religionen oder Konfessionen, das unter bestimmten Bedingungen zu einer Relativierung ihrer konkurrierenden Wahrheitsansprüche führt, sondern das geschichtliche Faktum der Anwendung des Zwangs erfordert um des Lebens und Überlebens willen die politische Neutralisierung der Wahrheitsansprüche des Glaubens – und damit treibt es prinzipiell über die Sphäre der sich historisch legitimierenden, jedoch konfligierenden Wahrheitsansprüche hinaus, zur Forderung der »Glaubensfreiheit« und der »subjektiven Freiheit« im allgemeinen – und spätestens damit erlischt die geglaubte Verbindlichkeit des dem Glauben vorausgesetzten äußeren Inhalts. Dann aber besteht die Gefahr, daß an ihre Stelle die Gleichgültigkeit gegen und die Erhebung über jeden »substantiellen Inhalt« tritt (V 3.336 f).

(5) Der politische Effekt dieser frühneuzeitlichen Kontroversen um den Glauben und den Glaubenszwang ist Hegel aus der Rechts- und Staatsphilosophie und insbesondere aus dem Umkreis des Themas ›Religion und Staat‹ bestens vertraut gewesen. Dort aber hat Hegel sich nicht näher mit der weiteren Frage befaßt, unter welchen Bedingungen sich die subjektive Freiheit über den vorausgesetzten äußeren, historischen Glauben erhebe – woraus ihre zuvor ja bestrittene inhaltliche Kompetenz erwachse – und warum es in der Neuzeit zu einem erneuten und vertieften »Bruch zwischen Denken und Glauben« komme. In seiner Religionsphilosophie hingegen zeichnet Hegel die Ausbildung der neuzeitlichen Verstandeskultur, auch wenn sie sich zunächst ganz unabhängig vom Glauben und von der Religion zu vollziehen scheint, als entscheidende Voraussetzung für den »Bruch«. Dies erhellt aus der folgenden, neben den vielen verstreuten Hinweisen relativ geschlossenen Passage:

»der Unterschied geht von der *weltlichen* Seite aus, und scheint die Religion zunächst nicht zu berühren; – von ihr aus *schleicht* sich daher das Verderben und die Entzweyung zur Religion hinüber. – Wir können diesen Unterschied kurz als *die Ausbildung des sogenannten menschlichen Verstandes und menschlicher Zwecke* bezeichnen [...] Indem also – Erkenntniß, Verstand Reflexion im Menschen aufgeht – Indem nemlich im Leben und in der Wissenschaft Reflexion der *Verstand* erwacht – *das Bewußtseyn* selbstständig geworden ist; – hat er aus seiner Wirkung seinem Willen feste, absolute Zwecke, z. B. *das Recht,* den Staat, – Gegenstände, die an und für [sich] für seinen Willen seyn sollen – so erkennt *es* auch die *Gesetze* der Natur und die Beschaffenheit, Ordnungen und Besonderheiten – der natürlichen Dinge – und der Hervorbringungen dieses Geistes – so ist die *Erforschung* und die *Erkenntniß* – so wie das Wollen und die Wirklichkeit jener Zwecke – ein Werk des Menschen, des *menschlichen Verstandes;* er *ist* nicht bloß diß wissend, diese Rechte habend u.s.f. – es ist was er *vor sich gebracht* hat; er *ist hier in seinem* E igenthum, das er nicht bloß empfangen hat, – er geht zwar von dem aus, was *ist,* was er vorfindet; – aber was er in der Erkenntniß und in dem Willen daraus macht, diß ist *seine* Sache, *sein* Werk; er hat das Bewußtseyn daß diß sein Werk ist, [das er] selbst *producirt* hat; – *diese Productionen* machen daher *seine Ehre* und seinen *Stolz* aus; – und sie machen einen ungeheuren unendlichen Reichthum aus – diese Welt seiner Einsicht, seiner Kenntniße seines äusserlichen *Besitzes,* sciner

> *Rechte,* seiner *Thaten. So ist der Geist* in den *Gegensatz getreten,* – unbefangen, ohne es zu wissen – aber es wird auch bewußter Gegensatz, Stuffen, Fortschritte, die uns hier nicht angehen.« (GW 17.16f)

Vom »menschlichen Verstand« spricht Hegel hier ersichtlich nicht in der Bedeutung eines die selbst hervorgebrachten Entgegensetzungen fixierenden Erkenntnisvermögens, sondern im traditionellen Sinne der ›mens humana‹: Der neuzeitliche Mensch bewegt sich nicht in einer als fertig und ihm vorausgesetzt verstandenen Welt, sondern in einer von ihm selbst geschaffenen Welt, in der er sich »in seinem Eigentum« und also zu Hause weiß, wie Hegel auch an anderer Stelle einmal sagt (V 9.72).

Doch auch, wenn diese unbefangene Ausbildung einer geistigen Welt nicht auf eine Entgegensetzung abzielt, kommt es doch zumindest vorübergehend zu einer das weitere Schicksal des Glaubens bestimmenden Entzweiung: Auf der einen Seite steht das, worin der Mensch »sich *sein eigen* weiß, in den Rechten und der Erkenntnis überhaupt – unabhängig, selbständig, sich *aus sich bestimmend;*« auf der anderen Seite stehen »*eine höhere* Macht, absolute Pflichten, Pflichten ohne eigentliche Rechte«, und was der Mensch »für seine Pflichten empfängt, bleibt nur *Gnade*«. Oder mit anderen Worten: Auf der einen Seite stehen Erkenntnis und Wissenschaft, auf der anderen Empfindung, Glauben und die auf die Dauer »höchst langweilige« und »lästige« Litanei des Eingeständnisses, daß freilich alles, auch das Erkenntnisvermögen selbst, von Gott gemacht sei. Auf der einen Seite steht der zwar bloß »endliche Stoff« – aber eben doch gestaltet zu einer »Welt der Endlichkeit« oder einem »*System des Universums*«; auf der anderen Seite steht zwar der »absolute Stoff«, der »absolute Inhalt« – »aber erkenntnislos nach diesem Begriff des Erkennens«. Unter diesen Bedingungen aber bleibt für die Erkenntnislosigkeit des Glaubens allenfalls noch ein Platz in den Nischen des auf die Maximierung der Erkenntnis (und ihres von Hegel nicht eigens thematisierten Nutzens) ausgerichteten »Systems des Universums«.

(6) Diese »Entzweiung« dürfte sich in Hegels Augen paradigmatisch im Werk und in der Person Jacobis verkörpert haben – aber gerade nicht als Ausdruck einer eigentümlichen Individualität Jacobis, sondern in Jacobi als einem Repräsentanten eben dieser im Be-

wußtsein der Zeit liegenden Entzweiung, der, anders als die meisten, nicht allein durch sie geprägt ist, sondern sie auch selber analysiert und beredt dargestellt hat, auch für sich selbst: »[D]urchaus ein Heide mit dem Verstande, mit dem ganzen Gemüthe ein Christ, schwimme ich zwischen zwei Wassern, die sich mir nicht vereinigen wollen so, daß sie gemeinschaftlich mich trügen; sondern wie das eine mich unaufhörlich hebt, so versenkt zugleich auch unaufhörlich mich das andere.«[3] Diese prägnante Selbstcharakteristik Jacobis, im Brief an Carl Leonhard Reinhold vom 8. Oktober 1817, ist erst 1827 veröffentlicht worden; Hegel kann sie also bei der Niederschrift der eben zitierten Passage noch nicht kennen, doch ist er vertraut mit der Analyse, die Jacobi vor allem in seinem Werk *Von den göttlichen Dingen* vorlegt: mit Jacobis Entgegensetzung des nur noch im Inneren des Menschen lebenden Glaubens an einen persönlichen Gott und des »Interesse[s] der *Wissenschaft,* daß kein Gott sey, kein übernatürliches, außerweltliches, supramundanes Wesen« – da nur unter dieser Bedingung die Wissenschaft ihr Ziel der Vollkommenheit im Sinne ihrer inneren Geschlossenheit erreichen könne. Auch Jacobi sieht auf der einen Seite die Wissenschaft, als ein »alles Erkennbare umfassendes System«, das »*alles in allem* zu werden sich schmeicheln« möchte; auf der anderen Seite den Glauben des Theismus, der sich eben deshalb strikt geschieden von diesem (naturalistischen) System des wissenschaftlich Erkennbaren halten muß (JWA 3.95 f).

Hegels Ausführungen lesen sich wie eine Wiederaufnahme und Bekräftigung dieser Analyse Jacobis:

> »Daher *Sciences exactes* – der Religion entgegen – Diese zwey Seiten – α) Gemüth erfüllt mit *Göttlichem – substantielles* Bewußtseyn und Empfindung – Freyheit, Selbstbewußtseyn ohne *Consequenz,* in Ansehung des Bestimmten – Diß vielmehr zufällig – β) Consequenter Zusammenhang des *Bestimmten – Einheimisch* im Endlichen in Gedankenbestimmungen diesen Zusammenhängen – System für sich ohne Gediegenheit – ohne Gott.« (GW 17.24)

[3] Jacobi an Carl Leonhard Reinhold, 8. Oktober 1817, in Jaeschke (Hg.), *Religionsphilosophie und spekulative Theologie. Der Streit um die Göttlichen Dinge (1799–1812),* Quellenband, Hamburg 1994, 393 (PLS 3,1).

Eine derartige »Entzweiung« aber ist nicht allein asymmetrisch; sie ist auch unbefriedigend, bedrohlich, und sie ist zudem instabil. Hegels Interesse ist deshalb auf ihre Überwindung ausgerichtet, und so bietet er dem religiösen Glauben den Sukkurs durch die Philosophie an, die Möglichkeit einer ›Flucht in den Begriff‹ – allerdings mit recht bescheidenem Erfolg. Doch läßt er sich hierdurch nicht entmutigen, zumal er die Situation und ihre Folgen abschätzen zu können meint: »[D]ies Verschmähen hilft nichts mehr und ist Eitelkeit, wenn einmal das Bedürfnis der Erkenntnis und der Zwiespalt derselben mit der Religion erwacht ist. Da hat die Einsicht ihre Rechte, die auf keine Weise mehr verweigert werden können«. Aber Hegel fügt doch auch noch an, der »Triumph der Erkenntnis« (und nicht etwa des Glaubens!) liege in der »Versöhnung des Gegensatzes« (V 3.47).

Doch wie läßt sich eine Versöhnung dieses »Zwiespalts« zwischen wissenschaftlicher Erkenntnis und Glaube denken, gleichsam die Vereinigung der beiden für Jacobi unvereinbaren Wasser, wenn Hegel doch selber die Position vertritt, daß die Rechte der Erkenntnis nicht verweigert und nicht einmal geschmälert werden dürfen? Oder, wie er in einem früheren Kolleg sagt: »Es muß in *dieser Versöhnung* den höchsten Forderungen *der Erkenntniß* – des Begriffs – entsprochen werden – das Erkennen Begreifen – kann nichts nachgeben [...] Aber eben so wenig kann dem absoluten Inhalt etwas *vergeben er* in die *Endlichkeit* herabgezogen und uns auf – eine nur empfindende Weise – oder rohe Weise an uns gebracht werden. [...] Seine Hoheit – bestimmtheit selbst ebendarin, daß er nicht auf die Vernunft Verzicht leistet – Sonst ein unvernünftiges – ein leeres« (GW 17.25). Mit diesen Forderungen verschärft Hegel den Dualismus noch – doch mit seiner Kritik am Rückzug auf die »empfindende Weise« und mit seinem Plädoyer für eine vernünftige Gotteserkenntnis distanziert er sich zugleich von Jacobis Verharren in diesem Zwiespalt, wie auch schon kurz zuvor mit seiner Bemerkung: »Die Religion *schrumpft* damit in das *einfache Gefühl* – in das inhaltslose Erheben *des Geistes zu einem Ewigen* usf. zusammen, von dem es sich aber nichts zu sagen hat und weiß, denn alles was ein Erkennen wäre, wäre ein Herabziehen desselben in diese Sphäre und Zusammenhang des Endlichen« (GW 17.24).

(7) Während also Jacobi über den von ihm völlig zutreffend analysierten Zwiespalt nicht hinausgelangt, sucht Hegel einen Weg zur

Versöhnung zu finden, und angesichts der – berechtigten! – Unnachgiebigkeit beider Parteien sucht er sie nicht zum Nachlassen von ihren strengen Forderungen zu überreden, sondern er schlägt einen unerwarteten Weg ein: den Weg der Aufklärung der Religion über sich selbst. Er sucht in ihr das Bewußtsein zu wecken, daß gerade sie gleich in doppelter Weise für die geforderte Versöhnung prädestiniert sei – denn sie habe sowohl das Moment der Entzweiung als auch das Moment der Erkenntnis des absoluten Inhalts in ihr selbst: »Die christliche Religion hat darum die Erkenntniß wesentlich in ihr selbst, und hat dasselbe veranlaßt, sich in seiner ganzen Consequenz als *Form,* Welt der Form zu entwickeln – und damit zugleich der Form, in welcher jener Inhalt ist, als *gegebene* Wahrheit – als nur für die Vorstellung Gefühl, gegenüberzustellen.« (GW 17.28, vgl. V 3.337 f)

Hegel sucht hier also den »Zwiespalt unserer Zeiten« durch die Annahme zu überwinden, der neuzeitliche »Bruch zwischen Denken und Glauben« verdanke sich selbst noch der Religion – allerdings nicht dem äußerlichen, historischen Glauben, sondern dem eigentlichen, inneren Inhalt der Religion. Letztlich sei der »Bruch« durch ein Interesse der Religion, gleichsam durch eine ›List der Religion‹ veranlaßt, um mittels der Ausbildung einer »Welt der Form« und ihrer Entgegensetzung gegen den bloß *gegebenen* Inhalt der Religion und den auf ihn gestützten äußeren Glauben das in der Religion selbst liegende Moment der Erkenntnis freizusetzen. Auf den ersten Blick erscheint diese überraschende Deutung als aus einem apologetischen Interesse geboren, sofern sie der christlichen Religion eine konstitutive Funktion für die Gestaltung auch noch derjenigen Form der modernen Welt zuschreibt, die sich der überlieferten Religion entgegensetzt und diese marginalisiert.

Andererseits kann Hegels Deutung auch als subversiv gelesen werden, als ein geschickter Schachzug, um eine potentielle Kritik dieser modernen Welt aus der Perspektive der Religion zu entkräften: Wenn das »*Universum der Erkenntniß,* das für *sich Gottes nicht bedarf*« (GW 17.23), seine Ausformung selber noch religiösen Antrieben verdankt, so wird es durch diese Genealogie gegen Kritik seitens der Religion immunisiert. Und im Gegenzug wird der »Zwiespalt«, in dem dieses »Universum der Erkenntniß« mit der Religion steht, in einen Zwiespalt innerhalb der Religion selbst transformiert, zwischen ihrer ›Erkenntnisform‹ und der dieser entgegenstehenden Form der

»*gegebenen* Wahrheit«. Doch vor allem: Die genealogische These im Hintergrund beider Lesarten erscheint als wenig plausibel – zumindest solange *die* christliche Religion als Akteur hinter den Kulissen der weltgeschichtlichen Epochen vermutet wird und nicht das Prinzip der Freiheit des Geistes, das fraglos *auch* in der christlichen Religion zu finden, jedoch für ihre traditionelle Gestalt nicht bestimmend ist – wie bereits am Begriff des *äußerlichen* Glaubens hinreichend deutlich wird.

IV. Das Zeugnis des Geistes vom Geist

(1) Diese skeptische Einschätzung verschwindet jedoch, wenn man Hegels Aussage von den Grundlinien seiner Geschichtsdeutung her liest, von seiner Einsicht in die Entwicklung des Geistes. Dann ist es nicht *die* christliche Religion, die die Erkenntnis zu ihrer neuzeitlichen Ausgestaltung und zur Wendung gegen die Religion und zu ihrer eigenen Marginalisierung veranlaßt, sondern die Religion und die neuzeitliche »Welt der Form«, beide sind Formen des sich entwickelnden Geistes. Und so, wie seine Entwicklung bereits im Athen des Sokrates zu dem »Bruch zwischen Denken und Glauben« und später zur Ausbildung der christlichen Religion geführt hat, so in der Neuzeit zur Gegenüberstellung der Religion und eines von ihr getrennten »Universums der Erkenntnis« und zur Vertiefung des längst vorhandenen Bruches zwischen Denken und Glauben – aber nun spezifischer: zwischen dem Denken und einem Glauben, der sich als äußerlicher, als geschichtlich begründet versteht. Denn solcher Glaube ist für Hegel eine zwar geschichtlich wirkungsvolle, aber dennoch eine verfehlte Form, und das Beste, was man von ihm sagen kann, ist, daß er ein in der Entwicklungsgeschichte des Geistes unvermeidliches Mißverständnis dessen ist, was wahrhafter Glaube ist – dies liegt bereits in der Rede vom »äußerlichen Glauben«. Ihm ist nun sein verdientes Schicksal zuteil geworden: Die Aufklärung »ist Meister geworden über diese Weise des Glaubens, und wenn die Orthodoxie solchen Glauben fordert, so kommt sie bei gewissen Vorstellungen der Menschen nicht mehr dazu, einen solchen Glauben erhalten zu können, [...] weil er Glaube ist an einen Inhalt, der seiner

Natur nach nicht ein Göttliches, nicht Geist, nicht Moment des Geistes ist« (V 3.239).

Allerdings greift die Aufklärung zu kurz, wenn »die Siegerin Vernunft« sich ihres Triumphes erfreut und kein Bewußtsein darüber entwickelt, daß der von ihr überwundene Glaube gar nicht der wahrhafte Glaube ist. Denn dann gilt, was Hegel auch schon in *Glauben und Wissen* (1802) herausstellt: »Der glorreiche Sieg, welchen die aufklärende Vernunft über das, was sie nach dem geringen Maaße ihres religiösen Begreifens als Glauben sich entgegengesetzt betrachtete, davon getragen hat, ist, beym Lichte besehen, kein anderer, als daß weder das Positive, mit dem sie sich zu kämpfen machte, Religion, noch daß sie, die gesiegt hat, Vernunft blieb« (GW 4.315). Man muß der Aufklärung jedoch zu Gute halten, daß ihr Mißverständnis, sie habe mit dem äußerlichen Glauben den Glauben überhaupt überwunden, lediglich das Spiegelbild des »geringen Maaßes« des Selbstverständnisses der Religion gewesen ist. Die Aufklärung hat die Religion nur nicht besser verstanden, als diese sich selbst verstanden hat; Hegel hingegen beansprucht, über dieses geschichtlich zwar unvermeidliche, aber defiziente Verständnis und Selbstverständnis der Religion und des Glaubens hinauszugehen und den wahren Gehalt beider durch seine geistesphilosophische Deutung zu erfassen.

(2) Für Hegel hat der wahre Glaube nur »die Natur des Geistes« zum Inhalt. Dies folgt konsequent aus dem Begriff der Religion: »Religion ist nur im Selbstbewußtsein; außerdem existiert sie nirgends.« (V 3.306) Und Religion ist nicht allein *nur* im Selbstbewußtsein, sondern sie ist – für Hegel – gar nichts anderes als das Selbstbewußtsein des Geistes, und soweit sie Religion ist, enthält sie »nur ewige Wahrheiten über die Natur des Geistes; dies ist ihre Bestimmung« (V 3.241). Dann aber kann auch der Glaube keinen äußeren, dem Geist fremden Inhalt haben, und er kann sich auch nicht einer äußerlichen Begründung verdanken – selbst wenn dies geschichtlich unvermeidlich scheint. Der Geist ist an sich frei – nicht allein seiner Form, sondern auch seinem Inhalt nach. Das Selbstbewußtsein des Geistes ist das Selbstbewußtsein seiner Freiheit; es muß deshalb auch aus Freiheit hervorgehen; es kann nichts Unmittelbares sein. Der Geist gewinnt sein Bewußtsein von sich und damit von seiner Freiheit nur auf dem Weg durch die lange Reihe seiner ge-

schichtlichen Gestalten. Auf diesem Weg versteht und mißversteht er seine eigene Natur, indem er sie mittels der Formen der Vorstellung und des äußerlichen Glaubens zu äußerlichen Gestalten vergegenständlicht, und sei es zu einer göttlichen Geschichte, die den Gegenstand der Vorstellung und des äußerlichen Glaubens und damit einen dem Geist vermeintlich fremden Inhalt bildet. Hingegen »das Wissen, daß der Mensch der Natur, d.h. dem Begriff nach frei ist, gehört der neueren Zeit an« (V 3.344), und dieses Wissen des Geistes von seiner Freiheit ist inkompatibel mit dem Glauben im Sinne des äußerlichen Glaubens. Denn dieser empfängt seinen Inhalt von außen und verdankt ihn nicht seiner Freiheit. »Den wahrhaften Glauben« aber, so Hegel, »können wir so bestimmen, daß er das Zeugnis meines Geistes ist, das Zeugnis des Geistes vom Geist; darin liegt, daß in dem Glauben kein anderer äußerlicher Inhalt Platz hat; der Geist zeugt nur vom Geist, nicht vom Äußerlichen.« (V 3.238)

(3) Der Glaube als »Zeugnis des Geistes vom Geist«: Mit dieser in den drei späteren Kollegien (1824, 1827, 1831) zentralen Bestimmung des Glaubens greift Hegel einen traditionellen Begriff der reformatorischen Theologie auf, den Begriff des ›testimonium spiritus sancti internum‹. Er bietet Hegel insofern eine Anknüpfungsmöglichkeit, als es sich beim ›testimonium internum‹ eben um ein ›inneres Zeugnis‹ handelt – im Unterschied zur Form des Zeugnisses durch das kirchliche Lehramt. Doch jenseits dieses übereinstimmenden Moments der ›Innerlichkeit‹ gibt Hegel dem »Zeugnis des Geistes« nicht allein eine neue, sondern eine der traditionellen gerade entgegengesetzte Bedeutung – und dies in doppelter Hinsicht. Das reformatorische »testimonium spiritus sancti internum« hat seinen Ort in der inneren Aneignung des von den biblischen Texten überlieferten, also äußerlichen ›Wortes Gottes‹ durch den gläubigen Menschen, und diese Rückbindung des ›testimonium‹ an das biblische ›Wort‹ ist sehr bewußt so eng gestaltet, um unkontrollierten Eingebungen militanter Schwarmgeister vorbeugen zu können. Das ›testimonium internum‹ ist also das Komplement eines Äußerlichen – im Sinne eines nicht der Natur des eigenen Geistes Angehörigen – und dient seiner Aneignung. Hegels »Zeugnis des Geistes« hingegen ist insofern das Gegenteil des ›testimonium internum‹, denn es negiert diesen Rückbezug auf die Äußerlichkeit des ›Wortes‹ oder der ›Schrift‹ und

setzt sich an dessen Stelle. Der Geist zeugt nicht von der Wahrheit des ›Wortes‹, sondern er weiß und zeugt von nichts als sich selber.

Vor allem aber: Der Geist, der – reformatorisch – das ›testimonium‹ gibt, ist der Heilige Geist und somit wiederum ein anderer Geist als der Geist des Menschen; dieser ist noch nicht zu sich selbst gekommen; er bedarf hier noch des Zeugnisses eines anderen, eines Heiligen Geistes, um die Göttlichkeit des geschriebenen Wortes zu erkennen und es in die Gewißheit des Glaubens hineinzunehmen. Doch das Hegelsche »Zeugnis des Geistes vom Geiste« hat es gerade nicht mit der Erkenntnis des geschriebenen göttlichen Wortes zu tun, sondern mit der Erkenntnis seiner selbst, seiner Freiheit, ja mit der »Autonomie des Geistes auch beim Glauben« (V 3.357). Das »Zeugnis des Geistes« ist das Wissen, daß der »absolute Inhalt« nicht ein äußerer, sondern eben das Wissen von sich ist – von sich als der Einheit des allgemeinen und einzelnen Geistes. Und diese Einheit ist für Hegel »das Innerste, Spekulativste, der tiefste Punkt, der in dieser Rücksicht zur Sprache kommen muß – ein Punkt, der nur spekulativ aufgefaßt werden kann« (V 3.243). Eben deshalb ist das »Zeugnis des Geistes« auch nicht ein ›testimonium‹ eines vom menschlichen Geist unterschiedenen göttlichen, heiligen Geistes. Hegel schärft ja vielmehr ein,

> »daß es nicht zweierlei Vernunft und nicht zweierlei Geist geben kann, nicht eine göttliche Vernunft und eine menschliche, nicht einen göttlichen Geist und einen menschlichen, die schlechthin verschieden voneinander wären. Die menschliche Vernunft, das Bewußtsein seines Wesens, ist Vernunft überhaupt, ist das Göttliche im Menschen und der Geist, insofern er Geist Gottes ist, ist nicht ein Geist jenseits der Sterne, jenseits der Welt, sondern Gott ist gegenwärtig, allgegenwärtig und als Geist gegenwärtig im Geist.« (GW 29,1.125 f)

In immer neuen, inhaltlich aber übereinstimmenden Wendungen sucht Hegel in seinen drei späteren Kollegien diesen Begriff des Glaubens als des »Zeugnisses des Geistes vom Geiste« herauszustellen. Das »Zeugnis des Geistes« verdankt sich nicht äußeren Belehrungen, sondern es entsteht »aus der Tiefe des Geistes« (V 3.69); es ist das Wissen des Geistes von seinem Wesen, von der »Natur meines Geistes«, das Bewußtsein des Geistes von seiner vollkommenen Freiheit, von »seiner formellen Unendlichkeit in sich, der freien, vollkommenen Persönlichkeit« (V 3.251). »Mein Geist weiß von sich selbst, von seinem Wesen – [...] das ist die absolute Beglaubigung von dem ewig Wahren, die einfache, wahrhafte Bestimmung dieser Gewißheit, die Glauben heißt.« (V 3.285)

(4) Dieser Begriff der Religion und ineins damit des Glaubens läßt sich erst und allein auf der Basis des Hegelschen Geistbegriffs und seiner Ausarbeitung zu einer Geistesphilosophie konzipieren. Sie steht jedoch selber im Kontext der neuzeitlichen Bewußtseinsgeschichte, und so lassen sich auch Gestalten dieses Bewußtseins nennen, in denen sich bereits diejenigen Tendenzen andeuten, die von Hegels Geistesphilosophie aufgegriffen und weiter entfaltet werden – auch wenn Hegel sich von ihnen zugleich in unterschiedlicher Intensität und mit durchaus gutem Grund abgrenzt.

Die erste Gestalt besteht in der Auffassung des Selbstbewußtseins, der Subjektivität, als des schlechthin Affirmativen – und dies nicht ohne Grund: Denn wenn die ganze geistige Welt aus der Freiheit hervorgeht, dann muß die Freiheit selber notwendig als Affirmatives gedacht werden – und dies kann, mißverstanden, dazu führen, daß das »subjektive Bewußtsein« sich in seiner Einzelheit als »das Affirmative überhaupt« ansieht, so daß das Negative allenfalls ›die Oberfläche seiner Natur‹ betrifft und keinen Einwand gegen sein ›Gutsein von Natur‹ darstellt. In dieser Haltung sieht Hegel die dominierende Sichtweise seiner Zeit: »In diesem Standpunkt liegen von der Kantischen Philosophie an alle Ansichten neuerer Zeit; [...] aller Glaube von Kant an fällt in die Ansicht, daß ich das Affirmative, das Substantielle, das Wesentliche bin, das über allen diesen Bestimmungen steht.« (V 3.192) Trotz der Distanzierung, die in diesen Worten Hegels und insbesondere in der Schlußwendung liegt, kann man diese Überzeugung, das Affirmative zu sein, diese Selbstgewißheit der Innerlichkeit, als eine Antizipation des »Zeugnisses des Geistes« ansehen – zwar als eine Antizipation, die die Seite des »subjektiven Bewußtseins« und der sich über den Inhalt erhebenden formellen Freiheit zu Unrecht verabsolutiert, aber dennoch als einen Vorgriff auf das Sichwissen des Geistes.

Auch die zweite Gestalt der unvollkommenen Antizipation des Geistbegriffs liegt, wie Hegel sagt, in den »Grundbestimmungen, die wir als unmittelbare Zeitvorstellungen, Zeitüberzeugungen ansehen können, die sich ausdrücklich auf Religion, Wissen von Gott, beziehen. An jene Grundlage läßt sich daher allein anknüpfen, was Elemente, Grundbestimmungen der Religionsphilosophie sind.« (V 3.74f) Es ist Hegel jedoch erst in seinen beiden letzten Kollegien zur Religionsphilosophie gelungen, sich zu dieser »Grundlage« in ein partiell affirmatives Verhältnis zu setzen: zur Annahme, daß der Mensch unmittelbar von Gott wisse. Lange hat ihm diese Ansicht nur als Zielscheibe seiner Polemik gedient: Ein unmittelbares Wissen gebe es gar nicht; alles Wissen sei *als* Wissen ein vermitteltes Wissen. Dies betont Hegel zwar auch noch in seinem dritten Kolleg: Das religiöse Wissen, der Glaube, sei vermittelt – durch Unterricht, Erziehung, Lehre –, und verwirft man diese Vermittlung, »so verwirft man mit ihr offenbar das, was in einer positiven Religion das Offenbare ist, Unterricht, Erziehung usw.« Doch eben darauf kommt es letztlich gar nicht so an. Schon in Hegels Rede von »einer positiven Religion« deutet sich eine andere Wendung an, die Hinwendung von der Äußerlichkeit zur Betrachtung der »inneren Seite« –

> »und hierher ist es vornehmlich, daß die Behauptung des unmittelbaren Wissens fällt: Wir wissen unmittelbar von Gott, dies ist eine Offenbarung in uns. Das ist ein großer Grundsatz, den wir wesentlich festhalten müssen. Es liegt darin, daß weder die positive Offenbarung noch die Erziehung Religion bewirken kann, so daß die Religion ein von außen Gewirktes, mechanisch Hervorgebrachtes und in dem Menschen Gesetztes wäre. [...] es liegt darin, daß Religion, Recht, Sittlichkeit, alles Geistige im Menschen nur erregt wird. Er ist Geist an sich, die Wahrheit liegt in ihm, und so muß es ihm zum Bewußtsein gebracht werden.« (V 3.307)

Und es wird dem Menschen auch zum Bewußtsein gebracht – eben durch das »Zeugnis des Geistes vom Geist«. Dieses »Zeugnis« ist in seiner unmittelbaren Gestalt das »unmittelbare Wissen« oder die »Offenbarung in uns« – das Selbstbewußtsein des Geistes. Insofern gelingt es Hegel, seine Konzeption mit dem geschichtlich vorgegebenen Gedanken des »unmittelbaren Wissens« und also mit den »Zeitüberzeugungen« zu vermitteln: Im »unmittelbaren Wissen« ist »die unzertrennliche Einheit des Bewußtseins mit Gott ausgesprochen«, und »so ist in jener Untrennbarkeit das enthalten, was im Begriff des Geistes liegt, daß der Geist für den Geist selbst ist«; das »unmittelbare Wissen« ist also selbst ein »Zeugnis des Geistes vom

Geist« (V 3.306 f). In anderer Hinsicht allerdings bleibt Hegels Kritik am Glauben als »unmittelbaren Wissen« bestehen: Das Prinzip des »unmittelbaren Wissens« reduziert die religiöse Erkenntnis auf ihre ersten Elemente und verflüchtigt zunächst noch den zuvor für wesentlich gehaltenen Inhalt – ohne etwas anderes als die ›erkenntnislose Innerlichkeit‹ an dessen Stelle setzen zu können. Deshalb ist es für Hegel zwar die unverzichtbare Grundlage, aber auch *nur* die Grundlage, und erst die Philosophie ist es, »welche dies Prinzip des unmittelbaren Wissens selbst als Inhalt erkennt und als solchen zu seiner wahrhaften Ausbreitung in sich selbst fortführt« (V 3.74 f). Sie ist gleichsam die wissenschaftliche Explikation des »unmittelbaren Wissens« und ineins damit des »Zeugnisses des Geistes vom Geiste«. Ein neuer »Bruch zwischen Denken und Glauben« kann unter diesen Bedingungen nicht mehr eintreten. Doch solange der Glaube als »äußerlicher«, historischer Glaube verstanden wird, wird der alte Bruch perpetuiert, und die Entzweiung des Bewußtseins wird unüberbrückbar bleiben.

Zur Genealogie des Deutschen Idealismus. Konstitutionsgeschichtliche Bemerkungen in methodologischer Absicht

Über den »Deutschen Idealismus« ist schon viel Tiefes gedacht und geschrieben worden. Deshalb möchte ich hier nur eine banale Frage behandeln – die Frage nämlich, wie und wann der »Deutsche Idealismus« entstanden sei. Meine Antwort wird allerdings von derjenigen abweichen, die man von jedem Studenten bereits zu Beginn des Grundstudiums erwartet. Denn der »Deutsche Idealismus« entsteht keineswegs in den 1790er Jahren, in der Denkbewegung von Kant über Reinhold zu Fichte und Hölderlin, und weiter zu Schelling und Hegel. Vielmehr erfolgt die Genese des »Deutschen Idealismus« erst nach seinem Zusammenbruch. Und seine Erfinder sind zwei Neukantianer – einer aus der Marburger und der andere aus der Südwestdeutschen Schule.

Dies scheint paradox – doch »Deutscher Idealismus« ist ja nicht der Name eines geschichtlichen Individuums, dessen Lebensdaten und Aufenthaltsorte man angeben könnte, sondern ein Konzept der Geschichtsschreibung – und ich sage mit Bedacht nicht: der Philosophiegeschichtsschreibung. Derartige Konzepte aber bedürfen gleichsam einer »Deduktion«, um die Befugnis zu ihrem Gebrauch darzutun. Es geht mir also nicht um das Jahrzehnt der Franzosen- und Griechen-, der Kant- und Spinoza-Begeisterung. Es geht – inhaltlich – um die Bedingungen der Genese des Konzepts »Deutscher Idealismus« und – methodologisch – um Probleme der philosophiehistorischen Begriffsbildung.

Die Rede vom »Deutschen Idealismus« ist ja nichts weniger als selbstverständlich. Den von uns so genannten »Deutschen Idealisten« – Fichte, Schelling und Hegel – ist der »Deutsche Idealismus« unbekannt. Dies verwehrt uns zwar nicht, sie gleichwohl so zu bezeichnen. Auch Parmenides hat nie gewußt, daß er ein »Vorsokratiker« war, und doch sind wir gewohnt, ihn so zu nennen. Allerdings ist dieser Fall nur bedingt vergleichbar: »Vorsokratik« ist – ob glücklich oder nicht – eine primär chronologische Bestimmung, »Idealismus« hingegen ist ein Begriff, dessen Bedeutung zwar stark schwankt, aber nicht völlig eliminierbar ist – und deshalb ist fraglich, in welchem Sinne und mit welcher Berechtigung dieser Begriff hier verwandt werde. Kants »transzendentaler Idealismus« schließt bekanntlich auch eine »Widerlegung des Idealismus« in sich[1]. Der frühe Schelling spricht zwar – gegenüber Kant und Fichte – prägnant von einem »absoluten Idealismus«, der Realismus und (relativen) Idealismus unter sich begreife[2]. Doch gilt dies nur für die kurze identitätsphilosophische Phase seines Philosophierens – auch wenn Schelling hier mit Emphase betont, »alle Philosophie« sei solcher Idealismus[3]. Dem »absoluten Idealismus«, der die Einheit des Selbstbewußtseins nur als unmittelbare Gewißheit ausspreche, stellt Hegel in seiner Phänomenologie des Geistes die Vernunft entgegen, die »als Reflexion aus« der »entgegengesetzten Gewißheit auftritt« (GW 9.133–137). Diesen Vernunftstandpunkt versteht Hegel aber gerade nicht »als Idealismus«. Und in seiner *Wissenschaft der Logik* erklärt er schließlich, jede Philosophie sei wesentlich Idealismus – weil nämlich das Endliche für sie aufgehoben, ideell, sei. Aber er sagt zugleich ebenso scharf wie in der *Phänomenologie*, mit dem »systematischen Idealismus der Subjectivität« sei nichts verloren und deshalb auch nichts gewonnen, weil er die Endlichkeit als solche bestehenlasse (GW 21.142f). Hegel verwendet das Wort »Idealismus« also gerade nicht zur Bezeichnung seines Denkens – weil es sich von einem mißverstandenen Begriff von »Subjektivität« nicht deutlich ablösen läßt.

Ebensowenig dient es ihm zur Bezeichnung seiner Epoche der Philosophiegeschichte. Er gibt der »neuesten deutschen Philosophie« – über diesen formellen Titel hinaus – noch keinen Namen, und nicht

1 Kant, *Kritik der reinen Vernunft*, B 274–287.

2 Schelling, *Ueber das Verhältniß der Naturphilosophie zur Philosophie überhaupt.* SW I/5.112; ebenso *Ideen zu einer Philosophie der Natur als Einleitung in das Studium dieser Wissenschaft* (2. Aufl. 1803), SW I/2.67 [AA I/13.105]; vgl. *Abhandlungen zur Erläuterung des Idealismus der Wissenschaftslehre* (2. Aufl. Landhut 1809), SW I/1.343ff. – An anderer Stelle versteht Schelling unter dem »idealistischen« den praktischen Teil der Philosophie; s. *Ueber den wahren Begriff der Naturphilosophie und die richtige Art, ihre Probleme aufzulösen*, SW I/4.84, 86, 88, 95–97.

3 SW I/1.67. – Später hat Schelling diesem Terminus eine andere Bedeutung nachgesagt: Seine Identitätsphilosophie sei »absoluter Idealismus« gewesen, weil sie sich mit dem »reinen Was der Dinge beschäftigt« habe und nicht mit ihrer Existenz; SW I/10.149.

anders Schelling in seinen Münchner Vorlesungen. Von »Idealismus« reden beide nur im Blick auf Kant und den frühen Fichte.[4] Doch wann – und vor allem: unter welchen geschichtlichen und gedanklichen Bedingungen – werden einige philosophische Systeme, vielleicht auch nur einige Ausschnitte aus solchen Systemen, als »Deutscher Idealismus« konzeptualisiert?

Zur Erhellung der Genese dieses Konzepts bietet sich ein probates Mittel: der Griff zu einem gerade hier wohlbekannten begriffsgeschichtlichen Wörterbuch. Doch statt des erhofften Aufschlusses findet sich dort – neben abstrusen Überlegungen, ob Nietzsche zum Deutschen Idealismus zu rechnen sei – als ein früher Beleg der Hinweis auf Herman Nohls Vorschlag, statt vom »Deutschen Idealismus« von der »Deutschen Bewegung« zu sprechen[5] – und in Verbindung damit der unbekümmerte Hinweis auf die Nähe des Begriffs zu Paul de Lagardes ekelerregenden Phrasen von der idealistischen deutschen Jugend. 1870 sei sie mit flammendem Herzen »in den grausigen Tod, in den schönen Tod« gezogen, während die, die nicht ebenfalls hinaus gekonnt, bittere Tränen darüber vergossen hätten. Von hier aus schlägt sich dann leicht der Bogen zu dem, was man einmal mit viel Emphase »die Ideen von 1914« genannt hat.[6] In dieser Fassung läßt die Rede vom »Deutschen Idealismus« weniger die Prinzipien des Selbstbewußtseins oder der Identität von Denken und Sein assoziieren als vielmehr das Schicksal der Pfadfinderregimenter vor Ypern und Langemarck.

4 Hegel, *Vorlesungen über die Geschichte der Philosophie,* Teil 4 (=V 9).148ff; vgl. TWA 20.314ff; Schelling, *Zur Geschichte der neueren Philosophie. Münchener Vorlesungen,* SW X.85, 89, 95. – Auch Friedrich Schlegel spricht von einem »Kampf zwischen den Idealisten und den Empirikern« – aber in einem »allgemeinen Sinne, in welchem dieser Zwiespalt sich fast über alle Gebiete unsers gesamten geistigen Wirkens erstreckte« und in dem er auch Jakob Böhme einen Idealisten nennt. Siehe *Vorlesungen über die Geschichte der alten und neuern Literatur,* KFSA VI.409, bzw. *Die Entwicklung der Philosophie in zwölf Büchern,* KFSA XII.257.

5 Herman Nohl, *Die Deutsche Bewegung und die idealistischen Systeme,* in: *Logos* 2 (1911/12), 350–359.

6 Hermann Zeltner, Art. *Idealismus, Deutscher,* in: *Historisches Wörterbuch der Philosophie,* Bd. 4.35–37, unter Verweis auf Lagarde, *Deutsche Schriften* [5]1920, 407.

Es scheint fatal, daß damit der Umkreis der Genese des Konzepts »Deutscher Idealismus« getroffen sein sollte. Denn solcher ›Idealismus‹ reimt sich allzu leicht auf ›Nationalismus‹. Schwer ist von hier aus der Rückweg in die leidenschaftslose Stille der rein denkenden Erkenntnis, die wir – nach Hegels Wort – gern mit der Rede vom »Deutschen Idealismus« verbinden. Und doch ist die verunglückte begriffsgeschichtliche Auskunft zwar einseitig, aber nicht gänzlich verfehlt. Wann also und warum wird die Philosophie der Jahre um 1800 – oder auch nur ein Ausschnitt aus ihr – als Einheit konstruiert und als »Idealismus« konzeptualisiert? Diese Fragen möchte ich zunächst kurz an der Vorgeschichte und dann ausführlicher an der eigentlichen Genese des Konzepts beantworten; am Schluß werde ich daraus einige methodologische Konsequenzen ziehen.

I. Vorgeschichte des Deutschen Idealismus

Die auf Hegel und Schelling folgende Epoche der Philosophie ist nicht nur die Zeit des Bruches im Denken des 19. Jahrhunderts. Ebensosehr ist sie die Epoche der vor allem von Hegel inspirierten, durch die Namen Feuerbach,[7] Erdmann[8] und Michelet[9] bezeichneten Philosophiehistorie. Von Kant, Hegel und Schelling sind diese Historiker einerseits durch das klare Bewußtsein einer Distanz geschieden. Im weiteren Sinne aber wissen auch sie sich noch der durch Kant eröffneten Epoche der Philosophiegeschichte zugehörig. Sie beginnen mit der Konzeptualisierung dieser Epoche, bleiben aber noch bei einem

7 Ludwig Feuerbach, *Vorlesungen über die Geschichte der neueren Philosophie*, bearbeitet von Carlo Ascheri (†) u. Erich Thies. Darmstadt 1974, 121–183. – Feuerbach hat den Begriff des »Idealismus« am stärksten akzentuiert, allerdings in sehr allgemeinem Sinn; siehe 121: »Der Idealismus ist die Philosophie der Sammlung in sich selbst, des Beisichseins, der Besonnenheit.« Auch die Dreiheit Fichte-Schelling-Hegel findet sich bei Feuerbach, siehe 130 Fußnote: »Drei Emanationen aus dem Jupiterskopfe der kritischen Vernunft, des Idealismus – die rein ethische: Fichte – die ästhetische – Schelling – die metaphysisch-universal geistige – die Hegel(sche Philosophie).«

8 Johann Eduard Erdmann, »Neuere Systeme«, in: ders., *Grundriß der Geschichte der Philosophie*, Bd. 2: *Philosophie der Neuzeit*, Berlin 1866.

9 Carl Ludwig Michelet, *Geschichte der letzten Systeme der Philosophie von Kant bis Hegel*, Bd. 2, Berlin 1838.

vorzugsweise chronologischen Epochenbegriff stehen und stellen ihre Zeit nicht unter einen materialen Begriff, geschweige denn unter den des »Deutschen Idealismus« – auch wenn dies heute in Neuauflagen damaliger Werke suggeriert wird.[10]

Charakteristisch für den Rückblick der damaligen Philosophiehistoriker auf ihre Epoche sind Titel wie »Geschichte der letzten Systeme«, »Spekulation von Kant bis Hegel«, »Neuere Philosophie«, »Neuere Spekulation«. Nur ein inhaltliches Merkmal ergänzt das chronologische: Die gegenwärtige Epoche der Philosophie gilt stets als durch Kant inauguriert.[11] Dieses Bewußtsein teilt bereits Hegel mit Schelling und später der Rechtshegelianer Erdmann mit dem Linkshegelianer Michelet. Doch das Wissen um den gedanklichen Reichtum dieser Epoche verbietet, ihre chronologische Einheit (von Kant bis zur Mitte des 19. Jahrhunderts) auch als inhaltliche Einheit zu begreifen. Die Vielfalt der durch Kant, aber auch durch Spinoza angeregten und noch klar vor Augen stehenden Fragestellungen und Problemlösungen läßt sich nicht auf einen Begriff bringen: Neben und zwischen Fichte, Schelling und Hegel stehen Schleiermacher, Herbart, Krause, Baader, Bolzano, Fries, Beneke, Trendelenburg, Schopenhauer und viele andere. Sofern über die chronologische Einheit hinaus sachliche Zuordnungen erfolgen, so geschieht dies unter Betonung der Differenzen derjenigen Ansätze, die wir als Einheit zu betrachten gewohnt sind: Die Gegenwart erscheint dann nicht als die Spätphase des »Deutschen Idealismus«, sondern als die Zeit des Kampfes der Schellingschen gegen die Hegelsche Philosophie.[12] Die Einheit, die

10 Siehe Johann Eduard Erdmann, *Philosophie der Neuzeit. Der deutsche Idealismus. Geschichte der Philosophie VI/VII,* Reinbek bei Hamburg 1971 (= Rowohlts Deutsche Enzyklopädie). – Doch Erdmanns philosophiehistorische Konzeption gehört einer Epoche an, die diesen Begriff – aus gutem Grund – noch gar nicht kennt.

11 Karl Rosenkranz behandelt in seiner *Geschichte der Kant'schen Philosophie* (Leipzig 1840) kurzerhand Fichte, Herbart, Schopenhauer, Schelling, Baader, Daub und Hegel unter dem Titel »Die Überwindung der Kant'schen Philosophie«.

12 So Carl Ludwig Michelet, *Entwicklungsgeschichte der neuesten deutschen Philosophie mit besonderer Rücksicht auf den gegenwärtigen Kampf Schellings mit der Hegelschen Schule. Dargestellt, in Vorlesungen an der Friedrich-Wilhelms-Universität zu Berlin im Sommerhalbjahre 1842. Berlin 1843.* Siehe auch Theodor Echtermeyer u. Arnold Ruge: *Der Protestantismus und die Romantik. Zur Verständigung über die Zeit und ihre Gegensätze. Ein Manifest,* in: *Hallische Jahrbü-*

hier auszumachen ist, ist vorzugsweise die Einheit eines – notabene philosophischen – Schlachtfeldes: Schon Schelling sagt in seinen philosophiegeschichtlichen Vorlesungen, nie sei »ein größerer äußerer und innerer Kampf um die höchsten Besitzthümer des menschlichen Geistes gekämpft worden« als in der – durch Kants Impuls geprägten – Epoche.[13] Kein Kenner der neueren Philosophie wäre damals auf die Ansicht verfallen, man könne die Spannungen auch nur zwischen den transzendentalphilosophischen, naturphilosophischen und metaphysischen Ansätzen der Jahrhundertwende unter dem Titel »Deutscher Idealismus« befrieden. Ihre dennoch vorhandene, aber gleichsam subkutane systematische Einheit manifestiert sich lediglich in ihrem Kampf gegeneinander: denn darin, daß sie miteinander streiten, zeigt sich, daß sie um etwas streiten, dem ihr gemeinsames Interesse gilt.

II. Die Genese des »Deutschen Idealismus«

Unter welchen Bedingungen wird dieser vorwiegend chronologische Epochenbegriff zu einem materialen Harmoniekonzept weiterentwickelt, und unter welchen Bedingungen wird dieses Konzept auf den Namen »Deutscher Idealismus« getauft? Die Geschichte dieses Begriffs ist noch nicht geschrieben. Deshalb muß ich hier den für begriffsgeschichtliche Auskünfte notorischen Vorbehalt in Anspruch nehmen: Das früheste Auftreten eines Terminus ist immer nur dasjenige, das noch nicht durch einen noch früheren Nachweis zum späteren degradiert ist. Doch spricht es für meine Skizze, daß meine beiden frühesten, für unseren Kontext erheblichen Belege noch deutlich den Charakter eines Begriffs in statu nascendi an sich tragen.

Die Genese des Konzepts »Deutscher Idealismus« vollzieht sich in drei Phasen: der »Einführung des Terminus«, seiner »Ausprägung zu

cher für deutsche Wissenschaft und Kunst, Halle 1839, 2158: »Die Schelling'sche Philosophie ist [...] ein Abfall von der Philosophie.« (Vgl. Jaeschke (Hg.), *Philosophie und Literatur im Vormärz. Der Streit um die Romantik (1820–1854).* Quellenband. Hamburg 1994 (PLS 4.1.254)).

13 Schelling, *Zur Geschichte der neueren Philosophie. Münchener Vorlesungen,* SW X.73.

einer philosophiehistorischen Kategorie« und sodann zu einer »kulturgeschichtlichen Kategorie«.

(1) Friedrich Albert Lange ist es gewesen, der die Rede vom »Deutschen Idealismus« zwar nicht zum ersten Mal verwendet,[14] aber durch seine wirkungsmächtige Geschichte des Materialismus eingebürgert hat.[15] Im Kontrast zum Vordringen des Materialismus um die Jahrhundertmitte stellt er die Philosophie der Jahrhundertwende und ihr Umfeld unter den Titel »Deutscher Idealismus« – und damit beginnt im Jahre 1866 die Karriere des Begriffs:

Die Geburt des »Deutschen Idealismus« erfolgt also aus dem Geiste der Auseinandersetzung zwischen Materialismus und Idealismus – ein Vierteljahrhundert nach dem sogenannten Zusammenbruch des »Deutschen Idealismus«.

Drei Bedingungen haben diese Begriffsbildung und ihren Erfolg begünstigt: Die wichtigste unter ihnen ist die gedankliche Distanz zur

14 Das Wort scheint erstmals von Friedrich Engels verwandt worden zu sein in einem Brief an Karl Marx vom 19. November 1844, MEW 27.11: Max Stirner sei ein »auf den Schultern des deutschen Idealismus« stehender, »in Materialismus und Empirismus umgeschlagener«, deshalb gegenüber Bentham konsequenter Idealist. – In den beiden folgenden Jahren findet der Terminus sich wiederum bei Marx und Engels; s. *Die heilige Familie, oder Kritik der kritischen Kritik. Gegen Bruno Bauer & Consorten.* Frankfurt am Main 1845; s. Karl Marx, *Frühe Schriften*, hg. von Hans-Joachim Lieber und Peter Furth, Bd. 1, Stuttgart 1962, 820: Nachdem Hegel die Metaphysik des 17. Jahrhunderts »auf eine geniale Weise mit aller seitherigen Metaphysik und dem deutschen Idealismus vereint und ein metaphysisches Universalreich gegründet hatte, [...]«. – Auch in einer gestrichenen Passage der *Deutschen Ideologie* (Erstveröffentlichung 1932), MEW 3.14, heißt es: »Der deutsche Idealismus sondert sich durch keinen spezifischen Unterschied von der Ideologie aller andern Völker ab.« (Für den Hinweis auf diese beiden Stellen bin ich Herrn Orrin F. Summerell sehr zu Dank verpflichtet.) – In seinen mathematischen Manuskripten hingegen versteht Karl Marx »Idealismus« als transzendentalen Idealismus Kants; s. Marx, *Mathematische Manuskripte.* Deutsche Erstveröffentlichung. Kronberg/Taunus 1974, 138. – In einem noch nicht technisch geprägten Sinn schreibt Rudolf Haym im Blick auf Hegels Reformbill-Schrift: »Der preußische Büreaukratismus, verbündet mit dem deutschen Idealismus, macht Partei gegen die englische Staatsweise und den praktisch-empirischen Verstand der Landsleute Bacons.« S. *Hegel und seine Zeit. Vorlesungen über Entstehung und Entwickelung, Wesen und Werth der Hegel'schen Philosophie.* Berlin 1857, 457.

15 Friedrich Albert Lange, *Geschichte des Materialismus und Kritik seiner Bedeutung in der Gegenwart.* Bd. 2, Iserlohn ²1875) 520, 529 (Iserlohn ¹1866, 292).

Metaphysik der Jahrhundertwende. Fichte, Hegel und Schelling gelten der damals herrschenden Sicht gleicherweise als tote Hunde – auch wenn die letzten noch lebenden Schüler Hegel zu seiner Säkularfeier als »Nationalphilosophen«[16] oder gar als »unwiderlegten Weltphilosophen«[17] erneut ins Gespräch zu bringen suchen. Solange man den Philosophien Fichtes, Schellings und Hegels, aber auch Herbarts und Krauses Verständnis entgegenbrachte und systematische Relevanz zuerkannte, konnte man sie nicht unter einem Titel ansprechen. Erst als – mit der Veränderung der Perspektive – die Kluft zwischen ihnen eingeebnet war, ging man dazu über, sie unter einen Begriff zu stellen. Dies ist nicht nur eine natürliche Folge des größeren Zeitabstands, sondern der veränderten Theorielage: Zuvor ungekannte Probleme haben sich in den Vordergrund geschoben und dadurch das Wissen über die vorausgegangene Philosophie aus dem Bewußtsein der sog. Gebildeten verdrängt – auch wenn die Philosophiehistorie jener Jahre es noch wachzuhalten versucht hat: Vom »Deutschen Idealismus« hat man also erst zu reden begonnen, als man nicht mehr viel über ihn zu sagen wußte.

Eine zweite Subsumtionsbedingung liegt in der Inhaltsleere des damals grassierenden Idealismus-Begriffs, in seiner pauschalen Entgegensetzung gegen den des Materialismus, wenig später auch des Positivismus. Wenn die Welt des Gedankens nur noch zweigeteilt, von einer Dichotomie beherrscht wird, so findet sich auf beiden Seiten manches vereint, was – näher besehen – nicht recht zusammenpaßt. Zudem besteht ein eigentümliches Verhältnis zwischen der geschichtlichen Abfolge und ihrer terminologischen Fixierung: Das Scheitern des kühnen Gedankenflugs des »Deutschen Idealismus« bereitet in Langes Sicht den Boden für den Materialismus; andererseits geht ihm erst aus dieser Kontrastierung mit dem Materialismus der Begriff des Idealismus hervor. Das Kriterium der Einheit des »Deutschen Idealismus« liegt gleichsam darin, daß der Materialismus sich ihm pauschal entgegensetzt. Daß dann »Spiritualismus« der

16 Karl Rosenkranz, *Hegel als deutscher Nationalphilosoph,* Leipzig 1870.

17 Carl Ludwig Michelet, *Hegel der unwiderlegte Weltphilosoph. Eine Jubelschrift,* Leipzig 1870.

richtige Gegenbegriff wäre, fällt damals nicht mehr als störend auf – trotz Feuerbachs gleichnamiger Schrift.[18]

Die dritte Bedingung der Begriffsbildung und zugleich ihres beharrlichen Erfolgs liegt in ihrer Indifferenz gegenüber philosophischen und sonstigen kulturellen Gestalten. Es hat zwar den Anschein, als verwende Lange den Begriff sehr präzise – wenn er etwa den »Deutschen Idealismus« mit der Julirevolution (1830) enden läßt. Doch gerade diese Abgrenzung erweist sich als Indiz eines vagen Begriffs: Sie entspricht eher dem literargeschichtlichen Begriff der »Kunstperiode«[19] als einem prägnanten philosophiehistorischen Epochenbegriff. Wenige Jahre vor Lange läßt auch Dilthey die »große Bewegung des deutschen Geistes« mit Lessing und Kant beginnen und mit dem Tod Goethes, Hegels und Schleiermachers – also in den Jahren 1831–1834 – enden.[20]

Doch Langes Rede vom »Deutschen Idealismus« bewegt sich leider nicht auf dem Niveau von Heines Begriff der »Kunstperiode«. Er verbucht andere und zum Teil trübe Assoziationen unter »Idealismus«: so die »idealistische Vaterlandsschwärmerei« »der Volkserhebung in den Befreiungskriegen« oder die »idealistischen Tendenzen des Turnunterrichts«;[21] aber auch von der Kritik an den politischen Verhältnissen des Vormärz heißt es, sie sei im Laufe der Zeit zunehmend »idealistischer« geworden.[22] Und schließlich erklärt Lange gar die geistige, vornehmlich ästhetische Revolution der Jahre um 1800 nicht nur – wie seit Friedrich Schlegel üblich – zum überlegenen Surrogat für die Französische Revolution. Er stilisiert den »Rausch des Idealismus« zum weltgeschichtlichen Ausgleich für das deutsche Defizit in der imperialistischen Erfolgsbilanz: zum Ersatz dafür, daß

18 Ludwig Feuerbach, *Über Spiritualismus und Materialismus, besonders in Beziehung auf die Willensfreiheit.* In: Feuerbach, *Gesammelte Werke*, Bd. 11.53–186.

19 Heinrich Heine, *Französische Maler*, in: *Heine-Säkular-Ausgabe*, Bd. 7.49.

20 Wilhelm Dilthey, *Leben Schleiermachers*, Bd. 1, Berlin 1870, VI. – Diese Periodisierung entspricht dem Selbstverständnis der Generation der frühen 1830er Jahre; vgl. András Gedö: *Philosophie zwischen den Zeiten. Auseinandersetzungen um den Philosophiebegriff im Vormärz*, in: *Philosophie und Literatur im Vormärz*, 1–39.

21 Friedrich Albert Lange, *Geschichte des Materialismus*, Bd. 2.520, 530.

22 Ib. 533.

Deutschland bei der Aufteilung der Welt leer ausgegangen sei.[23] Idealismus statt Imperialismus – auf diese knappe Formel könnte man Langes Kompensationstheorie bringen.

Lange also verschafft dem Terminus »Deutscher Idealismus« das Bürgerrecht im philosophischen Diskurs – aber gerade nicht dem »Idealismus« als einem Epochenbegriff der Philosophiegeschichte. Das Wort bezeichnet eher das allgemein-kulturelle Phänomen vermeintlich ethisch wertvoller Gemütsaufwallungen – oder mit dem Wort Diltheys, der aber nur von »Idealismus« und nicht vom »Deutschen Idealismus« spricht: Es bezeichnet die »gewaltige sittliche Gährung«, die sich durch eine »weltgeschichtliche Fügung … in der Krisis unseres Vaterlandes erproben sollte.«[24] Oder, mit einem etwas späteren Wort Diltheys: Die Schöpfungen des »Idealismus« sind der »Ausdruck des deutschen Geistes« aus den »trüben Tagen politischer Zerrissenheit und militärischer Ohnmacht«.[25] Mit dem begrifflichen Gehalt des »absoluten Idealismus«, den ich vorhin im Rückblick auf Hegel und Schelling kurz gestreift habe, hat Langes wie auch Diltheys Verwendung des Begriffs recht wenig zu tun. Ansätze zu einer philosophischen Präzisierung des Idealismusbegriffs finden sich erst, wo Lange den ethischen Idealismus neben den wissenschaftlichen Materialismus stellt. Aber dort gebraucht er das Wort gerade nicht als Epochenbegriff.

»Deutscher Idealismus« also ist an seinem Ursprung nicht ein erkenntnistheoretisch oder metaphysisch bestimmter, ja überhaupt kein prägnanter philosophischer Begriff. Er entspringt einer politischen und insbesondere kulturgeschichtlichen Lage, in der man sich – zumeist ohne fundiertes philosophisches Erkenntnisinteresse – der für ethisch wertvoll erklärten Traditionen der Wende zum 19. Jahrhundert (und besonders der Vaterlandsliebe) vergewissern will – gegenüber der Blindheit, Geistlosigkeit und Vaterlandslosigkeit des Vulgärmaterialismus und des Positivismus.

23 Ib. 512.

24 Dilthey, *Leben Schleiermachers,* Bd. 1.IX.

25 Dilthey: *Archive für Literatur* (1889), in: *Gesammelte Schriften,* Bd. 15: *Zur Geistesgeschichte des 19. Jahrhunderts,* hg. von Ulrich Herrmann, Göttingen 1970, 1.

(2) Ein neues Stadium der Geschichte des Begriffs des »Deutschen Idealismus« beginnt, als Wilhelm Windelband, der südwestdeutsche Neukantianer, fünfzehn Jahre nach dem Marburger Neukantianer Lange dessen diffuse Verwendung des Wortes zum philosophiehistorischen Epochenbegriff präzisiert.[26]

Eine Philosophiegeschichtsschreibung, die mit weitmaschigen, primär chronologischen Epochenbegriffen arbeitet, tut gut daran, diese Begriffe nicht zu materialen Einheitsprinzipien umzudeuten. Denn die materiale Interpretation tradierter formaler Konzepte tendiert zur Nivellierung vorgefundener Differenzen und zur Ausscheidung oder Verdrängung all dessen, was nicht unter das materiale Prinzip subsumierbar ist und sich solcher Nivellierung hartnäckig entzieht. Dies lehrt auch Windelbands problemgeschichtlich orientierte Philosophiehistorie: Chronologische Abgrenzung und materiale Einheit lassen sich nur schwer zur Deckung bringen, und daraus resultiert ein gut Teil der Spannungen in Windelbands Begriff des »Deutschen Idealismus«: Er nimmt den Epochenbegriff der überwiegend hegelianisch inspirierten und trotz ihres Entwicklungsgedankens vorwiegend doxographisch orientierten Philosophiehistorie auf, stellt jedoch die Einheit dieser Epoche – von Kant bis Hegel und Herbart – unter den Begriff des »Deutschen Idealismus«.[27]

Fraglos kann man die Gesamtheit der philosophischen Entwürfe des frühen 19. Jahrhunderts unter dem Titel »Weiterbildung und Überwindung der Kant'schen Philosophie« abhandeln[28] – allerdings nimmt man ihnen dann ihr Eigengewicht. Man kann sie aber nicht – zumindest nicht ohne krasse Dissonanzen – unter den Titel »Deutscher Idealismus« stellen – sofern dieser nicht inhaltsleer werden soll. Windelband gebraucht zwar diesen Titel, aber er gibt ihm noch keinen spezifischen Inhalt – außer dem einen: Er ist der Titel für alle Ansätze, die an der Auflösung des Kantischen Ding an sich arbeiten.[29] Die erheblichen Differenzen zwischen diesen Entwürfen versteht Windelband als unterschiedliche Spielarten des »Deutschen Idealismus«,

26 Wilhelm Windelband, *Die Geschichte der neueren Philosophie,* Bd. 2: *Von Kant bis Hegel und Herbart. Die Blüthezeit der deutschen Philosophie,* Leipzig 1880.

27 Ib. insbesondere 330f.

28 Karl Rosenkranz am Ende seiner *Geschichte der Kant'schen Philosophie.*

29 Ib.

der nahezu zum Pan-Idealismus anschwillt: Er umfaßt den ethischen, den physischen, den »ästhetischen, den absoluten, den logischen und den religiösen Idealismus" – und sogar noch den »unpraktischen Idealismus«, an dem Friedrich Krause gestorben sei.[30]

Zur Epoche gehören aber auch diejenigen Ansätze, die Windelband als »Irrationalismus« (Jacobi, Schopenhauer, der späte Schelling) oder als »Realismus« (Herbart, Bouterwek) oder als »Psychologismus« (Fries, Beneke) versteht.[31] Deshalb eignet sich der Terminus »Deutscher Idealismus« nicht recht zum Epochenbegriff. Er bezeichnet zunächst auch nur das genannte Konglomerat höchst unterschiedlich qualifizierter »Idealismen«, von denen Windelband sagt, daß sie in Hegels Philosophie ihre höchste Gestalt fänden[32] – nicht aber die Einheit der Epoche. Erst in seinem späteren Lehrbuch der Geschichte der Philosophie sucht Windelband die ursprünglich verbliebene Spannung zwischen der Totalität der Epoche und der Partialität des »Deutschen Idealismus« aufzuheben. Nun reiht er auch diejenigen in die »Entwicklung des Idealismus« ein, die er ihr im früheren Werk gegenüberstellt: Aenesidemus, Reinhold, Bouterwek, Herbart und Schopenhauer. Denn auch sie vollzögen die Auflösung der Erfahrungswelt in Bewußtseinsprozesse.[33] Der erstarkte »Deutsche Idealismus« verschlingt hier auch noch seine Antipoden.

Die Ausprägung des Terminus zum philosophiehistorischen Begriff bildet jedoch nur die dem Lichte zugewandte Seite der Entwicklung. Auf ihrem dunklen Grunde wabern mächtige ideenpolitische Konnotationen: Windelband versteht den »Deutschen Idealismus« als geistigen Wegbereiter des neuen Nationalstaats. Mit dieser eiligen Anpreisung trägt er den Farbton in das Bild des »Deutschen Idealismus« ein, der später die Abwendung nicht-nationalistisch gesinnter Kreise des Bürgertums von dieser Philosophie begünstigt: ihre vorgebliche Eignung zur Ideologie der Wilhelminischen Ära. Zur Zeit des Untergangs des alten Habsburgischen Reiches – so Windelband in kryptischen und doch damals jedem verständ-

30 Ib. 197–330.

31 Ib. 330–397.

32 Windelband, *Die Geschichte der neueren Philosophie,* Bd. 2, 329.

33 Windelband, *Lehrbuch der Geschichte der Philosophie,* Tübingen [5]1910, 475ff.

lichen Wendungen –, zur Zeit dieses Zusammenbruchs »reichen sich Dichtung und Philosophie die Hände, um die eherne Schlange einer nationalen Bildung zu errichten, in der die Zukunft ihr Heil finden sollte«[34] – es versteht sich: in Bismarcks Neugründung des Reiches.

Die eherne Schlange – das ist die Schlange, die Moses einst auf Gottes Rat als Zeichen in der Wüste aufrichten ließ, damit diejenigen, die von giftigen Schlangen gebissen würden, sie ansähen und am Leben blieben.[35] Das Johannesevangelium deutet diese Aufrichtung der ehernen Schlange als Typos des Kreuzes Christi.[36] Dem Neukantianer Windelband bleibt es vorbehalten, in die Fußtapfen des Evangelisten zu treten: den »Deutschen Idealismus« nach den biblischen Typoi zu stilisieren und ihm heilsgeschichtliche Würde zu verleihen: Die als »Deutscher Idealismus« begriffene »nationale Bildung« wird als eherne Schlange aufgerichtet – auf daß all jene, die vom Materialismus und Positivismus oder sonst von giftigem westeuropäischen Gedankengewürm gebissen worden, zu ihm aufblickten und nicht des Todes stürben. In besonders ernsten Fällen aber versagt sogar die göttliche Wunderkraft der ehernen Schlange: Denn all jenen, die – wie etwa Feuerbach – die »Schweine des Materialismus gehütet«, sich von den »Trebern des Kommunismus« ernährt und sich dem »Sinnesstrudel des Genusses« hingegeben haben, verwehrt Windelband die »Rückkehr in das Vaterhaus des deutschen Gedankens«.[37]

(3) Nicht diese soteriologische Überhöhung, sondern die vorhin bemerkte Diskrepanz zwischen der Beibehaltung des im wesentlichen formalen Epochenbegriffs und seiner Bezeichnung als »Deutscher Idealismus« hat in einem weiteren Schritt das Konzept des »Deutschen Idealismus« hervorgetrieben, das noch gegenwärtig dominiert. Formal ist dieser Wandel zu beschreiben als präzisierende Verengung des philosophiegeschichtlichen Begriffs. Als »Deutscher Idealismus« firmiert hier nicht die gesamte von Kant ausgehende Epoche: Ernst

34 Windelband, *Die Geschichte der neueren Philosophie*, Bd. 2,177.

35 Num 21,8f.

36 Ev. Joh. 3,14.

37 Windelband, *Im neuen Reich*, II.741, zitiert nach Michael von Gagern, *Ludwig Feuerbach. Philosophie- und Religionskritik. Die ›Neue‹ Philosophie*, München u. Salzburg 1970, 13.

Laas spricht 1884 von den »grossen deutschen Idealisten Fichte, Schelling und Hegel«. Doch für ihn bilden sie nicht – sit venia verbo – das intelligible Rückgrat der ehernen Schlange, sondern allenfalls einen abschreckenden Popanz: Von diesen Phantasten brauche man sich in der Durchführung positivistischer Prinzipien nicht stören zu lassen.[38] Die personalistische Verengung des Bedeutungsspektrums des »Deutschen Idealismus« vom Epochenbegriff zur Bezeichnung eines philosophischen Triumvirats begünstigt die Verwerfung eines solchen Idealismus – ähnlich wie schon in Schopenhauers Abwertung der drei genannten Philosophen als »der drei berühmten Sophisten der nachkantischen Periode«.[39] Denn einzelne Denker kann man leichter zum Kehricht der Philosophiegeschichte werfen als ganze Epochen.

Die Einheit des »Deutschen Idealismus« liegt hier nicht in der Identität der Probleme und der Ähnlichkeit ihrer Lösungen, sondern im Stigma ihrer theoretischen Verfehltheit. Dieser enge Begriff des »Deutschen Idealismus« dient zunächst als Kampfbegriff des Positivismus. Deshalb hat sich die enge Bedeutung nur langsam eingebürgert. Obgleich sie den Bedürfnissen der doxographischen und biographischen Philosophiehistorie entgegenkommt, findet sie keinen Eingang in die Werke Kuno Fischers oder Wilhelm Diltheys – obschon Dilthey in seiner Typenlehre den »Idealismus der Freiheit« (Kants oder Fichtes) und den »objektiven Idealismus« (Hegels oder Schellings) unterscheidet und dem Naturalismus entgegenstellt.[40] Erst nach der Wende zum 20. Jahrhundert, etwa bei Husserl oder Rickert, dann auch bei Heidegger,[41] wird der enge philosophiegeschichtliche

38 Ernst Laas: *Idealismus und Positivismus. Eine kritische Auseinandersetzung,* 3 Bde. Berlin 1879, 1882, 1884, hier Bd. 3.396.

39 Artur Schopenhauer, *Die Welt als Wille und Vorstellung,* Vorrede zur zweiten Auflage, in: *Gesammelte Werke,* hg. von Arthur Hübscher, Bd. 2, Leipzig 1938, XX.

40 Dilthey, *Weltanschauungslehre. Abhandlungen zur Philosophie der Philosophie,* in: *Gesammelte Schriften,* Bd. 8. Hg. von B. Groethuysen, Göttingen 1931, insbesondere 100–118.

41 Siehe etwa Martin Heidegger, *Der deutsche Idealismus (Fichte, Schelling, Hegel) und die philosophische Problemlage der Gegenwart,* in: *Gesamtausgabe,* 2. Abt.: *Vorlesungen 1919–1944,* Bd. 28, hg. von Claudius Strube, Frankfurt am Main 1997.

Begriff des »Deutschen Idealismus« zur gängigen Münze. Daneben beharrt zunächst aber auch noch der weite, problemgeschichtlich orientierte Epochenbegriff: Nicolai Hartmann schlägt unter dem Titel »Deutscher Idealismus« den Bogen von den Kantianern über den rationalen Realismus Reinholds und Bardilis und die Romantik bis zu Hegel – unter Einschluß von Denkern wie Fries und Herbart, von denen er einräumt, daß sie eigentlich nicht in den Idealismus gehören,[42] jedoch unter Ausschluß des sog. Spätidealismus, der dort eigentlich an seinem Platze gewesen wäre.

(4) Eine dritte Bedeutung des philosophiegeschichtlichen Begriffs vermittelt schließlich zwischen der weiten und der engen. Sie verlegt die Einheit des »Deutschen Idealismus« nicht in ein präzise zu benennendes Grundproblem (wie die Auflösung des Dings an sich) oder in eine allgemeine Problemlage (wie Hartmann), aber auch nicht in die personelle Konstellation der Jenaer Philosophie um 1800. Richard Kroner setzt die Einheit des »Deutschen Idealismus« nicht so sehr in den ererbten Problembestand als in den Prozeß seiner Aneignung und Fortbildung. Die »Einheit der Probleme und der Problemlösungen«[43] ist keine statische Größe; sie manifestiert sich allererst in ihrer sukzessiven – und rapiden! – Entfaltung. So ist sie gleichsam eine Hegelisch gedachte, substratlose, nur in der Relation ihrer Relata gründende Einheit. Eine solche Einheit aber ist die am wenigsten objektive der hier unterschiedenen Formen. Denn der Erweis eines derartigen Prozeßcharakters ist – noch weit stärker als der Erweis der Konstanz eines Grundproblems – das Resultat philosophiehistorischer Konstruktion – auch wenn sie sich als Rekonstruktion begreift.

Indem Kroner die Einheit des Idealismus in dessen Prozessualität verlegt, greift er ein altes Deutungsmuster auf. Man hält es oft für ein Hegelsches, obgleich sein Ursprung eher in Jacobis Sendschreiben An Fichte zu finden und Hegel nur sein später Erbe ist.[44] Noch vor ihm hat

42 Nicolai Hartmann, *Die Philosophie des Deutschen Idealismus,* Bd. 1. Berlin 1923, 6.

43 Richard Kroner, *Von Kant bis Hegel,* [1]1921/1924; Tübingen [2]1961, 7.

44 S. *Jacobi an Fichte,* Hamburg 1799, 6 (= JWA 2.196), sowie in Jaeschke (Hg.), *Transzendentalphilosophie und Spekulation. Der Streit um die Gestalt einer Ersten Philosophie (1799–1807),* Quellenband. Hamburg 1993, 4, bzw. Jacobi, *Von*

Friedrich Schlegel die Parallele zwischen der raschen Aufeinanderfolge der Systeme und den sich überstürzenden, einander verschlingenden Phasen der Französischen Revolution gezogen.[45] Und Jean Paul hat in seiner Politischen Fastenpredigt die rastlose Überbietung der zeitgenössischen Systeme sehr eindrucksvoll dargestellt: Der junge Kantianer, dem der Buchhändler ständig neue Bücherballen mit den Systemen Fichtes und Schellings liefert und so das Studium sauer werden läßt, beschließt endlich, jeweils sechs bis acht solcher Systeme zusammenkommen zu lassen, das widerlegende früher als die widerlegten zu lesen und sich durch dieses Rückwärtslesen so glücklich zu entzaubern, wie sich die Hexen durch das Rückwärtsbeten des Vaterunser bezaubern lassen.[46]

Doch bewältigt auch Kroner nicht die fundamentale Schwierigkeit, die schon Windelband mit abgestufter Gewaltsamkeit und gleichwohl ohne Erfolg zu lösen sucht und die auch Hartmann notiert: Wer den »Deutschen Idealismus« zum Epochenbegriff erhebt, weiß nicht wohin mit den nicht-idealistischen Ansätzen – es sei denn, daß er sie kurz entschlossen auf den Idealismus zwangsumtauft.[47] Und wer die Signatur des »Deutschen Idealismus« in den Prozeß *Von Kant bis Hegel* legt, weiß nicht wohin mit all dem, was sich dieser Teleologie entzieht – und dies ist nicht wenig. Unser Bild von der Philosophie um 1800 – einschließlich seiner immer noch zahlreichen weißen Flecken – ist geprägt durch diesen – fraglos sehr anspruchsvollen – Versuch, den »Deutschen Idealismus« als Einheit eines Denkprozesses zu entwerfen. Das Mißlingen dieses Versuchs führt jedoch dazu, das nicht Passende zu vernachlässigen – und somit die weißen Flecken zu vermehren: eine Art von fortschreitender Versteppung, verursacht auch durch inadäquate Konzeptualisierung.

den Göttlichen Dingen und ihrer Offenbarung, Leipzig 1811, 116–118 [JWA 3.75–77], sowie in: Jaeschke (Hg.), *Religionsphilosophie und spekulative Theologie. Der Streit um die Göttlichen Dinge (1799–1812),* Quellenband, Hamburg 1994, 202f (PLS 2.1 bzw. 3).

45 Friedrich Schlegel, *Geschichte der alten und neuen Literatur* (1812), KFSA IV.233f.

46 Paraphrasiert von Otto Willmann, *Geschichte des Idealismus,* Bd. III: *Der Idealismus der Neuzeit,* Braunschweig 1897, 532.

47 Hartmann, *Philosophie des deutschen Idealismus,* Bd. 1; s. insbesondere seine »Zeittafel der Hauptwerke des deutschen Idealismus«, 232f.

(5) Neben die drei philosophiehistorischen Varianten – den Epochenbegriff, den engen Begriff und den Prozeßbegriff – tritt damals noch eine weitere: die kulturgeschichtliche. Hierbei handelt es sich nicht um eine generalisierende Fortbildung des philosophiehistorischen Epochenbegriffs, sondern um die Ausarbeitung des schon von Lange ausgebreiteten diffusen Konglomerats von Bedeutungen zu einem kulturgeschichtlichen, wenn auch vorwiegend philosophie- und literaturgeschichtlichen Begriff.

Moritz Kronenberg eröffnet seine Geschichte des Deutschen Idealismus mit dem bereits aus der Idealismus-Materialismus-Diskussion bekannten und von ihm bis zu Parmenides zurückdatierten Idealismusbegriff. Hiervon hebt er die frühen, von Descartes bis zu Kant reichenden Formen des neuzeitlichen Idealismus ab und setzt schließlich die »Blütezeit des deutschen Idealismus« in die Entwicklung »Von Kant bis Hegel«. Kronenberg läßt den »Deutschen Idealismus« nicht allein im griechischen wurzeln; er konstruiert ihn insgesamt in enger Analogie zum griechischen. Dem Mythos von Prometheus dort entspricht hier die Gestalt des Faust; was dort Platon und Aristoteles, sind hier Schelling und Hegel; was dort Sophokles und Euripides, hier Goethe und Schiller. Und weil über griechische Musik – abgesehen von Orpheus – nur wenig bekannt ist, erhalten Mozart und Beethoven Praxiteles zum künstlerischen Pendant.[48]

Über die Erschließungskraft derartiger Analogien darf man geteilter Ansicht sein – und vielleicht nicht einmal dies. Hervorheben möchte ich etwas anderes: Auch dieses umfang- und kenntnisreiche Werk lehrt wider Willen, daß die verführerischen politischen Konnotationen, die Verbindungen zu den »Ideen von 1914«, sich nicht an erkenntnistheoretische oder metaphysische Probleme, überhaupt nicht an den philosophiegeschichtlichen Begriff, aber ungezwungen an die für ethisch wertvoll gehaltenen Aspekte des kulturgeschichtlichen Begriffs anschließen lassen – der Sache nach nicht anders als im

48 Moritz Kronenberg, *Geschichte des Deutschen Idealismus.* Bd. 1: *Die idealistische Ideen-Entwickelung von ihren Anfängen bis Kant,* München 1909; Bd. 2: *Die Blütezeit des deutschen Idealismus. Von Kant bis Hegel,* München 1912, hier Bd. 1,11. – Zum Fortleben des Begriffs in der neueren Musikwissenschaft sei noch hingewiesen auf Martin Geck, *Von Beethoven bis Mahler. Die Musik des deutschen Idealismus,* Stuttgart 1993.

Rückblick Langes auf die Befreiungskriege und Windelbands auf die Reichsgründung. Doch Kronenbergs Rede vom »Deutschen Idealismus« ist zugleich der Zukunft zugewandt: Er beschwört – und dies im Jahre 1912! – den »Geist des deutschen Idealismus« als den »Geist des deutschen Freiheitskrieges«, in dem das gesunkene deutsche Volk – zum Höchsten nun wieder fest entschlossen – seine »weltgeschichtliche Mission« ergreift und Taten »von weltgeschichtlicher Tragweite« vollbringt.[49] Man weiß, wie sie ausgesehen haben.

Nach dem Ersten Weltkrieg läßt der Rückschlag für den kulturgeschichtlichen Begriff nicht auf sich warten. Zeitgleich mit Richard Kroners trotziger – und im Blick auf sein späteres Schicksal geradezu tragischer – Wiederholung der Formeln von der »idealistischen Mission des deutschen Volkes«[50] rufen andere zum »Kampf gegen den Idealismus« auf, oder sie verkünden das Ende der »Religion des Deutschen Idealismus«[51] – im Sinne seiner Abdankung als einer ethisch-religiösen Potenz. Die Rede vom »Deutschen Idealismus« aber verdankt ihre Schlagkraft, ihre Geschichtswirksamkeit eben diesen ethisch-politischen Momenten des kulturgeschichtlichen Be-

49 Kronenberg, *Geschichte des Deutschen Idealismus,* Bd. 2.269f. – Siehe auch Rudolf Eucken, *Die Träger des deutschen Idealismus,* Berlin 1915, 9f: »Ungeheures geht bei uns vor, Ungeheures müssen wir wirken und leiden, Ungeheures fordert von uns die eherne Gegenwart. Um dem gewachsen zu sein, bedürfen wir nicht nur seelischer Kraft, sondern auch eines freudigen Vertrauens auf unser Volk, auf seine Tüchtigkeit und seine Größe. Kann nun überhaupt die Vergegenwärtigung dessen, was an Großem bei uns und von uns geschah, solches Vertrauen stärken, so gebührt dabei auch den Denkern ein Platz, welche wir als Träger des deutschen Idealismus verehren.« Eucken plädiert, »im zweiten Jahr des großen Krieges« (11), für ein festes Bündnis des »Idealismus des Gedankens« mit dem »Idealismus der Tat« (248) – vornehmlich derer, die »im Felde« (7) stehen.

50 Kroner, *Von Kant bis Hegel,* Bd. 1.XV. – Diese Rezeptionslinie ist auch charakteristisch für die »völkische Arbeit« der Fichte-Gesellschaft nach der Niederlage: »Über die politischen und wirtschaftlichen Parteiungen hinweg, *hat der deutsche Idealismus sich zu einer großen deutschen Kulturpartei zusammenzuschließen.«* Zitiert nach Klaus-M. Kodalle, *Der Stellenwert der Historiographie im Kontext des Fichteschen Geschichtsdenkens«,* in: Wolfgang H. Schrader (Hg.), *Materiale Disziplinen der Wissenschaftslehre. Zur Theorie der Gefühle,* in: *Fichte-Studien* 11, 259–285, hier 261.

51 Wilhelm Lütgert, *Die Religion des Deutschen Idealismus und ihr Ende,* 4 Bde. 1923–1931; ähnlich Helmut Groos, *Der Deutsche Idealismus und das Christentum. Versuch einer vergleichenden Phänomenologie,* Leipzig 1927.

griffs, in denen man heute mit Betroffenheit die Vorboten politischer Katastrophen erkennen muß. Man sollte deshalb nichts unversucht lassen, einen philosophiegeschichtlichen Epochenbegriff von diesen, im dunklen, nur schwer zu reinigenden Bodensatz des kulturgeschichtlichen Begriffs latenten Konnotationen zu befreien.

III. Abschied vom Deutschen Idealismus

(1) Der »Deutsche Idealismus« – so habe ich zu zeigen gesucht – ist nichts Vorfindliches, historisch Definites. Er ist das Resultat einer langen und doch nicht glücklichen, allgemein kulturgeschichtlichen und speziell philosophiehistorischen Begriffsbildung. Diese umfaßt beides – Vereinfachungen, Verdeckungen, Verdrängungen, aber auch eine früher ungekannte historisch-kritische Akribie und hermeneutische Intensität. Geschichtliche Entitäten wie den »Deutschen Idealismus« zu konstruieren ist bekanntlich leicht. Man braucht die Perspektive nur so weit zu wählen, daß man das Einzelne nicht mehr erkennen kann, und schon erscheinen epochale Gegensätze als bloßer Narzißmus kleiner Differenzen. Doch solcher Reduktion von Komplexität steht deren Steigerung in der heutigen, oft mikrologischen Forschung entgegen. Daraus erwachsen erhebliche Spannungen zwischen den immer einfacheren Begriffen, mit denen wir hantieren müssen, und dem immer detaillierteren Wissen, das wir in diese einfachen Formen zwängen und das durch sie unausweichlich deformiert wird.

Fraglos liegt dem Problem, das hier unter dem Stichwort »Deutscher Idealismus« exemplarisch in den Blick getreten ist, ein generelles Problem philosophiehistorischer Begriffsbildung zugrunde. Man kann die methodologische Seite dieses Problems auch an anderen Themen der Philosophiehistorie studieren. Die Philosophiehistorie erzeugt solche Vereinfachungen, aber sie kann sich nicht mit ihnen begnügen. Sie muß diese selbstgeschaffenen, nur vermeintlichen Unmittelbarkeiten auch wieder auflösen oder zumindest in Frage stellen. Sonst verstellt sie sich den Blick auf ihre, weitgehend von ihr selber konstituierten Gegenstände. Sie muß das Verhältnis von Gegenstandskonstitution und ihr vorgegebenen Elementen stets neu reflektieren, weil sie – wie alle Historie – weder rein konstruktiv noch rein objektivistisch verfahren kann. Sie muß die Balance zwischen Datenrezeption und Begriffskonstruktion finden – und hierbei kann sie nicht auf ein fertiges Kriterium zurückgreifen, an dem sie die Leistungsfähigkeit ihrer Konzepte messen könnte. So steht sie immer wieder vor der Frage, ob die von ihr gebildeten Begriffe ihrer Aufgabe hinderlich oder hilfreich seien.

(2) Was leistet die Genealogie des Konzepts »Deutscher Idealismus« für die heutige Thematisierung des Gemeinten? Ich möchte noch ein kurzes Fazit im Blick auf die heutige Auseinandersetzung mit dem »Deutschen Idealismus« ziehen – beschränkt auf zwei Gesichtspunkte: auf das Verhältnis des kultur- und des philosophiehistorischen Begriffs und auf das Problem der Einheit des philosophiehistorischen Begriffs. Zunächst hierzu. Die philosophiehistorische Konzeptualisierung des »Deutschen Idealismus« ist unter ungünstigen Bedingungen erfolgt – nämlich im Zeichen eines weitreichenden systematischen Desinteresses, wo nicht gar einer groben Unkenntnis der Problemlage. Bedenken hinsichtlich der Konstitution seines Gegenstandes sind in die Bildung des Begriffs nicht in einem erkennbaren Maß eingegangen. Und als – zwei Generationen nach seiner Etablierung – ein akribisches problemgeschichtliches Bemühen um die klassische deutsche Philosophie einsetzte und die Einheit des »Deutschen Idealismus« in der Dynamik des gedanklichen Zusammenhangs zwischen Kant und Hegel aufwies, wurde um der Schlagkraft des eingebürgerten Begriffs willen all das langfristig dem Vergessen überantwortet, was sich nicht in diese, durch ihn bezeichnete Denkbewegung integrieren ließ: vornehmlich die Spätphilosophien Fichtes und Schellings, aber auch diejenigen zeitgenössischen Ansätze, die auf die von Kant gestellten Probleme in eigenständiger Weise antworteten und sie weiterbildeten (Fries, Schopenhauer, Herbart, Bolzano).

Ich habe vorhin im Blick auf Windelband argumentiert, eine angemessene Beschreibung des Theoriestatus der nachkantischen Philosophien sei unverträglich mit der Annahme ihrer materialen Einheit im Begriff des Idealismus. Dies gilt – modifiziert – selbst für die drei Philosophien, die man heute unter den enger gefaßten Titel »Deutscher Idealismus« zu stellen gewohnt ist. Der »Deutsche Idealismus« mag deutsch sein – dies ist allerdings keine philosophische Kategorie. Aber er ist nicht schlechthin ein Idealismus. Es gibt zwar einen partiellen und auch einen verwaschenen, aber es gibt keinen prägnanten Begriff des Idealismus, dem sich auch nur die drei genannten Ansätze unter Berücksichtigung ihrer jeweiligen entwicklungsgeschichtlichen Differenziertheit vollständig oder gar exklusiv subsumieren ließen. Die Konzeptualisierung dieser Entwürfe ist nicht im Namen desjenigen »Idealismus« erfolgt, der das Selbstverständnis Fichtes und des frühen Schelling ausdrückt, sondern im Namen eines recht dubiosen »Idealismus«. Dieser fragwürdige Ursprung spiegelt sich auch in seinem Epitheton »deutsch«: Es erklärt sich nicht aus einem philosophiegeschichtlichen Gegenüber zum englischen Idealismus eines Berkeley – der nur einmal am Rande erwähnt wird[52] – und nicht einmal aus der Analogie zum griechischen Idealismus. Denn diese wird erst entfaltet, nachdem der Begriff schon etabliert ist.

Die neuere Forschung ist – unbewußt – deshalb bereits zwei Schritte in die Richtung einer Auflösung dieses Titels gegangen. Vor dem dritten Schritt ist sie jedoch zurückgeschreckt. Sie hat die alte These von der Vollendung des »Deutschen Idealismus« in der Hegelschen Philosophie zunächst insofern zu modifizieren gesucht, als sie diese Vollendung für Schelling reklamiert hat[53] – und zwar um den Preis der Verzeichnung seiner Spätphilosophie als »Idealismus«. Und jüngst hat man gar eine »dreifache Vollendung des Deutschen Idealismus« – in Fichte, Schelling und Hegel – behauptet.[54] Doch ist dies nur ein – durchaus sinnvoller – Ausweg aus einer Situation, in der man den »Deutschen Idealismus« – quasi begriffsrealistisch – als etwas Vorhandenes und nun auf den Begriff zu Bringendes vorstellt. Wer sich hingegen des Konstruktcharakters dieses Begriffs vergewissert, wird nicht mehr zur These einer doppelten, dreifachen oder x-fachen Vollendung des »Deutschen Idealismus« Zuflucht nehmen. Konsequenter ist es, die Einheit preiszugeben, die früher aus äußeren Gründen und auf Kosten der Amputation edler Partien der in Frage stehenden Werke unterstellt worden ist.

52 Windelband, *Die Geschichte der neueren Philosophie,* Bd. 2, 208.

53 Walter Schulz, *Die Vollendung des Deutschen Idealismus in der Spätphilosophie Schellings,* Stuttgart [1]1955, Pfullingen [2]1975.

54 Wolfgang Janke, *Von der dreifachen Vollendung des Deutschen Idealismus und der unvollendeten metaphysischen Wahrheit«,* in: *Deutsche Zeitschrift für Philosophie* 39 (1991), H. 3, 304–320.

Doch – ist es forschungspragmatisch vertretbar, die Einheit des »Deutschen Idealismus« just zu dem Zeitpunkt aufzukündigen, in dem die sogenannte Idealismusforschung sich ohnehin aufzusplittern droht in die fensterlosen Fichte-, Schelling- und Hegel-Forschungen? Dank der Verketzerung der problemgeschichtlichen Methode ist die heutige Forschung ohnehin weiter von einem Gesamtverständnis der Epoche entfernt als zuvor. Wäre es nicht ratsam, durch Betonen der gedanklichen Einheit der Tendenz zur völligen Isolierung entgegenzuwirken? Allerdings wäre es ein mißlicher Effekt meiner Überlegungen, wenn sie die beklagenswerte zunehmende Abschottung der Einzelforschungen noch begünstigten. Die Auflösung der exklusiven Einheit der drei Personen Fichte, Schelling und Hegel in der Einen Substanz des »Deutschen Idealismus« ist erstrebenswert allein im Interesse der Wiedereinbindung dieser Ansätze in den größeren philosophiegeschichtlichen Kontext, dem sie angehören – unter Restitution eines Epochenbegriffs, der die gesamte Problemlage jener Jahre zu integrieren erlaubt. Namen, die im Kontext der Idealismusforschung kaum noch zu lesen sind – wie Herder, Humboldt, Novalis, Friedrich Schlegel, Schleiermacher, allenfalls noch Jacobi und Reinhold –, müssen wieder in diesen Kontext eingebunden werden, aus dem sie durch die Dominanz der Rede vom »Deutschen Idealismus« ausgebürgert worden sind. Ohne die Kenntnis ihrer Entwürfe läßt sich kein einziger Schritt in der immanenten Entwicklungslogik des sogenannten Idealismus verständlich machen, geschweige denn ein Bild der Epoche zeichnen. Deshalb sollten auch diejenigen Ansätze nicht länger ein Dasein im Abseits fristen, die diesem engeren Kreis nicht angehören.

(3) Weitgehend analog hierzu ist das Verhältnis des kultur- und des philosophiegeschichtlichen Idealismusbegriffs zu reformulieren. Bis zum Beginn dieses Jahrhunderts hat der philosophiehistorische Begriff häufig in Abhängigkeit vom kulturgeschichtlichen gestanden – ob man nun vom »Deutschen Idealismus« oder noch weniger glücklich von der »Deutschen Bewegung« gesprochen hat. Die mit dem kulturgeschichtlichen Begriff verknüpften politischen Konnotationen haben den philosophiegeschichtlichen oft erhoben – und noch öfter belastet. Denn die Einheit des kultur- und des philosophiegeschichtlichen Begriffs hat man vorzugsweise in der Sphäre angesiedelt, die ich mit den Stichworten »eschatologische Stimmung

– Befreiungskriege – Reichsgründung – weltgeschichtliche Mission des deutschen Volkes« umrissen habe. Die seitdem eingetretene Entkoppelung beider Begriffe des »Deutschen Idealismus« ist deshalb nur zu begrüßen.

Doch ebensowenig wie die Auflösung der philosophiegeschichtlichen Einheit des »Deutschen Idealismus« in die Isolation dreier Einzelforschungen münden, darf die Auflösung der exklusiven und schiefen Identität des philosophie- und des kulturhistorischen Idealismusbegriffs auf einen Rückzug in die sterile Philosophie-Immanenz zielen. Sie muß die Reintegration der damaligen Philosophie in den Gesamtkreis ihrer wissenschaftsgeschichtlichen Umwelt begünstigen. Hierfür nenne ich – neben der Literaturwissenschaft – nur einige Bereiche: die Naturwissenschaften, die Rechts- und Staatswissenschaften, die Theologie und schließlich die Ausdifferenzierung der Geisteswissenschaften aus dem absterbenden Corpus der transzendentalphilosophischen und metaphysischen Systeme und des von ihnen repräsentierten Kanons der philosophischen Wissenschaften.

Der Rückblick auf die Genese und auf die Wandlungen der Bedeutungsgehalte des Konstrukts »Deutscher Idealismus« legt somit eines nahe: die Empfehlung, den »Deutschen Idealismus« zu verabschieden – als Verabschiedung freilich nicht seines Denkens, sondern des deformierenden Titels, unter dem diese Philosophie zunehmend rezipiert worden ist. Zugleich aber sind die Rückblicke auf die Genese und die spätere Entwicklung des Konzepts als Prolegomena zu einer hoffentlich besser gelingenden Thematisierung gedacht, über die man zu gegebener Zeit weiter nachdenken sollte.

Literaturverzeichnis

1. Werke Hegels

Hegel, Georg Wilhelm Friedrich: *Gesammelte Werke.* Hg. von der Rheinisch-Westfälischen Akademie der Wissenschaften u.a. Hamburg 1968ff. (= GW).

– GW 2: *Frühe Schriften II.* Bearbeitet von Friedhelm Nicolin †, Ingo Rill und Peter Kriegel, hg. von Walter Jaeschke. 2014.
395 – 581: Vertrauliche Briefe über das vormalige staatsrechtliche Verhältniß des Waadtlandes zur Stadt Bern. Frankfurt am Main 1798.

– GW 4: *Jenaer kritische Schriften.* Hg. von Hartmut Buchner und Otto Pöggeler. 1968.
313 – 414: Glauben und Wissen oder die Reflexionsphilosophie der Subjectivität, in der Vollständigkeit ihrer Formen, als Kantische, Jacobische, und Fichtesche Philosophie.

– GW 5: *Schriften und Entwürfe (1799 – 1808).* Unter Mitarbeit von Theodor Ebert hg. von Manfred Baum und Kurt R. Meist. Verfasser des Anhangs Kurt R. Meist. 1998.
379 – 387: Wer denkt abstract?

– GW 7: *Jenaer Systementwürfe II.* Hg. von Rolf P. Horstmann und Johann H. Trede. 1971.
Logik, Metaphysik, Naturphilosophie. Fragment einer Reinschrift. 1804/05.

– GW 8: *Jenaer Systementwürfe III.* Unter Mitarbeit von Johann H. Trede hg. von Rolf P. Horstmann. 1976.
Naturphilosophie und Philosophie des Geistes. Vorlesungsmanuskript zur Realphilosophie 1805/06.

– GW 9: *Phänomenologie des Geistes.* Hg. von Wolfgang Bonsiepen und Reinhard Hede. 1980.
System der Wissenschaft. Erster Theil. Die Phänomenologie des Geistes.

– GW 10: *Nürnberger Gymnasialkurse und Gymnasialreden (1808 – 1816).* Hg. von Klaus Grotsch. 2006.
823 – 832: Ueber den Vortrag der philosophischen Vorbereitungswissenschaften auf Gymnasien. Privatgutachten an Immanuel Niethammer vom 23. Oktober 1812.

– GW 11: *Wissenschaft der Logik.* Hg. von Friedrich Hogemann und Walter Jaeschke. 1978.
Bd. 1: Die objektive Logik (1812/1813).

– GW 14,1: *Grundlinien der Philosophie des Rechts.* Hg. von Klaus Grotsch und Elisabeth Weisser-Lohmann.

Naturrecht und Staatswissenschaft im Grundrisse. Grundlinien der Philosophie des Rechts.

– GW 15: *Schriften und Entwürfe I (1817–1825).* Hg. von Friedrich Hogemann und Christoph Jamme. 1990.
  207–249: Fragment zur Philosophie des subjektiven Geistes.

– GW 22: *Exzerpte und Notizen (1809–1831).* Hg. von Klaus Grotsch. 2013.

– GW 25,1: *Vorlesungen über die Philosophie des subjektiven Geistes.* Nachschriften zu den Kollegien der Jahre 1822 und 1825. Hg. von Christoph Johannes Bauer. 2008.
  Nachschriften Heinrich Gustav Hotho und Karl Gustav Julius von Griesheim.

– GW 26,1: *Vorlesungen über die Philosophie des Rechts.* Nachschriften zu den Kollegien der Jahre 1817/18, 1818/19 und 1819/20. Hg. von Dirk Felgenhauer. 2013.
  Nachschriften Peter Wannenmann und Carl Gustav Homeyer mit Varianten aus der Nachschrift Peter Wannenmann.

– GW 27,4: Vorlesungen *über die Philosophie der Weltgeschichte.* Nachschriften zum Kolleg des Wintersemesters 1830/31. Unter Mitarbeit von Christoph Johannes Bauer hg. von Walter Jaeschke. 2020.
  Nachschrift Karl Hegel mit Varianten aus den Nachschriften Ackersdijk, Heimann und Wichern.

Hegel: *Vorlesungen. Ausgewählte Nachschriften und Manuskripte.* Hamburg 1983–2007 (= V)

– V 3: *Vorlesungen über die Philosophie der Religion,* Teil 1: Einleitung. Der Begriff der Religion. Hg. von Walter Jaeschke. 1983.

– V 5: *Vorlesungen über die Philosophie der Religion,* Teil 3: Die vollendete Religion. Hg. von Walter Jaeschke. 1984.

– V 6: *Vorlesungen über die Geschichte der Philosophie,* Teil 1: Einleitung in die Geschichte der Philosophie (1823). Hg. von Pierre Garniron und Walter Jaeschke. 1994.

– V 9: *Vorlesungen über die Geschichte der Philosophie,* Teil 4: Philosophie des Mittelalters und der neueren Zeit. Hg. von Pierre Garniron und Walter Jaeschke. 1986.

Briefe von und an Hegel. Bde I–III hg. von Johannes Hoffmeister. Hamburg [3]1969, Bde. IV/1 und IV/2 hg. von Friedhelm Nicolin. Hamburg 1977 bzw. 1981.

Hegel's theologische Jugendschriften nach den Handschriften der Kgl. Bibliothek in Berlin hg. von Herman Nohl. Tübingen 1907.

2. Andere Quellen

Baggesen, Jens: *Das Labyrinth oder Reise durch Deutschland in die Schweiz 1789.* Mit 17 zeitgenössischen Illustrationen. München 1986.

Dilthey, Wilhelm: *Archive für Literatur.* In: *Gesammelte Schriften,* Bd. 15: *Zur Geistesgeschichte des 19. Jahrhunderts,* hg. von Ulrich Herrmann. Göttingen 1970.
– *Die Jugendgeschichte Hegels.* In: *Gesammelte Schriften.* Bd. 4: *Die Jugendgeschichte Hegels und andere Abhandlungen zur Geschichte des Deutschen Idealismus.* Stuttgart 1959, Nachdruck 1974.
– *Weltanschauungslehre. Abhandlungen zur Philosophie der Philosophie.* In: *Gesammelte Schriften,* Bd. 8. Hg. von Bernhard Groethuysen. Göttingen 1931.
– *Leben Schleiermachers,* Bd. 1. Berlin 1870.

Echtermeyer, Theodor und Arnold Ruge: *Der Protestantismus und die Romantik. Zur Verständigung über die Zeit und ihre Gegensätze. Ein Manifest.* In: *Hallische Jahrbücher für deutsche Wissenschaft und Kunst.* Halle 1839.
Erdmann, Johann Eduard: *Grundriß der Geschichte der Philosophie,* Bd. 2: *Philosophie der Neuzeit.* Berlin 1866.
– *Philosophie der Neuzeit. Der deutsche Idealismus. Geschichte der Philosophie VI/VII,* Reinbek bei Hamburg 1971 (= Rowohlts Deutsche Enzyklopädie).
Eschenmayer, Carl August: *Die Philosophie im Uebergang zur Nichtphilosophie.* In: Jaeschke (Hg.), *Religionsphilosophie und spekulative Theologie. Der Streit um die Göttlichen Dinge (1799 – 1812),* Quellenband. Hamburg 1994, 55 – 99 (PLS 3/1.)
Eucken, Rudolf: *Die Träger des deutschen Idealismus.* Berlin 1915.

Feuerbach, Ludwig: *Gesammelte Werke.* Hg. von Werner Schuffenhauer. Berlin.
– Bd. 5: *Das Wesen des Christentums (1841).* ²1984.
– Bd. 9: *Kleinere Schriften II (1839 – 1846).* ²1982.
16 – 62: *Zur Kritik der Hegelschen Philosophie (1839).*
333 – 337: *Grundsätze der Philosophie der Zukunft (1843).*
– Bd. 10: *Kleinere Schriften III (1846 – 1850).* ²1982.
122 – 150: *Wider den Dualismus von Leib und Seele, Fleisch und Geist (1846).*
– Bd. 18: *Briefwechsel II (1840 – 1844).* 1988.
158 – 159: An Arnold Ruge, 13. Februar 1842.
Feuerbach, Ludwig: *Vorlesungen über die Geschichte der neueren Philosophie,* bearbeitet von Carlo Ascheri (†) und Erich Thies. Darmstadt 1974.

– *Entwürfe zu einer Neuen Philosophie.* Hg. von Walter Jaeschke und Werner Schuffenhauer. Hamburg 1996.

Fichte, Immanuel Hermann: *Der Begriff des negativ Absoluten und der negativen Philosophie. Antwortschreiben an [...] C. H. Weiße.* In: Zeitschrift für Philosophie und speculative Theologie (1843), 157 – 217.

– *Grundzüge zum Systeme der Philosophie.* 3. Abt.: *Die speculative Theologie oder allgemeine Religionslehre.* Heidelberg 1846.

Fichte, Johann Gottlieb: *Gesamtausgabe der Bayerischen Akademie der Wissenschaften.* Stuttgart-Bad Cannstatt 1962 – 2012 (= GA).

– *Grundlage der gesammten Wissenschaftslehre als Handschrift für seine Zuhörer.* Jena 1794/95 (GA I,2, 1965).

– *Grundlage des Naturrechts nach Principien der Wissenschaftslehre.* Iena und Leipzig 1796/97 (GA I,3 – 4, 1966 bzw. 1970).

– *Ueber den Begriff der Wissenschaftslehre oder der sogenannten Philosophie, als Einladungsschrift zu seinen Vorlesungen über diese Wissenschaft* (1794) (GA I,2, 1965).

– *Ueber die Würde des Menschen, Beym Schlusse seiner philosophischen Vorlesungen gesprochen* (1794) (GA I,2, 1965).

– *Versuch einer neuen Darstellung der Wissenschaftslehre.* Erste Einleitung (1797) (GA I,4, 1970).

Fichte, Johann Gottlieb: »*Fragment*«. In: *Transzendentalphilosophie und Spekulation. Der Streit um die Gestalt einer Ersten Philosophie (1799 – 1807).* Quellenband. Hg. von Walter Jaeschke. Hamburg 1993 (PLS 2/1).

Forster, Georg: *Noch etwas über die Menschenraßen.* In: *Deutsches Museum* (1786) sowie in Georg Forster: *Werke.* Akademieausgabe. Berlin [2]1991, Bd. 8.130 – 156.

Fries, Jakob Friedrich: *System der Logik. Ein Handbuch für Lehrer und zum Selbstgebrauch,* Heidelberg 1811.

Goethe, Johann Wolfgang von: *Werke.* Hg. im Auftrage der Großhezogin Sophie von Sachsen. I. Abtheilung. Goethes Werke. Bd. 14. Nachdruck München und Weimar 1987.
Faust. Erster Theil.

Groos, Helmut: *Der Deutsche Idealismus und das Christentum. Versuch einer vergleichenden Phänomenologie.* Leipzig 1927.

Grotius, Hugo: *Drei Bücher vom Recht des Krieges und des Friedens.* Paris 1625, nebst einer Vorrede von Christian Thomasius zur ersten deutschen Ausgabe des Grotius vom Jahre 1707. Neuer deutscher Text und Einleitung von Walter Schätzel. Tübingen 1950.

Hamann, Johann Georg: *Zweifel und Einfälle über eine vermischte Nachricht der allgemeinen deutschen Bibliothek [...] (1776).* In: Hamann: *Sämtliche*

Werke. Hg. von Josef Nadler. Bd. 3: *Schriften über Sprache, Mysterien, Vernunft.* Wien 1951, 171–196.

Hartmann, Nicolai: *Der Aufbau der realen Welt. Grundriß der allgemeinen Kategorienlehre.* Berlin 1940, [3]1964.

– *Die Philosophie des Deutschen Idealismus,* Bd. 1. Berlin 1923.

– *Das Problem des geistigen Seins. Untersuchungen zur Grundlegung der Geschichtsphilosophie und der Geisteswissenschaften.* Berlin/Leipzig 1933.

Haym, Rudolf: *Hegel und seine Zeit. Vorlesungen über Entstehung und Entwickelung, Wesen und Werth der Hegel'schen Philosophie.* Berlin 1857.

Heidegger, Martin: *Der deutsche Idealismus (Fichte, Schelling, Hegel) und die philosophische Problemlage der Gegenwart.* In: Heidegger: *Gesamtausgabe,* 2. Abt.: *Vorlesungen 1919–1944,* Bd. 28, hg. von Claudius Strube. Frankfurt am Main 1997.

Heine, Heinrich: *Französische Maler,* in: *Heine-Säkular-Ausgabe,* Bd. 7: Über Frankreich 1831–1837. Berlin 1983.

– *Die romantische Schule* (1835). In: *Düsseldorfer Heine-Ausgabe.* Bd. 8/1: Zur Geschichte der Religion und Philosophie in Deutschland. Die romantische Schule. Hg. von Manfred Windfuhr. Hamburg 1979.

Herder, Johann Gottfried: Herder: *Sämtliche Werke.* Hg. von Bernhard Suphan. Berlin 1877–1913(= SW).

– *Gott. Einige Gespräche* ([1]1787, [2]1800). (SW XVI, 1887).

– *Auch eine Philosophie der Geschichte zur Bildung der Menschheit* (1774). (SW V, 1891).

– *Funfzehn Provinzialblätter. An Prediger* (1774). (SW VII, 1884).

Hobbes, Thomas: *Leviathan oder Stoff, Form und Gewalt eines kirchlichen und bürgerlichen Staates.* Hg. und eingeleitet von Iring Fetscher. Frankfurt 1984.

Hugo, Gustav: *Lehrbuch eines civilistischen Cursus.* Bd. 3: *Geschichte des Römischen Rechts.* Fünfter, ganz von neuem ausgearbeiteter Versuch. Berlin 1815.

Jacobi, Friedrich Heinrich: *Briefwechsel,* Abt. I, Bd. 7: November 1787 bis Juni 1788. Hg. von Jürgen Weyenschops. Stuttgart-Bad Cannstatt 2012.

Jacobi, Friedrich Heinrich: *Werke. Gesamtausgabe.* Hg. von Klaus Hammacher und Walter Jaeschke. Hamburg 1998–2007 (= JWA).

– *Romane II: Woldemar.* Unter Mitarbeit von Dora Tsatoura hg. von Carmen Götz und Walter Jaeschke. (JWA 7, 2007).

– *Schriften zum Spinozastreit.* Hg. von Klaus Hammacher und Irmgard-Maria Piske. (JWA 1, 1998).

1–268: Ueber die Lehre des Spinoza in Briefen an den Herrn Moses Mendelssohn.

– *Schriften zum Streit um die göttlichen Dinge und ihre Offenbarung.* Hg. von Walter Jaeschke. (JWA 3, 2000).
7–31: Über eine Weissagung Lichtenbergs.
33–136: Von den Göttlichen Dingen und ihrer Offenbarung, Leipzig 1811, sowie in: Jaeschke (Hg.): *Religionsphilosophie und spekulative Theologie. Der Streit um die Göttlichen Dinge (1799–1812),* Quellenband. Hamburg 1994 (PLS 3.1).
– *Schriften zum transzendentalen Idealismus.* Unter Mitarbeit von Catia Goretzki hg. von Walter Jaeschke und Irmgard-Maria Piske. (JWA 2, 2004).
191–258: Jacobi an Fichte.

Kant, Immanuel: *Critik der reinen Vernunft,* Riga [2]1787.
Kant, Immanuel: *Gesammelte Schriften.* Hg. von der Königlich Preußischen (später: der Deutschen) Akademie der Wissenschaften. Berlin 1902 ff. (= AA).
– *Anthropologie in pragmatischer Hinsicht.* (AA VII.117–333, 1917).
– *Bestimmung des Begriffs einer Menschenrace.* (AA VIII.89–106, 1912).
– *Grundlegung zur Metaphysik der Sitten.* (AA IV.385–463, 1911).
– *Metaphysik der Sitten.* (AA VI.203–493, 1914).
– *Recensionen von J.G. Herders Ideen zur Philosophie der Geschichte der Menschheit.* (AA VIII.43–58, 1912).
– *Von den verschiedenen Racen der Menschen.* (AA II.427–444).
– *Zum ewigen Frieden.* (AA VIII.341–386).
Kleuker, Johann Friedrich: *Neue Prüfung und Erklärung der vorzüglichsten Beweise für die Wahrheit und den göttlichen Ursprung des Christenthums, wie der Offenbarung überhaupt. […] Zweiter Theil, welcher eine Kritik der neuesten Philosophie der Religion enthält.* Riga 1789.
Klüber, Johann Ludwig (Hg.): *SchlußActe des Wiener Congresses, vom 9. Juni 1815, und BundesActe oder Grundvertrag des teutschen Bundes, vom 8. Juni 1815.* […] Zweite Auflage, durchaus berichtigt und mit vielen neuen Anmerkungen vermehrt. Erlangen 1818.
Kronenberg, Moritz: *Geschichte des Deutschen Idealismus.* Bd. 1: *Die idealistische Ideen-Entwickelung von ihren Anfängen bis Kant.* München 1909; Bd. 2: *Die Blütezeit des deutschen Idealismus. Von Kant bis Hegel.* München 1912.
Kroner, Richard: *Von Kant bis Hegel.* [1]1921/1924, Tübingen [2]1961.

Laas, Ernst: *Idealismus und Positivismus. Eine kritische Auseinandersetzung.* 3 Bde. Berlin 1879, 1882, 1884.
Lange, Friedrich Albert: *Geschichte des Materialismus und Kritik seiner Bedeutung in der Gegenwart.* Bd. 2, Iserlohn [2]1875 (Iserlohn [1]1866).

Lessing, Gotthold Ephraim: *Die Erziehung des Menschengeschlechts.* Berlin 1780.
– *Ueber den Beweis des Geistes und der Kraft.* An den Herrn Director Schumann, zu Hannover. 1777. In: *Gotthold Ephraim Lessings sämtliche Schriften.* Hg. von Karl Lachmann. Dritte, auf's neue durchgesehene und vermehrte Auflage, besorgt durch Franz Muncker. Bd. 13, 1–8. Leipzig 1897.
Locke, John: *Zwei Abhandlungen über die Regierung.* Übersetzt von Hans Jörn Hoffmann. Hg. und eingeleitet von Walter Euchner. Frankfurt am Main 1977.
Lütgert, Wilhelm: *Die Religion des Deutschen Idealismus und ihr Ende.* 4 Bde. Gütersloh 1923–1930.

Marx, Karl: *Thesen über Feuerbach.* In: Karl Marx/Friedrich Engels: Werke (= MEW). Bd. 3. Berlin 1983, 5–7.
– *Zur Kritik der Hegelschen Rechtsphilosophie. Einleitung.* In: Karl Marx/Friedrich Engels: Werke. MEW 1. Berlin [15]1988, 378–391.
Marx, Karl: *Mathematische Manuskripte.* Deutsche Erstveröffentlichung. Kronberg/Taunus 1974.
– Marx, Karl und Friedrich Engels: *Deutsche Ideologie.* Berlin 1983 (MEW 3).
– *Die heilige Familie, oder Kritik der kritischen Kritik. Gegen Bruno Bauer & Consorten.* Frankfurt am Main 1845. In: Karl Marx: *Frühe Schriften.* Hg. von Hans-Joachim Lieber und Peter Furth. Bd. 1. Stuttgart 1962.
Mendelssohn, Moses: *Jerusalem oder über religiöse Macht und Judentum,* Teil 2. Berlin 1783.
Michelet, Carl Ludwig: *Entwicklungsgeschichte der neuesten deutschen Philosophie mit besonderer Rücksicht auf den gegenwärtigen Kampf Schellings mit der Hegelschen Schule.* Dargestellt, in Vorlesungen an der Friedrich-Wilhelms-Universität zu Berlin im Sommerhalbjahre 1842. Berlin 1843.
– *Hegel der unwiderlegte Weltphilosoph.* Eine Jubelschrift. Leipzig 1870.

Nietzsche, Friedrich: *Zur Genealogie der Moral.* In: Nietzsche: *Kritische Studienausgabe.* Bd. 5. Hg. von Giorgio Colli und Mazzino Montinari. München und Berlin/New York 1980, Bd. 3.
Nohl, Herman: *Die Deutsche Bewegung und die idealistischen Systeme.* In: *Logos* 2 (1911/12), 350–359.

Pufendorf, Samuel von: *De jure naturae et gentium.* In: Pufendorf: *Gesammelte Werke.* Hg. von Wilhelm Schmidt-Biggemann. Bde. 4/1 und 4/2. Hg. von Frank Böhling. Berlin 1998.

– *Über die Pflicht des Menschen und des Bürgers nach dem Gesetz der Natur.* Hg. und übersetzt von Karl Luig. Frankfurt am Main 1994 (= Hans Maier und Michael Stolleis (Hg.), *Bibliothek des deutschen Staatsdenkens.* Bd. 1).

Rochow, Ludwig August von: *Grundsätze der Realpolitik, angewendet auf die staatlichen Zustände Deutschlands.* Stuttgart 1853.
Rosenkranz, Karl: *Geschichte der Kant'schen Philosophie.* Leipzig 1840.
– *Hegel als deutscher Nationalphilosoph.* Leipzig 1870.
– *Georg Wilhelm Friedrich Hegel's Leben,* Berlin 1844.
Rosenzweig, Franz: *Hegel und der Staat.* München und Berlin 1920.

Schaumann, Johann Christian Gottlieb: *Philosophie der Religion überhaupt und des christlichen Glaubens insbesondere zu akademischen Vorlesungen geschrieben.* Halle 1793.
Schelling, Friedrich Wilhelm Joseph: *Briefe 1. Briefwechsel 1786 – 1799.* Hg. von Irmgard Möller und Walter Schieche. Stuttgart-Bad Cannstatt 2001 (= AA III/1).
Schelling, Friedrich Wilhelm Joseph: *Sämmtliche Werke.* Hg. von Karl Friedrich August Schelling. Stuttgart und Augsburg 1856 – 1861 (= SW)
– *Abhandlungen zur Erläuterung des Idealismus der Wissenschaftslehre* (Landshut [2]1809). (SW 1, 1856).
– *Ideen zu einer Philosophie der Natur als Einleitung in das Studium dieser Wissenschaft* (2. Aufl. 1803) (SW 2, 1857; AA I/13, 2018)
– *Philosophie der Mythologie.* (SW 11, 1856).
– *Stuttgarter Privatvorlesungen* (1810) (SW 7, 1860).
– *Ueber das Verhältniß der Naturphilosophie zur Philosophie überhaupt.* (SW 5, 1859).
– *Ueber das Wesen der menschlichen Freiheit und die damit zusammenhängenden Gegenstände.* (SW 7, 1860).
– *Ueber den wahren Begriff der Naturphilosophie und die richtige Art, ihre Probleme aufzulösen.* (SW 4, 1859).
– *Vorlesungen über die Methode des akademischen Studiums* (1803) (SW 5, 1859).
– *Zur Geschichte der neueren Philosophie. Münchener Vorlesungen* (SW 10, 1861).
Schelling, Friedrich Wilhelm Joseph: *System der Weltalter.* Münchener Vorlesung 1827/28 in einer Nachschrift von Ernst von Lasaulx. Hg. und eingeleitet von Siegbert Peetz. Frankfurt am Main 1990.
Schiller, Friedrich: *Ueber die ästhetische Erziehung des Menschen in einer Reyhe von Briefen.* In: *Die Horen eine Monatschrift.* Hrsg. von F. Schiller. Bd. 1, Stück 1. Tübingen 1795, 7 – 48; Bd. 1, Stück 2. Tübingen 1795. 51 – 94; Bd. 2, Stück 6. Tübingen 1795, 45 – 124.

Schlegel, Friedrich: *Kritische Friedrich-Schlegel-Ausgabe.* Hg. von Ernst Behler u. a. Paderborn 1958 ff. (= KFSA).

– *Die Entwicklung der Philosophie in zwölf Büchern.* (KFSA XII, 1964).

– *Geschichte der alten und neuen Literatur.* (KFSA IV, 1959).

– *Vorlesungen über die Geschichte der alten und neuern Literatur.* (KFSA VI, 1962).

Schlegel, Friedrich: *Jacobi-Rezension* (1812). In: Jaeschke (Hg.): *Religionsphilosophie und spekulative Theologie. Der Streit um die Göttlichen Dinge (1799–1912).* Quellenband. Hamburg 1994, 328–339 (PLS 3.1).

– *Signatur des Zeitalters* (1820–1823). In: Jaeschke (Hg.): *Philosophie und Literatur im Vormärz. Der Streit um die Romantik (1820–1854).* Quellenband. Hamburg 1995, 3–91 (= PLS 4.1).

[Schleiermacher, Friedrich Daniel Ernst:] *Über die Religion. Reden an die Gebildeten unter ihren Verächtern* (1799). In: Schleiermacher: *Kritische Gesamtausgabe* (= KGA), Abt. I, Bd. 2. Hg. von Günter Meckenstock. Berlin/New York 1984.

– *Vorlesungen über die Lehre vom Staat.* Hg. von Walter Jaeschke. Berlin/New York 1998 (KGA II/8).

Schopenhauer, Artur: *Die Welt als Wille und Vorstellung.* Vorrede zur zweiten Auflage. In: *Gesammelte Werke.* Hg. von Arthur Hübscher. Bd. 2. Leipzig 1938.

[Schulze, Gottlob Ernst:] *Aphorismen über das Absolute.* In: Jaeschke (Hg.), *Transzendentalphilosophie und Spekulation. Der Streit um die Gestalt einer Ersten Philosophie (1799–1807),* Quellenband. Hamburg 1993, 337–355 (PLS 2/1).

Spinoza, Baruch de: *Abhandlung über die Verbesserung des Verstandes. Abhandlung vom Staate.* Übersetzung, Anmerkungen und Register von Carl Gebhardt. Einleitung von Klaus Hammacher. Hamburg [5]1977.

Trendelenburg, Adolf: *Historische Beiträge zur Philosophie,* Bd. 1: *Geschichte der Kategorienlehre. Zwei Abhandlungen.* Berlin 1846.

Wigard, Franz (Hg.): *Stenographischer Bericht über die Verhandlungen der deutschen constituirenden Nationalversammlung zu Frankfurt am Main.* 9 Bde. Frankfurt am Main 1848/49, Bd. 7.

Willmann, Otto: *Geschichte des Idealismus.* Bd. III: *Der Idealismus der Neuzeit.* Braunschweig 1897.

Windelband, Wilhelm: *Die Geschichte der neueren Philosophie.* Bd. 2: *Von Kant bis Hegel und Herbart. Die Blüthezeit der deutschen Philosophie.* Leipzig 1880.

– *Lehrbuch der Geschichte der Philosophie.* Tübingen [5]1910.

Wolff, Christian: *Institutiones iuris naturae et gentium.* Halle 1750. In: Wolff: *Gesammelte Werke.* II. Abteilung, Bd. 26, Hildesheim 1969.

3. Forschungsliteratur

Bauer, Christoph Johannes: Eine ›Degradierung der Anthropologie‹? Zur Begründung der Herabsetzung der Anthropologie zu einem Moment des subjektiven Geistes bei Hegel. In: Hegel-Studien 43. Hamburg 2009, 13 – 35.

Bayertz, Kurt, Myriam Gerhard und Walter Jaeschke (Hg.): Weltanschauung, Philosophie und Naturwissenschaft im 19. Jahrhundert. Bd. 1: Der Materialismusstreit. Hamburg 2007.

Birkert, Alexandra: Hegels Schwester. Auf den Spuren einer ungewöhnlichen Frau um 1800. Ostfildern 2008.

Bleek, Wilhelm: Geschichte der Politikwissenschaft in Deutschland. München 2001.

Blumenberg, Hans: Die Legitimität der Neuzeit. Frankfurt 1966.

Caspers, Britta: ›Schuld‹ im Kontext der Handlungslehre Hegels. Hamburg 2012 (Hegel-Studien, Beiheft 58).

Dulckeit, Gerhard: Philosophie der Rechtsgeschichte. Die Grundgestalten des Rechtsbegriffs in seiner historischen Entwicklung. Heidelberg 1950.

Foucault, Michel: Nietzsche, die Genealogie, die Historie. In: ders.: Von der Subversion des Wissens. Hg. und aus dem Französischen und Italienischen übertragen von Walter Seitter. Mit einer Bibliographie der Schriften Foucaults. Frankfurt am Main 1991, 69 – 90.

Fulda, Hans Friedrich: G.W.F. Hegel. München 2003.

Gagern, Michael von: Ludwig Feuerbach. Philosophie- und Religionskritik. Die ›Neue‹ Philosophie. München und Salzburg 1970.

Geck, Martin: Von Beethoven bis Mahler. Die Musik des deutschen Idealismus. Stuttgart 1993.

Gedö, András: Philosophie zwischen den Zeiten. Auseinandersetzungen um den Philosophiebegriff im Vormärz. In: Jaeschke (Hg.): Philosophie und Literatur im Vormärz. Der Streit um die Romantik (1820 – 1854). Hamburg 1995, 1 – 39 (PLS 4).

Gierke, Otto von: Johannes Althusius und die Entwicklung der naturrechtlichen Staatstheorien. Zugleich ein Beitrag zur Geschichte der Rechtssystematik. Breslau 1880.

Jaeschke, Walter: Das absolute Wissen. In: Andreas Arndt und Ernst Müller (Hg.): Hegels »Phänomenologie des Geistes« heute. Berlin 2004, 194–214.
– Es ist Ein Begriff der Freiheit in Religion und Staat. In: Andreas Arndt, Christian Iber und Günter Kruck (Hg.): Staat und Religion in Hegels Rechtsphilosophie. Berlin 2009, 9–22.
– Der Geist und sein Sein. Nicolai Hartmann auf Hegelschen Wegen. In: Thomas Wyrwich (Hg.): Hegel in der neueren Philosophie. Hamburg 2011, 181–213 (Hegel-Studien, Beiheft 55).
– Hegel-Handbuch. Leben – Werk – Schule. Stuttgart 2003, [3]2016.
– Die hohle Nuß der Subjektivität, oder: Über die Verklärung der Philosophie ins Positive. In: Transzendentalphilosophie als System. Die Auseinandersetzung zwischen 1794 und 1806. Hg. von Albert Mues. Hamburg 1989, 483–496.
– Humanität zwischen Spiritualismus und Materialismus. In: Adriana Veríssimo Serrão (Hg.): O homem integral. Antropologia e utopia em Ludwig Feuerbach. Lissabon 2001, 51–63.
– Politik, Kultur und Philosophie in Preußen. In: Otto Pöggeler und Annemarie Gethmann-Siefert (Hg.): Kunsterfahrung und Kulturpolitik im Berlin Hegels. Bonn 1983, 31 f. (Hegel-Studien. Beiheft 22).
– Religion VIII. In: Historisches Wörterbuch der Philosophie. Bd. VIII. 1992.
– Religionsphilosophie. In: Historisches Wörterbuch der Philosophie. Bd. VIII. 1992.
– Die vergessene Geschichte der Freiheit. In: Hegel-Jahrbuch 1993/94. Berlin 1995, 65–73.
– Die Vernunft in der Religion. Studien zur Grundlegung der Religionsphilosophie Hegels. Stuttgart-Bad Cannstatt 1986.
– Vom Nutzen und Nachteil der Edition für die Philosophie. In: editio. Internationales Jahrbuch für Editionswissenschaft. Hg. von Rüdiger Nutt-Kofoth, Bodo Plachta und Winfried Woesler. Bd. 23. Tübingen 2009, 169–175.
– Der Zauber der Entzauberung. In: Andreas Arndt, Karol Bal und Henning Ottmann (Hg.): Glauben und Wissen II. Hegel-Jahrbuch 2004. Berlin 2004, 11–19.
– Zum Begriff des Idealismus. In: Christoph Halbig, Michael Quante und Ludwig Siep (Hg.): Hegels Erbe. Frankfurt am Main 2004, 164–183.
Jaeschke (Hg.), Transzendentalphilosophie und Spekulation. Der Streit um die Gestalt einer Ersten Philosophie (1799–1807), Quellenband. Hamburg 1993 (PLS 2/1).
– Religionsphilosophie und spekulative Theologie. Der Streit um die Göttlichen Dinge (1799–1812), Quellenband. Hamburg 1994 (PLS 3/1).

– Philosophie und Literatur im Vormärz. Der Streit um die Romantik (1820 – 1854), Quellenband. Hamburg 1994 (PLS 4/1).

Jaeschke, Walter und Andreas Arndt: Die Klassische Deutsche Philosophie nach Kant. Systeme der reinen Vernunft und ihre Kritik (1785 – 1845). München 2012.

Jaeschke, Walter und Birgit Sandkaulen (Hg.), Friedrich Heinrich Jacobi – Ein Wendepunkt der geistigen Bildung der Zeit. Hamburg 2004.

Janke, Wolfgang: Von der dreifachen Vollendung des Deutschen Idealismus und der unvollendeten metaphysischen Wahrheit. In: Deutsche Zeitschrift für Philosophie 39 (1991), H. 3, 304 – 320.

Jansen, Christian: »Revolution« – »Realismus« – »Realpolitik«. Der nachrevolutionäre Paradigmenwechsel in den 1850er Jahren im deutschen oppositionellen Diskurs und sein historischer Kontext. In: Kurt Bayertz, Myriam Gerhard und Walter Jaeschke (Hg.), Weltanschauung, Philosophie und Naturwissenschaft im 19. Jahrhundert. Bd. 1: Der Materialismus-Streit. Hamburg 2007, 223 – 259.

Heller, Hermann: Hegel und der nationale Machtstaatsgedanke in Deutschland. Ein Beitrag zur politischen Geistesgeschichte. Leipzig und Berlin 1921.

Hirsch, Emanuel: Geschichte der neuern evangelischen Theologie im Zusammenhang mit den allgemeinen Bewegungen des europäischen Denkens. Bd. 5. Gütersloh [4]1968.

Hoffmeister, Johannes (Hg.): Dokumente zu Hegels Entwicklung. Stuttgart 1936.

Huber, Ernst Rudolf: Zur Problematik des Kulturstaates. Tübingen 1958.

Kimminich, Otto: Einführung in das Völkerrecht. 2. vollständig überarbeitete Auflage. München u.a. 1983.

Kobusch, Theo: Die Entdeckung der Person. Metaphysik der Freiheit und modernes Menschenbild. Darmstadt [2]1997.

Kodalle, Klaus-M.: Der Stellenwert der Historiographie im Kontext des Fichteschen Geschichtsdenkens. In: Wolfgang H. Schrader (Hg.): Materiale Disziplinen der Wissenschaftslehre. Zur Theorie der Gefühle. In: Fichte-Studien 11, 259 – 285.

Köhnke, Klaus-Christian: Entstehung und Aufstieg des Neukantianismus. Die deutsche Universitätsphilosophie zwischen Idealismus und Positivismus. Frankfurt am Main 1986.

Löwith, Karl: Von Hegel zu Nietzsche. Der revolutionäre Bruch im Denken des 19. Jahrhunderts. Marx und Kierkegaard. Stuttgart [5]1964.

Maine, Henry: Ancient Law. (1861), Reprint London 1977.

Nicolin, Günther (Hg.): Hegel in Berichten seiner Zeitgenossen. Hamburg 1970.

Rölli, Marc: Kritik der anthropologischen Vernunft. Berlin o. J.

Rückert, Joachim: Idealismus, Jurisprudenz und Politik bei Friedrich Carl von Savigny. Ebelsbach 1984.

Sandkaulen, Birgit: Daß, was oder wer? Jacobi im Diskurs über Personen. In: Walter Jaeschke und Birgit Sandkaulen (Hg.): Friedrich Heinrich Jacobi – ein Wendepunkt der geistigen Bildung der Zeit. Hamburg 2004, 217 – 237.

– Dieser und kein anderer? Zur Individualität der Person in Schellings ›Freiheitsschrift‹. In: Thomas Buchheim und Friedrich Hermanni (Hg.): »Alle Persönlichkeit ruht auf einem dunkeln Grunde.« Schellings Philosophie der Personalität. Berlin 2003, 35 – 53.

Schmidt, Josef: »Geist«, »Religion« und »absolutes Wissen«. Ein Kommentar zu den drei gleichnamigen Kapiteln aus Hegels Phänomenologie des Geistes. Stuttgart/Berlin/Köln 1997.

Schmitt, Carl: Der Begriff des Politischen. Berlin [7]2002.

– Politische Theologie. Vier Kapitel von der Souveränität. Berlin [3]1979.

Schüler, Gisela: Zur Chronologie von Hegels Jugendschriften. In: Hegel-Studien 2 (1963), 111 – 159.

Schulz, Walter: Die Vollendung des Deutschen Idealismus in der Spätphilosophie Schellings. Stuttgart [1]1955, Pfullingen [2]1975.

Schwarz, Gerhard: Est Deus in nobis. Die Identität von Gott und reiner praktischer Vernunft in Immanuel Kants »Kritik der praktischen Vernunft«. Berlin 2004.

Siep, Ludwig: Der Staat als irdischer Gott. Genese und Relevanz einer Hegelschen Idee. Tübingen 2015.

– Der Weg der Phänomenologie des Geistes. Ein einführender Kommentar zu Hegels ›Differenzschrift‹ und ›Phänomenologie des Geistes‹. Frankfurt am Main 2000.

Tomasello, Michael: Die kulturelle Entwicklung des menschlichen Denkens. Zur Evolution der Kognition. Frankfurt am Main 2006.

Wagner, Falk: Der Gedanke der Persönlichkeit Gottes bei Fichte und Hegel. Gütersloh 1971.

Wesel, Uwe: Frühformen des Rechts in vorstaatlichen Gesellschaften. Umrisse einer Frühgeschichte des Rechts bei Sammlern und Jägern und akephalen Ackerbauern und Hirten. Frankfurt am Main. 1985.

– Geschichte des Rechts. Von den Frühformen bis zur Gegenwart. 2., überarbeitete und erweiterte Auflage. München 2001.

Zeltner, Hermann: Idealismus, Deutscher. In: Historisches Wörterbuch der Philosophie, Bd. 4.35 – 37.

Erstveröffentlichungsnachweise

Hegels Frankfurter Schriften. Zum jüngst erschienenen Band 2 der Gesammelten Werke Hegels. In: Thomas Hanke und Thomas M. Schmidt (Hg.): Der Frankfurter Hegel in seinem Kontext. Hegel-Tagung in Bad Homburg vor der Höhe im November 2013. Frankfurt am Main 2015, 31 – 50.

Die Erfahrung des Bewußtseins. In: Felix Duque (Hg.): Hegel. La Odisea del Espíritu. Madrid 2010, 35 – 52 (in spanischer Übersetzung).

Das Selbstbewußtsein des Bewußtseins. In: Thomas Sören Hoffmann (Hg.): Hegel als Schlüsseldenker der modernen Welt. Beiträge zur Deutung der »Phänomenologie des Geistes« aus Anlaß ihres 200-Jahr-Jubiläums. Hamburg 2009, 15 – 30 (= Hegel-Studien, Beiheft 50).

Das absolute Wissen. In: Andreas Arndt und Ernst Müller (Hg.): Hegels »Phänomenologie des Geistes" heute. Berlin 2004, 194 – 214.

Die Prinzipien des Denkens und des Seins. Hegels System der reinen Vernunft. In: Hegel. Scienza della logica. Theoria. Rivista di filosofia [...] XXXIII/ 2013/1. Pisa 2013, 13 – 28.

Wer denkt metaphysisch? oder: Über das doppelte Ende der Metaphysik. In: Johann Kreuzer (Hg.): Hegels Aktualität. Über die Wirklichkeit der Vernunft in postmetaphysischer Zeit. München 2010, 151 – 191.

Anthropologie zwischen Natur und Tat. Bemerkungen über eine gut gemeinte Mesalliance. In: Alfons Fürst und Klaus Müller (Hg.): Natur und Normativität. (= Pontes. Philosophisch-theologische Brückenschläge, 46). Berlin 2010, 1 – 18.

Person und Persönlichkeit. Anmerkungen zur Klassischen Deutschen Philosophie. In: Alexander Haardt. und Nikolai Plotnikov (Hg.): Der Diskurs der Personalität. Philosophische Begriffe im interkulturellen Umfeld. München 2008, 61 – 74.

Genealogie des Rechts. In: Birgit Sandkaulen, Volker Gerhardt und Walter Jaeschke (Hg.): Gestalten des Bewußtseins. Genealogisches Denken im Kontext Hegels. Hamburg 2009, 284–301 (Hegel-Studien, Beiheft 52).

Machtstaat und Kulturstaat. In: Andreas Arndt und Jure Zovko (Hg.): Staat und Kultur bei Hegel. Berlin 2010, 11–23.

Anerkennung als Prinzip staatlicher und zwischenstaatlicher Ordnung. unveröffentlicht; vorgetragen in Athen 2007 und Beijing, Shanghai, Wuhan, Kanton 2011.

Staat und Religion. In: Ludwig Siep (Hg.): G. W. F. Hegel: Grundlinien der Philosophie des Rechts. Berlin 2017, 247–260 (Klassiker Auslegen, Bd. 9).

Zur Geschichtsphilosophie Hegels. unveröffentlicht; vorgetragen in Belgrad und Paris 2013.

Das Fremde und die Bildung. Hegel über die Entwicklung des griechischen Bewußtseins. In: argumenta philosophica. Revista de la Encyclopedia Herder. Barcelona 2017 (in spanischer Übersetzung).

Die gedoppelte Schönheit. Idee des Schönen oder Selbstbewußtsein des Geistes? In: Andreas Arndt, Günter Kruck und Jure Zovko (Hg.): Gebrochene Schönheit. Hegels Ästhetik – Kontexte und Rezeptionen. Hegel-Jahrbuch. Sonderband. Berlin/Boston 2014, 17–29.

Hegels Kritik an der Romantik. In: Helmut Hühn und Joachim Schiedermair (Hg.): Europäische Romantik. Interdisziplinäre Perspektiven der Forschung. Berlin/Boston 2015, 157–169.

Über die Bedingungen einer Religionsphilosophie nach der Aufklärung. unveröffentlicht; vorgetragen in Kopenhagen 2006.

›Zeugnis des Geistes‹ oder: Vom Bedeutungswandel traditioneller Formeln. In: Glaube und Vernunft. Internationales Jahrbuch des Deutschen Idealismus 7 (2009). Berlin-New York 2011, 198–216.

Zur Genealogie des deutschen Idealismus. Konstitutionsgeschichtliche Bemerkungen in methodologischer Absicht. In: Andreas Arndt und Walter Jaeschke (Hg.): Materialismus und Spiritualismus. Philosophie und Wissenschaften nach 1848. Hamburg 2000, 219–234.